中華禮藏

禮經卷

儀禮之屬

儀禮要義

（上册）

[宋]魏了翁　撰

王紅娟　點校

浙江大學出版社
ZHEJIANG UNIVERSITY PRESS

本書受

國家古籍整理出版專項經費

浙江大學『中華優秀傳統文化傳承與創新專項』資助

總　序

中華民族的禮義傳統積澱了人與人、人與社會、人與自然和諧相處的經驗與秩序，從而形成了一種"標誌着中國的特殊性"（錢穆語）的生存方式。《禮記·曲禮上》對此有概括的説明："道德仁義，非禮不成；教訓正俗，非禮不備；分争辨訟，非禮不決；君臣上下，父子兄弟，非禮不定；宦學事師，非禮不親；班朝治軍，涖官行法，非禮威嚴不行；禱祠祭祀，供給鬼神，非禮不誠不莊。"千百年來，正因爲中華民族各個階層對"禮"的認同與踐行，不僅構建了中華民族的精神家園，彰顯了民族文化的獨特面貌，也爲人類社會樹立了一個"禮義之邦"的文化典範。實際上，對"禮"的認同，體現了對文化的認同，對民族的認同，對國家的認同。

在不同文化交流日益頻繁的今天，弘揚傳統文化，提升文化實力，强化精神歸屬，增强民族自信，已是社會各界的共識，也是刻不容緩的要務。温故籍以融新知，繼傳統而闡新夢，大型專業古籍叢書的整理與編纂，分科别脈，各有專擅，蔚然已成大觀。然而對於當今社會有重要意義的禮學文獻的整理與編纂，至今仍付之闕如。即使偶有禮學文獻被整理出版，因未形成規模而不成系統，在傳統觀念的影響下往往還被視爲經學典籍，既不能反映中華禮學幾千年的總體面貌與發展軌跡，也直接影響了在弘揚優秀傳統文化的前提下重建體現民族精神的禮儀規範。醨澄莫饗，孰慰饑渴。浙江大學古籍研究所全體同仁爲順應時代要求，發揮學科特色與優勢，在學校的大力支持下，願精心整理、編纂傳統禮學文獻，謹修《中華禮藏》。

自從歷史上分科治學以來，作爲傳統體用之學之致用部分的禮學就失去了學科的獨立性。漢代獨尊儒術，視記載禮制、禮典、禮義的《周禮》《儀禮》《禮記》爲儒家的經學典籍。《漢書·藝文志》著録禮學文獻十三家，隸屬於六藝，與《易》《書》《詩》《樂》《春秋》《論語》《孝經》

相提並論。迄至清修《四庫全書》，采用經、史、子、集四分法，將禮學原典及歷代研究禮學原典的文獻悉數歸於經學，設《周禮》之屬、《儀禮》之屬、《禮記》之屬、三禮總義之屬、通禮之屬、雜禮之屬六個門類著録纂輯禮學文獻，又於史部政書類下設典禮之屬著録纂輯本屬於禮學範疇的文獻，至於記載區域、家族、個人禮儀實踐的文獻則又散見於多處。自《漢書·藝文志》至於《四庫全書》，著録纂輯浩如煙海的禮學文獻，不僅使禮學失去了學科的獨立性，而且還使禮學本身變得支離破碎。因此，編纂《中華禮藏》，既以專門之學爲標幟，除了裒輯、點校等方面的艱苦工作外，還面臨着如何在現代學術語境中界定禮學文獻範圍的難題。

《説文》云："禮，履也，所以事神致福也。"事神以禮，即履行種種威儀以表達敬畏之義而得百順之福。禮本是先民用來提撕終極關懷的生存方式，由此衍生出了在政治生活和社會生活中表達尊讓、孝悌、仁慈、敬畏等禮義的行爲規範。《禮記·禮器》云："禮器，是故大備。"以禮爲器而求成人至道，與儒學亞聖孟子的"禮門義路"之論頗相一致。然而踐履之禮、大備之禮的具體結構又是怎樣的呢？《禮記·樂記》云："簠簋俎豆、制度文章，禮之器也；升降上下、周還裼襲，禮之文也。故知禮樂之情者能作，識禮樂之文者能述。作者之謂聖，述者之謂明。明聖者，述作之謂也。"根據黃侃《禮學略説》及沈文倬《略論禮典的實行和〈儀禮〉書本的撰作》的論述，所謂"禮之文"、"禮之情"又被稱爲"禮儀"和"禮意"。禮器、禮儀用以呈現和表達禮意，此即所謂"器以藏禮，禮以行義"（《左傳·成公二年》）。三者之中，禮儀和禮意的内容相對明確，而禮器的内容則比較複雜，具目則可略依《樂記》所論分爲三種：物器（簠簋俎豆之類）、名器（制度之類）和文器（文章之類）。基於這樣的理解，參考歷代分門別類著録匯輯專業文獻的經驗，可以將歷史上遺留下來的全部傳統禮學文獻析分爲如下三個部分。

第一部分是作爲源頭的禮學原典和歷代研究禮學的論著。根據文獻的性質，又可細分爲兩類。

1.禮經類。《四庫提要》經部總序所謂"經稟聖裁，垂型萬世"，乃"天下之公理"之所，爲後世明體達用、返本開新的源頭活水。又經部禮類序云："三《禮》並立，一從古本，無可疑也。鄭康成注，賈公彦、孔穎達疏，於名物度數特詳。宋儒攻擊，僅摭其好引讖緯一失，至其訓詁則弗能逾越。

……本漢唐之注疏，而佐以宋儒之義理，亦無可疑也。"《周禮》是制度之書，《儀禮》主要記載了士大夫曾經踐行過的各種典禮儀式，《禮記》主要是七十子後學闡發禮義的匯編。雖然三《禮》被列爲儒家研習的典籍之後變成了經學，然而從禮學的角度來看，於《周禮》可考名物典章制度，於《儀禮》可見儀式典禮的主要儀節及揖讓周旋、坐興起跪的威儀，於《禮記》可知儀式典禮及日常行爲的種種威儀皆有意義可尋。若再從更加廣泛的禮學角度審視先秦兩漢的文獻，七十子後學闡釋禮義的文獻匯編還有《大戴禮記》，漢代出現的禮緯也蘊藏着不見於其他文獻記載的禮學内容。因此，禮經類除三《禮》之外還應該包括《大戴禮記》與禮緯。至於後人綜合研究禮經原典而又不便歸入任何一部經典之下的文獻，宜做《四庫全書》設通論之屬、雜論之屬分別纂輯。

2. 禮論類。此類文獻特指歷代綜合禮學原典與其他文獻，突破以禮學原典爲經學典籍的傳統觀念，自擬論題，自定體例，結合禮儀實踐、禮學原典與禮學理念等進行研究而撰作的文獻，如朱熹的《儀禮經傳通解》、任啓運的《天子肆獻祼饋食禮纂》、秦蕙田的《五禮通考》等都宜歸入禮論類。此類文獻與禮經類中綜論性質的文獻容易混淆，最大的區別就在於禮經類中綜論性質的文獻是對禮學原典的闡釋，而禮論類文獻則是對各類文獻所記禮儀實踐與理念的綜合探索，二者研究的問題、對象，特別是研究目的皆有所不同。

第二部分是基於對禮儀結構的觀察而針對某一方面進行獨立研究而撰作的文獻。根據文獻關注的焦點，又可分爲三類。

3. 禮器類。根據前引《禮記·樂記》的説明，禮器包括物器、名器和文器。物器爲禮器之代表形態，自來皆無疑議。名器所涉及之制度、樂舞、數術，因逐漸發展而略具專業特點，有相對的獨立性，固當別爲門類。就制度、樂舞、數術本屬於禮儀實踐活動而言，可分別以禮法、禮樂、禮術概之。又文器亦皆因器而顯，故宜附於禮器類中。因此，凡專門涉及輿服、宮室、器物的禮學文獻，如聶崇義的《新定三禮圖》、張惠言的《冕弁冠服圖》和《冕弁冠服表》、程瑤田的《釋宮小記》、俞樾的《玉佩考》等都屬禮器類文獻。

4. 禮樂類。據《禮記·樂記》所言"樂統同，禮辨異，禮樂之説，管乎人情矣"，可知禮與樂本是關乎人情的兩個方面。因此，禮之所至，樂必從之。考察歷代各個階層踐行過的許多儀式典禮，若不借助於禮樂則無以行禮。《通志·樂略第一》云："禮樂相須以爲用，禮非樂不行，樂非禮不舉。"禮與樂既相將爲用，則凡涉及禮樂的文獻，皆當歸入禮樂類。然而歷史上因囿於經學爲學科正宗、樂有雅俗之分的觀念，故有將涉及禮樂的文獻一分爲二分別纂輯的方法。《四庫提要》樂類云："大抵樂之綱目具於《禮》，其歌詞具於《詩》，其鏗鏘鼓舞則傳在伶官。漢初制氏所記，蓋其遺譜，非別有一經爲聖人手定也。特以宣豫導和，感神人而通天地，厥用至大，厥義至精，故尊其教得配於經。而後代鐘律之書亦遂得著錄於經部，不與藝術同科。顧自漢代以來，兼陳雅俗，豔歌側調，並隸《雲》、《韶》。於是諸史所登，雖細至箏琶，亦附於經末。循是以往，將小説稗官未嘗不記言記事，亦附之《書》與《春秋》乎？悖理傷教，於斯爲甚。今區別諸書，惟以辨律呂、明雅樂者仍列於經，其謳歌末技，弦管繁聲，均退列雜藝、詞曲兩類中。用以見大樂元音，道侔天地，非鄭聲所得而奸也。"此乃傳統文獻學之舊旨，今則據行禮時禮樂相將的事實，凡涉及禮樂的文獻不分雅俗兼而存之，一並歸於禮樂類。

5. 禮術類。《禮記·表記》載孔子之語云："昔三代明王，皆事天地之神明，無非卜筮之用。"卜筮之用在於"決嫌疑，定猶與"（《禮記·曲禮上》）。歷代踐行的各種儀式典禮，正式行禮之前往往都有卜筮的儀節，用於判斷時空、賓客、牲牢等的吉凶，本是整個儀式典禮的組成部分。《儀禮》於《士冠禮》、《士喪禮》、《既夕禮》、《特牲饋食禮》、《少牢饋食禮》皆記卜筮的儀節，而於其他儀式典禮如《士婚禮》等皆略而不具。沈文倬先生已指出，《儀禮》一書，互文見義，其實每一個儀式典禮都有卜筮的儀節。因儀式典禮所用數術方法有相對的獨立性，故歷代禮書多有專論。秦蕙田《五禮通考》立"觀象授時"之目，黃以周《禮書通故》設"卜筮通故"之卷。自《漢書·藝文志》數術略分數術爲六類：天文、曆譜、五行、蓍龜、雜占、形法，又於諸子略中收有與數術相關的陰陽家及兵陰陽文獻之目，至清修《四庫全書》子部術數類分爲六目：數學（三易及擬易書）、占候、相宅相墓、占卜、命書相書、陰陽五行（栻占曆數），分類著錄纂輯數術文獻，各有錯綜，亦因時爲變以求其通耳。因此，就歷代各個階層踐行的儀式典禮皆有卜筮的儀節而言，凡涉及卜筮的文獻宜收入禮術類。

第三部分是基於對歷代禮儀實踐的規模、等級、性質的考察而撰作的文獻，又可以分爲如下四類。

6. 禮制類。《左傳·桓公二年》載晉大夫師服之語云："禮以體政，政以正民，是以政成而民聽，易則生亂。"《國語·晉語四》記寧莊子之語云："夫禮，國之紀也，……國無紀不可以終。"凡此皆説明禮在政治生活和社會生活中有重要的主導作用，故自春秋戰國之際禮崩樂壞之後，歷代皆有制禮作樂的舉措。《隋書·經籍志》云："儀注之興，其所由來久矣。自君臣父子，六親九族，各有上下親疏之别，養生送死、弔恤賀慶則有進止威儀之數，唐虞已上分之爲三，在周因而爲五，《周官》宗伯所掌吉、凶、賓、軍、嘉，以佐王安邦國，親萬民，而太史執書以協事之類是也。是時典章皆具，可履而行。周衰，諸侯削除其籍；至秦，又焚而去之；漢興，叔孫通定朝儀，武帝時始祀汾陰后土，成帝時初定南北之郊，節文漸具；後漢又使曹褒定漢儀，是後相承，世有制作。"歷代踐行的禮，不僅僅是進止威儀之數，而是對文明制度的實踐。因此，歷代官方頒行的儀注典禮皆可稱爲禮制，是朝野實現認同的文化紐帶，涉及禮制的文獻世有撰作。漢代以後，此類文獻也往往被稱爲儀注，傳統目録學多歸入史部。今則正本清源，一並歸入禮制類。

7. 禮俗類。從人類學的角度來看，禮俗的産生先於禮制並成爲歷代制禮作樂的基礎。所謂"禮失而求諸野"，正説了俗先於禮、禮本於俗。實際上，歷代踐行的禮制，根基都在於風俗，長期流行於民間的風俗若得到官方認可並制度化就是禮制。因此，禮俗者，禮儀之於風俗也，特指在民間習慣上形成而具備禮儀特點的習俗，其特點是以民間生活爲基礎、以禮儀制度爲主導，在一定程度上兼具形式的自發性和内容的複雜性。早在先秦時代，荀子就曾説："儒者在本朝則美政，在下位則美俗。"又説："遇君則修臣下之義，遇鄉則修長幼之義，遇長則修子弟之義，遇友則修禮節辭讓之義，遇賤而少者則修告導寬容之義。無不愛也，無不敬也，無與人爭也，恢然如天地之苞萬物。如是則賢者貴之，不肖者親之。"因此，自漢代應劭《風俗通義》以來，歷代有識之士往往述其所聞、條其所遇之禮俗，或筆記偶及，或著述專論，數量之多，可汗馬牛，以爲美俗、修義之資糧，故立禮俗類以集其精華，以見禮儀風俗具有强大的生命力且早已滲透到民族精神之中。此類文獻在傳統的文獻學中分佈較廣，史部的方志、譜牒，子部的儒家、農家、雜家乃至小説家，集部中的部分著作，皆有涉及禮俗的篇章,固當集腋成裘,匯編爲册,歸於禮俗類中。

8. 家禮類。《左傳·隱公十一年》云:"禮,經國家、定社稷、序民人、利後嗣者也。"禮之於國,則爲國家禮制;禮之於家,則爲家禮。家禮一詞,最早見於先秦禮書。《周禮·春官》云:"家宗人掌家祭祀之禮,凡祭祀致福。國有大故,則令禱祠,反命,祭亦如之。掌家禮,與其衣服、宮室、車旗之禁令。"自古以來,家禮就是卿大夫以下至於庶人修身、齊家的要器,上至孝悌謹信等倫理觀念,下至婚喪嫁娶之居家禮儀,無不涵蓋於其中。家禮包括家庭內部的禮儀規範和倫理觀念:禮儀規範主要涉及冠婚喪祭等吉凶禮儀以及居家雜儀;倫理觀念則包括父慈子孝、兄友弟恭、夫義婦順等綱常。涉及家禮的文獻源於《周禮》,經《孔子家語》、《顏氏家訓》的發展,定型於司馬光的《書儀》、《家範》和朱熹的《朱子家禮》,其中《朱子家禮》成了宋代以來傳統家禮的範本。因國家禮制的"宏闊"和民間禮俗的"偏狹",故素負修身、齊家、治國、平天下之理想的有識之士,往往博稽文獻、出入民俗而備陳家禮儀節之曲目與要義,以爲齊家之據、易俗之本。家禮類文獻中以此種撰作爲代表形態,延伸則至於鄉約、學規之類的文獻。

9. 方外類。中華民族是一個多種文化相互融合的共同體,整理、編纂《中華禮藏》不能不涉及佛、道兩家有關儀軌的文獻。佛教儀軌是規範僧尼、居士日常生活與行爲之戒律清規以及用於各種節日與法事活動之科儀,雖然源於印度,與中華本土文化長期互動交融,固已成爲中華禮樂文明不可分割的一部分。佛教儀軌與儒家禮儀相互影響,在一定程度上改變、重塑了中華傳統的禮樂文明。道教是中國的本土宗教,深深根植於中國的現實社會,具有鮮明的中國特色與社會調節功能。魯迅曾指出:"中國根柢全在道教。"道教儀軌有其特定的從教規範,體現了道教的思想信仰,規範着教徒的生活方式,體現了儀式典禮的特點。另外,佛教儀軌和道教儀軌保存相對完整,也是重建中華禮樂文明制度的重要參考。因此,凡涉及佛教儀軌和道教儀軌的文獻分別歸入方外佛教類和方外道教類。

綜上所述,《中華禮藏》的編纂是因類設卷,卷內酌分子目,子目內的文獻依時代順序分册纂輯(其中同書異注者則以類相從),目的是爲了充分展示中華禮儀實踐和禮學研究的全貌以及發展變化的軌迹。

　　編纂《中華禮藏》不僅僅是爲了完成一項學術事業，更重要的現實意義是爲了通過整理、編纂傳統禮學文獻，從中提煉出滲透了民族精神的價值觀和價值體系，爲民族國家認同提供思想資源，爲制度文明建設提供借鑒，爲構建和諧社會提供禮儀典範。

《中華禮藏》編委會

二〇一六年

題　解

　　魏了翁(1178－1237)，字華父，號鶴山，邛州蒲江(今四川省成都市蒲江縣)人，《宋史》有傳。慶元五年(1199)進士，仕至通奉大夫、資政殿大學士，卒贈太師，封秦國公，謚文靖，學者稱之"鶴山先生"。素以學術、文章、政事享名，曾爲周、程等理學先師請立爵謚以勵後學，世稱"真儒"，與真德秀並稱"真魏"。著有《九經要義》、《周易集義》、《易舉隅》、《周禮井田圖説》、《古今考》、《經史雜鈔》等，後人輯有《鶴山集》。

　　寶慶元年(1225)，了翁因忤逆時相，詔降三官，貶居靖州(今湖南省懷化市靖州苗族侗族自治縣)，紹定四年(1231)復職。其間，築鶴山書院，湖湘江浙之士不遠千里負書從學，因取九經正義之文刪繁存簡，輯比別類而録之，遂成《九經要義》九種二百五十三卷(《宋史・藝文志》録八種二百三十三卷，據《經義考》補《孟子要義》十四卷、《類目》六卷)，《儀禮要義》即屬其一，凡五十卷整(卷二十六分上下，半屬《公食大夫禮》，半屬《覲禮》，實則五十一卷)。

　　《儀禮》難讀，諸儒訓詁亦稀，傳存緊要者惟鄭玄《儀禮注》、賈公彦《儀禮疏》。了翁倚重注、疏，間擇陸德明《儀禮音義》、李如圭《儀禮集釋》，附以己意，整理成文。觀其體例，大致每卷分列數十條目：先列綱目，概括義理，言簡意賅；目下節舉注疏，採掇謹嚴，偶附他説。《宋史》本傳稱其訂定審密，誠不誣也！是書之價值亦如四庫館臣所言："使品節度數之辨，展卷即知，不復以辭義軥輵爲病。其梳爬剔抉，於學者最爲有功。雖所採不及他家，而《儀禮》之訓詁，備於鄭、賈之所説，鄭、賈之精華備於此書之所取。後來詮解雖多，大抵以注、疏爲藍本，則此書亦可云提其要矣。"

　　了翁生前書未付梓。元人方回《周易集義跋》曰："(了翁)仲子太府卿靜齋先生克愚明已，壬子歲以軍器監丞出知徽州，刊《要》、《集義》，置於紫陽書院。"《儀禮要義》初刻蓋始於此(淳祐十二年,1252)。書稿一度藏於方家,元初散佚(方回自言嘗借鶴山親筆繹觀,冢子方存心友人周文英之子周南亦言曾見方家所藏《九經要義》墨本,事見方回補魏了翁《古今考》跋及附録周南诗序),書版亦毀於宋元兵燹(方回《周易集義跋》又曰"至丙子歲(1276),書院以兵興廢,書版盡毀……獨《集義》僅有存者"),至元大德四年(1300)方由徽州府学教授徐拱辰裒助重刊,復使"《九經要義》皆備"(《(弘治)徽州府志》)。

今傳刻本有中國國家圖書館藏五十卷"宋刻本"(實三十七卷,卷一至六、二十五至二十八、四十一至四十三配清抄本,以下簡稱國圖本)、臺北故宮博物院藏五十卷宋刻本(淳祐十二年魏克愚徽州紫陽書院刻本,首尾完具,僅卷五〇最末葉缺佚,經後人依原式抄配,以下簡稱臺藏本)、光緒十年(1884)江蘇書局刊《五經要義》本。

諸本之中,臺藏本最善。此本舊藏於欣托山房汪氏,辛亥孟冬(1791)歸安嚴元照以二十六萬錢購之,後售於儀征阮元,進之天府(傅增湘曾於故宮見之),轉而流入臺灣。原本紙墨完好,顧廣圻歎其"真天地間第一等至寶",不徒因宋槧而珍重,亦因其可以復原賈疏分卷之舊、補正文字之失也。此次點校所用底本即1992年臺北故宮博物院據宋刻本影印者,線裝,三函十二冊。

對校本用臺灣商務印書館《景印文淵閣四庫全書》本。《四庫全書總目》録曰:"五十卷,浙江吳玉墀家藏本",實闕卷三十、三十一,存四十八卷耳。四庫底本爲吳氏家藏"瓶花齋"寫本,多據宋刊元雕與舊家善本手抄存録,乃抄本之善者,故取以對校。

參校本用國家圖書館出版社據國圖本影印本。國圖本原爲藝芸書舍汪士鐘舊藏,後歸宜稼堂郁松年(莫友芝《宋元舊本書經眼録》録"闕首六卷"者即是),再歸豐順丁日昌,庚子年(1900)售於江南,爲潘宗周插架,現藏於國圖。此本雖與臺藏本同録爲"淳祐十二年魏克愚徽州紫陽書院刻本",然校其同異,仍涇渭有別:第一、二本有二百四十餘頁刻工不同,且"胡"、"金"、"今"等刻工不見於臺藏本;第二、二者同刻工頁,臺藏本往往印本清朗,墨跡如新,而國圖本則漫漶難識,損毀嚴重(兹例甚多,如卷三十四頁十七眉批臺藏本有陰文題號"三七"與"三代始制弁委等冠白布始爲喪冠"十四字,國圖本則缺損殆盡,幾不可讀;再如卷三十三首

頁之横裂紋，臺藏本尚細隱如絲，不易覺察，而國圖本則横斷如溝，赫然
醒目）；第三、二本刻工不同頁常見：國圖本版心上方不記字數，悖於二者
同刻工頁刊印字數之慣例；國圖本有漏刻之失，如卷三十四頁二十七眉
批脱"者"字，卷四十五頁十六眉批脱"由近"二字；國圖本有變亂格式之
失，如卷三十五頁十一眉批"者三息暫反"五字大小同號，並作三行，不分
主次，不及臺藏本"者三"二字大寫單行、"息暫反"三字次行低一格小寫
之版式清晰，釋音之義了然；國圖本有易用俗字之舉，如卷二十四頁九眉
批易"禮"爲"礼"。綜上，因疑此本或爲元大德四年徽州府學教授徐拱辰
補刻重修本，而非宋刻之舊矣。此本於 2003 年由國家圖書館出版社影
印刊行，編入《中華再造善本》，取用甚便，故以兹參校，簡稱"再造善本"。

　　再者，《要義》既多取諸注疏，故而注疏之成果亦需參鑒。取以爲他
校本者有四庫本《儀禮注疏》、張敦仁刻《儀禮注疏》、阮元刻《十三經注
疏》本之《儀禮注疏》、汪士鐘刻《儀禮疏》；所參校勘成果有孫詒讓《十三
經注疏校勘記》、曹元弼《禮經校釋》、倉石武四郎《儀禮疏攷正》及吾師賈
海生教授點校五十卷本《儀禮注疏》等。

　　校核諸本，參鑒前説，擇善而從，本次校勘意在爲讀者提供一個便讀
之整理本。疏淺舛誤之失，希请指正！此原爲吾從賈師所做博士後研究
之課題，幸得恩師指點，方得以窺其門徑。輟筆之際，倍感師恩，並致謝
忱！惟愿不辱吾师左右也！

王紅娟　謹識

目　録

儀禮要義卷第一　序、士冠禮一

一　二《禮》同出周公，注《儀》者惟鄭，注《周》者多

《周禮》、《儀禮》發源是一，理有終始，分爲二部，並是周公攝政太平之書。《周禮》爲末，《儀禮》爲本。本則難明，末便易曉。是以《周禮》注者則有多門，《儀禮》所注，後鄭而已。

二　賈謂《儀禮》疏惟有黃慶、李孟悊，皆有謬①

其爲章疏，則有二家：信都黃慶者，齊之盛德；李孟悊者，隋曰碩儒。慶則舉大略小，經注疏漏，猶登山遠望而近不知；悊則舉小略大，經注稍周，似入室近觀而遠不察。二家之疏，互有長短。時之所尚，李則爲先。案《士冠》三加，有緇布冠、皮弁、爵弁，既冠又著玄冠見於君，有此四種之冠，故記人下陳緇布冠、委貌、周弁以釋經之四種。經之與記，都無天子冠法，而李云委貌與弁皆天子始冠之冠，李之謬也。《喪服》一篇，凶禮之要，是以南北二家，章疏甚多，時之所以，皆資黃氏。案鄭注《喪服》引《禮記·檀弓》云“經之言實也，明孝子有忠實之心，故爲制此服焉”，則經之所作表心明矣②，而黃氏妄云“衰以表心，經以表首”，以黃氏公違鄭注，黃之謬也。黃、李之訓，略言其一，餘足見矣。今以先儒失路，後宜易塗，故悉鄙情，聊裁此疏，未敢專欲，以諸家爲本，擇善而從，兼增己義，仍取四門助教李玄植詳論可否，僉謀已定，庶可以施。

---

① “二賈謂”至“皆有謬”，原在頁眉處，占行十三至十八，謹依題義挪至此處。

② “經”字原作“経”，四庫本《儀禮要義》、汪士鐘所刻單疏本《儀禮疏》均作“經”，據改。

三　士大夫、諸侯、天子加冠之年不同①

士冠禮第一。

鄭《目録》云："童子任職居士位,年二十而冠,主人玄冠、朝服,則是仕於諸侯②,天子之士朝服、皮弁、素積。古者四民世事,士之子恒爲士。冠禮於五禮屬嘉禮。大、小《戴》及《別録》此皆第一。"釋曰:下《昏禮》及《士相見》皆據士身自昏、自相見,又《大戴禮·公冠篇》及下"諸侯有冠禮,夏之末造",亦據諸侯身自加冠,故鄭據士身自加冠爲目也。鄭云"四民世事③,士之子恒爲士"者,是《齊語》文,證此士身年二十加冠法。若士之子則四十彊而仕,何得有二十爲士自加冠也?二十而冠者,鄭據《曲禮》文"二十曰弱,冠",故云"年二十而冠"。其大夫始仕者二十已冠訖,五十乃爵命爲大夫,故大夫無冠禮。又案《喪服·小功章》云"大夫爲昆弟之長殤",鄭云"大夫爲昆弟之長殤小功,謂爲士者若不仕者也,以此知爲大夫無殤服也",《小記》云"大夫冠而不爲殤"④,大夫身已加冠,降兄殤在小功,是身有德行得爲大夫,冠不以二十始冠也。若諸侯則十二而冠,故《左傳·襄九年》晉侯與諸侯伐鄭還,公送晉侯,以公宴于河上,問公年,季武子對曰"會于沙隨之歲,寡君以生",注云"沙隨在成十六年",晉侯曰"十二年矣,是謂一終,一星終也。國君十五而生子,冠而生子,禮也,君可以冠矣",是諸侯十二而冠也。若天子亦與諸侯同十二冠,故《尚書·金縢》云"王與大夫盡弁",時成王年十五,云"王與大夫盡弁",則知天子亦十二而冠矣。又《大戴禮》云"文王十三生伯邑考",《左傳》云"冠

---

① "不"字漫漶,似作"下",再造善本《儀禮要義》作"下",四庫本作"不",作"不"是。

② "是"下原無"仕"字,四庫本有"仕"字,阮元《儀禮注疏校勘記》云:"毛本'是'下有'仕'字。"據補。

③ "民"字原作"人",賈公彥避唐太宗李世民諱,改"民"爲"人",四庫本作"民",阮云:"毛本'人'作'民'。"據改。

④ "大夫"至"爲殤",阮云:"'大',閩本、毛本作'丈'。今按下《記》疏又引此句,諸本亦或作'丈',或作'大',究以'丈'爲是。蓋言'丈夫冠而不爲殤',今大夫降兄殤在小功,則大夫有未冠之兄,而大夫之身尚未二十可知。《昏禮記》疏引《喪服小記》仍作'丈'可證。"阮以"丈夫"爲是,《禮記·喪服小記》亦云"丈夫冠而不爲殤",但若逕改"大夫"爲"丈夫"則與上下文義相違,且再造善本及四庫本均作"大夫",故仍其舊。

而生子,禮也",是殷之諸侯亦十二而冠。若夏之天子、諸侯與殷天子亦十二而冠可知。若天子之子則亦二十而冠,故《禮記·祭法》云"王下祭殤五",又《禮記·檀弓》云"君之適長殤,車三乘",是年十九已下仍爲殤①,故二十乃冠。

四　天子、諸侯自有冠禮,餘皆士禮

若天子、諸侯冠,自有天子、諸侯冠禮,故《大戴禮》有《公冠篇》,天子自然有冠禮,但《儀禮》之内亡耳。士既三加,爲大夫早冠者亦依士禮三加。若天子、諸侯禮則多矣,故《大戴禮·公冠篇》云"公冠四加"者,緇布、皮弁、爵弁後加玄冕,天子亦四加,後當加衮冕矣②。案下文云"天子之元子猶士,天下無生而貴者",則天子之子既不早冠③,亦用士禮而冠。案《家語·冠頌》云"王大子之冠擬冠",則天子元子亦擬諸侯四加。若然,諸侯之子不得四加,與士同三加可知。

五　大、小《戴》、《別錄》皆《冠》一,《昏》二,《士相見》三

鄭云"冠於五禮屬嘉禮","大、小《戴》、《別錄》此皆第一"。《大戴》即以《士喪》爲第四,《既夕》爲第五,《士虞》爲第六,《特牲》爲第七,《少牢》爲第八,《有司徹》爲第九,《鄉飲酒》第十,《鄉射》第十一,《燕禮》第十二,《大射》第十三,《聘禮》第十四,《公食》第十五,《覲禮》第十六,《喪服》第

---

① "仍"字原作"乃",曹元弼《禮經校釋》云:"'乃'疑當爲'仍',言天子、諸侯之子十九已下仍爲長殤,明二十乃冠。"據改。

② "衮冕"上原無"後當加"三字,四庫本及汪刻本均有"後當加"三字,據補。

③ "既不早冠"原作"雖早冠",曹云:"'雖早冠'當爲'既不早冠',言既不早冠則亦依士禮三加也。下'案《家語》'云云者,此別一義,言據《家語》則天子之子亦四加。然《家語》但言王大子,則諸侯之子亦從士禮可知,賈義蓋如此。弼謂《大戴禮·公冠篇》云'天子擬焉',盧注云:'擬公禮也。'此言天子之禮也。又云:'太子與庶子,其冠皆自爲主,其禮與士同。'注云:'《士冠禮記》曰:天子之元子猶士也,天下無生而貴者也。'此言太子與庶子之禮皆與士同也。王肅竊此文以入僞《家語》而改'天子'爲'太子',不顧《冠禮記》明文。後人又據以改《公冠》經。盧本似亦誤,故盧注正之云:'重言太子誤也。'此破上文'太子'爲'天子'也。又恐人惑於僞《家語》,故即曰:'《家語》曰王太子、庶子之冠擬焉,非也。'明其不足信也。當從賈氏前義爲是。"據改。

十七。《小戴》於《鄉飲》、《鄉射》、《燕禮》、《大射》四篇亦依此《別録》次第,而以《士虞》爲第八,《喪服》爲第九,《特牲》爲第十,《少牢》爲第十一,《有司徹》爲第十二,《士喪》爲第十三,《既夕》爲第十四,《聘禮》爲第十五,《公食》爲第十六,《覲禮》爲第十七。皆尊卑吉凶雜亂,故鄭玄皆不從之矣。

六 題《周禮》者別夏、殷,題《儀禮》兼異代

《儀禮》。

《周禮》言周不言儀,《儀禮》言儀不言周。既同是周公攝政六年所制,題號不同者,《周禮》取別夏、殷,故言周;《儀禮》不言周者,欲見兼有異代之法,故此篇有"醮用酒",《燕禮》云"諸公",《士喪禮》云"商祝"、"夏祝",是兼夏、殷,故不言周。又《周禮》是統心,《儀禮》是履踐,外内相因,首尾是一,故《周禮》已言周,《儀禮》不須言周,周可知矣。且《儀禮》亦名《曲禮》,故《禮器》云"經禮三百,曲禮三千"。

七 《儀禮》次序以賤先貴、以吉先凶

鄭氏注。

《後漢書》云"鄭玄,字康成,青州北海郡高密縣人,鄭崇之後也。"言注者,注義於經下,若水之注物[①],亦名爲著,故鄭《叙》云"凡著《三禮》七十二篇"[②],云著者,取著明經義者也。孔子之徒言傳者,取傳述之意,爲意不同,故題目有異也。但《周禮》六官六十,叙官之法,事急者爲先,不問官之大小。《儀禮》見其行事之法,賤者爲先,故以《士冠》爲先,無大夫冠禮,諸侯冠次之,天子冠又次之。其《昏禮》亦士爲先,大夫次之,諸侯次之,天子爲後。諸侯《鄉飲酒》爲先,天子《鄉飲酒》次之,《鄉射》、《燕

---

① "注"字原作"著",四庫本作"注"。阮云:"'注'誤作'註',《要義》作'著',盧文弨云'鄭氏注舊作註,通部皆然。疏云言注者,注義於經下,若水之注物,舊本亦並作註,於文義全不可通,一本悉改作注,是也。'按字體雅俗悉詳《序目》中,今不悉辨。此句'註'字似礙理,故録盧説正之。"據改。

② "凡"字原作"几",四庫本及汪刻本均作"凡",據改。

禮》已下皆然。又以《冠》、《昏》、《士相見》爲先後者，以二十而冠，三十而娶，四十彊而仕，即有摯見鄉大夫、見己君及見來朝諸侯之等，又爲鄉大夫、州長行鄉飲酒、鄉射之事。已下先吉後凶，凶盡則行祭祀吉禮①。

八　筮于廟門②，謂布席門中，闑西閾外

士冠禮。筮于廟門。

釋曰：自此至“宗人告事畢”一節，論將行冠禮，先筮取日之事。案下文云“布席于門中，闑西閾外”者，閾爲門限③，即是門外，故《特牲禮》筮日，主人“即位于門外，西面”，此不言門外者，“閾外”之文可參，故省文也。

九　經單言廟者皆禰廟

鄭云：“筮者，以蓍問日吉凶於《易》也”，又云④。

云“冠必筮日於廟門者，重以成人之禮成子孫也”者，案《冠義》云“筮日、筮賓，所以敬冠事。敬冠事，所以重禮”，是筮日爲重禮之事也。《冠義》又云“古者重冠，重冠故行之於廟。行之於廟者，所以尊重事。尊重事而不敢擅重事，不敢擅重事，所以自卑而尊先祖也”，是成人之禮成子孫也。此經唯論父子、兄弟，不言祖孫，鄭兼言孫者⑤，家事統於尊，若祖在則爲冠主，故兼孫也。云“廟，謂禰廟”者，案《昏禮》行事皆直云廟，

① “盡”上原不重“凶”字，阮云：“毛本‘盡’上有‘凶’字。”據補。

② “筮于廟門”，阮云：“按《儀禮》‘廟’、‘廟’錯出，張淏論之詳矣。經、注既然，疏文更甚，今當畫一從‘廟’。‘廟’乃古文，鄭不叠今文者：鄭叠今古有三例：辭有詳略則叠之，賓對曰‘某敢不夙興’，今文無‘對’是也；義有乖互則叠之，‘禮于阼’，今文‘禮’作‘醴’是也；字有通借則叠之，‘闑西閾外’，古文‘闑’爲‘槷’，‘閾’爲‘蹙’是也。若‘廟’、‘廟’則同字，故不叠。然《儀禮》字例亦多參差，如《士冠》、《特牲》俱有‘主人受眡’之語，《士冠》作‘眡’，《特牲》作‘視’；《士冠》‘嘉薦亶時’，劉作‘曽’，陸作‘時’，皆後人任意爲之，非鄭氏之舊”。姑仍其舊。

③ “閾”字原作“閫”，阮云：“盧文弨改‘閫’爲‘閾’。”據改。

④ “筮者”至“易也”爲注文，了翁節引，前後各加“鄭云”、“又云”二字以括，仍屬注文，故單列之。

⑤ “言”上原無“兼”字，汪刻本及張敦仁刻《儀禮注疏》、阮元刻《儀禮注疏》均有“兼”字，據補。

《記》云“凡行事,受諸禰廟”,此經亦直云廟,故知亦於禰廟也。然《儀禮》之內,單言廟者,皆是禰廟,若非禰廟,則以廟名別之,故《聘禮》云“賓朝服問卿,卿受于祖廟”,又受聘在始祖廟,既云“不腆先君之祧”,是不言於廟,舉祖祧以別之也。

十　魯襄公冠於衛曾祖之廟,亦名祧①

士於廟,若天子、諸侯冠,在始祖之廟,是以襄九年季武子云“以先君之祧處之”,祧則與《聘禮》“先君之祧”謂遷主所藏始祖同也。若然,服氏注以祧爲曾祖者,以其“公還及衛,冠於衛成公之廟”,服注“成公,衛曾祖”,故以祧爲曾祖廟,時不冠於衛之始祖,以非己廟故也。無大夫冠禮,若幼而冠者,與士同在禰廟。

十一　筮在廟門外,嫌蓍之靈由廟神

云“不於堂者,嫌蓍之靈由廟神”者②,此據經③,冠在廟堂,此蓍筮在門外,不同處,故以門決堂④,以蓍自有靈,知吉凶不假廟神。

十二　將謀日,親父兄先服即位

主人玄冠、朝服、緇帶、素韠,即位于門東,西面。
注:主人,將冠者之父兄也。
釋曰:此主人將欲謀日之時,先服,即位於禰廟門外東⑤,西面立,以待筮事也。當是父子加冠之禮,知兼有兄者,《論語》云“出則事公卿,入

---

① “十魯襄”至“亦名祧”,原在頁眉處,占行十三至十八,謹依題義挪至此處。又,“魯襄”二字漫漶,據再造本寫定。

② “蓍”下原有“龜”字,倉石武四郎《儀禮疏攷正》云:“注疏本無‘龜’字,與注合,下同。”據刪,下文亦刪。

③ “據”下原無“經”字,汪刻本及張、阮刻本均有“經”字,據補。

④ “門”字原作“廟”,曹云:“‘廟’疑當爲‘門’。”據改。

⑤ “於”字原作“以”,汪刻本及張、阮刻本均作“於”,據改。

則事父兄",父兄者①,一家之統,父不在則兄爲主可知,故兼其兄也。又案下文"若孤子,則父兄戒、宿。冠之日,主人紒而迎賓",則無親父、親兄,故彼注云"父、兄,諸父、諸兄",則知此主人迎賓是親父、親兄也。云"玄冠,委貌者",此云"玄冠",下記云"委貌",彼云"委貌",見其安正容體,此云"玄冠",見其色,實一物也。

十三　衣與冠、裳與韠同色,若異色,則別言之

云"朝服者,十五升布衣而素裳也",裳與韠同色②。云"衣不言色者,衣與冠同也"者,禮之通例,衣與冠同色,故《郊特牲》云"黄衣黄冠"是也,裳與韠同色,故下"爵弁服、纁裳、韎韐",韎即纁之類是也③,經直云朝服不言色,與冠同可知也。若然,鄭不言裳與韠同色者,舉衣與冠同,裳與韠同亦可知。素裳,積白素絹爲之④。其衣冠色異,經即別言之,是以下云"爵弁服,純衣"是也。

十四　筮用朝服,冠用玄端,尊蓍龜

云"筮必朝服者,尊蓍龜之道"者,案《鄉飲酒》主人朝服,則此有司、賓、主朝服,自是尋常相見所服,非特相尊敬之禮,此筮而朝服,決正冠時與士之祭禮入廟常服玄端,今此筮亦在廟,不服玄端,故云"尊蓍龜之道"。此筮唯有蓍,兼言龜者,案《周禮》小事徒筮而已,若大事先筮而後

---

①　"父兄"下原不重"父兄"二字,四庫本及汪刻本均重"父兄"二字,據補。
②　"云朝"至"同色",此乃了翁以己語概括者,賈疏原作"云'朝服者,十五升布衣'者,《雜記》云朝服十五升布也。云'素裳'者,雖經不言裳,裳與韠同色。"
③　"韎"下原有"韐"字,曹云:"'韐'字當删。"據删。
④　"素裳"至"爲之",原疏"其衣冠色異"前無此文,此乃了翁據前疏"云'素裳'者,雖經不言裳,裳與韠同色,云'素韠'者,故知裳亦積白素絹爲之也"之文而以己語概括并補綴者。

卜，龜蓍是相將之物①，同著朝服，故兼言龜，是以《雜記》卜筮皆朝服也②。

十五　《特牲》、《少牢》筮日與祭同服，祭與冠異③

案《特牲禮》筮日與祭同服玄端，《少牢》筮日與祭同服朝服，不特尊著龜者，彼爲祭事，龜不可尊於先祖，故同服，此爲冠事，龜可尊於子孫，故服異也。

十六　在朝君臣同服，明堂中不言臣

云"緇帶，黑繒帶。素韠，白韋韠"者，案《玉藻》云云④。云"天子與其臣，玄冕以視朔，皮弁以日視朝"者，此約《玉藻》而知，案彼云"天子玄端聽朔於南門之外，皮弁以日視朝"，又云"諸侯皮弁以聽朔於太廟，朝服以日視朝於內朝"，彼注云"端當爲冕"，謂天子以玄冕聽朔於南門之外明堂之中，彼皆不言臣，此鄭兼言臣者，欲見在朝君臣同服，引之者，證天子、諸侯與其臣子筮冠同服⑤。

十七　有司，羣吏有事者，主人辟除，猶漢時假吏

有司如主人服，即位于西方，東面北上。

釋曰：此論主人有司從主人有事，故立位於廟門外西方，東面以待事也。士雖無臣，皆有屬吏、胥徒及僕隸，故云"有司，羣吏有事者"也。

---

①　"著"字原作"筮"，筮用蓍，卜用龜，龜、蓍相對，爲卜、筮所用之物，此既言"相將之物"，疑"筮"乃"蓍"之誤，謹改。

②　"是以"至"服也"，盛世佐《儀禮集編》云："《禮記》言大夫卜宅與葬日云'占者皮弁'，又云'如筮則占者朝服'，是其服異也。"倉石武四郎《儀禮疏攷正》云："案《雜記》云：'大夫卜宅，占者皮弁。如筮，則占者朝服。'與此違。"姑仍其舊。

③　"十五特牲"至"與冠異"，原在頁眉處，占行一至六，謹依題義挪至此處。

④　"云緇"至"云云"，此乃了翁節引，下作"云云"者多倣此，不復出校。

⑤　"證天"至"同服"，此乃了翁以己語概括者，賈疏原作"證此玄冕朝服而筮者是諸侯之士，則諸侯與其臣與子加冠，同服皮弁以筮日，天子與其臣與子加冠，同服玄冕以筮日矣"。

十八　主人自辟除，謂去役賦，補置之[①]

云"謂主人之吏，所自辟除府史以下，今時卒吏及假吏是也"者，案《周禮》三百六十官之下皆有府史胥徒，不得君命，主人自辟除，去役賦，補置之是也[②]。又案《周禮》皆云"府史"，此云"羣吏"，吏、史亦一也，故舉漢法爲證。又《周禮》鄭注云"官長所自辟除"，此云"主人"者，以此經云"主人"，故依經而直云"主人"，主亦爲長者也[③]。又此注以有司爲羣吏，案《特牲》以有司爲士屬吏，不同者，言羣吏則謂府史胥徒也，言屬吏則謂君命之士，是以下文"宿贊冠者"注云"謂賓若他官之屬，中士若下士也"。又主人贊者，亦云"其屬中士若下士"，是言屬者，尊之義。《特牲》之有司，"士之屬吏"，亦此類也[④]。

十九　所卦者畫地記爻，古用木畫地，今用錢

筮與席、所卦者，具饌于西墊。

釋曰："筮，所以問吉凶，謂蓍也"者，案《曲禮》云"龜爲卜，策爲筮"，故知問吉凶謂蓍。案《易》筮法用四十九蓍，"分之爲二以象兩，卦一以象三，揲之以四以象四時，歸奇於扐以象閏，十有八變而成卦"是也。云"所卦者，所以畫地記爻"者，筮法，依七八九六之爻而記之，但古用木畫地，今則用錢。以三少爲重錢，重錢則九也；三多爲交錢，交錢則六也；兩多一少爲單錢，單錢則七也；兩少一多爲坼錢，坼錢則八也[⑤]。案《少牢》云"卦者在左坐，卦以木"，故知古者畫卦以木也。

---

① "十八主人"至"補置之"，原在頁眉處，占行四至八，謹依題義挪至此處。
② "補"字原作"布"，四庫本及汪刻本作"補"，合於題"十八"，據改。
③ "主"字原作"中"，四庫本作"主"，據改。
④ "此"字原作"親"，阮云："浦鏜疑'親'爲'此'字之誤。"據改。
⑤ 二"坼"字，汪刻本前作"坼"，後作"拆"，張、阮刻本均作"拆"，姑仍其舊。

二十　西塾,門外西堂,闑西閾外指陳席處

具饌于西塾,布席于門中,闑西閾外,西面。

云"西塾,門外西堂也"者,案《爾雅》云"門側之堂謂之塾",即《士虞禮》云"羞燔俎在内西塾上,南順"是也,筮在門外,故知此經"西塾,門外西堂也"。釋曰:此所布之席,擬卜筮之事。言在門中者①,以大分言之。云"闑西閾外"者,指陳席處也。

二一　此注以槷、蹙非門限之義,故不從古文

二二　高堂生所傳今文,魯恭王所得古文②

云"闑,門橛"者,闑,一名橛。"閾,閫也"者,閫,門限,與閾爲一。云"古文闑爲槷,閾爲蹙"者,遭於暴秦,燔滅典籍,漢興,求録遺文之後,有古文③、今文。《漢書》云魯人高堂生爲漢博士,傳《儀禮》十七篇,是今文也。至武帝之末,魯恭王壞孔子宅,得古《儀禮》五十六篇,其字皆以篆書,是爲古文也。古文十七篇與高堂生所傳者同而字多不同,其餘三十九篇絶無師説,祕在於館。鄭注《禮》之時,以今、古二字並之,若從今文,不從古文,即今文在經,"闑"、"閾"之等是也,於注内疊出古文"槷"、"蹙"之屬是也;若從古文,不從今文,則古文在經,注内疊出今文,即下文"孝友時格",鄭注云"今文格爲嘏",又《喪服》注"今文無冠布纓"之等是也。此注不從古文"槷"、"蹙"者,以"槷"、"蹙"非門限之義,故從今不從古也。

---

① "門中"原作"中門",四庫本作"門中",據改。

② "二二高堂"至"得古文",原在頁眉處,占行四至九,"漢書云"至"古文也"乃與此題對應之文字,涵于題二一所領正文内,不宜段分,謹依題義挪至此處。

③ "文"字原作"書",曹云:"'書'當爲'文'。"據改。

二三　鄭注或從今，或從古，或疊二文，別釋餘義①

《儀禮》之内，或從今，或從古，皆逐義彊者從之。若二字俱合義者②，則互換見之③，即下文云“壹揖，壹讓，升”，注云“古文壹皆作一”，《公食大夫》“三牲之肺不離，贊者辨取之，一以授賓”，注云“古文一爲壹”，是大小注皆疊，今、古文二者俱合義，故兩從之。又鄭疊古、今之文者，皆釋經義盡乃言之，若疊今、古之文訖④，須別釋餘義者，則在後乃言之，即下文“孝友時格”，注云“今文格爲嘏”，又云“凡醮不祝”之類是也。若然，下記云“章甫，殷道”，鄭云“章，明也。殷質，言以表明丈夫也。甫，或爲父，今文爲斧”，事相連⑤，故因疊出今文也。

二四　筮人執筴，抽韇，向東方受命請筮

筮人執筴，抽上韇，兼執之，進受命於主人。

釋曰：云“筮人”者，有司主三《易》者也⑥。云“韇，藏筴之器”者⑦，韇有二，其一從下向上承之，其一從上向下韜之也。云“今時藏弓矢者，謂之韇丸也”者，此舉漢法爲況，亦欲見韜弓矢者以皮爲之，故《詩》云“象弭魚服”，是以魚皮爲矢服，則此韇亦用皮也。知“自西方而前”者，上云“即位於西方”，故知前向東方受命也。云“受命者，當知所筮也”者，謂執不知以請筮何事⑧，宰遂命之也。

---

① “二三鄭注”至“釋餘義”，原在頁眉處，占行十至十六，謹依題義挪至此處。
② “義”原作“儀”，四庫本、汪刻本作“義”，據改。
③ “換”字原作“挽”，四庫本作“換”，倉石云：“‘挽’，各本作‘換’，似是。《校釋》仍作‘挽’字，云挽蓋委曲之義，殆望文生義，不宜從。”據改。
④ “訖”原作“説”，阮云：“‘説’一本改作‘訖’。”倉石云：“‘説’，殿本改爲‘訖’。”據改。
⑤ “連”字原作“違”，曹云：“‘違’，毛本作‘爲’，似是。”倉石云：“‘違’，注疏本作‘爲’。今案疑當作‘連’，形近之譌。”據倉校改。
⑥ “云筮”至“者也”，此乃了翁以己語概括者，鄭注原作“筮人，有司主三《易》者”。
⑦ “筴”字原作“筮”，四庫本作“筴”，據改。
⑧ “執”下原有“之”字，曹云：“‘之’字衍，‘執不知’三字出《公羊解詁》。”據删。

11

二五　古法，卜用三龜，筮用三《易》①

凡卜筮之法，案《洪範》云"七、稽疑，擇建立卜筮人。三人占，從二人之言"，又案《尚書·金縢》云"乃卜三龜，一習吉"，則天子、諸侯卜時三龜並用，於《玉》、《瓦》、《原》三人各占一兆也，筮時《連山》、《歸藏》、《周易》亦三《易》並用，夏、殷以不變爲占，《周易》以變者爲占，亦三人各占一《易》，卜筮皆三占從二②。三者，三吉爲大吉，一凶爲小吉，三凶爲大凶，一吉爲小凶③。案《士喪禮》筮宅，"卒筮，執卦以示命筮者。命筮者受視，反之，東面旅占"④，注云"旅，衆也。反與其屬共占之，謂掌《連山》、《歸藏》、《周易》者"，又卜葬日云"占者三人在其南"，注云"占者三人，掌《玉兆》、《瓦兆》、《原兆》者也"，《少牢》大夫禮，亦是三人占⑤，鄭既云"反與其屬共占之"⑥，則鄭意大夫卜筮同用一龜、一《易》，三人共占之矣。其用一龜、一《易》則三代顆用⑦，不專一代，故《春秋緯演孔圖》云"孔子脩《春秋》，九月而成，卜之，得《陽豫》之卦"，宋均注云"《陽豫》，夏、殷之卦名，故今《周易》無文"，是孔子用異代之筮，則大夫卜筮皆不常據一代者也。

二六　士雖無臣，以屬吏爲宰

宰自右少退，贊命。

注：佐主人告所以筮也云云。

釋曰：知"宰"是"有司主政教者"，士雖無臣，以屬吏爲宰，若諸侯使

---

① "二五古法"至"用三易"，原在頁眉處，占行二至六，謹依題義挪至此處。

② "筮"上原無"卜"字，阮云："毛本'筮'上有'卜'字。倉石云：''筮'上注疏本有'卜'字，《校勘記》云無卜字是，今案此以卜筮相提並論，單疏無'卜'，脱耳。"據補。

③ "一凶爲小吉"下原無"三凶爲大凶一吉爲小凶"十字，汪刻本及張、阮刻本均有此十字，可知賈疏原有此十字，補之義更全，據補。

④ "面"字原作"西"，四庫本、汪刻本作"面"，據改。

⑤ "是"字原作"云"，倉石云："《通解》云《少牢禮》無此文，《詳校》云'云'當作'是'。"據改。

⑥ "占"上原無"共"字，四庫本《儀禮注疏》有"共"字，且前引注文亦有"共"字，據補。

⑦ "則三代顆用"，"顆"字四庫本作"類"，阮云："毛本'顆'作'類'。按'顆'即'科'字。"作"顆"亦通，故仍其舊。

司徒兼冢宰以出政教之類。

二七　贊命皆在右,《特牲》自左者爲神故變

注:《少儀》曰:"贊幣自左,詔辭自右。"

引《少儀》者,取證贊命在右之義,以其地道尊右,故贊命皆在右,是以《士喪禮》亦云"命筮者在主人之右",注云"命尊者,宜由右出"。《特牲》云"宰自主人之左贊命",不由右者,爲神求吉變故也。《士喪》在右不在左者,以其始死,未忍異於生,故在右也。《少牢》宰不贊命,大夫尊屈,士卑不嫌,故使人贊命。

二八　祭禮卦者書,筮人示,喪與冠又異祭

卒筮,書卦,執以示主人。

注。

卦體得成,更以方版畫體。釋曰:案《特牲》云"卒筮,寫卦,筮者執以示主人",注云卦者主畫地識爻,六爻備,乃以方版寫之,則彼寫卦亦是卦者,故鄭云卦者畫爻者。彼爲祭禮,吉事尚提提,故卦者寫卦,筮人執卦,以示主人。《士喪禮》注云"卦者寫卦,示主人",經無寫卦之文,是卦者自畫示主人,以其喪禮遽於事,故卦者自畫、自示主人也。此冠禮,筮者自寫、自示主人,冠禮異於祭禮、喪禮故也。

二九　祭祀三卜則止,冠子不可止,故容後月

若不吉,則筮遠日,如初儀。

注:遠日,旬之外。

釋曰:《曲禮》"吉事先近日",此冠禮是吉事,故先筮近日,不吉,乃更筮遠日。是上旬不吉,乃更筮中旬①,又不吉,乃更筮下旬。《曲禮》云"旬

---

①　"乃"下原無"更"字,汪刻本及張、阮刻本均有"更"字,且其上下"不吉,乃更筮遠日"、"又不吉,乃更筮下旬"之文均有"更"字,此亦當有"更"字,據補。

之内曰近某日,旬之外曰遠某日",彼據吉禮而言。"旬之内曰近某日",據士禮旬内筮,故云"近某日",是以《特牲》旬内筮日是也。"旬之外曰遠某日"者,據大夫以上禮旬外筮,故言"遠某日",是以《少牢》"筮旬有一日"是也。案《少牢》云"若不吉,則及遠日,又筮日如初",鄭注云"及,至也。遠日,後丁若後己",言至遠日,又筮日如初,明不并筮,則前月卜來月之上旬,上旬不吉,至上旬又筮中旬,中旬不吉,至中旬又筮下旬,下旬不吉則止,不祭祀也。若然,《特牲》不言及,則可上旬之内筮,不吉則預筮中旬,中旬不吉又預筮下旬,又不吉則止。若此冠禮亦先近日,《士冠禮》亦於上旬之内預筮三旬,不吉則更筮後月之上旬,以其祭祀用孟月,不容入他月,若冠子,則年已二十,不可止,終須冠①,故容入後月。

三十　有禮辭、固辭、終辭、三辭

主人戒賓,賓禮辭,許。

注:今將冠子,故就告僚友使來。

云"禮辭,一辭而許"者,即此文是也。云"再辭而許曰固辭"者,則《士相見》云"某也願見,無由達,某子以命命某見。主人對曰:某子命某見,吾子有辱,請吾子之就家也,某將走見。賓對曰:某不足以辱命,請終賜見。主人對曰:某不敢爲儀,固請君子之就家也,某將走見。賓對曰:某不敢爲儀,固以請。主人對曰:某也固辭,不得命,將走見",是其再辭而許,名爲固辭之義也。云"三辭曰終辭,不許也"者,又《士相見》云"士見於大夫,終辭其摯",是三辭不許爲終辭之義也。若一辭不許,後辭上許,則爲禮辭許;若再辭不許,後三辭上許,則爲再辭而許之,曰固辭;若不許,至於三辭又不許,則爲三辭,曰終辭不許也。又三辭而許,則曰三辭,若三辭不許,乃曰終辭。是以《公食大夫》戒賓,"上介出請,入告,三辭",又《司儀》云"諸公相爲賓,主君郊勞,交擯,三辭,車逆,拜辱,三揖三辭",注云"先辭,辭其以禮來於外。後辭,辭升堂",皆是三辭而許稱三辭。

---

① "終"字原作"然",曹云:"'然'當爲'終'。"據改。

三一　賓先戒後筮,鄭云賢者恒吉

前期三日,筮賓,如求日之儀。

注:前期三日,空二日也。

釋曰[①]:云“筮賓,筮其可使冠子者”,即下文三加,皆賓親加冠於首者是也。云“賢者恒吉”者,解經先戒後筮之意。凡取人之法,先筮後戒,今以此賓是賢者,必知吉,故先戒賓,賓已許,方始筮之,以其賢恒自吉,故先戒後筮之也。若賢恒吉,必筮之者,取其審慎。

三二　冠筮賓,《特牲》、《少牢》不筮[②]

然冠既筮賓,《特牲》、《少牢》不筮賓者,彼以祭祀之事,主人自爲獻主,群臣助祭而已。天子、諸侯之祭,祭前已射於射宮,擇取可預祭者,故不筮之也。

三三　賓與贊冠者戒而又宿,衆賓不宿

乃宿賓,賓如主人服,出門左西面再拜,主人東面答拜。

釋曰:鄭訓“宿”爲“進”者,謂進之使知冠日當來,故下文“宿曰:某將加布於某之首,吾子將蒞之,敢宿。賓對曰:某敢不夙興”,是宿之使進之義也。云“宿者必相戒”者,謂若賓及贊冠同在上戒賓之内,已戒之矣,今又宿,是“宿者必先戒”也。云“戒不必宿”者,即上文戒賓之中,除正賓及贊冠者,但是僚友欲觀禮者皆戒之,使知而已,後更不宿,是“戒不必宿”者也。云“不宿者爲衆賓,或悉來,或否”者,此決賓與贊冠者戒而又宿,不得不來,衆賓主來觀禮,非要須來,容有不來者,故直戒不宿也。云“主人朝服”者,見上文。

---

①　“釋”下原無“曰”字,依其慣例,“釋”下當有“曰”字,謹補。

②　“三二冠筮”至“牢不筮”,原在頁眉處,占行十五至十八,謹依題義挪至此處。

三四　有戒無宿者,無無戒而有宿者^①

凡有戒無宿者非止於此。案《鄉飲酒》、《鄉射》"主人戒賓"及《公食大夫》"使大夫戒,各以其爵"^②,皆是當日之戒,理無宿也。又《大射》"宰戒百官有事於射者,射人戒諸公、卿、大夫射,司士戒士射與贊者。前射三日,宰夫戒宰及司馬",皆有戒而無宿是也。"射人宿視滌",此言宿者,謂將射之前,於宿預視滌濯,非戒宿之意也。若然,《特牲禮》云前期三日宿尸,前無戒而直有宿者,《特牲》文不具,其實亦有戒也。又《禮記·祭統》云"先期旬有一日,宮宰宿夫人。夫人亦散齋七日,致齋三日",注云"宿,讀爲肅。肅,猶戒也,戒輕肅重也"者,彼以夫人尊,故不得言戒而變言宿,"讀爲肅"者,肅亦戒之義,彼以宿當戒處,非謂祭前三日之宿也。《太宰》云"祀五帝則掌百官之誓戒"者,謂戒百官,使之散齋,至祭前三日當致齊也。凡宿賓之法,案《特牲》云"前期三日筮尸,乃宿尸,厥明夕,陳鼎",則前期二日宿之也。《少牢》"筮吉"下云"宿",鄭注云"大夫尊,儀益多,筮日既戒諸官以齊戒矣,至前祭一日,又戒以進之,使知祭日當來",又云"前宿一日,宿戒尸",注云"先宿尸者,重所用爲尸者,又爲將筮",又云"吉則乃遂宿尸"^③,是前祭二日宿尸,至前祭一日筮尸訖又宿尸^④。天子、諸侯祭前三日宿之,使致齊也。

三五　賓及贊冠皆屬官,降主人一等

乃宿賓,賓許。主人再拜,賓答拜。主人退,賓拜送。

釋曰:"謂賓若他官之屬"者,此所取本由主人之意,或取賓之屬,或取他官之屬,故鄭兩言之。案《周禮》三百六十官,每官之下皆有屬官。

---

① "無"下原不重"無"字,今案賈疏之義旨在強調戒而未必有宿,而宿者必先戒,故疑脱一"無"字,謹補。

② "各"上原無"使大夫戒"四字,曹云:"'各'上似脱'使大夫戒'四字。"據補。

③ "吉"上原無"又云"二字,曹云:"'吉'上脱'又云'二字。"據補。

④ "是前"至"宿尸"原作"是前祭二日筮尸訖宿尸至前祭一日又宿尸",曹云:"當爲'是前祭二日宿尸,至前祭一日筮尸訖又宿尸'。"據乙。

假令上士爲官首，其下有中士、下士爲之屬。若中士爲官首，其下即有下士爲之屬也。云“中士若下士也”者，此據主人是上士而言之。贊冠者皆降一等，假令主人是上士，賓亦是上士，則取中士爲之贊；假令主人是下士，賓亦是下士，則亦取下士爲之贊，禮窮則同故也。云“宿之以筮賓之明日”者，以下有“厥明夕，爲期”，是冠前一日，宿賓、宿贊在“厥明”之上，則去冠前二日矣，筮賓是前期三日，則知宿賓、贊冠者是筮賓之明日可知。釋又云：“上‘宿賓’據擯者傳辭，賓出與主人相見。此經據主人自致時，故再舉‘宿賓’之文也”①。

三六　“厥明夕，爲期”謂冠前之夕與賓、贊期

厥明夕，爲期于廟門之外。主人立于門東，兄弟在其南云云。

釋曰：自此至“賓之家”，論冠前一日之夕，爲明日加冠之期告賓之事也。云“厥明夕，爲期”者，謂宿賓與贊冠明日向暮，爲加冠之期。必於廟門者，以冠在廟，知亦在廟爲期也。主人之類在門東，賓之類在門西者，各依賓主之位，夾處東西也。

三七　在主曰擯，在客曰介，亦曰相

擯者請期，宰告曰：“質明行事”。

注：擯者，有司佐禮者。

釋曰：上云“有司”，此言“擯者”，故知擯者是有司佐主人行冠禮者也。云“在主人曰擯，在客曰介”者，案《聘禮》及《大行人》皆以在主人曰擯，在客稱介，亦曰相，《司儀》云“每門止一相”是也。上經布位已畢，此經見爲期之事。請主人加冠之期，宰贊命告之②。

---

①　“釋又云”至“之文也”，原在頁眉處，占行八至十三，乃了翁增補之疏文，實與“乃宿”至“拜送”之經相對，而“釋曰”至“可知”之文原爲下經“宿贊冠者一人，亦如之”之疏，然了翁既曰“釋又云”，故宜依其文義挪至此處。又，賈疏“據擯者”上原無“宿賓”二字，亦乃了翁所增。

②　“上經”至“告之”，此乃了翁以己語概括者，賈疏原作“上經布位已訖，故此經見爲期之事。言‘請期’者，謂請主人加冠之期。言‘告曰’者，即是宰贊命告之也。”

三八 《特牲》請期曰羹飪,此無羹飪①,故云質明

云"旦日正明行冠事"者,案《特牲》"請期曰羹飪",鄭注云"肉謂之羹。飪,熟也。謂明日質明時而曰肉熟,重豫勞賓",此無羹飪,故云質明,《少牢》云"旦明行事",故此注取彼而言"旦日正明行冠事"也。

三九 洗,棄水器,《漢禮器制度》士用鐵

夙興,設洗,直于東榮,南北以堂深,水在洗東。

釋曰:云"洗,承盥洗者棄水器也"者,謂盥手洗爵之時,恐水穢地,以洗承盥洗水而棄之,故云"棄水器也"。云"士用鐵"者,案《漢禮器制度》"洗之所用,士用鐵,大夫用銅,諸侯用白銀,天子用黃金也。"

四十 榮謂屋翼,即漢之搏風②

云"榮,屋翼也"者,即今之搏風,云"榮"者,與屋爲榮飾。言"翼"者,與屋爲翅翼也。

四一 《匠人》於殷路寢言四阿,明夏否

"周制,自卿大夫以下,其室爲夏屋"者,言"周制"者,夏、殷卿大夫以下屋無文,故此經是周法,即以周制而言也。案此經是士禮而云"榮",《鄉飲酒》卿大夫禮,《鄉射》、《喪大記》大夫士禮,皆云"榮"。又案《匠人》云"夏后氏世室,堂脩二七,廣四脩一,五室",此謂宗廟,

---

① "羹"下原無"飪"字,疏既作"此無羹飪",疑此脫"飪"字,謹補。
② 此題原在"言'翼'者,與屋爲翅翼也"疏文之下別行另起,蓋系後補者,謹依題義挪至此處。又,"搏"字原作"博",疏同。倉校下疏"即今之博風"云:"'博'閩本作'搏',殿本作'搏',《校勘記》云'衛氏湜《禮記集說·鄉飲酒義》引此正作搏'。"據改,疏亦改。

路寢同制，則路寢亦然，雖不云“兩下爲之”，彼下文云“殷人重屋，四阿”，鄭云“四阿，四注屋”，重屋謂路寢，殷之路寢四阿，則夏之路寢不四阿矣，當兩下爲之，是以《檀弓》孔子云“見若覆夏屋者矣”，鄭注云“夏屋，今之門廡也”①，漢時門廡②，兩下爲之，故舉漢法以況夏屋兩下爲之。或名兩下屋爲夏屋，夏后氏之屋亦爲夏屋。

四二　鄭以卿大夫、士言榮，天子、諸侯當言霤③

鄭云卿大夫以下，其室爲夏屋兩下，而周之天子、諸侯皆四注，故《喪大記》云“升自屋東榮”，鄭以爲卿大夫、士，其天子、諸侯當言東霤也。周天子路寢，制似明堂，五室十二堂，上圓下方，明四注也，諸侯亦然，故《燕禮》云“洗當東霤”，鄭云“人君爲殿屋也”。

四三　水器尊卑皆用金罍，沃盥用枓

云“水器④，尊卑皆用金罍，及大小異”者，此亦案《漢禮器制度》尊卑皆用金罍⑤，及其大小異，此篇與《昏禮》、《鄉飲酒》、《鄉射》、《特牲》皆直言水，不言罍，《大射》雖云罍水，不云枓，《少牢》云“司宮設罍水於洗東，有枓”，鄭注云“設水用罍，沃盥用枓，禮在此也”，欲見罍、枓俱有，餘文無者，不具之意也。

四四　《儀禮》內設洗、設尊先後及有無異

《儀禮》之內，設洗與設尊，或先或後不同者，若先設洗則兼餘事⑥，此《士冠》賓與贊共洗，《昏禮》有夫婦與御媵之等，《少牢》、《特牲》兼

---

①　“也”字原在“漢時門廡”下，倉石云：“金氏曰追《儀禮經注疏正譌》云：‘也字，《通解》本在漢時門廡上，與《檀弓》注合。’”據乙。

②　“時”字原作“之”，四庫本作“時”，據改。

③　“四二鄭以”至“當言霤”，原在頁眉處，占行一至六，謹依題義挪至此處。

④　“水器”下原有“金罍”二字，汪刻本及張、阮刻本均無，合於注，據删。

⑤　“禮”上原無“漢”字，四庫本及張、阮刻本均有“漢”字，據補。

⑥　“若”下“先”字原不可識，據四庫本補。

舉鼎，不專爲酒，以是皆先設洗；《鄉飲酒》、《鄉射》先設尊者，以其專爲酒，《燕禮》、《大射》自相對，《大射》辨尊卑，故先設尊，《燕禮》不辨尊卑，故先設洗。又《儀禮》之内，或有尊無洗，或尊、洗皆有，文不言設之者，是不具也。

儀禮要義卷第二　士冠禮二

一　陳服東領，異凶禮，北上，先卑服

陳服于房中西墉下，東領，北上。

注：墉，牆。

釋曰：自此至“東面”，論陳設衣服、器物之等以待冠事。《喪大記》與《士喪禮》服或西領，或南領，此東領者，此嘉禮異於凶禮故也。士冠時先用卑服[①]，北上，便也。

二　爵弁，士與君祭之服，冕之次

爵弁服，纁裳，純衣，緇帶，韎韐。

此所陳從北而南，故先云云[②]。釋曰：士禮玄端自祭，以爵弁服助君祭，故云“與君祭之服”也。云“爵弁者，冕之次”者，凡冕以木爲體，長尺六寸，廣八寸，績麻三十升布，上以玄，下以纁，前後有旒。其爵弁制大同，唯無旒，又爲爵色爲異。又名冕者，俛也，低前一寸二分，故得冕稱。其爵弁則前後平，故不得冕名，以其尊卑次於冕，故云“爵弁，冕之次”也。云“其色赤而微黑，如爵頭然，或謂之緅”者，三入爲纁[③]，若以纁入黑則爲紺，以紺入黑則爲緅，是三入赤，再入黑，故云云。鄭注《鍾氏》云“今

---

① “時”字原作“特”，四庫本作“時”，阮云：“毛本、《通解》‘特’作‘時’。”據改。

② “此所”至“云云”，乃賈氏疏經之文，四庫本作“注此與君祭之服云云”，所引乃鄭注，此仍其舊。

③ “三入爲纁”原作“七入爲緇”，曹云：“似當作‘三入爲纁’。”倉石云：“《詳校》云當作‘三入爲纁’。”據改。

《禮》俗文作爵,言如爵頭色也"。《巾車》注"黑多赤少色"。

三　朝服十五升,故冕三十升,冠常倍服

云"其布三十升"者,取冠倍衣之義①,是以《喪服》衰三升,冠六升,朝服十五升,故冕三十升也。

四　緅、赬、纁皆淺絳,朱則四入與? 無正文

云云凡染絳,一入謂之緅,再入赬,三入纁,朱則四入與②?

云"纁裳,淺絳裳"者,絳則一染至三染同云淺絳,《詩》云"我朱孔陽"③,毛傳云"朱,深纁也",故從一染至三染皆謂之淺絳也。云"朱則四入與"者,《爾雅》及《鍾氏》皆無四入之文,經有朱色,故鄭約之,若以纁入黑則爲紺,若以纁入赤則爲朱,無正文,故云"與"以疑之。然上注以解玄纁,故引《鍾氏》染黑法,此解纁,故引《爾雅》染赤法。

五　諸經內"純"字,鄭或爲絲,或爲色

云"純衣,絲衣也"者,案鄭解純字,或爲絲,或爲色,兩解不同者,皆望經爲注。若色理明者,以絲解之;若絲理明者,以色解之。此經玄衣與纁裳相對,上玄下纁,色理自明,絲理不明,則以絲解之。《昏禮》"女次,純衣",注云"絲衣",以下文有"女從者畢袗玄",色理自明,則亦絲理不明,故亦以絲理解之。《周禮·媒氏》云"純帛無過五兩",注云"純,實緇字也,古緇以才爲聲。納幣用緇,婦人陰也",以經云"純帛",絲理自明,故爲色解之。《祭統》云"蠶於北郊,以供純服",絲理自明,故鄭亦以色解也。《論語》云"麻冕,禮也。今也純,儉",以純對麻,絲理自明,故鄭亦以色解之。是注有不同之事,但古緇、才二字並行,若據布爲色者則爲緇

① "倍"下原無"衣"字,曹云:"'倍'下似脫'衣'字。"據補。
② "云云"至"入與",此乃引翁節引之鄭注,鄭注"再入"、"三入"下原各有"謂之"二字。又,四庫本乙"云云"二字至"入與"下,文義雖更顯豁,然底本格式如此者不止一例,故仍其舊。
③ "陽"字原作"揚",四庫本及汪刻本均作"陽",合於《诗》,據改。

字,若據帛爲色者則爲紭字①。但緇布之緇多在,本字不誤,紭帛之紭則多誤爲純。

六　冕、爵弁服用絲,皮弁、玄端服、深、長衣等皆布

餘衣皆用布,惟冕與爵弁服用絲耳。

釋曰:鄭云"餘衣皆用布"者,此據朝服、皮弁服、玄端服及深衣、長衣之等皆以布爲之,是以《雜記》云朝服十五升布,玄端亦朝服之類②,則皮弁亦是天子朝服,深衣或名麻衣③,故知用布也。

七　以韎染韋合爲韐,因名韎爲韎韐

韎韐,緼韍也。士緼韍而幽衡,合韋爲之。

釋曰:鄭云"韎韐,緼韍也"者,此經云韎韐,二者一物,故鄭合爲一物解之也。云"士緼韍而幽衡"者,《玉藻》文。言"幽衡"者,同繫於革帶,故連引之也。云"合韋爲之"者,鄭即因解名"緼韍"之字言"韐"者,韋旁著合,謂合韋爲之,故名"韐"也。云"士染以茅蒐,因以名焉"者,案《爾雅》云"茹藘,茅蒐",孫氏注"一名蒨,可以染絳",若然,則一草有此三名矣,但周公時名蒨草爲韎草,以此韎染韋,合之爲韐,因名韍爲韎韐也。云"韍之制似韠"者,案上注已釋韠制,其韍之制亦如之,但有飾無飾爲異耳。

八　祭服謂之韍,他服曰韠,君臣韍異④

祭服謂之韍,其他服謂之韠。《易·困卦·九二》"困於酒食,朱韍方來,利用享祀",是祭服之韍也。又案《明堂位》云"有虞氏服韍,夏后氏

① "帛"字原作"白",汪刻本及張、阮刻本均作"帛",據改。
② "亦朝服"原作"亦服",阮云:"浦鏜云'亦'下當脫'朝'字。"倉石云:"'服'上殿本、《正字》俱增'朝'字。"據補。
③ "麻衣"原作"麻布",四庫本及汪刻本均作"麻衣",據改。
④ "八祭服"至"臣韍異",原在頁眉處,占行十二至十七,謹依題義挪至此處。

山，殷火，周龍章"，鄭云"後王彌飾，天子備焉，諸侯火而下，卿大夫山，士鞾韋而已"，是士無飾則不得單名韍，一名韠韐，一名縕韍而已，是韍有與韠異①，以制同飾異，故鄭云"韍之制似韠"也。但染韋爲韍之禮，天子與其臣及諸侯與其臣有異。《詩》云"朱芾斯黃"，鄭云"天子純朱，諸侯黃朱"，《詩》又云"赤芾在股"②，是諸侯用黃朱，《玉藻》再命、三命皆云赤韍，是諸侯之臣亦用赤韍。

九　鄭以《困·九二》"朱韍"爲文王將王之制

《困卦·九二》云"困於酒食☲☱兌③，朱韍方來，利用享祀"，鄭注云"二據初辰在未，未爲土，此二爲大夫有地之象。未上值天廚酒食，象困於酒食者采地薄不足已用也。二與日爲體，離爲鎮霍當云二與四爲離體④，爻四爲諸侯有明德，受命當王者。離爲火，火色赤，四爻辰在午時，離氣赤又朱"是也，文王將王，天子制用朱韍，故《易·乾鑿度》云孔子曰："天子、三公、諸侯同色，《困卦》'困于酒食，朱韍方來'"，又云"天子、三公、大夫皆朱韍⑤，諸侯亦同色"者，其染之法，同以淺絳爲名，是天子與其臣純朱，諸侯與其臣黃朱爲異。

十　爵弁服以冠表服，冠弁不與服同陳

爵弁服，纁裳云云見上。

"冠弁不與衣陳而言於上，以冠名服耳"者，案此文上下，陳服則於房，緇布冠及皮弁在堂下，是冠弁不與服同陳，今以弁在服上並言之者，

---

① "韠"字原作"縕"，阮云："浦鏜云'縕'當'韠'字之誤。按疑當云'是韍又與縕韍異'。"倉石云："'縕'，殿本、《正字》作'韠'，似是。《校勘記》乃云'當云是韍又與縕韍異'，恐非疏意。"據浦校、倉校改。

② "股"字原作"服"，四庫本及汪刻本均作"股"，合於《詩》，據改。

③ "☲☱兌☷☵坎"，原在頁眉處，占行八至九，謹依文義挪至此處。

④ "當云"至"離體"，原在頁眉處，占行十二至十三，謹依文義挪至此處。此乃了翁校正原疏舛誤之案語，可知宋時賈疏已誤作"二與日爲體離"。了翁既已勘誤，疏宜仍其舊，不改其誤。

⑤ "皆"字原作"不"，倉石云："'不'，殿本作'皆'。"四庫本《儀禮注疏》亦作"皆"，據改。

以冠弁表明其服。

十一　君臣視朔同皮弁服,以白鹿皮爲冠

皮弁服,素積,緇帶,素韠。

注:此與君眡朔之服也①。

釋曰:案《玉藻》云“諸侯皮弁聽朔於大廟”,又案《鄉黨》説孔子之服云“素衣麑裘”②,鄭云“視朔之服”,視朔之時,君臣同服也。云“皮弁者,以白鹿皮爲冠,象上古”者,《禮運》云“先王”云云,“未有麻絲,衣其羽皮”,鄭云“此上古之時”云云。

十二　經言素有三義

云“積,猶辟也。以素爲裳,辟蹙其要中”者,經典云素者有三義:若以衣裳言素者,謂白繒也,即此文之等是也③;畫繢言素者,謂白色,即《論語》云“繢事後素”之等是也;器物無飾亦曰素,則《檀弓》云“莫以素器”之等是也。

十三　玄端,大夫、士莫夕於君之朝服

玄端,玄裳、黃裳、雜裳可也,緇帶,素韠。

釋曰:云“此莫夕於朝之服”者,當是莫夕於君之朝服也。案《玉藻》云“君朝服以日視朝於內朝,夕深衣,祭牢肉”,是君朝服朝服,夕服深衣矣。下又云“朝玄端,夕深衣”,朝時所服與君不同,故鄭注云“謂大夫、士也”,則彼“朝玄端,夕深衣”是大夫、士家私朝也。若然,大夫、士既服玄端、深衣以聽私朝矣,此服注云“莫夕於朝之服”,是士向莫之時夕君之服。必以爲莫夕者④,朝禮備,夕禮簡,故以夕言之也。若卿大夫莫夕於

---

① “朔”字原作“朝”,張、阮刻本均作“朔”,合於《玉藻》“諸侯皮弁聽朔”之文,據改。
② “麑”字原作“霓”,四庫本及汪刻本均作“麑”,據改。
③ “文”字原作“人”,四庫本作“文”,曹云:“‘人’,各本作‘文’是。”據改。
④ “爲莫”原作“莫爲”,阮云:“‘莫爲’疑當作‘爲莫’。”據乙。

君,當亦朝服矣。

十四　無事則無夕法,子革、子我皆有事見君[①]

案《春秋左氏傳·成十二年》晉郤至謂子反曰"百官承事[②],朝而不夕",此云"莫夕"者,無事則無夕法,若夕有事,須見君,則夕,故昭十二年子革云"夕",哀十四年子我亦云"夕"者,皆是有事見君,非常朝夕之事也。

十五　玄端即朝服之衣,此經但易裳、韠

云"玄端即朝服之衣,易其裳耳"者,上云"玄冠,朝服,緇帶,素韠",此玄端亦緇帶,彼云"朝服",即此"玄端"也,但朝服亦得名端,故《論語》云"端章甫",鄭云"端,諸侯視朝之服耳",皆以十五升布爲緇色,正幅爲之,同名也。云"易其裳耳"者,彼朝服素韠,韠同裳色,則裳亦素,此既易其裳,以三等裳同爵韠,則韠亦易之矣[③],不言者,朝服言素韠,不言裳,故須言"易",彼言"素韠",此云"爵韠",於文自明。

十六　緇布冠缺項,約漢時卷幘言之

緇布冠缺項,青組纓屬于缺。

釋曰:云"缺,讀如'有頍者弁'之'頍'"者,讀從《頍弁》詩,義取在首。頍者,弁貌之意也。云"緇布冠無笄"者,案經皮弁、爵弁言笄,緇布冠不言笄,故云"無笄"也。云"著頍圍髮際"者,無正文,約漢時卷幘亦圍髮際,故知也。云"結項"者,此亦無正文,以經云頍項[④],明於項上結之也。云"隅爲四綴,以固冠也"者,此亦無正文,以義言之,既武以下別有頍項,

---

① "十四無事"至"事見君",原在頁眉處,占行六至十一,謹依題意挪至此處。

② "郤"字原作"卻",四庫本及汪刻本均作"郤",據改。

③ "亦"上原無"韠"字,曹云:"'亦'上脱'韠'字。"據補。

④ "頍"下原無"項"字,曹云:"'頍'下脱'項'字。"據補。

明於頍四隅爲綴①,上綴於武,然後冠得安穩也②。云"項中有繧,亦由固頍爲之耳"者③,此亦無正文。

十七　頍,漢卷幘,纚,漢幘梁,今皆未審

緇纚廣終幅,長六尺。

云"今未冠笄者④,著卷幘,頍象之所生"者,此舉漢法以況義耳。漢時男女未冠笄者,首著卷幘,其狀雖不審知⑤,既言頍圍髮際,故以況之,明漢時卷幘亦以布帛之等圍繞髮際爲之矣⑥。云"頍象之所生"者,漢時卷幘是頍之遺象所生,至漢時,故云"頍象之所生也"。云"滕、薛名蔮爲頍"者,此亦舉漢時事以況之,漢時滕、薛二國云蔮,蔮,卷幘之類,亦遺象,故爲況也。云"纚,今之幘梁"者,亦舉漢法爲況耳。幘梁之狀,鄭目驗而知,至今久遠,亦未審也。云"纚一幅,長六尺,足以韜髮而結之矣"者,人髮之長者不過六尺⑦,纚六尺,故云"足以韜髮"。既云"韜髮",乃云"結之",則韜訖,乃爲紒矣。

十八　皮爵弁有笄,屬以紘⑧,緇布冠無笄,以纓

皮弁笄,爵弁笄,緇組紘纁邊。

云"有笄者",即經云皮弁及爵弁皆云笄者,是有笄也。云"屈組爲紘"者,經"緇組紘纁邊"是爲有笄者而設,言"屈組"謂以一條組於左笄上

---

① "頍"字原作"首",曹云:"'首'似當爲'頍'。"據改。

② "冠"字原作"頍項",曹云:"'頍項'疑當爲'冠'。"據改。

③ "頍"上原無"固"字,汪刻本及張、阮刻本均有"固"字,據補。

④ "今"下原有"之"字,曹云:"注無'之'字。"據刪。

⑤ "其狀雖不審知"原作"卷幘其狀雖不審知",汪刻本及張、阮刻本均作"之狀雖不智知"。阮云:"毛本作'雖不可知'。"倉石云:"案閩本'智'作'可'。底本作"審"優,然"卷幘"二字似涉上文衍,謹刪。

⑥ "以"上原無"亦"字,汪刻本及張、阮刻本均有"亦"字,據補。

⑦ "人"下原無"髮"字,四庫本有"髮"字,阮云:"毛本'人'下有'髮'字。"倉石云:"'人'下注疏本有'髮'字,此疑漏。"據補。

⑧ "紘"字原作"繧",正文引經同,四庫本作"紘",合於經,據改,下經亦改。

繋定,遠頤下,右相向上,仰屬於笄,屈繋之,有餘因垂爲飾也。云"無笄者,纚而結其條"者,無笄即經"緇布冠"是也,則以二條組兩相屬於頰,故經云"組纓屬于頰"也,既屬訖,則所垂條於頤下結之。

十九　隋方曰篋,簞亦笥類

同篋。

注:謂此以上凡六物。隋方曰篋。

櫛實于簞。

簞,笥也。

釋曰:鄭注《曲禮》"圓曰簞,方曰笥",笥與簞方圓有異而云簞、笥共爲一物者,鄭舉其類,注《論語》亦然。

二十　禮例稱"側"者,有無偶之側,有旁側

側尊一甒醴,在服北。

釋曰:云"側,猶特也。無偶曰側,置酒曰尊。側者,無玄酒"者,凡禮之通例,稱側有二:一者無偶,特一爲側,則此文側是也,又《昏禮》云"側尊甒醴于房中",亦是無玄酒曰側,至於《昏禮》"合升,側載",《聘禮》云"側襲",《士虞禮》云"側亨"[1],此皆是無偶爲側之類也;一者《聘禮》云"側受几"者,側是旁側之義也。

二一　罍枓以斟水,尊斗以斟酒[2]

實勺、觶、角柶、脯醢,南上。

云"勺,尊斗,所以斟酒也"者,案《少牢》云"罍水有枓",與此勺爲一物,故云"尊斗",對彼是罍枓,所以斟水,則此爲尊斗,斟酒者也。

---

①　"亨"字原作"尊",倉石云:"'尊'疑當爲'亨'。"據改。

②　"尊斗"原作"尊升",正文疏述注及疏亦均原作"尊升",阮云:"金曰追云:'疏謂《少牢》罍枓所以斟水,此尊枓斟酒者也,是注斗本作斗,後魏以來字多別體,升、斗字幾不辨,故致誤如此,當并疏尊升改正。'"據以改"升"爲"斗",正文亦改。

二二　爵觶對異,散文通曰爵

云"爵三升曰觶"者,案《韓詩傳》云"一升曰爵[①],二升曰觚,三升曰觶,四升曰角,五升曰散",相對爵、觶有異,散文則通,皆曰爵,故鄭以爵名觶也。

二三　古庶人常服緇布冠,漢小吏猶然

爵弁、皮弁、緇布冠各一匴。

云"緇布冠,今小吏冠其遺象也"者,但緇布冠,士爲初加之冠,冠訖則弊之不用,庶人則常著之,故《詩》云"臺笠緇撮",是庶人以布冠常服者,以漢之小吏亦常服之,故舉爲況。

二四　匴,竹器,漢時冠箱

云"匴,竹器名,今之冠箱也"者,此亦舉漢法爲況。

二五　執匴者亦有司,有司不主一事

云云各一匴,執以待于西坫南,南面東上,賓升則東面[②]。

云"執之者有司也"者,則上云"有司如主人服",有司不主一事,故知此亦有司也。

二六　廟中亢反爵爲坫,此堂角亦爲坫

云"坫在堂角"者,但坫有二文:一者謂若《明堂位》云"崇坫亢圭"及

---

① "詩"下原有"外"字,倉石云:"《外傳》無此文,《毛詩》《春秋正義》引《異義》俱作'《韓詩説》'。"據删。

② "云云"至"東面",四庫本上無"云云各一匴"五字,"東面"下多"注執之云云"五字,所引乃注文,此仍其舊。

《論語》云"兩君之好有反坫"之等,在廟中有之,以亢圭反爵之屬①;此篇之内言坫者,皆據堂上角爲名,故云"堂角"。云"古文匜爲簋,坫作檐"者,皆從經今文。

二七　主人玄端立阼階下,將與賓行事

主人玄端、爵韠,立于阼階下,直東序,西面。

注:士入廟服。

釋曰:上文已陳衣冠、器物,自此已下至"外門外",論賓主兄弟等著服及位處也。云"玄端、爵韠"者,主人之服,與上所陳子加冠玄端服亦一也。云"立於阼階下"者,時欲與賓行禮之事也。云"直東序"者,直,當也,謂當堂上東序牆也。案《特牲》士禮,祭服用玄端,此亦士之加冠在廟,故與祭同服,故云"士入廟之服也"。云"東西牆謂之序"者,《爾雅·釋宫》文。

二八　兄弟衿玄,立洗東,退於主人

兄弟畢衿玄,立于洗東,西面北上。

釋曰:云"衿,同也",上下皆玄。主人當序南,西面,洗當榮,兄弟又在洗東,故云"退於主人"也。云"不爵韠者,降於主人也"者,韠、弁同色②,主人尊故也,兄弟用緇韠,不用爵韠③。

二九　緇布衣緣、紳、紐、束髮皆朱錦,童子服

將冠者采衣,紒,在房中,南面。

釋曰:即童子二十之人。云"緇布衣④,錦緣"者,以其童子不帛襦袴,不衣裘裳,故云"緇布衣",以錦爲緇布衣之緣也。云"錦紳"者,以錦爲大

---

① "亢"下原無"圭"字,倉石云:"'亢'下殿本補'圭'字。"據補。
② "韠"字原作"爵",阮云:"毛本'爵'作'韠'。"倉石云:"'爵',閩本作'韠',似是。"據改。
③ "用"字原作"同",四庫本作"用",據改。
④ "布衣"原作"衣布",汪刻本及張、阮刻本均作"布衣",據乙。

帶也。云"并紐"者,亦以錦爲紐,約紳之垂也①。云"錦束髮"者,以錦爲總。云"皆朱錦也"者,童子之錦皆朱錦也。云"紒,結髮"者,則《詩》云"總角丱兮"是也,以童子尚華飾,故衣此也②。

三十　賓主同服,贊以下玄端,惟裳異

賓如主人服,贊者玄端從之,立于外門之外。

釋曰:云"賓如主人服"者,以其賓與主人尊卑同,故得如之,贊者皆降主人一等,其衣冠雖同,其裳則異,故不得如主人服,故別玄端也。

三一　《特牲》主人玄端,助祭朝服,尊賓③

若然,此冠兄弟及賓、贊皆得玄端,《特牲》主人與尸、祝、佐食玄端,自餘皆朝服者,彼助祭在廟,緣孝子之心,欲得尊賓嘉客④,以事其祖禰,故朝服,與主異也。

三二　出以東爲左,入以東爲右

主人迎,出門左,西面再拜,賓答拜。

注云:左,東也。

釋曰:"出以東爲左,入以東爲右",據主人在東,賓在西⑤,出則以西爲右,入則以西爲左也。

---

① "紳"上原無"約"字,倉石云:"《正字》云:'之垂二字疑在上句大帶下,紐紳當紐約之誤。'今案'紳'上或當補'約'字,餘似未容改。"據倉校補。

② "飾"下原無"故衣此也"四字,四庫本有"故衣此也"四字,補之義更顯豁,據補。

③ "三一特牲"至"服尊賓",原在頁眉處,占行六至十,謹依題義挪至此處。

④ "尊賓嘉客"原作"尊嘉賓",曹云:"當爲'欲得尊賓嘉客',見《特牲》注。"據改。

⑤ "西"上原無"東賓在"三字,倉石云:"殿本'在'下補'東賓在'三字。"吳紱云:"按主無在西之理,與賓相對,語意乃全。"據補。

三三　入大門東向，入廟每曲揖，當碑揖

每曲揖，至于廟門，揖入，三揖，至于階，三讓。

釋曰：云"周左宗廟"①，《祭義》與《小宗伯》俱有此文，對殷右宗廟也，言此者，欲見入大門東向入廟。云"入外門，將東曲，揖"者，主人在南，賓在北，俱東向，是一曲，故一揖也。至廟南，主人在東，北面，賓在西，北面，是曲爲二揖，故云"直廟，將北曲，又揖"也。通下將入廟又揖，三也。經直云入門揖，鄭知此爲三揖者，以上云"每曲揖"，據入門東行時，此入廟門三揖，是據主人將右，欲背客，宜揖，將北曲②，與客相見，又揖。云"當碑揖"者，碑是庭中之大節，又宜揖。

三四　出房謂房外之西，以東南當阼階

將冠者出房，南面。

注：南面立于房外之西，待賓命。

釋曰：知在"房外之西"，不在東者，以房外之東，南當阼階，是知房外者，皆在"房外之西"，故《昏禮》"女出于母左"，母在房外之西，故得出時在母左也。云"待賓命"者，以其下文有"賓揖將冠者"③，則賓有命也。

三五　一、壹得通用

賓盥，卒，壹揖，壹讓，升。

注：古文壹皆作一。

釋曰：一、壹得通用，雖疊古文，不破之也。

---

①　"云周左宗廟"，賈疏原作"周左宗廟者"，了翁蓋據己義改，故而特將所增"云"字小寫，此仍其舊。

②　"曲"字原作"面"，汪刻本及張、阮刻本均作"曲"，據改。

③　"賓揖將冠者"原作"賓入將冠"，四庫本"入"作"揖"，倉石云："'冠'下《詳校》補'者'字。"作"賓揖將冠者"合於下經，據改補。

三六 賓加初冠訖,適房,服玄端,出房,觀容

賓右手執項,左手執前①,進容乃祝,坐如初,乃冠,興,復位,贊者卒②。冠者興,賓揖之,適房,服玄端、爵韠,出房,南面。

注云云。

釋曰:《曲禮》云"堂上不趨,室中不翔",則堂上固得翔矣。又云"大夫濟濟,士蹌蹌",注云"皆行容止之貌",此"進容"是士,故知"進容"謂"行翔而前鶬焉"。言"復"者,對前出房,故云"復"。前出爲"待賓命",此出爲"觀衆以容體"也。案《郊特牲》論加冠之事,云"加有成也",故此鄭云"一加禮成"也。云"觀衆以容體"者,以其既去緇布衣錦緣童子服,著此玄端成人之服,使衆觀知。

三七 此第二加皮弁,笄、纚互見,禮皆如初

賓揖之,即筵坐,櫛,設笄。賓盥,正纚如初,降二等,受皮弁。

釋曰:此當第二加皮弁之節。云"即筵坐,櫛"者,坐訖,當脫緇布冠,乃更櫛也。云"設笄"者,凡諸設笄有二種:一是紛內安髮之笄;一是皮弁、爵弁及六冕固冠之笄。今此櫛訖未加冠,即言"設笄"者,宜是紛內安髮之笄也。若安髮之笄,則緇布冠亦宜有之,前櫛訖不言"設笄"者,以其固冠之笄,緇布冠無笄,而皮弁、爵弁有笄,上文已陳訖,今若緇布冠亦言"設笄",即與皮弁、爵弁相亂,故緇布冠不言設笄,其實亦有也。若然,緇布冠不言"設笄"而言"設纚",皮弁言"設笄"③,不言"設纚",互見爲義,明皆有也。其固冠之笄④,則於賓加弁之時自設之可知。云"如初,爲不見者言也"者,上加緇布冠時,有"賓降,主人降。賓辭,主人對。賓盥,卒,一揖,一讓,升。主人升,復初位。賓筵前坐"之等相次,此皆不見,故設

---

① "右手執項左手執前"原作"左手執項右手執前",四庫本作"右手執項左手執前",合於經,據乙。

② "復位"下原無"贊者卒"三字,四庫本有"贊者卒"三字,合於經,據補。

③ "弁"下原有"冠"字,曹云:"'冠'字衍。"據刪。

④ "其"下原有"於"字,曹云:"'於'字衍。"據刪。

經省文如之而已。

三八　此再加言“容”,儀益繁,三加爵弁

服素積、素韠,容,出房,南面。

注:容者,再加彌成云云[①]。

釋曰:此對上加緇布冠時[②],直言“出房,南面”,不言“容”,此則言“容”,以“再加彌成,其儀益繁”,故言“容”,其實彼出亦是容,故鄭注云“觀衆以容體”也。

賓降三等,受爵弁加之。服纁裳、韎韐,其他如加皮弁之儀。

注:他,謂卒紘、容出。

三九　凡醴皆設柶,有面葉以授,有面枋以授

云“葉,柶大端”者,謂扱醴之柶柄細[③],故以葉爲柶大端[④],此與《昏禮》禮賓皆云“面葉”者[⑤],此以賓尊不入戶,贊者面葉授賓,賓得面枋授冠者,冠者得之,面葉以扱醴而祭,《昏禮》禮賓亦主人尊不入房,贊者面葉以授主人,主人面枋以授賓,賓得面葉以扱祭。至於《聘禮》禮賓,宰夫實觶以醴,加柶于觶,面枋授公者,凡醴皆設柶,《聘禮》宰夫不訝授,公側授醴,則還面枋以授賓,故面枋也。

四十　賓受醴于室戶東,東面答冠者拜

賓受醴于戶東云云。冠者筵西拜受觶,賓東面答拜。

釋曰:知“室戶東”者,以其冠者在室戶西,賓自至房戶取醴,酌醴者

---

① “注容”至“云云”,所引乃注文,四庫本作“賓降三等受爵弁云云”,所引乃經文,此仍其舊。
② “緇”下原有“衣”字,四庫本及汪刻本均無“衣”字,據删。
③ “柶”字原作“面”,曹云:“‘面’當爲‘柶’。”據改。
④ “以”下原無“葉”字,曹云:“‘以’下當脱‘葉’字。”據補。
⑤ “禮”下原不重“禮”字,下“昏禮禮賓亦主人尊不入房”亦原不重“禮”字,阮云:“盧文弨云‘禮’下脱一‘禮’字,下同。”據補,下亦補。

出向西以授也。云"筵西拜,南面拜也"者,上云"冠者筵西南面",知受觶拜還南面也。知賓東面在西序者,以上文與主人相對,本位於西序也。云"東面者,明成人與爲禮,異於答主人"者,案《鄉飲酒》、《鄉射》賓於西階北面答主人拜,今此於西序東面拜,故云異。

四一　冠者祭,啐,不拜既爵,以其不卒爵

冠者即筵坐,左執觶,右祭脯醢,以柶祭醴三,興云云。

釋曰:云"祭醴三,興"者,三祭者亦如《昏禮》,始扱一祭,又扱再祭也。云"筵末坐,啐醴,建柶,興,降筵",此啐醴不拜既爵者,以其不卒爵,故不拜也。

四二　凡奠爵,將舉者於右,不舉者於左

冠者奠觶于薦東,降筵,北面坐取脯云云。適東壁,北面見于母。

釋曰:云"薦東,薦左"者,據南面爲正,故云"薦左"也。云"凡奠爵,將舉者於右"者,謂若《鄉飲酒》、《鄉射》是也,此文及《昏禮》贊醴婦是不舉者,皆奠之於左也。

四三　冠者適東壁見母時,母在闈門之外[①]

云"適東壁者,出闈門也"者,宮中之門曰闈門,母既冠子無事,故在門外[②],今子須見母,故知出闈門也。云"婦人入廟由闈門"者,《雜記》云夫人奔喪"入自闈門,升自側階",鄭注云"宮中之門曰闈門,爲相通者也"是也。

---

① "四三冠者"至"門之外",原在頁眉處,占行十三至十八,謹依題義挪至此處。"之"字漫漶,據再造善本寫定。

② "故"下原有"不"字,曹云:"'不'字衍。"據刪。

四四　婦人於丈夫皆俠拜,舉子以見義

母拜受,子拜送,母又拜。

釋曰:云"婦人於丈夫,雖其子猶俠拜"者,欲見禮之體例①,但是婦人於丈夫皆俠拜②,故舉子以見義也。

四五　《冠義》字訖乃見母,此未字先見

冠者立于西階東,南面。賓字之,冠者對。

釋曰:案《禮記·冠義》云"既冠而字之,成人之道也。見於母,母拜之",據彼則字訖乃見母,此文先見乃字者,此先見母是正見,彼母在下者,記人以下有兄弟之等皆拜之,故退見母於下,使與兄弟拜文相近也。若然,未字先見母,字訖乃見兄弟之等者,急於母,緩於兄弟也。

四六　此"醴賓"當作"禮",猶《周禮》不云甌賓

請醴賓,賓禮辭,許,賓就次。

釋曰:云"此醴當作禮"者,對上文有酌醴、受醴之等不破之,此當爲上於下之禮,不得用醴禮即從醴字,何者?《周禮》云天子禮諸侯用甌③,不云甌賓,明不得以醴禮賓即爲醴,故破從禮。

四七　次謂門外更衣處,帷幕等爲之

賓就次。

注:次,門外更衣處也,以帷幕簟席爲之。

釋曰:更衣之時須入於次,故云"更衣處也"。云"以帷幕簟席爲之"者,案《聘禮記》云"宗人授次,次以帷,少退于君之次",注云"主國之門

---

① "禮"下原有"子"字,曹云:"'子'字衍。"據刪。
② "皆"下原有"使"字,倉石云:"《詳校》云'使'字衍。"據刪。
③ "諸侯"上原無"天子禮"三字,阮云:"《通解》、毛本'諸'上有'天子禮'三字。"據補。

外，諸侯及卿大夫之所使者，次位皆有常處”，又案《周禮·幕人》“掌帷幕
幄帟綬之事”①，注云“帷幕皆以布爲之，四合象宮室曰幄”。云“簟席”者，
士卑，或用簟席，是以《雜記》諸侯、大夫喪輴皆用布②，士用簟席爲之，次
亦當然。

四八　兄弟及贊冠者皆先拜，冠者答拜

冠者見於兄弟，兄弟再拜③，冠者答拜。見贊者，西面拜，亦如之。

釋曰：兄弟位在東方，此贊冠者則賓之類，故贊者東面也。“亦如之”
者，言贊者先拜④，冠者答之也⑤。知“贊者後賓出”者，文於見兄弟下始
見之。

四九　入見姑姊，如見母。不見父賓，冠畢已見

入見姑姊，如見母。

釋曰：男子居外，女子居内，廟在寢門外，入見，入寢門可知。不見父
與賓者，蓋冠畢則已見也，不言者，從可知也。云“不見妹，妹卑”者，以其
妹卑於姑姊。

五十　爵弁助祭之服，故易玄端以見君

乃易服，服玄冠、玄端、爵韠，奠贄見于君云云。

釋曰：云“易服”者，爵弁既助祭之服，不可服見君與先生等，故易服，
服玄端也。云“易服不朝服者，非朝事也”者，此乃因加冠，以成人之禮見
君，非正服之節，故不朝服。經直云“玄端”，則兼玄冠矣，今更云“玄冠”

---

① “帷幕”上原無“掌”字，四庫本及汪刻本均有“掌”字，據補。

② “皆”上原無“輴”字，曹云：“‘皆’上脫‘輴’字。”據補。

③ “弟”上原無“兄”字，四庫本有“兄”字，合於經，據補。

④ “言”上原無“亦如之者”四字，倉石云：“《正譌》云‘言’上脫‘亦如之者’四字，《通解》
有。”據補。

⑤ “之”字原作“者”，四庫本作“之”，倉石云：“各本下‘者’字作‘之’。”據改。

者,以初冠時服玄端爲緇布冠服,緇布冠非常著之冠,冠而弊之①,易服宜服玄冠配玄端,故兼云"玄冠"也。

五一　朝服亦得端名,但端朝裳、屨色異②

朝服與玄端同,玄端則玄裳、黄裳、雜裳,黑屨,若朝服,玄冠、玄端雖同,但裳以素而屨色白也,以其俱正幅③,故朝服亦得端名。然六冕皆正幅,故亦名端,是以《樂記》云魏文侯"端冕而聽古樂"。又《論語》云"端章甫",鄭云"端,玄端,諸侯視朝之服",則玄端以朝④,得名爲玄端也。

五二　鄉先生,卿大夫致仕者,即父師、少師

遂以贄見于鄉大夫、鄉先生。

云"鄉先生,鄉中老人爲卿大夫致仕者",此即《鄉飲酒》與《鄉射禮》"先生"及《書傳》"父師"⑤,皆一也,先生亦有士之少師,鄭不言者,經云"鄉大夫",不言士,故先生亦略不言,其實亦當有士也。

五三　壹獻士禮,備有酬、酢,無主婦亞獻

乃醴賓以壹獻之禮。

云"壹獻者,主人獻賓而已,即燕無亞獻者"者⑥,案《特牲》、《少牢》主人獻尸,主婦亞獻爲二獻,此則主人獻賓而已,無亞獻。知"即燕"者,《鄉飲酒》末有燕,故知獻後有燕。云"獻、酢、酬,賓、主人各兩爵而禮成"者,主人獻賓,賓酢主人,主人將酬賓,先自飲訖乃酬賓,賓奠而不舉⑦,是

---

① "冠"下原不重"冠"字,四庫本重"冠"字,據補。
② "五一朝服"至"屨色異",原在頁眉處,占行十三至十八,謹依題義挪至此處。
③ "俱"字原作"但",曹云:"'但'當爲'俱'。"據改。
④ "以"字原作"不",四庫本作"以",據改。
⑤ "禮"字原作"記",四庫本作"禮",《鄉射禮》有"以告於鄉先生"文,據改。
⑥ "者"下原不重"者"字,汪刻本及張、阮刻本均重"者"字,據補。
⑦ "奠"上原無"賓"字,四庫本《儀禮注疏》有"賓"字,據補。

"賓、主人各兩爵而禮成"也。必知一獻之禮備有酬、酢者①，《昏禮》"舅姑饗婦以一獻之禮，奠酬"，是正禮不旅②，又曰"婦酢舅，更爵，自薦"，是備酬、酢也，《鄉飲酒》亦備獻、酬、酢，是其義也。云"《特牲》、《少牢》饋食之禮獻尸，此其類也"者，此賓、主人各兩爵，無亞獻，彼主人、主婦各一爵，有亞獻，雖不同，得主人一獻義類同，故云"此其類也"。

五四　《士冠》、《昏》、《鄉飲》、《射》皆一獻，卿大夫三③

云"士禮一獻"者，即《士冠》及《昏禮》、《鄉飲酒禮》、《鄉射》皆是一獻也。云"卿大夫三獻"者，案《左氏傳》云"季孫宿如晉，拜莒田也。晉侯享之，有加籩。武子退，使行人告曰'小國之事大國也，苟免於討，不敢求覜，得覜不過三獻"，又《禮記·郊特牲》云"三獻之介"，亦謂卿大夫三獻之介，案《大行人》云"上公饗禮九獻，侯伯七獻，子男五獻"，是以大夫三獻，士一獻，亦是其差也。

五五　凡禮事，質者用糟不沛，文者用清

云"禮賓不用柶者，沛其醴"者，此有獻、酢、酬，飲之沛者，故不用柶，冠禮禮子用醴不沛，故用柶也。云"《內則》曰飲"者，鄭注云"目諸飲也"。云"重醴清糟"者，鄭云"重，陪也。糟，醇也。清，沛也。致飲有醇者，有沛者，陪設之"，稻醴以下是也。云"凡禮事，質者用糟，文者用清"者，質者，謂若冠禮禮子之類是也，故設尊在房中；文者，此禮賓是也，故於房戶之間顯處設尊也④。

---

① "禮"下原重"禮"字，四庫本不重，倉石云："'禮'字疑衍，注疏本無。"據刪。

② "是"字原作"得"，倉石云："'得'疑當作'是'。"據改。

③ "五四士冠"至"大夫三"，原在頁眉處，占行三至八，謹依題義挪至此處。

④ "質者"至"設尊也"原作"質者，謂若冠禮禮子之類是也，故於房戶之間顯處設尊也"，吳紱云："按此三句內似有脫文，當云'質者，謂若冠禮禮子之類是也，故設尊在房中；文者，此禮賓是也，故以房戶之間顯處設尊也'，文義方完備。"據補。

五六　酬幣尊卑數異，惟奠酬之節一行

主人酬賓，束帛儷皮。

釋曰：主人酬賓，當奠酬之節，行之以財貨也。此禮賓與饗禮同，但爲饗禮有酬幣則多，故《聘禮》云若不親饗，"致饗以酬幣"，注云"禮幣束帛、乘馬，亦不是過也"，又案《大戴禮》云"禮幣采飾而四馬"，是大夫禮多，與士異也。案《禮器》云"琥璜爵"，鄭云"天子酬諸侯，諸侯相酬，以此玉將幣也"，是又異於大夫以下①。凡酬幣之法，尊卑獻數多少不同，及其酬幣，唯於奠酬之節一行而已。

五七　秦后子九獻皆有幣，非正禮②

《春秋》秦后子出奔晉，"后子享晉侯，歸取酬幣，終事八反"，杜注云"備九獻之儀，始禮自齎其一，故續送其八酬酒幣"，彼九獻之間皆有幣③，春秋之代，奢侈之法，非正禮也。

五八　束帛十端，儷皮所用無正文④

云"束帛，十端也"者，禮之通例，凡言束者，無問脯與錦，皆以十爲數也。云"儷皮，兩鹿皮也"者，當與《聘禮》庭實之皮同⑤，《禮記·郊特牲》云"虎豹之皮，示服猛也"，又《覲禮》用馬，則國君用馬或虎豹皮，若臣聘則用鹿皮，故鄭注《聘禮》云"凡君於臣，臣於君，麋鹿皮可也"，言可者，以無正文。若然，兩國諸侯自相見⑥，亦用虎豹皮也。

---

① "以"字原作"也"，曹云："'也'當爲'以'。"據改。
② "五七秦享"至"非正禮"，原在頁眉處，占行四至八，謹依題義挪至此處。
③ "有"字原作"云"，倉石云："'云'，注疏本、《通解》俱作'有'。"據改。
④ "五八束帛"至"無正文"，原在頁眉處，占行十一至十五，謹依題義挪至此處。
⑤ "聘"字原作"射"，曹云："'射'當爲'聘'。"據改。
⑥ "國"字原作"説"，四庫本作"國"，據改。

五九　凡一獻有薦有俎,俎必有特牲,此牲未聞

賓出,主人送於外門外,再拜,歸賓俎。

釋曰:賓不言薦脯醢者,案舅姑共饗婦以一獻,有姑薦,則此一獻亦有薦脯醢可知。經有俎必有特牲,但《鄉飲酒》、《鄉射》取擇人而用狗,此冠禮無擇人之義,則不用狗,但無正文,故云"其牲未聞"也。知"使人歸諸賓家",以賓出,主人送於門外,乃始言"歸賓俎",明歸於賓家也。

儀禮要義卷第三　士冠禮三

一　冠子不醴則醮用酒,謂用舊俗

若不醴則醮用酒。

注:謂國有舊俗可行,聖人用焉不改。

釋曰:自此已上説周禮冠子之法,自此已下至"取籩脯以降,如初",説夏、殷冠子之法。云"若不醴則醮用酒"者,案上文適子冠於阼,三加訖,一醴於客位,是周法,今云"若不醴則醮用酒",非周法,故知先王法矣,故鄭云"若不醴,謂國有舊俗可行,聖人用焉不改者也"。云"聖人"者,即周公制此《儀禮》,用舊俗則夏、殷之禮是也。云"《曲禮》曰"已下者,是《下曲禮》文也。云"君子行禮,不求變俗"者,與下文爲目,謂君子所往之國,不求變彼國之俗,若衛居殷墟者也。故《康誥》周公戒康叔居殷墟,當用殷法,是以云"兹殷罰有倫",使用殷法,故所引《曲禮》皆據不變彼國之俗。

二　不求變俗,一謂去先祖之國,一謂去己國①

但"君子行禮,不求變俗"有二塗,若據《曲禮》之文云"君子行禮,不求變俗",鄭注云"求,猶務也。不務變其故俗,重本也,謂去先祖之國居他國",又云"祭祀之禮,居喪之服,哭泣之位,皆如其國之故,謹修其法而審行之",注"其法,謂其先祖之制度,若夏、殷者",謂若杞、宋之人居鄭、衛,鄭、衛之人居杞、宋,若據彼注,謂臣去己國居他國,不變己國之俗,是

---

① "二不求"至"去己國",原在頁眉處,占行一至七,謹依題義挪至此處。

以定公四年祝佗云“殷人六族”在魯，“啟以商政”，亦不變本國之俗，故開商政示之，皆據當身居他國，不變己國之俗，與此注引不同者，“不求變俗”，義得兩合，故各據一邊而言。

三　言醴與醮皆酌而無酬、酢

酌而無酬、酢曰醮。醴亦當爲禮。

釋曰：云“酌而無酬、酢曰醮”者，鄭解無酬、酢曰醮，唯據此文而言，所以然者，以殷法用酒[①]，無酬、酢曰醮。案《曲禮》云“長者舉未釂”，鄭注云“盡爵曰釂”，是醮不專於無酬、酢者。若然，醴亦無酬、酢，不爲醮名者，但醴大古之物，自然質無酬、酢，此醮用酒，酒本有酬、酢，故無酬、酢得名醮。

四　設庭洗當在設尊前，有篚，篚亦盛勺、觶

洗，有篚在西，南順。

釋曰：知“洗，庭洗”者，上周法用醴之時，醴之尊在房，故洗亦在房[②]，今醮用酒，與常飲酒同，故洗亦當在庭，是以下云“賓降，取爵于篚，卒洗，升酌”，故知洗在庭也。設洗法在設尊前，此洗亦當在設尊前設之[③]，故此直云“洗，有篚在西”，不言設也。若然，上不言設洗者，以其上云“醮用酒”，即連云尊，文勢如此，故不言設洗。云“當東榮，南北以堂深”者，上已有文也。云“篚亦以盛勺、觶”者，周法用醴在房，庭洗無篚，此用酒，庭洗有篚，故周公設經辯其異者，但醴篚在房，以盛勺、觶，此庭洗篚亦盛勺、觶，故云“亦”也。

①　“殷法用酒”原作“周法用醮”，曹云：“‘周’當爲‘殷’，‘醮’當爲‘酒’。殷法用酒無酬、酢曰醮，一義也；盡爵曰釂，又一義也。釂、醮同字，故知此注惟據此文而言。”據改。

②　“醴之尊在房”下原無“故洗亦在房”五字，倉石云：“《正譌》云《通解》本下有‘故洗亦在房’五字。”據補。

③　“設”字原作“席”，汪刻本及張、阮刻本均作“設”，據改。

五 周之禮三加乃一醴，此始加訖即醮

始加，醮用脯醢。賓降，取爵于篚，辭降如初，卒洗，升酌。

釋曰：云"始加，醮用脯醢"者，此言與周別之事。周家三加訖，乃一醴於客位，用脯醢，此加訖，即醮於客位，用脯醢，是其不同也。但言"始加，醮用脯醢"者，因言與周異之意，其實未行事，是以下乃始云"賓降，取爵于篚"也。云"加冠於東序，醮之於戶西，同耳"者，經不見者，嫌與周異，故辯之，其經不言冠與醮之處①，即與周同。

六 再醮，攝酒，謂添益整頓，示新

加皮弁，如初儀。再醮，攝酒，其他皆如初。

釋曰：云"攝，猶整也。整酒，謂撓之"者，案《有司徹》云"司宮攝酒"，注云"更洗益整頓之"，不可云洗，亦當為撓，謂更撓攪添益整頓，示新也。

七 扃鼏謂以茅覆鼎，有大扃、小扃

若殺，則特豚，載合升，離肺實于鼎，設扃鼏。

釋曰：云"設扃鼏"者②，以茅覆鼎，長則束其本，短則編其中，案《冬官·匠人》"廟門容大扃七箇"，注云"大扃，牛鼎之扃，長三尺"，又曰"闈門容小扃參个"③，注云"小扃，臑鼎之扃，長二尺"，皆依漢禮而知今此豚鼎之扃當用小扃也。云"特豚，一豚"者，若《郊特牲》之"特"。

八 生人與祭同右胖，此牲皆左胖

云"凡牲皆用左胖"者，案《特牲》、《少牢》皆用右胖，《少儀》云"大牢則以牛左肩折九箇"，為歸胙用左，則用右而祭之。《鄉飲酒》、《鄉射》主

---

① "與"字原作"者"，倉石云："'者'疑當作'與'。"據改。
② "設"字原作"攝"，四庫本及汪刻本均作"設"，合於經，據改。
③ "个"字原作"合"，四庫本及汪刻本均作"个"，據改。

人用右體,生人亦與祭同用右者,皆據周而言也。此云用左,鄭據夏、殷之法,與周異也。但《士虞》喪祭用左,反吉故也。

九　亯於鑊曰亨

云"亯於鑊曰亨"者,案《特牲》云"亨于門外東方,西面,北上",注云"亨,亯也。亨豕、魚、腊以鑊,各一爨",《詩》云"誰能亨魚,溉之金鬵",是鑊爲亨也。

十　在鼎直有升名,在俎升、載兩稱

云"在鼎曰升,在俎曰載"者,案《昏禮》云"特豚,合升",又云"側載",《特牲》亦云"卒載,加匕于鼎",《少牢》云"司馬升羊,實于一鼎",皆是"在鼎曰升,在俎曰載"之文,但在鼎直有升名,在俎則升、載兩稱也,故《少牢》云"升羊,載右胖。升豕,其載如羊",《有司徹》亦云"乃升",注云"升牲體於俎也",是在俎升、載二名也。云"載合升者,明亨與載皆合左右胖"者,以升、載並陳,又合在二者之間,故知從鑊至俎,皆合左右胖也。

十一　凡肺有舉,有祭,舉、祭名有三稱

云"離,割也。割肺者,使可祭也、可嚌也"者,凡肺有二種:一者舉肺,一者祭肺。就舉肺之中,復有三稱:一名舉肺,爲食而舉;二名離肺,《少儀》云三牲之肺"離而不提心"也;三名嚌肺,以齒嚌之,此三者皆據生人爲食而有也[①]。就祭肺之中,亦復有三稱:一者謂之祭肺,爲祭先而有之;二者謂之忖肺,忖,切之使斷;三者謂之切肺,名雖與忖肺異,切肺則忖肺也,三者皆爲祭而有。若然,切肺、離肺指其形,餘皆舉其義稱也。

---

① "據"字原作"舉",汪刻本及張、阮刻本均作"據",據改。

十二　今文肩爲鉉,古文冪爲密

云"今文肩爲鉉,古文冪爲密"者,一部之内皆然,不從今文,故疊之也。

十三　再醮不言攝酒而三醮言"如",取省文

釋曰:云"攝酒如再醮,則再醮亦攝之矣"者,周公作經取省文,再醮不言攝酒,以三醮如之,則再醮攝之可知。

十四　周與夏殷一醮、再醮、三醮之節①

前不殺之時,一醮徹脯醢,爲辟再醮之脯醢,至再醮不言徹脯醢者,以三醮上唯加乾肉,不薦脯醢,故不徹也。今殺亦然②,一醮徹薦、爵,至再醮亦不徹薦,直徹爵而已,亦爲三醮不加籩豆③,加牲俎,是以祝辭,二醮亦云"嘉薦"④,至三醮者直云"籩豆有楚",楚,陳列貌,是三醮不加籩豆明文也。

十五　孤子加冠,與父在異

若孤子,則父兄戒、宿。

注:父兄,諸父、諸兄拜、揖以下皆經⑤。

釋曰:上陳士有父加冠禮訖,自此至"東塾,北面",論士之無父自有加冠之法也。周公作文,於此乃見之者,欲見周與夏、殷孤子同冠於阼

---

① "十四周與"至"醮之節",此題原在題十三下别行另起,謹依題義挪至此處。

② "殺"字原作"殷",四庫本作"殺",阮云:"毛本'殷'作'殺'。"倉石云:"'殷'閩本改爲'殺'是也。"據改。

③ "醮"下原有"以"字,曹云:"'以'衍字。"據删。

④ "二"字原作"一",曹云:"'一'當爲'二'。"據改。

⑤ "注父"至"皆經"、"父兄"至"諸兄"乃注文,四庫本作"冠之日主人紒而迎賓拜",所引乃經文,此仍其舊。又,"拜揖以下皆經"六字乃了翁按語,雙行小字。

階,禮之於客位①,惟一醴三醮不同耳②,是以作經言其與上異者而已。言"父兄,諸父、諸兄"者,以其上文父兄非直戒宿而已,故知此是諸父、諸兄,非已之親父、親兄也。經云"拜、揖、讓,立于序端"者,謂主人出先拜,賓荅拜訖,揖讓而入于廟門,既入門,又三揖,至階,又三讓而升堂,乃立于東序端,賓升,立西序端,一皆如上父兄爲主人,故作文省略,總云"揖、讓,立于序端,皆如冠主"也。云"禮於阼"者,別言其異也。云"凡拜"者,謂初拜受及啐拜之等③,賓主皆北面,與父在時拜于筵西南面,賓拜于序端東面爲異也。

十六　凡陳鼎在外者,賓客禮孤子得申禮④

案上文父在亦有殺法,今鄭云"孤子得申禮,盛之"者,不爲殺起,止爲陳鼎于外而言。鄭知"父在有鼎不陳於外"者,以上文"若殺",直云"特豚,載合升",不辯外内,孤子乃云"舉鼎陳于門外",不類于上⑤,故知父在陳鼎不於門外也⑥。凡陳鼎在外者,賓客之禮也;在内者,私家之禮也⑦,是在外者爲盛也,今孤子則陳鼎在外,故云。

十七　此庶子加冠不於阼,不醮於客位

若庶子,則冠于房外,南面,遂醮焉。

釋曰:上已言三代適子冠禮訖,此經論庶子加冠法也。周公作經,於三醮之下言之⑧,則三代庶子冠禮皆於房外,同用醮矣,但不知三代庶子

---

① "禮"下原無"之"字,汪刻本及張、阮刻本均有"之"字,據補。
② "一醴三醮"原作"一醮三醴",曹云:"當作'一醴三醮'。"倉石云:"殿本作'一醴三醮'是也。"據改。
③ "受"字原作"至",曹云:"'至'當爲'受'。"據改。
④ "十六凡陳"至"得申禮",原在頁眉處,占行一至六,謹依題義挪至此處。
⑤ "類"上原無"不"字,曹云:"'類'上脫'不'字。"據補。
⑥ "父"上原無"故知"二字,曹云:"'父'上當脫'故知'二字。"據補。
⑦ "私家"原作"家私",阮云:"毛本作'私家'。"據乙。
⑧ "三醮"原作"三代",四庫本《儀禮注疏》作"三醮",吳紱云:"按上經言'三醮'非'三代'也。"據改。

各用幾醮耳。今於周之適子三加一醴，夏、殷適子三加三醮，是以下文祝辭醴一而醮三①，皆爲三代適子而爲言②，至於三代庶子，皆不見別辭，則周之庶子宜依適子用一醮，夏、殷庶子亦依三醮。三代適子有祝辭，若庶子則無③，故下文注云"凡醮者不祝"。知"房外，謂尊東也"者，上陳尊在房戶之間，案《鄉飲酒》賓東，賓東則尊東，明此亦於尊東也。云"不於阼階，非代也"者，案下記云"適子冠於阼，以著代也"，明庶子不於阼，非代故也。云"不醮於客位，成而不尊"者，下記云"醮於客位，加有成也"，是適子於客位，成而尊之，此則成而不尊，故因冠之處遂醮焉。

十八　吾子，相親之美稱

冠者母不在，則使人受脯于西階下④。戒賓云云，"願吾子之教之也。"⑤

云"吾子，相親之辭。吾，我也"者，謂自已身之子，故云"吾子，相親之辭"也。云"子，男子之美稱"者，古者稱師曰子，又《公羊傳》云"名不若字，字不若子"，是"子"者，男子之美稱也。今請賓與子加冠，故以美稱呼之。

十九　吉日令辰互言，言辰，有幹可知

始加，祝曰："令月吉日，始加元服"云云⑥。再加，曰："吉月令辰"云云。

釋曰：上云"令月吉日"，此云"吉月令辰"，互見其言，是作文之體，無義例也。云"辰，子、丑也"者，以十幹配十二辰，直云"辰，子、丑"，明有幹可知，即甲子、乙丑之類。

---

① "辭"下原有"三"字，四庫本無"三"字，阮云："毛本'辭'下無'三'字。"據刪。
② "三代"下原無"適子"二字，曹云："'三代'下脱'適子'二字。"據補。
③ "若"字原作"言"，四庫本作"若"，據改。
④ "使"上原無"則"字，經有"則"字，據補。
⑤ "之教之也"原作"戒之"，四庫本作"教之"，經作"之教之也"，據補改。
⑥ "元服"下原無"云云"二字，此省略，四庫本有"云云"二字，據補，且依其慣例補爲小字。

二十　有祝辭、醴辭、醮辭，凡醮者不祝

　　祝曰云云，再加曰云云，三加曰云云，醴辭曰云云，醮辭曰云云，再醮曰云云，三醮曰云云。

　　醮辭唯據適子而言，以其將著代，重之，故備見祝辭也。此注云"凡醮者不祝"者，言"凡"，謂庶子也，既不加冠於阼①，又不禮於客位，無著代之理，故畧而輕之也。亦不設祝辭者，《曾子問》注云"凡殤不備祭"之類也②。其天子冠禮祝辭，案《大戴禮·公冠篇》成王冠，周公爲祝辭，"使王近於民③，遠於年④，嗇於時，惠於財"，其辭既多，不可具載。其諸侯無文，蓋亦有祝辭，異於士也。

二一　"旨酒既湑"謂沛酒而清

　　再醮，曰："旨酒既湑，嘉薦伊脯"。
　　注：湑，清也。
　　釋曰："湑，沛酒之稱"，故《伐木》詩云"有酒湑我"，注云"湑，茜之也"⑤，《鳧鷖》詩云"爾酒既湑"，注云"湑，酒之沛者"，是湑爲清也。

二二　字辭曰"伯某甫"，仲、叔、季唯所當

　　字辭曰："禮儀既備，令月吉日，昭告爾字。爰字孔嘉"云云。
　　釋曰：云"伯某甫"者，"某"若云"嘉"也，但設經不得定言人字，故言"某甫"⑥，爲且字，是以《禮記》諸侯薨，復曰"臯某甫復"，鄭云"某甫，且

---

　　①　"加"字原作"出"，四庫本作"加"，據改。
　　②　"不"下原無"備"字，《禮記·曾子問》鄭注"不"下有"備"字，倉石云："'不'下殿本依彼注補'備'字。"據補。
　　③　"民"字原作"人"，改回本字。
　　④　"年"字原作"天"，阮云："毛本'天'作'年'。"作"年"合於《大戴禮》，據改。
　　⑤　"也"字原作"文"，曹云："'文'當爲'又'，屬下讀。"四庫本作"也"，合於《毛詩》鄭注，據四庫本改。
　　⑥　"甫"上原無"某"字，曹云："'甫'上脱'某'字。"倉石云："'甫'上殿本補'某'字。"據補。

字”，以臣不名君，且爲某之字呼之，即此某甫立爲且字。言“伯、仲、叔、季”者，是長幼次第之稱，若兄弟四人，則依次稱之，夏、殷質則積仲，周文則積叔，若管叔、霍叔之類是也。云“唯其所當”者，二十冠時與之作字，猶孔子生三月名之曰丘，至二十冠而字之曰仲尼，有兄曰伯，居第二則曰仲。

二三　殷二十而字，兼呼伯、仲，周五十而伯、仲[①]

但殷質，二十爲字之時，兼伯、仲、叔、季呼之。周文，二十爲字之時，未呼伯、仲，至五十乃加而呼之，故《檀弓》云“五十以伯、仲，周道也”，是呼伯、仲之時，則兼二十字而言，若孔子生於周代，從周禮呼尼甫，至五十去甫以尼配仲而呼之曰仲尼是也。

二四　若二十已後死，未五十，亦伯、仲[②]

若然，二十冠而字之，未呼伯、仲、叔、季，今於二十加冠而言者，一則是殷家冠時，遂以二十字呼之；二則見周家，若不死，至五十乃加而呼之，若二十已後死，雖未滿五十，即得呼伯、仲。知義然者，見慶父乃是莊公之弟，桓六年莊公生，至閔公二年慶父死時，莊公未滿五十，慶父乃是莊公之弟，時未五十，慶父死，號曰共仲云。故二十冠時，則以伯、仲、叔、季當擬之此與《禮記》抵捂，恐《記》不可信[③]。

二五　甫是美稱，如儀、家、尼、孔之類

釋曰：知“甫是丈夫之美稱”者，以其人之賢愚，皆以爲字，故隱元年，“公及邾儀甫盟于蔑”，《穀梁傳》云“儀，字也。父，猶傅也，男子之美稱

---

① “二三殷二”至“而伯仲”，原在頁眉處，占行十三至十八，謹依題義挪至此處。

② “二四若二”至“亦伯仲”，原在頁眉處，占行一至五，謹依題義挪至此處。

③ “此與”至“可信”，原在頁眉處，雙行小字，乃了翁案語，《禮記正義》釋《檀弓上》“五十以伯仲”之文曰：“二十之時，雖云伯仲，皆配‘某甫’而言，五十之時，直呼伯仲耳”，與賈疏“二十冠而字之，未呼伯、仲”、“至五十乃加而呼之”諸文不同，所謂“抵牾”蓋即指此，謹依文義挪至此處。

也”是也。云“孔子爲尼甫”者，哀十六年，孔丘卒，哀公誄之曰“哀哉！尼甫”，因字號諡曰尼甫也。云“周大夫有家甫”者，桓公十五年，“天王使家甫來求車”是也。云“宋大夫有孔甫，是其類”者，案《左氏傳》桓二年，“孔甫嘉爲司馬”是也。鄭引此者，證有冠而爲此字之意，故云“是其類”也。云“甫字或作父”者，字亦通。

二六　履不與服同陳，冬夏異，上下異

履，夏用葛。玄端黑履，青絢繶純，純博寸。

釋曰：自此至“繐履”，論三服之履。不於上與服同陳者，一則履用皮、葛，冬夏不同；二則履在下，不宜與服同列，故退在於此。此言“夏用葛”，下云“冬皮”，則春宜從夏，秋宜從冬，故舉冬夏寒暑極時而言。《詩·魏風》以葛履履霜①，刺褊也。云“履者，順裳色”者，禮之通例，衣與冠同，履與裳同，故云“順裳色”也。云“玄端黑履，以玄裳爲正也”者，以其玄端有玄裳、黃裳、雜裳，經唯云“玄端黑履”，與玄裳同色，而却不取黃裳、雜裳是也②。

二七　三服見履不同

玄端黑履云云，素積白履云云，爵弁纁履。

釋曰：案此三服見履不同，何者？玄端以衣見履，以玄端有黃裳之等裳，不得舉裳見履，故舉玄端見履也；皮弁以素積見履，履裳同色，是其正也；爵弁既不舉裳，又不舉衣，而以爵弁見履者，上陳服已言纁裳，裳色自顯，以與六冕同玄衣纁裳，有冕服之嫌③，故不以衣裳而以首服見履也。

---

① “風”字原作“地”，阮云：“毛本‘地’作‘風’。”據改。

② “而却”至“是也”，汪刻本及張、阮刻本均作“不取黃裳雜裳”，“而却”、“是也”四字乃了翁所增。

③ “有”字原作“與”，曹云：“‘與’當爲‘有’。”倉石云：“‘與’殿本作‘有’。”據改。

二八　爵弁尊,屨飾以繢次①

云"爵弁屨以黑爲飾,爵弁尊,其屨飾以繢次"者,案《冬官》畫繢之事云"青與白相次,赤與黑相次,玄與黃相次",鄭云"此言畫繢六色所象及布采之第次,繢以爲衣",又云"青與赤謂之文,赤與白謂之章,白與黑謂之黼,黑與青謂之黻",鄭云"此言刺繡采所用,繡以爲裳",此是對方爲繢次,比方爲繡次。

二九　不屨繐屨,欲見大功未可冠子

不屨繐屨。

注:繐屨②,喪屨也。

釋曰:案《喪服記》云"繐衰四升有半",繐衰既是喪服,明繐屨亦是喪屨,故鄭云"喪屨也"。云"縷不灰治曰繐"者,斬衰冠六升,傳云"鍛而勿灰"③,則四升半不灰治可知。言此者,欲見大功未可以冠子,恐人以冠子,故於屨末因禁之也。

三十　凡言"記",未知定誰所録

記:冠義:始冠,緇布之冠也云云。

釋曰:凡言"記"者,皆是記經不備,兼記經外遠古之言。鄭注《燕禮》云"後世衰微,幽、厲尤甚,禮樂之書,稍稍廢棄",蓋自爾之後有記乎？又案《喪服記》子夏爲之作傳,不應自造還自解之,記當在子夏之前、孔子之時,未知定誰所録。云"冠義"者,記《士冠》中之義,此既有冠義而《禮記》中又有《冠義》者④,記時不同,故有二記,此則在子夏前,其《周禮·考工

---

① "二八爵弁"至"以繢次",原在頁眉處,占行一至四,謹依題義挪至此處。

② "繐"下原無"屨"字,四庫本有"屨"字,合於注,據補。

③ "鍛"字原作"鍜",四庫本作"鍛",據改。

④ "者"上原無"此既"至"冠義"十三字,曹云:"'者'上脱,當補云'此既有冠義而《禮記》中又有《冠義》。'"據補。

記》六國時所録,故遭秦燔滅典籍,有韋氏、雕氏闕,其《禮記》則在秦漢之際[1],儒者記之,故《王制》有"正聽之棘木之下",異時所記,故其言亦殊也。

三一　士冠訖,敝緇布冠,庶人則常服

注:太古,唐、虞以上。緌,纓飾。未之聞,大古質,蓋亦無飾。

釋曰:云"大古冠布"者,謂著白布冠也。云"齊則緇之"者,將祭而齊則爲緇者,以鬼神尚幽暗也。云"冠而敝之可也"者,據士以上冠時用之,冠訖則敝去之,不復著也。若庶人猶著之,故《詩》云"彼都人士,臺笠緇撮",是用緇布冠籠其髮,是庶人常服之矣。

三二　古吉凶同白布冠,喪服起夏以後

鄭注《郊特牲》云"三代改制,齊冠"云云,明大古是唐[2]、虞以上可知。經云"始冠,緇布之冠",即云"大古冠布",則齊冠一也,故鄭云"冠其齊冠"也。云"白布冠者,今之喪冠是也"者,以其大古時,吉凶同服白布冠,未有喪冠,三代有牟追之等,則以白布冠爲喪冠。若然,喪服起自夏禹以下也。

三三　名受於父母爲質,字受於賓爲文

冠而字之,敬其名也。

注:名者質,所受於父母,冠成人云云。

釋曰:案《内則》云"子生三月,父名之",不言母,今云"受於父母"者,夫婦一體,受父即是受於母,故兼言也。云"冠成人,益文"者,對名是受於父母爲質,字者受於賓爲文,故君父之前稱名,至於他人稱字也,是敬其名也。

---

① "記"上原無"禮"字,曹云:"'記'上脱'禮'字。"據補。

② "唐"上原無"是"字,汪刻本及張、阮刻本均有"是"字,據補。

三四　以《周》、《漢禮》，弁冕可聞，與夏、殷異，未聞

委貌，周道也。章甫，殷道也。毋追，夏后氏之道也。周弁，殷冔，夏收。

云"制之異同亦未聞"者，案《漢禮器制度·弁冕》、《周禮·弁師》相參，周之冕以木爲體，廣八寸，長尺六寸，繢麻三十升布爲之，上以玄，下以纁，前後有旒，尊卑各有差等，天子玉笄、朱紘，其制可聞。云"未聞"者，但夏、殷之禮亡，其制與周同異亦如上未聞也。

三五　五十而后爵，有未五十已爲大夫

古者五十而后爵，何大夫冠禮之有？

注云云。

釋曰：云"周之初禮，年未五十而有賢才者，試以大夫之事，猶服士服，行士禮"者，鄭解"古者五十而後爵，何大夫冠禮之有"，是古者未有，周末大夫有冠禮①，故非之。此鄭云"未五十"，則二十已上，或有未二十有賢才亦得試爲大夫者，故《喪服》殤小功章云"大夫爲昆弟之長殤"，鄭云"大夫爲昆弟之長殤小功②，謂士若不仕，以此知爲大夫無殤服"，言"爲大夫無殤服"，謂兄殤在小功，則兄十九已下死，大夫則十九已下，既爲兄殤服，已爲大夫則早冠矣，大夫冠而不爲殤故也，雖早冠，亦行士禮而冠，是大夫無冠禮也。云"二十而冠，急成人也。五十乃爵，重官人也"者，解試爲大夫二十，則其爵命要待五十意也。云"大夫或時改娶，有昏禮"者，釋經"而有其昏禮"，以其三十而取，五十乃命爲大夫，則昏時猶爲士，何得有大夫昏禮乎？五十已後，容改娶，故有大夫昏禮也。

三六　衰世故作公侯冠禮，以正君臣

公侯之有冠禮，夏之末造也。

---

① "大"上原無"末"字，曹云："'大'上脱'末'字。"據補。

② "弟"上原無"昆"字，四庫本有"昆"字，據補。

注:造,作也云云。

釋曰:鄭云“至其衰末,上下相亂”至“以正君臣也”者,解經夏之末造公侯冠禮也①。引《坊記》者,欲見夏末以後制諸侯冠禮,以防諸侯相篡弒之事也。云“同車”者,謂參乘爲車右及御者也。云“不同服”者,案《玉藻》云“君之右虎裘,厥左狼裘”,又云“僕右恒朝服,君則各以時事服”,是不同服,此謂非在軍時,若在軍時,君臣同服韋弁服也②。

三七　天子元子冠猶依士禮

天子之元子猶士也③,天下無生而貴者也。

注:元子,世子也云云。

釋曰:此記者見天子元子冠時,亦依士冠禮,故於此兼記之也。天子之元子雖四加與十二而冠,其行事猶依士禮,故云“猶士也”,元子尚不得生而貴,則天下之人亦無生而貴者也。云“無生而貴,皆由下升”者,天子元子冠時行士禮,後繼世爲天子,是由下升,自餘天下之人,從微至著,皆由下升也。

三八　周衰記禮之時,士死則謚之

死而謚,今也。古者生無爵,死無謚。

釋曰:記人記此者,欲見自上所陳冠禮以士爲本者,由無生而貴,皆從士賤者而升也。云“死而謚,今也”者,據士生時雖有爵,死不合有謚,若死而謚之,正謂今周衰之時也。云“古者生無爵,死無謚”者,古謂殷以前,夏之時,士生無爵,死無謚,是士賤,今古皆不合有謚也。鄭云“今謂周衰,記之時也”、“古謂殷”者,周時士有爵,故知古謂殷。云“殷士生不爲爵,死不爲謚”者,對周士生有爵,死猶不謚也。云“周制以士爲爵,死猶不謚耳,下大夫也”者,案《周禮·掌客職》云“群介、行人、宰史,以其爵等爲之牢禮之陳數”,鄭注云“以命數則參差難等,略於臣,用爵而已”,群

---

① “夏”上原有“下”字,汪刻本及張、阮刻本均無“下”字,據刪。
② “韋”字原作“章”,四庫本及汪刻本均作“韋”,據改。
③ “士”上原無“猶”字,經有“猶”字,據補。

介、行人皆士，故知周士有爵，雖有爵，死猶不謚，卿大夫已上則有謚也。云“今記之時，士死則謚之，非也”者，解經“死而謚，今也”。云“謚之，由魯莊公始也”者，案《禮記·檀弓》云“士之有誄，自魯莊公始也”，若然，作記前莊公誄士，至記時亦行之_{鄭以魯莊誄士爲謚始①}。

三九　殷以前以生號爲謚，若堯、舜之屬②

《郊特牲》云“死而謚之，今也。古者生無爵，死無謚”，鄭注云“古謂殷以前也，大夫以上乃謂之爵，死有謚也”，以此而言，則殷大夫已上死有謚，而《檀弓》云“幼名，冠字，五十伯仲，死謚，周道也”者，殷已前皆因生號爲謚，若堯、舜、禹、湯之屬是也，因生號以謚，故不得謚名，周禮死則別爲謚。

---

　　①　“鄭以”至“謚始”，原在頁眉處，占行十一至十二，乃了翁按語，謹依文義挪至此處且作雙行小字。

　　②　“三九殷以”至“舜之屬”，原在頁眉處，占行二至七，謹依題義挪至此處。

儀禮要義卷第四　士昏禮一

一　士娶妻之禮，日入三商

士昏禮第二。

釋曰：鄭知是“士娶妻之禮”者，以記云“記士昏禮”，故知是士娶妻。鄭云“日入三商”者，商謂商量，是漏刻之名，故《三光考靈曜》亦日入三刻爲昏①，不盡三刻爲明②。案馬氏云“日未出、日没後皆云二刻半，前後共五刻”，今云“三商”者，據整數而言，其實二刻半也。

二　下達，謂男父遣媒氏下通女氏

昏禮。下達，納采用鴈。

注：達，通也云云。

釋曰：從此下至“主人許，賓入，授，如初禮”，陳納采、問名之禮。云“下達”者，謂未行納采已前，男父先遣媒氏之女氏家③，通辭往來，女氏許之，乃遣使者行納采之禮也。言“下達”者，男爲上，女爲下，取陽唱陰和之義，故云“下達”，謂以言辭下通於女氏也，是以下記昏辭云“吾子有惠，貺室某也”，注云“稱有惠，明下達”也④。

---

① “光”下原無“考”字，胡培翬《儀禮正義》引惠棟云：“‘三光靈曜’當作‘考靈曜’。”倉石云：“《正字》云‘案司寇疏光下有考字’。”據司寇疏補。

② “盡”下原無“三刻”二字，倉石云：“《正字》云‘案司寇疏……盡下有三刻二字’。”據補。

③ “之女氏家”原作“女氏之家”，倉石云：“‘女’上殿本增‘至’字。”阮云：“‘女’字上一本增一‘至’字。按‘女氏之家’疑當作‘之女氏家’。”據阮校乙。

④ “下”下原無“達”字，汪刻本及張、阮刻本均有“達”字，據補。

三　昏禮有六，三不云“納”

注：女氏許之，乃後使人納其采擇之禮。用鴈爲摯。

釋曰：云“納采用鴈”者，昏禮有六，五禮用鴈，納采、問名、納吉、請期、親迎是也，唯納徵不用鴈，以其自有幣帛可執故也。且三禮不云“納”，言“納”者，恐女氏不受，若《春秋》內納之義①。若然，納采言“納”者，以其始相采擇，恐女家不許，故言“納”。問名不言“納”者，女氏已許，故不言“納”也。納吉言“納”者，男家卜吉，往與女氏，復恐女家翻悔不受，故更言“納”也。納徵言“納”者，納幣帛則昏禮成，復恐女家不受，故更云“納”也。請期、親迎不言“納”者，納幣則昏禮已成，女家不得移改，故皆不言“納”。

四　昏禮尊卑同，魯莊喪，昏闕納吉

其昏禮有六，尊卑皆同，故《左氏》莊公二十二年經書“冬，公如齊納幣”，《穀梁傳》曰“納幣，大夫之事也。禮有納采，有問名，有納徵，有告期，四者備而後娶，禮也。公之親納幣，非禮也，故譏之”，彼無納吉者，以莊公在母喪內親行納幣非禮之事，故闕其納吉以非之也。

五　媒氏，天子之官，諸侯亦當有

釋曰：鄭云“必先使媒氏下通其言，女氏許之，乃後使人納其采擇之禮”者，欲見納采之前，有此下達之言也。案《周禮·地官》有媒氏職，是天子之官，則諸侯之國亦有媒氏。

---

①　“若春”至“之義”，“內納”二字汪刻本及張刻本作“納納”，倉石云：“‘納納’，各本作‘納內’，今案賈氏蓋用《穀梁》‘納者，內弗受’之義，今本必有訛奪，竢考。”姑仍其舊。

六　用鴈爲摯,順陰陽,無尊卑皆鴈

云"用鴈爲摯者,取其順陰陽往來"者,案《周禮‧大宗伯》云"以禽作六摯,卿執羔,大夫執鴈,士執雉",此昏禮無問尊卑皆用鴈,故鄭注其意云"取順陰陽往來"也。"順陰陽往來"者,鴈木落南翔,冰泮北徂,夫爲陽,婦爲陰,今用鴈者,亦取婦人從夫之義。

七　使媒、使媵御皆以養廉恥

云"昏必由媒,交接設紹介"者,《詩》云"匪媒不得",是由媒也,其行五禮,自納采已下,皆使使往,是"交接設紹介"也。云"皆所以養廉恥"者,解所以須媒及設紹介者,皆所以養成男女,使有廉恥也,使媒通之、媵御沃盥交之等,皆是行事之漸,養廉恥之義也。

八　以先祖遺體許人,故受禮于禰廟

主人筵于戶西,西上,右几。

注:主人,女父也云云。

釋曰:云"筵,爲神布席也"者,下文禮賓云"徹几改筵",是爲人設席,故以此爲神席也。云"戶西者,尊處"者①,以戶西是賓客之位,故爲尊處也。必以西爲客位者,以地道尊右故也。知"將以先祖之遺體許人,故受禮於禰廟"者,以記云"凡行事,受諸禰廟"也。

九　廟中席西上,右設几,神不統於人②

云"席西上,右設几,神不統於人"者,案《鄉射》、《燕禮》之等設席皆

---

① "云戶西者"下原無"尊處者"三字,曹云:"當爲'云戶西者尊處者'。"倉石云:"'者'下《正字》補'尊處者'三字。"據補。

② "九廟中"至"統於人",原在頁眉處,占行四至九,謹依題義挪至此處。又,"几"字原作"凡",疑爲"几"字之誤,謹改。

東上,是統於人,今以神尊,不統於人,取地道尊右之義,故席西上,几在右也。云"席有首尾"者,以《公食記》蒲筵、萑席"皆卷自末"。

十　大夫唯有兩門,廟在寢門外之東

使者玄端至。擯者出,請事,入告。主人如賓服,迎于門外。

釋曰:知門外是大門外者,以其大夫唯有兩門,寢門、大門而已,廟在寢門外之東,此下有"至于廟門",明此門外是大門外可知也。

十一　士卑,直言"賓不答拜",若諸侯則言"辟"①

云"賓不答拜者,奉使不敢當其盛禮"者,此士卑,無君臣之禮,故賓雖屬吏,直言"不答拜",不言"辟",若諸侯,於使臣則言"辟",是以《聘禮》擯迎入門②,公拜,賓辟,不答拜。《公食大夫》主爲賓已,故賓答拜稽首,亦辟,乃拜之,以其君尊故也。

十二　《冠》、《昏》、《射》、《鄉》、《聘》、《食》皆有三揖,尊卑同,文異

至于廟門,揖入,三揖,至于階,三讓。

釋曰:凡入門三揖者,以其入門,賓主將欲相背,故須揖;賓主各至堂塗,北面相見,故亦須揖;至碑,碑在堂下,三分庭之一,在北,是庭中之節,故亦須揖。但《士冠》注云"入門,將右曲,揖;將北曲,揖;當碑,揖",此注"至內霤,將曲,揖;既曲,北面,揖;當碑,揖",文不同者,鄭舉二文相兼乃足也。三者,禮之大節,尊卑同,故《鄉飲酒》、《鄉射》、《聘禮》、《公食大夫》皆有此三揖之法,但注有詳略耳。

---

① "十一士卑"至"則言辟",原在頁眉處,占行十六至次頁行三,謹依題義挪至此處。
② "聘禮"原作"射禮",阮云:"諸本同,毛本'射'作'躬'亦非,此是'聘禮'之誤。"倉石云:"'射',《詳校》改作'聘'是也。"據改。

十三　賓主敵，俱升，主尊或王使，皆先升

主人以賓升，西面。賓升西階，當阿，東面致命，主人阼階上北面再拜。

釋曰：賓則使者也。禮之通例，賓主敵者，賓主俱升，若《士冠》與此文是也。若《鄉飲酒》《鄉射》皆主尊賓卑，故初至之時，主人升一等，賓乃升，至卒洗之後，亦俱升，唯《聘禮》公升二等，賓始升者，彼注云“亦欲君行一，臣行二”也。《覲禮》王使人勞侯氏，“使者不讓，先升”者，奉王命尊故也。

十四　士廟雖有室，其棟在室外，故賓當阿

注：阿，棟也。入堂深，示親親。今文阿爲庪。

釋曰：案《鄉飲酒》《聘禮》皆云賓“當楣”，無云“當阿”者，獨此云賓“當阿”，故云“示親親”也。凡士之廟，五架爲之，棟北一楣下有室戶，中脊爲棟，棟南一架爲前楣，楣前接簷爲庪，《鄉射記》云“序則物當棟，堂則物當楣”，鄭云“是制五架之屋也”，鄉大夫射於庠，庠則有室，故物當前楣，士射於序，序則無室，故物當棟，此士之廟雖有室，其棟在室外，故賓得深入當之也。

十五　使者不敵，而並授於楹間，爲合好

授於楹間，南面。

注：明爲合好，其節同也云云。

釋曰：楹間，謂兩楹之間，賓以鴈授主人於楹間者，明和合親好，令其賓主遠近節同也。凡賓主敵者，授於楹間，不敵者，不於楹間，是以《聘禮》賓覿大夫云“受幣于楹間，南面”，鄭注云“受幣楹間，敵也”，《聘禮》又云“公側襲，受玉於中堂與東楹之間”，鄭注云“東楹之間，亦以君行一，臣行二”，至禮賓及賓私覿皆云“當東楹”，是尊卑不敵，故不於楹間也。今使者不敵而於楹間，故云“明爲合好”也。云“南面，並授也”者，以經云“南面”，不辨賓主。

十六　大夫貴臣稱老，士無臣，羣吏尊者曰老

賓降，出。主人降，授老鴈。

釋曰：授鴈訖，賓降自西階，出門。主人降自阼階，授老鴈於階，立待後事也。大夫家臣稱老，是以《喪服》公士大夫以貴臣爲室老，《春秋左氏傳》云“執臧氏老”，《論語》云“趙魏老”，《禮記》“大夫室老行事”，皆是老爲家臣之貴者，士雖無君臣之名，云“老”，亦是群吏中尊者也。

十七　一使兼行納采、問名

賓執鴈，請問名。主人許，賓入，授，如初禮。

釋曰：此之一使兼行納采、問名，二事相因，又使還須卜，故因即問名，乃還卜之，故共一使也。云“主人許”者，擯請入告，乃報賓，賓得主人許，乃入門，升堂，授鴈，與納采禮同，故云“如初禮”也。

十八　問名，問女之姓氏，名有二義

注：問名者，將歸卜其吉凶。

釋曰：言“問名者”，問女之姓氏，不問三月之名，故下記問名辭云“某既受命，將加諸卜，敢請女爲誰氏”，鄭云“誰氏者，謙也，不必其主人之女”，是問姓氏也。然以姓氏爲名者，名有二種：一者是名字之名①，三月之名是也；一者是名號之名，故孔安國注《尚書》以舜爲名，鄭君《目録》以曾子爲姓名，亦據子爲名，皆是名號爲名者也。今以姓氏爲名，亦名號之類。

---

① “者”下原無“是”字，汪刻本及張、阮刻本均有“是”字，據補。

十九　《冠》、《昏》"醴賓"當作"禮"，大夫以上有禮、有儐

擯者出請①，賓告事畢，入告，出，請醴賓。

釋曰：此下至"送于門外②，再拜"，主人禮賓之事。云"此醴亦當爲禮"者，亦《士冠》禮賓爲醴字，彼已破從禮，故云"亦"③，以此醴酒禮賓，不從醴者，以《大行人》云上公"再裸而酢"，侯伯"一裸而酢"，子男"一裸不酢"及"以酒禮之"，用齊禮之，皆不依酒醴爲名，皆取相禮，故知此醴亦爲禮敬之禮，不取用醴爲醴之義也。《秋官·司儀》云"諸公相爲賓，及將幣，儐亦如之"④，注云"上於下曰禮，敵者曰儐"，《聘禮》卿亦云"無儐"⑤，注云"無儐，辟君"，是大夫以上尊，得有禮、儐兩名，士以下卑，惟稱禮也。

二十　醴糟，例無玄酒，有篚，有籩豆

主人徹几改筵，東上，側尊甒醴于房中。

釋曰：云"側尊，亦言無玄酒"者，醴糟，例無玄酒配之，以其醴象大古質，故《士冠》與此《昏禮》之等皆無玄酒也。鄭知此"亦有篚，有籩豆，如冠禮"者，此下云"贊者酌醴，加角柶"，明有篚盛之，又云"贊者薦脯醢"，則有籩豆可知，但冠禮尊在服北南上，則此尊與篚等亦南上，故云"如冠禮之設"也。

注：徹几改筵者，鄉爲神，今爲人。

---

① "擯"字原作"儐"，四庫本作"擯"，據改。
② "門"下原無"外"字，曹云："'門'下脱'外'字。"倉石云："'門'下各本有'外'字，與下疏合。"據補。
③ "云"下原無"亦"字，汪刻本及張、阮刻本均有"亦"字，據補。
④ "儐"字原作"賓"，鄭注彼文云："'賓'當爲'儐'，謂以鬱鬯禮賓也。"此亦當改，謹改。
⑤ "儐"字原作"擯"，下注引經同，四庫本《儀禮注疏》作"儐"，據改，下亦改。

二一 《昏》、《燕》、《食》、《射》、《鄉》拜賓至，《聘》、《享》否

主人迎賓於廟門外云云，升。主人北面再拜，賓答拜①。

釋曰：云"主人北面再拜"者，拜賓至此堂飲之，是以《公食大夫》、《燕禮》、《鄉飲酒》、《鄉射》、《大射》皆云"拜至"，並是拜賓至此堂也，但《燕禮》、《大射》、《公食大夫》皆云"至再拜"，先言"至"者，欲見賓至乃拜之，是有尊卑不敵之義，餘皆言"拜至"，"至"在拜下者，體敵之義也。若然，此爲禮賓，有拜至者，前雖有納采、問名之事，以昏禮有相親之義，故雖後亦拜至也。《聘禮》、《享禮》及禮賓不拜至者②，《聘禮》不取相親之義，故不拜至，是以彼鄭注云"以賓不於此始至"。

二二 拂几有內、外，授几有中、端，禮賓有無几

主人拂几，授校，拜送。賓以几辟，北面設于坐，左之，西階上荅拜③。

云"主人拂几"者，此拂几雖不言外拂、內拂，又不言三，案《有司徹》"主人西面，左手執几，縮之，以右袂推拂几三，二手橫執几，進授尸于筵前"，注云"衣袖謂之袂。推拂去塵，示新"，云"拂者，外拂之也"，則此亦外拂之三也。凡行敵禮者，拂几皆若此。卑於尊者，則內拂之，故《聘禮》云"宰夫內拂几三④，奉兩端以進"，鄭云"內拂几，不欲塵坋尊者"是也。若然，《冠禮》禮賓無几者，冠禮比昏爲輕，故無几；《鄉飲酒》、《鄉射》及《燕禮》賓輕⑤，故無几；《聘》賓及《公食大夫》賓重，故有几也。云"授校"者，凡授几之法，卑者以兩手執几兩端，尊者則以兩手於几間執之，授皆

---

① "云云"至"答拜"，乃了翁節引之經文。經原作"揖讓如初，升。主人北面再拜，賓西階上北面答拜"，四庫本作"揖讓云云賓西階上北面答拜"，此仍其舊。

② "聘禮"至"至者"，曹云："'享禮及'三字衍。"此當據刪，然此題既作"聘享否"，姑仍其舊。

③ "上"下原無"荅拜"二字，四庫本有"荅拜"二字，合於經，據補。

④ "宰"下原無"夫"字，阮云："毛本'宰'下有'夫'字。按無'夫'字與《聘禮》不合。"倉石云："'宰'下注疏本有'夫'字，與下疏並《聘禮》合。"據補。

⑤ "燕禮"原作"燕賓"，四庫本《儀禮注疏》作"燕禮"，據改。

然，是以《聘禮》宰夫“奉兩端以進”，《有司徹》云“尸進，二手受于手間”，注云“受從手間，謙也”，雖不言兩手，兩手授之可知。又案《聘禮》云“公東南鄉，外拂几三，卒，振袂，中攝之，進西鄉。賓進，訝受几于筵前①，以此言之，公尊，中執几以一手，則賓以兩手於几兩端執之也，而此亦賓主不敵授校者，昏禮異於餘禮。

二三　受几有辟、不辟，設几有縱橫、左右

賓以几辟。

注：辟，逡遁。校，几足，古文校爲佽。

云“賓以几辟”者，以賓卑，故“以几辟”。《聘禮》賓卑，亦云“以几辟”。《有司徹》不云“以几辟”者，尊尸故也。《覲禮》不云“以几辟”者，尊王使也。凡設几之法，受時或受其足，或受于手間，皆橫授之，及其設之，皆旋几縱執，乃設之，於坐南北面陳之，位爲神則右之，爲人則左之爲異。不坐設之者，几輕故也。鄭知“校，几足”者，《既夕記》云“綴足用燕几，校在南，御者坐持之”。

二四　禮子、禮婦於筵西受醴②，賓筵前受

主人受醴，面枋，筵前西北面。賓拜受醴，復位，主人阼階上拜送。

釋曰：經唯云“主人西北面”，知“疑立”者，《鄉飲酒》云“主人阼階東疑立”，明此亦然也。凡主人將授酒醴，於筵前待賓即筵前乃授之，此鄭云“即筵”，謂就筵前，與下“賓即筵”別也，是以《冠禮》禮子及下禮婦，皆於筵西受醴，然禮賓進筵前受醴，是不躐席之事也。云“賓復位於西階上北面，明相尊敬，此筵不主爲飲食起”者，但此筵爲行禮，故拜及啐皆於西階也。

---

① “于”字原作“三”，四庫本作“於”，汪刻本及張、阮刻本均作“于”，“三”當“于”字形之誤，據改。

② “醴”字原作“禮”，下文“皆於筵西受醴”之“醴”字亦原作“禮”，阮云：“浦鏜云‘醴’誤作‘禮’。”倉石云：“‘禮’，《詳校》作‘醴’。”據改，下亦改。

二五　凡祭，以右手祭於豆間，示有先

賓即筵坐，左執觶[1]，祭脯醢，以柶祭醴三。

釋曰：鄭云“祭以右手”，出于《鄉射》也。云“凡祭脯醢於豆間”者[2]，謂祭脯醢俎豆皆於豆間，此及《冠禮》《鄉飲酒》《鄉射》《燕禮》《大射》皆有脯醢，則在籩豆之間，此注不言籩，直言豆者，省文。《公食大夫》及《有司徹》豆多者，則言祭於上豆之間也。云“必所爲祭者，謙敬，示有所先也”者，案《曲禮》云“主人延客祭[3]，注云“祭，祭先也。君子有事，不忘本也”。

二六　必南面奠取席正，又祭酒亦皆南面

賓即筵，奠于薦左，降筵，北面坐取脯，主人辭。

釋曰：此“奠於薦左”，不言面位，下贊禮婦，“奠于薦東”，注云“奠于薦東，升席奠之”，此亦奠于薦東[4]，明皆升席，南面奠也。必南面奠者，取席之正，又祭酒，亦皆南面，並因祭酒之面奠之，則《冠禮》禮子亦南面奠之。《聘禮》禮賓，賓北面奠者，以公親執束帛待賜，已不敢稽留，故由便疾，北面奠之。

二七　納吉謂歸卜於禰廟，得吉復以告

納吉，用鴈，如納采禮。

注：歸卜於廟，得吉兆，復使使者往告云云。

釋曰：鄭知義然者，案下記云“納吉，曰：吾子有貺命，某加諸卜，占

---

① “執”字原作“執”，四庫本作“執”，合於經，據改。

② “凡祭”至“豆間”原作“凡祭於脯醢之豆間”，曹云：“據疏似當作‘凡祭脯醢於豆閒’。”據刪改。

③ “延”字原作“筵”，四庫本及汪刻本均作“延”，據改。

④ “亦”字原作“云”、“東”下有“升席奠之”四字，阮云：“浦鏜云‘薦左’誤‘薦東’，‘升席奠之’四字當爲衍文。”曹云：“‘云’當爲‘亦’，下四字浦云衍是也。”據改刪。

吉,使某也敢告",凡卜筮皆於禰廟①,故知然也②,未卜時恐有不吉,婚姻不定,故納吉乃定也③。

二八　納徵無鴈,以有束帛,即《春秋》納幣

納徵,玄纁束帛④、儷皮,如納吉禮。

注:徵,成也。

釋曰:此納徵無鴈者,以有束帛爲贄故也,是以《孝經鉤命決》云"五禮用鴈"是也。案《春秋左氏》莊公二十二年,"冬,公如齊納幣",不言納徵者,孔子制《春秋》,變周之文,從殷之質,故指幣體而言,周文故以義言之。"徵,成也",納此則昏禮成。

二九　玄纁象陰陽備,束帛五兩取配合

云"用玄纁者,象陰陽備也。束帛,十端也"者,《周禮》"凡嫁子娶妻,入幣緇帛,無過五兩",鄭彼注云"納幣用緇緇,元本作純⑤,婦人陰也。凡於娶禮,必用其類。五兩,十端也。必言兩者,欲得其配合之名。十象五行十日相成也。士大夫乃以玄纁束帛,天子加以穀圭,諸侯加以大璋。《雜記》曰'納幣一束,束五兩,兩五尋',然則每端二丈",若然⑥,彼據庶人空用緇色,無纁,故鄭云"用緇,婦人陰",此玄纁俱有,故云"象陰陽備也"。

三十　天子、諸侯加圭、璋,大夫依士禮⑦

案《玉人》"穀圭,天子以聘女;大璋,諸侯以聘女",故鄭據而言焉。

---

① "筮"字原作"並",阮云:"毛本'並'作'筮'。"據改。
② "然"上原無"知"字,曹云:"'然'上脱'知'字。"據補。
③ "故"字原作"知",張、阮刻本均作"故",據改。
④ "束"上原有"如"字,四庫本無"如"字,合於經,據刪。
⑤ "緇元本作純",原在頁眉處,占行十一,乃了翁按語,謹依文義挪至此處。
⑥ "若"下原無"然"字,曹云:"'若'下似脱'然'字。"據補。
⑦ "三十天子"至"依士禮",原在頁眉處,占行一至五,謹依題義挪至此處。

"玄纁束帛"者,合言之,陽奇陰偶,三玄二纁也,其大夫無冠禮而有昏禮,若試爲大夫及幼爲大夫者,依士禮,若五十而爵改娶者,大夫昏禮玄纁及鹿皮則同於士,餘有異者,無文以言也。

三一　請期如納徵禮,納吉如納采

請期,用鴈,主人辭,賓許,告期,如納徵禮。

釋曰:請期如納徵禮,納吉禮如納采禮,案上納采之禮,下至主人拜送於門外,其中揖讓升降及禮賓迎送之事,此皆如之。

三二　請期,女氏辭,男家使乃告期

注:主人辭者,陽唱陰和,期日宜由夫家來也云云。

釋曰:壻之父使使納徵訖,乃卜婚日①,得吉日,又使使往女家告日,是期由男家來,今以男家執謙,故遣使者請女家,若云期由女氏,故云"請期"。女氏知陽唱陰和,當由男家出,故主人辭之。使者既見主人辭,遂告主人期日也,是以下記云"使者曰②:某使某受命,吾子不許,某敢不告期③,曰某日",注云"某,吉日之甲乙",是告期之辭,故鄭云"辭即告"也。

三三　夫家欲迎婦時,豫陳同牢之饌

期,初昏,陳三鼎于寢門外東方,北面北上。

釋曰:此文下盡"合卺"一節④,論夫家欲迎婦之時,豫陳同牢之饌也。

---

①　"乃卜婚日"原作"乃下卜婚月",四庫本無"下"字,阮云:"毛本'卜'上無'下'字,'月'作'日'。"倉石云:"注疏本無'下'字,'月'作'日'是也。"據刪改。

②　"者"下原無"曰"字,汪刻本及張、阮刻本均有"曰"字,合於記文,據補。

③　"某"下原無"敢不"二字,汪刻本及張、阮刻本均有"敢不"二字,合於記文,據補。

④　"文下"原作"下文",汪刻本及張、阮刻本均作"文下",據乙。

三四　陳鼎於東方，北面，重昏禮，攝盛①

云"陳三鼎于寢門外東方，北面北上"者，謂在夫寢門外也。言"東方"、"北面"是禮之正，但數鼎，故云"北面北上"，則此及《少牢》皆是也。《特牲》"陳鼎於門外，北面北上"，當門而不在東方者，辟大夫故也。今此亦東方，不辟大夫者，重昏禮，攝盛也。鼎不言"北上"，直言"北面"，《士冠》所云是也。

三五　《士喪》、《士虞》、《公食》陳鼎面、上各異②

凡鼎陳于外者，北面爲正，阼階下，西面爲正。《士喪禮》小斂陳一鼎於門外西面者，喪禮少變，在東方者，未忍異於生，於大斂奠及朔月奠③，《既夕》陳鼎，皆如小斂奠④，門外皆西面者，亦是喪禮少變也⑤。《士虞》陳三鼎于門外之右，北面北上，入設于西階前，東面北上，不在東者，既葬鬼事之，反吉故也。《公食》陳鼎七，當門，南面西上者，以賓是外人，向外統之。

三六　父子同宮、異宮，壻皆有寢室

其實特豚，合升云云，魚十有四，腊一。

云"鼎三者，升豚、魚、腊也"者，即經文自顯也。云"寢，壻之室也"者，命士以上父子異宮⑥，自然別有寢，若不命之士父子同宮，雖大院同

---

① "三四陳鼎"至"禮攝盛"，原在頁眉處，占行四至八，謹依題義挪至此處。

② "三五士喪"至"上各異"，原在頁眉處，占行十至十四，謹依題義挪至此處。

③ "斂"下原有"大"字，阮云："毛本'斂'下無'大'字。"倉石云："下'大'字注疏本無，此疑涉上'大'字衍。"據刪。

④ "小"字原作"大"，曹云："胡氏《正義》殘稿引，改作'小斂'，似是。"倉石云："《詳校》云'大'當爲'小'，似是。"據改。

⑤ "少"字原作"既夕"，倉石云："殿本改作'是喪禮至既夕不變也。'《詳校》引劉氏云'既夕二字涉上文衍。'《校釋》云'既字衍，夕當爲少'。"據曹校刪改。

⑥ "上"下原有"之"字，倉石云："《詳校》云'之'字衍。"據刪。

居，其中亦隔別，各有門户，故經總云"寢門外"。

三七　昏禮鬼神陰陽，故與祭祀同二肺

云"合升，合左右胖升於鼎也"者，以夫婦各一，故左右胖俱升，若祭則升右也。云"去蹄，蹄甲不用也"者，以其踐地，穢惡也。云"舉肺、脊者，食時所先舉"者，案下文"贊者告具，揖婦，即對筵，皆坐祭，祭薦、黍、稷、肺"，即此祭肺也，下又云"贊爾黍①，授肺、脊，皆食以湆醬，皆祭舉、食舉也"，即此舉肺、脊也。祭時二肺俱有，生人唯有舉肺，無祭肺②，今此得有祭肺者，《禮記·郊特牲》論娶婦"玄冕齊戒，鬼神陰陽也"，故與祭祀同二肺也。據下文先用祭肺，後用舉肺，此經先言舉肺，後言祭肺者，以舉肺、脊長大，故先言，是以《特牲》、《少牢》實鼎時③，舉肺、脊在前。云"肺者，氣之主也，周人尚焉"者，案《禮記·明堂位》云"有虞氏祭首，夏后氏祭心，殷祭肝，周祭肺"，鄭注云"氣主盛也"，但所尚不同，故云"周人尚焉"。云"脊者，體之正也，食時則祭之"者，對祭肺未食時祭也。云"飯必舉之，貴之也"者，但一身之上體總有二十一節，前有肩、臂、臑，後有肫、胳，脊在中央，有三脊，正、脡、橫脊，而取中央正脊，故云"體之正"。凡云先以對後，案《特牲》舉肺、脊後食幹、骼，注云"肺，氣之主也。脊，正體之貴者。先食唅之，所以導食通氣"，此不言先食唅之，從彼可知也。云"每皆二者，夫婦各一耳"者，釋經多之義。

三八　魚象月盈，用十有五，今去一取偶

云"凡魚之正，十五而鼎，減一爲十四"者，據《特牲記》云"魚十有五"，注云"魚，水物，以頭枚數，陰中之物，取數於月十有五日而盈④。《少牢饋食禮》亦云'十有五而俎。'尊卑同"，則是尊卑同用十五而同鼎也。

---

① "黍"下原有"稷"字，阮云："浦鏜云'稷'衍字。"據删。
② "無祭肺"原作"皆祭"，倉石云："'皆祭'，《正字》改作'無祭肺'。"據改。
③ "實"字原作"入"，曹云："'入'當爲'實'。"據改。
④ "取"字原作"重"、"月"下原有"之"字，阮云："毛本'重'作'取'，《特牲記》作'取'，無'之'字。"據改删。

云“欲其敵偶也”者，夫婦各有七也，此夫婦鬼神陰陽，故同祭禮十五而去一，若乎生人則與此異，故《公食大夫》一命者七魚，再命者九魚，三命者十有一魚，天子、諸侯無文，或諸侯十三魚，天子十五魚也。云“腊，兔腊也”者，《少牢》用麋腊，士兔腊可知，故《曲禮》云“兔曰明視”也。云“肫，或作純。純，全也。凡腊用全”者，此或《少牢》文，案《少牢》“腊一純”，注云“純，猶全也”，凡牲體則用一胖①，不得云全，其腊則左右體脊、脅相配②，共爲一體，故得全名也，《特牲》、《少牢》亦用全，《士喪》大斂與《士虞》皆用左胖不全者，喪禮略。

三九　鄭以醢和醬，夫妻皆有，以意言之

饌于房中，醢醬二豆，菹醢四豆。

鄭知“以醢和醬”者，得醢者無醬，得醬者無醢，若和之，則夫妻皆有，是以知“以醢和醬”也。云“生人尚褻味”者，此文與《公食》皆以醢和醬，《少牢》、《特牲》不言之。

四十　古者大羹不致，三王以來鉶羹則致

大羹湆在爨。

注：肉汁也。

釋曰：湆與汁一也。知“大古之羹無鹽菜”者，《左傳》桓二年臧哀伯云“大羹不致”，《禮記·郊特牲》云“大羹不和”，謂不致五味，故知不和鹽菜。唐虞以上曰大古，有此羹，三王以來更有鉶羹，則致以五味，雖有鉶羹，猶存大羹，不忘古也③。引《周禮》者，證大羹須熱④，故在爨，臨食乃取也。

---

①　“體”字原作“禮”，汪刻本及張、阮刻本均作“體”，上圖本校曰：“‘牲體’誤‘禮’，汪本不誤，局刻因。”據改。

②　“脅”上原無“脊”字，曹云：“‘脅’上似脱‘脊’字。”據補。

③　“不忘古也”原作“不志故也”，汪刻本及張、阮刻本均作“不忘古也”，據改。

④　“須”字原作“雖”，汪刻本及張、阮刻本均作“須”，據改。

四一　夫婦酌内尊，合卺，卺謂破匏

尊于房户之東，無玄酒。籩在南，實四爵，合卺。

注：無玄酒者，略之也。夫婦酌於内尊，其餘酌於外尊。合卺，破匏也。四爵、兩卺，凡六，爲夫婦各三酳。一升曰爵。

釋曰：云“無玄酒者，略之也”者，此對上文夫婦之尊有玄酒，此尊非爲夫婦，故略之也。云“夫婦酌於内尊，其餘酌於外尊”者，據上文玄酒知之。云“一升曰爵”者，《韓詩内傳》云“一升曰爵①，二升曰觚，三升曰觶，四升曰角，五升曰散”是也。

四二　壻爲婦主，故稱主人

主人爵弁，纁裳，緇袘，從者畢玄端。乘墨車，從車二乘。

云“主人，壻也”者，以其親迎向女家，女父稱主人，男稱壻，已下皆然，今此未至女家，仍據男家而言，故云“主人”是“壻爲婦主”，故下親迎至男家，壻還稱主人也。

四三　以助祭之服親迎，鬼神之

注：爵弁而纁裳，玄冕之次云云。

云“大夫以上親迎，冕服”者，士家自祭服玄端，助祭用爵弁，今爵弁，用助祭之服親迎，亦爲攝盛②，則卿大夫朝服以自祭，助祭用玄冕，親迎亦當玄冕，攝盛也。若上公有孤之國，孤絺冕，卿大夫同玄冕，侯伯子男無孤之國，卿絺冕，大夫玄冕也。孤、卿大夫、士爲臣卑，須攝盛③，取助祭之服以親迎，則天子、諸侯爲尊則尊矣④，不須攝盛，宜用家祭之服，則五

---

①　“内”字原作“外”，孫詒讓《十三經注疏校記》云：“‘外’當作‘内’。”據改。
②　“亦”字原作“一”，倉石云：“‘一’，殿本、《正字》改作‘以’，今案‘或’當爲‘亦’。”據倉校改。
③　“須”字原作“復”，倉石云：“‘復’，殿本作‘須’，《校釋》云‘當’爲‘故’。”據殿本改。
④　“則尊”原作“則衮”，倉石云：“‘衮’，殿本改作‘尊’，《考證》吳氏紱云‘諸侯唯上公得服衮，諸侯以下不得也。賈氏常有‘尊則尊矣’之語，此當從之。”據改。

等諸侯玄冕以家祭,則親迎不過玄冕,天子親迎當服袞冕矣,是以《禮記·郊特牲》云"玄冕齋戒,鬼神陰陽也,將以爲社稷主",以社稷言之,據諸侯而説,故知諸侯玄冕也。其於孤卿,雖絺冕以助祭,至於親迎,亦用玄冕,臣乃不得過君故也。云"冕服迎者,鬼神之。鬼神之者,所以重之、親之"者,《郊特牲》文。

四四　士乘墨車,有貳車,昏禮攝盛

云"從者,有司也。乘貳車,從行者也"者,以士雖無臣,其僕隸皆曰有司,使乘貳車從壻,大夫以上有貳車①,士無貳車,此有者,亦是攝盛也②。云"墨車,漆車"者,案《巾車》注云"棧車不革鞔而漆之",則士之棧車漆之,但無革爲異耳,案《考工記》云"棧車欲其弇",鄭云"無革鞔",又云"飾車欲其侈",鄭云"革鞔",則大夫以上皆以革鞔,則得飾車之名。飾者,革上又有漆飾,士卑無飾,雖有漆,不得名墨車,故唯以棧車爲名。若然,自卿以上更有異飾,則又名玉、金、象、夏篆、夏縵之等也。云"士乘墨車③,攝盛也"者,案《周禮·巾車》云"一曰玉路以祭祀",又云"金路,同姓以封;象路,異姓以封;革路,以封四衛;木路,以封蕃國。孤乘夏篆,卿乘夏縵,大夫乘墨車,士乘棧車,庶人乘役車",士乘大夫墨車爲攝盛,則大夫當乘卿之夏縵,卿當乘孤之夏篆,已上有木路,質而無飾,不可使孤乘之,禮窮則同也,孤還乘夏篆,又於臣之外特置,亦是尊,尊則尊矣,不欲攝盛。

四五　天子、諸侯尊,不假攝盛④

若然,庶人當乘士之棧車,則諸侯、天子尊則尊矣⑤,亦不假攝盛,依《巾車》自乘本車矣。玉路祭祀,不可以親迎,當乘金路矣。以

---

①　"上"字原作"下",曹云:"'下'當爲'上'。"據改。
②　"攝"下原無"盛"字,阮云:"陳、閩'者'俱作'二',毛本'攝'下有'盛'字。"據毛本補。
③　"墨"上原有"車"字,四庫本及汪刻本均無"車"字,據删。
④　"四五天子"至"假攝盛",原在題四四下別行另起,謹依題義挪至此處。
⑤　"則"字原作"其",汪刻本及張、阮刻本均作"則",上文亦曰"尊則尊矣",據改。

攝盛言之^①，士之子冠與父同，則昏亦同，但尊適子，皆與父同，庶子宜降一等也。

四六　士婦乘夫家之車，大夫以上自有車送女

婦車亦如之，有裧。

注^②：士妻之車，夫家共之，大夫以上云云。

釋曰：婦車亦墨車，但有裧爲異耳。云"士妻之車，夫家共之"者，即此是也。云"大夫以上嫁女，則自以車送之"者，案宣公五年冬，《左傳》云"齊高固及子叔姬來反馬也"，何休以爲禮無反馬^③，而《左氏》以爲得禮，禮，婦人謂嫁曰歸，明無大故，不反於家，經書"高固及子叔姬來"，故譏乘行匹至也。《士昏》皆異，據士禮，無反馬，蓋失之矣。《士昏禮》曰"主人爵弁，纁裳，緇袘，從者畢玄端。乘墨車，從車二乘，執燭前馬。婦車亦如之，有裧"，此婦乘夫家之車^④，《鵲巢》詩曰"之子于歸，百兩御之"，又曰"之子于歸，百兩將之"，國君之禮，夫人始嫁，自乘其車也。《何彼襛矣》篇曰"曷不肅雝，王姬之車"，言齊侯嫁女，以其母王姬始嫁之車遠送之，則天子、諸侯女嫁，留其車可知。今高固大夫反馬，大夫亦留其車，禮雖散亡，以《詩》論之，大夫以上至天子有反馬之禮。

四七　留車，妻之道；反馬，壻之義^⑤

留車，妻之道；反馬，壻之義。高固秋九月逆叔姬^⑥，冬來反馬，則婦

---

① "攝"下原無"盛"字，阮云："'攝'下聶氏有'盛'字。"據補。

② "士"上原無"注"字，四庫本有"注"字，據補。

③ "休"上原無"何"字，曹云："'休'上似脱'何'字。"倉石云："'休'上《詳校》補'何'字。"據補。

④ "車"上原無"之"字，汪刻本及張、阮刻本均有"之"字，據補。

⑤ "四七留車"至"壻之義"，原在頁眉處，占行一至五，謹依題義挪至此處。又，題號"四七"缺損，據再造善本寫定。

⑥ "月"上原無"九"字，倉石云："'月'上《正字》補'九'字，案《左傳正義》引《箴膏肓》有。"據補。

入三月祭行①,故行反馬禮也。以此鄭《箋膏肓》言之,則知大夫以上嫁女,自以其車送之。

四八　鄭説王姬之車自異,蓋三家與毛異②

若然,《詩》注以爲王姬嫁時自乘其車,《箋膏肓》以爲齊侯嫁女乘其母王姬始嫁時車送之,不同者,彼取三家《詩》,故與《毛詩》異也。

四九　婦車之等及容蓋之制

婦車亦如之,有裧。

注:亦如之者,車同等③。

釋曰:凡婦車之法,自士已上至孤卿,皆與夫同,有裧爲異,至于王后及三夫人,并諸侯夫人,皆乘翟車。案《周禮·巾車》王后之五路,重翟、厭翟、安車,"皆有容蓋",又云"翟車"、"輦車",鄭注云"《詩·國風·碩人》曰'翟蔽以朝'《儀禮疏》蔽疑常作蔽,今《詩》茀④,謂諸侯夫人始來乘翟蔽之車,以朝見於君,盛之也",此翟蔽蓋厭翟也,然則王后始來乘重翟矣。又《詩序》云"王姬下嫁於諸侯,車服不繫其夫,下王后一等",以此差之,王后始來乘重翟,則上公夫人用厭翟,侯伯子男夫人用翟車。若然,《巾車》安車次厭翟在翟車之上者,以其安車在宮中所乘,有容蓋,與重翟、厭翟有差⑤,退之在下,其實安車無翟飾,不用爲嫁時所乘也。三夫人與三公夫人當用翟車⑥,九嬪與孤妻同

---

① "入"字原作"人",曹云:"'人'當爲'入'。"倉石云:"'人',《詳校》改作'入',案《左傳正義》作'入'。"據改。

② "四八鄭説"至"與毛異",原在頁眉處,占行六至十一,謹依題義挪至此處。又,"王"字漫漶,據再造善本寫定。

③ "有裧"至"同等",所引乃經、注,四庫本作"者車同等裧車裳云云",乃以己語概括之注文,此仍其舊。

④ "儀禮"至"詩茀",原在頁眉處,占行十七至十八,乃了翁按語,謹依文義挪至此處。

⑤ "差"字原作"屈",四庫本作"差",阮云:"'屈',陳本、《要義》同誤作'屈',毛本作'差'是也。"據改。

⑥ "三夫人","三"字漫漶,再造善本闕,四庫本作"三",據寫定。

用夏篆，世婦與卿大夫妻同用夏縵，女御與士妻同用墨車也，其諸侯
夫人姪娣及二滕并姪娣，依次下夫人以下一等爲差也。云“袡，車裳
幃，《周禮》謂之容”者，案《巾車職》重翟、厭翟、安車，“皆有容蓋”，鄭
司農云“容謂幨車，山東謂之裳幃，或謂之潼容”，後鄭從之，《衛詩》
云“漸車帷裳”，是山東名幃裳也。云“車有容，則固有蓋”者，《巾車》
云“有容蓋”，容蓋，相配之物，此既有袡之容，明有蓋可知。

五十　先言門外，次入廟，知廟在大門内[①]

至于門外。

注：婦家大門之外。

釋曰：知是大門外者，以下有“揖入”，乃至廟，廟在大門内。以先祖
之遺體許人，將告神，故女父先於廟設神席，乃迎壻也。

---

① “内”字原作“外”，正文疏既言“廟在大門内”，故疑此誤“内”爲“外”，上圖本亦校云：
“‘内’誤‘外’，汪本、局本。”據改。

儀禮要義卷第五　士昏禮二

一　女次，純衣，不言裳，婦服不殊裳

女次，純衣，纁袡，立于房中，南面。

釋曰：不言裳者，以婦人之服不殊裳，是以《內司服》皆不殊裳，彼注云"婦人尚專一德，無所兼，連衣裳，不異其色"。

二　釋次、純衣、纁袡之制

三　次，漢時髢；副，若步繇；編，若假紒[①]

注：次，首云云，《周禮·追師》："掌爲副、編、次"。

注云"次，首飾也，今時髢也。《周禮·追師》'掌爲副、編、次'"者，案彼注云"副之言覆，所以覆首爲之飾，其遺象若今步繇矣。編，編列髮爲之，其遺象若今假紒矣。次，次第髮長短爲之，所謂髮髢"，言"所謂"，謂如《少牢》"主婦髮鬄"也[②]，又云"外內命婦衣鞠衣、襢衣者服編，衣褖衣者服次"，其副唯於三翟祭祀服之，士服爵弁助祭之服以迎，則士之妻亦服褖衣助祭之服也。云"純衣，絲衣"者，此經純亦是絲理不明，故見絲體也。云"女從者畢袗玄，則此衣亦玄矣"者，此鄭欲見既以純爲絲，恐色不明，故云女從袗玄，則此絲衣亦同玄色矣。云"袡亦緣也"者，上"纁裳，緇

---

① "三次漢"至"若假紒"，原在頁眉處，占行一至五，"注云次"至"之服也"乃與此題對應之疏文，涵于題二所領正文內，不宜段分，謹依題義挪至此處。

② "髢"字原作"髮"，汪刻本及張、阮刻本均作"髢"，據改。

77

祂",祂爲緣,故云"袡亦緣也"。云"袡之言任也,以纁緣其衣,象陰氣上任也"者,婦人陰,象陰氣上交於陽,亦取交接之義也。

四　婦人服不常施袡,盛昏禮,故服①

云"凡婦人不常施袡之衣,盛昏禮爲此服"者,此純衣即褖衣,是士妻助祭之服,尋常不用纁爲袡,今用之,故云"盛昏禮爲此服"。云"《喪大記》曰'復衣不以袡',明非常"者,以其始死招魂復魄用生時之衣,生時無袡,知亦不用袡,明爲非常所服,爲盛昏禮,故服之。引之者,證袡爲非常服也。然鄭言凡婦人服不常施袡者,鄭欲見王后已下,初嫁皆有袡之意也。

五　姆以婦道教人,若漢時乳母選有德

姆纚笄,宵衣,在其右。

釋曰:云"姆,婦人年五十無子,出而不復嫁,能以婦道教人"者,婦人年五十陰道絶,無子乃出之。案《家語》云"婦人有七出",就七出之中,餘六出是無德行,不堪教人,故無子出,能以婦道教人者以爲姆,既教女,因從女向夫家也。云"若今時乳母"者,漢時乳母與古時乳母别,案《喪服》乳母者,據大夫子有三母:子師、慈母、保母,其慈母闕,乃令有乳者養子,謂之爲乳母,死爲之服總麻。師教之,乳母直養之而已。漢時乳母則選德行有乳者爲之,并使教子,故引之以證姆也。

六　纚以韜髮,笄漢時簪,宵衣謂領

云"纚,韜髮"者,此纚亦如《士冠》纚,以繒爲之,廣充幅,長六尺,以韜髮而紒之。姆所異於女者,女有纚,兼有次,此母則有纚而無次也。云"笄,今時簪"者,舉漢爲況義也。云"宵,讀爲《詩》'素衣朱綃'之'綃'者,引《詩》以爲證也。云"姆亦玄衣,以綃爲領,因以爲名"者,此衣雖言綃

---

① "四婦人"至"禮故服",原在頁眉處,占行六至十,謹依題義挪至此處。

衣,亦與純衣同是袡衣,用綃爲領,故因得名綃衣也。必知綃爲領者,《詩》云"素衣朱綃",《詩》又云"素衣朱襮",《爾雅·釋器》云"黼領謂之襮",襮既爲領,明朱綃亦領可知。案上文云女袡衣,下文云"女從者畢袗玄",皆是袡衣,則此綃衣亦袡衣矣。女與女從禪黼領,此姆以玄綃爲領也。

七　后、夫人狄衣,内子黼領,士妻假盛

女從者畢袗玄,纚笄,被穎黼①,在其後云云。

釋曰:案《周禮·内司服》云"掌王后之六服:褘衣、揄狄、闕狄",又注云"侯伯之夫人揄狄,子男之夫人亦闕狄,唯二王後褘衣",故云"后、夫人狄衣"也。云"卿大夫之妻刺黼以爲領"者,以士妻言被,明非常,故知大夫之妻刺之常也。不於后、夫人下言領,於卿大夫妻下乃云刺黼爲領,則后、夫人亦同刺黼爲領也。但黼乃白黑色爲之,若於衣上則畫之,若於領上則刺之爲異②。其男子冕服,衣畫而裳繡,繡皆刺之,其婦人領雖在衣,亦刺之矣,然此士妻言被禪黼,謂於衣領上別刺黼文謂之被,則大夫已上刺之③,不别被之矣。

八　天子、諸侯中衣有黼領,婦人上服有之④

案《禮記·郊特牲》云"綃黼丹朱中衣⑤,大夫之僭禮也",彼天子、諸侯中衣有黼領,上服則無之⑥,今此婦人事華飾⑦,故於上服有之,中衣則無也。

---

① "穎"字原作"頴",四庫本作"穎",合於經,據改。
② "爲異"原作"以爲",曹云:"'以爲'當作'爲異'。"據改。
③ "上"字原作"下",阮云:"浦鏜云'上'誤'下'。"倉石云:"'下'《正字》從《通解》改作'上'。"據改。
④ "八天子"至"服有之",原在頁眉處,占行五至十,謹依題義挪至此處。
⑤ "記"下原有"云"字,汪刻本及張、阮刻本均無"云"字,據删。
⑥ "領"下原無"上"字,阮云:"毛本'領'下有'上'字。"據補。
⑦ "今此"原作"此今",倉石云:"'此今'二字殿本倒。"據乙。

九 鄭引漢偃領，唐人不知①

云"如今偃領矣"者，舉漢法，鄭君目驗而知，至今已遠，偃領之制亦無可知也。云"士妻始嫁，施禪襦於領上，假盛飾耳。言被，明非常服"者，對大夫已上妻則常服有之，非假也。

十 主人迎賓揖入，賓升，奠鴈于房戶

主人玄端，迎于門外，西面再拜，賓東面荅拜。

注：賓，揖。

釋曰：此言女父迎賓揖入廟門，升堂，婦從出大門之事也②。云"賓升，北面奠鴈，再拜稽首"者，此時當在房外，當楣北面。知在房戶者，見隱二年"紀履緰來逆女"，《公羊傳》曰"譏始不親迎也"，何休云"夏后氏逆於庭，殷人逆於堂，周人逆於戶"，後代漸文，迎於房者，親親之義也。

十一 前六禮主人皆拜，獨此授女不荅拜

主人揖入，賓執鴈從，至廟門，揖入云云，賓升，奠雁云云，婦從③。

釋曰：云"賓升奠鴈拜，主人不荅，明主爲授女耳"者④，案納采阼階上拜，至問名、納吉、納徵、請期、轉相如，皆拜，獨於此主人不荅，明主爲授女耳。

---

① "九鄭引"至"人不知"，原在頁眉處，占行十一至十四，謹依題義挪至此處。

② "婦從"原作"父迎"，阮云："浦鐘云'父迎'當'婦從'之誤。"據改。

③ "主人"至"婦從"，乃了翁節引之經文，經原作"主人揖入，賓執鴈從，至于廟門，揖入，三揖，至于階，三讓。主人升，西面。賓升，北面奠鴈，再拜稽首，降，出。婦從，降自西階，主人不降送"，四庫本作"主人揖入，賓執鴈從，至于廟門，揖入至賓升，北面奠雁，再拜稽首云云"，此仍其舊。

④ "耳"下原無"者"字，汪刻本及張、阮刻本均有"者"字，依其慣例，此當有"者"字，據補。

十二　婦從壻降，主人不送者，禮不參①

云“主人不降送，禮不參”者，禮，賓主宜各一人，今婦既從②，主人不送者，以其禮不參也。

十三　壻御婦車，授綏，蓋僕人之禮

壻御婦車，授綏，姆辭不受。

注：壻御者，親而下之云云。

釋曰：云“僕人之禮，必授人綏”者，《曲禮》文。今壻御車，即僕人禮，僕人合授綏，姆辭不受，謙也③。

十四　景之制蓋如明衣，即禊衣

婦乘以几，姆加景，乃驅，御者代。

釋曰：云云云“景之制蓋如明衣”者，案《既夕禮》“明衣裳用布，袂屬幅④，長下膝”，鄭注云“長下膝，又有裳，於蔽下體深也”，此景之制無正文，故云“蓋如明衣”。不直云制如明衣⑤，此嫁時尚飾，不用布，案《詩》云“衣錦禊衣，裳錦禊裳”，鄭云“禊，禪也，蓋以禪縠爲之。中衣裳用錦而上加禪縠焉，爲其文之大著也。庶人之妻嫁服也，士妻剢衣纁袡”，彼以庶人用禪縠，連引士妻剢衣，則此士妻衣上亦用禪縠，《碩人》是國君夫人，亦衣錦禊衣，則尊卑同用禪縠，庶人卑，得與國君夫人同用錦，爲文大著，此士妻不用錦，不爲文大著，故云行道禦風塵也。

---

①　“十二婦從”至“禮不參”，原在頁眉處，占行十三至十七，謹依題義挪至此處。

②　“從”字原作“送”，阮云：“毛本‘送’作‘從’是也。”據改。

③　“也”下原有“行車輪三”四字，四庫本無“行車輪三”四字，疑此涉下節之文而衍，據删。

④　“幅”字原作“福”，四庫本及汪刻本均作“幅”，據改。

⑤　“直”上原無“不”字，阮云：“浦鏜云‘直’上當脱‘不’字。”倉石云：“‘直’上殿本增‘不’字。”據補。

十五　壻行車輪三周，御者代壻，壻先①

御者代。

注云：行車輪三周，御者乃代壻。

壻乘其車先②。

十六　壻於婦家大門外乘其車，道婦，俟于門外③

云“壻車在大門外”者，謂在婦家大門外，知者，以其壻於此始言乘其車，故知也。云“男率女，女從男，夫婦剛柔之義，自此始也”者，並《郊特牲》文。云“門外，壻家大門外”者，命士已上，父子異宮，故解爲壻家大門外，若不命之士，父子同宮，則大門父之大門外也。

十七　壻揖婦入寢門，席于奥，媵、御沃盥交

婦至，主人揖婦以入，及寢門，揖入，升自西階云云，媵、御沃盥交。

釋曰：此明夫導婦入門④、升階及對席，媵、御沃盥之儀。云“主人揖婦以入”者，此則《詩》云“好人提提，宛然左辟”是也。云“夫入于室，即席”者，謂壻也，婦在尊西，未設席，壻既爲主，東面，須設饌訖，乃設對席，揖即對席，爲前後至之便故也。云“升自西階，道婦入也”者，以尋常賓客，主人在東，賓在西，今主人與妻俱升西階，故云“道婦入也”。云“媵，送也，謂女從者也”者⑤，即姪娣也。云“御御，依注音訝，五嫁反⑥，當爲訝。訝，迎也，謂壻從者也”者，以其與婦人爲盥，非男子之事，謂夫家之賤者

---

① “十五壻行”至“壻壻先”，原在頁眉處，占行十二至十六，謹依題義挪至此處。
② “壻”字原作“婦”，四庫本作“壻”，合於經，據改。
③ “門”下原無“外”字，依經“壻乘其車先，俟于門外”文，疑“門”下脱“外”字，謹補。
④ “導”下原有“於”字，經既云“主人揖婦以入”，則是夫導婦，而非導於婦，謹删。
⑤ “也”下原無“者”字，阮云：“毛本‘也’下有‘者’字。按‘者’當有。”據補。
⑥ “御依”至“嫁反”，原在頁眉處，占行十五至十六，乃了翁據陸德明《經典釋文·儀禮音義》增補之釋文，謹依文義挪至此處。又，“音”下原無“訝”字，《儀禮音義》原作“媵御，依注音訝，五嫁反”，“音”下當脱“訝”字，謹補。

也。知"媵沃壻盥於南洗，御沃婦盥於北洗"者，以其有南北二洗，又云"媵、御沃盥交"，明知夫婦與媵御南北交相沃盥也。

十八　禮有舉鼎、執匕、執俎，或兼或別

贊者徹尊冪。舉者盥，出①，除冪，舉鼎入，陳云云，匕、俎從設。

釋曰：案《特牲》②、《少牢》、《公食》與《有司徹》，及此《昏禮》等，執匕俎、舉鼎各別人者，此吉禮尚威儀故也。《士喪禮》舉鼎，右人以右手執匕，左人以左手執俎③，舉鼎人兼執匕俎者，喪禮略也。云"從設"者，以男女之事④，故從吉祭法也。《公食》執匕俎之人入，加匕於鼎，陳俎於鼎南，其匕與載皆舉鼎者爲之。《特牲》注云"右人也。尊者於事，指使可也"，則右人於鼎北，南面匕肉出之，左人於鼎西俎南，北面承取肉，載於俎。《士虞》右人載者，喪祭少變，故在西方，長者在左也。今《昏禮》鬼神陰陽，當與《特牲禮》同，亦右人匕，左人載，遂執俎而立，以待設也。云"匕，所以別出牲體也"者，凡牲有體別，謂肩、臂、臑、肫、胳、脊、脅之等，於鼎以次別，匕出之，載者依其體別，以次載之於俎。

十九　吉、凶、《鄉》、《燕》禮有設湆、不設湆之異

設湆于醬南，設對醬于東云云，設湆于醬北。

釋曰：云"湆"，即上文"大羹湆在爨"者，羹宜熱，臨食乃將入，是以《公食大夫》云"大羹湆不和⑤，實于鐙，由門入，公設之于醬西"是也。又生人食，《公食大夫》是也，《特牲》、《士虞》等爲神設⑥，皆爲敬尸，尸亦不食也，《鄉飲酒》、《鄉射》、《燕禮》、《大射》不設者，湆非飲食之正具⑦，故無

---

① "盥"下原無"出"字，經有"出"字，據補。

② "特"上原有"郊"字，汪刻本及張、阮刻本均無"郊"字，據刪。

③ "手"字原作"人"，四庫本作"手"，據改。

④ "男女"原作"從男"，曹云："'從男'當爲'男女'。"倉石云："'從男'二字疑有譌，《校釋》云'當爲男女'未碻。"據曹校改。

⑤ "夫"下原無"云"字，汪刻本及張、阮刻本均有"云"字，據補。

⑥ "虞"下原無"等"字，汪刻本及張、阮刻本均有"等"字，據補。

⑦ "具"上原無"正"字，曹云："'具'上似當有'正'字。"據補。

也。《少牢》無湆者，又不備。《有司徹》有湆者，賓尸禮褻，故有之，與《少牢》異也[1]。云"設湆于醬北"者，案上設壻湆於醬南，在醬桼之南，特俎出於饌北，此設婦湆於醬北，在特俎東，饌內則不得要方，上注云"要方"者，據大判而言耳。云"啟會，卻于敦南，對敦于北"者，取壻東面以南爲右，婦西面以北爲右，各取便也。卻，仰也，謂仰於地也。

二十　謂爾黍爲移置席上，《昏》從祭法

贊爾黍，授肺、脊。皆食以湆、醬，皆祭舉、食舉也。

釋曰：云"爾，移也"者，爾訓爲近，謂移之使近人，故云"移置席上，便其食也"。案《曲禮》云"食坐盡前"[2]，謂臨席前畔，則不得移黍於席上，此云"移置席上"者，鬼神陰陽，故此《昏禮》從《特牲》祭祀法。

二一　同牢示親，故三飯成禮，與祭異

三飯，卒食。

注：卒，已也。

《少牢》十一飯，《特牲》九飯而禮成，此獨三飯，故云"同牢示親，不主爲食起，三飯而成禮也"。

二二　酳所以潔口，且安食

贊洗爵，酳，酳主人，主人拜受云云，酳婦亦如之，皆祭。

釋曰：云"酳，漱也。酳之言演也，安。漱，所以潔口，且演安其所食"者，案《特牲》云"主人洗角，升，酌，酳尸"，注云"酳，猶衍也。是獻尸也，謂之酳者，尸既卒食，又欲頤衍養樂之"，又《少牢》云"主人酌酒，乃酳尸"，注云"酳，猶羨也。既食之而又飲之，所以樂之"，三注不同者，文有詳略，相兼乃具，《士虞》亦是酳尸，注直云"酳，安食也"，不言養樂及羨

---

① "少牢"，汪刻本及張、阮刻本均有"禮"字，此仍其舊。

② "曲禮"原作"玉藻"，倉石云："《玉藻》無此文，當作'曲禮'。"據改。

者,喪故略之。此三酳俱不言獻,皆云酳,直取其絜。

二三　再酳如初,無從,三酳用卺,亦如之

卒爵,皆拜,贊答拜,受爵。再酳如初,無從。三酳云云。

釋曰:云“再酳如初”者,如自“贊洗爵”已下至“答拜,受爵”也。云“亦無從也”者,“三酳用卺,亦如之”,亦自“贊洗爵”至“受爵”,鄭直云“亦無從”,“用卺”文承“再酳”之下,明知事事如再酳,以其初酳有從[1],“再酳如初,無從”,三酳用卺亦無從,故鄭以“亦無從”言之,其實皆同再酳也。

二四　媵、御衽席交,姆授巾

主人說服于房云云。御衽于奧,媵衽良席在東,皆有枕,北止。

釋曰:自此至“呼則聞”,論夫婦寢息及媵、御餕之事也。云“主人說服于房,媵受。婦脫服于室,御受”者,與沃盥交同[2],亦是交接有漸之義也。“衽于奧”,主于婦席[3],使御布婦席,使媵布夫席,此亦示交接有漸之義也。云“衽,臥席也”者,案《曲禮》云“請席何鄉,請衽何趾”,鄭云“坐問鄉,臥問趾,因於陰陽”,彼衽稱趾,明衽臥席也。若然,前布同牢席,夫在西,婦在東,今乃夫在東,婦在西,易處者,前者示有陰陽交會之漸[4],故男西女東,今取陽往就陰,故男女各於其方也。云《孟子》者,案《孟子·離婁篇》,證婦人稱夫爲良人之義也。

二五　婦人十五許嫁,著纚,明有繫

主人入,親說婦之纚。

釋曰:知“從房還入室”者,夫前出,說服於房,今言入,明從房入室

---

[1] “有”上原無“以其初酳”四字,汪刻本及張、阮刻本均有“以其初酳”四字,據補。
[2] “交”字原作“文”,倉石云:“‘文’,閩本改作‘交’,《校勘記》仍以‘文’爲是,誤。”據改。
[3] “主”字原作“至”,汪刻本及張、阮刻本均作“主”,據改。
[4] “之”字原作“有”,倉石云:“《正字》云:上‘有’字衍。《校釋》云:下‘有’字當爲‘之’。”據曹校改。

也。云"婦人十五許嫁,笄而禮之,因著纓"者,案《曲禮》云"女子許嫁纓",又曰"女子許嫁笄而字",鄭據此諸文而言①,但言十五許嫁,則以十五爲限,則自十五已上皆可許嫁也。云"明有繫也"者,纓是繫物爲之,明有繫也。

二六　纓有佩容臭,有許嫁,笄亦有二

注:纓,蓋以五采爲之,其制未聞。

云"其制未聞"者,此纓與男子冠纓異,彼纓垂之兩傍,結其絛,此女子纓不同於彼,故云"其制未聞"。但纓有二時不同,《內則》云"男女未冠笄者,總角衿纓,皆佩容臭",鄭注云"容臭,香物也,以纓佩之,爲迫尊者,給小使也",此是幼時纓也。《內則》又云"婦事舅姑,如事父母②,衿纓綦屨",注云"衿,猶結也。婦人有纓,示繫屬也",是婦人女子有二時之纓。《內則》示有繫屬之纓,即許嫁之纓,與此説纓一也。若然,笄亦有二等,案《問喪》"親始死,笄纚",據男子去冠仍有笄,與婦人之笄並是安髮之笄也③,爵弁、皮弁及六冕之笄,皆是固冠冕之笄,是其二也。

二七　成昏後,纚笄,宵衣,去嫁時盛服

夙興,婦沐浴,纚笄,宵衣以俟見。

釋曰:自此至"授人",論婦見舅姑之事。云"纚笄,宵衣"者,此則《特牲》主婦宵衣也,不著純衣纁袡者,彼嫁時之盛服,今已成昏之後,不可使服,故退從此服也。

二八　父子異宮,禮不云年限,鄭云十五

言"昏明日之晨"者④,以昨日昏時成禮,此經言"夙興",故知是昏之

---

① "諸"下原有"侯"字,阮云:"毛本'諸侯'作'許嫁'是也。"曹云:"'侯'字衍。"據曹校刪。
② "如"字原作"子",曹云:"'子'當爲'如'。"據改。
③ "是"字原作"有",曹云:"'有'當爲'是'。"倉石云:"'有',殿本改作'是'。"據改。
④ "明"下原無"日"字,汪刻本及張、阮刻本均有"日"字,據補。

晨旦也。云“興，起也。俟，待也，待見於舅姑寢門之外”者，因訓即解之
也。云“古者命士以上，年十五父子異宮”者，案《内則》云“由命士以上，
父子異宮”，不云年限，今鄭知十五爲限者，以其十五成童，是以鄭注《喪
服》亦云“子幼，謂年十五已下”，十五以上則不隨母嫁[1]，故知十五以後
乃異宮也。鄭言此限者，欲見不命之士，父子同宮，雖俟見，不得言舅姑
寢門外也。

二九　舅席于阼，姑席于房户外之西

質明，贊見婦于舅姑。席于阼，舅即席。席于房外，南面，姑即席。

釋曰：此經論設舅姑席位所在。鄭知房户外之西者，以其舅在阼，阼
當房户之東，若姑在房户之東，即當舅之北，南面向之不便，又見下記云
“父醴女而俟迎者，母南面於户外，女出於母左”，以母在房户西，故得女
出於母左，是以知此房外亦房户外之西也。

三十　婦見舅姑用棗栗、腵脩[2]

婦執笲棗栗笲，音煩[3]，自門入，升自西階，進拜，奠于席。

釋曰：此經論婦從舅寢門外入見舅之事也。必見舅用棗栗，見姑以
腵脩者，案《春秋》莊二十四年經書“秋，八月丁丑，夫人姜氏入。戊寅，大
夫宗婦覿，用幣”，《公羊傳》云“宗婦者何？大夫之妻也。覿者何？見也。
用者何？用者不宜用也。見用幣，非禮也。然則曷用？棗栗云乎，腵脩
云乎”，注云“腵脩者，脯也，禮，婦人見舅以棗栗爲贄，見姑以腵脩爲贄[4]，
見夫人至尊兼而用之。云乎，辭也。棗栗，取其早自謹敬。腵脩，取其斷
斷自脩正”，是用棗栗、腵脩之義也。

---

① “則”上原無“十五以上”四字，倉石云：“殿本删五字，《校釋》云：此上脱‘十五以上’四
字。”據曹校補。

② “腵”字原作“腶”，正文同張、阮刻本均作“腵”，據改，正文亦改。

③ “笲音煩”，原在頁眉處，占行十七，乃了翁據《儀禮音義》增補之釋文，謹依文義挪至此處。

④ “見夫人”上原無“見姑”至“爲贄”七字，汪刻本及張、阮刻本均有此七字，據補。

三一　婦見，兄弟、姊妹不特見，見諸父各於寢[①]

案《雜記》云"婦見舅姑，兄弟、姑姊妹皆立于堂下，西面北上，是見已"，注云"婦來爲供養也，其見主於尊者，兄弟以下在位，是爲己見，不復特見"，又云"見諸父，各就其寢"，注云"旁尊也，亦爲見時不來"，今此不言者，文略也。

三二　筹如漢之筥筺蘆

注：筹，竹器而衣者，其形蓋如今之云云。

知"筹，竹器"者，以字從竹，故知竹器。知有衣者，下記云"筹，緇被纁裏，加于橋"，注云"被，表也。筹有衣者，婦見舅姑，以飾爲敬"，是有衣也。云"如今之筥筺蘆矣"者筥，筥居。蘆，盧[②]，此舉漢法以況義，但漢法去今已遠，其狀無以可知也。云"進拜者，進東面乃拜"者[③]，謂從西階進至舅前而拜。

三三　奠筹于席，舅尊，不敢授[④]

云"奠之者，舅尊不敢授也"者，案下姑奠于席不授，而云"舅尊不敢授"者，但舅直撫之而已，至姑則親舉之，親舉者，則親授之[⑤]。

三四　婦人與丈夫爲禮則俠拜，母於子猶然

舅坐撫之，興，答拜。婦還又拜。

云"婦人與丈夫爲禮則俠拜"者，謂若《士冠》冠者見母，"母拜受，子

---

① "三一婦見"至"各於寢"，原在頁眉處，占行九至十三，謹依題義挪至此處。
② "筥筥居蘆盧"，原在頁眉處，占行十六至十七，乃了翁增補之釋文，謹依文義挪至此處。
③ "面"字原作"南"，汪刻本及張、阮刻本均作"面"，合於注，據改。
④ "三三奠筹"至"不敢授"，原在頁眉處，占行二至五，謹依題義挪至此處。
⑤ "親舉"至"授之"，此乃了翁以己語概括者，賈疏原作"親舉者，若親授之然。"

拜送,母又拜",母於子尚俠拜,則不徒此婦於舅而已,故廣言"婦人與丈
夫爲禮則俠拜"。

三五　授醴,面枋,《冠》、《昏》同,惟受醴南、東面異

贊者酌醴,加栖,面枋,出房,席前北面。婦東面拜受。

云"面枋,出房"者,以其贊授,故面枋。《冠禮》贊酌醴,將授賓,則面
葉,賓受醴,將授子,乃面枋也。婦東面拜,贊北面答之,變於丈夫《冠禮》
者,禮子與禮婦俱在賓位,南面受與此東面異①。

三六　有姪娣,有二媵,大夫、士即以姪娣爲媵

云"古者嫁女,必姪娣從,謂之媵"者,媵有二種,若諸侯有二媵外,別
有姪娣,是以莊公十九年經書"秋,公子結媵陳人之婦于鄄",《公羊傳》曰
"媵者何? 諸侯娶一國,則二國往媵之。以姪娣從。姪者何? 兄之子也。
娣者何? 女弟也"②。諸侯夫人自有姪娣,并二媵各有姪娣,則九女,是媵
與姪娣別也。若大夫、士無二媵,即以姪娣爲媵。鄭云"古者嫁女,必姪
娣從,謂之媵",是據大夫、士言也。云"姪,兄之子。娣,女弟也。娣尊姪
卑"者,解經云"雖無娣,媵先"之義,以其若有娣乃先,媵即姪也。云"猶
先媵,客之也"者③,對御是夫之從者爲後。若然,姪與娣俱名媵,今言"雖
無娣,媵先",似娣不名媵者,但姪娣俱是媵,今去娣,娣外唯有姪,姪言媵
先,以對御爲先,非對娣也,稱媵,以其姪娣俱是媵也。云"始飯,謂舅姑"
者,舅姑始飯,而今媵餕舅餘④,御餕姑餘,是交錯之義,若"媵御沃盥
交"也。

---

① "婦東"至"面異",此乃了翁以己語概括者,賈疏原作"云'婦東面拜,贊北面答之,變於
丈夫始冠成人之禮'者,案《冠禮》禮子與此禮婦俱在賓位,彼禮子南面受醴,此則東面,不同。"

② "何"下原無"女"字,阮云:"毛本'何'下有'女'字。"據補。

③ "客"字原作"容",四庫本及汪刻本均作"客",據改。

④ "餕"字原作"酸",四庫本及汪刻本均作"餕",據改。

三七　舅姑饗婦與盥饋同日

舅姑共饗婦以一獻之禮，舅洗于南洗，姑洗于北洗，奠酬。

釋曰：自此至"歸俎于婦氏人"，論饗婦之事。此饗與上盥饋同日爲之，知者，見《昏義》曰"舅姑入室，婦以特豚饋，明婦順也。厥明，舅姑共饗婦"，鄭彼注云"《昏禮》不言厥明，此言之者，容大夫以上禮多，或異日"，故知此士同日可也，此與上事相因，亦於舅姑寢堂之上，與禮婦同在客位也。云"共饗婦以一獻之禮"者，案下記云"饗婦，姑薦焉"，注云"舅姑共饗婦，舅獻，姑薦脯醢"，但薦脯醢無盥洗之事，今設北洗，爲婦人不下堂也。云"姑洗于北洗"，洗者洗爵，則是舅獻姑酬，共成一獻，仍無妨姑薦脯醢也。

三八　凡酬酒皆奠於薦左，不舉，燕則更使人舉[1]

云"凡酬酒，皆奠於薦左，不舉"者，此經直云"奠酬"，不言處所，故云"凡"，通《鄉飲酒》《鄉射》《燕禮》之等。云"燕則更使人舉爵"者，案《燕禮》獻酬訖，別有人舉旅行酬是也。饗亦用醴[2]，知者，以下記云"庶婦使人醮之"，注云"使人醮之，不饗也。酒不酬酢曰醮，亦有脯醢。適婦，酌之以醴，尊之。庶婦，酌之以酒，卑之"是也。

三九　婦降自阼階，明授婦以室，代已

舅姑先降自西階，婦降自阼階。

注：授之室，使爲主，明代已。

釋曰：案《曲禮》云子事父母，"升降不由阼階"，阼階是主人奠者升降之處[3]，今舅姑降自西階，婦降自阼階，是授婦以室之事也。

---

① "三八凡酬"至"使人舉"，原在頁眉處，占行十至十六，謹依題義挪至此處。
② "醴"下原有"酒"字，曹云："'酒'字衍。"據刪。
③ "阼階"至"之處"原作"是主人尊者之處"，阮云："毛本'是'上有'阼階'二字，'之'上有'升降'二字。"據補。

四十　歸俎于婦氏人，明得禮

歸俎于婦氏人。

注：言俎，則饗禮有牲①。婦氏人，丈夫送婦者。

釋曰：案《雜記》云"大饗，卷三牲之俎歸于賓館"，是賓所當得也。饗時設几而不倚，爵盈而不飲，肴乾而不食，故歸俎，此饗婦，婦亦不食，故歸也。經雖不言牲，既言俎，俎所以盛肉，故知有牲。此婦氏人，即上婦所授脯者也。

注又云：當以反命於女之父母，明其得禮②。

四一　尊無送卑，知此送者女家有司

舅饗送者以一獻之禮，酬以束錦。

注：女家有司也云云。

釋曰：此一獻與饗婦一獻同，禮則異，彼兼有姑，此依常饗賓客法。知"送者"是"女家有司"者，案《左氏傳》云"齊侯送姜氏③，非禮也。凡公女嫁于敵國，姊妹則上卿送之，以禮於先君，公子則下卿送之；於大國，雖公子亦上卿送之；於天子，則諸卿皆行，公不自送；於小國，則上大夫送之"，以此而言，則尊無送卑之法，則大夫亦遣臣送之，士無臣，故知有司送之。

四二　婦人送者，隸子弟之妻妾

姑饗婦人送者，酬以束錦。

注云云。

釋曰：《左氏傳》云"士有隸子弟"，士卑無臣，自以其子弟爲僕隸，并

---

① "饗"上原無"俎則"二字，注有"俎則"二字，據補。

② "注又"至"得禮"，"當以"至"得禮"爲注文，原在"丈夫送婦者"後，且前有"使有司歸以婦俎"七字。了翁補引於此，故前加"注又云"三字。

③ "案"字原作"故"，曹云："'故'當爲'案'。"據改。

己之子弟之妻妾,但尊無送卑,故知婦人送者是隸子弟之妻妾也。云"凡饗,速之"者,案《聘禮》饗食速賓,則知此舅姑饗送者,亦速之也。凡速者,皆就館召。

四三　男女送各有館,親速與遣人速亦異

注:凡饗,速之云云。

云"若異邦,則贈丈夫送者以束錦",鄭云"就賓館",則賓自有館。若然,婦人送者,亦當有館。男子則主人親速,其婦送者不親速,以其婦人迎客不出門,當別遣人速之。

四四　大夫不外娶,士不嫌,故有異邦送客

若異邦,則贈丈夫送者以束錦。

釋曰:案莊公二十七年冬①,莒慶來逆叔姬,《公羊傳》云"大夫越境逆女,非禮也",鄭注《喪服》亦云"古者大夫不外娶",今言異邦,得外娶者,以大夫尊,外娶則外交,故不許,士卑不嫌,容有外娶法,故有異邦送客也。

---

① "莊"下原無"公"字,四庫本有"公"字,據補。

儀禮要義卷第六　　士昏禮三

一　舅姑没，三月廟見，猶存時盥饋特豚①

若舅姑既没，則婦入三月乃奠菜。

注：以筐祭菜②。

釋曰：自此至“饗禮”，論舅姑没，三月廟見之事。必三月者，三月一時，天氣變，婦道可以成之故也。此言舅姑俱没者，若舅没姑存，則當時見姑，三月亦廟見舅；若舅存姑没，婦人無廟可見，或更有繼姑，自然如常禮也。案《曾子問》云“三月而廟見，稱來婦也。擇日而祭於禰，成婦之義也”，鄭云“謂舅姑没者也。必祭成婦義者，婦有供養之禮，猶舅姑存時盥饋特豚於室”，此言奠菜，即彼祭於禰，一也。奠菜亦得稱祭者，若《學記》云“皮弁祭菜”之類也。

二　祭同几席，今婦見舅姑，象生時，故異

席于廟奧，東面右几，席于北方，南面。

注：北方，墉下。

釋曰：案《周禮·司几筵》云“每敦一几”，鄭注云“周禮雖合葬及同時在殯③，皆異几，體實不同。祭於廟同几，精氣合”，又《祭統》云“設同几”，同几即同席，此即祭於廟中而別席者，此既廟見，若生時見舅姑，舅姑別

---

① “盥”下原無“饋特豚”三字，四庫本及再造善本均有“饋特豚”三字，合於“猶舅姑存時盥饋特豚於室”之疏文，據補。

② “注以筐祭菜”，“注以筐”三字原漫漶，據再造善本及四庫本寫定。

③ “同時”原作“時同”，孫云：“《周禮》注作‘同時’。”據乙。

席異面,是以今亦異席別面,象生,不與常祭同也。

三　婦人以肅拜爲正,今扱地,重拜

婦拜,扱地,坐奠菜于几東席上,還,又拜如初。

釋曰:云"扱地,手至地"者,以手之至地謂之扱地,則首不至手,又與男子空首不同。云"婦人扱地,猶男子稽首"者,婦人肅拜爲正,今云"扱地",則婦人之重拜也,猶男子之稽首,亦拜中之重,故以相況也。案《周禮·大祝》"辨九拜,一曰稽首,二曰頓首,三曰空首,四曰振動,五曰吉拜,六曰凶拜,七曰奇拜①,八曰褒拜,九曰肅拜"。

四　室事交于階,敬也

婦降堂,取笄菜入,祝曰:"某氏來婦,敢告于皇姑某氏。"

釋曰:不直云"降"而云"降堂"者,則在階上,故云"降堂,階上也"②。云"室事交乎户,今降堂者,敬也"者,"室事交乎户",《禮器》文,彼子路與季氏之祭,云"室事交乎户,堂事交乎階",今此既是室之事,當交於户,今乃交於階,故言"敬也"。

五　舅言奠嘉菜,姑言告③

云"於姑言敢告,舅尊於姑"者,上文於舅言"敢奠嘉菜",不言告,是舅尊於姑,言告,是姑卑也。

六　祭訖闔牖户

婦出,祝闔牖户。

---

① "奇"字原作"音",四庫本作"奇",合於《周禮》,據改。
② "上"字原作"下",張、阮刻本均作"上",疏前文亦曰"則在階上",據改。
③ "五舅言"至"姑言告",原在題四下同行,謹依題義挪至此處。又,"菜"字原作"采",四庫本作"菜",合於"敢奠嘉菜"之文,據改。

注：凡廟無事則閉之。

釋曰：先言牖，後言户者，先闔牖，後閉户，故爲文然也，以其祭訖，則闔牖户①，明是“無事則閉之”，以其鬼神尚幽闇故也。

七　舅姑没，老醴婦，壻饗送者

釋曰：舅姑生時見訖，舅姑使贊醴婦於寢之户牖之間。今舅姑没者，使老醴婦於廟之房中，其禮則同，使老及處所則别。舅姑存，舅姑自饗送者，如上文。今舅姑没，故壻兼饗丈夫、婦人，如舅姑饗禮，并有贈錦之等。

八　辭無不腆，無辱，贄生，皮帛可制

記：士昏禮，凡行事，必用昏昕，受諸禰廟，辭無不腆，無辱。

知“辭無不腆”者，《郊特牲》云“告之以直信。信，事人也。信，婦德也”，注云“此二者所以教婦正直信也”，是賓納徵之時，不得謙虚爲辭也。云“主人不謝來辱”者，此亦是不爲謙虚。云“贄不用死”者，凡贄亦有用死者，是以《尚書》云“三帛、二生②、一死，贄”，即士贄雉，今此亦是士禮，恐用死鴈，故云“不用死”也。云“皮帛必可制”者，可制爲衣物，此亦是教婦以誠信之義也。

九　同牢時用鮮、用鮒、用全

腊必用鮮，魚用鮒，殽必全③。

注：全，不餕敗，不剥傷。

釋曰：腊用鮮者，義取夫婦日新之義。云“魚用鮒”者，義取夫婦相依附者也。云“殽必全”者，義取夫婦全節無虧之理。此並據同牢時也。

---

① “牖”下原無“户”字，張、阮刻本均有“户”字，據補。
② “生”字原作“牲”，四庫本作“生”，阮云：“毛本‘牲’作‘生’是也。”據改。
③ “殽必全”原作“必殽全”，阮云：“按疏作‘殽必全’。”據乙。

十　女子許嫁、未許嫁皆有筓，及醴、醮異

女子許嫁，筓而醴之，稱字。

注：許嫁，已受納徵禮也云云。

云"筓女之禮，猶冠男也，使主婦、女賓執其禮"者，案《雜記》云"女雖未許嫁，年二十而筓，禮之，婦人執其禮"，鄭注云"言婦人執其禮，明非許嫁之筓"，彼以非許嫁筓輕，故無主婦、女賓，使婦人而已，明許嫁筓，當使主婦對女賓執其禮，其儀如冠男也。又許嫁者用醴禮之，不許嫁者當用酒醮之，敬其早得禮也。

十一　祖廟，高祖，宗室，大宗之家，小宗有四

祖廟未毀，教于公宫三月。若祖廟已毀，則教于宗室。

釋曰：此謂諸侯同族之女，將嫁之前，教成之法。經直云"祖廟"，鄭知"女高祖爲君者之廟也，以有緦麻之親"者，以其諸侯立五廟，大祖之廟不毀，親廟四，以次毀之，經云"未毀"與"已毀"，是據高祖之廟而言，故云"祖廟，女高祖爲君之廟也"。共承高祖，是四世緦麻之親；若三世共曾祖，曾祖，小功之親；若共祖，大功之親；若共禰廟，是齊衰之親，則皆教於公宫。今直言"緦麻"者，舉最疏而言。云"宗室，大宗之家"者，案《喪服小記》"繼别爲宗"，謂别子之世適長子，族人來宗事之者，謂之宗者，收族者也，高祖之廟既毀，與君絕服者，則皆於大宗之家教之。又小宗有四，或繼禰，或繼祖①，或繼曾祖，或繼高祖，此等至五代皆遷，不就之教者，小宗卑故也。

十二　問名，主人受鴈楹間，還阼階上對

問名，主人受鴈，還，西面對，賓受命乃降②。

---

① "或繼"至"繼祖"原作"或繼祖或繼禰"，倉石云："《正字》云'祖'、'禰'二字當互易。"據乙。

② "賓受"原作"受賓"，四庫本作"賓受"，合於經，據乙。

釋曰：知"受鴈於兩楹間，南面"者，納采時，"賓當阿，東面致命，主人阼階上北面再拜"，又云"授于楹間，南面"，問名如納采之禮，故亦楹間南面授鴈，於彼唯不云"西面對"①，故記之也。云"還于阼階上，對賓以女名"者，此即西面對，與拜時北面異處也。

十三　昏禮六，反命于壻父者惟四使

祭醴云云，賓右取脯，左奉之，乃歸，執以反命。

釋曰：知反命是此問名、納吉、納徵、請期者，以下云"凡使者歸，反命曰：某既得將事矣，敢以禮告"，言凡非一，則知四者皆有反命也，以納采與問名同使，親迎又無使者，故據此四者而言也②。

十四　納徵如納吉禮，授幣如授鴈禮

納徵，執皮攝之，內文，兼執足，左首，隨入云云。

釋曰：案經直云"納徵，玄纁束帛、儷皮，如納吉禮"，則授幣得如授鴈之禮，至於庭實之皮，無可相如，故記之。

十五　天子廟門容大扃七个，士降殺

釋曰：執皮者相隨而入，至庭北面，皆以西爲左。云"隨入，爲門中阨陝"者，皮皆橫執之，案《匠人》云"廟門容大扃七个"，注云"大扃，牛鼎之扃，長三尺，每扃爲一个，七个二丈一尺"，彼天子廟門，此士之廟門，降殺。

十六　凡官有長、有屬，長是士，則屬遞降

主人受幣，士受皮者自東出于後，自左受云云。

---

① "面"下原無"對"字，曹云："'面'下疑脫'對'字。"據補。
② "者"下原無"而言也"三字，汪刻本及張、阮刻本均有"而言也"三字，補之義乃全，據補。

釋曰：云“士，謂若中士、下士不命者”，但諸侯之士，國皆二十七人，依《周禮·典命》，侯伯之士一命，子男之士不命，命與不命國皆分爲三等，上九、中九、下九。案《周禮》三百六十官皆有官長，其下皆有屬官，但天子之士，上士三命，中士再命，下士一命，與諸侯之士異，若諸侯，上、中、下士同命，今言“士，謂若中士、下士不命者”，據上士爲官長者，若主人是中士，則士是下士，若主人是下士，則士是不命之士、府史之等。

十七　女出，父戒于阼階①，母戒諸西階，不降

女出于母左，父西面戒之，必有正焉，若衣若笄。母戒諸西階上，不降。

釋曰：此記亦經不具，以母出房户之西，南面，女出房西行，故云“出于母左”，父在阼階上西面，故因而戒之。云“母戒諸西階上”者，母初立房西，女出房，母行至西階上乃戒之。云“託戒使不忘”者，謂託衣、笄恒在身而不忘，持戒亦然，故戒使不忘也。下文父母及庶母重行戒者②，並與此文相續成也。

十八　《穀梁》母送女不出祭門，與此不降異③

此士禮，父母不降送，案桓公三年經書“九月，齊侯送姜氏于讙”，《穀梁傳》曰“禮，送女，父不下堂，母不出祭門”，祭門則廟門，言不出廟門，則似得下堂者，彼諸侯禮，與此異，以其大夫、諸侯、天子各有昏禮。

十九　婦登車以几，猶後人用臺

婦乘以几，從者二人坐持几，相對。

釋曰：上經雖云“婦乘以几”，不見從者二人持之，故記之也。此几謂將上車時而登，若王后則履石，大夫、諸侯亦應有物履之，但無文以言，今

---

①　“阼”下原無“階”字，四庫本有“階”字，合於“母戒諸西階”之疏文，據補。
②　“行”字原作“云”，四庫本作“行”，據改。
③　“十八穀梁”至“不降異”，原在頁眉處，占行四至九，謹依題義挪至此處。

人猶用臺，是几石之類也①。

二十　對文玄酒、明水別，其實一也

婦人寢門，贊者徹尊羃，酌玄酒，三屬音燭于尊②。

釋曰：明水者，案《周禮·秋官·司烜氏》云“以陰鑒取明水於月”，《郊特牲》云“其謂之明水也，由主人之絜著此水也”，注云“著，猶成也。言主人齊絜，此水乃成，可得也”，配尊之酒，三酒加玄酒③，鬱鬯與五齊皆用明水配之，《郊特牲》云“五齊加明水，三酒加玄酒”，不言鬱鬯者，記人文略也。相對，玄酒與明水別，通而言之，明水亦名玄酒，故《禮運》云“玄酒在室”，彼配鬱鬯、五齊，是明水名爲玄酒也，以其俱是水，故通言水也。

二一　房與室連，無北壁，故名北堂

釋曰：房與室相連爲之，房無北壁，故得北堂之名，故云“洗在北堂”也。云“所謂北洗”者，所謂經中北洗也。云“北堂，房中半以北”者，以其南堂是户外半以南得堂名，則堂是户外半以南之稱④，則知此房半以北得堂名也。知房無北户者，見上文云“尊于房户之東”，房有南户矣，《燕禮》、《大射》皆云羞膳者升自北階，立于房中，不言入房，是無北壁而無户，是以得設洗直室東隅也。

二二　以洗所直見南北、東西之節⑤

云“洗，南北直室東隅”者，是南北節也。云“東西直房户與隅間”者，

---

① “几石”原作“石几”，阮云：“段玉裁云當作‘几石’，此誤倒也。”據乙。

② “音燭”原作“燭音”，乃了翁據《儀禮音義》增補之釋文，四庫本作“音燭”，合於《音義》，據乙。

③ “加”上原無“三酒”二字，汪刻本及張、阮刻本均有“三酒”二字，合於《郊特牲》文，據補。

④ “之”上原無“半以南”三字，曹云：“‘之’上似脱‘半以南’三字，即《士喪》注所謂中以南謂之堂也。”據補。

⑤ “二二以洗”至“西之節”，原在頁眉處，占行一至五，謹依題義挪至此處。

是東西節也。

二三　婦人相饗無降，以北洗、篚在上

凡婦人相饗，無降。

釋曰：本設北洗爲婦人有事不下堂，今以北洗及篚在上，故不降。經不言，故記之也。言"凡"者，欲見舅姑共饗婦及姑饗婦人送者皆然。

二四　婦入三月助祭謂適婦，舅没或姑没

婦入三月，然後祭行。

注：入夫之室三月之後於祭乃行①，謂助祭。

釋曰：此據舅在無姑，或舅没姑老者，若舅在無姑，三月不須廟見則助祭。案《内則》云"舅没則姑老"者，謂姑六十亦傳家事，任長婦，婦入三月廟見祭菜之後，亦得助夫祭，故鄭云"謂助祭也"。此亦謂適婦，其庶婦無此事。

二五　適婦有饗，庶婦使人醮之，不饗

庶婦則使人醮之，婦不饋。

釋曰："不饗"者，以適婦不醮而有饗，今使人醮之，以醮替饗，故"使人醮之，不饗也"。云"酒不酬酢曰醮"者，亦如庶子醮然。知"亦有脯醢"者，以其饗婦及醮子皆有脯醢。

二六　醴適、醮庶儀同，不盥饋特豚異

注：適婦，酌之以醴，尊之。庶婦，酌之以酒，卑之云云。

釋曰：適婦用醴於客位，東面拜受醴②，贊者北面拜送，今庶婦雖於

---

① "之後於祭乃行"原作"後祭行"，注作"之後於祭乃行"，據補。

② "受"上原無"拜"字，汪刻本及張、阮刻本均有"拜"字，據補。

房外之西,亦東面拜受,醮者亦北面拜送,故云"其儀則同"也。云"不饋者,共養統於適也"者,謂不盥饋特豚。

二七　問名而曰"誰氏",婦人不以名行

問名,曰:"某既受命,將加諸卜,敢請女爲誰氏?"

釋曰:云"誰氏者,謙也"者,以其下達乃納采,則知女之姓矣,今乃更問,不敢必其主人之女也。且本云"問名"而云"誰氏者",婦人不以名行。

二八　三族之不虞,父昆弟,已昆弟,子昆弟

請期,曰云云,"惟是三族之不虞,使某也請吉日"。

釋曰:鄭知三族是父、已、子三者之昆弟者,若大功之喪,服内不廢成禮,若期親内則廢,故舉合廢者而言,以其父昆弟則伯叔及伯叔母,已昆弟則已之親兄弟,子昆弟則已之適子、庶子者,皆已之齊衰期服之内親,故三族據三者之昆弟也。引《雜記》者,見大功、小功之末,既葬則可以嫁子、娶妻,經云三族,不據之矣。今據父之昆弟期,於子小功,不得與子娶妻,若於子期,於父大功①,亦不得娶妻,知今皆據壻之父而言。若然,已父昆弟於子爲小功,而言此三族者已及子皆爲服期者,亦據大判而言耳。

二九　禮女用醴,在廟,醮子用酒,在寢

父醮子,命之,曰:"往迎爾相,承我宗事"。

釋曰:女父禮女用醴,又在廟;父醮子用酒,又在寢。不同者,父禮女者,以先祖遺體許人,以適他族,婦人外成,故重之而用醴,復在廟告先祖也。男子直取婦入室,無不反之道②,故輕之而用酒在寢。知醮子亦不

---

① "大"字原作"小",曹云:"此謂子昆弟也,言於父期,於子小功,不得爲子娶,若於子期,於父小功,自亦不得爲子娶。此親於子若父雖小功而已爲之皆期,已則壻父。父與子皆壻父稱之,是皆據壻父而言。祖爲孫大功,此'小'字當爲'大',涉上而誤。大夫尊降,乃小功耳。"據改。

② "之"下原無"道"字,曹云:"'之'下似脱'道'字。"據補。

在廟者,若在廟,當以禮筵於户西①,右几,布神位,今不言,故在寢可知也。

三十　大宗、小宗皆適妻之長子

宗子無父,母命之。

釋曰:云"宗子者,適長子也"者,案《喪服小記》云"繼別爲宗,繼禰者爲小宗",大宗、小宗皆是適妻所生長子也。

三一　宗子無父,母命之,親皆没,已躬命之

注:母命之,紀裂繻云云是也。躬命之,公孫壽云云。

釋曰:云"母命之,在《春秋》'紀裂繻來逆女'是也"者,案隱二年經書"秋九月,紀裂繻來逆女",《公羊傳》曰"裂繻者何? 紀大夫也。何以不稱使? 昏禮不稱主人",何休云"爲養廉遠恥也",又云"然則曷稱? 稱諸父兄師友。宋公使公孫壽來納幣,則其稱主人何? 辭窮也。辭窮者何? 無母也"。

三二　辭賓言辱,以白造緇曰辱

若不親迎,則婦入三月壻見云云,請覿②。主人對曰云云,今吾子辱云云。

釋曰:云"以白造緇曰辱"者,謂以絜白之物造置於緇色之中③,是汙白色,猶今賓至已門,亦是屈辱。

---

① "以"上原無"當"字,曹云:"'以'上似脱'當'字,言在廟則當有筵於户西布神位之禮也。"倉石云:"'以'上殿本增'當'字。"據補。

② "若不"至"三月",原在頁眉處,占行十六至十七,乃了翁增補之經文,謹依文義挪至此處。又,"壻見云云請覿"原作"壻見請覿云云",四庫本作"然後壻見云云",經本作"若不親迎,則婦入三月然後壻見,曰:'某以得爲外昏姻,請覿。主人對曰'",則"云云"當在"壻見"而非"請覿"下,謹乙。

③ "謂以"至"之中"後一,"之"字汪刻本作"德",張、阮刻本作"器",今案絜白之物置于緇色器皿之中未必爲後者汙,作"德"又晦澀難通,對校諸本,底本似優,故仍其舊。

三三　主人不出大門，壻見於寢，奠摯，異賓客

主人出門左，西面。壻入門，東面，奠摯，再拜，出。

注：出門，出内門。入門，入大門。不出大門者，異於賓客也。

釋曰：云"壻見於寢"者，《聘禮》凡見賓客及上親迎，皆於廟者，《聘禮》敬賓客，故在廟，親迎在廟者，以先祖之遺體許人，故在廟，此壻見外舅姑，非賓，非親迎，故知在適寢也。云"奠摯者，壻有子道，不敢授也"者，凡執摯相見，皆親授受，此獨奠之，象父子之道質，故不親授，奠之而已。云"摯，雉也"者，以其士執雉是其常也。

三四　壻見主婦，婦闔左扉，立于内

見主婦，主婦闔扉①，立于其内。

注：主婦，主人之婦也云云②。兄弟之道，宜相親。

釋曰：云"闔扉者，婦人無外事"者，婦人送迎不出門，見兄弟不踰閾③，是無外事也。云"扉，左扉"者，《士喪禮》卜葬云"闔東扉，主婦立于其内"，既言東扉，即是左扉。

三五　《冠》、《昏》、《燕》、《射》賓皆有幣，此醴壻無

主人請醴，及揖讓入，醴以一獻之禮，主婦薦。奠酬，無幣。

釋曰：主人與壻揖讓而入寢門，升堂醴壻，故訓"及"爲"與"也。云"無幣，異於賓客"者，上《冠禮》醴賓，酬之以幣，《昏禮》饗賓，酬以束錦，《燕禮》、《大射》酬賓客皆有幣，此無幣。

---

① "婦"上原無"主"字，經有"主"字，據補。

② "主婦"至"婦也"，原在頁眉處，占行十五至十六，乃了翁增補之注文，謹依文義挪至此處。又，"主婦"上原有"注"字，此與前"注"字重，謹删。

③ "兄"上原無"見"字，汪刻本及張、阮刻本均有"見"字而無"兄"字，阮云："毛本'見'下有'兄'字。"倉石云："'見'下注疏本有'兄'字，此恐奪。"據補。

三六　母與妻黨亦爲兄弟

鄭云"兄弟之道,宜相親"者,《爾雅》"母與妻之黨爲兄弟",故知主婦於壻者,兄弟之道也。

三七　壻門外,主婦門内,主婦先一拜

壻立于門外,東面。主婦一拜,壻答再拜。主婦又拜,壻出。
注:必先一拜者,婦人於丈夫必俠拜。

儀禮要義卷第七　士相見禮

一　經亦有見君、見大夫,獨以"士相見"名

士相見禮第三。

鄭《目録》云云,士相見於五禮屬賓禮,大、小《戴》及《別録》皆第三①。釋曰:鄭云"士以職位相親,始承摯相見",釋經亦有大夫及庶人見君之禮,亦有士見大夫之法②,獨以"士相見"爲名者,以其兩士職位不殊,同類昵近。

二　雉不可生服,故死摯,左頭從陽

摯,冬用雉,夏用腒。左頭。

云"左頭,頭,陽也"者,《曲禮》云"執禽者左首",雉與羔、鴈同是合生執之物,以不可生服,故殺之,雖死,猶尚左,以從陽也。云"今文頭爲脰"者,鄭不從今文者,以其脰,項也,項不得爲頭,故不從也。

三　士必由紹介,孺悲不由,故辭

此云"某子以命命某見",謂舊未相見,今始來見主人,故須某子傳通。孺悲欲見孔子,不由紹介,故孔子辭以疾。

---

① "鄭目録"上原無"士相見禮第三"六字、"別録皆"下原有"士相見禮"四字,四庫本乙"士相見禮"四字於"鄭目録"上,後補"第三"二字,合於賈疏之慣例,據乙補。

② "亦"下原無"有"字,阮云:"毛本'亦'下有'有'字。"據補。

四　士雖平敵,相尊敬,故必以贄見

主人曰云云,"敢辭贄"。賓對曰:"某不以贄不敢見"。

釋曰:此士相見,唯是平敵相亢,案《曲禮》云"主人敬客則先拜客,客敬主人則先拜主人",並不問爵之大小,唯以相尊敬爲先後,故雖兩士,亦得云相尊敬,不敢空手,須以贄相見。

五　魯哀公執贄見周豐是下賢

主人曰云云,"敢固辭"。賓曰:"某也不依於贄,不敢見"云云。

釋曰:凡相見之禮,以卑見尊,必依摯,《禮記·檀弓》云"魯人有周豐也者,哀公執摯請見之"者,是下賢,非正法。今《士相見》云"不依於摯,不敢見",謙自卑也。

六　請見者,歡心未交,反見則燕矣

主人請見,賓反見,退。主人送于門外,再拜。

釋曰:注云"賓反見則燕矣"者,上《士冠》禮賓、《士昏》納采之等,禮訖皆有禮賓①、饗賓之事,明此行禮,主人留,必不虛,宜有歡燕,故云"則燕矣"。以摯相見,非聘問之禮,燕既在寢,明前相見亦在寢之庭矣。若然②,諸文有留賓者,多是禮賓之事。知此不行禮賓而云"燕"者,彼諸文皆是爲餘事相見,以其事重,故爲禮賓,此直當身相見,其事輕,故直有燕矣。

七　賓反見則燕,臣見于君亦當然

注:下云"凡燕見于君"至"凡侍坐於君子",博記反見之燕義。

---

① "訖"字原作"記",倉石云:"《正字》删'禮記'二字,《校釋》云'記'當爲'訖',今案曹説似優。"據改。

② "若"下原無"然"字,曹云:"'若'下脱'然'字。"據補。

釋曰：云“臣初見於君，再拜，奠摯而出”者，鄭欲見“自燕見于君”下至“凡侍坐於君子”，皆反見燕法，其中仍有臣見于君法，臣始仕見于君法[1]，禮卑，奠摯而出，君亦當遣人留之燕也。

八　凡摯，有還，有不還

主人復見之以其摯，曰云云，“請還摯於將命者”。

釋曰：云“復見之者，禮尚往來也”者，鄭解主人還摯之意。云“禮尚往來”，《曲禮》文。五等諸侯身自出朝及遣臣出聘，以其圭璋重，不可遙復，朝聘訖，即還之。璧琮財輕，故不還。彼朝聘用玉，自爲一禮，有不還之義。其在國之臣，自執摯相見，雖禽摯，皆還之。臣見於君則不還，義與朝聘異，不可相決也。

九　下大夫執雁，上大夫麛，或云麛孤摯

下大夫相見，以雁，飾之以布，維之以索，如執雉。上大夫云云。

釋曰：云“雁，取知時”者，以其木落南翔，冰泮北徂，隨陽南北，義取大夫能從君政教而施之。云“飛翔有行列也”者，義取大夫能依其位次，尊卑有叙也。上士執雉，“左頭奉之”，此云“如執雉”，明執雁者亦左頭奉之。云“上大夫，卿也”者，即三卿也。云“羔，取其從帥”者，凡羔羊羣皆有引帥，若卿之從君之命者也。云“羣而不黨也”者，羔羊羣而不黨[2]，義取三卿亦皆正直，雖羣居不阿黨也。云“如麛執之者，秋獻麛，有成禮如之”者，案《禮器》“曲禮三千”，鄭云“曲，猶事也。事禮謂今禮也[3]，其中事儀三千”，則禮未亡之時，三千條內有此獻麛之法，是有成禮可依，故此經得如之也。云“或曰麛，孤之摯也”者，案《大宗伯》及《大行人》與《聘禮》皆云“孤執皮帛”，謂天子之孤與諸侯之孤執皮帛，今此執麛者，謂新升爲孤見已君法，至餘事則皆皮帛也。

---

① “仕”字原作“事”，曹云：“‘事’當爲‘仕’。”倉石云：“殿本、《正字》‘事’皆作‘仕’。”據改。

② “羔羊”原作“羊羔”，四庫本作“羔羊”，今案上下文皆作“羔羊”，據乙。

③ “猶事”下原無“也事”二字，汪刻本及張、阮刻本均有“也事”二字，據補。

十　以贄相見者有數，常朝、餘會皆執笏

釋曰：凡以摯相見之法，唯有新升爲臣，及朝聘①，及他國君來主國之臣見，皆執摯相見，常朝及餘會聚皆執笏未必然②。無執摯見卑之法。《檀弓》云哀公執摯見已臣周豐者，彼謂下賢，非正法也。

十一　君於士不答拜，此答一拜，以新升爲士

士、大夫則奠贄，再拜稽首，君答一拜。

釋曰：臣拜君云“再拜稽首”，則“君答一拜”者，當作空首，則九拜中奇拜是也。云“言君答士、大夫一拜，則於庶人不答之”者，案《曲禮》君於士不答拜，謂已士，此得與大夫同答一拜者，士賤，君不答拜，此以新升爲士，故答拜，《聘禮》問勞云答士拜者，亦以新使反，故拜之也。

十二　老者謂致仕，大人鄭諸解各異

云“與老者言，言使弟子”者，謂七十致仕之人，依《書傳》，大夫致仕爲父師，士致仕爲少師，教鄉閭子弟。雷次宗云：“學生事師雖無服，有父兄之恩，故稱弟子也。”云“大人，卿大夫也”者，此云“言事君”，明非天子、諸侯，又非士，是卿大夫可知。又案下文云“凡與大人言，始視面，中視抱，卒視面”，並是臣視君之法，則大人據君也。又《禮運》云“大人世及以爲禮”，鄭解爲諸侯者，以彼上文云“天下爲家”以據天子，明下云大人是諸侯可知。《易·革卦》云“君子豹變”據諸侯，則“大人虎變”是天子可知。又案《論語》云“狎大人”，注謂天子、諸侯爲政教者③，彼據小人不在朝庭，故以大人爲天子、諸侯政教解之，鄭皆望文爲義，故解大人不同。

---

① “朝聘”原作“聘朝”，倉石云：“‘聘朝’二字殿本倒。”據乙。

② “未必然”，原在頁眉處，占行四，乃了翁按語，謹依文義挪至此處。

③ “謂”字原作“爲”，曹云：“‘爲’當作‘謂’。”據改。

十三　正禮食則君前無食,此君臣俱有食

　　若君賜之食,則君祭先飯,徧嘗膳,飲而俟,君命之食然後食。

　　釋曰:此經及下經論臣侍君坐得賜食之法。鄭云"先飯,示爲君嘗食也"者,凡君將食,必有膳宰進食,則膳宰嘗君前之食,備火齊不得,下文是也。今此文謂膳宰不在,則侍食者自嘗自己前食,既不嘗君前食,則不正嘗食,故云"示爲君嘗食也"。云"此謂君與之禮食"者,謂君與臣小小禮食法,仍非正禮食,正禮食則《公食大夫》是也,彼君前無食,此君臣俱有食,故知小小禮食,此即《玉藻》云"若賜之食而君客之,則命之祭然後祭",彼云"客之",則此注"禮食"亦得祭①,故一也。但此文不云"客之,命之祭然後祭",文不具也。若尋常食,不得云"禮食",亦不得祭,故鄭注《玉藻》云"侍食則正不祭"是也。

十四　膳宰進食則臣不嘗,太子不侍食

　　若有將食者,則俟君之食然後食。

　　注:將食,猶進食②。

　　釋曰:云"膳宰進食,則臣不嘗食"者,臣爲君嘗食,本爲膳宰不在,今膳宰既在,明"臣不嘗食"也,是以《玉藻》云"若有嘗羞者,則俟君之食然後食,飯飲而俟"。凡君食,臣有侍食之時,唯子不侍食,是以《文王世子》云"命膳宰曰:'末有原。'應曰:'諾。'然後退",是大子不侍食。若卿大夫已下則有侍食法③,故《內則》云"父没母存,冢子御食④,羣子婦佐餕"是也。

---

① "亦"下原有"不"字,曹云:"'不'衍字,涉下誤。"據刪。
② "進"下原無"食"字,汪刻本及張、阮刻本均有"食"字,據補。
③ "法"字原作"注",四庫本及汪刻本均作"法",據改。
④ "冢"字原作"冢",四庫本及汪刻本均作"冢",據改。

十五　大燕飲君先釂，此賜爵臣先飲

若君賜之爵，則下席，再拜稽首，受爵，升席祭，卒爵云云。

釋曰：云"受爵者於尊所"者，《曲禮》亦是賜爵法而云"酒進則起，拜受於尊所"是也。云"至於授爵，坐授人耳"，見《曲禮》與《玉藻》并此文，並無立授之文，故知坐授也。云"必俟君卒爵者，若欲其釂然也"者，此經文與《玉藻》文同，皆燕而君客之賜爵法，故臣先飲，以酒是甘味，欲美君之味，故先飲，必待君卒爵而後授虛爵者，臣意若欲君盡爵然也。案《曲禮》云"侍飲於長者，酒進則起，拜受於尊所。長者辭，少者反席而飲。長者舉未釂，少者不敢飲"，彼是大燕飲禮，故鄭注引《燕禮》曰"公卒爵而後飲"。

十六　宅者謂致仕，剌草《詩》所謂趙

凡自稱於君，宅者在邦則曰"市井之臣"，在野則曰"草茅之臣"，庶人則曰"剌草之臣"云云①。

釋曰：此亦自稱於君，以其致仕不在，故指宅而言，故云"宅者，謂致仕者也"。云"或在國中，或在野"者，案《爾雅》"郊外曰野"，則自郊至畿五百里內皆名野，又案《鄉大夫職》"國中七尺，野自六尺"，此亦云在國、在野，相對其言，國外則云野，國內則云宅②，在野者，城外畿內皆是也。云"載師之職"者，彼鄭注云"宅田，致仕者之家所受田也"，引之證彼言宅田據地，此言宅據所居，一也。云"剌，猶劃除也"者，案《詩》有"其鏄斯趙"，注云"趙，剌也"，故以剌爲劃除草木者也。

---

① "宅者"至"云云"，乃了翁節引之經文，四庫本"宅者"上有"士大夫則曰下臣"七字，"云云"上無"在野"至"之臣"十六字而下有"他國之人則曰外臣"八字，經原作"凡自稱於君，士、大夫則曰'下臣'，宅者在邦則曰'市井之臣'，在野則曰'草茅之臣'，庶人則曰'剌草之臣'，他國之人則曰'外臣'"，節略方式不同，正文所疏亦與底本所引經文對應整齊，故知底本更優，此仍其舊。

② "則"上原無"國內"二字，四庫本有"國內"二字，阮云："毛本'則'上有'國內'二字。"據補。

十七　古文"伸"作"信","早"作"蚤"

君子欠伸,問日之早晏。

鄭云"古文伸作信,早作蚤"。此二字古通用,故《大宗伯》云"侯執伸圭"①,爲信字,《詩》云"四之日其蚤"②,爲早字③,既通用,疊古文者據字體,非直從今爲正。

十八　君降送,士卑不敢辭,大夫得辭

君若降送之,則不敢顧辭,遂出。

注:不敢辭其降,於己太崇,不敢當也。

大夫則辭,退,下,比及門,三辭。

注:下,亦降也。

釋曰:云"大夫則辭,退,下"者,對上不敢辭是士,士卑不敢辭降,大夫之内兼五卿、三大夫,臣中尊者,故得辭降也。

---

①　"伸"字原作"身",阮云:"毛本'身'作'伸'。"孫云:"作'身'者,鄭《大宗伯》義。然此疏自證'伸'、'信'字通,則當以'伸'爲是。《曲禮》孔疏引江南儒者解信圭義如此,蓋賈所本也。宋本作'身',乃後人以鄭義改之。"據改。

②　"四"字原作"一",倉石云:"《詩》作'四之日'。"今《詩·豳風·七月》作"四之日其蚤",據改。

③　"早"字原作"蚤",此文與前引《大宗伯》例同,均为证"伸"通"信"、"蚤"通"早",謹改。

儀禮要義卷第八　鄉飲酒一

一　鄭以此鄉飲爲諸侯之鄉大夫獻賢能

鄉飲酒禮第四。

鄭《目録》云："諸侯之鄉大夫三年大比"云云。釋曰：鄭知此鄉飲酒是諸侯之鄉大夫獻賢能法者①，案《春官》小胥掌樂縣之法，而云"凡縣鍾磬，半爲堵，全爲肆"，注云"鍾磬者，編縣二八十六枚而在一虡，謂之堵。鍾一堵，磬一堵，謂之肆。半之者，謂諸侯之卿、大夫、士也。諸侯之卿、大夫，半天子之卿、大夫，西縣鍾，東縣磬。士亦半天子之士，縣磬而已"，今此下唯縣磬而無鍾，故以爲諸侯鄉大夫也。

二　諸侯之鄉大夫非士而獨有磬，賓賢，從士禮②

若然，謂諸侯鄉大夫是大夫爲之，亦應鍾、磬俱有而直有磬者，鄭彼注"方賓鄉人之賢者，從士禮也"，故縣磬而已。若然，天子鄉大夫賓賢能，從士禮，亦鍾、磬俱有，不得獨有磬也。知諸侯之鄉大夫非士者，案《鄉射記》云士則鹿中，大夫則兕中，又經有"堂則物當楣，序則物當棟"，則非直州射，兼有諸侯鄉大夫以五物詢衆庶行射之禮，則知諸侯鄉大夫是大夫爲之可知也。

---

① "酒"上原無"飲"字，四庫本及汪刻本均有"飲"字，據補。

② "二諸侯"至"從士禮"，原在頁眉處，占行九至十五，謹依題義挪至此處。

三　凡鄉飲酒，其名有四

凡鄉飲酒之禮，其名有四：案此賓賢能，謂之鄉飲酒，一也；又案《鄉飲酒義》云“六十者坐，五十者立侍”，是黨正飲酒，亦謂之鄉飲酒，二也；鄉射州長春秋習射於州序，先行鄉飲酒，亦謂之鄉飲酒，三也；案《鄉飲酒義》又有卿①、大夫、士飲國中賢者，用鄉飲酒，四也。其《王制》云“習射尚功，習鄉尚齒”，還是鄉飲酒黨飲酒法。

四　先生、處士、居士、君子、賓、介之別

鄉飲酒之禮。主人云云。

注：主人，謂諸侯之鄉大夫也云云。

釋曰：“主人就先生而謀賓、介”者，謂鄉大夫尊敬之，先就庠學中告先生②，謀此二人，道藝優者爲賓，稍劣者爲介。云“賓、介處士賢者”者③，案《玉藻》云“大夫素帶，士練帶，居士錦帶，弟子縞帶”，鄭玄以居士在士之下、弟子之上，解爲“道藝處士”，非朝廷之士。此處士亦名君子，即《鄉射禮》云“徵唯所欲，以告於先生、君子可也”，鄭亦云“君子④，有大德行不仕者”，以其未仕，有德自處，故名處士君子也。云“賢者”，義取鄉大夫之興賢能者而言也。云“《周禮》”至“書數”，並《大司徒職》文，故彼鄭注云“物，猶事也。興，猶舉也。民三事教成，鄉大夫舉其賢者、能者，以飲酒之禮賓客之，既則獻其書於王矣。

① “鄉”下原無“飲”字，四庫本及汪刻本均有“飲”字，據補。又，“卿”字原作“鄉”，汪刻本及張、阮刻本均作“卿”，阮校曰：“《通解》《要義》、揚氏‘卿’俱作‘鄉’，非。”據改。

② “中告”原作“者若”，阮云：“盧文弨改‘若’作‘告’，云賓、介皆庠中之學士。”曹云：“‘者’當爲‘中’。‘若’，盧氏文弨改‘告’，從之。”據改。

③ “者”下原不重“者”字，阮云：“按‘者’字當重。”據補。

④ “鄭亦云君子”，此五字原漫漶，據再造善本及四庫本寫定。

五　鄭引《周官》“興賢”，云諸侯鄉大夫蓋如此云

六　鄉飲賓賢，三年正月而一行①

　　云“及三年大比而興賢者、能者”，大比謂三年大案比户口之時而興舉之，賢者即德行者也，能者即道藝者也。云“鄉老”，謂三公，二鄉公一人。云“及鄉大夫帥其吏”者，即帥其鄉吏州長已下。云“與其衆寡”者，即鄉中之人也。云“以禮禮賓之”者，以鄉飲酒之禮禮而賓舉之也。云“厥明，獻賢能之書於王”者，今日行鄉飲酒之禮，至其明日獻此賢能之書于王，王再拜而受之，登于天府也。云“是禮乃三年正月而一行也”者，欲見彼是天子鄉大夫法，諸侯鄉大夫無文，以此約之，故云“諸侯之鄉大夫貢士於其君，蓋亦如此云”，但無正文，故云“蓋”以疑之。

七　父師、少師教學于鄉里

　　云“古者年七十”至“學焉”，案《略説》云“大夫七十而致仕，老於鄉里，名曰父師，士曰少師，以教鄉人子弟於門塾之基，而教之學焉”是也②。

八　鄭謂貢士如鄉數，則遂與公、采皆有貢③

　　云“賢者爲賓，其次爲介，又其次爲衆賓，而與之飲酒，是亦將獻之，以禮禮賓之也”者，謂據此經諸侯鄉大夫貢士之法，亦如天子之鄉大夫貢法，故云“亦”也。若據鄉貢一人，其介與衆賓不貢之矣，但立介與衆賓，輔賓行鄉飲酒之禮，待後年還以貢之耳。案《射義》云“古者天子之制，諸

---

　　①　“六鄉飲”至“而一行”，原在頁眉處，占行十至十四，“云是禮”至“以疑之”乃與此題對應之文字，涵于題五所領正文内，不宜段分，謹依題義挪至此處。
　　②　“學”字原作“孝”，汪刻本及張、阮刻本均作“學”，據改。
　　③　“八鄭謂”至“皆有貢”，原在題七下別行另起，謹依題義挪至此處。

侯歲獻，貢士”，注引舊説“大國三人，次國二人，小國一人”，大國三鄉，次國二鄉，小國一鄉，所貢之士與鄉同，則鄉送一人至君所。其國有遂，數亦同。其鄉并有公邑、采地，皆有賢能貢之，而貢士與鄉數同。不言遂與公邑、采地所貢者，蓋當鄉送一人至君所，君又總校德之大小取以貢之，縱取鄉外，仍準鄉數爲定。

九　鄭注《觀》卦，鄉大夫及諸侯貢士皆行飲酒禮①

鄉大夫雖行飲酒禮賓之于君，其簡訖，仍更行飲酒禮賓之於王，是以《易·觀》“盥而不薦”②，鄭注云“諸侯貢士於天子，鄉大夫貢士於其君，必以禮賓之。唯主人盥而獻賓③，賓盥而酢主人，設薦俎則弟子也”，是鄉大夫及諸侯貢士，皆行飲酒禮禮賓也。

十　漢郡國十月鄉飲，取此《黨正》之説

十一　漢已罷侯爲郡，猶有封國，故云“郡國”④

注：今郡國十月行此鄉飲酒禮，以《黨正》云云之説然。

釋曰：云“今郡國”至“之説然”者，鄭欲解此鄉飲酒貢士法，彼漢時所行飲酒禮者是正齒位⑤，與此不同之意。漢時已罷諸侯之國而爲郡，郡有太守，而封王子母弟者仍爲國，故云“郡國”也。云“十月行此飲酒禮”者，謂行此鄉飲酒禮也。云“以《黨正》每歲邦索鬼神而祭祀”者，則《禮記·郊特牲》云“蜡者，索也，歲十二月合聚萬物而索饗之”，周謂之十二月，

---

①　“九鄭注”至“飲酒禮”，原在頁眉處，占行一至七，謹依題義挪至此處。又，“飲”下似脱“酒”字，謹補。

②　“是”下原無“以”字，阮云：“盧文弨云‘是’字疑衍，或當作‘案’。按‘是’下當有‘以’字，疏每省之。”據阮校補。

③　“盥”字原作“觀”，四庫本作“盥”，阮云：“盧文弨改‘觀’爲‘盥’。”據改。

④　“十一漢已”至“云郡國”，原在頁眉處，占行九至十四，“漢時已”至“郡國也”乃與此題對應之文字，涵于題十所領正文内，不宜段分，謹依題義挪至此處。

⑤　“時”下原空一格，四庫本無空格，有“之”字，姑仍其舊。

即夏之十月，農功畢而蜡祭也。云"則以禮屬民而飲酒于序，以正齒位"者，屬，聚也，謂當蜡祭之月，黨正聚民於序學中，以三時務農，將闕於禮，此時農隙，故行正齒位之禮，則《禮記·鄉飲酒義》云"六十者三豆，七十者四豆，八十者五豆，九十者六豆，年長者在上"，是正齒位之法也。云"之說然"者，漢時十月飲酒禮，取此《黨正》之文而然，與此篇《鄉飲酒禮》異也。云"此篇無正齒位焉"者，以其此篇以德行爲本而貢之，無《黨正》正齒位法。

十二　鄉飲、黨飲，皆於民聚之時

云"凡鄉黨飲酒，必於民聚之時"者，此鄉飲酒必於三年大比民聚之時，黨正鄉飲酒亦於大蜡民聚之時也。

十三　鄉大夫飲酒尚德，黨正飲酒尚齒[①]

云"皆欲其見化，知尚賢尊長也"者，尚賢，據此篇《鄉飲酒》；尊長，據《黨正》鄉飲酒也。但黨正飲酒，以鄉大夫臨觀行禮，或鄉大夫居此黨內，則亦名鄉飲酒也。云"《孟子》"者，《孟子·公孫丑篇》齊王召孟子，不肯朝，後不得已而朝之，宿於大夫景丑之家，"景子譏之曰：'《禮》云：父召，無諾；君召，不俟駕而行。固將朝矣，聞君命而遂不果，宜與夫禮若不相似然。'對曰：'天下有達尊三：爵一，德一，齒一[②]。朝廷莫如爵，鄉里莫如齒，輔世長民莫如德。惡有得其一，以慢其二哉'"是也，引之者，證鄉大夫飲酒是尚德也，黨正飲酒尊長尚齒也，爵則於此無所當，連引耳。

十四　冠禮賓尊故答拜，此賓卑故先拜

主人戒賓，賓拜辱。主人答拜，乃請賓云云。主人再拜，賓答拜。

---

① "十三鄉大"至"酒尚齒"，原在題十二下別行另起，謹依題義挪至此處。
② "爵一"至"齒一"原作"爵也德也齒也"，阮云："毛本三'也'字俱作'一'。"《孟子·公孫丑下》亦均作"一"，據改。

案《冠禮》主人先拜，賓答拜，此賓先拜，主人答拜者，彼冠禮主人戒同寮，同寮尊，又使之加冠於子，尊重之，故主人先拜，此則鄉大夫尊矣，賓是鄉人，卑矣，又將貢已，宜尊敬主人，故賓先拜辱也，是以下注云“去又拜辱者，以送謝之”也。

十五　謀、戒、速皆言賓、介，不言衆賓

介亦如之。

注：如戒賓也。

謀賓、介，及戒，亦言賓、介，竟不言衆賓[①]，衆賓德劣，但謀介時，雖不言衆賓，亦當謀之[②]，故上注兼言“其次爲衆賓”。至於戒速之日，必當遣人戒速使知，但略而不言，故下云“賓及衆賓皆從之”是也。《鄉飲酒義》云“主人親速賓及介，而衆賓自從之”，亦據不得主人戒、速而爲自從也。

十六　賓、主、介皆獨坐，衆賓席不屬，與鄉射異

乃席賓、主人、介。衆賓之席皆不屬焉。

釋曰：鄭知衆賓席在賓席之西者，見《鄉射》云“席賓，南面東上，衆賓之席繼而西”，此衆賓之席亦當然，但此不屬爲異耳。云“皆獨坐，明其德各特”者，《鄉射》注云“言繼者，甫欲習衆庶，未有所殊別”，此乃特貢於君，故衆賓之席皆不屬焉，明三物已久，其德各特，故不屬續其席。雖不屬，猶統賓爲位，同南面也。

十七　設醴有在房、在東廂、在東楹之西

尊兩壺于房戶間，斯禁斯，如字，劉音賜[③]，有玄酒在西。設篚于禁南，東

---

① “竟”字原作“意”，四庫本作“竟”，倉石云：“‘意’各本作‘竟’。《校勘記》云：‘意字屬上句，亦言賓、介意者，謂拜辱禮辭也。’今案阮説似泥，仍作‘竟’爲是。”據改。

② “當”下原無“謀”字，汪刻本及張、阮刻本均有“謀”字，據補。

③ “斯如”至“音賜”，原在頁眉處，占行十四至十五，乃了翁據《儀禮音義》增補之釋文，謹依文義挪至此處。

肆云云。

釋曰：凡設尊之法，但醴尊見其質，皆在房內，故《士冠禮》禮子，《婚禮》禮婦，醴皆在房隱處。若然，《聘禮》禮賓，尊於東廂不在房者，見尊欲與卑者爲禮，相變之法。設酒之尊，皆於顯處，見其文，是以此及醮子與《鄉射》、《特牲》、《少牢》、《有司徹》皆在房戶之間是也①。《燕禮》、《大射》尊在東楹之西者，君尊專大惠也。云“設篚于禁南，東肆”者，言東肆，以頭首爲記，從西向東爲肆，則大頭在西也。

十八　斯禁取酒戒，士名棜，天子、諸侯名豐②

云“斯禁，禁切地無足者”，斯，漸也，漸盡之名，故知切地無足。《昏禮》、《冠禮》皆云禁者，士禮以禁戒爲名，卿大夫、士並有禁名，故鄭以大夫、士雙言也，是以《玉藻》云“大夫側尊用棜③，士側尊用禁”，注云“棜，斯禁也”，大夫、士禮之異也。《禮器》云“大夫、士棜禁”，注云“棜，斯禁也。謂之棜者④，無足，有似於棜，或因名云耳。大夫用斯禁，士用棜禁”⑤，然則禁是定名，言棜者是其義稱，故《禮器》大夫、士總名爲棜禁。案《特牲禮》云實獸於棜，注云“棜之制，如今大木轝矣”，則棜是轝，非承尊之物，以禁與斯禁無足似轝，故世人名爲棜。若然，周公制禮，《少牢》名爲棜，則以周公爲“世人”，或有本無“世人”字者，是以《少牢》不名斯禁，謂之爲棜，取不爲酒戒。《特牲》云“壺、禁在東序”，記云“壺、棜禁饌于東序”，注云“禁言棜者，祭尚厭飫，得與大夫同器，不爲神戒也”，其餘不用云棜

---

① “是”下原無“也”字，汪刻本及張、阮刻本皆有“也”字，據補。

② “十八斯禁”至“侯名豐”，原在頁眉處，占行一至六，謹依題義挪至此處。

③ 頁眉處有“棜，於稷反，器也，几屬”八字，占行七至八，手寫體，非原刻，再造善本無此八字，疑爲後人校語。

④ “謂之”原作“諸云”，汪刻本及張、阮刻本均作“謂之”，合於《禮器》鄭注，據改。

⑤ “士用棜禁”，曹云：《禮記校勘記》云：‘惠棟云棜字衍，按惠說是也。’弼案孔《正義》無‘棜’字，於義順。賈此疏引有‘棜’字，故其說迂曲。”今按“棜”字雖當刪，然賈疏據“士用棜禁”爲說，故從其舊。

禁①,不敢與大夫同名斯禁,作注解記②,故云"士用棜禁",明與《少牢》棜同也。若然,士之棜禁,大夫之斯禁,名雖異,其形同,是以《禮器》同名棜禁也。其餘《士冠》《昏禮》禮賓用醴,不飲,故無禁,不爲酒戒。若天子、諸侯承尊之物謂之豐,上有舟,是尊與卑異號也。

十九　羹定謂狗孰,爲速賓之節

羹定羹,户庚反。定,丁佞反③。
注:肉謂之羹。定,猶孰也。
釋曰:云"肉謂之羹"者,《爾雅》文。言肉,正謂其狗。孰云定者,孰即定止然,故以定言之。言此者,以與速賓時節爲限,不敢煩勞賓,故限之也。

二十　《聘》、《食》賓不拜送主人,此賓卑主尊,拜送

主人速賓,賓拜辱,主人答拜,還,賓拜辱。
云"主人答拜④,還,賓拜辱",案《聘禮》云賓入境,至近郊,使下大夫至賓館,下大夫遂以賓入,賓送不拜,又《公食大夫禮》使大夫戒賓,"大夫還,賓不拜送,遂從之",鄭注云"不拜送者,爲從之,不終事",皆不拜送,此獨拜送者,亦是鄉大夫尊,賓卑,又擬貢,故特拜辱而送之,異於餘者。

二一　主人自迎賓而云相,欲見傳命乃迎

主人、一相迎于門外,再拜賓,賓答拜,拜介,介答拜。
釋曰:云"主人、一相迎于門外"者,謂主人於群吏中立一相,使傳賓主之命,主人乃自出迎賓於大門外。必拜一相迎賓者,案《鄉飲酒義》云

---

① "餘"字原作"實",曹云:"'其實不用','實'當爲'餘',言惟祭與大夫同名棜,其餘不用此名,但稱禁耳。"據改。
② "作注解記"原作"作記解注",阮刻本作"作注解記",義更通,據乙。
③ "羹户"至"佞反",原在頁眉處,占行八至九,乃了翁增補之釋文,謹依文義挪至此處。
④ "主"下原無"人"字,倉石云:"'主'下脫'人'字,注疏本有。"據補。

"主人拜，迎賓于庠門之外"，明主人自迎。若然，主人輒言一相者，欲見使一相傳命乃迎，故云"相，主人之吏，擯贊傳命者"也。

二二　庠學唯有一門，即向階，門內三揖賓

主人揖，先入。

注：揖，揖賓也①。先入門而西面。

釋曰：此鄉大夫行鄉飲酒在庠學，唯有一門，即向階，門內既有三揖，故主人導賓，揖而先入門，至內霤西向待賓也。

二三　主人揖賓，賓之屬相厭，變於主人

賓厭介厭，一涉反②，入門左。介厭眾賓，入。眾賓皆入門左，北上。

釋曰：主人入後，賓乃厭介，介厭眾賓，相隨入門，皆東面北上，定位。賓既北上，主人西面相向，揖訖乃相背，各向堂塗，介與眾賓亦隨賓至西階下也③。云"賓之屬相厭，變於主人也"者，以賓與介、眾賓等自用引手而入，故不揖，是變於主人也。云"推手曰揖，引手曰厭"者，厭字或作擫字者，古字義亦通也。云"推手揖"者，案《周禮·司儀》云"土揖庶姓，時揖異姓，天揖同姓"，鄭以推手小下之為土揖，平推手為時揖，推手小舉之為天揖，皆以推手為揖。又案僖二年《公羊傳》"荀息進曰：'虞、郭見與？'獻公揖而進之"，何休云"以手通指曰揖"，與此別者，推手解其揖狀，通指道其揖意也。鄭則解揖體，何氏釋其揖意，相兼乃足也。云"引手曰厭"者，以手向身引之。

① "揖揖"原作"揖眾"，張、阮刻本均作"揖揖"，據改。
② "厭一涉反"，原在頁眉處，占行十六，乃了翁增補之釋文，謹依文義挪至此處。
③ "也"字原作"已"，汪刻本及張、阮刻本均作"也"，據改。

二四　《公食》、《射》、《燕》皆拜賓至，此升拜亦是拜至

主人與賓三揖，至于階，三讓，主人升，賓升。主人再拜，賓答拜[①]。

釋曰：云"三讓，主人升"者，主人先升，賓後升，故《鄉射》云"主人升一等，賓升"是也。云"三揖者，將進揖，當陳揖，當碑揖"者，《爾雅》"陳，堂塗也"。云"楣，前梁也"者，對後梁爲室戶上。云"復拜，拜賓至此堂，尊之"者，案《公食禮》云"公升二等[②]，賓升。公當楣北鄉，至再拜"，《燕禮》、《大射》皆云"主人升自西階，賓右至再拜"，《鄉飲酒義》亦云"拜至，拜洗"，此不云"至"者，略之，是知此升堂拜亦是拜至可知。凡拜至者，皆是尊之。

二五　事同曰讓，事異曰辭，散文亦通

主人坐奠爵于階前，辭。

注：重以己事煩賓云云。

釋曰：云"事同曰讓，事異曰辭"者，事同，謂若上文主人與賓俱升階而云"三讓"是也；事異，若此文主人有事，賓無事，是事異則曰辭。此對文爲義，若散文則通，是以《周禮·司儀》云"主君郊勞，交擯，三辭，車逆，拜辱，三揖，三辭，拜受"，注云"三辭，重者先辭，辭其以禮來於外，後辭，辭升堂"，事同而云辭，是其通也。

二六　主人先盥後洗，所以致潔

主人坐取爵，興，適洗，南面坐。奠爵于篚下，盥，洗。

釋曰：案《鄉飲酒義》云"主人盥洗揚觶，所以致潔也。拜至、拜洗、拜受、拜送，所以致敬也"，此經先言盥，後言洗，則盥手乃洗爵者，所以致潔。

---

① "主人再"至"賓答拜"，乃了翁節引之經文，經原作"主人阼階上當楣北面再拜，賓西階上當楣北面答拜"，四庫本作"主人至北面答拜"，此仍其舊。

② "二"字原作"三"，汪刻本及張、阮刻本均作"二"，合於《公食禮》，據改。

二七　沃洗者，主人之羣吏

主人坐取爵，沃洗者西北面。

釋曰：知主人羣吏者，下記云"主人之贊者，西面北上，不與"，注云"贊，佐也，謂主人之屬，佐助主人之禮事，徹鼏①，沃盥，設薦俎"是也。

二八　上文主人先升賓乃升，至此俱升

卒洗，主人壹揖，壹讓，升。

注：俱升，古文壹作一。

釋曰：知"俱升"者，《鄉射》云"主人卒洗，一揖，一讓，以賓升"，明俱升可知。若然，上文主人先升，賓乃升者，以初至之時，賓客之道進宜難，故主人升導之，至此以辭讓訖，故略威儀而俱升也。

二九　賓疑立，讀如"疑然從乎趙盾"，《傳》作"仡"

賓西階上疑立。

云"疑，讀爲'疑然從於趙盾'之疑。疑，正立自定之貌"者，案宣公六年《公羊傳》云晉靈公欲殺趙盾，"於是伏甲于宮中，召趙盾而食之。趙盾之車右祁彌明者，國之力士也，仡然從乎趙盾而入，放乎堂下而立"，何休云"仡然，壯勇貌"，鄭氏以"仡然從乎趙盾而入，放乎堂下而立"不取何休注義，以《鄉射》注云"疑，止也，有矜莊之色"自定，其義不殊，字義與何少異。

---

① "鼏"字原作"蒲"，四庫本作"鼎"，汪刻本及張、阮刻本均作"鼏"，阮校曰："《通解》、《要義》同，毛本'鼏'作'鼎'。按，作'鼏'與下記合。"阮據《要義》異於底本，作"鼏"是，據改。

三十　牲有全烝、豚解,其爲二十一體即折俎①

乃設折俎。

注:牲體枝解節折在俎。

釋曰:凡解牲體之法,有全烝、豚解,其爲二十一體,體解,即此折俎是也,是以下有賓俎脊、脅、肩,介俎脊、脅、肫、胳,是體解也。

三一　賓客自有帨巾拭手

坐帨手,遂祭酒。

注:帨,拭也。

釋曰:案《內則》事佩之中有帨,則賓客自有帨巾以拭手也。"坐帨手",因事曰遂,因坐祭酒,故云"遂"也。案《鄉射》"坐帨手,執爵,遂祭",此不言執爵,省文也。

三二　啐酒席末,言是席之正,非專爲飲食

興,席末坐啐酒。

注:啐亦嘗也。

釋曰:言"席末",謂於席之尾,故云"末"。《鄉飲酒義》云"祭薦、祭酒,敬禮也。嚌肺,嘗禮也。啐酒,成禮也。於席末,言是席之正,非專爲飲食也,此所以貴禮而賤財也",注云"祭薦、祭酒、嚌肺於席中,唯啐酒於席末"是也。啐酒於席末者,酒是財,賤財之義也。云"啐亦嘗"者,亦前肺云嚌,是至齒爲嘗,此酒云啐,謂入口爲嘗。

---

① "豚解其"原作"其豚解",正文疏亦同,原作"有全烝其豚解爲二十一體體解即此折俎是也",曹云:"此數語有脫字,當云'有全烝,其豚謂之豚解,有解爲二十一體,謂之體解,體解即此折俎是也'。"倉石云:"今案或當作'有全烝,有豚解、體解,其豚解爲七體,其體解爲二十一體',二十二字今失其十一字。"孫云:"全烝者不解也,豚解者七體,體解者二十一體,三者不同,此疏殊涌混。賈《士喪禮》疏亦云豚解七體,不誤。疑此疏'其'字當在'豚解'下,屬'爲二十一體'爲句,傳寫誤易,遂與《士喪》疏相連耳。"據孫校乙,疏亦乙。

三三　賓拜告旨，主人拜崇酒

降席，坐奠爵，拜，告旨，執爵興。主人阼階上答拜。

釋曰：賓拜告旨，主人拜崇酒，其節同，義即異矣。賓言旨，甘主人之味，啐則拜之。主人云“崇”者，崇，充也，謝賓以酒惡相充實，飲訖乃崇酒，先後亦不同也①。

___

① “亦”下原無“不”字，曹云：“‘亦’下脱‘不’字。一告旨，一謝酒惡，是義異；一啐即告，一卒爵乃謝，是先後亦不同也，此細別言之。”據補。

儀禮要義卷第九　鄉飲酒二

一　賓得獻，將酢主人，故降洗

賓降洗。

注：將酢主人。

釋曰：自此已下至“西階上答拜”，論賓酢主人之事。云“將酢主人”者，案《爾雅》云“酢，報也”，前得主人之獻，今將酌以報之，故降洗而致潔敬，故云“將酢主人”也。

二　盥後辭洗，禮之常，此賓未盥辭洗，重之

主人對，賓坐取爵云云。

釋曰：此“賓坐取爵，適洗南，盥，坐取爵，卒洗”，以此言之，則賓未盥，主人辭洗。案《鄉射》賓盥訖將洗，主人乃辭洗，先後不同者，彼與鄉人習禮輕，故盥訖乃辭洗，此鄉人將賓舉之，故未盥先辭洗，重之故也。若然，《鄉射禮》内兼有鄉大夫，即尊，與州長同於盥後辭洗者，以其盥後辭洗是禮之常故也，但《鄉射》“賓坐取爵，適洗，坐奠爵于笲下”，主人辭洗之時，賓方奠爵于笲[1]，此不奠爵笲下，便言“奠爵于笲”者，《鄉射》云“賓坐取爵，適洗”之時[2]，未得主人之命，故得奠於笲下，得主人之命，乃奠于笲，此則賓取爵適洗，未奠之時，主人即辭，故奠于笲也。

---

[1]　“笲”下原有“下”字，曹云：“‘下’字衍。”倉石云：“‘下’字閭本無，與《鄉射》合。”據删。

[2]　“洗”上原無“適”字，曹云：“‘洗’上脱‘適’字。”據補。

三　賓辭主人酌已，奠觶而不舉，不盡人歡

賓辭，坐取觶云云，賓北面坐奠觶于薦東，復位云云。

釋曰："賓辭"，不解所辭之事[1]，案《鄉射》"二人舉觶于賓與大夫，進，坐奠于薦右。賓與大夫辭，坐受觶以興"，注云"辭，辭其坐奠觶"，以彼云"賓與大夫辭"，即云"坐受觶以興"，若自手受之，以舉觶是禮已，故賓與大夫可以當亢答之禮，得云辭其親奠，此禮初，賓謙卑，不辭其奠，故經不云坐受以興，然此辭是辭主人復親酌已[2]，故《鄉射》主人酬賓云"賓辭"，鄭注云"辭主人復親酌已"是也。云"酬酒不舉，君子不盡人之歡，不竭人之忠，以全交也"者[3]，並《曲禮》文。案彼歡謂飲食，忠謂衣服，引之並謂飲食[4]。

四　主人自飲而盥，尊介

卒洗，主人盥。

注：盥者，當爲介酌。

釋曰：此主人自飲而盥者，尊介也，是以《鄉射》云大夫將酢，主人卒洗，"主人盥"，注云"盥者，雖將酌自飲，尊大夫，不敢褻"，是其類也。

五　射飲等皆三拜衆賓，衆賓答一拜

介降立于賓南。主人西南面三拜衆賓，衆賓皆答一拜。

釋曰：自此已下至"奠于篚"，論獻衆賓之事。云"西南面"者，以其主人在阼階下，衆賓在賓、介之南，故西南向拜之。云"三拜、一拜，示徧，不備禮也"者，衆賓各得主人一拜，主人亦徧得一拜，是"不備禮"，故《鄉射》云"三拜衆賓，衆賓皆答一拜"，彼注云"三拜，示徧也。一拜，不備禮也"，

---

[1]　"辭"字原作"拜"，四庫本作"辭"，據改。

[2]　"是"下原無"辭"字，曹云："'是'下脱'辭'字。"倉石云："'是'下殿本增'辭'字。"據補。

[3]　"也"下原無"者"字，汪刻本及張、阮刻本均有"者"字，據補。

[4]　"謂"字原作"證"，張、阮刻本均作"謂"，據改。

大夫禮皆然，故《少牢》云“主人三拜養者養，餕音①，養者皆答拜”，鄭云“三拜旅之，示徧也”，又《有司徹》云“主人降，南面拜衆賓于門東，三拜，衆賓門東北面皆答一拜”，大夫尊故也，士則答再拜，故《特牲》云“主人三拜衆賓，衆賓答再拜”，鄭云“衆賓再拜者，士賤，旅之，得備禮”是也。

六　上與賓、介皆升堂拜至，此於衆賓不升②

云“不升拜，賤也”者，此決上主人與賓、介行禮，皆升堂拜至，此三拜，衆賓賤③，故不升拜至也。

七　主人獻衆賓，拜受者言三人，則衆賓多矣

主人揖升云云，實爵，于西階上獻衆賓。衆賓之長升，拜受者三人。

釋曰：云“主人揖升”者，從三人爲首，一一揖之而升也。云“降洗，升賓爵”者，以下不更言洗，則以下因此不復洗矣。云“西階上獻衆賓”者，下別言衆賓之長三人，則衆賓之中兼言堂下衆賓，故鄭云“衆賓多矣”，自三人已下，於下便以次歷言之矣。云“拜受者三人”，則堂下衆賓不拜受矣。

八　賓、介坐祭，坐飲，拜既爵，三賓簡，衆賓彌簡

坐祭，立飲，不拜既爵，授主人爵，降復位。

釋曰：云“卒爵不拜，立飲，立授爵，賤者禮簡”者，賓賢能，以賢者爲賓，其次爲介，不問長幼，其三賓，德劣于賓、介，則數年之長幼，故上云“衆賓之長”也④。賓、介則坐祭，坐飲，又拜既爵，此三賓則坐祭，與賓、介

---

① “三”字原作“一”，四庫本作“三”，倉石云：“‘一’，各本作‘三’，與《少牢》合。”據改。又，“養餕音”三字原在頁眉處，占行三，乃了翁增補之釋文，謹依文義挪至此處。

② “六上與”至“賓不升”，原在頁眉處，占行十三至十八，謹依題義挪至此處。

③ “賓”上原無“衆”字，曹云：“‘賓’上脫‘衆’字。”據補。

④ “上”下原無“云”字，倉石云：“‘上’閩本作‘此’，《正字》改作‘升此’二字，殿本移‘衆賓之長也’五字於下‘此三賓’下，《校釋》乃謂‘上’下脫‘云’字。今案曹説較優。”據補。

同,不拜既爵,立飲,立授則異,賤,故禮簡。堂下衆賓不拜受,簡於三人,故云"禮彌簡"也。

九 《鄉射》有堂上、堂下旅,知此衆賓在堂下①

知"位在下"者,以其堂下立侍,不合有席,既不言席,故位在下,既不言其數,則鄉人有學識者皆來觀禮,皆入飲酒之內,是以《鄉射》云旅酬堂上,"辯,卒受者興,以旅在下者",明衆賓在堂下也。

十 賓席末答拜,以其無席上拜法

實觶,西階上坐奠觶,遂拜,執觶興,賓席末答拜。

釋曰:云"賓席末答拜"者,謂於席西南面,非謂席上,近西爲末,以其無席上拜法也,已下賓拜皆然。

十一 樂有歌,有笙,有間,有合

設席于堂廉,東上。

注:爲工布席也。側邊曰廉云云。

釋曰:自此下至"樂正告于賓,乃降",論主人樂賓之事。大判總爲作樂,其中別有四節之殊:有歌,有笙,有間,有合,次第不同也。案《燕禮》"席工于西階上",即云"樂正先升",《大射》亦云"席工于西階上,工六人,四瑟",始云"小樂正從之",不同者,《燕禮》主於歡心,尚樂,故先云"樂正先升",《大射》主於射,略於樂,故辨工數,乃云"樂正從之"也。若然,此主於樂,正與燕同②,而席工下辨工數乃云樂正升者③,此臣禮避君也④。

---

① "九鄉射"至"在堂下",原在頁眉處,占行一至六,謹依題義挪至此處。

② "正"字原作"不",阮校曰:"毛本'不'作'正'。"倉石云:"'不'各本作'正'是。"據改。

③ "升"字原作"引",汪刻本及張、阮刻本均作"升",合於經,據改。

④ "君"字原作"初",四庫本作"君",阮校曰:"《要義》'初'俱作'初',下'亦是避初之事也'同,毛本'初'作'君'。"曹云:"'初',各本作'君'似是。"據改,下亦改。

至於《鄉射》亦應主於射，略於樂，而不言工數，先云樂正，不與《大射》同者①，亦是避君之事也。

十二　工席在西階東，即堂廉，樂正在工西②

云"爲工布席也"者③，以《鄉射》、《燕禮》、《大射》皆席工連言，此不言席工，文不具爾，故此"爲工布席"下云"工入，升"，明此席也。引《燕禮》者，欲證此席爲工，又取證此工席在西階東④，以其此經云"堂廉，東上"，不言階東，故取《燕禮》西階上，少東，樂正又在工西，此下云樂正立於西階東，據樂正於西階東而立在工西⑤，則知工席更在階東，北面可知。但此言近堂廉，亦在階東，彼云階東，亦近堂廉也。

十三　工四人，二瑟，二歌，皆有相，此大夫制

工四人，二瑟，瑟先。相者二人，皆左何瑟何，戶可，又音河⑥，後首，挎越挎，口弧，又口侯，持也⑦，內弦，右手相。

釋曰：云"四人，大夫制也"者，此鄉大夫飲酒而云四人，《大射》諸侯禮而云六人，故知四人者大夫制也。《燕禮》亦諸侯禮而云四人者，鄭彼注云"工四人者，燕禮輕，從大夫制也"，《鄉射》是諸侯之州長⑧，士爲之，其中兼有鄉大夫以五物詢衆庶行射禮法⑨，故工亦四人，大夫制也。若

---

① "不"上原有"而"字，曹云："'而'字衍。"據刪。

② "十二工席"至"在工西"，原在頁眉處，占行二至七，謹依題義挪至此處。又，上"西"字原作"四"，顯爲"西"字之譌，謹改。

③ "工"下原無"布"字，汪刻本及張、阮刻本均有"布"字，合於注，據補。

④ "取"下原無"證"字，曹云："'取'下當有'證'字。"據補。

⑤ "而"上原空一格而無"據樂"至"階東"七字，頁眉行九至十有"據樂正於西階東"七字，當是補漏之文，補之正與疏合，謹依文義挪至此處。

⑥ "何戶"至"音河"，原在頁眉處，占行十四至十五，乃了翁據《儀禮音義》增補之釋文，謹依文義挪至此處。

⑦ "挎口"至"持也"，原在頁眉處，占行十六至十七，乃了翁據《儀禮音義》增補之釋文，謹依文義挪至此處。

⑧ "州"下原無"長"字，汪刻本及張、阮刻本均有"長"字，據補。

⑨ "五"字原作"三"，曹云："'三'當爲'五'。"據改。

然,士當二人,天子當八人,爲差次也。云"二瑟①,二人鼓瑟,則二人歌也"者,既云工四人,二人鼓瑟②,明二人歌可知也③。云"相,扶工也,衆賓之少者爲之"者,見《鄉射》云"樂正適西方,命弟子",弟子則衆賓之少者也。云"每工一人"者,案《周禮》瞽三百人,眡瞭三百人④,又此經二人瑟,"相者二人,皆左何瑟",又《大射》僕人正相大師,以諸文言之,故知"每工一人"。若然,此經工四人,二人瑟,相二人,則工二人歌,雖不言相,亦二人可知,以空手無事,故不言也。云"《鄉射禮》曰:弟子相工,如初入"者,彼謂將射,樂正命弟子相工遷樂於下,降時如初入之次第,亦瑟先歌後。

十四　相,師謂太師,《燕》瑟面鼓,《飲》、《射》變於君

注:凡工,瞽矇,故有相之者。相瑟者,持瑟。相歌,徒相⑤。

釋曰:云"師",即大師之官,無目,瞽矇之長也。云"後首者,變於君也"者,案《燕禮》云"小臣左何瑟,面鼓",注云"燕尚樂,可鼓者在前也",此《鄉飲酒》亦尚樂,而不面鼓,是變於君也。案《大射》主於射,略於樂,《鄉射》亦應主於射,略於樂,所以面鼓,亦是變於君也。

十五　貢賢能,擬爲卿大夫,故歌《小雅》之三

工歌《鹿鳴》、《四牡》、《皇皇者華》。

釋曰:凡歌《詩》之法,皆歌其類。此時貢賢能,擬爲卿大夫,或爲君所燕食,以《鹿鳴》詩也;或爲君出聘,以《皇皇者華》詩也;或使反爲君勞來,以《四牡》詩也,故賓賢能而預歌此三篇,使習之也。

---

① "二"上原無"云"字,汪刻本及張、阮刻本均有"云"字,據補。

② "二人鼓瑟"原作"二人瑟",曹云:"'二人瑟'當爲'二人鼓瑟'。"據補。

③ "二人歌"原作"二人鼓瑟"曹云:"'二人鼓瑟'當爲'二人歌'。"據改。

④ "瞽三百人"下原無"眡瞭三百人"五字,曹云:"下當補'眡瞭三百人'。"倉石云:"殿本《考證》周氏學健云:當連引'眡瞭三百人'句文義乃全。"據補。

⑤ "注凡"至"徒相",乃士翁以己語概括者,鄭注原作"凡工,瞽矇也,故有扶之者","相瑟者,則爲之持瑟。其相歌者,徒相也",此仍其舊。

十六　《鄉飲》、《燕禮》有歌、笙、間、合,《鄉》、《大射》略

卒歌,主人獻工。工左瑟,一人拜,不興,受爵,主人阼階上拜送爵。

釋曰:案此《鄉飲酒》及《燕禮》同是主歡心尚樂之事,故有升歌、笙、間、合樂,及其獻工、獻笙後,間、合不獻,以知二節自前已得獻,故不復重獻。《鄉射》主於射,略於樂,無升歌[①]、笙、間,唯有合樂,笙工並爲,至終總獻之。《大射》亦主於射,略於樂,但不間歌,不合樂,故有升歌,《鹿鳴》三終,主人獻工,後乃下管《新宮》[②],不復得獻,此君禮異於《鄉射》也。若《鄉射》與《大射》同略於樂,《大射》不略升歌而略間[③]、合者,《二南》是卿大夫之正,《小雅》是諸侯之正,鄭注《鄉射》云“不略合樂者,不可略其正”,諸侯不略《鹿鳴》之等,義亦然也。

十七　獻酒、正酬皆祭,旅以下不洗不祭

衆工則不拜,受爵,祭飲,辯有脯醢,不祭。

釋曰:云“獻酒重,無不祭也”,其正酬亦祭,至於旅酬以下則不祭,飲而已[④],故下記云“凡旅,不洗。不洗者,不祭”,鄭注云“敬禮殺也,不甚絜也”。此衆工亦不洗而祭,是以云“獻酒重,無不祭也”。

十八　獻法,先瑟後歌,隨太師所在,以次獻之

太師則爲之洗。

注:大夫若君賜之樂,謂之大師云云。

釋曰:云“其獻之,瑟則先,歌則後”者,以其序入及升堂,皆瑟先歌後,其獻法,皆先瑟後歌,是以知獻之,瑟先歌後,隨大師所在,以次獻之

---

①　“無”下原無“升歌”二字,曹云:“‘無’下脱‘升歌’二字。”據補。

②　“後乃”原作“乃後”,四庫本作“後乃”,阮云:“毛本‘乃後’作‘後乃’。”據乙。

③　“略”下原有“笙”字,曹云:“‘笙’字衍,管即笙,未嘗略之。”據刪。

④　“而已”上原無“飲”字,阮云:“浦鏜云‘而已’二字衍。”曹云:“‘而’上當補‘飲’字,‘祭’字句絶。”據曹校補。

也。《燕禮》云"卒歌，主人洗，升，獻工。工不興，左瑟，一人拜受爵"，注云"左瑟，便其右。一人，工之長者也"，《燕禮》諸侯禮，有常官，不言大師，以《燕禮》主爲臣子，故工四人，從大夫制，其大師入工，不別言之也。《大射》云"主人洗，升，實爵，獻工。工不興，左瑟"，注云"大師無瑟，於是言左瑟者，節也"，若大師在歌，亦先得獻，與《燕》異也。

十九　笙詩三篇亡，鄭注《禮》與注《詩》異

笙入堂下，磬南北面立，樂《南陔》、《白華》、《華黍》。

釋曰：案《南陔》注云"孔子論《詩》，《雅》、《頌》各得其所，時俱在耳，篇第當在於此。時遭戰國及秦之世而亡之，其義則與衆篇之義合編，故存。至毛公爲《詁訓傳》，乃分衆篇之義①，各置於其篇端"，彼《詩》鄭注又與此不同者，鄭君注《禮》之時未見《毛傳》，以爲此篇孔子前亡，注《詩》之時既見《毛傳》，以爲孔子後失。必知戰國及秦之世者，以子夏作《序》，具序三篇之義，明其《詩》見在，毛公之時亡其辭。

二十　三笙，一和，今笙長一人，堂下拜受爵

主人獻之於西階上，一人拜，盡階，不升堂，受爵云云。

釋曰：云"一人拜"者，謂在地拜，乃盡階，不升堂受爵也。云"一人，笙之長者也"者，笙者四人，今言一人受爵，明據爲首長者而言也。云"笙三人，和一人，凡四人"者，案《鄉射》記云"三笙一和而成聲"，注"三人吹笙，一人吹和，凡四人"，《爾雅》曰"笙小者謂之和"是也。云"《鄉射禮》曰：笙一人拜于下"者，即此一人拜者，亦在堂下可知。但獻工之時，拜送在阼階上②，以工在階東故也，此主人拜送笙之時在西階上，以其笙在階下，故不同也。

---

① "乃"字原作"及"，四庫本及汪刻本均作"乃"，據改。
② "在阼階上"原作"在西階東"，曹云："當爲'在阼階上'。"據改。

二一　堂上歌詩皆存，堂下笙詩併亡

乃間，歌《魚麗》，笙《由庚》；歌《南有嘉魚》，笙《崇丘》；歌《南山有臺》，笙《由儀》。

釋曰：此一經堂下吹笙，堂上升歌，間代而作，故謂之"乃間"也。云"謂一歌則一吹"者，謂堂上歌《魚麗》終，堂下笙中吹《由庚》續之，以下皆然。此《魚麗》、《南有嘉魚》、《南山有臺》，其詩見在。云"六者皆《小雅》篇也"者，見編在《小雅》之內，故知之。見在者，鄭君亦先引其《序》，後引其詩。堂上歌者不亡，堂下笙者即亡，蓋當時方以類聚，笙歌之詩，各自一處，故存者併存，亡者併亡也。

二二　合樂謂堂上下衆聲俱作

乃合樂，《周南》：《關雎》、《葛覃》、《卷耳》；《召南》：《鵲巢》、《采蘩》、《采蘋》。

釋曰：此一經論堂上、堂下衆聲俱合之事也。云"合樂，謂歌樂衆聲俱作"者，謂堂上有歌、瑟，堂下有笙、磬，合奏此詩，故云"衆聲俱作"。云"《周南》、《召南》，《國風》篇也"者，案《論語》注《國風》之首篇，謂十五《國風》之篇首，義可知也。

二三　燕、饗歌《二南》以鍾鼓，房中則否[①]

云"王后、國君夫人房中之樂歌也"者，案《燕禮記》云"有房中之樂"，注云"弦歌《周南》、《召南》之詩而不用鍾磬之節，謂之房中者，后、夫人之所諷誦，以事其君子"是也。既名房中之樂，用鍾鼓奏之者，諸侯、卿、大夫燕、饗亦得用之，故用鍾鼓，婦人用之乃不用鍾鼓，則謂之房中之樂也。

---

① "二三燕饗"至"中則否"，原在頁眉處，占行十至十四，謹依題義挪至此處。又，"鍾"字原作"鐘"，阮校《燕禮》篇注文云："'鍾'，俗本作'鐘'，徐、葛、《集解》、《通解》俱作'鍾'，後賓執脯以賜鍾人於門內霤，周學健云：'鍾鼓之鍾，古皆作鍾。三《禮》無鐘字，俗本或作鐘，皆後人所改也。'按後凡鍾字放此，不悉校。"據改，後悉改。

二四　饗禮可進取，燕禮可逮下，其實饗、燕同樂

注：鄉樂者，《風》也。《小雅》爲諸侯之樂，《大雅》、《頌》爲天子之樂。

釋曰：據此《鄉飲酒》爲饗禮，升歌《鹿鳴》，進取諸侯之樂，饗禮盛，可以進取也。云“《燕》合鄉樂，禮輕者可以逮下也”者[1]，鄭君據《儀禮》上下而言，其實饗、燕同樂，知者，穆叔如晉，晉侯饗之，歌《鹿鳴》之三，是與《燕禮》同樂也。若然，此注云鄉或進取[2]、燕可以逮下者，饗亦逮下也。云“《春秋傳》曰”者，襄公四年《左氏傳》文。彼云：“穆叔如晉，晉侯享之，金奏《肆夏》之三，不拜。工歌《文王》之三，又不拜。歌《鹿鳴》之三，三拜”。

二五　升歌、合樂各有差，《肆夏》同，笙、間有未聞

注：諸侯相與燕，升歌《大雅》，合《小雅》。天子與次國、小國之君燕亦如之，與大國之君燕，升歌《頌》，合《大雅》。其笙、間云云。

釋曰：案《詩譜》云“天子、諸侯燕羣臣及聘問之賓，皆歌《鹿鳴》，合鄉樂”，鄭云諸侯相燕，天子與國君燕、與大國之君燕，《國語》及襄公四年言饗[3]，見之者，亦欲明燕、饗同也[4]。向來所言，皆據升歌、合樂有此尊卑之差，若納賓之樂，天子與五等諸侯同用《肆夏》，是以《燕禮》納賓用《肆夏》，《禮記·郊特牲》云“大夫之奏《肆夏》，由趙文子始也”，是大夫不得用之，其諸侯以上同用之也。云“其笙、間之篇未聞”者，案《鄉飲酒禮》笙、間之樂與前升歌同在《小雅》[5]，則知元侯及國君相饗、燕，笙、間亦同升歌矣，而云“未聞”者，謂如《由庚》、《由儀》之等，篇名未聞。

---

① “輕”上原無“禮”字、“也”下原無“者”字，汪刻本及張、阮刻本均有“禮”字、“者”字，據補。
② “此注”原作“小雅”，曹云：“‘小雅’當爲‘此注’。”據改。
③ “年”下原有“公”字，曹云：“‘公’字衍。”據刪。
④ “欲”下原無“明燕”二字，曹云：“‘欲’下似脫‘明燕’二字。”據補。
⑤ “與前”原作“前與”，倉石云：“‘前與’二字《正字》倒。”據乙。

二六　主人側降,謂賓、介不從

主人降席自南方,側降。

注:賓、介不從。

釋曰:"側"者,特也,賓、介不從,故言"側"。上文主人降[1],賓、介皆從降,此獨不從者,以其方燕,禮殺故也。

二七　將留賓燕,作相爲司正,以監惰者

作相爲司正,司正禮辭,許諾。主人拜,司正答拜。

釋曰:上經云"一相迎于門外",今將燕,使爲司正,監察賓主之事,故使相爲司正也。此司正升西階,適阼階上,案《鄉射》云"司正升自西階,由楹内適阼階上,北面",彼此同,此不言"由楹内"者,省文也。

---

[1] "文"字原作"來",四庫本作"文",據改。

儀禮要義卷第十　鄉飲酒三

一　旅酬所以酬正獻，主人之屬不與[①]

賓北面坐取俎西之觶，阼階上北面酬主人。主人降席[②]，立于賓東。

釋曰：自此至“司正降，復位”，論堂上、堂下徧行旅酬之事。云“取俎西之觶”者，謂前一人舉觶奠于薦右，今爲旅酬而舉之，前主人酬賓奠于薦東者不舉，故言“俎西”以別之。云“凡旅酬者，少長以齒”以下，並是《鄉飲酒義》文，是以彼云“賓酬主人，主人酬介，介酬衆賓，少長以齒，終於沃洗者焉，知其能弟長而無遺矣”。案下記云“主人之贊者西面北上，不與”，注云“贊，佐也，謂主人之屬，佐助主人禮事，徹鼏、沃盥、設薦俎者。與，及也。不及，謂不及獻酒”，言不及獻酒，則旅酬亦不與，旅酬所以酬正獻也。記又云“無筭爵[③]，然後與”，若然，此旅酬得終於沃洗者，鄭解酬之大法，欲見堂下賓[④]、主人之黨無不與，故鄭君連引無筭爵之酬[⑤]，而言終沃洗也，其實此時未及沃洗也。

二　主人西南面授介，以旅酬皆西階上

主人西階上酬介，介降席自南方，立于主人之西云云。

---

①　“與”字原作“舉”，四庫本作“與”，合於疏，據改。

②　“人”上原無“主”字，四庫本有“主”字，合於經，據補。

③　“又”上原無“記”字，汪刻本及張、阮刻本均有“記”字，所引爲《記》文，據補。

④　“下”字原作“上”，曹云：“‘上’當爲‘下’。”倉石云：“今案此蓋謂鄭君欲見堂上旅酬賓、主人之黨無不與，故連引無筭爵而云然。曹說未是。”據曹校改。

⑤　“之”字原作“旅”，曹云：“‘旅’當爲‘之’。”倉石云：“注疏本‘旅’上有‘與’字，《校釋》云‘旅’當爲‘之’，今案賈意或當‘無筭爵’爲句，謂雖旅酬而言終於沃洗也。”據曹校改。

釋曰：知“西南面授介”者，案賓酬主人時，於阼階上東南面向之，則知此主人酬介，于西階上西南面可知。云“自此已下旅酬，酌者亦如之”者，謂亦如主人酬介，其酬，酌^①，實觶，西南面授之，以其旅酬皆西階上故也。

三　司正不監主、賓、介，監衆賓

司正升相旅，曰：“某子受酬。”受酬者降席^②。

釋曰：上文作相爲司正，注云“將留賓，爲有懈惰，立司正以監之”，今以賓、主及介旅酬不監之，至衆賓乃監者，以其主人與賓、介習禮已久，又各一位，不嫌失禮，至於衆賓，既不久習禮，又同在一位，恐其失禮，故須監之。

四　受酬者介右，衆賓左受

受酬者自介右^③。

注：由介東也云云。

釋曰：北面以東爲右，故鄭云“由介東也”。云“尊介，使不失故位”者，凡授受之法者，授由其右，受由其左，即下文“衆受酬者”是也。“衆受酬者”，謂上衆賓之內爲首者一人，自介右受之，自第二以下并堂下衆賓，皆自左受之。言“變於介”者，即是授受之常法也。

五　主人使吏二人舉觶，賓、介答拜異面

使二人舉觶于賓、介云云，賓、介席末答拜。

釋曰：自此至“無筭樂”，論賓主燕坐，爵樂無數之事。云“賓、介席末

---

① “酌”下原有“介”字，曹云：“‘介’字衍。”倉石云：“‘介’，閩本作‘并’，殿本作‘皆’。”據曹校刪。

② “酬”上原無“受”字，四庫本有“受”字，合於經，據補。

③ “自”字原作“由”，張、阮刻本均作“自”，合於經，據改。

答拜"者,賓於席西南面答拜,介於席北東面答①。云"二人,亦主人之吏"者,亦上一人舉觶是主人之吏,以其主人使之。

六　旅酬以前立行禮,至是司正請坐

司正升自西階,受命于主人,主人曰:"請坐于賓。"

釋曰:云"司正升自西階,受命于主人",此不言阼階上受,案《鄉射》"司正升自西階,阼階上受命于主人,適西階上,北面請坐於賓",則此亦同。自此以上,皆立行禮,人皆勞倦,故請坐於賓也。云"酒清肴乾"者,案《聘義》云"酒清,人渴而不敢飲也;肉乾,人飢而不敢食也",彼上云"聘、射之禮,至大禮也",則是聘、射皆有飲酒禮,故此《鄉飲酒》引之。云"賓主百拜"者,《樂記》文,彼是飲酒禮,與此同,故引而相證,但此鄉飲酒之禮雖無百拜,舉全數而言也。云"強有力者",亦《聘義》文,言此者,欲見自此以前未得安坐飲酒也。云"張而不弛,弛而不張,非文武之道"者,此《雜記》文,略而言之,此以弓弩喻行禮之法,"張而不弛",以喻旅酬已前立行禮;"弛而不張",喻無筭爵以後坐飲②。

七　賓辭俎,不敢以禮殺當貴肴③

賓辭以俎。主人請徹俎,賓許。

云"俎者,肴之貴者",謂骨體貴而肉賤,故云"肴之貴者"。云"辭之者,不敢以禮殺當貴者",自旅以前立行禮是盛,自此後無筭爵,坐行禮④,謂之殺,故今將坐,辭以俎,"不敢以禮殺當貴者"。案《燕禮》司正奠觶于中庭,請徹俎而坐,此禮司正監旅訖,二人舉觶後,將行無筭爵,始請坐于賓,不同者,《燕禮》司正之前云二人致爵,三舉旅,得爵多,故司正奠

---

① "北"字原作"南",曹云:"'南'當爲'北',下節'介在席南'同。"據改。
② "飲"字原作"食",阮云:"盧文弨改'食'爲'飲'。"據改。
③ "禮殺"原作"殺禮",正文疏均作"禮殺",因疑此有乙誤,謹乙。
④ "行"字原作"以",阮云:"浦鏜云'行'誤'以'。"據改。

時即坐燕①,此禮由來未行旅酬,故使二人舉觶後乃徹俎坐也②。

八　取俎者降自西階,與《燕禮》阼階異

賓取俎③,還授司正,司正以降,賓從之。主人取俎云云。

釋曰:"主人取俎,還授弟子,弟子以降自西階",案《燕禮》"膳宰徹公俎,降自阼階",與此不同者,彼公不降,故宰夫降阼階,此主人降自阼階,故弟子降自西階也。云"取俎者皆鄉其席"者,以其俎在席前,鄉席取俎,還轉授之,故經皆言"還授"。

九　坐則降說屨,主先左,賓先右

說屨,揖讓如初,升,坐。

注④:今文說為稅。

云"說屨者,為安燕當坐也"者,凡堂上行禮之法,立行禮,不說屨,坐則說屨,屨空則不宜陳於側,故降說屨,然後升坐也。云"說屨,主人先左,賓先右"者,案《曲禮》云"上於東階則先右足,上於西階則先左足",鄭注云"近於相鄉,敬也",案《玉藻》著屨之法,"坐左納右,坐右納左",今說之亦北面鄉階,主人先坐左,賓先坐右,亦取近於相鄉,敬之義也。

十　羞,狗胾醢,所以盡愛

乃羞。

注:羞,進也云云。

釋曰:知所進者狗胾醢者,案下記云"其牲狗",《禮記》又云"庶羞不踰牲"⑤,則所羞者狗胾也,但醢是舊作之物,諸經又不見以狗作醢,則胾

---

① "坐"上原無"即"字,汪刻本及張、阮刻本均有"即"字,據補。
② "後乃"二字原在"徹俎"下,曹云:"當為'舉觶後乃徹俎坐也'。"據乙。
③ "取俎"原作"俎取",四庫本作"取俎",合於經,據乙。
④ "今"上原無"注"字,四庫本有"注"字,據補。
⑤ "庶"字原作"薦",倉石云:"'薦',據《王制》當作'庶',案《燕禮》疏引亦作'庶'。"據改。

必狗也,醢則當兼有餘牲也。云"鄉設骨體,所以致敬也。今進羞,所以盡愛也"者,骨體貴,人不食,故云"致敬",藃醢賤,人所食,故云"盡愛也"。

十一　歌、笙、間、合皆三終,此燕樂無數

無筭爵。無筭樂。

釋曰:云"燕樂亦無數"者,亦上無筭爵也。案上升歌、笙、間、合樂皆三終,言有數,此即無也。云"或間或合,盡歡而止也"者,以其不言《風》、《雅》,故知或間如上間歌,用《小雅》也,或合用《二南》也。言"或間或合"者,於後科用其一,但不並用也。引《春秋》者,彼是國君禮,此是大夫禮,見其異也,但無筭之樂,還依尊卑用之。案《春秋》爲季札所歌《大雅》與《頌》者,但季札請觀周樂,魯爲之盡陳。又,魯,周公之後,歌樂得與元侯同,故無筭之樂《雅》、《頌》並作也。

十二　天子、諸侯以鍾鼓奏《陔夏》,《九夏》亦有等

賓出,奏《陔》。

釋曰:云"陔,《陔夏》也"者,《周禮·鍾師》有《陔夏》,故云"《陔夏》也"。云"《周禮·鍾師》以鍾鼓奏《九夏》"者,案《鍾師》云"凡樂事,以鍾鼓奏《九夏》:《王夏》、《肆夏》、《昭夏》、《納夏》、《章夏》、《齊夏》、《族夏》、《械夏》、《驁夏》"[1]。杜子春云"以鍾鼓者"[2],庭中先擊鍾,却擊鼓而奏此《九夏》,故云"是奏《陔夏》則有鍾鼓矣"。云"鍾鼓者,天子、諸侯備用之"者,《鍾師》天子禮,有鍾鼓,《大射》諸侯禮,亦具有鍾鼓,故云"天子、諸侯備用之"。云"大夫、士,鼓而已"者,案《鄉射》云"不鼓不釋",明無鍾可

---

① "驁"字原作"鷔",汪刻本及張、阮刻本均作"驁",據改。
② "杜子"至"鼓者",今按疏文,杜子春言當爲"王出入奏《王夏》,尸出入奏《肆夏》,牲出入奏《昭夏》,四方賓來奏《納夏》,臣有功奏《章夏》,夫人祭奏《齊夏》,族人侍奏《族夏》,客醉而出奏《陔夏》,公出入奏《驁夏》","以鍾鼓者"乃《周禮·鍾鼓》言,非杜子春言,了翁此處截略不當,然其原意斷句如此,姑仍其舊。

知。此且論鍾鼓①，若用《九夏》，則尊卑不同，天子則《九夏》俱作，諸侯則不用《王夏》，得奏其《肆夏》以下，大夫以下，據此文用《陔夏》，其餘無文。

十三　旅酬後鄉內諸公、大夫觀禮者乃入

賓若有遵者諸公、大夫，則既一人舉觶，乃入。

釋曰：自此已下至“不去加席”②，論鄉內有諸公、大夫來觀禮，主人迎之與行禮事也。言“不干主人正禮”者，正禮謂賓主獻酢是也，是以一人舉觶爲旅酬始，乃入。若然，即是作樂前入而於此篇末乃言之者，以其無常，或來或不來。

十四　遵席于賓東，尊之，不與鄉人齒

席于賓東，公三重，大夫再重。

云“席此二者於賓東”者，賓在户牖之間，酒尊又在户東，席此二者又在酒尊之東，但繼賓而言耳。云“尊之，不與鄉人齒也”者，鄉人謂衆賓之席在賓西，故云“不與鄉人齒”。

十五　上注此篇無正齒位事，此乃言齒③

案上注云“此篇無正齒位之事”，今此言齒者，彼云“無正齒位”者，對黨正飲酒，鄉人五十已上、九十已下有齒法，《鄉飲酒》貢士以德爲次，故云“無正齒位”之禮。此言齒者，謂士已上來觀禮乃有齒法。云“天子之國，三命者不齒”者，案《周禮·黨正職》云“國索鬼神而祭祀，則以禮屬民而飲酒于序，以正齒位。一命齒于鄉里，再命齒于父族，三命不齒”，彼是

---

① “論鍾鼓”原作“論鼓”，汪刻本及張、阮刻本均作“語鍾鼓”，曹云：“言此且論鍾鼓耳，未及《九夏》尊卑所用。”“論”字仍其舊，據各本補“鍾”字。

② “不”下原無“去”字，阮云：“浦鏜云‘不’下脫‘去’字。”據補。

③ “十五上注”至“乃言齒”，原在頁眉處，占行十一至十六，謹依題義挪至此處。

天子黨正飲酒法，故知“天子之國，三命不齒”，此是大夫貢人鄉飲酒法①，鄭引之爲證者，欲見天子鄉飲酒三命不齒同也。

十六　鄭謂三命不齒於侯國，則大夫不齒②

云“於諸侯之國，爵爲大夫則不齒矣”者，以此篇及《鄉射》皆云若有大夫，不辨命數，故知爵爲大夫即不齒也。皆謂《鄉射》、《鄉飲酒》之禮，若《黨正》飲酒則與此異。案《文王世子》云“其朝于公，内朝則東面北上，臣有貴者以齒”，下文云“庶子治之，雖有三命，不踰父兄”，鄭注云“治之，治公族之禮也，唯於内朝則然，其餘會聚之事則與庶姓同”，又引《黨正》飲酒云“一命齒于鄉里，再命齒於父族，三命不齒。不齒者，特爲位，不在父兄行列中”，但《文王世子》是諸侯之法，即諸侯黨正飲酒還與天子同，但諸侯之國，一命已上至三命，大夫、士具有。言“一命齒於鄉里”者，公、侯、伯之士一命與堂下鄉人齒，以其士立堂下故也，子、男之士不命，與一命之士同齒於階下，子、男之大夫一命坐於上，與六十已上齒於堂。“再命齒於父族”者，謂子、男之卿與公、侯、伯之大夫，以父族爲賓則與之齒，異姓爲賓則不與之齒，席於尊東。“三命不齒”者，謂公、侯、伯之卿，雖父族爲賓，亦不與之齒，席於尊東也。云“不言遵者，遵者亦卿、大夫”者，案上文“賓若有遵者”，與諸公、大夫雖文異，諸公、大夫則遵也，故鄭云“遵者，諸公、大夫也”。

十七　大夫如介禮，有諸公則辭加席

大夫則如介禮，有諸公則辭加席，委于席端，主人不徹。

釋曰：云“加席，上席也”者，以其再重、三重，席皆一種，故云“上席

---

①　“此是大夫”原作“彼是天子”，四庫本“彼”注作“此”。曹云：“‘此’，單疏作‘彼’，案義當作‘此’，‘天子’蓋‘大夫’之誤。言此是諸侯大夫鄉飲酒法，引天子黨正飲酒相決者，欲見天子鄉飲與黨飲同，故據彼黨飲決此鄉飲，非有岐也。疏以天子黨飲與鄉飲禮同，諸侯黨飲與鄉飲禮異。”據改。

②　“十六鄭謂”至“夫不齒”，原在頁眉處，占行一至六，謹依題義挪至此處。

142

也"。記云"蒲筵,緇布純",明無異也,以其鄉大夫貢賢者[1],公與大夫來觀禮而已,故俱加重數,更無異席也。公食大夫禮,異國之客有別席,是以《公食大夫》云"宰夫設筵,加席、几",又記云"司宮具几與蒲筵常[2],緇布純,加萑席尋",又"上大夫蒲筵,加萑席,其純,皆如下大夫純"[3],注云"謂三命大夫也。孤爲賓,則莞筵紛純,加藻席畫純",是與當國之大夫異也。《燕禮》云"司宮筵賓于户西,東上,無加席也"者,以其燕私故也。《大射》云"司宮設賓席于户西,南面,有加席",與公同者[4],以其大射辨尊卑故也。

十八　賓服鄉服即朝服,拜賜、拜辱皆造門外

明日,賓服鄉服以拜賜[5]。

釋曰:此賓是鄉人子弟,未仕,雖著朝服,仍以鄉服言之,故鄭云"不言朝服,未服以朝也"。

主人如賓服以拜辱。

引《鄉射》者,於此文不具,故引以爲證,明彼此賓主皆不相見,造門外拜謝而已。

十九　息司正之日,主人釋朝服,服玄端

主人釋服。

言"釋朝服,更服玄端也"者,以其昨日正行賓舉飲酒之禮,相尊敬,故朝服,此乃燕私,輕,故玄端。

---

① "賢"上原無"貢"字,阮云:"'賢'上閩本有'貢'字擠入。"倉石云:"閩本'賢'上擠入'貢'字,殿本增'賓'字,《正字》作'賓賢者能者'。"據閩本補。

② "常"字原作"當",四庫本及汪刻本均作"當",據改。

③ "上"下原無"大夫"至"夫純"十五字,倉石云:"'上'下殿本補'大夫蒲筵,加萑席,其純,皆如下大夫純'十五字,似是。《正字》'上'改作'下',於文理未順。"據殿本補。

④ "公"下原有"侯"字,曹云:"'侯'字衍。"據删。

⑤ "賓服"至"拜賜"。阮云:"《通解》、敖氏俱無上'服'字。朱子曰:'注云今文曰賓服鄉服,明古經文無服,今有之,衍文也。'"當據删,然了翁既據認爲題,姑仍其舊。

二十　無介，不殺，羞唯所有，徵唯所欲

乃息司正。無介，不殺，薦脯醢，羞唯所有，徵唯所欲，以告于先生、君子可也。賓、介不與。鄉樂唯欲。

釋曰：昨日正行飲酒，不得喚親友，故今禮食之餘，別召知友，故言“徵唯所欲”也。此先生，老人教學者，故云“先生不以筋力爲禮”，於是可以來也。云“君子，國中有盛德者”者，此君子則《曲禮》“博聞强識，敦善行而不殆，謂之君子”也。又《玉藻》云“居士錦帶”，鄭云“居士，道藝處士”，亦一也。賓、介昨日正行禮，今又召之，則是數，數則瀆，瀆則不敬，故云“禮瀆則褻”，是以不與。

二一　奠觶，不飲者奠於左，舉觶者奠於右

凡奠者於左。

注：不飲者，不欲其妨。

將舉於右。

注：便也。

釋曰：奠於左者，謂主人酬賓之觶，主人奠於薦右，客不盡主人之歡，奠之於左，是不欲其妨後奠爵也。“將舉於右”[①]，謂若上文一人舉觶爲旅酬始，二人舉觶爲無筭爵始，皆奠於右，是其將舉者於右，以右手舉之便也。

二二　衆賓堂下立者不洗，賓多即門西北面立

衆賓之長一人辭洗，如賓禮。立者東面北上，若有北面者則東上。

此記上主人獻衆賓時，主人揖升，坐取爵于西楹下，降洗爵，衆賓長一人降，亦進東向辭洗，如賓禮，是於三人之中復差尊者得辭洗，餘二人雖爲之洗，不敢辭也。云“其下不洗”者，謂其堂下立者不爲之洗，獻之而

---

① “將舉於右”，乃了翁增補之經文，賈疏“謂若”上原無此四字。

已。堂下立者,鄉人賢者,或多或少,若少,則東面北上,統於堂也,若多,東面立不盡,即門西,北面東上,統於門也。

二三　上篚三爵:獻賓、介、衆賓一,工、笙一,大夫一

獻工與笙,取爵于上篚。

鄭知"上篚三爵"者,以上經初主人獻賓時,云取爵於篚,降洗,獻賓,受酢,主人奠爵于序端,酬賓訖,又取爵於東序端以獻介,受酢訖,奠爵于西楹南,降,三拜衆賓訖,又升取爵于西楹下[1],獻堂上、堂下衆賓訖,主人以爵降,奠于篚,是其上篚一爵也。此記又云"獻工與笙,取爵于上篚,既獻,奠于下篚",是上篚二爵也。又《鄉射禮》獻大夫云"主人揖讓,以大夫升,拜至,大夫答拜,主人以爵降",洗,獻大夫,此篇亦有大夫,故知上篚有三爵也。

二四　鄭既云大夫而用特縣,以賓賢從士禮

磬,階間縮霤,北面鼓之。

言"大夫而特縣"者,案《周禮·小胥》"半爲堵,全爲肆",鄭注云"鍾磬者,編縣之[2],二八十六枚而在一虡,謂之堵。鍾一堵,磬一堵,謂之肆。半之者,謂諸侯之卿大夫、士也,諸侯之卿大夫,西縣鍾,東縣磬",今諸侯鄉大夫[3],合鍾、磬俱有,今直云磬,是以鄭云"大夫而特縣,方賓鄉人之賢者,從士禮也"。

二五　此以後旅酬皆不洗,敬禮殺

凡旅,不洗。

注:敬禮殺也。

---

①　"又"字原作"猶",曹云:"'猶'當爲'又'。"據改。

②　"編"字原作"縮",阮云:"毛本'縣'下無'之'字。浦鏜云'編'誤'縮'。按浦云是也,《通解》亦作'編縣',無'之'字。"倉石云:"《正字》云'縮'當爲'編',今案篇首疏引正作'編'。"據改。

③　"鄉"字原作"卿",倉石云:"《正字》云'卿'當爲'鄉',亦與篇首合。"據改。

釋曰：案一人、二人舉觶皆爲旅始①，不可不自絜，故洗，自此以後，旅酬皆不洗，故云"凡旅，不洗"也。

二六　既旅後無筭爵行，士不入

既旅，士不入。

注：後正禮也。既旅則將燕矣。

釋曰：旅謂旅酬，所酬皆拜受②，故云"正禮"。既旅之後無筭爵，行燕飲之法，非正禮，故士不入，後正禮故也。

二七　主人之屬統於堂，無筭爵乃得酒

若有諸公，則大夫於主人之北，西面。主人之贊者西面北上，不與。

若無諸公，則大夫南面西上，統於賓也③。云"西面北上，統於堂也"者，以其主人之屬故也。主人之屬，非主人所敬，故無筭爵乃得酒也。

二八　鄉朝服而謀賓、介，漢時冠、服異係補。

記：鄉朝服而謀賓、介，皆使能，不宿戒。

注：鄉，鄉人，謂鄉大夫也。朝服，冠玄端，緇帶，素韠，白屨。今郡國行鄉飲酒禮，玄冠而皮弁服，與禮異。再戒爲宿戒。

---

① "案一人二人"原作"案上二人"，倉石云："《通解》作'案一人二人舉觶'。"據改。

② "酬"下原有"獻"字，阮云："毛本'皆'下有'拜送'二字，閩本無'獻'字。"曹云："案'獻'字衍。"據刪。

③ "賓"字原作"遵"，阮云："'遵'，閩本、《通解》俱作'賓'。"據改。

儀禮要義卷第十一　鄉射一

一　鄭以鄉射爲州長會民射於州序

鄉射禮第五。

鄭《目録》"州長"至"嘉禮"。釋曰：鄭云"州長春秋以禮會民而射於州序"者[①]，《周禮·地官·州長職》文也，鄭引之者，證此鄉射是州長射法。

二　州射而名鄉，以州爲鄉屬，大夫或在[②]

云"謂之鄉者"，欲見州長射得名鄉射之意。云"州，鄉之屬"者，《周禮·大司徒職》云"五州爲鄉"，是州屬鄉，故云"州，鄉之屬"。云"鄉大夫或在焉"者，一鄉管五州，鄉大夫或宅居一州之內，則鄭注《禮記》云"或則鄉之所居州黨"，而鄉大夫來臨此射禮，是爲鄉大夫在焉，則名《鄉射》。又鄉大夫三年大比，興賢者、能者訖，而以鄉射之禮五物詢衆庶，亦行此州長射禮以詢之，亦是鄉大夫在焉，故名爲《鄉射》。云"不改其禮"者，雖鄉大夫在，其禮仍依州長射禮，故云"不改其禮"，案經鄉大夫射於庠云"堂則由楹外"，又云"堂則物當楣"，又云"大夫用兕中"，其禮與士射於序別而云"不改"者，大判卿大夫[③]、士射，先行鄉飲酒禮，及未旅而射，爲不改，其實亦有少異也。鄭云"射禮於五禮屬嘉禮"者，案《周禮·大宗伯》云"以嘉禮親萬民"，下有"以賓射之禮親故舊朋友"，故知屬嘉禮也。

---

① "民"字原作"人"，謹改回本字。

② "二州射"至"夫或在"，原在頁眉處，占行十三至十八，謹依題義挪至此處。

③ "卿"字原作"鄉"，汪刻本作"卿"，據改。

三　射禮戒賓與射同日，猶鄉飲戒與飲同日

鄉射之禮。主人戒賓云云，乃請。賓禮辭，許云云。無介。

釋曰：自此至"無介"，論州長將射先戒賓之事。案《大射》前三日，宰夫戒宰及司馬，又射前一日，樂人宿縣，此不言日數，則戒賓與射同日矣，禮同《鄉飲酒》也，以其鄉射先行鄉飲酒，鄉飲酒戒賓與飲酒同日。

四　鄭既以鄉飲爲諸侯之大夫，此亦諸侯州長

注：主人，州長也。卿大夫若在焉，則稱鄉大夫也云云。

釋曰：案鄉大夫是諸侯鄉大夫，則此州長亦諸侯之州長，以士爲之，是以經云"釋獲者執鹿中"，記云"士鹿中"，是皆爲此州長射而言，是諸侯州長可知。若天子州長，中大夫爲之。若然，記云"大夫兕中"者，爲鄉大夫詢衆庶而言也。云"鄉大夫若在焉，則稱鄉大夫也"者，謂大夫來臨禮之時，州長戒賓不自稱，稱鄉大夫以戒賓也。云"出迎，出門也"者，謂出序之學門，亦如鄉飲酒出庠門，皆有一門，入門即至堂耳。云"不言拜辱者，此爲習民以禮樂，不主爲賓已也"者，對《鄉飲酒》主人戒賓，賓拜辱者，彼爲賓己[1]，非爲習民以禮樂故也。

五　不謀賓者，時不獻賢能[2]

云"不謀賓者，時不獻賢能，事輕也"者，還決鄉飲酒獻賢能，故須就先生而謀賓、介，禮重，對此不獻賢能爲輕，故不謀賓也。

六　漢時郡國以季春行鄉射

云"今郡國行此禮以季春"者，漢時雖無侯國而置郡爲守，其王之子

---

[1]　"己"字原作"也"，阮云："浦鏜云'賓'當'己'字誤。"倉石云："《正字》云'也'當'己'字誤。"據改。

[2]　"五不謀"至"獻賢能"，原在頁眉處，占行五至八，謹依題義挪至此處。

弟猶名國。引之者,證時節與周異。

七　此篇有射于堂及兒中,兼有大夫行禮

云"《周禮》"至"衆庶",皆《周禮·鄉大夫職》文,引之者,證此鄉射中兼有鄉大夫行射禮,故有射于堂及兒中之事。

八　當射,民必觀,因詢以五物[①]

云"五物"者,案彼云"一曰和,二曰容,三曰主皮,四曰和容,五曰興舞",鄭注云"和載六德,容包六行也。庶民無射禮,因田獵分禽則有主皮。主皮者,張皮射之,無侯也。主皮、和容、興舞,則六藝之射與禮[②]、樂與? 當射之時,民必觀焉,因詢之也"是也。

九　主人還射宮,即鄉庠、州序

主人戒賓_{云云},主人退,賓送_{云云}。

注:退,還射宮,省録射事。

釋曰:"射宮"者,鄉庠、州序是也。知"省録射事"者,即下文云"乃張侯"之等是也。下言飲酒之事,知不爲飲酒事者,以飲酒者止爲射事,故以射爲主也。

十　無介以輔賓者,主於射,飲禮略

無介。

注:雖先飲酒_{云云}。

釋曰:鄭云"雖先飲酒"者,自此已下,先言飲酒,獻後乃射,是以《禮記·射義》云"古者諸侯之射也[③],必先行燕禮,卿大夫、士之射也,必先

---

① "八當射"至"以五物",原在頁眉處,占行一至五,謹依題義挪至此處。

② "與"字原作"興",汪刻本及張、阮刻本均作"與",據改。

③ "是以"原作"以是",曹云:"'以是'當爲'是以'。"據乙。

行鄉飲酒之禮"是也,但鄉飲酒之禮有介一人以輔賓,此無介者,主於射,"序賓之禮略",故無介以輔賓也。

十一　設席不言於户牖間,州序無室

乃席賓,南面東上。

云"不言於户牖之間者,此射於序"者,決《鄉飲酒》在庠,以其序無室,庠有室,此據州長射於序,以其無室,無户牖,設席亦當户牖之處耳。言"東上",亦主人在東,故席端在東,不得以《曲禮》"席南向、北向,西方爲上"因陰陽解之也。

十二　衆賓之席繼賓,甫習衆庶,與賓賢異

衆賓之席繼而西。

注:甫欲習衆庶,未有所殊別。

釋曰:甫,始也。言始欲習衆庶,未有所殊別。此決《鄉飲酒》三賓之席不屬,殊別。彼有德之人,故各自特不繼,有所殊別。

十三　侯用布,上廣下狹,象人,綱象足

乃張侯,下綱不及地武。

鄭知侯用布者[1],案下記云獸侯,大夫、士皆言布侯,則餘賓射、大射,其侯皆用布,此鄉射采侯二正[2],亦用布可知。云"綱,持舌繩也"者,《周禮·梓人》云"上綱與下綱出舌尋,縰寸焉",注云"綱,所以繫侯於植者也",故云"綱,持舌繩也"。云"武,迹也,中人之迹尺二寸"者,無正文,蓋目驗當時而言,似云中人之扼圍九寸也[3]。漢禮云"五武成步",步六

---

①　"布"下原無"者"字,曹云:"'布'下似脱'者'字。"據補。
②　"正"字原作"王",四庫本及汪刻本均作"正",據改。
③　"之"字原作"定",曹云:"阮云'定'浦鏜改作'之',案改'之'是也。"倉石云:"'定',《正字》改作'之',殿本作'足',《詳校》乃改爲'之足'二字。今案此《喪服》注文,當依彼作'之'。"據改。

尺,或據此而言也。云"侯象人"者,案鄭注《梓人》云"上下皆出舌一尋者[①],亦人張手之節也",以其張侯之法,下兩舌半上舌,兩頭綱皆出一尋,即是上廣下狹,象人張足六尺,張臂八尺,故云"象人"也。云"綱即其足也"者,謂經下綱象足。云"是以取數焉"者,以下綱象足,張之六尺,是取數於武也。

十四　侯以向堂爲面,則東爲右,西爲左

不繫左下綱,中掩束之。

注:事未至也。

釋曰:案下記云"東方謂之右个",注云"侯以向堂爲面也",則此左下綱以西畔而言。云"中掩束之"者,案記云鄉侯一丈,"倍中以爲躬",躬二丈,"倍躬以爲左、右舌",舌四丈,兩舌各出一丈,又云"下舌半上舌",則左、右各出五尺,今將此五尺與下綱不繫者,中掩左廂向東,待將射乃解之,故云"事未至也"。

十五　乏,參侯道,居侯黨之一,亦名容

乏,參侯道云云。

注:容,謂之乏。

釋曰:"乏,參侯道"者,謂三分侯道。云"居侯黨之一"者,黨,旁也,謂在侯西北邪向之,故以旁言之,其居旁之一者,謂侯道內三分之,居一分之地十丈也。云"西五步"者,據侯之正北落西有五步,即三丈也。云"容,謂之乏"者,案《周禮·射人職》云"王以六耦射三侯,三獲三容,五正",彼據王三侯有三容,容者以革爲之,可以容身,故云"容"也。云"乏"者,謂矢於此匱乏不去,故云"乏"也。云"獲者御矢也"者,謂唱獲者恐矢至身,故云"獲者御矢也"。

---

① "舌"下原無"一"字,汪刻本及張、阮刻本均有"一"字,合於《梓人》鄭注,據補。

十六　鄉飲戒、速賓皆朝服，此習禮，故戒以玄端

主人朝服，乃速賓，賓朝服出迎，再拜。

釋曰：自此至“當楣北面答再拜”，論主召賓從己之事。此主人與賓俱朝服，案《鄉飲酒》賓、主俱不言服者，以彼賓禮重，故戒與速賓俱朝服，故不言，此習禮輕，是故戒時玄端，召時乃朝服，故須言之也。必以此戒時玄端者，見《公食大夫》云“賓朝服即位于大門外，如聘”，注云“於是朝服，則初時玄端”，宜與彼同，皆是戒時不言服，後速時朝服，故知此亦戒時玄端矣。且《鄉飲酒》戒、速俱不言服，知皆朝服者，下記云“鄉朝服而謀賓、介”是也。

十七　“主人以賓”非“以吳子”之“以”，猶“與”也

主人以賓揖，先入云云。主人以賓三揖云云。

釋曰：云“以，猶與”者，案《左氏傳》云“蔡人以吳子與楚人戰于柏舉”，彼“以”者，能東西之曰“以”，“以”謂驅使前人之稱，此言嫌有驅使之稱，故“以”爲“與”，謂主人與賓，是以爲平敵之義，故須訓之。云“先入，入門右西面”者[1]，此注亦與《鄉飲酒》同，以其賓入東面，故西面待之。

十八　先升一等，主人常禮，《公食》君升二等[2]

主人以賓三揖，皆行，及階，三讓，主人升一等，賓升。

釋曰：知“主人先讓於賓”者，以其主人之法，先升導賓，賓後升，“進宜難”，禮之常法，故知主人先讓賓也。此先升一等，禮之常，《公食》君升二等者，尊君故也。

---

① “西”下原無“面”字，汪刻本及張、阮刻本均有“面”字，合於注，據補。

② “公食”原作“燕禮”，倉校正文疏“《燕禮》君升二等者”云：“《燕禮》無文，《正字》云當‘《公食》公升二等者’之誤。”據改，正文亦改。

十九　主人拜賓至，賓、主拜皆北面

主人阼階上當楣北面再拜，賓西階上當楣北面答再拜。

釋曰：知拜是拜至者，《鄉飲酒義》云"拜至，拜洗"，《公食》亦云"當楣北嚮至再拜"①，故知拜是拜至。

二十　賓是鄉民而言"獻"，與《玉府》注異

主人坐取爵于上篚，以降。

注：將獻賓也。

獻賓。

注云云。

釋曰：云"凡進物曰獻"者，欲見此賓乃是鄉民而已，無尊卑上下，猶言"獻"者，此獻直是進物而言獻，進之也。案《周禮·玉府》注云"古者致物於人，尊之則曰獻"，彼據尊敬前人，雖卑亦曰"獻"，若齊侯獻捷於魯之類，義與此別也。

二一　禮例，衆賓答大夫人壹拜，荅士再拜

主人西南面三拜衆賓，衆賓皆答壹拜。

釋曰：云"三拜，示徧也"者，衆賓無問多少，止爲三拜而已，是示徧也。云"一拜，不備禮也"者，衆賓人皆一拜，是拜不備禮，此亦答大夫拜法，以其此禮中含鄉大夫法，若答士拜，則亦再拜②，見於《特牲》也《特牲》主人再拜，賓答再拜，三拜衆賓，賓答再拜。注云"士賤，旅之，得備禮也"③。云"獻賓畢，乃與衆賓拜"者，自爾來唯與賓拜，未與衆賓拜，今始拜之，故云"敬不能並"。《有司徹》答一拜④。

---

① "再"上原無"至"字，曹云："'再'上脱'至'字。"倉石云："《詳校》'再'上補'至'字。"據補。
② "亦"下原有"無"字，汪刻本及張、阮刻本均無"無"字，據刪。
③ "特牲"至"禮也"，原在頁眉處，占行四至八，乃了翁按語，謹依文義挪至此處。
④ "有司徹答一拜"，乃了翁按語，是將《鄉射禮》與《特牲禮》、《有司徹》對比以見其異同。

二二 《鄉射》雖非賓賢,衆賓數與《鄉飲》同

實爵,西階上獻衆賓。衆賓之長云云①。

釋曰:"衆賓之長升,拜受者三人",此雖非賓賢能,其衆賓亦三人在堂上②,與《鄉飲酒》數同,其堂下衆賓無定數③,故鄭云"言三人,則衆賓多矣"。云"國以多德行、道藝爲榮"者,案《周禮·大司徒》"以鄉三物教萬民,一曰六德,二曰六行,三曰六藝",此既鄉人,則德行亦據六德、六行,道藝則六藝也,此並《鄉飲酒》④,賓、介與衆賓之類並來,與在射中,是以孔子射於矍相之圃,觀者如堵墻,彼亦據孔子爲鄉大夫,習人以禮樂之射,至於誓之於後,僅有存焉,亦無常數之事也。

二三 三賓禮略,衆賓彌略

衆賓皆不拜,受爵,坐祭,立飲。

釋曰:此謂堂下衆賓無數者,故鄭云"自第四以下"。云"又不拜受爵,禮彌略"者,三賓雖坐祭,立飲,不拜既爵,仍拜受,此衆賓非直坐祭,立飲,不拜既爵,又不拜受爵。

二四 堂上三賓有席,堂下衆賓無

每一人獻⑤,則薦諸其席。衆賓辯有脯醢。

釋曰:此還據堂上三人有席者,故云"薦諸其席",謂席前也。還據堂下無席者,故鄭云"薦於其位"。

---

① "賓"上原無"衆"字,四庫本有"衆"字,合於經,據補。
② "衆"下原無"賓"字,曹云:"'衆'下脱'賓'字。"倉石云:"'亦'或當'賓'字之譌。"據曹校補。
③ "下"字原作"上",阮云:"毛本'上'作'下',陳、閩'衆'俱作'與'。按毛本是。"倉石云:"'上'當從注疏本作'下',《鄉飲酒》疏可證。"據改。
④ "鄉"上原有"與"字,曹云:"上'與'字衍。言鄉飲所來者,此皆來,亦如彼多無數也。"據删。
⑤ "獻"字原作"薦",張、阮刻本均作"獻",合於經,據改。

二五　"一人"謂主人之吏,故奠觶

一人洗,舉觶於賓。坐奠觶于薦西。

注:一人,主人之吏。

釋曰:主人之吏,亦謂府史以下,非屬官也。以其是主人之吏,既賤,故不敢親授,奠之也。

二六　鄉大夫、士非鄉人而禮同

大夫若有遵者,則入門左。

注:謂此鄉之人爲大夫者也。

釋曰:云"大夫若有遵者",言"若"者,或有或無不定①,故云"若"也。鄭知是當鄉大夫者,以其鄉射既與鄉人行射禮②,而言"大夫"者,當鄉大夫可知。云"其士也,於旅乃入"者,下記云"士既旅不入",明未旅間皆得入,是以未旅而射,其士皆在也。知"鄉大夫、士非鄉人,禮亦然"者,以其同是鄉大夫、士,禮無異故也,但異鄉不助主人樂賓爲別也。

二七　大夫辭加席,不以己尊加於賓

二八　鄉射,鄉人爲賓,大夫與,則公士爲賓③

大夫辭加席,主人對,不去加席。

釋曰:上云"尊於賓席之東",則賓在尊西④,今大夫言"席於尊東",明

① "或"下原無"有或"二字,倉石云:"《正字》'或'下補'有'字。今案似當補'有或'二字,下主人揖就席,若無大夫節疏云'或有或無不定',是其證。"據補。

② "人"上原無"鄉"字,阮云:"'人'上浦鏜增'鄉'字。"據補。

③ "二八鄉射"至"士爲賓",原在頁眉處,占行十三至十八,"鄉射之"至"士爲賓"乃與此題對應之文字,涵于題二七所領正文内,不宜段分,謹依題義挪至此處。

④ "在"上原無"賓"字,倉石云:"'在'上殿本補'賓'字。"據補。

155

與賓夾尊可知①。云"升,不拜洗"者,以大夫尊,故"不拜洗"也。云"反位"者,大夫反西階上位。云"主人大夫之右拜送"者,謂在大夫之東拜送爵也。云"辭之者,謙,不以己尊加賢者"②,鄉射之禮,鄉人爲賓,下記云若"大夫與,則公士爲賓"③,亦選賢者爲之,故"辭加席","不以己尊加賢者也"④。云"不去者,大夫再重席,正也"者,《鄉飲酒》云"公三重,大夫再重",故知大夫再重席,禮之正也。云"賓一重席"者,鄉人,故一重,縱公士爲賓,亦一重也。

二九　據一大夫獻已即酢,衆則徧獻,長乃酢

大夫降洗。

注:將酢主人也。大夫若衆,則辯獻,長乃酢。

釋曰:知"大夫若衆,則辯獻,長乃酢"者,此經據一大夫而言,故獻,大夫即酢,案《有司徹》"主人洗爵,獻長賓于西階上",然後"衆賓長升,拜受爵。宰夫贊主人酌,若是以辯。乃升長賓,主人酌,酢于長賓,西階上北面,賓在左",注云"主人酌自酢⑤,序賓意,賓卑不敢酢"。

三十　大夫雖尊,不奪賓主正禮

大夫降,立于賓南。

注:雖尊,不奪人之正禮。

釋曰:大夫尊,在堂則席之于尊東,特尊之。今降而在賓下者,欲使賓主相對行禮,若在北,北則妨賓主揖讓之正禮,故云"不奪人之正禮"⑥。

---

① "與"字原作"爲",倉石云:"'爲',殿本、《正字》俱作'與'。"據改。

② "不"下原有"敢"字,注無"敢"字,下疏"不以己尊加賢者也"亦無"敢"字,因疑"敢"字衍,謹刪。

③ "則"下原有"以"字,記無"以"字,且此節題"則公士爲賓"亦無"以"字,因疑"以"字衍,謹刪。

④ "不"上原有"又"字,曹云:"'又'字衍。"據刪。

⑤ "注"下原無"云"字,汪刻本及張、阮刻本均有"云"字,據補。

⑥ "人"上原有"主"字,四庫本無"主"字,合於注,據刪。

三一　席工不正東，辟射位。瑟有面鼓，有後首

席工于西階上，少東云云，工四人，二瑟，瑟先，相者皆左何瑟云云。

釋曰：云“席工”者，謂爲工設席，下文乃升席也。云“言少東者，明樂正西側階”者，既言“席工于西階上，少東”，則在西階東矣，復云樂正立於其西，則近席西，其言從近，故知樂正側近西階東，則不欲大東，辟射位。《大射》亦同此注，《燕禮》注亦然者，燕亦容有射法，《鄉飲酒》工位與此同。云“工四人，二瑟”，則是二人歌可知。云“瑟先，賤者先就事也”者，案《大射》太師、少師歌，衆工瑟，是知瑟者賤也，凡工者皆先瑟後歌，是賤者先即事，故序亦在前。若然，得獻亦在前，以隨其先後而次之故也①。云“鼓在前，變於君也”者，《鄉射》與《大射》相對，《大射》君禮而後首，此臣禮前首，故云“變於君”，《燕禮》與《鄉飲酒禮》相對，是以《燕禮》面鼓，又與《鄉飲酒》後首相變。云“執越，內弦，右手相”者，案《鄉飲酒》注云“內弦，側擔之”者，據瑟體而言，《燕禮》注云“內弦，弦爲主”者，據弦體而說，此言“內弦，右手相，由便”，語異義同也。云“前越言執者，內有弦結，手入之淺也”者，瑟體首寬尾狹，前越孔雖長②，廣狹亦等，但弦居瑟上，近首鼓處則寬，近尾不鼓處并而狹。側持之法，近鼓持之，手入則淺，近尾持之，手入則深③，是以通與《燕禮》言面鼓，則云執之，手入淺也，《大射》與《鄉飲酒》言後首，則云挎越，手入深故也。云“相者降，立西方”者，其相者是弟子位在西者，是以下文云“樂正適西方，命弟子贊工，遷樂于下”，故知此相工是弟子，故降立還於西方也。

---

① “次”字原作“取”，阮云：“浦鏜云‘取’疑‘次’字誤。”據改。

② “前”字原作“內”，曹云：“‘內’當爲‘前’。”倉石云：“今案此謂瑟下爲內，不應輒用注文改。且注云‘前越言執者’，蓋謂越是瑟下孔，則不合云‘執’，而上言‘執’者，因其內弦，側擔，近首鼓處持之，其弦稍寬，手入則淺，故謂之‘執’，對後首近尾不鼓處持之，爲其弦并而狹，手入則深，故謂之‘挎’而言之，非謂越內有弦結也。”據曹校改。

③ “近鼓”至“則深”原作“近鼓持之人則近手入則深”，曹云：“文有脫譌，殿本改云‘近鼓持之，手入則淺，近尾持之，手入則深’。”據補。

三二　無歌、笙、間，唯有合樂，志在射

乃合樂，《周南》云云，《召南》云云。

釋曰：據《鄉飲酒》、《燕禮》作樂有四節，今不歌、不笙、不間，唯有合樂，故云"志在射，略於樂也"。

三三　鄉飲與鄉射通，燕禮與大射通①

云"不略合樂者②，《周南》、《召南》之風，鄉樂也"者，上注已云《頌》及《大雅》天子樂，《小雅》諸侯樂，此二《南》鄉大夫樂，但《鄉飲酒》、《鄉射》是大夫、士爲主人，故大夫、士樂爲鄉樂者也。云"不可略其正也"者，二《南》是大夫、士之鄉樂，己之正樂。《鄉射》與《鄉飲酒》同是大夫、士禮，鄉大夫③、士行射禮，先行鄉飲酒禮，鄉飲酒與鄉射自爲首尾，故《鄉飲酒》注具，於此略言。《燕禮》是諸侯禮，天子、諸侯射，先行燕禮，則燕禮與大射自爲首尾，是以《燕禮》歌、笙、間、合，鄭亦具注之，《大射》又略言之也。

三四　注云"堂上正樂畢"，與堂下《騶虞》及無筭樂決④

樂正告于賓，乃降。

釋曰：言"告于賓"者，作樂主爲樂賓，今歌備，故告賓，言歌備也。言"樂正降者，堂上正樂畢也"者，以其《鄉飲酒》、《燕禮》俱升歌、笙、間、合樂皆有⑤，皆是正歌，今略去升歌、笙、間三者，唯有合樂於堂上，故云"堂上正樂畢也"。云"正樂"者，對後無筭樂非正樂也。下射雖歌《騶虞》，亦

---

① "三三"至"大射通"，原在頁眉處，占行十三至十七，謹依題義挪至此處。

② "云"下原無"不略"二字，曹云："'云'下脱'不略'二字。"據補。

③ "鄉"字原作"卿"，四庫本作"鄉"，據改。

④ "樂"下原無"決"字，文義不全，據疏義，似脱一"決"字，謹補。

⑤ "俱"字原作"但"，"合樂"下原無"皆有"二字，曹云："'但'當爲'俱'，'樂'下似脱'皆有'二字。"據補。

是堂下，非堂上，故以堂上決之。

三五　大夫、士不合有大師，君有賜樂法

主人取爵于上篚，獻工，大師則爲之洗。

釋曰：自此至"反升，就席"①，論主人獻工、笙之事。但天子、諸侯官備，有太師、少師、瞽人作樂之長，大夫、士官不備，不合有大師。君有賜大夫、士樂器之法，故《春秋左氏》云晉侯歌鍾二肆，取半以賜魏絳，"魏絳於是乎始有金石之樂②，禮也"，時以樂人賜之，故鄭云"君賜大夫樂，又從之以其人，謂之大師"也。

三六　主人降席自南，禮殺，由便

主人降席自南方。

釋曰：自此盡"未旅"，論立司正之事也。云"禮殺，由便"者，對上文主人受酢爵時禮盛，故主人降席自北方，啐酒於席末則然③，今此立司正禮殺，故降席自南方。

三七　爵備，樂畢，留賓，司馬仍爲司正，監察之

作相爲司正云云，禮辭，許諾云云。

釋曰：云"爵備"者，謂賓及眾賓與遵者并工④、笙並得獻，是"爵備"也。云"樂畢"者，合樂訖是樂畢，以無升、笙與間，故不言樂成，而云"畢"而已也。云"將留賓以事"者，下有射事，射訖，行旅無筭之事，故須立司

---

① "反升就席"原作"及升席"，四庫本作"反升席"，阮云："毛本'升'下有'就'字。""反升就席"合於經，據改補。

② "魏絳"下原不重"魏絳"二字，汪刻本及張、阮刻本均重"魏絳"二字，據補。

③ "則"字原作"亦"，曹云："'啐'上似脫'由'字，'亦'似當爲'而'。或曰'由'字不必增，'亦'當爲'則'。"據後說改。

④ "遵"字原作"尊"，曹云："'尊'、'遵'通。"倉石云："《正字》云'尊'當'遵'字誤。"據《正字》改。

正以監之，但中間爲射①，變司正爲司馬，射訖反爲司正，以監察儀法也。引《詩》者，證監與正爲一物，皆察儀法也。

三八　此大夫、士禮於未旅而射，與《燕禮》、《大射》異

未旅。

注：旅，序也。未以次序相酬，以將射也，旅則禮終。

釋曰：旅，衆也，而言“序”者，謂衆以次序相酬。必於未旅而射者，旅則醉，禮恐終不得射②，故於未旅而射也。此大夫、士禮，將射，先行鄉飲酒，後行旅酬而已③，故射前未旅而射後乃始行旅酬。《燕禮》、《大射》國君禮，故先行燕禮，雖行一獻，以其辨尊卑，故行四舉旅。《大射》主爲射，故再旅訖即射④，《燕禮》主爲燕，故三舉旅乃射，彼皆與此不同也。

三九　司正退，立司射，選三耦，司馬請射

三耦俟于堂西云云，司射適堂西云云。

注：司射選弟子云云，爲三耦。

釋曰：云“司射取弓于階西，兼挾乘矢”者，以其司射之弓矢豫陳於階西⑤，故司射於堂西袒、決、遂訖，即取弓矢於階西，是以下記云“司射之弓矢與扑，倚於西階之西”是也。云“有司請射”者，此有司謂司馬，故《大射》云“司射自阼階前曰：爲政請射”，注“爲政，謂司馬。司馬，政官，主射禮”，諸侯之州長無司馬官，直言“有司請射”，以比司馬也。云“司射，主人之吏也”者，《大射》諸侯禮，有大射正爲長，射人次之，司射又次之，小

---

① “射”下原有“繫”字，曹云：“阮云陳、閩、《通解》俱無‘繫’字，案無者是。”據刪。

② “恐終”原作“終恐”，阮云：“‘終恐’誤倒。”據乙。

③ “後行旅酬”原作“行旅酙酬”，阮云：“毛本‘行’上有‘後’字，《要義》旅下衍‘酙’字。”據補刪。

④ “旅”字原作“拜”，阮云：“盧文弨改‘拜’爲‘獻’。”倉石云：“‘拜’殿本作‘獻’。《考證》吳氏紱云：上經獻賓、獻衆賓是再獻也。《校釋》云：當作‘旅’。今案此蓋謂再舉旅，曹説近之。”據曹校改。

⑤ “階西”原作“西階”，曹云：“‘西階’當爲‘階西’。”據乙。

射正又次之①，皆是士爲之，則此大夫、士禮，不得用士，故知是主人之吏爲之可知。云"於堂西袒、決、遂者，主人無次，隱蔽而已"者，此對《大射》人君禮有次，在東方，不須適堂西也。

四十　吉凶皆袒左，惟受刑袒右

司射適堂西，袒、決、遂，取弓于階西，兼挾乘矢云云。

釋曰：云"袒，左免衣也"，知袒左者，凡事無問吉凶皆袒左，是以《士喪》主人左袒，此及《大射》亦皆袒左，不以吉凶相反，唯有受刑袒右，故《覲禮》云"乃右肉袒于廟門之東"，注云"右肉袒者，刑宜施於右"是也。

四一　決用象，遂用韋，亦名拾，方持弦矢曰挾②

云"決，猶闓也，以象骨爲之"者，《大射》注亦然，案《繕人》云"掌王之用弓弩、矢箙③、繒弋、決拾"，鄭注云"《士喪禮》'決用正王棘若檡棘'④，則天子用象骨與"，無正文，故引《士喪禮》，又言"與"以疑之。若然，諸侯及大夫生用象，死用棘，天子無問死生皆用象者，蓋取其滑也。云"著右大擘指，以鉤弦闓體也"，知者，以右巨指鉤弦，故知著於右大擘指也，以右擘著極，是以《大射》云"朱極三"，注云"以朱韋爲之。三者，食指、將指、無名指是也"。云"遂，射韝也，以韋爲之，所以遂弦者也"者⑤，《大射》注亦云"遂，射韝也，以朱韋爲之，著左臂，所以遂弦也"。云"其非射時則謂之拾。拾，斂也，所以蔽膚斂衣也"者，此篇及《大射》將射云袒、決、遂，射訖則云説決、拾，於公雖射亦謂之拾，故《大射》云"公就物，小射正奉決、拾以笥，大射正執弓，皆以從於物"，彼亦臨時而云拾，以公射袒朱襦，言拾以見斂衣，故變文以見義也。云"所以蔽膚斂衣也"者，言蔽膚，據士，斂衣，據大夫已上，是以下記"大夫與士射，袒薰襦"，《燕禮記》云君射

---

① "正"下原無"又"字，阮云："毛本'正'下有'又'字。"據補。

② "四一"至"曰挾"，原在頁眉處，占行十二至十七，謹依題義挪至此處。

③ "矢"字原作"始"，汪刻本作"矢"，據改。

④ "檡"字原作"擇"汪刻本作"檡"，據改。

⑤ "以"上原無"所"字，曹云："注'以'上有'所'字。"據補。

"袒朱襦",若對君,大夫亦與士同,亦蔽膚也。云"方持弦矢曰挾",知者,下記云"凡挾矢,於二指之間橫之",是言其方可知,引《大射》"挾乘矢於弓外,見鏃於弣",是其方也。若側持弓矢,則名執,故下文云"司射猶袒、決、遂,左執弓,右執一个,兼諸弦,面鏃",注云"側持弓矢曰執。面,猶尚也。并矢於弦,尚其鏃"是也。云"乘矢,四矢也"者,下云司射"搢三挾一个"①,又《詩》云"四矢反兮"。

四二　經與注以"酢"爲"醋"唯此

主人阼階上答拜。賓以虛爵降。
注:將洗以醋主人②。
賓升,實爵,主人之席前,東南面醋主人。
注:醋,報。

---

① "搢"字原作"晉",汪刻本及張、阮刻本均作"搢",合於經,據改。
② "將洗"至"主人","醋"字注作"酢",下經"東南面醋主人"及注"醋報"之"醋"同,今案《儀禮音義》曰:"醋主,才各反",可知唐時作"醋",且了翁既以"經與注以酢爲醋"爲題,則此宜仍其舊,下經、注亦仍其舊。

儀禮要義卷第十二　鄉射二

一　前有司注爲司馬，此有司爲弟子納器者

三耦皆袒、決、遂，有司左執弣，右執弦而授弓。

釋曰：前“有司請射”，與《大射》“爲政請射”同，故解爲司馬，此經以納射器使弟子，不見出文，則弟子執射器入者，即使守之，以授用者，故知有司還是弟子，是以鄭云“凡納射器者，皆執以俟事”。

二　搢三而挾一，即《詩》“左旋右抽”

三耦皆執弓，搢三而挾一个。

注：搢，捷也云云　捷，《釋文》初洽[①]。

釋曰：云“搢，插也，插於帶右”者，以其左手執弓，右手抽矢而射，故知插於帶右，故《詩》云“左旋右抽”。

三　耦各對搢，當左物

搢進，當階，北面揖云云，豫則鉤楹内云云　豫，音謝，出注[②]，北面揖。

注：鉤楹云云。

---

① “捷釋文初洽”，原在頁眉處，占行九，乃了翁增補之釋文，謹依文義挪至此處。又，“捷也云云”之“捷”字，四庫本作“插”，當據改，然了翁既特增“捷”字之釋文，則其所見宋本注與《釋文》原皆作“捷”，此仍其舊。

② “豫音謝出注”，原在頁眉處，占行十三，乃了翁據《儀禮音義》增補之釋文，謹依文義挪至此處。

釋曰：凡行射禮，耦耦各相對揖，故司射誘射發東面位揖進，當西階北面揖，及階揖，升堂揖訖，東行向兩楹間物，須過西楹，是以豫則鉤楹內北過，以記云"序則物當棟"，物近北，故過由楹北也，堂則由楹外過而東行，以記云"堂則物當楣"，物近南，故過由楹南也。云"當左物"者，以南面爲正，東爲左物，北面又揖也。云"鉤楹，繞楹而東也"者，北而東也。云"序無室，可以深也"者，據州立序而言。

四　鄭以豫爲謝，以鄉庠有堂、室，州謝無室[①]

豫則鉤楹內。

注云云，豫謂州學也，讀如"宣謝"之"謝"，《周禮》作序。

釋曰：云"周立四代之學於國"者，案《王制》云有虞氏上庠、下庠，夏后氏東序、西序，殷人左學、右學，周人東膠、虞庠，"周立四代"者，通己爲四代，但質家貴右，故虞、殷大學在西郊，小學在國中，文家貴左，故夏、周大學在國中王宮之東，小學在西郊，周所立前代學者，立虞、夏、殷三代大學。若然，立虞氏上庠[②]，則周之小學爲有虞氏之庠制，在西郊也；立殷之右學，則瞽宗，周立之亦西郊；立夏后氏之東序，則周之東膠，立在王宮之東，以其改東序爲東膠，東膠兼二代名[③]，故云周立四代學。《文王世子》亦論四代學中學樂之事。云"而又以有虞氏之庠爲鄉學"者，與周立虞庠同制，故引《鄉飲酒義》證鄉立庠之義也[④]。云"庠之制，有堂有室也"者，則此篇云"堂則由楹外"，又記云"堂則物當楣"是也。《論語》云"由也升堂矣，未入於室"，室、堂相將，有室必有堂，言此者，見庠則室、堂俱有，對榭則有堂無室也。云"今言豫者，謂州學也"者，《周禮·地官·州長職》云"春秋以禮會民而射于序"是也。云"讀如'成周宣榭災'之'榭'"

---

① "鄭以"至"無室"，兩"謝"字四庫本均作"榭"，下文鄭注"讀如'宣謝'之'謝'"中的兩"謝"字，四庫本亦均從"木"作"榭"。阮云："按《春秋左氏經》作'成周宣榭火'，《公羊經》作'成周宣謝災'，鄭引《公羊經》，而疏以《左氏經》釋之，非鄭意也，且《說文》無'榭'字。《左氏》、《穀梁》之作'榭'，未必非後人所改，當從言爲正。"今按底本頁眉有《公羊》'謝'從言"文可證阮說，據可知賈疏徵引鄭注理應作"謝"，不宜"榭"、"謝"兼有。

② "立"字原作"則"，倉石云："'則'，《詳校》改作'立'。"據改。

③ "二'上原無'兼'字，曹云："'二'上脱'兼'字。"據補。

④ "證'上原有"爲"字，曹云："'爲'字衍。"據刪。

者,案宣公十六年經書"成周宣榭火"《公羊》"謝"從"言"①,彼雖不據學,以其無室與《爾雅》"無室曰榭"同,故引以爲證也。云"《周禮》作序"者,據《州長職》文。云"凡屋無室曰榭,宜從榭"者,鄭廣解榭名,《爾雅》云"闍謂之臺,有木者謂之榭",及"成周宣榭",及此州立榭,皆是無室,故云"凡"以該之,不得從豫及序,故云"宜從謝"也。云"州立謝者,下鄉也"者,以其鄉之庠有室有堂,州謝則有堂無室,故云"下鄉也"。

五　諸經文作"序",鄭注《州長》亦云"序,州學"②

云"今文豫爲序,序乃夏后氏之學,亦非也",不從今文者,以其虞庠、夏序皆是有室,州之序則無室,故云"非",言"亦"者,古文爲豫已非,今文作夏后氏之序亦非。若然,《禮記·學記》及《州長職》并下記皆作"序",鄭不破之者,以鄉立虞庠,依虞有室,州立夏序,去室猶取序名,是以鄭注《州長》云"序,州黨之學也",故不破之也。

六　不去旌以不唱獲,乘矢象有事四方

不去旌。

注:以其不獲。

將乘矢。

注:行四矢,象有事云云。

釋曰:以其旌擬唱獲,今以司射誘射③,不唱獲,故不去旌也。云"象有事於四方"者,《詩》云"四矢反兮,以御亂兮",是四矢有事於四方。

七　獲者執旌負侯,欲射者豫見

司馬命獲者執旌以負侯。

注:欲令云云。

---

① "公羊謝從言",原在頁眉處,占行十七,乃了翁按語,謹依文義挪至此處。

② "五諸經文"至"序州學",原在頁眉處,占行十至十五,謹依題義挪至此處。

③ "司射"原作"三耦",曹云:"'三耦'當爲'司射'。"據改。

釋曰:自此盡"搢扑",論三耦爲第一番射法。云"欲令射者見侯與旌,深有志於中"者,凡射主欲中侯,使獲者舉旌唱獲,以是豫使望見之[1],深有志於中。

八　司射鉤楹,立物間,揚弓,命去侯

司馬出于司射之南云云,右執簫,南揚弓,命去侯。

釋曰:"鉤楹"者,於西楹西而北,東行過。"由上射之後",乃"西南面立于物間"者,欲取南揚弓,向侯便故也。"右執簫"者,不可一手揚弓,故引《大射》曰左手執弣,左當卻手,則"右執簫"者,右當覆手也。

九　大射負侯唱諾爲宮商,鄉射儀省

獲者執旌許諾,聲不絶,以至于乏,坐,東面偃旌,興而俟。

云"鄉射威儀省"者,決《大射》云"負侯皆許諾,以宮趨,直西及乏南,又諾以商,至乏,聲止",是其唱諾爲宮商,是其威儀多,此不者,威儀省。

十　古文"而后"作"後"非,當從"后"

上射既發,挾弓矢,而后下射射[2]。

注:古文而后作後[3],非。

釋曰:《孝經》云"然后能保其社稷"之等[4],皆作后。后者,後也,故不從古文後,是以云"當從后"。

十一　射者中,則獲者大言獲

獲者坐而獲,舉旌以宮,偃旌以商。

---

[1]　"望"字原在"見之"下,曹云:"'望'字當在'見'字上。"據乙。

[2]　"后"字原作"後",四庫本作"后",題與注既皆云古文"后"作"後"非,則四庫本是,據改。

[3]　"后"上原無"而"字,注有"而"字,據補。

[4]　"后"字原作"後",四庫本作"后",下疏既云"皆作后",則四庫本是,據改。

注：射者中①，則大言獲。

釋曰：此未釋筭，故下經云“獲而未釋獲”，鄭云“但大言獲，未釋其筭”是也。云“獲，得也。射，講武田之類，是以中爲獲也”者，《詩》云“舍拔則獲”，謂射著禽獸爲獲，獲則得也。戰伐得因俘亦曰獲，射著正鵠亦曰獲，但“舉旌以宮”，大言獲也，“偃旌以商”，小言獲也。

十二　舉旌以宮，偃旌以商

注：宮爲君，商爲臣，聲和律呂相生。

釋曰：“宮爲君，商爲臣”，《禮記·樂記》文。宮數八十一，數最濁，故爲君，配中央土，商數七十二，次君，故爲臣，配西方金。云“聲和律呂相生”者，以其以黃鍾之初九，下生林鍾之初六，林鍾又上生太蔟之九二，初九與九二雖非以次相生，太蔟亦由黃鍾所生，故云“聲和律呂相生”②，故“舉旌以宮，偃旌以商”，不取其餘律呂也。

十三　司射升堂故去扑，《大射》則堂下亦去扑③

司射去扑，倚于西階之西，升堂，北面告于賓曰④：“三耦卒射。”

司射將升堂即賓前，故去扑於階西乃升，是不敢佩刑器即於尊者之側也。《大射》“司射去扑，倚于階西，適阼階下，北面告于公曰：‘三耦卒射’”，不升堂亦去扑者，國君尊，雖堂下亦去扑也。

十四　楅以承笴，梱以齊矢，畢以教設楅

司馬命弟子設楅，乃設楅于中庭，南當洗，東肆。

釋曰：云“楅，猶幅也”，訓楅爲幅者，義取若布帛有邊幅整齊之意，故

---

① “中”上原無“者”字，注有“者”字，此節題爲“射者中”，亦有“者”字，據補。

② “和”下原有“由”字，鄭注及前疏引注文“和”下均無“由”字，疑衍，謹刪。

③ 兩“扑”字原均作“朴”，阮校前文“司射之弓矢與扑”云“按此字當從‘手’，若從‘木’則爲厚朴字矣，諸本有從‘木’者皆誤。”當據改，正文亦改。

④ “告”上原無“北面”二字，四庫本有“面”字，經有“北面”二字，據補。

云"所以承笴齊矢",即下云"委于楅,北括",又《大射》云"既拾取矢,楅之",注云"楅,齊等之",是其承笴齊矢也①。此弟子設楅之時,司馬教之,故《大射》云"小臣師設楅,司馬正東面以弓爲畢",鄭注云"畢,所以教助執事者",明此亦然。云"東肆,統於賓"者,然則一楅有首尾②,故下記云"楅長如笴,博三寸,厚寸有半,龍首",鄭注云"兩端爲龍首",若然,則有首無尾而言西上者,應有刻飾記之爲首尾也。

十五　凡事,升堂乃袒,堂下雖有事亦不袒

司馬由司射之南退,釋弓云云③,司馬襲進云云。

云"上既言襲矣,復言之者,嫌有事即袒也"者,案上文命弟子設楅,退時已襲,今復言"襲進"者,嫌有事則袒,故重言之也。云"凡事升堂乃袒"者,堂下雖有事亦不袒,若司射不問堂上堂下,有事即袒,司馬與司射遞行事,恐同,故明之也。

十六　大夫與士爲耦,士與衆賓齒堂下者

大夫雖衆,皆與士爲耦云云。

云"士謂衆賓之在下者",言衆賓,則與賓俱來者也,下記云"大夫與,則公士爲賓",鄭注云"公士,在官之士",則衆賓之內亦有士矣,與賓俱至,則得主人之所命者也,其將射而至者,非主人之所命,直來觀禮者也,但是一命已下,莫問先後而至,皆齒于堂下,故鄭總云"士謂衆賓之在下者及群士來觀禮者也"。

十七　鄭謂《鄉飲篇》無齒位禮,而《飲》、《射》二篇末引齒位

注:大夫皆與士爲耦,謙也云云。

---

① "也"上原無"齊矢"二字,曹云:"'也'上脱'齊矢'二字。"據補。
② "楅"字原作"幅",下文"楅長如笴"同,汪刻本及張、阮刻本均作"楅",據改,下文亦改。
③ "釋弓"原作"襲反位",四庫本作"釋弓",合於經,據改。

云"禮，一命以下齒于鄉里"者，《周禮·黨正》十月行正齒位之禮[①]，云"一命齒于鄉里，再命齒于父族，三命不齒"，《鄉飲酒》注云"此篇無正齒位之禮"，則鄉射先行鄉飲酒之禮，亦無正齒位之法，而云"一命以下，齒于鄉里"者，鄉飲酒、鄉射雖無正齒位之禮，士立于下，是以一命者在下，與鄉里齒，是其常法。諸侯之士無再命以上，若爲公卿大夫，自在尊東爲遵也。言"士謂衆賓之在下者"，則堂上三賓不與大夫爲耦矣，亦皆射，故下文云"衆賓與射者皆降"是也。

十八　此第二番射，衆已知禮，猶挾矢教之

司射作射如初。

釋曰：自此盡"共而俟"，論第二番射之事。案《大射》第二番射，司馬命去侯，云"如初"，此司馬命去侯，不言"如初"者，此臣禮，威儀省，司馬初命去侯時，獲者許諾，"聲不絕，以至于乏"，再番、三番命去侯[②]，獲者直許諾，無不絕聲，故不言"如初"。《大射》君禮，威儀多，故第二番與前同，獲者以宮商趨之，故言"如初"。於第三番禮殺，復不以宮商，直許諾，又不得言"如初"。云"今三耦卒射，衆足以知之矣，猶挾矢者，君子不必也"者，司射教射者[③]，三耦卒射，衆足知射禮[④]，猶挾矢教之。

十九　釋獲者執鹿中，知是士射于榭

釋獲者執鹿中，一人執算以從之。

釋曰：以州長是士，射于榭，鄉大夫是大夫爲之，射于庠，下記云士則鹿中，大夫兕中，故云"鹿中，謂射於榭也，於庠當兕中"也。

---

① "正"下原有"禮"字，倉石云："上'禮'字《校釋》刪。"然檢《校釋》，未見刪"禮"之文。今按上"禮"字疑涉下文而衍，謹刪。

② "三"下原無"番"字，汪刻本及張、阮刻本"三"下皆有"番"字，據補。

③ "司射"原作"三耦"，曹云："'三耦'當爲'司射'。"倉石云："'三耦'，殿本改作'司射'。"據改。

④ "衆"下原有"賓"字，四庫本無"賓"字，據刪。

二十　此經有堂、有序，互見鄉大夫、州長

主人堂東，賓堂西云云，賓序西，主人序東云云。

釋曰：上云"榭則鉤楹内"，謂射於榭者也，"堂則由楹外"，謂射於庠者也，此當有鄉大夫射於庠，亦有州長射於序，故互見其義。互言者，今袒、決、遂，則言堂東西，見在庠，在榭亦然。釋弓，説決、拾，則言序東、序西，序則榭也，在庠亦然，故言互言之，周公省文，欲兩見之也。云"大夫止於堂西"者，上賓、主人、大夫俱降，無堂西之文，下云"大夫袒、決、遂，由堂西就其耦"①，故知此時止於堂西，故下記"大夫降，立于堂西以俟射"也。

二一　司射所作唯上耦，不作賓、主

衆賓繼射②，釋獲皆如初。司射所作，唯上耦。

釋曰：云"於是言唯上耦者，嫌賓、主人射亦作之"，鄭言此者，若三耦射下③，即言所作唯上耦，則賓、主人射，作之未可知，故於衆賓射訖乃言此，明賓、主射不作可知，故於此乃言所作唯上耦，明除賓、主矣。

二二　釋獲者告某賢於某，若干純，若干奇

司射復位，釋獲者遂進取賢獲，執以升云云。

釋曰：云"齊之而取其餘"者，解經"取賢獲"，以筭爲獲，以其唱獲則釋筭，故名筭爲獲，左右數齊，有餘則賢獲，故以告也。"若干"者，數不定之辭。凡數法，一二已上得稱若干，奇則一也，一外無若干，鄭亦言"若干"者，因純有若干，奇亦言若干，奇言若干者，衍字。

---

① "就"上原無"由堂西"三字，曹云："'就'上似脱'由堂西'三字。"據補。
② "射"字原作"謝"，四庫本作"射"，合於經，據改。
③ "三"字原作"二"，曹云："'二'當爲'三'。"據改。

二三　設豐將以承罰爵，君尊亦有豐

司射適堂西，命弟子設豐。

注：將飲不勝者云云。

釋曰：自此盡"徹豐與觶"，論罰爵之事①。云"設豐所以承其爵也"者，案《燕禮》君尊有豐，此云承爵，豐則兩用之。《燕禮》注"豐形似豆，卑而大"，此不言大，彼以承尊。

二四　贊者酌酒豐上，於上耦既飲又升酌

有執爵者。

注：主人使贊者代弟子酌也云云。

執爵者坐取觶，實之，反奠於豐上。升飲者如初。

釋曰：以初使勝黨弟子酌酒於豐上，以發首，故使弟子，今云"有執爵者"，明主人使贊者代弟子酌於豐上，以次至終也。贊者，謂主人之賤吏不射者②，此則《鄉飲酒》云"主人之贊者"之類也。云"於既升飲而升自西階，立于序端"者，謂於上耦既飲訖，贊者乃升自西階，酌訖，奠於豐上，如下文，贊者即立于序端。

二五　既享侯之餘，遷設薦俎就乏

獲者南面坐，左執爵云云，獲者執其薦云云，辟設于乏南。

釋曰：此正祭侯，故獲者南面鄉侯祭，故鄭云"爲侯祭也"。云"不就乏者，明其享侯之餘也"者，若就乏，則已所當得，今不就乏近侯者，明"享侯之餘"。云"遷設薦俎就乏，明已所得禮也"者，前設近侯，見享侯之餘，此近乏者，乏者③，已所有事之處。

---

① "罰"上原無"論"字，汪刻本及張、阮刻本均有"論"字，據補。

② "賤"下原無"吏"字，曹云："'賤'下脱'吏'字。"據補。

③ "乏者"下原不重"乏者"二字，汪刻本及張、阮刻本均重"乏者"二字，據補。

二六　凡薦俎皆當位，唯射獲辟設①

云"凡他薦俎，皆當其位之前"②，明唯此與《大射》薦俎辟設③。

二七　司射獻釋獲者不當其位，辟中

司射釋弓矢，去扑，說決、拾，襲云云，獻釋獲者于其位，少南云云。

釋曰：自此盡"反位"，論司射獻釋獲之事。此薦脯醢及折俎有祭④，一與獻獲者同，但彼三祭，此一祭爲異也，一祭者，亦薦有祭脯⑤，俎有祭肺，以爲將食而祭，故言"有祭"也。云"不當其位，辟中"者，以釋獲者位在中西，故獻之於其位少南。

二八　凡射各有三位，但君臣異，故事異

司射先反位。

注：言先三耦及衆賓也云云。

此下有三耦及衆賓，故知"先三耦及衆賓也"。云"矖不言先三耦，未有拾取矢位，無所先"者，案前第二番將射，"命三耦拾取矢，司射反位"，不言先，未有位，無所先，故決之。第二番無位者，以司射之西南有三耦射位，至再番司射反於故位，三耦將移於司馬之西南拾取矢之位，未往之時，未有故位⑥，三耦既無故位，故司射不得言先，故以此決之也。凡射，大射與鄉射各有三位。此鄉射無次，有堂西取弓矢、袒、決、遂及比耦之位，又有三耦射位，在司射位西南，又有拾取矢及再番射位，是三位。大

---

① "二六凡薦"至"獲辟設"，原在頁眉處，占行九至十三，謹依題義挪至此處。

② "前"上原無"之"字，汪刻本及張、阮刻本均有"之"字，據補。

③ "明唯"至"辟設"，此乃了翁以己語概括者，賈疏原作"唯此與《大射》獲者與釋獲者薦俎辟設"。

④ "有"下原有"肺"字，曹云："'肺'字衍。"倉石云："'肺祭'殿本倒，《校釋》删'肺'字。今案曹校似優。"據删。

⑤ "脯"字原作"肺"，曹云："'肺'當爲'脯'。"據改。

⑥ "未"字原作"末"，四庫本作"未"，倉石云："'末'當'未'字之誤。"據改。

射有次,次内有袒、決、遂、取弓矢之位,又有次北比耦之位①,又有射位并拾取矢之位,是亦有三位,但君臣禮異,故位事不同也。

二九　袒盡敬,先言主人,襲脩容,先言賓

賓堂西,主人堂東,皆釋弓矢,襲。

釋曰:袒是盡敬之事,襲是脩容之禮,故上經將袒先言主人,此經襲則先言賓,是尊賓。

三十　自王至士,樂節不同,四節四拾則同

司射遂適階間,堂下北面命曰:“不鼓不釋。”

此第三番用樂射之事②。釋曰:云“鄉射之鼓五節”者,以卿大夫、士用五節,是以《射人》云“王以《騶虞》九節,諸侯以《貍首》七節,卿大夫以《采蘋》五節,士以《采蘩》五節”,是卿大夫、士同五節。云“歌五終,所以將八矢”者,下記云“歌《騶虞》若《采蘋》,皆五終”是也。云“一節之間,當拾發拾,其劫③,四節四拾,其一節先以聽也”者,尊卑樂節雖多少不同,四節以盡乘矢則同,其餘外皆以聽,以知樂終始長短也。王九節者,五節先以聽,諸侯七節者,三節先以聽,卿大夫、士五節者,一節先以聽,皆四節拾將乘矢,但尊者先以聽則多,卑者先以聽則少,優至尊,先知審故也④。此節亦取侯道之數,故鄭注《射人》云“九節、七節、五節者,奏樂以爲射節之差。言節者,容侯道之數也”。

三一　此經當鄉大夫、州長射節而用《騶虞》

上射揖,司射退,反位,樂正東面命大師曰:“奏《騶虞》,間若一。”

---

① “又有”至“之位”原作“又有堂東次比耦之位”,曹云:“當爲‘又有次北比耦之位’。”據改。
② “此第”至“之事”,原在頁眉處,占行十至十一,乃了翁按語,謹依文義挪至此處。
③ “拾其劫”,原在頁眉處,占行十五,乃了翁據《儀禮音義》增補之釋文,謹依文義挪至此處。
④ “故”字原作“政”,四庫本作“故”,阮云:“毛本、《通解》‘政’作‘故’。”曹云:“案‘故’字似是。”孫云:“‘政’,毛從《通解》作‘故’,近是,故、固字通,此用《祭義》持弓矢審固之義。”據改。

注:東面者,進還鄉大師也。《騶虞》,《國風‧召南》之詩篇也。《射義》曰:"《騶虞》者,樂官備也。"其《詩》有"一發五犯、五豵,于嗟騶虞"之言,樂得賢者衆多,歎思至仁之人以充其官。此天子之射節也而用之者,方有樂賢之志,取其宜也。其他賓客、鄉大夫則歌《采蘋》。間若一者,重節。

釋曰:云"其他賓客、鄉大夫則歌《采蘋》"者,《采蘋》是鄉大夫樂節,其他謂賓射與燕射,若州長、他賓客自奏《采蘩》。若然,此篇有鄉大夫、州長射法,則同用《騶虞》,以其同有樂賢之志也。云"間若一者,重節"者,間若一,謂五節之間長短希數皆如一,則是重樂節也。

三二　三番射畢不復射,若射,則旅後行燕射

司馬命弟子説侯之左下綱而釋之。

釋曰:上初張侯時云"乃張侯,下綱不及地武,不繫左下綱,中掩束之",鄭云"事未至也",又至將射時,"司馬命張侯,弟子説束,遂繫左下綱",鄭注云"事至",今言"司馬命弟子説侯之左下綱而釋之",直言"説侯之左下綱而釋之",明未全去,備復射,故鄭下注云"諸所退,皆侯於堂西,備復射也",故知此"釋之"爲三番射畢不復射,若有射,則行燕射旅酬以後乃爲之,故於此時中掩左下綱,如初張時也。

三三　前爲將射,遷工下,今將旅酬,遷升堂上

樂正命弟子贊工即位,弟子相工①,如其降也,升自西階,反坐。

釋曰:前爲將射,遷工于東方,西面,樂正北面,今將旅酬作樂,故遷升於堂上也。云"降時如初入"者,以經直云"如其降也",降時威儀不見,故取上文降時如初入,初入則上"工四人"已下是也。云"樂正反,自西階東北面"者,上初升於西階之東,樂正立于其西,合樂訖,"工告樂正曰:正歌備,樂正告于賓,乃降",立于西階東,北面,又將射時,"樂正命弟子贊

---

① "相"字原作"祖",四庫本作"相",合於經,據改。

工,遷樂于下,弟子相工,如初入,降自西階"①,故知此反,自西階東北面②,近其事。知不升者,以正樂畢,上無告請於賓之事,宜與"正歌備"已後同也。

三四　主人酬大夫,無大夫則酬三賓

賓揖,就席。主人云云。若無大夫,則長受酬,亦如之。

釋曰:云"主人以觶適西階上酬大夫"者,旅酬恒執此觶以相酬,故言"以"。云"若無大夫"者,鄉人爲公卿大夫來觀禮者爲遵,或有或無不定,故云"若",有大夫先酬之,無大夫則酬長,以鄉射無介,直有三賓,以長幼之次受酬,此言"酬衆賓",則三賓也。

三五　言"某酬某子",字不若子,尊受酬

司正升自西階,相旅,作受酬者曰:"某酬某子"。

釋曰:云"旅酬下爲上,尊之也"者,以旅酬者少長以齒,逮下之道,前人雖卑,其司正命之飲酒,呼之稱謂尊於酬者③,故受酬者爲"某子",酬他爲"某"也。云"《春秋傳》曰"者,案莊十年秋九月經書"荊敗蔡師于莘,以蔡侯獻舞歸",《公羊傳》曰"荊者何? 州名也。州不若國,國不若氏,氏不若人,人不若名,名不若字,字不若子",何休云"爵最尊也",鄭引之者,證"旅酬下爲上"之義,酬者稱字,受酬者稱子,子是尊稱。

三六　鄉飲言某子受酬,以飲爲主,與射異④

云"此言某酬某子者,射禮略於飲酒,飲酒言某子受酬,以飲酒爲主"者,此鄉射主於射,略於飲酒,故稱酬他者字,又稱受酬飲酒者爲子,是字

---

①　"階"上原無"西"字,四庫本及汪刻本均有"西"字,據補。

②　"階"下原無"故知"至"西階"七字,曹云:"'階'下有脱文,當補云'故知此反,自西階東北面,近其事'。"據補"故知此反自西階"七字。

③　"呼"字原作"將",汪刻本及張、阮刻本均作"呼",據改。

④　"三六鄉飲"至"與射異",原在題三五下別行另起,謹依題義挪至此處。

不若子,飲酒言某子受酬,直以飲酒爲主故也。

三七　主黨不與酬,無筭爵然後與,位在東

衆受酬者拜,興,飲_{云云},遂酬在下者,皆升,受酬于西階上。

釋曰:引《鄉飲酒記》者,欲見賓黨在西,主黨在東,主黨不與酬之義。

《鄉飲記》曰"主人之贊者西上北面,不與,無筭爵,然後與。"此異於賓。

儀禮要義卷第十三　鄉射三

一　旅酬訖,司正降,使二人爲無筭爵

司正降,復位。

釋曰:自此盡"唯賓",論舉觶於賓與大夫爲無筭爵之事。云"司正降,復位"者,司正當監旅酬訖,故降,使二人舉觶于賓與大夫,爲無筭爵始也[①]。

二人,主人之贊者。

二　二人舉觶于賓與大夫,坐奠,不敢授

舉觶者皆洗觶,升,實之,西階上北面,皆坐奠觶,拜,執觶興。

"賓與大夫皆席末荅拜"者,皆席西南面荅拜。云"皆進,坐奠于薦右"者,以其將飲者於右故也。云"坐奠之,不敢授"者,對獻酬時親授,主人之贊者卑,不敢親授觶。

三　賓與大夫奠爵不舉,盛禮已崇

舉觶者退云云,賓與大夫坐,反奠于其所[②],興。若無大夫,則唯賓。

釋曰:暴二人舉觶爲賓與大夫,今若無大夫,當闕一人,故云"則唯賓"也。

---

① "始"上原無"爵"字,曹云:"'始'上脱'爵'字。"據補。
② "奠"下原無"于"字,四庫本有"于"字,合於經,據補。

四　二人舉觶，今使一人，如《燕禮》媵爵①

云“長一人舉觶，如《燕禮》媵爵之爲”者，燕禮初，二大夫媵觶，至旅酬，復使二人，君命長媵一爵於君，與此同，故云“如《燕禮》之爲”。彼旅酬，此爲無筭爵，不同，但一人是同，故引爲證也。

五　禮成，强有力者猶倦，故請坐

司正升，請坐于賓。

注：請坐，欲與賓燕，盡殷勤也。

釋曰：自此盡“少退，北上”，論請坐徹俎之事。云“酒清肴乾，强有力者猶倦焉”者，此《禮記·聘義》文，案彼云“故强有力者將以行禮也，酒清人渴而不敢飲也，肉乾人饑而不敢食也，日莫人倦”，引之者，證此賓須坐之義。

六　命弟子俟徹俎，以賓辭俎，故使賓黨

司正降自西階，階前命弟子俟徹俎。

釋曰：知弟子是賓黨者，以其“司正降自西階”，階前命之，明賓黨弟子在西階東面也。必使賓黨弟子者，徹俎是賓請之^{上文“賓辭以俎”，注：俎者，}肴之貴，不敢以燕坐褻貴肴②，故鄭云“俎者，主人贊者設之，今賓辭之，使其黨俟徹，順賓意也”。

七　必主人有命，司正乃傳告賓，前後互見③

云“上言‘請坐于賓’，此言‘主人曰’，互相備耳”者，凡辭，皆司正請于主人，主人有命，司正乃傳告賓，今上文云“司正請坐于賓”，直見司正

---

①　“四二人”至“禮媵爵”，原在頁眉處，占行十三至十八，謹依題義挪至此處。

②　“上文”至“貴肴”，原在頁眉處，占行十三至十六，謹依文義挪至此處。

③　“七必主”至“後互見”，原在頁眉處，占行十七至次頁行四，謹依題義挪至此處。

傳主人辭，不見“主人曰：請坐于賓”之辭，此經直見“主人曰：請徹俎”，不見司正傳主人辭以告賓①，是互相備也。

八　賓、主人、大夫各歸俎降，衆賓無俎亦從降

賓取俎，還授司正云云，司正以俎出，授從者。主人取俎，還授弟子云云。大夫取俎云云。

云“古者與人飲食，必歸其盛者，所以厚禮之”者，《鄉飲酒》、《燕禮》、《大射》賓客皆有俎，徹歸客之左右，俎是肴之貴，是歸其盛者。《公食大夫》既食，“有司卷三牲之俎，歸于賓館”。云“以東，授主人侍者”，弟子是賓黨，非主人之贊者，故知徹主人俎，還授主人侍者，歸入於內也。賓、主人、大夫有俎，從俎而降，此三賓無俎，亦從大夫而降，亦如賓、主人、大夫將燕，故同降同升也。

九　說屨，尊卑異，鄉行敵禮，皆堂下

主人以賓揖讓，說屨，乃升。大夫及衆賓皆說屨，升，坐。

釋曰：自此盡“門外，再拜”，論升坐行無筭爵，賓醉送之出事。云“說屨則摳衣，爲其被地”者，《曲禮》云“摳衣趨隅”，彼謂升席時，引之證說屨低身亦然，若不摳衣，恐衣被地履之，但對文上曰衣，下曰裳，散文衣裳通，此衣即裳也。案《少儀》云“排闔說屨於戶內，一人而已矣”，鄭注云“雖衆敵，猶有所尊也”，彼尊卑在室，則尊者說屨在戶內，自餘說屨於戶外，若尊卑在堂，則亦尊者一人說屨在堂，自餘說屨於堂下，是以《燕禮》、《大射》臣皆說屨於階下，公不見說屨之文，明公爲在堂矣，此及《鄉飲酒》臣禮②，賓、主人行敵禮，故皆說屨於堂下也。

十　無筭爵與正獻酬異，視正旅酬又殺

無筭爵，使二人舉觶。賓與大夫不興，取奠觶飲，卒觶，不拜。

---

① “人”下原無“辭”字，曹云：“‘人’下脱‘辭’字。”據補。
② “及”字原作“乃”，阮云：“浦鏜改‘乃’爲‘及’。”據改。

云“卒觶者固不拜矣，著之者，嫌坐卒爵者拜既爵”者，上正旅酬時，賓酬主人，賓不祭，卒觶不拜，不洗，今此二人舉觶，禮彌殺，故云“卒觶者固不拜矣，嫌坐卒爵者拜既爵”，以正獻酬時，皆坐卒爵，拜既爵，嫌此無筭爵飲，卒觶亦有拜義，故明之。

十一　正獻酬在階上，有拜既爵，此說履就席，禮殺①

云“坐于席，禮既殺，不復崇”者，此決正行獻酬時在於階上，有拜既爵，此說履就席，禮既殺，不復崇重，故無拜爵也。

十二　賓、主人、大夫、賓長之觶交錯相酬

實之②，賓觶以之主人，大夫之觶長受，而錯，皆不拜。

注云：錯者，實主人之觶以之次賓也，實賓長之觶以之次大夫。其或多者，迭飲於坐而已③。

釋曰：云“其或多者，迭飲於坐而已”者，衆賓之長在賓西者三人，大夫則席於賓東，若大夫亦三人，則與衆賓等，得交錯相酬。言“其或多者”，若有一大夫，則衆賓二人無所酬，直二人迭飲而已，若大夫四人已上，多於三賓，自三人之外，亦無所酬，則亦自相酬，迭飲而已。云“皆不拜受，禮又殺也”者④，上二人舉觶於賓與大夫，皆拜受，及飲卒不拜，是其殺，今衆賓與大夫不拜受觶，故言“禮又殺也”。

十三　堂上賓坐飲辯即興，以旅堂下者

辯，卒受者興，以旅在下者于西階上。

---

①　“十一正獻”至“席禮殺”，原在頁眉處，占行十三至十八，謹依題義挪至此處。又，“上”字原作“下”，曹校正文“在於階下”云：“‘下’當爲‘上’。”據改，正文亦改。

②　“實之”，四庫本“實”上有“執觶者受觶遂”六字，節引不同，此仍其舊。

③　“注云”至“而已”，原在頁眉處，占行三至八，乃了翁增補之注文，謹依文義挪至此處。又，“迭飲於坐”原作“迭於坐飲”，注作“迭飲於坐”，據乙。

④　“禮”下原無“又”字，阮云：“浦鏜云‘禮’下脱‘又’字。”據補。

云“以其將旅酬，不以己尊孤人也”者，其堂上皆坐行酒，至此立階上，旅在下，解經“興，以旅在下者”。云“其末若皆衆賓，則先酬主人之贊者”，謂大夫或少或無，則衆賓爲末飲也。云“若皆大夫”者，謂大夫多，衆賓偏後，二觶並酬大夫，則大夫爲末飲也。云“執觶者酌，在上辯，降復位”者，謂二人舉觶酌堂上衆賓已上辯，其堂下自酌相旅，二人無事，故降復于東階前西面北上位也。

十四　舉觶者先已飲，自以齒與旅飲

執觶者皆與旅。

注：嫌已云云，亦自以齒與於旅。

釋曰：此即上文二人舉觶者，於西階上已卒觶，故鄭云“嫌已飲不復飲也”。

十五　正歌有次第，皆三終，無筭樂異

無筭樂。

注：合鄉樂無次數。

釋曰：知合鄉樂《二南》者，約上正歌時不略其正，已歌鄉樂，但上有次第，先歌《關雎》，次歌《葛覃》、《卷耳》，次歌《鵲巢》、《采蘋》、《采蘩》，皆三終，有次數，今無次數，在賓主所好也。

十六　息司正以下皆記禮之異

主人釋服，乃息司正，無介。

釋曰：云“勞禮略，貶於飲酒也”者，謂貶於鄉飲酒，鄉飲酒禮有介，此上正飲酒及此勞禮皆無介①，是貶於鄉飲酒也。云“此以下皆記禮之異者”，謂息司正之禮與上飲酒禮異。

---

① “正”上原有“司”字，曹云：“‘司’字衍。”據刪。

十七　羞唯所有,鄉樂唯欲

羞唯所有。

注:用時見物。

釋曰:謂昨日所有之餘見物。

鄉樂唯欲。

注:"不歌"至"所好"。釋曰:此即與上無筭樂同而云"不歌《雅》、《頌》"者,以其上飲酒主於射,略於樂,不用《小雅》,此非鄉射而亦"不歌《雅》、《頌》"者,亦不可過于正飲酒禮,故云"《周》、《召》之詩,在所好"也。

十八　《射》賓無爵命,有大夫則易公士,《鄉飲》不易

記:大夫與,則公士爲賓。

據此鄉射使處士無爵命者爲賓,故有大夫來,不以鄉人加尊於大夫,故易去之,使公士爲賓。若然,《鄉飲酒》貢士法,賢者爲賓,其次爲介,又其次爲衆賓,有大夫來,不易去之,以其賓擬貢故也。云"鄉賓主用處士",即君子者也。

十九　用醴無冪,尊厭卑無冪,徹則不復用

尊,綌冪。賓至,徹之。

注:以綌爲冪,取其堅潔。

釋曰:凡冪者冪,《士喪》禮以後。冪,《士喪》以前"冪"皆作"鼏"[①],皆爲塵埃加,故設之。但用冪、不用冪不同者,凡用醴,皆不見用冪,質故也,即《士冠》禮子,《昏禮》禮賓贊、禮婦,《聘禮》禮賓,此等用醴,皆無冪是也。醮用酒亦無冪者,從禮子,質也。或以尊厭卑,亦無冪。《燕禮》君尊有冪,方圜壺則無冪。《昏禮》尊於室内有冪,尊於房户外爲媵御賤,故無冪。《鄉飲酒》、《鄉射》有冪者,無所厭故也。若祭祀之冪,《冪人》云"以疏布冪八

[①] "冪士喪"至"皆作鼏",原在頁眉處,占行三至六,乃了翁按語,謹依文義挪至此處。

尊”，鄭云“天地之神尚質”；“以畫布冪六彝”，鄭云“宗廟可以文”；“凡王巾皆黼”，注云“周尚武，其用文德則黼可”。諸侯無文，或與王同。其喪中之冪，皆用疏布。《士喪禮》小斂用功布，大斂亦同。《士虞》用絺冪，與吉同，大夫亦當然也。云“賓至，徹之”者，巾冪必布執冪，賓未至，恐塵加，賓至，徹去，不復用，以其《鄉射》《飲酒》不見更用之文故也。《燕禮》君命徹冪，則未命之前重用之者，君尊，久設恐塵，故重覆之。

二十　此與鄉人習禮，雖尊，無加席

蒲筵，緇布純。

注：筵，席也。

釋曰：鄉大夫、州長與鄉人習禮，雖有公卿之尊，無加席，唯一種，故記人記之。

二一　衆賓已南面東上，今又有東面北上

西序之席，北上。

注：衆賓統於賓。

釋曰：衆賓之席繼賓已西，南面東上，今云“西序之席①，北上”者，謂衆賓有東面者，則北上，此東面非常，故記之也。若然，此《鄉射》上設席，雖不言衆賓之數，上文云“三拜衆賓”，鄭云“三拜，示徧也”，則衆賓亦三人矣，而復有東面者，若公卿大夫多，尊東不受，則於尊西，賓近於西，則三賓東面北上，統於賓也。

二二　俎以骨名肉，骨爲本，賓肩，主臂，肩爲尊

賓俎，脊、脅、肩、肺云云。

注：賓俎用肩，主人用臂，尊賓。

釋曰：云“以骨名肉”者，骨爲本，有名，肉爲末，無名，所食即肉，故以

---

① “云”字原作“又”，四庫本及汪刻本均作“云”，據改。

骨名肉。必知骨有肉者,《特牲》"乃食舉",注云"舉言食者,明凡解體皆連肉",是有肉也。云"賓俎用肩,主人用臂,尊賓也"者,此據前三體而言,以其體有肩、臂、臑,《禮記‧祭統》云"周人貴肩",爲其顯,故賓用肩,尊賓也。

二三　大笙曰巢,小笙曰和

三笙一和而成聲。

注:凡四人也。

云"《爾雅》曰:笙小者謂之和"者,案《爾雅‧釋樂》云"大笙謂之巢",孫氏注云"巢,高大",又云"小者謂之和"。

二四　記四侯者,天子、諸侯燕射亦用鄉射禮

凡侯,天子熊侯,白質云云。士布侯,畫以鹿豕。

釋曰:云"此所謂獸侯也"者,《周禮‧梓人》云"張獸侯以息燕",注云"息者,休農息老物也。燕謂勞使臣,若與羣臣飲酒而射"是也。云"燕射則張之"者,《燕禮》大射正爲司射,如鄉射之禮,是諸侯燕用鄉射之禮,故云"燕射則張之"也,天子雖無文,據記此于《鄉射記》[①],明天子燕射亦用鄉射之法也。云"鄉射及賓射當張采侯二正"者,案《周禮‧射人》掌賓射[②],大夫、士同二正,是賓射二正,鄉射無文,知亦采侯二正者,《周禮》賓射與賓客爲射,此鄉射雖與鄉人習禮,亦立賓主行射禮,又非私相燕勞,故約與賓射同也。言"采侯"者,《梓人》云"張五采之侯則遠國屬",是賓

---

①　"據記"至"射記"原作"據記天子燕射記",倉石云:"殿本刪'天子燕射記'五字,《正字》改'燕射'爲'熊侯',《校釋》移上'云燕射則張之者'七字於'云此所謂獸侯也'下,又以'燕禮'至'法也'移在'各以其鄉射之禮者'下,又云'據記天子燕射記'句'天子'當爲'諸侯',下'記'字當爲'既','既'下有脫,擬補'用鄉射之法'五字,或下'明'字屬'既'字,讀言據記文諸侯燕射用鄉射法,既明天子燕射自亦用鄉射法也。今案此疏意,蓋謂天子燕射之法雖無明文,據此記天子熊侯,於《鄉射記》中與諸侯麋侯同處,明其用鄉射之法也,然則此句或當作'據記此于鄉射記'七字,涉下文而譌,曹疑有脫爛未碻。"據倉校改。

②　"掌"字原作"賞",四庫本及汪刻本均作"掌",據改。

射之侯。云“而記此者，天子、諸侯之燕射^①，各以其鄉射之禮”。

二五　射自楹間言楹，非射於序

射自楹間，物長如笴，其間容弓，距隨長武。

釋曰：注云“自楹間者，謂射於庠也”，知者，以其言楹間則是庠，則物當楣，故知非射於序者也。云“楹間，中央東西之節也”者^②，以其楹間南北無限，東楹、西楹相當，故知“東西之節也”。云“長如笴者，謂從畫之長短也”者^③，其下有距隨爲橫，此言物長，是從畫之稱^④，故知南北之長短也。云“笴，矢幹也，長三尺”者，以《矢人職》得知也。云“與跬相應”者，《禮記·祭義》云“故君子跬步而弗忘孝也”，一舉足謂之跬，再舉足謂之步，射者履物不過一跬^⑤，故知以三尺爲限也。

二六　距隨謂前足東，後足南^⑥

云“距隨者，物橫畫也。始前足至東頭爲距，後足合來而南面爲隨”者，謂上射、下射並足皆然。言“長武”，武，跡也，中人之跡尺二寸，謂橫尺二寸也。

二七　旌各以其物，兼言大夫於庠，士於序

旌，各以其物。

注：“旌總”至“於謝”。釋曰：云“旌，總名也”者，以《周禮·司常》云九旗，對文“通帛爲旜，雜帛爲物，全羽爲旞，析羽爲旌”各別，今名物爲旌

---

① “燕”上原無“之”字，汪刻本及張、阮刻本均有“之”字，合於注，據補。
② “西”下原無“之”字，阮云：“毛本‘西’下有‘之’字。”合於注，據補。
③ “從畫”上原無“以其”至“者謂”二十七字，汪刻本及張刻本均有此二十七字，補之義乃全，據補。
④ “是從畫之稱”原作“又是從迹之稱”，曹云：“‘又’字衍，‘迹’當爲‘畫’。”據刪改。
⑤ “射”上原有“步”字，倉石云：“《正字》云‘步’疑衍。”據刪。
⑥ “二六距隨”至“後足南”，原在頁眉處，占行八至十一，謹依題義挪至此處。

者①，散文通。云“各者，鄉射或於庠，或於謝”者，諸侯鄉大夫是大夫，詢衆庶，射於庠，射于謝是諸侯州長②，是士春秋習射于謝，大夫、士同建物而云“各”者，雖同建物，杠則大夫五仞③，士三仞，不同，故云“各”也。

二八　無物謂小國之州長不命

無物則以白羽與朱羽糅，杠長三仞，以鴻腒韜上，二尋。

云“無物者，謂小國之州長也”者，案《典命》“子男之卿再命，大夫一命，士不命”，大夫一命得建物，士不命則無物，是以不得與上“各以其物”同，別爲此旜。云“此翿旜也”者，據下文“士鹿中④，翿旜”也，下云“君國中射，則皮樹中，以翿旌獲”，此不命士與國君同者，士卑不嫌，命士以上尊卑自異也。云“翿亦所以進退衆”者，此非直用之於獲，案《大喪記》君葬時，執翿居前詔傾虧，亦所以進退衆人也。

二九　諸儒仞、尋之度皆無正文⑤

云“七尺曰仞”者，無正文，鄭案《書傳》云“雉長三尺，高一丈”，則牆高一丈，《禮記·祭義》云“築宮，仞有三尺”，牆高一丈，云“仞有三尺”，除三尺之外只有七尺，故知“七尺曰仞”也。王肅則依《小爾雅》四尺曰仞，孔君則八尺曰仞，所見不同也。云“鴻，鳥之長腒者也”者，腒則項也。云“八尺曰尋”者，亦無正文，《冬官》云車有六等之數，云“殳長尋有四尺”，長丈二而云“尋有四尺”，除四尺，則尋長八尺矣。

---

　①　“物爲”原作“爲物”，四庫本及汪刻本均作“物爲”，據乙。
　②　“謝”下原有“于序”二字，曹云：“阮云陳、閩俱無‘於序’二字，案二字衍。”倉石云：“‘射于謝于序是’，陳本無‘于序’二字，《正字》依《通解》全刪六字，今案此蓋謂注云‘射于謝’者即《周禮》云‘射于州序’是也，然則‘謝’下似當補‘射’字，以其與‘謝’字形相近而奪。”據曹校刪。
　③　“杠”字原作“仞”，倉石云：“上‘仞’字殿本作‘杠’。”據改。
　④　“文”字原作“又”，四庫本及汪刻本均作“文”，據改。
　⑤　“二九諸儒”至“無正文”，原在頁眉處，占行一至五，謹依題義挪至此處。

三十　挾矢於二指間謂以食指、將指挾之

凡挾矢,於二指之間橫之。

云“二指,謂左右手之第二指”,知左右手皆挾之者,以云“二指之間橫之”,則知左右手也。云“此以食指、將指挾之”者,以左擘指拓弓①,右擘指鉤弦,故知挾指以第二、第三指間,第二指爲食指,《左傳》云“子公之食指動”是也,第三指爲將指,《左傳》云“吳王闔閭傷於將指”是也。

三一　楅龍首,蛇交,韋當,以韋爲心

楅,長如笴,博三寸,厚寸有半,龍首,其中蛇交,韋當。

釋曰:云“蛇、龍,君子之類也”者,《易》云“龍戰于野,其血玄黃”,鄭注云“聖人喻龍,君子喻蛇”,是蛇、龍總爲“君子之類也”。云“直心背之衣曰當”者,直,通身之言,其楅兩頭爲龍首於背上,通身著當,言當心中央也。知“丹韋爲之”者,周尚赤,上云“凡畫者,丹質”,又《周禮》九旗之帛皆用絳。

三二　此禮射與主皮之射異

禮射不主皮,主皮之射者,勝者又射,不勝者降。

禮射,謂以禮樂射也,大射、賓射、燕射是矣。不主皮者,貴其容體比於禮,其節比於樂,不待中爲雋也②。言“不勝者降”,則不復射也。主皮者無侯,張獸皮而射之,主於獲也。《尚書傳》曰“戰鬬不可不習,故於蒐

---

① “擘”字原作“臂”,汪刻本及張、阮刻本均作“擘”,據改。
② “雋”字原作“備”,四庫本作“雋”,阮云:“毛本‘備’作‘雋’。按‘備’蓋‘雋’字之誤。”據改。

狩以閑之也。閑之者，貫之也。貫之者，習之也。凡祭①，取餘獲陳於澤②，然後卿大夫相與射也。中者雖不中也取，不中者雖中也不取。何以然？所以貴揖讓之取也，而賤勇力之取。鄉之取也，於圉中，勇力之取也。今之取也，於澤宮，揖讓之取也。"澤，習禮之處，非所於行禮，其射又主中，此主皮之射與？天子大射張皮侯，賓射張五采之侯，燕射張獸侯。

　　釋曰：云"言不勝者降，不復升射也"者，據主皮射者也，禮射二番不勝③，仍待三番④，復升射也。"《尚書傳》"者，濟南伏生爲《尚書》作傳。云"凡祭，取餘獲陳於澤，然後卿大夫相與射也"者，此則《周禮·山虞》田訖，虞人植旗於中，屬禽焉。每禽擇取三十餘，將向國以祭，謂若《大司馬》云"仲春祭社，仲夏享礿，仲秋祀方，仲冬享烝"，已祭，乃以餘獲陳於澤宮中，卿大夫、士共以主皮之禮射取之⑤。云"雖不中"、"雖中"者，據向田時也⑥。云"非所於行禮"者，云揖讓取即是行禮，而云"非所於行禮"者，揖讓雖是禮，對大射之等，其體比於禮，其節比於樂，爲非所行禮也。云"此主皮之射與"者，《書傳》不言主皮，以義約同，故云"與"以疑之也。云"天子大射"已下者，案《梓人》云"張皮侯而棲以鵠，則春以功"，即此鄭云"天子大射，張皮侯"也⑦；《梓人》又云"張五采之侯，遠國屬"，即此鄭云"賓射張五采之侯"也；《梓人》又云"張獸侯，以息燕"，即此鄭云"燕射張獸侯"也。鄭言此者，證此是禮射，與主皮異也。

---

　　① "凡"字原作"已"，下疏引注同，阮云："按段玉裁云：'《射義》天子將祭必先習射於澤，下文又云射中者得與於祭，不中者不得與於祭，是射澤必在祭之先，況禽待祭後而班則委積日久，已字非也。'許宗彥云：'苟非已祭，何稱餘乎？當作已。'孫云："凡'字不誤，余初校誤依《要義》改'已'。餘獲謂王取州之餘，非祭餘也。《穀梁·昭八年傳》、《毛詩·車攻傳》所説與《書傳》略同，可以互證，并不云祭後，則不當作'已祭'，可知段校是也。《禮記·射義正義》引《書傳》亦作'凡祭'。"據段、孫校改，下疏引注亦改。

　　② "取"上原有"則"字，張、阮刻本均無"則"字，疏述注亦無"則"字，據刪。

　　③ "二"字原作"三"，曹云："'三'單疏作'二'，此誤從他本。"據改。

　　④ "三"字原作"後"，汪刻本及張、阮刻本均作"三"，阮云："《通解》、《要義》、毛本'三'作'後'。按後番即三番也，如諸本則在三番後矣，恐非。"據改。

　　⑤ "共"上原無"士"字，汪刻本及張、阮刻本均有"士"字，據補。

　　⑥ "向"字原作"内"，曹云："'内'當爲'向'。"倉石云："《正字》云'内'當'向'字誤。"據改。

　　⑦ "侯"下原有"一"字，阮云："毛本無'一'字。"據刪。

三三　先習射於澤宮，而後射於射宮

天子有澤宮，又有射宮。二處皆行射禮者，澤宮之內有班餘獲射，又有試弓習武之射，若西郊學中射者，行大射之禮，張皮侯者是也。澤宮中射，將欲向射宮，先向澤宮中試弓習武①。

三四　習武之射無侯，直射甲革椹質②

此習武之射無侯，直射甲革椹質，故《司弓矢職》云"王弓、弧弓，以授射甲革椹質"，而注引《圉人職》曰"射則充椹質"是也。

三五　侯以鄉堂爲面，故右个在東

東方謂之右个。

注：侯以鄉堂爲面也。

釋曰：以其經直云左右个，不辯東西，故記人明之。

三六　中十尺，用布五幅，以漢制約古

中十尺。

注："方者"至"中也"。釋曰：云"方者也"者，謂侯中正方十尺。云"用布五丈，今官布幅廣二尺二寸，旁削一寸"者，鄭意此言十尺，用布五幅，幅廣二尺二寸，兩畔各削一寸爲縫，幅各二尺在，故五幅爲一丈也。漢法幅二尺二寸，亦古制存焉，故舉以爲況。

---

① "武"下原有"之射"二字，曹云："'之射'二字衍。"據刪。

② "三四習武"至"革椹質"，原在題三三下別行另起，謹依題義挪至此處。

三七　繒幅二尺四寸，《喪禮》注“二尺”者沽小①

若然，《周禮》、《鄭志》純三只，只八寸，二尺四寸者，據繒幅也。《士喪禮》云“亡則以緇長半幅”，注云“半幅，一尺。終幅，二尺”，亦謂繒而幅二尺者。幅有二種，《喪禮》略，用其狹者，故《周禮》鄭注云“凡爲神之衣物②，必沽而小”是也。引《梓人》者，彼總據三侯，侯中皆廣與崇方，引之證經十尺是方也。

三八　躬之兩旁爲个，左右出爲舌

倍躬以爲左右舌。

注：“謂上”至“之舌”。釋曰：言“謂上个”者③，對下个不得倍躬，故“謂上个也”。云“居兩旁謂之个”④，在躬之兩旁則謂之个。云“左右出謂之舌”，謂躬外兩相各出一丈，若人舒舌，故下云“下舌半上舌”，據出者而言也。

三九　箭籌八十謂十耦，握、膚、扶皆四寸

箭籌八十。

注：“箭籓”至“從賓”。釋曰：云“箭，篠也”者，謂以箭爲籌。射之耦，隨賓多少，今言八十，舉成數，以十耦爲文。但一者數之始，十者數之終，以十耦爲成數也。

長尺，有握，握素。

釋曰：云“長尺”⑤，復云“有握”，則握在一尺之外，則此籌尺四寸矣。云“刊本一膚”者，《公羊傳》僖三十一年云“觸石而出，膚寸而合，不崇朝

---

① “三七繒幅”至“者沽小”，原在頁眉處，占行一至六，謹依題義挪至此處。
② “鄭”下原無“注”字，曹云：“‘鄭’下脱‘注’字。”倉石云：“‘鄭’下《正字》補‘注’字。”據補。
③ “謂”上原無“言”字，汪刻本及張、阮刻本均有“言”字，據補。
④ “云”下原無“居”字，曹云：“‘云’下脱‘居’字。”據補。
⑤ “長”上原無“云”字，汪刻本及張、阮刻本均有“云”字，據補。

而徧雨乎天下者,唯泰山耳",何休云"側手爲膚",又《投壺》云"室中五扶",注云"鋪四指曰扶,一指案寸",皆謂布四指,一指一寸,四指則四寸。引之者,證握、膚爲一,謂刊四寸也。

四十　國中是燕射,以翿旌獲,尚文

君國中射則皮樹中,以翿旌獲云云。

注:國中,城中,燕射[①]。

知城中是燕射者,以其下有賓射、大射,不在國中[②],故國中是燕射,以其燕在寢故也。云"以翿旌獲,尚文德也"者,以其燕主歡心,故旌從不命之士,亦取"尚文德"之義。必知取"尚文德"者,以其以文德者舞文舞羽舞也。

四一　於郊,謂天子小學,諸侯大學

知"於郊,謂大射也"者,案《大射》云"公入,《驁》",從外來入,此既言"於郊",故知大射在郊也。云"大射於大學"者,據諸侯而言也。天子大射在虞庠小學,以其天子大學在國中,小學在郊,諸侯不得立大學在國,立大學在郊,故鄭引《王制》"小學在公宮之左,大學在郊",是殷法,諸侯用焉,故引爲證。必知"諸侯立大學在郊"者,見《詩·魯頌》有泮宮,《禮記》云"故魯人將有事於上帝,必先有事於頖宮",鄭云"頖宮,郊之學也",則《詩》泮宮,此郊學是也。

四二　閻中,閻亦獸名,如驢[③]

云"閻,獸名,如驢一角,或曰如驢歧蹄。《周書》曰:北唐以閻"者,"歧蹄"已上,《山海經》文,《周書》見於《國語》也。

---

① "城中燕射",乃了翁以己語概括者,注原作"城中也謂燕射也"。
② "國"下原無"中"字,阮云:"毛本'國'下有'中'字。"據補。
③ "四二閻中"至"名如驢",原在頁眉處,占行一至四,謹依題義挪至此處。

四三 射於境，與鄰國君射，即賓射

於竟則虎中，龍旝。

釋曰："與鄰國君射"則賓射也，以其君有送賓之事，因送則射。云"尚文章也"者，亦若翿旌也。云"通帛爲旝"，《司常》文。

四四 君燕射在國，賓射在朝、國，其餘否

唯君有射於國中，其餘否。

注：臣不習武事於君側。

釋曰：天子、諸侯皆燕射在國，又天子賓射在朝，亦在國，大夫、士燕射、賓射不在國，大夫又得行大射，雖無郊學，亦不得在國，是以孔子爲鄉射，射於矍相之圃，是其一隅。若然，此鄉射亦不在國中①，亦宜在國外，故記人於此見之也。

四五 大夫與士射袒纁襦，君前肉袒

君在，大夫射則肉袒。

注：不袒纁襦，厭於君也。

釋曰：上云大夫與士射袒纁襦，今與君射爲厭，與士同，故肉袒也。

四六 矢皆有題識，如肅慎氏銘其括

司馬袒、決，執弓，升，命取矢如初。獲者許諾，以旌負侯，如初。司馬降，釋弓，反位。弟子委矢如初，大夫之矢則兼束之以茅，上握焉。

注：兼束大夫矢，優之，是以不拾也，束于握上，則兼取之，順羽便也。握，謂中央也。不束主人矢，不可以殊於賓也。言大夫之矢，則矢有題識也，肅慎氏貢楛矢，銘其括。

---

① "中"字原作"射"，四庫本作"中"，阮云："下'射'字毛本作'中'。"據改。

儀禮要義卷第十四　燕禮一

一　鄭注燕有二，疏推廣有四

燕禮第六。

案上下經注，燕有四等：《目録》云諸侯無事而燕，一也；卿大夫有王事之勞，二也；卿大夫又有聘而來還，與之燕，三也；四方聘客與之燕，四也。若然，《目録》云"卿大夫有勤勞之功"，兼聘使之勞[①]、王事之勞二者也。知臣子覜聘還，與之燕者，《四牡》勞使臣是也。知有王事之勞燕者，下記云"若以樂納賓，則賓及庭奏《肆夏》"，鄭注云"卿大夫有王事之勞，則奏此樂焉"是也。知君臣無事有燕者，案《魯頌》云"夙夜在公，在公明明。振振鷺，鷺于下。鼓咽咽，醉言舞，于胥樂兮"，鄭箋云"君臣無事則相與明義明德而已。絜白之士，群集於君之朝，君以禮樂與之飲酒，燕樂以盡其歡"，是其無事而燕也。又知"賓及庭奏《肆夏》"是己之臣子有王事之勞者，案《郊特牲》云"賓入大門而奏《肆夏》"，鄭注云"賓，朝聘者"，是異國聘賓入大門奏《肆夏》，故知記云"賓及庭奏《肆夏》"者是己之臣子也。又知異國聘賓有燕者，《聘禮》所云燕與時賜者是也。

二　燕主聘者，兼樂羣臣，故使小臣戒

燕禮。小臣戒與者。

釋曰：自此已下盡"射人告具"，論告戒群臣及陳饌之事。必使小臣

---

① "兼聘使之勞"原作"聘使之勞兼"，曹云："'兼'字當在'聘'上。"倉石云："'兼'，殿本移於'聘'字上。"據乙。

戒與者，以其燕爲聘使者爲主，兼與舊在者歡樂之，故今戒可與之人，使依期而至。云“小臣相君燕飲之法”者，案《周禮·大僕職》云“王燕飲則相其法”，又案《小臣職》云“凡大事佐大僕”，則王燕飲，大僕相，小臣佐之，此諸侯禮，降於天子，故宜使小臣相，是以下云“小臣師一人在東堂下”，注云“師，長也。小臣之長一人，猶天子大僕，正君之服位者也”，是諸侯小臣當大僕之事。云“與者，謂留群臣也”者，謂群臣留在國不行者也。案《大射》云“君有命戒射”者，以其大射辨尊卑，故云“君有命”，明政教由尊者出，燕禮主歡心，不辨尊卑，故不言“君有命”。

三　膳宰具官饌于路寢東，擬燕設

膳宰具官饌于寢東。

釋曰：以其燕在寢，故“膳宰具官饌于寢東”，擬燕時設之。云“膳宰，天子曰膳夫，掌君飲食膳羞者也”者，以其天子有宰夫，兼有膳夫，掌君飲食，諸侯亦有宰夫，復有膳宰。云“具官饌，具其官之所饌”者①。云“謂酒也、牲也、脯醢也”，知者，案下所設亦有此三者，牲即“其牲，狗也”。云“寢，路寢”者，以其饗在廟，服朝服，下記云“燕，朝服於寢”，既朝服則宜於正處②，在路寢，不在燕寢可知，故云“路寢”也。

四　《公食》宰夫具饌，彼敬異國大夫③

案《公食大夫》云“凡宰夫之具饌于東房”，不使膳宰者，彼食異國之大夫，敬之，故使宰夫具饌，此燕已臣子，故使膳宰卑者具饌。必知膳宰卑於宰夫者，案天子宰夫下大夫，膳夫上士，天子膳夫卑於宰夫，則知諸侯膳宰亦卑於宰夫者也。

---

① “具”下原無“其”字，注有“其”字，據補。

② “寢”下原無“既朝服則宜於”六字，阮云：“朱子曰：‘於寢下疑脱既朝服則宜於六字’。”據補。

③ “四公食”至“國大夫”，原在頁眉處，占行七至十一，謹依題義挪至此處。

五　大射宿縣，以學宮不常縣，此燕不宿縣，在路寢

樂人縣。

釋曰：案《大射》樂人宿縣，在射前一日，又具辨樂縣之位者，以其大射在學宮，學宮不常縣樂，射乃設之，故射前一日縣之，又辨樂縣之位。此燕在路寢，有常縣之樂，今言“樂人縣”者，“爲燕新之”而已，故不在燕前一日，又不辨樂縣之處。

六　天子樂人大夫、士，諸侯直有大、小樂正[①]

又直云“樂人”，未知樂人意是何官。案《周禮·春官·大司樂》云“凡樂事，宿縣”，又案《樂師》云“凡樂成，則告備”，是天子有大司樂，并有樂師之官，案《序官》“樂師，下大夫四人，上士八人，下士十有六人”，以此知天子有大司樂、樂師，諸侯無大司樂，直有大樂正、小樂正，以其諸侯兼官，此二者皆當天子樂師，大夫及士，則諸侯樂師不用大夫，大樂正當上士，小樂正當下士爲之，故鄭下注云“樂正，于天子樂師也”，《大射》注亦云“小樂正，於天子樂師”。

七　凡樂縣之法[②]

若然，縣樂之法，案《周禮·眡瞭職》云“掌太師之縣”，鄭注云“大師當縣則爲之”，案下僕人相大師，則諸侯無眡瞭，則使僕人縣樂，太師以聲展之，樂師又監之。云“縣，鍾、磬也”者，案《小胥》“天子宮縣，諸侯軒縣”，面皆鍾[③]、磬、鎛各一虡，“大夫判縣，士特縣”，不得有鎛，故云“鍾、磬”，案下唯有磬而無鍾，而云“鍾、磬”者，鄭汎解樂縣法，故兼言鍾[④]，其實諸侯之士特縣磬而已。

---

①　“六天子”至“小樂正”，原在頁眉處，占行三至八，謹依題義挪至此處。
②　“七凡樂縣之法”，原在頁眉處，占行十至十二，謹依題義挪至此處，
③　“皆”字原作“背”，汪刻本及張、阮刻本均作“皆”，據改。
④　“言”字原作“宮”，四庫本及汪刻本均作“言”，據改。

八　爲卿大夫、士設方尊、公尊瓦大兩

司宮尊于東楹之西，兩方壺云云，公尊瓦大兩，有豐云云。

云“尊方壺，爲卿大夫、士也”者，以其燕總有卿大夫、士，又别有“公尊瓦大兩”，故知方尊爲此人也。

九　尊於東楹之西，君專大惠，與《飲》、《射》異[①]

云“於東楹之西，予君專此酒也”者，此决《鄉飲酒》、《鄉射》皆於房户之間，賓主共之，此“於東楹之西”，向君設之，人君尊，專大惠。

十　士旅食，謂未得正禄，庶人在官者

尊士旅食于門西。

注：士衆食云云，所謂庶人在官者。

釋曰[②]：云“士衆食，謂未得正禄”者，以其士、大夫已上得正禄，《王制》云“下士九人禄，中士倍下士，上士倍中士，下大夫倍上士，卿四大夫禄”，皆正禄，此則未得正禄。云“所謂庶人在官者也”者，所謂《王制》文，故《王制》云“庶人在官者，其禄以是爲差”，謂府史胥徒，謂府八人禄，史七人禄，胥六人，徒五人，皆非正禄。

十一　射人主此禮，以燕或有射

射人告具。

釋曰：云“射人主此禮，以其或射也”者，案《公食大夫禮》“贊者負東房，告具”，以其無射，故使贊者，此乃“射人告具”，與《大射》同。案下文“若射，則不獻庶子”，言“若”者，或射或不，故此鄭注云“以其或射”，言

---

①　“九尊於”至“飲射異”，原在頁眉處，占行一至六，謹依題義挪至此處。

②　“釋”下原無“曰”字，依其慣例，此當有“曰”字，謹補。

“或”亦是不定之義①。案《大射》告具之上有“羹定”，此不言“羹定”者，文不具也。

十二　先筵賓，後設公席，凡禮，卑者先即事

十三　燕飲與受酢同席②

小臣設公席于阼階上，西鄉，設加席。

釋曰：自此下盡“諸公卿者”，論君臣位次及命羞者之事。注引《周禮》者，《司几筵》之文也。彼諸侯祭祀神席及受酢之席，此乃燕飲之席，引之者，欲見燕飲與受酢席同。若饗諸侯來朝，則《郊特牲》云“大饗，君三重席而酢焉”是也，燕他國之臣，即《郊特牲》云“三獻之介，君專席而酢焉”，此降尊以就卑也，故君單席受酢也。云“後席公席者，凡禮，卑者先即事，尊者後也”者，此燕私禮，故賤者先即事，《大射》辨尊卑，故先設公席，後設賓席也。

十四　小臣納卿大夫就門東揖位，士以下從，徑即庭位

小臣納卿大夫云云，士、祝史、小臣師、士旅食者云云。

云“納者，以公命引而入也”者，雖無正文，進止由君，故知“以公命”者也。云“自士以下，從而入即位耳”者，對大夫以上，小臣引之就門東揖位，未就庭位，自士已下不須引，從大夫而入，徑即庭位。云“師，長也。小臣之長一人，猶天子大僕，正君之服位者也”者，案《夏官·太僕職》云“掌正王之服位，出入王之大命”，彼下文有小臣之官，上士四人，其職云“掌王之小命，詔相王之小法儀”，諸侯兼官，無大僕，唯有小臣出入君之教命，正君之服位。

---

① “或”上原有“以”字，汪刻本及張、阮刻本均無“以”字，據刪。

② “十三燕飲”至“酢同席”，原在頁眉處，占行十至十三，“注引周”至“酢席同”乃與此題對應之文字，涵于題十二所領正文内，不宜段分，謹依題義挪至此處。

十五　揖人必違其位,故公揖卿大夫降阼立

公降立于阼階之東南,南鄉,爾卿,卿西面北上,爾大夫,大夫皆少進。

釋曰:《曲禮》云"揖人必違其位",是以公將揖卿大夫,降立於阼階之東南,南面揖之。變揖言"爾"者,爾訓近也、移也,卿、大夫得揖,移近中庭也,是以鄭云"揖而移之,近之也"。云"大夫猶北面,少前"者,三卿五大夫初入門右,同北面,三卿得揖,東相西面,五大夫得揖,中庭少進,北面不改。

十六　宰夫爲主人是大夫,賓亦是大夫

射人請賓。

注:命當由君出也。

釋曰:案《大射》云"大射正擯",擯者請賓,此直云"射人請賓",不云爲擯者,但射人有大小,大者爲大射正,其次爲司射,又其次爲小射正①,悉監射事,見於《大射禮》,大射辨尊卑②,故云大射正爲擯,此燕禮或因燕而射,以其禮輕,或大射正爲擯,或小射正爲擯,此二者皆是射人,故直云"射人請賓",不定尊卑也。

公曰:"命某爲賓。"

注:某,大夫也。

知大夫非卿者,以其賓主相對,宰夫爲主人,是大夫,明賓亦是大夫,《燕義》云"不以公卿爲賓而以大夫爲賓,爲疑也"。

---

① "其次"至"小射正"原作"其次爲射正,又其次爲司正",曹云:"'其次爲射正',校曰:阮云'毛本爲下有小字',案毛本是,又案此句與下句倒,當云'其次爲司射,又其次爲小射正'。"據改。

② "大"下原無"射"字,曹云:"'大'下脱'射'字。"據補。

十七　公揖臣乃升就席，鄭云"入之也"①

公揖，卿大夫乃升就席。

注：揖之，入之也。

釋曰：言"入之"者，公將反升堂②，故以入意相存偶，是以揖之乃升。

十八　射人請賓，小臣執冪，膳宰羞，彌略

膳宰請羞于諸公卿者。

釋曰：言"彌略"者，上請賓使射人，請執冪使小臣，已是其略，今羞諸公卿乃使膳宰，膳宰卑於小臣，故云"彌略也"。知膳宰卑於士者，《周禮》膳夫是上士，此諸侯膳宰明非上士，且禮之大例，薦羞者尊於設俎者，公士爲薦羞，膳宰設俎，故知膳宰卑也。

十九　此射人納賓是小射正，與《大射》異

射人納賓。

釋曰：自此至"賓以虛爵降"，論賓升堂，主人獻賓之事。案《大射》"大射正擯"，此云"射人爲擯"，與上"射人請賓"義同，還是小射正也。

二十　賓入門出堂塗北面，公降揖

賓入，及庭，公降一等揖之。

釋曰：鄭知"至庭，謂既入而左北面時"者，以其云"賓入，及庭"，"賓入"謂入門時，"及庭"謂賓入門而出堂塗北面，是其當公降揖之之節。

---

① "入"字原作"人"，正文作"入"者亦均原作"人"，汪刻本及張、阮刻本均作"入"，據改，正文亦改。

② "反"字原作"及"，曹云："'及'似當爲'反'。"據改。

二一　公升就席，以宰夫爲獻主，不參之

公升就席。

釋曰：鄭知“將與主人爲禮，不參之”者，下經云“賓升，主人亦升”，是其賓與主人爲禮[1]，不得相參之。知主人是宰夫者，案《禮記·燕義》云“使宰夫爲獻主”是也。云“宰夫，太宰之屬”者，案《天官》云“太宰，卿一人。小宰，中大夫二人。宰夫，下大夫四人”，宰夫屬太宰，故云“大宰之屬”。云“掌賓客之獻飲食者也”者，案《宰夫職》云“凡朝覲、會同、賓客，掌其牢禮、委積、膳獻、飲食”，引之者，證宰夫爲主人。云“天子膳夫爲獻主”者，案《膳夫職》云“王燕飲酒，則爲獻主”是也，案《燕義》注云“天子使膳宰爲主人”，則是膳宰、膳夫一人也，上文注云“膳宰，天子曰膳夫”者[2]，欲見天子、諸侯之臣名異，其實同也。

二二　凡代君爲獻主，升降不由阼[3]

代君爲獻主，升降不由阼階，與賓同由西階。

二三　賓將酢主人，以虛爵降，爵即觚

賓以虛爵降。

釋曰：自此已下盡“序內，東面”，論賓酢主人之事。云“上既言爵矣[4]，復言觚者，嫌易之也”者，上文主人洗觚獻賓，云“賓以虛爵降”，此經又云“坐奠觚”，中間言爵者，欲見對文一升曰爵，二升曰觚，散文即通，觚亦稱爵，以此言之，此觚即前爵。

---

① “賓”字原作“實”，四庫本及汪刻本均作“賓”，據改。
② “天”字原作“夫”，四庫本及汪刻本均作“天”，據改。
③ “二二凡代”至“不由阼”，原在頁眉處，占行二至六，謹依題義挪至此處。
④ “上”上原無“云”字，汪刻本及張、阮刻本有“云”字，據補。

二四　主人不啐酒,辟正主

主人坐祭,不啐酒。

釋曰:案《鄉飲酒》、《鄉射》皆是正主,經直云“祭如賓禮”,亦不見有啐酒之事,未知正主有啐不。此云“不啐”,“辟正主”者,案文可知,以《燕禮》、《大射》啐酒、告旨並不爲者,經云“不啐酒”、“不告旨”,並言“不”,《鄉飲酒》、《鄉射》直云“不告旨”,不言“不啐酒”,明主人啐矣,《有司徹》儐尸之禮,尸酢主人云“席末,坐啐酒”,是其雖不告旨,亦有啐酒之事①。

二五　篇内公應先拜者皆後,惟獻禮重,先拜

主人盥,洗象觚,升,賓之,東北面獻于公。

自此下盡“奠于膳篚”,論主人獻公之事。凡此篇内,公應先拜者,皆後拜之,尊公故也,是以下舉旅行酬,皆受酬者先拜,公乃答拜,此公先拜受爵者,受獻禮重故也,是以下文主人受公酢②,得酌膳,燕主歡故也③,《大射》主人受公酢酌散者④,辨尊卑故也。

二六　燕私主於羞,故薦、俎官尊,與大射異⑤

云“士薦脯醢,膳宰設折俎”者,案前獻賓薦脯醢及設折俎皆使膳宰者,賓卑故也,今於公“士薦脯醢,膳宰設折俎”異人⑥,以其士尊於膳宰,君尊,故使士薦。必知士尊於膳宰者,以其諸侯膳宰當天子膳夫,上士二人,諸侯降等,膳宰則卑,故下記云“羞膳者與執幂者皆士也”,鄭注云“尊

---

①　“亦”字原作“唯”,曹云:“‘唯’似當爲‘亦’。”據改。
②　“是以”至“公酢”原作“是以下云主人受公酬”,曹云:“‘云’當爲‘文’。”“酬”字張、阮刻本均作“酢”,據改。
③　“主”字原作“上”,四庫本《儀禮注疏》作“主”,據改。
④　“者”上原無“酌散”二字,曹云:“‘者’上脱‘酌散’二字。”倉石云:“‘者’上殿本補‘酌散’二字。”據補。
⑤　“二六燕私”至“大射異”,原在頁眉處,占行一至六,謹依題義挪至此處。
⑥　“折”上原無“設”字,汪刻本及張、阮刻本均有“設”字,據補。

君也，膳宰卑於士”，是其士尊也。大射主於射，略於飲酒，故公及賓同使宰胥薦脯醢，庶子設折俎，此燕禮燕私，主於羞，故賓之薦俎、庶羞同使膳宰，君之脯醢、庶羞同使士，尊官爲之。大射必使庶子設折俎者，案《周禮》庶子下大夫，大射序尊卑，變於燕禮，故尊官爲之。引《大射禮》者，證此經脯醢從左房而來，天子、諸侯有左右房，故得言左房，大夫、士無右房，故言東房而已。

二七　受公酢而自酌，不敢煩公，更爵，不襲尊

更爵洗①，升，酌膳酒云云。

注：更爵者，不敢襲至尊也。

釋曰：自比以下盡“主人奠爵于篚”，論主人受公酢之事。主人受公酢而自酌者，不敢煩公，尊君之義。獻君、自酢同用觚，必更之者，襲，因也，不敢因君之爵。

二八　主人酬賓皆阼階上②，未升筵，此“降筵”誤

主人盥洗，升，媵觚于賓，酌散，西階上坐奠爵，拜。賓(賓)降筵③，北面荅拜。

釋曰：自此盡“東南面立”，論主人酬賓之事。案前受獻訖，“立于序內”以來，未有升筵之事，案《鄉飲酒》、《大射》酬時，皆主人阼階上坐奠

---

①　“爵”字原作“酌”，四庫本作“爵”，合於經，據改。

②　“阼”字原作“西”，此題乃據正文“皆主人阼階上坐奠爵”文而擬，正文“阼”字亦原作“西”，今按《鄉飲酒》主人酬賓節云：“主人實觶酬賓，阼階上北面坐奠觶”，《鄉射禮》主人酬賓節云：“主人實觶，酬之，阼階上北面坐奠觶”，主人皆奠爵於“阼階”而非“西階”，此“西”字當“阼”字之譌，謹改，正文亦改。

③　“賓”字漢簡本不重，沈文倬《宗周禮樂文明考論》云：“阮元《校勘記》云：‘賓，唐石經、敖氏俱不重，徐氏、《集釋》、《通解》、《要義》、楊氏俱重。《石經考文提要》云：《大射禮》此節不疊字。’朱大韶云：‘不重賓字是也。禮於獻酬酢但言坐奠爵拜，未有言拜主人言拜賓者。《鄉飲》、《鄉射》二禮皆云：阼階上北面坐奠爵觶，遂拜，執觶興，賓西階上答拜。飲、射主賓分階，燕、大射公席於阼，故賓主人皆於西階。《大射儀》與此同，亦不言拜賓。’朱氏據儀注推斷今本衍一‘賓’字，今得簡本，其説遂得證實。”當據刪一“賓”字。

爵,拜,賓西階上北面答拜,酬前賓皆無逆在席者,又以下文"賓奠于薦東,賓降筵西,東南面立",以此約之,則此無升筵之事,或言"降筵"者,蓋誤①。

二九 "媵觚"訓送,今文作"騰",鄭讀或爲"揚"

云"媵,送也,讀或爲揚。揚,舉也"者,案《禮記·檀弓下》"杜蕢洗而揚觶",注云"舉爵於君也。《禮》揚作媵。揚,舉也。媵,送也。揚近得之",若然,此注"今文媵作騰",騰與媵皆是送義,讀從《檀弓》杜蕢"揚觶"之揚,揚訓爲舉,義勝於媵送。

三十 主人代君行酒,不立飲,賓辭

主人坐祭,遂飲,賓辭,卒爵拜,賓答拜。

釋曰:案《鄉飲酒》、《鄉射》主人酬賓,皆坐卒觶,此主人酬賓亦坐飲,賓辭之者,上文獻君,君立卒爵禮以立卒爵爲盛②,此主人代君酬賓,亦宜立飲,今"主人坐祭,遂飲",故鄭云"辭者,辭其代君行酒不立飲"。云"此降於正主酬也"者,正主謂《鄉射》、《飲酒》正主酬處。

三一 獻時禮盛賓卑,酬訖賓尊禮殺

主人降,復位。賓降筵西,東南面立③。

云"賓不立于序內,位彌尊也。位彌尊者,其禮彌卑"者,案上初賓得獻,降升之時,序內立,是不敢近賓席,是禮尊而賓卑,至此酬訖,立於席西,是賓位彌尊,禮漸殺,故云"彌卑"也。云"《記》所謂一張一弛者",《禮記·雜記》獻時爲盛,是一張也,酬時爲殺,是一弛也,無正文,故云"是之類與"。

---

① "蓋"字原作"益",四庫本及汪刻本均作"蓋",據改。
② "禮以"至"爲盛",原在頁眉處,占行十五至十七,乃了翁按語,謹依文義挪至此處。
③ "南面"原作"面位",四庫本作"南面",合於經,據改。

三二　二大夫媵爵于公，往來以右爲上

小臣作下大夫二人媵爵云云，序進盥，洗角觶云云，交于楹北。

釋曰：云“楹北，西楹之北也”者，二大夫盥手洗爵訖，先者升西階，由西楹之北向東楹之西，東面酌酒訖，右還，由西楹北向西階上北面，後者升西階，亦由西楹之北向東楹之西，酌酒訖，亦由西楹之北向西階上北面相待①，乃次第而降，故云“交而相待於西階之上，既酌，右還而反，往來以右爲上”。云“以右爲上”者，謂在洗南西面及階上北面時，先者在右，地道尊右故也。

三三　二大夫奠觶薦南，不敢必君舉

若君命皆致，則序進奠觶于篚云云，坐奠于薦南云云。

云“序進，往來由尊北，交于東楹之北”者，前二人酌酒，降自西階，故交于西楹之北，此酌酒，奠于君所，故交于東楹之北。交于東楹北者，以其酒尊所陳，在東楹之西，東向而陳②，其尊有四，并執幂者在南，不得南頭以之君所，又唯君面尊，尊東西面酌酒以背君，故先酌者東面酌訖，由尊北，又楹北往君所奠訖，右還而反，後酌者亦於尊北，又於楹北，與反者交③，先者於南西過，後者於北東行，奠訖亦右還而反，相隨降自西階。云“奠于薦南，不敢必君舉也”者，案《鄉飲酒》④、《鄉射》皆云“奠者於左，將舉者於右”，是《鄉飲酒》一人舉觶及二人舉觶，皆奠于薦右，今言媵爵於公，是將舉旅，當奠於薦右而奠於薦左，故云“不敢必君舉也”⑤。

---

①　“西”上原無“向”字，阮云：“段玉裁校本‘西’上有‘向’字。”據補。

②　“東向而陳”原作“西向南陳”，曹云：“‘西’當爲‘東’。”“南”字四庫本作“而”。據改。

③　“者”下原有“而”字，曹云：“‘而’衍字。”據刪。

④　“案”下原無“鄉飲酒”三字，阮云：“‘按’下一本增‘鄉飲’二字。周學健云：‘既有皆字，則當兼鄉飲明矣。’浦鏜改‘皆’爲‘記’。按下云‘是鄉飲酒一人舉觶’云云，則‘鄉射’上固當有‘鄉飲酒’三字，浦鏜非。”據補。

⑤　“是”下原無“鄉飲酒”至“必君舉也”四十五字，缺之義不全，謹據賈疏補。

三四　臣雖賓，皆拜堂下，君辭則升成拜

公坐取大夫所媵觶，興以酬賓。賓降西階下，再拜稽首。公命小臣辭，賓升成拜。

釋曰：云"升成拜，復再拜稽首也，先時君辭之，於禮若未成然"者，凡臣於君，雖爲賓，與君相酬，受爵不敢拜於堂上，皆拜於堂下，若君辭之，聞命即升，若堂下拜訖，君辭之即升堂，復再拜稽首，所以然者，以堂下再拜而君辭之，若未成然，故復升堂再拜稽首以成之，升則不云"再拜稽首"，直云"成拜"，以堂下既有"再拜稽首"，則此文是也。若堂下未拜之間，聞命則升，升乃再拜稽首，則不得言"升成拜"，以其堂下未拜，即下經云"小臣辭，賓升，再拜稽首"，鄭注云"不言成拜者，爲拜故下，實未拜"是也。

三五　凡臣拜於君有三等^①

凡臣拜於君有三等：初受酬^②，拜於堂下，或親辭，或遣小臣辭，成與未成^③，如上説；至公卒觶^④，雖下堂拜，未即拜，待君辭，即此下經云"公坐奠觶，答再拜，執觶興，立卒觶。賓下拜，小臣辭，賓升，再拜稽首"，注云"不言成拜者，爲拜故下，實未拜也。下不輒拜，禮殺也"；此篇末無筭爵，受公賜爵者皆下席，堂上再拜稽首^⑤，不堂下拜者，禮末又輕於酬時。

三六　賓拜于君左，經不言，嫌敵偶于君

賓下拜，小臣辭，賓升，再拜稽首。

云"此賓拜于君之左，不言之者，不敢敵偶于君"者，上注云公酬賓于

---

① "三五凡臣"至"有三等"，原在頁眉處，占行十四至十七，謹依題義挪至此處。

② "酬"字原作"獻"，曹云："'獻'當爲'酬'。"據改。

③ "未"字原作"不"，曹云："'不'當爲'未'。"據改。

④ "公卒觶"原作"於酬酒"，曹云："'於酬酒'三字或當爲'公卒觶'。"據改。

⑤ "拜"上原無"再"字，曹云："'拜'上脱'再'字。"據補。

西階上①,則此賓升再拜者,拜于君之左可知,經不言拜于君之左者,若言再拜于君之左,則臣與君敵偶。

三七　君尊不酌臣,凡爵不相襲

公坐奠觶,答再拜,執觶興。賓進受虛爵,降奠于篚,易觶洗。

云"君尊,不酌故也"者,以其君酬賓,當親酌以授賓,今賓自酌者②,君尊,不酌與臣故也。云"凡爵,不相襲者也。於尊者言更,自敵以下言易"者,"於尊者言更",謂受尊者之爵及與尊者爵皆言更,上文主人獻公訖,"受爵以降,奠于膳篚,更爵洗",酌膳以自酢,是受尊者之爵言更也,下文云賓酬卿,"若膳觶也,則降更觶",鄭注云"言更觶,卿尊也",是與尊者之爵言更。云"自敵以下言易"者,謂與卑者之爵及受卑者之爵皆云易,此文公酬賓云"賓進受虛爵,降奠于篚,易觶洗",言易者,賓卑③,以公舉觶酬賓,是與卑者,故言易。

三八　受酢受於尊者言更爵,受酬言易

主人受公酢,賓受公酬,二者之爵皆從尊者來④,所以受酢爲受尊者之爵言更,受酬爲與卑者之爵言易者,以其主人受酢,由己獻公,公報己,己所當得,是以爲尊者之爵言更也。賓受公酬,以公舉媵觶就西階上以酬賓,特爲賓舉旅,故以爲尊者與卑者之爵言易⑤。案下士舉旅,"公坐取賓所媵觶,唯公所賜。受者如初受酬之禮,降,更爵洗,升,酌膳",彼亦是尊者與卑者之爵,不言易而言更者,旅酬下爲上,尊前人。

---

① "云"上原無"注"字,曹云:"'云'上脫'注'字。"據補。
② "賓"下原有"爵"字,曹云:"'爵'字衍。"據刪。
③ "卑"字原作"尊",曹云:"'尊'當爲'卑'。"據改。
④ "二"字原作"三",四庫本及汪刻本均作"二",據改。
⑤ "與"前原有"之爵言更也"五字,應涉前文而衍,四庫本及汪刻本均無此五字,據刪。

三九　案《少牢》更爵、易爵似不别

又案《少牢》不儐尸，主婦致爵于主人，主婦更爵酢①，注云“更，猶易也”，若然，更與易似不别者，但更、易不殊，以尊卑不同，設文有異。

四十　凡下未拜，或禮殺，或君親辭

下拜，小臣辭，賓升，再拜稽首。

釋曰：云“凡下未拜有二，或禮殺，或君親辭”，云“禮殺”者，謂若酬時下爲拜，實未拜，辭之即升，再拜稽首是也。云“或君親辭”者，謂若《公食大夫》云公拜至，“賓降，西階東北面答拜，公降一等辭，賓升，不拜”，直言“階上北面再拜稽首”，是階下未拜，不得言升成拜，直言“再拜稽首”而已。

四一　賓升，再拜稽首，公阼階上答再拜②

公答再拜。

注：拜於阼階上也。

四二　賓請旅侍臣，必請者，不專君惠

釋曰：云“於是賓請旅侍臣”者，案下記云“凡公所酬，既拜，請旅侍臣”，鄭注云“既拜，謂自酌升拜時也。擯者阼階下告於公，還西階下告公許。旅，行也，請行酒於群臣。必請者，不專君惠也”，《大射》於此時賓請旅於諸臣。

---

① “酢”字原作“酬”，汪刻本及張、阮刻本均作“酢”，據改。
② “四一賓升”至“答再拜”，原在頁眉處，占行一至六，謹依題義挪至此處。

四三　賓以旅酬大夫,言大夫則卿在其間

賓以旅酬於西階上。射人作大夫長升受旅。

注:以次序勸。

釋曰:此經論旅酬先尊後卑之法,仍未行旅,下經“射人作大夫長”,乃始旅酬。遣射人作大夫者,燕或射,故使之。云“言作大夫,則卿存矣”者,以其卿稱上大夫,言大夫長,故知卿亦存在作中矣。云“長者尊先而卑後”者,賓則旅三卿,三卿徧,次第至五大夫,大夫徧①,不及士。

四四　酢時禮盛,坐卒爵,拜既爵,旅酬輕,反之

賓坐祭,立(飲)卒觶②,不拜。

釋曰:此對獻酢之時③,坐卒爵,拜既爵,是禮盛也,今旅酬立卒觶,不拜既爵,故云“禮殺”也。

四五　雖立爲賓,仍是大夫,卑於卿

若膳觶也,則降更觶洗,升,實散。大夫拜受,賓拜送。

案上文體例,與卑者之爵稱易,與尊者之爵稱更,雖立爲賓,仍是大夫爲之,是賓卑於卿,故言更觶者,卿尊。

四六　君爲賓舉旅行酬,君禮成,乃獻卿

主人洗,升實散,獻卿于西階上。

---

① “大夫”下原不重“大夫”二字,汪刻本及張、阮刻本均重“大夫”二字,據補。

② “立”下漢簡本無“飲”字,沈云:“《泰射》第28簡同節‘賓坐祭立卒觚(觶)不拜’,今本亦無‘飲’字,與簡本同。此旅酬節,賓酬大夫長而先自飲。《鄉射‧記》‘立卒爵者不拜既爵’,此不拜則立卒爵也。云‘立飲卒爵’,先飲而後卒爵,必變立而坐,坐卒爵則當拜既爵,此云‘不拜’則無‘飲’字可知。今本蓋涉酬賓節而衍。”當據刪。

③ “酢”上原無“獻”字,曹云:“‘酢’上脫‘獻’字。”據補。

注：酬而後獻卿，別尊卑。

釋曰：自此盡“無加席”，論主人獻孤卿之節。此酬非謂尋常獻酬，乃是君爲賓舉旅行酬，以其主人獻君，君酢主人，主人不敢酬君，故使二大夫媵爵于公，以當酬處，所以覆獻也。但君恩既大，爲賓舉旅，飲酒之禮成於酬，故酬辨乃獻卿，以君尊卿卑，是以君禮成，卿乃得獻，故云“別尊卑也”。

儀禮要義卷第十五　燕禮二

一　三卿重席於賓東，每卿異席

司宮兼卷重席，設于賓左，東上。

釋曰：此經設三卿之席，在於賓東。“言兼卷，則每卿異席也”者，若三卿同席，則直云“卷重席”，不須言“兼”，今云“兼卷”，則兼三卿重席皆卷之，故知每卿皆異席也。云“重席，重蒲筵”者，案《公食大夫記》云“司宮具几與蒲筵常①，緇布純，加萑席尋，玄帛純”，彼爲異國之賓，有蒲筵、萑席兩種席，故稱加，上小臣設公席與《大射》席公及賓皆稱加②，亦是兩種席，兩種而稱加，此燕己臣子，一種席重設之，故不稱加。若然，案《鄉飲酒》云“席于賓東，公三重，大夫再重。公升如賓禮，大夫則如介禮，有諸公則辭加席”，《鄉射》亦云“大夫辭加席”，案彼二文雖稱加，上文云三重、再重，則無異席，故彼記直云“蒲筵”。彼云“加”者，以上席加於下席，故鄭彼注云“加席③，上席也”，故此下注云“重席雖非加，猶爲其重累去之”，是其一種席也。

二　《飲》、《射》公、大夫之席統於遵，此卿坐統於君

云“卿坐東上，統於君也”者，決《鄉飲酒》、《鄉射》諸公、大夫席于尊東，西上，彼遵尊於主人，故鄭注云“統於尊”，此爲君尊，故統於君而東上也。云“席自房來”者，案《公食記》云“宰夫筵，出自東房”。

---

① “記”字原作“既”，四庫本及汪刻本均作“記”，《公食大夫記》有此文，據改。
② “與大”至“及賓”原作“與公食大夫席及賓”，曹云：“當爲‘與大射席公及賓’。”據改。
③ “彼”下原無“注”字，曹云：“‘彼’下脱‘注’字。”據補。

三　卿重席非加，猶辭之，以辟君

卿升，重席，司宫徹之。

云“重席雖非加，猶爲其重累去之，辟君也”者，案《鄉射》云“大夫辭加席”之等，皆是異席而辭之①，此重席重蒲筵，不合辭，以君有加席兩重，故辭之以辟君。

四　鄭以諸公爲大國之孤，容牧有三監

卿皆升就席。若有諸公，則先卿獻之，如獻卿之禮。

云“諸公者，謂大國之孤也”，知者，《周禮·典命》云“公之孤四命”，侯伯已下不言孤，故據大國而言。云“孤一人”者，鄭司農注《典命》云“上公得置孤卿一人”，後鄭從之，故此亦云“孤一人”，與司農義同。云“言諸者，容牧有三監”者，以其言“諸”，非一人，案《王制》云“天子使其大夫爲三監，監於方伯之國，國三人”，彼是殷法，用之周制②，使伯佐牧，不置監，周公制禮，因殷不改者，若《士冠》醮用酒之類，故鄭云“容”，言容有異代之法。據《周禮》，天子大夫四命，與孤等，故同稱公。

五　席孤北面，無加席，以近君屈之

席于阼階西，北面東上，無加席。

釋曰：案上文卿初設重席，辭之乃徹，此孤北面，無加席者，皆是爲大尊屈之也。云“亦因阼階西位近君，近君則屈，親寵苟敬私昵之坐”者③，案下記云“賓爲苟敬，席于阼階之西”以爲敬，此孤亦席於阼階之西。

---

①　“皆是”至“辭之”，上疏引《鄉射》文而云“無異席”，此又云“皆是異席而辭之”，前後牴牾。曹云：“此與上節疏違，未喻其故，疑有譌也。”姑仍其舊。

②　“用”字原作“同”，阮云：“毛本‘同’作‘用’。”曹云：“‘同’，殿本作‘用’。”倉石云：“‘同’，注本俱作‘用’。今案，或當爲‘彼舉殷法言之’”。據毛本、殿本改。

③　“亦因”至“則屈”，乃了翁增補之注文，原疏無此文。又，“因”字原作“爲”、後一“君”字上原無“近”字，注作“因”、有“近”字，據改補。

六　小臣請,二大夫媵爵如初

小臣又請媵爵者,二大夫媵爵如初。

釋曰:自此至"送觶,公答再拜",論一人致爵于公之事。云"二大夫媵爵如初"者,亦上二人媵爵,"媵爵者阼階下皆北面,再拜稽首,公答再拜。媵爵者立于洗南,西面北上,序進盥,洗角觶,升自西階,序進酌散,交于楹北,降阼階下,皆奠觶,再拜稽首,執觶興,公答再拜。媵爵者皆坐祭,遂卒觶,興,坐奠觶,再拜稽首,執觶興,公答再拜。媵爵者執觶待于洗南",相似也,故言"二大夫媵爵如初"也。

七　爲賓舉旅,又爲卿舉旅

公又行一爵,若賓若長,唯公所酬。

釋曰:自此至"奠于篚",論爲卿舉旅之事。知一爵是先媵者之下觶者,以其前大夫二人媵爵,皆奠于薦南,以其上觶者以爲賓舉旅,今又行一爵,故知"先媵者之下觶也",其後媵一觶者留之,後爲大夫舉旅也。

八　大夫不酢主人,又不拜既爵,禮又殺於卿

主人洗,升,獻大夫于西階上云云,立卒爵,不拜既爵。

釋曰:自此盡"皆升就席",論獻大夫之節。云"不拜之者,禮又殺"者,前卿受獻不酢①,辟君,已是禮殺,今大夫受獻,不但不酢主人,又不拜既爵,故云"禮又殺"。

九　大夫獻後乃席,徧獻乃薦,降於卿

辯獻大夫,遂薦之,繼賓以西,東上。

釋曰:凡大夫升堂受獻,得獻訖,即降,獻徧,不待大夫升,遂薦於其

---

① "酢"上原有"酬"字,汪刻本及張、阮刻本均無"酬"字,據删。

位,大夫始升,故言"遂"也①。云"徧獻之乃薦,略賤也"者,決上卿與賓得獻即薦,貴故也。云"亦獻而後布席也"者,亦上獻卿之時,司宫兼卷重席設於賓左,此大夫不言設席,明亦得獻後即布席也。

十　燕禮小卿、大卿皆在賓東,與大射異②

若然,案《大射》"席小卿賓西,東上",注云"席於賓西,射禮辨貴賤也",以此言之,燕禮主歡,不辨貴賤,小卿與大卿皆在賓東,故此賓西無小卿位。

十一　作樂有歌、笙、間、合四節

席工于西階上,少東。樂正先升,北面立于其西。

釋曰:自此至"降,復位",論作樂之事。此上下作樂之中有四節:升歌,一;笙,二;間,三;合樂,四。

十二　凡執技藝者稱工,此工瞽矇諷誦詩者

釋曰:"工,瞽矇歌諷誦詩者也"者,案《周禮・瞽矇》"掌播鼗,諷誦詩",鄭云"諷誦詩,謂闇讀之不依詠也",彼不依琴瑟闇讀之,即《爾雅》"徒歌曰謠",此作樂之時依於瑟,即《詩》注云"曲合樂曰歌",一也,故下云"工歌《鹿鳴》"之類是也。云"凡執技藝者稱工"者,"執技藝"文出於《王制》,但能其事者皆稱工,是以引《少牢饋食》,祝稱工,《樂記》師乙爲大師,樂官亦稱工,至於《冬官》巧作者,皆稱工。

十三　小樂正當天子樂師,大樂正不當大司樂③

云"樂正,于天子樂師也",知樂正與樂師相當者,案《周禮・樂師職》

---

① "故言遂也","言"字漫漶,據再造善本及四庫本寫定。
② "十燕禮"至"大射異",原在頁眉處,占行一至六,謹依題義挪至此處。
③ "十三小樂"至"大司樂",原在題十二下別行另起,謹依題義挪至此處。

云"凡樂成,則告備",此樂正告樂備,故知樂正當天子樂師。"樂師,下大夫四人,上士八人,下士十有六人",樂師大小多矣,此諸侯樂正亦有大小之名也,故《大射》云"小樂正從之",鄭注云"小樂正,於天子樂師也",是其諸侯樂正雖有大小,當天子樂師。知大樂正不當天子大司樂者,以其天子大司樂不告樂備,故不得以大樂正當之。但大射主於射,略於樂,故小樂正告樂備,此燕主歡心,故大樂正告樂備,故不同。

十四　工四人從大夫制,《公羊傳》乃舞人數

小臣納工,工四人,二瑟云云。

釋曰:"工四人者,燕禮輕,從大夫制也"者,鄭言此者,決大射禮重,工六人,從諸侯制。案《公羊傳》"諸公六,諸侯四",若然,知非大射是諸公制,此燕禮是諸侯制者,案《鄉射》皆工四人,是大夫制,則諸侯不得有工四人,五等諸侯同六人,彼《公羊》六人、四人不同者,自是舞人之數,不得以彼決此也。

十五　燕尚樂面鼓,燕輕於大射,故小臣相工

云"面鼓者,燕尚樂,可鼓者在前也"者,此決《鄉飲酒》"左何瑟,後首",臣降於君故也。引"天子大僕二人也"者,《周禮·序官》文,引之者,此經小臣相工,《大射》云"僕人正徒相大師,僕人師相少師,僕人士相上工",僕人以下,同官既多,遞換相工,但大射辨尊卑,故僕人正等相工,此燕禮輕,故小臣相工,是以引《周禮》明同官人多①,得相參之意。

十六　工歌《小雅》之三,各有取義

工歌《鹿鳴》、《四牡》、《皇皇者華》。

注②:三者皆《小雅》篇也。《鹿鳴》,君與臣下及四方之賓宴,講道脩

---

① "引周禮明同官"原作"別周禮同官",曹云:"'別'當爲'引','同'上似脱'明'字。"據改補。

② "華"下原無"注"字,四庫本有"注"字,據補。

政之樂歌也，此采其已有旨酒，以召嘉賓，嘉賓既來，示我以善道，又樂嘉賓有孔昭之明德可則傚也。《四牡》，君勞使臣之來樂歌也，此采其勤苦王事，念將父母，懷歸傷悲，忠孝之至，以勞賓也。《皇皇者華》，君遣使臣之樂歌也，此采其更是勞苦，自以爲不及，欲諮謀於賢知而以自光明也。

十七　工歌乃獻之，賤者先就事①

釋曰：云“工歌乃獻之，賤者先就事也”者，歌《詩》是其事，先施功勞，乃始獻之，是“賤者先就事”，對工以上不就事而得獻也，故《大射》注云“工歌而獻之，以事報之”是也。

十八　工北面，以西爲左

云“左瑟，便其右”者，工北面，以西爲左，空其右受獻便者，酒從東楹之西來，故以右爲便。案《大射》云“獻工，工左瑟”，鄭注云“大師無瑟，於是言左瑟者，節也”，以其經云“僕人正徒相大師”，無瑟，言大師左瑟者，爲飲酒之節，此與《鄉飲酒》同，無所分別，大師或瑟或歌，是以不得言節也②。

十九　衆工、衆笙皆洗、皆祭，工拜於席

《鄉飲酒》“大師則爲之洗”，則衆工不洗也。此經“主人洗，升獻工”，不辨大師與衆工，則皆爲之洗爵，又案《鄉飲酒記》“不洗者不祭”，此篇與《大射》群工與衆笙皆言祭，故知皆爲之洗。云“工拜於席”者，以經云“工不興③，左瑟”，即云“一人拜受爵”，不見有降席之文，明工拜於席可知。

---

① “十七工歌”至“先就事”，原在頁眉處，占行十四至十八，謹依題義挪至此處。
② “也”字原作“之”，曹云：“‘之’當爲‘也’。”倉石云：“殿本‘之’改爲‘也’字。”據改。
③ “興”上原無“不”字，曹云：“案‘興’上脱‘不’字。”據補。

二十　燕尚飲,故歌後笙前舉旅,與大射異

公又舉奠觶,唯公所賜,以旅于西階上,如初。

釋曰:此燕尚飲酒,故工歌之後,笙奏之前,而爲大夫舉旅。大射雖行燕禮,主於射,故至射畢①,乃爲大夫舉旅。云"言賜者,君又彌尊,賓長彌卑"者,案上爲賓舉旅,直云"公興以酬賓",爲卿舉旅而云"若賓若長",言"若"不定,科酬其一,不專爲賓,是君禮漸尊,賓禮漸殺。雖然,猶言酬,至此言"唯公所賜"者,以上下言之。

二一　舉旅酬畢曰卒

卒。

注:旅畢也。

釋曰:言"旅畢"者,謂爲大夫舉旅酬,行於西階之上②,或從賓,或從卿,次第盡大夫。

二二　笙詩三篇注與《鄉射》同,惟"縣中"、"磬南"異

笙入,立于縣中,奏《南陔》、《白華》、《華黍》。

注③:以笙播此三篇之詩。縣中,縣中央也。《鄉飲酒禮》曰:"磬南北面,奏《南陔》、《白華》、《華黍》",皆《小雅》篇也,今亡,其義未聞。昔周之興也,周公制禮作樂,采時世之詩以爲樂歌,所以通情相風切也,其有此篇明矣。後世衰微,幽、厲尤甚,禮樂之書稍稍廢棄。孔子曰:"吾自衛反魯,然後樂正,《雅》、《頌》各得其所。"謂當時在者而復重雜亂者也,惡能存其亡者乎?且正考父校商之名《頌》十二篇于周大師,歸以祀其先王,

---

① "故至射畢"原作"故笙之間至射",倉石云:"'故笙之間至射'《正字》作'至三射之後'五字;殿本作'故笙奏貍首三射畢'八字,《校釋》云'笙之間'三字涉上而衍,'射'下脱'畢'字。"據曹校删補。

② "酬行"原作"行酬",汪刻本及張、阮刻本均作"酬行",據乙。

③ "以"上原無"注"字,四庫本有"注"字,據補。

至孔子二百年之間,五篇而已,此其信也。

釋曰:此笙奏《南陔》、《白華》、《華黍》三篇等,經注與《鄉射》同,亦不復重釋。但此云"笙入,立于縣中",以其諸侯軒縣,闕南面而已,故得言"縣中",《鄉飲酒》唯有一磬縣而已,不得言"縣中"而云"磬南"①,注引《鄉飲酒》者,欲見此雖軒縣,亦北面縣之南也②。

二三　獻笙西階上,不升堂

主人洗,升,獻笙于西階上。一人拜,盡階,不升堂,受爵,降,主人拜送爵。階前坐祭,立卒爵,不拜既爵,升授主人。

注③:一人,笙之長者也。《鄉射禮》曰"笙一人拜于下"。

二四　笙間六詩皆《小雅》

衆笙不拜,受爵降,坐祭,立卒爵,辯有脯醢,不祭。乃間,歌《魚麗》、笙《由庚》;歌《南有嘉魚》,笙《崇丘》;歌《南山有臺》,笙《由儀》。

注④:間,代也,謂一歌則一吹也。六者皆《小雅》篇也。《魚麗》言太平年豐物多也,此采其物多酒旨,所以優賓也。《南有嘉魚》言太平君子有酒,樂與賢者共之也,此采其能以禮下賢者,賢者纍蔓而歸之,與之宴樂也。《南山有臺》言太平之治以賢者爲本也,此采其愛友賢者,爲邦家之基、民之父母,既欲其身之壽考,又欲其名德之長也。《由庚》、《崇丘》、《由儀》今亡,其義未聞。

---

① "鄉飲酒"至"磬南",曹云:"磬編縣之,一磬亦得言縣中。《鄉射禮》曰'笙入立于縣中',疏似失之。"
② "亦"字原作"近",倉石云:"殿本作'亦近縣之南北面也'。今案'近'或'亦'字之譌,餘當仍舊。"據改。
③ "人"下原無"注"字,四庫本有"注"字,據補。
④ "間"上原無"注"字,四庫本有"注"字,據補。

二五　鄭以《召南》爲興王,《周南》爲受命

遂歌鄉樂《周南》:《關雎》、《葛覃》、《卷耳》;《召南》:《鵲巢》、《采蘩》、《采蘋》。

注①:《周南》、《召南》,《國風》篇也,王后、國君夫人房中之樂歌也。《關雎》言后妃之德,《葛覃》言后妃之職,《卷耳》言后妃之志,《鵲巢》言國君夫人之德,《采蘩》言國君夫人不失職也,《采蘋》言卿大夫之妻能脩其法度也。昔大王、王季居于岐山之陽,躬行《召南》之教以興王業。及文王而行《周南》之教以受命。《大雅》云"刑于寡妻,至于兄弟,以御于家邦",謂此也。其始一國爾,文王作邑于豐,以故地爲卿士之采地,乃分爲二國,周,周公所食也,召,召公所食也。於時文王三分天下有其二,德化被于南土。是以其詩有仁賢之風者屬之《召南》焉,有聖人之風者屬之《周南》焉。夫婦之道者,生民之本,王政之端。此六篇者,其教之原也,故國君與其臣下及四方之賓燕,用之合樂也。鄉樂者,《風》也。《小雅》爲諸侯之樂,《大雅》、《頌》爲天子之樂。鄉飲酒升歌《小雅》,禮盛者可以進取。燕合鄉樂者,禮輕者可以逮下也。《春秋傳》曰:"《肆夏》、《繁遏》、《渠》,天子所以享元侯也。《文王》、《大明》、《綿》兩君相見之樂也。"然則諸侯相與燕,升歌《大雅》,合《小雅》也。天子與次國、小國之君燕,亦如之,與大國之君燕,升歌《頌》,合《大雅》。其笙、間之篇未聞。

二六　歌鄉樂,鄭以合樂解,"歌"與"合"同

云"遂歌鄉樂"者,《鄉飲酒》云"乃合樂",與此文不同者,以其《二南》是大夫、士樂,大夫、士或作鄉大夫②,或作州長,故名鄉大夫樂。《鄉飲酒》不言"鄉樂"者③,以其是己之樂,不須言鄉,故直言"合樂"。此燕禮是諸侯禮,下歌大夫、士樂,故以"鄉樂"言之。又《鄉飲酒》注云"合樂,謂歌與衆聲俱作",彼經有"合樂"之字故也,此經無"合樂"之字,故闕而不言,

---

① "周"上原無"注"字,四庫本有"注"字,據補。
② "鄉"字原作"卿",四庫本及汪刻本均作"鄉",據改。
③ "飲"上原無"鄉"字,阮云:"毛本'飲'上有'鄉'字。"據補。

其實此歌"鄉樂",亦與衆聲俱作,是以彼處解"合"爲"歌與衆聲俱作"耳,此"歌"而解"合",明同也。

二七　歌、笙、間、合各三終,爲一備

大師告于樂正曰:"正歌備。"

注:升歌及笙各三終,間歌三終,合樂三終,爲一備。

知升歌以下四節皆三終者,案《禮記·鄉飲酒義》云"工入,升歌三終,主人獻之。笙入三終,主人獻之。間歌三終,合樂三終①,工告樂備",故知皆三終,彼與此經間歌、合樂不獻之者,但間歌、合樂還是始升歌、笙奏之人②,前已得獻,故不復重獻。云"備亦成也"者,案《周禮·樂師職》云"凡樂成,則告備"。

二八　燕禮主於樂,故大樂正升堂,大射小樂正升

樂正由楹内東楹之東告于公,乃降,復位。

"言由楹内者",以其樂正與工俱在堂廉,則楹南無過處,故由楹内適東楹之東告于公。云"復位,位在東縣之北"者,案大射略於樂,小樂正升堂,經有左右正,則知亦有大樂正,至大師等降立於鼓北東面時③,小樂正亦降,立於其南,北面,卒管,工向東坫之東南,西面北上坐時④,鄭注云"於是時,大樂正還北面立於其南",臣位尊東,明工升堂時,小樂正升,大樂正東方西面,工來東坫之東南西面時,大樂正東縣之北,北面,其小樂正則立於西階下,東面,此燕禮主於樂,故大樂正升堂,今降,明復於東縣之北,北面也。

---

① "工"上原無"合樂三終"四字,汪刻本及張、阮刻本均有"合樂三終"四字,據補。

② "之"下原無"人"字,倉石云:"《校勘記》云'之'下脱'人'字。"據補。

③ "至大"至"面時"原作"至席工於西階上少東東面時",曹云:"當爲'至大師等降立於鼓北東面時'。"據改。

④ "面"字原作"南",四庫本及汪刻本均作"面",據改。

二九　堂上未立司正已舉旅，堂下立司正乃旅

射人自阼階下請立司正，公許，射人遂爲司正。

釋曰：自此盡“皆反坐”，論立司正，遂行所監之事。云“君三舉爵”者，爲賓、爲卿、爲大夫舉旅。云“樂備作矣”者，歌、笙、間、合四者備作，各三終矣。

三十　《鄉飲》、《射》立司正后旅酬，與《燕》異①

案《鄉飲酒》、《鄉射》立司正後始行旅酬者，彼是士饗禮，饗禮之法，莫問尊卑，徧獻之後乃行旅酬，故立司正之後乃行旅酬，此燕禮，國君燕其臣子，雖一獻以辨尊卑，故主人獻君而受酢②，主人卑，不敢酬公，獻之禮成於酬，故使大夫媵觶於公，當酬公，君行大惠，即舉之爲賓，賓得觶，請旅諸臣徧卿大夫，乃成一獻之禮，復獻卿、大夫，皆爲之舉旅行酬，皆成其獻，但卿、大夫皆堂上有位，近君，不敢失禮，故雖舉旅行酬而未立司正，作樂後，將獻群士，士職卑，位在堂下，將爲士舉旅，恐失禮，故未獻之前即立司正監之，故不同也。

三一　司正命卿大夫“君曰以我安”③，鄭兩解

司正受命，命卿、大夫：“君曰以我安。”卿、大夫皆對曰：“諾。敢不安！”

釋云：“君意殷勤，欲留賓飲酒，命卿、大夫以我故安”者，以主人安，客乃安，故欲安賓，先語卿、大夫以我意，故須安也。云“或亦其實不主意於賓”者，鄭意兩解，前解主意爲賓，故使卿、大夫爲賓安，或亦其實不專主爲賓，兼群臣共安也④。

---

① “三十鄉飲”至“與燕異”，原在頁眉處，占行二至六，謹依題義挪至此處。

② “酢”字原作“酬”，曹云：“‘酬’殿本作‘酢’。”據改。

③ “曰”上原無“君”字，四庫本正文有“君”字，合於經，據補，正文亦補。

④ “共”字原作“其”，正文同，四庫本及汪刻本均作“共”，據改。

三二　堂上立行禮不説屨，燕坐必説屨

賓反入，及卿、大夫皆説屨，升就席，公以賓及卿、大夫皆坐，乃安。

釋曰：凡在堂立行禮不説屨，安坐則説屨，故鄭云"凡燕坐必説屨"，以其屨在足，賤，不宜在堂陳於尊者之側也。云"禮者尚敬，敬多則不親，燕安坐，相親之心"者，《左氏傳》云"饗以訓恭儉"，設几而不倚，爵盈而不飲，"燕以示慈惠"，饗在廟，立行禮，是"敬多則不親"者也，燕在寢，以醉爲度，是"相親之心"者也。若然，且云賓及卿、大夫説屨，不云君降説屨，則君屨説之在堂上席側①，是以《禮記・少儀》云"排闔説屨於户内者，一人而已矣"，彼據尊者坐在室，則尊者一人説屨在户内，今此燕在堂上，則君尊説屨於席側可知也。

三三　未坐前骨體以致敬，説屨後庶羞盡愛

羞庶羞。

注："謂膴"至"之道"。釋曰：案《大射》云"羞庶羞"，注云"所進衆羞，謂膴肝膋、狗胾醢也。或有炮鼈、膾鯉、雉兔、鶉鴽"，大射先行燕禮，明與彼同，此注不言"炮鼈"已下，注文不具，鄭知有此物者，以經云"庶羞"，不唯二豆而已。案《内則》"爲肝膋，取狗肝一，幪之以其膋②，濡炙之，舉燋其膋，不蓼"，注云"膋，腸間脂"，此及《大射》其牲皆用狗，故知有肝膋、狗胾。知有"炮鼈、膾鯉"者，《詩》云"吉甫燕喜，飲御諸友，炮鼈膾鯉"，又《内則》及《公食大夫》上大夫二十豆，有雉兔、鶉鴽，《禮記・王制》云"庶羞不踰牲"，此燕用狗，亦可有此物而已③。《鄉飲酒》、《鄉射》亦有狗，但經直云"羞"，不云"庶"，是以鄭注云"胾醢"，明二豆無餘物也。云"骨體所以致敬也"者，據未坐以前，"庶羞所以盡愛"，據説屨已後也。

---

①　"屨説"原作"説屨"，曹云："'説屨'二字當倒。"據乙。

②　"幪"字原作"蒙"，阮云："按，《内則》作'幪'。"倉石云："'蒙'各本作'幪'，與《内則》合。案《大射》單疏本亦作'幪'。"據改。

③　"亦"字原作"必"，曹云："'必'似當爲'亦'。"據改。

三四　君命無不醉，賓及卿、大夫興對

司正升受命，皆命：“君曰無不醉。”皆興，對曰：“諾。敢不醉！”皆反坐。

釋曰：云“起對必降席”者，經云“反坐”，不云“降”，明起對必降席，既對乃反坐也，是以《孝經》云“曾子避席，曰：‘參不敏’”，亦是起對也。

三五　大夫用觚，旅乃觶，此獻士即用觶

主人洗，升，獻士于西階上。士長升，拜受觶，主人拜送觶。

釋曰：自此盡“立飲”，論獻士之事。云“獻士用觶，士賤也”者，對上大夫已上獻用觚，旅酬乃用觶，此獻士即用觶，故云“士賤也”。不從今文觚者，若從觚，與大夫已上何異？

三六　燕末行射，如鄉射之禮

若射，則大射正爲司射，如鄉射之禮。

釋曰：此一經論燕末行射之節。云“大射正爲司射”者，燕禮輕，又不主爲射，故射人爲擯，又爲司正，至射時，大射正爲司射。大射之時略於燕，主於射，故大射正爲擯，又爲司正，至射又親其職，故不同爲司射也。

三七　酬皆用觶，此媵觚誤，以角旁氏似觚

賓降洗，升①，媵觚于公。

注：酬之禮皆用觶，言觚者，字之誤云云②。

釋曰：自此盡“賓反位”，論賓媵爵於公之節。云“古者觶字或作角旁氏，由此誤爾”者，案《冬官·梓人》“爲飲器，勺一升，爵一升，觚三升。獻

---

① “洗”下原無“升”字，四庫本有“升”字，合於經，據補。
② “字”下原無“之”字，四庫本有“之”字，合於注，據補。

以爵而酬以觚,一獻而三酬,則一豆矣"。鄭引南郡太守馬季長云"觚當爲觶,豆當爲斗",鄭康成云"古者觶角旁氏,似觚,故誤爲觚,時人又多聞觚,寡聞觗①,是以誤。"

三八　此反位是反席,以堂下無席

賓反位。

釋曰:知反位是反席者,以其堂下無席,堂上乃有之,而曰"賓升成拜",不云"降",明下"反位"者②,反席可知也。

三九　爲士舉旅有執爵行之,若漢時坐勸酒

四十　前三舉旅皆酬者自酌授人③

公坐取賓所牒觶,興,唯公所賜。

釋曰:自此盡"士旅酬,卒",論君爲士舉旅之事。云"唯公所賜"者,辭與爲大夫舉旅同也。云"至此又言興者,明公崇禮不倦也"者,以其説屢升坐之後,理當倦,今言興,明不倦矣。

有執爵者。

無筭,坐勸酒,有執爵行之者,今此爲士舉旅,亦有執爵行之,若無筭爵然,故"士有盥升主酌授之者"④。若然,前三舉旅皆酬者自酌授人也。

坐行之,若今坐勸酒此注。

---

①　"觚"字原作"觗",汪刻本及張、阮刻本均作"觚",合於鄭説,據改。

②　"下"字原作"上",曹云:"'上'似當爲'下'。"據改。

③　"四十前三"至"酌授人",此題原在題三九下別行另起,"無筭坐"至"授人也"乃與此題對應之文字,涵于題三九所領正文内,不宜段分,故仍其舊。

④　"故"字原作"後",曹云:"'後'當爲'故'。"據改。

四一　大夫興，酬士，士立堂下，無坐位

大夫卒受者以爵興，西階上酬士云云。

云"興酬士者，士立堂下，無坐位"者，凡禮，堂上有席者坐，堂下無席者立，是以《禮記·檀弓》工尹商陽是士而云"朝不坐"，堂下無坐位者也。

四二　獻庶子、外內臣，言內小臣，徧獻可知

卒。主人洗，升自西階，獻庶子于阼階上，如獻士之禮，辯，降洗，遂獻左右正與內小臣，皆於阼階上，如獻庶子之禮。

注①：庶子，掌正六牲之體及舞位，使國子脩德學道，世子之官也，而與膳宰、樂正聯事。樂正亦學國子以舞。左右正，謂樂正、僕人正也。小樂正立于西縣之北，僕人正、僕人師、僕人士立于其北，北上，大樂正立于東縣之北。若射，則僕人正、僕人士陪于工後。內小臣，奄人，掌君陰事、陰令，后夫人之官也。皆獻于阼階上，別於外內臣也。獻正下及內小臣，則磬人、鍾人、鑮人、鼓人、僕人之屬盡獻可知也。凡獻，皆薦也。

四三　諸子即諸侯庶子之官②

釋曰：此一經獻庶子以下之節。云"庶子，掌正六牲之體及舞位，使國子脩德學道，世子之官也"者，案《周禮·諸子職》云"大祭祀，正六牲之體。凡樂事，正舞位。國子存遊倅，使之脩德學道"，彼天子諸子之官，屬大子，若據諸侯，爲世子之官③，引之者，以天子謂之諸子，諸侯謂之庶子，掌公卿大夫士之適子，掌事是同，故取《諸子職》解此庶子之事。云"而與膳宰、樂正聯事"者，以掌"正六牲之體"，得與膳宰聯事，掌"國子脩德學道"，得與樂正聯事，以其樂正亦掌教國子故也。言此者，欲見膳宰

---

①　"庶"上原無"注"字，四庫本有"注"字，據補。

②　"四三諸子"至"子之官"，原在頁眉處，占行二至五，謹依題義挪至此處。

③　"世"字原作"庶"，汪刻本及張、阮刻本均作"世"，據改。

得獻,此庶子亦得獻之意。云"樂正亦教國子以舞"者①,欲見庶子掌國子得與樂正聯事。云"左右正"②,謂樂正、僕人正也","僕人正"以下至"北上",鄭知義然者,見《大射禮》而知。云"左右正"者,據中庭爲左右,《大射禮》工遷於東,僕人正亦與樂正同處,名曰左正,復云右正,明是小樂正在西爲右也③,若小樂正不在西,大射之禮不得有左右正之文,又兩面俱縣,明大、小樂正各監一縣。

四四　庶子至内小臣獻於阼,以別於他臣

四五　外臣六卿以出,内謂朝廷,猶外内命夫④

云"内小臣⑤,奄人,掌君陰事、陰令,后夫人之官也"者,案《天官·小臣·序官》云"内小臣,奄,上士四人",其職云"掌王之陰事、陰令",鄭注云"陰事,羣妃御見之事。陰令,王所求爲於北宫",彼后之官,兼云夫人者,欲見諸侯夫人内小臣亦與后之内小臣職同,故雙言之。云"皆獻於阼階上,别於外内臣也"者,臣云外内者,案《周禮》有外内命夫,鄭注云"外命夫,六卿以出",案内命夫,朝廷卿大夫,則諸侯臣在鄉遂及采地者爲外臣,在朝廷者爲内臣,但外内臣皆獻於西階上,此獻於阼階,故云"别於外内臣也"。

四六　無筭爵對四舉旅前皆有次、有數

無筭爵。
注:"筭數"至"而止"。釋曰:自此盡"無筭樂",論酒行樂作無次數之

---

①　"教國子以舞",乃疏述注文,注作"學國子以舞",《釋文》曰:"學,户教反,教也。"知學義爲教,故疏徑改作"教",此仍其舊。

②　"左"上原無"云"字,汪刻本及張、阮刻本均有"云"字,據補。

③　"右"字原作"一",倉石云:"'一'當從各本作'右'。"據改。

④　"四五外臣"至"内命夫",原在頁眉處,占行三至八,"云皆獻"至"内臣也"乃與此題對應之文字,涵于題四四所領正文内,不宜段分,謹依題義挪至此處。

⑤　"臣"上原無"小"字,汪刻本及張、阮刻本均有"小"字,合於注,據補。

節。云"爵行無次無數"者,此對四舉旅以前皆有次、有數。

四七　席以東爲上,席下謂席西

云"席下席,西也"者,賓與卿、大夫席皆南面,統於君,皆以東爲上。

四八　燕末拜下,不稱賓,皆正臣禮

四九　待無筭爵徹冪與《鄉飲》賓至則徹異[①]

士不拜受爵,大夫就席,士旅酬亦如之。公有命徹冪,則卿、大夫皆降西階下,北面東上,再拜稽首。公命小臣辭,公答再拜,大夫皆辟。

注[②]:命徹冪者,公意殷勤,必盡酒也。小臣辭,不升成拜,明雖醉,正臣禮也。不言賓,賓彌臣也。君答拜於上,示不虛受也。

釋曰:云"士旅酬亦如之"者,亦如大夫相酬之法[③]。云"公有命徹冪"者,此君尊在東楹之西,專大惠,故待無筭爵乃徹冪,《鄉飲酒》尊在房戶之間,賓主共之,故賓至則徹之,與此異也。云"小臣辭,不升成拜,明雖醉,正臣禮也"者,臣之禮,當下拜爲正,今不言升成拜者,於下已拜,是雖無筭爵已醉而不倦行臣禮,禮之正也。云"不言賓,賓彌臣也"者,經直言"卿、大夫皆降",不別言賓,是燕末賓同於臣,言"彌"者,上旅酬云"若賓若長",猶言賓,但言賜,不言酬,已是賓卑,今乃没賓[④],不言賓,是"賓彌臣",故同臣例也。

[①]　"四九待無"至"則徹異",原在頁眉處,占行二至七,"云公有"至"此異也"乃與此題對應之文字,涵于題四八所領正文内,不宜段分,謹依題義挪至此處。

[②]　"命"上原無"注"字,四庫本有"注"字,據補。

[③]　"如"上原無"者亦"二字,汪刻本及張、阮刻本均有"者亦"二字,據補。

[④]　"没"字原作"設",阮云:"陳、閩'設'俱作'没'。周學健云:'謂經没其文而不見也,《大射儀》卿大夫皆降節疏亦有没賓之語,可証'。"據改。

五十　君答拜於上,示不虛受①

云"君答拜於上,示不虛受也"者,案《燕義》云"禮無不答,言上之不虛取於下也",彼釋此言也,但彼言"不虛取於下"者,總申此燕禮君答拜之事,不獨爲此言也。

五一　凡燕設燭者,射後終宴則至宵

宵則庶子執燭於阼階上,司宮執燭於西階上,甸人執大燭於庭,閽人爲大燭於門外。

注②:宵,夜也。燭,燋也。甸人,掌共薪蒸者。庭大燭,爲位廣也。閽人,門人也。爲,作也,作大燭以俟賓客出。

釋曰:凡燕法設燭者,或射之後,終宴則至宵也,或冬之日不射亦宵,夏之日不射未必至宵也。云"燭,燋也"者,古者無麻燭而用荆燋,故《少儀》云"主人執燭抱燋",鄭云"未爇曰燋",但在地曰燎,執之曰燭,於地廣設之則曰大燭,其燎亦名大燭,故《詩》云"庭燎之光",毛云"庭燎,大燭"也,鄭云"夜未央,而於庭設大燭",毛、鄭並指此"甸人執大燭"之文也。《司烜氏》云"凡邦之大事,共墳燭庭燎",玄謂"墳,大也。樹於門外曰大燭,於門内曰庭燎",言樹則大燭亦在地,廣設之而已,此"閽人爲大燭於門外"者,亦是大燭在地者。按《郊特牲》云"庭燎之百,由齊桓公始也",注云"僭天子也。庭燎之差,公蓋五十,侯、伯、子男皆三十",文出《大戴禮》也,此亦諸侯禮,以燕禮輕,故不言庭燎,設大燭而已。云"甸人,掌共薪蒸者",《天官・甸師氏職》文,引之者,以其内有燭燋,故使之在門爲大燭也。云"閽人,門人也"者,案《天官・閽人》"掌守王中門之禁",諸侯亦當然。

----

① "五十君答"至"不虛受",原在頁眉處,占行十三至十六,謹依題義挪至此處。

② "宵"上原無"注"字,四庫本有"注"字,據補。

五二　公燕四方使者與已臣同，唯戒異

公與客燕。

注：謂四方之使者。

釋曰：自此盡“敢拜賜命”，論與異國臣將燕，使卿大夫就館戒客之辭事，但燕異國卿大夫與臣子同，唯戒賓爲異，故於禮末特見之也。云“謂四方之使”者，以其云“客”，以“寡君”對之，故知四方使卿大夫來聘，主君將燕之也。

五三　“燕，朝服於寢”者，記經不具

記：燕，朝服於寢。

注：“朝服”至“異也”。釋曰：凡記皆記經不具者，以經不言燕服及燕處，故記人言之也。云“謂冠玄端，緇帶，素韠、白屨”者，皆《士冠禮》文。案《屨人》注“天子、諸侯吉事皆舄”，諸侯朝服素裳、素韠，應白舄而云“白屨”者，引《士冠禮》成文，其實諸侯當白舄，其臣則白屨也，鄭注《周禮·屨人》云“複下曰舄，禪下曰屨”，下謂底，以此爲異也。云“燕於路寢，相親昵也”，知燕於寢者，以其饗在廟，明燕在寢私處可知也。

五四　漢燕禮玄冠而衣皮弁服，與禮異①

引漢法，欲見與古異者，周時玄冠服則緇布衣，今衣皮弁服，是其異也。

注：今辟雍十月行此燕禮，玄冠而衣皮弁服，與禮異。

五五　《燕禮》、《公食》、《鄉飲》亨狗注各不同

亨于門外東方。

---

① “五四漢法”至“與禮異”，原在頁眉處，占行一至六，謹依題義挪至此處。

注：亨于門外，臣所掌也。

釋曰：此君禮，故云“臣所掌”。案《公食記》云“亨于門外東方”，注云“必於門外者，大夫之事也”，注不同者，以其饗食在廟嚴凝，宜親監視，不得言“臣所掌”，故注云“大夫之事也”，《鄉飲酒》亨狗于堂東北者，非君禮，是臣於堂東北，不在外者，宜主人親供，又法陽氣之所始，故三者注皆不同。

五六　鄭以四方賓燕之節擬《公食》，其實多不同

若與四方之賓燕，則公迎之於大門內①，揖讓升。

釋曰：云“自戒至於拜至，皆如《公食》”者，此燕用狗，彼用大牢，此戒賓再辭，彼三辭，至於卿大夫立位皆不同，而云“如《公食》”者，謂除此之外如之。若然，依《公食》，從首“使大夫戒，各以其爵，上介出請入告”已下至“北面再拜稽首”皆如之，饌具之等不如之也。云“亦告饌具而後公即席，小臣請執冪、請羞者，乃迎賓也”者，言此者，欲見燕四方賓，此等依上文與燕己臣子同，亦不如《公食》，以其《公食》公無席，又迎賓前卿大夫、士具於廟門外，無入廟之事②，又《公食》無請執冪、羞膳，故別言此也。

五七　聘賓爲苟敬，席阼階西，其介爲賓

賓爲苟敬，席于阼階之西，北面，有脀，不嚌肺，不啐酒，其介爲賓。

釋曰：云“主國君饗時，親進醴于賓”者，謂行聘享訖，禮賓之時，君親酌醴進於賓。若然，前有饗食，不言之者，饗禮亡，無以引證③，食禮又無酒醴所獻之事，故不言而云“饗時”也。云“今燕，又宜獻焉”者，案上燕己臣子，使宰夫爲主人，知此親獻者，若不親獻，即同己臣子，賓何須辭之而爲苟敬，故知君當親獻焉。云“至此升堂而辭讓”者，若此時升堂不辭，即

① “內”字原作“外”，張、阮刻本均作“內”，合於經，據改。

② “又迎”至“之事”原作“又無入廟之事”，倉石云：“殿本《考證》吳氏紱云‘《公食大夫》禮於廟行之，乃云無入廟之事，何也？疏蓋有誤。’《校釋》云‘又下有脱，擬補迎賓前卿大夫、士具於廟門外十二字。’今案，疏說蓋謂迎賓前入廟之事，曹說近之。”據曹校補。

③ “引證”原作“可言”，四庫本作“引證”，據改。

行燕賓之禮，故知辭之在初升堂時。云"欲以臣禮燕，爲恭敬也"者，正謂在阼西北面，故云"席之如獻諸公之位"也①。云"言苟敬者，賓實主國所宜敬也"者，賓實主國所宜敬，但爲辭讓，故以命介爲賓，不得敬之，今雖以介爲賓，不可全不敬，於是席之於阼階西，且敬也。

五八　燕聘使，君得專席受賓酢，與燕已臣異

無膳尊，無膳爵。

注：降尊以就卑。

釋曰：《郊特牲》云"三獻之介，君專席而酢焉②，此降尊以就卑也"，注云"三獻，卿大夫來聘，主君饗燕之。以介爲賓，賓爲苟敬，則徹重席而受酢也。專，猶單也"，彼與此事同，故鄭引彼經以證此。燕已臣子，不見有君親受賓酢，若燕異國臣子，得有專席受酢者，獻卿大夫之後，依次各爲此三人舉旅，獻士之後，賓乃媵觶於公，公取所媵觶爲士舉旅③，因以爲酢君④，君專席而受之也。

五九　與卿、大夫燕皆大夫爲賓，聘使則介爲賓

與卿燕（則）大夫爲賓，與大夫（燕）亦大夫爲賓⑤。

注：不以所與燕者爲賓者，燕爲敍歡心，賓主敬也⑥。

釋曰：此謂與已臣子燕法，若與異國賓燕，皆用上介爲賓，如上説也。

---

① "如"下原無"獻"字，阮云："毛本'如'下有'獻'字。"注有"獻"字，據補。

② "而"字原作"西"，四庫本及注刻本均作"而"，據改。

③ "公"字原作"賓"，四庫本《儀禮注疏》作"公"，據改。

④ "因"字原作"應"，曹云："'應'容'因'之誤。"據改。

⑤ "與卿燕"下、"與大夫"下漢簡本無"則"字、"燕"字，沈云："鄭注：'今文無則，下無燕。'簡本用今文。胡承珙《疏義》云：'鄭從古文有則字、燕字者，亦取其文義備。'案此記不過補述與大夫燕亦大夫爲賓之一端耳。記者，記其儀之有異於正禮者。'與卿燕'云云已見正禮，自以無'則'字爲善；下句異於正禮，以承上文，'燕'字自可省，俱以今文爲長。鄭所據本用古文，非爲文義備而改從古文者。今文文多省略，蓋高堂生初傳今禮，出於記誦，詞多刪節，非若古文之傳自晚周書本爲文義備也。"當據刪。

⑥ "注不"至"敬也"，原在頁眉處，占行一至四，乃了翁增補之注文，謹依文義挪至此處。

云"公父文伯飲南宫敬叔酒，以路堵父爲客"①，是《魯語》文，此三人皆魯大夫，自相燕法。云"此之謂也"者，此謂不使所爲燕者爲賓之義。云"君恒以大夫爲賓者②，大夫卑，雖尊之，猶遠於君"者，案《禮記·燕義》云"不以公卿爲賓而以大夫爲賓③，爲疑也，明嫌之義也"，注云"公卿尊矣，復以爲賓，則尊與君大相近"，是不用公卿爲賓，恐逼君，用大夫爲賓，雖尊之，猶遠於君。

六十　賓及寢庭金奏《肆夏》，示易以敬

若以樂納賓，則賓及庭奏《肆夏》云云。

云"《肆夏》，樂章也，今亡"者，鄭注《鍾師》云"《九夏》皆詩篇名，《頌》之族類也。此歌之大者，載在樂章，樂崩亦從而亡，是以《頌》不能具也"。云"以鍾、鎛播之，鼓、磬應之"者，《鍾師》云"掌金奏"，鄭注云"擊金以爲奏樂之節，金謂鍾及鎛"，又云"凡樂事，以鍾鼓奏《九夏》"，鄭注云"先擊鍾，次擊鼓"，是奏《肆夏》時，有鍾、鎛、鼓、磬，彼經、注雖不言磬，但縣内有此四者，故鄭兼言磬也。言"所謂金奏也"者，所謂《鍾師》掌金奏也。云"《記》曰"者④，此鄭引二記之文，何者？云"入門而縣興"，是《仲尼燕居》之文⑤，《仲尼燕居》云"兩君相見，揖讓而入門，入門而縣興，揖讓而升堂，升堂而樂闋"⑥，《郊特牲》云"賓入大門而奏《肆夏》，示易以敬也"，必引二記文者，以燕在寢，賓及庭，及寢庭，與《仲尼燕居》"入門而縣興"事相類，故引之證賓及庭樂作之義也。此《肆夏》以金奏之，故引《郊特牲》"示易以敬"證用《肆夏》之義也。不取賓入大門者，大門非寢門。

---

① "云公父"至"父爲客"原作"文公父佰飲南宫敬叔酒路堵父爲客"，乃了翁增補之文，原疏僅作"云文文公佰已下"。四庫本作"公父文伯"，合於注，鄭注"路"上有"以"字，據乙補。

② "恒"字原作"桓"，四庫本及汪刻本均作"恒"，據改。

③ "公卿爲賓"下原無"而以"至"爲賓"六字，汪刻本及張、阮刻本均有"而以大夫爲賓"六字，據補。

④ "曰"下原無"者"字，汪刻本及張、阮刻本均有"者"字，據補。

⑤ "之"上原無"燕居"二字，曹云："'之'上脱'燕居'二字。"據補。

⑥ "樂"上原無"而"字，四庫本及汪刻本均有"而"字，據補。

六一　《鹿鳴》言"升歌",《新宫》言"下管",明笙奏異常燕

升歌《鹿鳴》,下管《新宫》,笙入三成。

釋曰:《鹿鳴》不言工歌,《新宫》不言笙奏,而言"升歌"、"下管"者,欲明笙奏異於常燕,常燕即上所陳四節是也,今工歌《鹿鳴》三終,其笙奏全別①,故特言"下管《新宫》",乃始"笙入三成"者,止謂笙奏《新宫》三終,申説"下管"之義。云"《新宫》,《小雅》逸篇也",知在《小雅》者,以配《鹿鳴》而言。

六二　凡升階四:連步,一;栗階,二;歷階,三;蹞階,四

六三　一尺爲一階,栗階一名散等②

凡栗階,不過二等。

注:"其始"至"升堂"。釋曰:凡堂及階,尊者高而多,卑者庳而少③。按《禮器》云"天子之堂九尺,諸侯七尺,大夫五尺,士三尺",《士冠禮》"降三等,受爵弁",鄭注云"降三等,下至地",則士三等階,以此推之,則一尺爲一階,大夫五尺,五等階,諸侯七尺,七等階,天子九尺,九等階可知。今云"凡栗階,不過二等",言"凡",則天子九等已下至士三等,皆有栗階之法。栗階不過二等,據上等而言,故鄭云"其始升,猶聚足連步"也④,故《曲禮》云"涉級聚足,連步以上",鄭注云"涉等聚足,謂前足躡一等,後足從之併。連步,謂足相隨不相過也",此即聚足,一也。天子已下,皆留上等爲栗階,左右足各一發而升堂,其下無問多少,皆連步。《雜記》云"主

---

① "其"字原作"與",曹云:"'與'當爲'其'。"據改。

② "六三一尺"至"名散等",原在頁眉處,占行七至十一,"釋曰凡"至"名散等"乃與此題對應之文字,涵于題六二所領正文内,不宜段分,謹依題義挪至此處。

③ "庳"字原作"卑",汪刻本及張、阮刻本均作"庳",據改。

④ "步"下原有"一"字,阮云:"毛本、《通解》無'一'字。"據删。

人之升降散等”，鄭注云“散等，栗階”，則栗階亦名散等。凡升階之法有
四等：連步，一也；栗階，二也；歷階，三也，歷階謂從下至上皆越等，無連
步，若《禮記·檀弓》云“杜蕡入寢，歷階而升”是也；越階，四也，越階謂左
右足越三等，若《公羊傳》云“趙盾避靈公，蹴階而走”是也。

六四　賓若飲君，燕則夾爵

若飲君，燕則夾爵。

注①：謂君在不勝之黨，賓飲之，如燕媵觚，則又夾爵。

釋曰：夾爵者，將飲君，先自飲，及君飲訖，又自飲，爲夾爵。

六五　鄭以房中樂無鍾、磬，與《磬師》注異

有房中之樂。

注：“弦歌”至“君子”。釋曰：云“弦歌《周南》、《召南》之詩而不用鍾、
磬之節”者，此文承四方之賓燕下而云“有”，明爲四方之賓而有之②。知
“不用鍾、磬”者，以其此《二南》本后、夫人侍御于君子用樂節，是本無鍾、
磬，今若改之而用鍾、磬，當云“有房中之奏樂”，今直云“有房中之樂”，明
依本無鍾、磬也。若然，按《磬師》云“教縵樂、燕樂之鍾磬”，注云“燕樂，
房中之樂，所謂陰聲也，二樂皆教其鍾、磬”，房中樂得有鍾、磬者，彼據教
房中樂，待祭祀而用之，故有鍾、磬也，房中及燕則無鍾、磬也。

---

①　“謂”上原無“注”字，四庫本有“注”字，據補。

②　“明”下原無“爲”字，阮云：“浦鏜云‘明’下疑脫‘爲’字。”據補。

儀禮要義卷第十六　大射儀一

一　將祭，先習射於澤，后射於射宫

大射儀第七。

鄭《目録》云“諸侯將有祭祀”云云。釋曰：自此盡“西紘”，論射前預戒諸官及張侯、設樂縣之事。不言“禮”言“儀”者，以射禮盛，威儀多，故以“儀”言之，是以《射義》云“孔子曰：射者何以射？何以聽？循聲而發，發而不失正鵠者①，其唯賢者乎！若夫不肖之人，則彼將安能以中”，是其射容難，故稱“儀”也。云“將有祭祀之事，當射”者，按《射義》云“天子將祭，必先習射於澤。澤者，所以擇士也。已射於澤，而后射於射宫，射中者得與於祭，不中者不得與於祭”，是其將祭必射也。云“宰告於君，君乃命之”者，鄭意下云“宰戒百官”者②，宰先告君，君使之戒乃戒，即云“戒百官”是也。

二　鄭以冢宰釋宰，其實諸侯謂司徒爲宰卿

宰戒百官有事於射者。

注：宰，於天子冢宰，治官。

釋曰：按《周禮·大宰職》云“掌百官之誓戒”，此言“宰戒百官”，其事同，故鄭以天子冢宰言之也，其實諸侯兼官，無冢宰，立地官司徒以兼之，故《聘禮》云“宰命司馬”，注云“宰，上卿，貳君事者也，諸侯謂司徒爲宰。”

---

①　“發”下原無“而”字，阮云：“毛本‘發’下有‘而’字。按《射義》有‘而’字。”據補。

②　“下”字原作“不”，四庫本作“下”，阮云：“毛本‘不’作‘下’。”曹云：“毛本‘不’作‘下’，案‘下’字是。”倉石云：“‘不’，閩本作‘下’是也。”據改。

三　卜日及戒皆在祭前旬有一日

射人戒諸公、卿、大夫射，司士戒士射與贊者。

釋曰：上文宰官尊，總戒，此射人、司士分別重戒之[①]。射人、司士皆屬司馬，故云司馬屬也。此上下文所云戒者，皆謂祭前旬有一日，知者，《祭統》云“先期旬有一日，宮宰宿夫人，夫人亦散齋七日，致齋三日”，若然，卜及戒皆在旬有一日，是以《大宰》云“前期十日[②]，帥執事而卜日，遂戒”，注云“前期，前所諏之日也。十日，容散齋七日，致齋三日”，其天子又有天地及山川、社稷、宗廟，諸侯直有境内山川、社稷、宗廟，卜日及戒皆同也。按《郊特牲》云“卜郊，受命于祖廟，作龜于禰宮。卜之日，王立于澤，親聽誓命”，又云“獻命庫門之内，戒百官也。大廟之命，戒百姓也”，注云“王自澤宮而還，以誓命重相申勑也，王自此還齋路寢之室”，若然，卜日在澤宮，又至射宮，皆同在旬有一日，空十日，故後日乃齋也。

四　大祀前射三日戒，前射一日宿

前射三日，宰夫戒。宰及司馬、射人宿視滌。

釋曰：此宰夫戒是再戒之宿，不云宿者，辟下“宿視滌”，何者？宰夫戒是申戒，下宿是夕宿，是以《宗伯》云“凡祀大神、享大鬼、祭大示，帥執事而卜日，宿視滌濯”，注云“宿，申戒也”，此前有射人戒，是十日前期[③]，此宰夫戒是申戒，又知宿是夕宿者，以戒、宿同文，明不同日，以其上云前射三日戒，明此非三日，是前一日矣。

五　侯，所射布，乏，獲者禦矢，貍步六尺

司馬命量人量侯道與所設乏以貍步云云。

---

①　“分”字原作“色”，文義不通，疑其爲“分”字之形誤，謹改。

②　“是”下原無“以”字，曹云：“‘是’下脱‘以’字。”據補。

③　“十日前期”原作“七日前期”，曹云：“期，射期也。‘七’當爲‘十’。”倉石曰：“《校釋》云‘七當爲十’，今案疏文例當作‘前期十日’。”據曹校改。

釋曰：云“量人，司馬之屬，掌量道巷塗數者”，《量人職》文，量人屬司馬，故云“司馬之屬”也。云“侯，謂所射布也”者，以其三侯皆以布爲之而以皮爲鵠①，旁又飾以皮也。云“尊者射之以威，不寧侯”者，即《梓人》云“毋或若汝不寧侯，不屬于王所，故抗而射汝”是也。云“卑者射之，以求爲諸侯”者，《射義》云“故天子之大射，謂之射侯。射侯者，射爲諸侯也。射中則得爲諸侯，射不中則不得爲諸侯”是也。云“容謂之乏②，所以爲獲者之禦矢”者，此云“乏”，《周禮·射人》云“容”。云“則此貍步六尺明矣”者，陰破先鄭，故先鄭注《射人》貍步③，謂一舉足爲步，於今爲半步，鄭引“弓之下制六尺”以非之。

六　大夫祭亦大射擇士，士無臣，祭不射

“大夫將祭，於己射麋侯”者，《司裘》云“卿大夫共麋侯”，是天子卿大夫，以《孝經》云“大夫有爭臣三人”，以有臣，故將祭得大射擇士，鄭言此者，以己射用麋侯，又見助君祭，亦射君之麋侯。云“士無臣，祭不射”者，《孝經》云“士有爭友”，不言臣，以僕隸爲友，《司裘》卿大夫下不言士，故祭不言士大射。若然，士有賓射、燕射，不得大射，雖不得大射，得與君大射④，故《射人》注不言士者，此與諸侯之賓射，士不與也。若然，諸侯之士亦然也。

---

① “布”下原無“爲之而”三字，阮云：“毛本、《通解》‘布’下有‘爲之而’三字。”據補。

② “容”上原無“云”字，阮云：“毛本‘容’上有‘云’字。”據補。

③ “鄭”前原無“故先”二字，汪刻本及張、阮刻本均有“故先”二字，據補。

④ “大”字原作“賓”，倉石云：“‘得與君賓射’至‘若然諸侯之士亦然也’，《校釋》云‘諸侯之士亦然，然當爲與’，又引或説曰‘然字不誤，諸侯賓射士亦不與，上得與君賓射，賓當爲大’。今案，曹引或説爲是。《射人》疏云‘士不得自大射，得與君大射’，《司裘》疏又云‘士自無大射之禮，得與天子大射者，以其得助祭故也’，是士得與君大射也。《射人》疏云‘士得自行賓射，不得與君賓射’，《司裘》疏又云‘士犴侯二正，不得與天子賓射’，是則士不得與君賓射也，此亦當然耳。”據改。

七　東笙磬,西頌磬,取陰陽生成

八　東方鍾磬爲笙,同編同宮①

樂人宿縣于阼階東,笙磬西面,其南笙鍾,其南鑮鑮,本又作"鎛",音"博"②,皆南陳。

云"東爲陽中,萬物以生"者,陽氣起於子,盛於午,故東方爲陽中也。"萬物以生",以其正月三陽生,大蔟用事,故萬物生焉。云"《春秋傳》"者,是《外傳》伶州鳩對周景王辭,引之者,證鍾、磬爲笙之事。"大蔟"者,寅上候氣之管,度律均鍾,金即鍾也,故奏之所以"贊陽出滯"。云"姑洗所以脩絜百物,考神納賓"者,亦據度律均鍾,姑洗在辰三月,百物脩絜而出。"考神納賓",謂祭祀而有助祭之賓客,但東方陽管唯有此二律,故據此二律言之,是以名東方鍾、磬爲笙也。云"皆編而縣之"者,言"皆"者,欲解磬非應律之物,與鍾同言之者,以其鑮與鼓雖東西面③,與鍾同,不編之,而磬與鍾同十六枚而在一虡,與鍾同編,又同宮,故兼言磬,是以《磬師職》云"掌教擊磬,擊編鍾",注云"磬亦編,於鍾言之者,鍾有不編,不編者鍾師擊之",是其磬與鍾編之。此東方云"笙"而西方言"頌"者,以其夷則、無射主西方成功收藏,故稱"頌","頌"者,美盛德之形容,故云"頌"也。但天有十二次,地有十二辰,按《書傳》云"天子出,撞黃鍾之鍾,右五鍾皆應,入則撞蕤賓之鍾,左五鍾皆應",左右云五,則除黃鍾、蕤賓並爲陰陽④,而應鍾、林鍾已西爲右五也,大吕、中吕已東爲左五也。

---

① "八東方"至"編同宮",原在頁眉處,占行十二至十六,"考神納"至"鍾編之"乃與此題對應之文字,涵于題七所領正文内,不宜段分,謹依題義挪至此處。

② "鑮本"至"音博",原在頁眉處,占行二至三,乃了翁據《儀禮音義》增補之釋文,謹依文義挪至此處。

③ "東"字原作"同",倉石云:"上'同'字疑當作'東',東方有鑮無鼓,不得云'同西面也'。"據改。

④ "陽"上原無"陰"字,倉石云:"'陽'上疑脫'陰'字。"據補。

九　凡縣鍾磬,半爲堵,全爲肆

注:《周禮》曰云云,有鍾、有磬爲全。鎛如鍾云云。

云"《周禮》曰:凡縣鍾、磬,半爲堵,全爲肆"者,《周禮・小胥職》文,鼓、鎛亦縣,而直言鍾、磬者,據編縣者爲文,鼓、鎛筍虡之上,各縣一而已,不編之,鄭彼注云"半之者,謂諸侯之卿大夫、士也,諸侯之卿大夫半天子之卿大夫",天子之卿大夫判縣,東西各有鍾、磬,是全之爲肆,諸侯卿大夫雖同判縣,半天子卿大夫,取一相鍾、磬分爲兩相,西縣鍾,東縣磬,而天子之士特縣,直東有鍾、磬具①,是全之爲肆,諸侯之士直特縣,半天子之士,縣磬而已,或於階間,或於東方。又天子宮縣,四面皆有,諸侯軒縣,闕南面,面皆有鍾、磬、鎛及鼓,具有也。卿大夫、士皆無鎛者,若有鎛,則諸侯臣半天子臣不得具,是以闕之。云"鎛如鍾而大"者,《特牲》注亦云"鎛如鍾而大"②,並據《國語》而注之,以言鎛形如鍾而復大③,以大故特一縣,不編之也。云"奏樂以鼓、鎛爲節"者,按《周禮・鎛師》云"掌金奏之鼓",注云"謂主擊晉鼓,以奏其鍾、鎛也",以此言之,則先擊鼓,後擊鍾、鎛,皆是與樂爲節。

十　夷則無射,西方成功,故爲頌,亦爲庸

西階之西,頌磬東面,其南鍾,其南鎛,皆南陳。一建鼓在其南,東鼓。朔鼙在其北。

注:言成功曰頌云云。

釋曰:言"《春秋傳》"者,亦是《外傳》文。云"詠歌九則"者,謂六府、三事、九功之德是也,以此九則平民,使無差慝。云"無射所以宣布哲人之令德"者,哲人謂后稷,后稷以稼穡之功,成於季秋,先王之業,以農爲

---

①　"具"字原作"且",阮云:"毛本'且'作'亦',《通解》'且是'作'是亦'."孫云:"'且'或'具'字之誤,屬上讀,'是全之'五字句與上同,下兩言'具',賈君文例如是,余初校誤依毛改'亦'."據孫校改。

②　"特牲"至"而大",倉石云:"案《特牲》無此注。"

③　"鍾"字原作"鎛",四庫本及汪刻本均作"鍾",據改。

本,故云"示民軌義",謂軌法義理也。云"先擊西鼙,樂爲賓所由來也"者,解先擊朔鼙之意,賓向外來,位在西,其樂主爲樂賓,故先擊朔鼙,應鼙應之也。云"鍾不言頌,鼙不言東鼓,義同,省文也"者,決上東方言笙鍾,應鼙言南鼓,此當言頌鍾、東鼓,義與上文同,亦合有而不言者,省文也。云"古文頌爲庸"者,此雖疊古文不從,義亦通①,是以《尚書》云"笙鏞以間"②,笙東方,鍾、磬西方,是庸亦功也,亦有成功之義也。

十一　國君於羣臣備三面,爲諸侯則軒縣

一建鼓在西階之東,南面。

云"言面者,國君於其羣臣,備三面爾"者,言國君合有三面,爲辟射位,又與羣臣射,闕北面,無鍾、磬、鎛,直有一建鼓而已,故不言"南鼓"而言"南面"也。云"其爲諸侯則軒縣"者,若與諸侯饗燕之類,則依諸侯軒縣,三面皆有鼓與鍾、磬、鎛。

十二　笙、簫與管異,而鄭以笙、簫釋簜

簜在建鼓之間。

釋曰:按《禹貢》云"篠簜既敷",注云"簜,竹",故知此簜亦竹也,其器則管也,是以下云"乃管《新宫》",注云"管,謂吹簜",故知竹管也。按《小師職》注云"管如篴而小,併兩而吹之,今大予樂官有焉"③,《爾雅》云"大笙謂之巢,小者謂之和",簫大者二十三管,長尺四寸,小者十六管,長尺二寸,大笙十九簧,小者十三簧,若然,笙、簫與管器異,以其皆用竹,故云"笙、簫之屬"也。云"倚於堂"者,管擬吹之,倚在兩建鼓間④。

---

① "義亦通"原作"亦通義",曹云:"當爲'義亦通'。"據乙。
② "是"下原無"以"字,曹云:"'是'下脱'以'字,然疏時有此文例。"據補。
③ "予"字原作"子",四庫本及汪刻本均作"予",據改。
④ "倚"上原有"不"字,曹云:"'不'字似衍。倚於堂,正倚在兩建鼓閒也。"據删。

十三　鼗以節樂，倚頌磬西紘

鼗倚于頌磬西紘。

釋曰：知"鼗如鼓而小"者，按《那》詩云"猗與那與，置我鼗鼓"，《傳》云"猗，歎辭。那，多也"，鄭讀置爲植，"植鼗鼓者，爲楹貫而樹之，美湯受命伐桀定天下而作《濩》樂①，故歎之，多其改夏之制，乃始植我殷家之樂鼗與鼓也。鼗雖不植，貫而摇之，亦植之類"，以其殷人植鼓，以木貫之而下有柎，鼗亦以木爲柄而貫之，但手執而不植爲異，故云"亦植之類"，鼗與鼓同文，是"鼗如鼓而小"也。知"有柄，賓至，摇之以奏樂"者，按《眡瞭職》云"掌凡樂事，播鼗，擊頌磬、笙磬"，磬言擊，鼗言播。紘若天子、諸侯冕而朱紘用組之類，磬又編縣之用紘，故知"紘，編磬繩"也。知"設鼗於磬西，倚於紘"者，以其鍾、磬皆面向東，人居其前西面，故知鼗在磬西，倚之於紘也。引《王制》者，證鼗以節樂之器，柷狀如漆筩，中有椎，所以節樂，鼗亦節樂，柷大於鼗，故賜公、侯樂則以柷將命，賜伯、子、男樂則以鼗將命，自餘樂器陳於外也。

十四　諸侯射先行燕禮，故此陳設

厥明，司宫尊于東楹之西兩方壺<small>云云</small>。

釋曰：自此盡"羹定"，論豫設尊洗具饌之事。按《禮記·射義》諸侯射先行燕禮②，此以下至"東陳"，皆陳設器物與《燕禮》同，但文有詳略耳。

十五　豐以承膳尊，上聲下形之字

膳尊兩甒在南，有豐。

注：膳尊，君尊。豐以承尊<small>云云</small>。

云"説者以爲若井鹿盧"者，鹿盧之形，即輂下棺碑間重鹿盧之輩，今

---

① "濩"字原作"護"，倉石云："'護'，注疏本作'濩'，與《毛詩》合。"據改。
② "射義"原作"燕義"，倉石云："此《射義》文，'燕'當爲'射'。"據改。

見井上堅柱夾之，以索繞而挽之是也。云"其爲字，從豆，豐聲"者，此爲上聲下形之字，年和穀豆多有，故從豆爲形也，豐者①，承尊之器，象形也，是以豐年之字，豐下著豆，今諸經皆以承尊爵之豐，不用本字之豐，而用豐年之豐，故鄭還依豐字解之，故云其爲字，從豆爲形，以豐爲聲也。云"近似豆，大而卑矣"者，既用豆爲形，還近似籩豆之豆，舉漢法而知，但豆口徑尺，柄亦長尺，口徑小而又高，此承尊之物，口足徑各宜差寬，中央亦大，共高尺，比常豆而下，故云近似豆而卑，但斲一大木爲之，取其安穩。

十六　豐在廟若燕亦名坫，亦取豐年義②

此豐若在宗廟，或兩君燕，亦謂之坫，致爵在於上，故《論語》云"邦君爲兩君之好，有反坫"，鄭注云"反坫，反爵之坫"是也，必用豐年之豐爲坫者，以其時和年豐，萬物成熟，粢盛豐備，以共郊廟，神歆其祀，祝嘏其福，至鄉飲酒、鄉射、燕禮、大射，或君與臣下及四方之賓燕，家富民足，人情優嘏，旨酒嘉肴，盈尊滿俎，於以講道論政，既獻酬侑酢，至無筭爵行，禮交樂和，上下相歡，勸飲爲樂故也。

十七　冪用錫，細布，即錫衰之錫

冪用錫若絺云云，皆玄尊，酒在北云云。
注：二者皆有玄酒之尊，重本也。酒在北，尊統於君，南爲上也云云。
云"錫，細布也"者，《喪服記》曰"錫者，十五升抽其半，無事其縷，有事其布曰錫"，故知錫是細布也，謂之錫者，治其布使之滑易也③。

---

① "豐"字原作"豐"，阮云："'豐'字諸本皆同，以下文考之，當作'豐'，然疏此説甚謬。按《説文》有'豐'無'豐'，豐豆之豐，滿者也，從豆象形，鄭以爲諧聲者，蓋其字從二丰，既象豐滿之形，復諧丰聲，非別有'豐'字也。賈以'豐'爲豐年，'豐'爲承尊之器，殊非鄭意。至穀豆多有之説，尤屬傅會。古謂豆爲尗，至六國後始言豆。《禮記·投壺篇》"實小豆焉"，此七十子後學者所記也。"據改。
② "十六豐在"至"豐年義"，原在頁眉處，占行十二至十七，謹依題義挪至此處。
③ "易"字原作"異"，四庫本及汪刻本均作"易"，據改。

十八　鄉飲尊房户間,此君尊,得專惠①

云"唯君面尊"者,《玉藻》文,注云"面,鄉也",彼謂人君燕臣子,專其恩惠,此大射亦謂人君燕臣下,與彼是同專惠之道,故皆尊鼻鄉君。云"言專惠"者,決《鄉飲酒》尊于房户之間,賓主夾之,不得專惠。

十九　設尊言鑮南,樂以縣爲主

尊士旅食于西鑮之南,北面,兩圜壺。

釋曰:前設縣時,鑮南更有一建鼓,今設尊不應在鼓北而云"鑮南"者,其實在鼓南,門西北面,與《燕禮》同而云"鑮南"者,遙繼鑮而言,必繼鑮者,樂以縣爲主。

二十　獻酒讀爲沙,沛鬱鬯,以手摩沙

又尊于大侯之乏東北兩壺獻酒。

注:獻獻,素河反②,讀爲沙。

知"沙酒濁"者,以五齊從下向上差之,醍、沈清於泛、醴,鬱鬯又在五齊之上③,故知"沙酒濁"也。云"特沛之,必摩沙者也"者④,此解名沙酒之意。云"《郊特牲》曰:汁獻況于醆酒"者,此以五齊中,取醆酒盎齊沛鬱鬯之事,獻,沙也,沛鬱鬯之時,和盎齊以手摩沙,出其香汁。況,清也,沛之使清也。

---

① "十八鄉飲"至"得專惠",原在題十七下別行另起,謹依題義挪至此處。

② "獻素河反",原在頁眉處,占行十七,乃了翁據《儀禮音義》增補之釋文,謹依文義挪至此處。

③ "鬱鬯"原作"鬯鬱",四庫本作"鬱鬯",阮云:"毛本、《通解》'鬯鬱'作'鬱鬯'。"據乙。

④ "也"上原無"者"字,汪刻本及張、阮刻本均有"者"字,據補。

二一　爲隸僕獻鬱鬯，以得獻因祭侯①

此爲隸僕以下卑賤之人而獻鬱鬯者，此所得獻，皆因祭侯，爲侯之神②，故用鬱鬯也。云"服不之尊，俟時而陳于南，統於侯，皆東面"，知此不爲大侯服不設者，按下文云"服不之尊東面南上"。

二二　賓席、公席布之，餘樹之位後

小臣設公席于阼階上，賓席、卿席云云，席工、諸公云云③。
知"賓及公席布之，其餘樹之於位後者"，下文更有孤卿、大夫席文，故知也。此實未布而言布之者，欲辨尊卑，故先言也。

二三　小卿命於其君，諸公謂大國孤卿

小卿命云云，席於賓西，射禮辨貴賤。諸公，大國有孤卿一人。
云"小卿，命於其君者也"者，按《王制》云"大國三卿，皆命於天子。次國三卿，二卿命於天子，一卿命於其君。小國亦三卿，一卿命於天子，二卿命於其君"，若言小卿，據次國已下有之。云"射禮辨貴賤也"者，決《燕禮》大、小卿皆在尊東，西無小卿位，彼主於燕，不辨貴賤故也。云"與君論道，亦不典職如公矣"者，成王《周官》云"立大師、大傅、大保，茲惟三公，論道經邦，燮理陰陽"，是三公論道無職，此大國立孤一人，論道與公同，亦無職，故云"不典職如公"也。縱鄭不見《周官》，於《周禮》三公亦無職，《考工記》云"或坐而論道"，亦通及三公矣。

---

① "二一爲隸"至"因祭侯"，原在頁眉處，占行二至六，謹依題義挪至此處。
② "爲"字原作"謂"，曹云："'謂'當爲'爲'。"據改。
③ "小臣設"至"公云云"，乃了翁節引之經文，經原作"小臣設公席于阼階上，西鄉。司宮設賓席于戶西，南面，有加席。卿席賓東，東上。小卿賓西，東上。大夫繼而東上。若有東面者，則北上。席工于西階之東，東上。諸公阼階西，北面東上。"四庫本作"小臣設公席于阼階上，西鄉云云，席公于西階之東，東上"，此仍其舊。

二四 《燕禮》宰饌，此言官饌

官饌。

注：百官各饌其所當共之物①。

釋曰：《燕禮》宰饌，此不言宰而言官者，欲見非獨宰。

二五 以樂納賓奏《肆夏》，與賓出奏《陔》異

奏《肆夏》。

注：樂章名。《周禮》曰"賓出入，奏《肆夏》"。

釋曰：王用《肆夏》以饗諸侯來朝，今引之者，證燕時納賓亦奏之。按《燕禮記》云"若以樂納賓，則賓及庭，奏《肆夏》"，鄭云"卿、大夫有王事之勞，則奏此樂焉"，此亦同彼注也。若臣無王事之勞，則如常燕，無以樂納賓法也。又此納賓樂，故諸侯亦得用，若升歌則不可。若賓醉而出，奏《陔夏》，與此異也。

二六 《鄉飲》、《射》主人洗北，此洗南，辟正主

主人降洗，洗南西北面。

釋曰：自此至"虛爵降"，論主人獻賓之事也。云"不於洗北，辟正主"者，按《鄉飲酒》《鄉射》主人降洗，洗北南面，是正主，此宰夫代君爲主。

二七 燕朝聘者卒爵而樂闋，此燕啐而闋

樂闋。

注：止也。樂止者，尊賓之禮盛於上也。

釋曰：此上經云"奠爵，拜，告旨"，下經云"賓卒爵"，則此經者是賓啐酒節，即樂闋，《燕禮記》亦云"賓及庭，奏《肆夏》。賓拜酒，主人答拜而樂

---

① "各"字原作"名"，四庫本作"各"，合於注，據改。

闋”，亦據啐酒時，按《郊特牲》“賓入大門而奏《肆夏》”，又曰“卒爵而樂
闋”，與此啐酒樂闋不同者，彼注謂朝聘者，故卒爵而樂闋，此燕已臣子
法，故啐酒而樂闋也①。云“尊賓之禮盛於上也”者，賓及庭，奏《肆夏》，乃
至升堂飲酒，乃樂止，是尊賓之禮盛於堂上者也。

① 　“按郊”至“闋也”，曹云：“卒爵而樂闋，據主人言，賓則升堂而樂闋也，疏失之。”

儀禮要義卷第十七　大射儀二

一　賓酢主人，南面授爵，鄉所受者

賓以虛爵降云云，主人北面拜受爵，賓主人之左拜送爵。

釋曰：自此盡“西序，東面”，論賓酢主人之事。以經云“主人北面”，明“凡授爵，鄉所受者”，《鄉飲酒》、《鄉射》獻酢酬皆然，故云“凡”，謂南面授與所受者也。

二　賓既受獻，降立，不敢安盛禮

賓降，立于西階西，東面。

注：既受獻矣，不敢安盛。

釋曰：以堂上爲盛，故降下。下文於酬，“賓降筵西，東南面立”，注云“不立於序內，位彌尊”，《燕禮》注云“位彌尊，禮彌卑”，是未酬已前禮盛者也。

三　《燕》云“實觶”，《射》云“酌膳”，燕主於飲

主人盥，洗象觚，升，酌膳，東北面獻于公。

釋曰：自此盡“于篚”，論主人獻公之事。云“取象觚東面”者，鄉公爲敬故也。云“不言實之，變於燕”者，《燕禮》云“實之”，主於飲酒，此云“酌”，不云“實之”，主於射，略於飲酒。

四　人君左右房，大夫唯東房

宰胥薦脯醢，由左房。

以“人君左右房”，故云“左房”，對大夫、士東房而已，故云“東房”，不言左，以無右，無所對①。

五　將爲賓舉旅，選二大夫媵爵

小臣自阼階下請媵爵者，公命長。

釋曰：自此盡“反位”，論將爲賓舉旅，使二大夫媵爵之事。“命之使選於長幼之中”，知不取卿大夫之年長者，以其作下大夫②，不取年長，又知不取臣中位長者，以其不取卿，故鄭云“卿則尊，士則卑”，故不取之而取下大夫尊卑處中者。

六　臣再拜稽首，公答一拜者，正禮

媵爵者皆退云，公酬賓，賓降，西階下再拜稽首云。

釋曰：自此已下皆云“公答拜”，不言“再拜”，《燕禮》皆言“公答再拜”，不同者，燕主歡，不用尊卑，故公拜皆“再拜”，此射禮主辨尊卑，故直云“答拜”，答一拜。此一拜者，正禮也，故《周禮·大祝》“辨九拜，一曰稽首”，首至地，臣拜君法；“二曰頓首”，頓首，平敵相拜法；“三曰空首”，君答臣下拜，後不爲再拜③，即“七曰奇拜”是也。

七　燕禮卿無俎，射禮尊卿有俎

乃薦脯醢，卿升席，庶子設折俎。

---

① “所”上原無“無”字，曹云：“‘所’上脱‘無’字。”據補。
② “作下”原作“下作”，四庫本作“作下”，阮云：“毛本‘下作’作‘作下’。”倉石云：“‘下作’二字注疏本倒，案倒者似是。”據乙。
③ “後”字原作“復”，四庫本作“後”，阮云：“毛本‘復’作‘後’。按毛本是也。”據改。

云“卿折俎未聞”者，以《燕禮》卿無俎，故云“未聞”，又云“蓋用脊、脅、臑、折肺”者，案《鄉射記》云“賓俎，脊、脅、肩、肺。主人俎，脊[1]、脅、臂、肺”，又“獲者之俎，折脊[2]、脅、肺、臑”，彼注云“臑，若膊、胳、觳之折，以大夫之餘體”，以此言之，則此賓俎亦用脊、脅、肩、肺，君俎亦脊、脅、臂、肺，前體有肩、臂、臑，後體有膊、胳、觳，尊卑以次用之，故卿宜用臑，若有公，公用臑，卿宜用膊也。云“卿有俎者，射禮尊”者，對燕禮不辨尊卑，故公卿等皆無俎。

八　大夫卒爵不拜，《射》、《燕》二注異[3]

大夫坐祭，立卒爵，不拜既爵云云。

此注云“大夫卒爵不拜，賤不備禮”，《燕禮》注云“禮殺”者，兩注相兼乃足，對公卿拜既爵，此不拜。

九　天子視瞭相工，諸侯以僕人相

僕人正徒相大師，僕人師相少師，僕人士相上工。

釋曰：云“僕人正，僕人之長。師，其佐也”者，以正爲長，師爲衆，故僕人正爲長，僕人師爲佐也。云“士，其吏也”者，以其在僕人之下，故知僕人之吏，吏則府史之類。

十　獻工用爵，不用觚，工賤

主人洗，升，實爵，獻工。工不興，左瑟。

云“獻不用觚，工賤，異之也”者，《燕禮》、《大射》獻賓、獻卿大夫皆用觚，而獻工用爵，故云“異之”，《鄉飲酒》、《鄉射》獻同用爵者，變於君故也。

---

① “俎”下原無“脊”字，阮云：“毛本‘俎’下有‘脊’字。按《鄉射記》有‘脊’字。”據補。
② “脊”上原無“折”字，阮云：“毛本‘脊’上有‘折’字。按無者非也。”據補。
③ “二”字原作“三”，四庫本及再造本均作“二”，據改。

十一　鄭引鼓人爲臯陶，明東西長，鼓字誤

大師及少師、上工皆降，立于鼓北，羣工陪于後。

釋曰：云“《考工記》曰：鼓人爲臯陶，長六尺有六寸”者，彼云“韗人爲臯陶”，先鄭云“韗，書或爲鞠”，玄謂“鞠者，以臯陶名官，鞠即陶，字從革”，今云鼓人者誤，當作鞠人，鞠人掌鼓，後人誤言鼓，鼓人自在《地官》，掌教六鼓矣。云“爲臯陶者，鼓木之名，其穹隆二十版，謂鼓木長六尺六寸，賈侍中彼解爲晉鼓，引之者，證鼓東西長，工齊前面，於後有餘之義也。

十二　吹簜以播《新宮》，篇亡，義未聞

乃管《新宮》三終。

注：管，謂吹簜以播《新宮》之樂云云。

釋曰：以其堂下詩，故與《由庚》、《由儀》之等同亡[1]，但上《由庚》、《由儀》之等有《序》無詩，故云“有其義而亡其辭”[2]，此則辭、義皆亡，故云“其義未聞”。云“笙從工而入”者，案《燕禮》云“笙入，立于縣中”，有笙入之文，此上下不見笙入之文，故知“笙從工而入”也。上云“簜”，解爲竹，謂笙、簫之屬，竹即管也，今此經云“管”，已解簜爲管，復云“笙從工而入”者，《燕禮記》云“下管《新宮》，笙入三成”，則吹管者亦吹笙，故兼言笙，欲見笙、管相將。

十三　射人即司正、大射正一人

司射適次，袒、決、遂，執弓，挾乘矢於弓外，見鏃於拊，右巨指鉤弦。

釋曰：自此至“于次”，論射事將至，誓射者及比三耦之事。云“司射，射人也”者，案《燕禮》“射人告具”，注云“射人主此禮，以其或射”，又云

---

[1]　“由庚”下原無“由儀”二字，阮云：“毛本‘庚’下有‘由儀’二字。”據補。

[2]　“故”字原作“同”，倉石云：“‘同’，殿本作‘故’，似是。”據改。

"射人納賓",又云"射人請立司正,公許,射人遂爲司正",則射人、司正一人也。又云"乃薦司正與射人一人",注"天子射人、司士,皆下大夫二人,諸侯則上士,其人數亦如之",又曰"若射則大射正爲司射",注"大射正,射人之長",此篇云"射人告具",又曰"大射正擯",自此以後皆止云"擯","擯者自阼階下請立司正,公許,遂爲司正",則此篇司正與大射正爲一人也。下云"公就物,小射正奉決,拾以笥,大射正執弓",注云"大射正舍司正,親其職","乃薦司正",注云"司正,大射正"是也。

十四　中所以盛籌,豐可奠射爵

賓之弓矢與中、籌、豐皆止於西堂下云云。

云"中,闒中,籌器也"者,《鄉射記》云"於郊,則闒中",據此大射,故知闒中。中,所以盛籌。

豐,可奠射爵者。

十五　今《考工》有梓人,知工人士亦屬

工人士與梓人升自北階,兩楹之間,疏數容弓。

知"工人士與梓人皆司空之屬,能正方圓者",《冬官》雖亡,不知官屬之號,見今《考工記》有三十官,有梓人之官,此工人士又與梓人同事,故知《冬官》未亡時,屬司空。

十六　工人士、梓人度尺而午,謂畫物

若丹若墨,度尺而午,射正蒞之連上文。

云"一從一橫曰午,謂畫物也"者,則《鄉射記》長與距隨是也[1],但未知從者、橫者,若爲用丹,若爲用墨,或科用其一。云"午",十字爲之[2],先

---

①　"則鄉"至"距隨"原作"則上文橫與距隨",吳紱云:"按上文既無其文而'橫'字與下三字不屬,考《鄉飲記》訂正之。'長',其縱。'距隨',其橫也。"曹云:"'上文'當爲'《鄉射記》'。"倉石云:"此句疑有譌,殿本改作'則《鄉射記》長與距隨是也'十字。"據殿本改。

②　"爲"字原作"謂",曹云:"'謂'疑當作'爲'。"據改。

以左足履物，右足隨而並立也。云“度尺”者，即《鄉射記》從如笴三尺，橫如武尺二寸是也。

十七　司射誓，中非侯不獲，大史許諾

司射西面誓之曰：“公射”云云。射者非其侯，中之不獲云云。大史許諾。

釋曰：“卑者與尊者爲耦，不異侯”，言此者，以其誓云君射大侯，大夫射參侯，士射干侯，恐與尊爲耦，亦各射已侯，故覆言此。賓與君爲耦，同射大侯，士與大夫爲耦，同射參侯，以其既與尊者爲耦，不可使之別侯，別侯者，則非耦類故也。

十八　天子射六耦四侯，畿內外有申有屈

遂比三耦，三耦侯于次北①，西面北上。

天子大射、賓射六耦三侯，畿內諸侯則二侯四耦，畿外諸侯大射、賓射皆三侯三耦，但諸侯畿外、畿內各有一申一屈，故畿外三侯，遠尊得申，與天子同，三耦則屈，畿內二侯，近尊則屈，四耦則申。若燕射，則天子、諸侯例同三耦一侯而已，以其燕私，屈也。若卿大夫、士例同一侯三耦，略言之，數備《禮記·射義》。

十九　司馬師命服不負侯

司馬師命負侯者云云，負侯者皆適侯②，執旌負侯而俟。

釋曰：自此盡“而俟”，論司馬師命服不負侯之事也。引“天子服不氏下士一人，徒四人”者，欲見諸侯亦三侯，亦使服不氏與徒爲獲者也。案天子有大司馬卿一人，小司馬中大夫二人，此雖諸侯禮，亦應有小司馬，號爲司馬正也。

---

① “侯”字原作“侯”，四庫本作“侯”，合於經，據改。
② “侯”下原無“者”字，四庫本有“者”字，合於經，據補。

二十　負侯諾以宮、商，至乏聲止

負侯皆許諾[①]，以宮趨，直西及乏南，又諾以商，至乏，聲止。

釋曰：云“宮爲君，商爲臣”，《樂記》文。云“聲和相生”者，宮生徵，徵生商，而云“相生”者，雖隔徵，亦是相生之義也。云“聲和”者，宮數八十一，商數七十二，彈宮則商應，故云“聲和”也。引《鄉射》者，彼臣禮，直云“諾，聲不絕”，不言宮、商，引之證與此不同之意。

《鄉射禮》曰[②]：“獲者執旌許諾”。

二一　凡射皆袒，袒、襲皆隱處，不在位

上射云云，適次，釋弓，說決、拾，襲，反位。

云“凡射皆袒”者，案《鄉射》“命三耦：‘各與其耦讓取弓矢，拾。’三耦皆袒、決[③]，遂”，至卒射。云“脫決、拾，襲而俟于堂西，南面”，此則前“遂命三耦取弓矢于次”，不言袒，至此亦言襲，故須言“凡射皆袒”，決在此不見袒，亦袒可知。云“出於次也，袒時亦適次”者，以此而言，則袒時入次，今更出次，知不在位上袒，而入次取弓者，凡袒、襲皆於隱處，鄉射無次，司馬適堂西袒，執弓矢，不在位，此大射有次。

二二　執弓以爲畢，猶執殳爲鞭度

小臣師設楅，司馬正東面，以弓爲畢。

云“畢，所以教助執事”者，以畢是助載鼎實之物，故司馬執弓爲畢以指授，若《周禮》執殳以爲鞭度然。

---

① “侯”下原無“皆”字，經有“皆”字，據補。

② “禮”下原無“曰”字，注有“曰”字，據補。

③ “皆袒決”原作“取弓”，曹云：“‘取弓’當爲‘皆袒決’。”據改。

二三　大夫與士爲耦,容大夫有不備時

若有士與大夫爲耦,則以大夫之耦爲上。

釋曰:云"爲上,居群士之上"者,若是士與大夫之尊者爲耦,故"居群士之上"也。鄭云"群士之上"者,既爲上射,恐在大夫之上,故云"群士之上",是以下注云"士雖爲上射,其辭猶尊大夫也"。若然,國皆有三卿五大夫,三耦六人而已,而云"使士爲耦"者,卿大夫或有故,或出使,容其不足,使士備耦之法也。

二四　上射、下射俱橫弓,取不背君^①,向南爲順

下射進,坐,橫弓,覆手自弓上取一个,兼諸弣,興,順羽,且左還,毋周,反面揖。

云"橫弓,亦南踣弓也"者,謂南踣弓,以左手仰執弓裏以覆,右手於弓表向下取矢亦便也。上射、下射俱南踣弓者,取不背君,向南爲順。云"上以陽爲内,下以陰爲内,因其宜可也"者,上射東面左還時,以左手還,取東相陽方爲内,下射西面右還時,以右手還,取西相陰方爲内,隨其陰陽得左右相向,是"因其宜"也。

二五　大史釋獲,執中、執筭各有人

大史釋獲。小臣師執中,先首,坐設之。

釋曰:此不見執筭之人,案《鄉射》命釋獲者,"釋獲者執鹿中,一人執筭以從之",彼臣禮,官少,釋獲者自執中設之,尚使人執筭,況國君官多^②,大史不自執中,豈得自執筭?明亦使人執之。云"小臣師退,返東堂下位"者,其位已見篇首也。引《鄉射》者,證筭以南末爲順也。

---

① "取"下原無"不"字,曹校正文"取背君"云:"'取'下脱'不'字。"據補,正文亦補。

② "官"下原有"臣"字,曹云:"'臣'字衍。"倉石云:"殿本删'官'字。"前疏"官少",故此據曹校删。

二六　侯有上下綱，躬舌之角爲維，以布爲絹

司射命曰：“中，離維綱，揚觸①，梱復，公則釋獲，衆則不與”。

釋曰：中，謂中侯。注不言可知。云“離，猶過也、獵也”者，謂矢過獵，因著維與綱二者。云“侯有上下綱，其邪制躬舌之角者爲維”者，案《梓人》云“上綱與下綱出舌尋，絹寸焉”，注“綱，所以繫侯於植者也②。上下皆出舌一尋者，亦人張手之節也。鄭司農云：絹，籠綱者，維持侯者”，若然，則綱與維皆用繩爲之，又以布爲絹籠綱，然後以上个、下个邊綴著絹，兩頭以綱繫著植，維者於上个、下个、上下躬兩頭皆有角，又以小繩綴角繫著植，故矢或離綱，或離維也。云“或曰維當爲絹，絹，綱耳”者，鄭更爲一解，絹則維也。云“絹，綱耳”者，以絹爲綱耳，離著絹也。

二七　離維綱，揚觸，梱復，惟公則釋獲

注：揚觸，謂矢中他物，揚而觸侯。梱復，矢至侯不著而還反③。

釋曰④：云中三侯皆釋獲，則離維綱及揚觸、梱復亦釋之，不言者，以中爲主也。

公則釋獲，優君。衆當中鵠而著。

二八　射不貫者不釋，謂不中鵠，除君而言

司射命上射曰：“不貫不釋”⑤。

案上文“離維綱，公則釋獲”言之，則此云不中不釋筭者，據除君而言也。

---

① “揚”字原作“楊”，下文亦多作“楊觸”，四庫本作“揚”，據改，下文亦改。
② “所”下原無“以”字，汪刻本及張、阮刻本均有“以”字，據補。
③ “注揚”至“還反”，乃了翁以己語概括者，注原作：“揚觸者，謂矢中他物，揚而觸侯也。梱復，謂矢至侯不著而還。復，復反也。”
④ “釋”下原無“曰”字，依其慣例，當有“曰”字，謹補。
⑤ “司射”至“不釋”，乃了翁以己語概括者，經原作：“司射遂進，由堂下北面視上射，命曰：‘不貫不釋’。”

儀禮要義卷第十八　大射儀三

一　三耦卒射,公與卿大夫將射

三耦卒射。賓降,取弓矢于堂西。

釋曰:自此盡"共而俟",論第二番射。三耦訖,次公卿、大夫之事,但此賓先降取弓矢即升堂者,以其不敢與君並俟告[1],故下云"司射告射于公,小射正取公之決、拾",并"授弓、拂弓",是君得告乃取弓矢,是"不敢與君並俟告"也。云"取之以升,俟君事畢"者,案下文云"公將射,則賓降,適堂西,袒、決、遂,執弓,搢三挾一個,升自西階",是君事畢,君事畢,賓降,袒、決、遂,乃更升。若然,賓於此不即袒、決、遂者,去射時遠,故不可即袒。

二　大射正與司射各一,小射正不止一人

小射正授弓、拂弓,皆以俟于東堂。

據此經上下或云大射正,或云司射,或云小射正不同者,今行射禮,大射正一人爲上[2],司射次之,或云小射正。若然,大射正與司射各一人,據其行事,小射正不止一人而已,此云"小射正一人取公之決、拾於東坫上",下云"小射正奉決、拾以笥",與此一人,此又云"小射正授弓",與取決、拾別,則小射正二人也。云"授弓,當授大射正"者,下云"大射正執弓以袂,以授公",明此小射正授弓者,當授大射正也。

---

① "俟"字原作"待",四庫本作"俟",合於注,據改。
② "上"上原無"爲"字,四庫本及汪刻本均有"爲"字,據補。

三　大射正、司正、司射之同異與上注似違

大射正執弓，皆以從於物。

注：大射正舍司正，親其職。

前解大射正與司射別人，案此注“大射正舍司正，親其職”，則大射正與司正爲一人，又案上文“司射請立司正，遂立司射爲司正”，則司射又與大射正爲一人，與上解似相違者，以大射正與射人俱掌射事，相當則大射正與司射別，若通而言之，射人不對大射正，射人亦名大射正。

四　鄭謂既袒乃設拾，拾當在襦上

公袒朱襦，卒袒云云，小射正又坐取拾，興，贊設拾云云。

案上文設決紲，乃云“公袒朱襦”，始云小射正贊設拾①，拾當拾斂膚體，宜在朱襦之上，故鄭云“既袒乃設拾，拾當以韝襦上”。《鄉射》云“袒、決、遂”，以其無襦，故遂與決得俱時設，若大夫對士射，袒纁襦，設遂亦當在袒後。

五　射正順弓，隈以授公，公揉之，觀其安危

大射正執弓，以袂順左右隈云云，公親揉之。

注云“揉，宛之，觀其安危也”者②，案《考工記·弓人》云“其弓安，其弓危”者，以弓弱者爲危，其弓強者爲安，則此云觀安危者，謂試弓之強弱。

注云：隈，弓淵也云云。

---

① “射”字原作“臣”，曹云：“‘臣’當爲‘射’。”據改。
② “注云”至“也者”，乃了翁增補之疏述注文，疏原作“云觀其安危也者”。

六　獻酬皆授，罰爵不授，惟大夫已上授

司宮士奉豐云云，勝者之弟子洗觶，升，酌散云云，坐奠豐上①。

云“不授者，射爵猶罰爵，略之”者，案《詩》云“兕觥其觩，旨酒思柔”，注云“觩，陳設貌。觥，罰爵，不手授”，此飲射爵，亦不手授，故云“猶罰爵”也。案獻酬之爵皆手授之，此不手授，故云“略之”也。若然，士以下飲罰爵者取於豐，大夫已上皆手授，尊之，故下注云“授爵而不奠豐，尊大夫也”。其三耦之內，雖大夫亦取於豐者，以其作三耦，與衆耦同事，故不復殊之。

七　不勝之黨皆飲，若有數中，亦得助祭

三耦及衆射者皆云云。

釋曰：以其經云“三耦及衆射者皆升，飲射爵”者，言“皆升”②，明知不勝之黨無不飲。但大射者，所以擇士以助祭，今若罰爵在於不勝之黨，雖數中，亦受罰，及其助祭，雖飲射爵，亦得助祭，但在勝黨，雖不飲罰爵③，若不數中，亦不得助祭，以其飲罰據一黨而言，取其助祭，取一身之藝，義故不同也。

八　尊者西階上北面立飲，不以己尊枉正罰

賓、諸公、卿、大夫受觶于席以降，適西階上，北面立飲云云。

云“不可以己尊枉正罰也”者，正罰謂上文飲者在左，勝者在右，於西階之上北面，跪取豐上之觶飲之是也，今雖不取於豐，亦於西階北面。

---

① “司宮”至“豐上”，乃了翁節引之經文，經原作：“司宮士奉豐，由西階升，北面坐設于西楹西，降，復位。勝者之弟子洗觶，升，酌散，南面坐奠于豐上”，四庫本作“司宮士奉豐云云，勝者之弟子洗觶，升，酌散，南面坐奠于豐上”，此仍其舊。

② “皆升”原作“升之”，曹云：“‘升之’當爲‘皆升’。”據改。

③ “飲”下原無“罰”字，阮云：“毛本、《通解》‘飲’下有‘罰’字。”據補。

九　飲公不敢用罰爵,從獻酬之爵

若飲公,則侍射者降,洗角觶,升,酌散,降拜。

釋曰:云"侍射,賓也"者,以其賓與君對射,耦自相飲,故知侍射者賓也。云"飲君則不敢以爲罰,從致爵之禮也"者,罰爵如上文罰者飲之而已,今則從燕臣致爵於君之禮,下文所謂夾爵者是也。

十　此角觶,即《少儀》所謂"不角",非四升角①

但此經云"角觶",與上文觶,皆是"三升曰觶",觶與角連,故謂之角觶,或單言角,或單言觶,是以《禮記‧少儀》云"侍射則約矢②,侍投則擁矢,勝則洗爵而請,不角",注云"角,謂觥,罰爵也。於尊長與客,如獻酬之爵",又《詩》云"我姑酌彼兕觥",《毛傳》云"兕觥,角爵",箋云"兕觥,罰爵",是其角觶、兕觥皆罰爵,此角觶以兕角爲之,非謂"四升曰角"者也。若然,此角觶對下文飲君云象觶,故云角觶,謂賓酌兕自飲如飲君③,即下文"賓降,洗象觶",亦從獻酬之爵,不敢用罰爵也。

十一　君若不射,則不獻大侯之獲

司宮尊侯于服不之[乏]東北云云④。

釋曰:自此盡"侯而俟",論設尊獻服不之事。云"不於初設之者,不敢必君射也。君不射,則不獻大侯之獲者"獲,即服不⑤,若然,此設爲大侯

---

① "十此角"至"四升角",原在頁眉處,占行九至十四,謹依題義挪至此處。
② "少"字原作"小",四庫本及汪刻本均作"少",據改。
③ "謂賓"至"飲君"原作"謂賓酌如兕自飲君",曹云:"當爲'謂賓酌兕自飲如飲君'。"據改。
④ "之"下漢簡本有"乏"字,沈云:"上第5簡射日陳燕具席位節'有(又)尊于泰(大)侯之乏東北兩〔壺〕獻酒',鄭注:'服不之尊,俟時而陳于南,統于侯,皆東面。'彼時服不之尊尚未設,因陳燕具,設堂上之尊、堂下士旅食之尊,連類而語及之,二文實即一事。三侯各有一乏及負侯者一人,大侯之負侯又名服不,服不之乏即大侯之乏,以前證後,必有'乏'字。據簡本而證今本誤脱。"當據補。
⑤ "獲即服不",原在頁眉處,占行十六,乃了翁按語,謹依文義挪至此處。

之獲者①，君不射則不設之，不豫設者，不敢必君射。案上張侯，先設大侯，君射大侯，張之必君射者，但聖人設法，一與一奪，以大射者爲祭擇士，所以助祭，人君不可不親，故奪其尊，使之必射，故豫張大侯，至此設大侯之尊，君射訖乃設之者，許其自優暇，容有不射之理，是以不射則不設，射乃設之_{未必然}②。

十二　凡祭，祭肺，不離肺，皆不奠爵

獲者左執爵，右祭薦俎，二手祭酒③。

云“祭俎不奠爵，不備禮也”者，言祭俎者，謂祭俎上肺，但肺有二種，此云祭是祭肺也，非是離肺，知者，案《鄉射記》云“獲者之俎，折脊、脅、肺、臑”，又曰“釋獲者之俎，折脊、脅、肺，皆有祭”，則此俎祭肺非離肺④。若然，凡祭，祭肺皆不奠爵，是其常，云此不奠爵，不備禮者，但祭肺、離肺兩有，祭肺不奠爵，若空有祭肺，亦不奠爵，今祭俎不奠爵，故云“不備禮”。

十三　司馬師獻隸僕人等，如獻服不

司馬師受虛爵，洗，獻隸僕人、巾車、獲者，皆如大侯之禮。

云“巾車張大侯”者，舉尊者而言，其參侯、干侯亦張之，是以上文“司馬遂命量人、巾車張三侯”，此直云大侯，舉尊而言也⑤。云“及參侯、干侯之獲者”，以其上文已獻大侯服不獲者⑥，明此經獲者是糝侯、豻侯可知。云“隸僕人、巾車於服不之位受之”，知者，以其隸僕人、巾車素無其位，而經云“如大侯之禮”，明就大侯之位受獻，是以鄭云“功成於大侯也”。云“不言量人者，此自後以及先可知”者，案上張侯之時，先言量人，後言巾

---

① “設”下原無“爲”字，曹云：“‘設’下脱‘爲’字。”據補。

② “未必然”，原在頁眉處，占行十八，乃了翁按語，謹依文義挪至此處。

③ “二手祭酒”原作“從之”，似涉下經“獲者皆執其薦，庶子執俎從之”之文而誤，四庫本作“二手祭酒”，合於經，據改。

④ “非”字原作“亦”，曹云：“‘亦’當爲‘非’。”據改。

⑤ “也”字原作“之”，汪刻本及張、阮刻本均作“也”，據改。

⑥ “已”字原作“以”，阮云：“毛本、《通解》‘以’作‘已’。”據改。

車,君射之時乃有隷僕人埽侯道,受獻先言隷僕人,後言巾車,是自後以及先,隷僕尚得獻,明量人在巾車之先得獻可知。

十四　凡繼射者,命耦而已,不作射,不作取矢

三耦既拾取矢,諸公、卿、大夫皆降,如初位云云。

云"凡繼射,命耦而已,不作射,不作取矢,從初"者,言"凡繼射,命耦"者,前三耦卒射後,大夫降,至"三耦之南,西面北上,司射東面于大夫西北,耦大夫與大夫,命上射曰:'某御於子',命下射曰:'子與某子射',卒,遂比眾耦"云云,至"公即席"後,賓升階復位還筵,"而後卿、大夫繼射",後"眾皆繼射,釋獲皆如初",注云"諸公、卿言取弓矢,眾言釋獲,互言也"。

十五　鼓爲樂節,今《投壺篇》猶其存

司射命曰:"不鼓不釋。[1]"
注:不與鼓節相應,不釋筭也[2]。鼓亦樂之節。
釋曰:引《學記》者,證鼓得與樂爲節之事。云"凡射之鼓節,《投壺》其存者也"者,射之鼓節多少無文,案今《禮記·投壺篇》圖出魯鼓,薛鼓,云"取半以下爲投壺節,盡用之爲射節",是其投壺存者。云"周禮射節,天子九"以下者,是《射人》、《樂師》皆有此文。

十六　《貍首》即《曾孫》之詩

樂正命大師曰:"奏《貍首》,間若一。"
注:《貍首》,逸詩《曾孫》也。貍之言不來也。
釋曰[3]:《騶虞》、《采蘋》是篇名,《貍首》篇名可知。《射義》下文"諸侯

---

① "司射"至"不釋",乃了翁節引之經文,經原作"司射遂適堂下,北面視上射,命曰:'不鼓不釋'。"
② "筭"下原無"也"字,注有"也"字,據補。
③ "釋"下原無"曰"字,四庫本作"案",依其慣例,當作"釋曰",謹補。

君臣盡志於射”，又云“故詩曰：曾孫侯氏，四正具舉。小大莫處，御于君所”，注云“此《曾孫》之詩，諸侯之射節也。四正，正爵四行也。四行者，獻賓、獻公、獻卿、獻大夫，乃後樂作而射也”。上云“《貍首》”，下云“《曾孫》”，“曾孫”，章頭也。彼注“‘以燕以射’，先行燕禮乃射”是也。云“間若一者，調其聲之疏數重節”者，謂九節、七節、五節中間，相去或希疏，或密數，中間使如一。必疏數如一者，重此樂故也。

十七　大夫雖無俎，賓及公卿皆送俎，故亦降

自此盡“反位，坐”，論徹俎升坐，安燕之事①。

大夫降，復位。

注：門東北面位。

釋曰：云“大夫降”者，大夫雖無俎，以賓及公、卿皆送俎，不可獨立於堂，故“降，復位”。云“門東北面位”者，謂初小臣納卿、大夫門東北面揖位，案下文“賓、諸公、卿皆入門，東面北上”，謂在西階下，知大夫不復在西階下位者，以其言“復位”者，復前位，其西階下舊無位。

十八　大射先燕，燕法牲用狗，羞用鱉、鯉等

羞庶羞。

注：“羞進”至“鶉鴽”。釋曰：知有“膫肝膋”者，此大射先行燕禮，燕法，其牲唯有狗，又案《內則》云“肝膋，取狗肝一，幪之以其膋，濡炙之，舉燋其膋，不蓼”，注云“膋，腸間脂”，故知此羞中有肝膋也。又知有“狗胾醢”者，以其《公食大夫》有牛胾炙、羊胾炙、豕胾炙，此燕無三牲，故知胾醢亦用狗。知有“臇鼈②、膾鯉”者，案《六月》詩云“吉甫燕喜，既多受祉”，又云“飲御諸友，臇鼈膾鯉”，故知有此也。公卿大夫有王事之勞③，乃有

---

① “自此”至“之事”，所引乃疏文，四庫本作“諸公卿取俎如賓禮，遂出，授從者于門外”，所引乃經文，此仍其舊。

② “臇”字原作“燸”，四庫本作“臇”，底本下疏亦作“臇”，據改。

③ “卿”字原作“食”，倉石云：“‘食’當‘卿’字之譌。《校釋》云‘公食’當爲‘此是’，未安。”據倉校改。

之，故《六月》詩鄭注"以吉甫遠從鎬地來，又日月長久，今飲之酒，使其諸友恩舊者侍之，又加其珍美之饌，所以極勸之也"，是有王事之勞乃有之，無王事之勞則無，故《公食大夫》不見也。又知"有雉兔、鶉鴽"者，《公食大夫》二十豆有此四者。

十九　二升觚獻大夫，三升觶獻士，用小者尊

主人洗，酌，獻士于西階上。士長升，拜受觶。主人拜送。

釋曰：自此盡"奠于篚"，論獻士及祝、史等之事。云"獻士用觶，士賤也"者，言獻士用觶，對上獻大夫已上觚，觚二升，觶三升，用大者賤，用小者尊。

二十　賓爲士舉旅行酬，因媵觶于公

賓降，洗，升，媵觶于公，酌散，下拜。小臣正辭云云[①]。

自此盡"旅酬"，論賓舉爵爲士舉旅行酬之事。注"賓受"至"再拜"。釋曰：云"賓受公賜多矣，禮將終，宜勸公，序厚意也"者，上文爲賓、爲卿、爲大夫舉旅，皆臣自致爵，今此賓爲士舉旅行酬[②]，因得爲賓致爵於君。

二一　階下位無席，户牖間位則有席

賓降，洗象觚，升，酌膳云云。賓升成拜，公答拜，賓反位。

自此已前，賓位在西階下，東面，無席，户牖之間位則有席，此"賓升成拜"，不言降反位，明反位者，反於户牖之間席位。云"此觚當爲觶"者此觶已見《鄉射》[③]，凡旅酬皆用觶，獻士尚用觶，故知"觚當爲觶"，下經觚亦當爲觶。

---

① "小臣正辭云云"，四庫本作"公降一等云云"，經原作"公降一等，小臣正辭"，節引不同，此仍其舊。

② "此"下原有"其"字，曹云："'其'字衍。"據刪。

③ "此觶"至"鄉射"，原在頁眉處，占行十二至十三，乃了翁按語，謹依文義挪至此處。

二二　凡受酬,拜後就席,坐行酒,漢時亦然

公坐取賓所媵觶①,興,唯公所賜。受者如初受酬之禮,降,更爵洗,升,酌膳,下,再拜稽首,小臣正辭,升成拜,公答拜。乃就席,坐行之。

坐行之,若今坐相勸酒。

二三　堂上旅皆坐酬,士立堂下,故大夫興酬

大夫卒受者以爵興,西階上酬士。士升,大夫奠爵拜,士答拜。

云“興酬士者”,決向來堂上相旅皆坐相酬,執爵者行之,大夫末受酬者輒興,西階上酬士②,故鄭云“士立堂下,與上坐者異也”。

二四　士旅酬,祝、史以下于西階上

士旅于西階上,辯。

注:祝、史、小臣師、旅食皆及焉。

釋曰:鄭知祝、史以下皆得旅酬者,前得獻,祝、史與旅食皆得獻③,明此旅酬得之可知。

二五　士賤不坐,無執爵者,故以次自相酬

士旅酌。

注:“旅序”至“爵者”。釋曰:云“無執爵者”,對上文卿、大夫等有執爵者,以其坐故也,士無執爵者,以其賤,不坐,故以次自酌以相酬,無執爵者也。

---

① “觶”字原作“觚”,鄭注上經“洗象觚”云:“此觚當爲觶。”賈疏云“下經觚亦當爲觶。”正指此經,謹改。

② “大夫”至“酬士”原作“大夫未能受酬者輒興西階上”,曹云:“殿本作‘大夫末受酬者興西階上酬士’。案殿本是也,但‘興’上‘輒’字似當有。”據曹校改。

③ “旅”下原無“食”字,曹云:“‘旅’下脱‘食’字。”據補。

二六 《公食》堂上夾北有宰位，射禮無

遂獻左右正與內小臣，皆於阼階上，如獻庶子之禮。

云"庶子、內小臣位在小臣師之東"者，案《公食》堂上夾北有宰夫，內宰在東北，此射禮堂上夾北無宰位，則執事者不得在堂上①，又非樂人，不得在樂正位，以其與小臣師同名小臣，故知"小臣師之東"也。又云"少退西上"者，見《公食》在宰東北少退，故知此亦少退。知"西上"者，以此位皆西上故也。

二七 凡行酬，即轉爵遞飲，猶待公卒爵乃飲

無筭爵云云。受賜爵者以爵就席坐，公卒爵，然後飲。

釋曰②：凡行酬之法，轉爵遞飲，今膳、散兩有，宜得即飲，猶待公卒爵乃飲，猶代飲然，明惠從公來，嫌得即飲不代，故必卒爵然後飲③，故曰"嫌不代"。

二八 於此無升成拜，以將醉正臣禮

賓及諸公、卿、大夫皆降云，再拜稽首云，升，反（位）[坐]④。

注：升不成拜云。

於例，臣於堂下再拜稽首，得小臣以君命辭，其拜不成，當升成拜，今直升不成拜者，以其拜於下是臣之正禮，故鄭云"於將醉正臣禮"。

---

① "則執"至"堂上"原作"又案執事者堂上"，曹云："當爲'則執事者不得在堂上'。"據改。

② "釋"下原無"曰"字，四庫本作"案"，依其慣例，當作"釋曰"，謹補。

③ "故必卒爵"原作"故著嫌不卒爵"，四庫本作"故著嫌必卒爵"，阮云："毛本作'故必卒爵'，《通解》與毛本同。"曹云："各本作'故必卒爵'是也。"據改。

④ "賓及"至"反位"，乃了翁節引之經文，經原作"賓及諸公、卿、大夫皆降，西階下北面東上，再拜稽首。公命小臣正辭，公答拜，大夫皆辟，升，反位"，四庫本作"賓及諸公、卿、大夫皆降，西階下北面至升反位"，此仍其舊。又，"位"字漢簡本作"坐"，沈云："《燕禮》同節今本亦作'坐'，與簡本同。此鄭注所謂'反席'，當作'坐'，今本誤。"當據改。

二九　公不送賓，賓禮訖，正臣禮

公不送。

注："臣也"至"禮也"。釋曰：案《燕義》云"使宰夫爲獻主，臣莫敢與君亢禮"，曩來安燕交歡，君若送之，是臣與君亢禮，故君不送賓也，故《燕禮》注云"賓禮訖，是臣也"是也①。

三十　燕在路寢，次射于郊學，故末云"公入，《騶》"

公入，《騶》。

注："《騶夏》"至"入也"。釋曰：云"《騶夏》，亦樂章也"者，案《周禮·鍾師》有《九夏》，皆樂章，其中有《騶夏》。云"此公出而言入者，射宮在郊，以將還爲入"者，天子射在虞庠，周之小學在西郊②，案《鄉射記》"於郊則閭中"，鄭注云諸侯大學在郊，是諸侯大射所，故"言入者③，射宮在郊，以將還爲入"也。鄭知燕在路寢者，《燕禮記》云"燕，朝服於寢"，與群臣賓客燕，不合在燕寢，故知"於路寢"④。

三一　大射三番多依鄉射，故不重釋

此篇所解多不具者，以其諸侯、大夫射，先行燕禮，大射三番多依鄉射，是以與二禮同者⑤，於此不復重釋之也。

---

① "是臣也"原作"臣禮"，阮云："浦鏜云'是臣'誤'臣禮'。按或當作'是臣也'，無'禮'字。"《燕禮》鄭注作"賓禮訖，是臣也"。據改。

② "在"字原作"祖"，四庫本作"在"，據改。

③ "入"下原無"者"字，汪刻本及張、阮刻本均有"者"字，合於注，據補。

④ "於"字原作"從"，注作"於"，據改。

⑤ "禮"上原無"二"字，曹云："'禮'上脱'二'字。"據補。

儀禮要義卷第十九　聘禮一

一　此聘禮是侯伯之卿大聘

聘禮第八。

鄭云"大問曰聘"者,則此篇發首所論是也。云"久無事"者,案下記云"久無事則聘焉",注云"事,謂盟會之屬",若有事,事上相見,故鄭據"久無事"而言。云"小聘使大夫"者,下經云"小聘曰問,其禮,如爲介,三介"是也。"《周禮》曰"者,《大行人》文,鄭彼注"小聘曰問。殷,中也。久無事,又於殷朝者及而相聘也,父死子立曰世。凡君即位,大國朝焉,小國聘焉,此皆所以習禮考義,正刑一德,以尊天子也,必擇有道之國而就脩之",然"歲相問,殷相聘",《聘義》所云"比年小聘,三年大聘"是也。《大行人》云"上公九介,侯伯七介,子男五介",又云"凡諸侯之卿,其禮各下其君二等",《聘義》"上公七介,侯伯五介,子男三介",是諸侯之卿介各下其君二等者也,若"小聘曰問"使大夫,又下其卿二等。此聘禮是侯伯之卿大聘,以其經云五介[1],"上介奉束錦,士介四人皆奉玉錦",又云"及竟[2],張旃",孤卿建旃,據侯伯之卿之聘者。必見侯伯之卿聘者,周公作經,互見爲義,此見侯伯之卿大聘,《玉人》云"琢圭璋八寸,璧琮八寸以頫聘",據上公之臣[3],《公食大夫》俎實云"倫膚七",據子男之臣,是各舉一邊而言,明五等俱有,是其互見爲義也。

---

① "其"下原無"經"字,汪刻本及張、阮刻本均有"經"字,據補。
② "及"字原作"入",阮云:"毛本'入'作'及'。"合於經,據改。
③ "上"上原無"據"字,倉石云:"殿本'上'上補'據'字。"據補。

二　因朝,於三卿中選可使者

聘禮。君與卿圖事。

注:"謀聘故"至"謀事者必因朝"云云①。

言"及可使者",謂於三卿之中選可使者,即經云"遂命使者"是也。其總三事,皆須謀者也。言"謀事者必因朝"者,欲取對衆共詢之意。

三　天子、諸侯正朝與燕朝同②

云"其位,君南面"已下,知面位然者,此《儀禮》之內見諸侯三朝:燕朝,《燕禮》是也,又射朝,《大射》是也,不見路門外正朝,正朝當與二朝面位同,案《燕禮》、《大射》皆云卿西面,大夫北面,士東面,公降階南面揖之,是以知正朝面位然也。若天子三朝,《射人》見射朝,《司士》見正朝,不見燕朝,以諸侯正朝與燕朝同,明天子燕朝亦與正朝同也。

四　使者既在謀內,猶見宰,問所之

遂命使者。

注:既謀其人,因命之。

云"聘使卿"者,以其經云"及竟,張旜",《周禮·司常》云"孤卿建旜",故知使卿也。若然,使者自在謀內,審知所聘之國遠近,何以下記云使者"既受行,出,遂見宰,問幾月之資",注云"古者君臣謀密草創,未知所之遠近,問行用多少",但所謀之時,經云出聘,不言其國,使者不得審知,故更問之,是以《左氏》吳公子季札來聘③,遂聘齊、晉、衛、鄭之等,下文云"無行,則重賄、反幣",是亦有歷聘之事也。

---

① "至"字原作"故",當涉上文衍,四庫本作"至",據改。

② "三天子"至"燕朝同",原在頁眉處,占行十一至十五,謹依題義挪至此處,

③ "季札"下原無"來聘"二字,曹云:"下脱'來聘'。"據補。

五　諸侯以司徒爲冢宰

宰命司馬戒衆介,衆介皆逆命①,不辭。

注:逆,猶受也。

釋曰:天子有六卿,天、地、四時之官,是諸侯兼官而有三卿,立地官司徒兼冢宰,立夏官司馬兼春官,立冬官司空兼秋官,是以《左氏》杜泄云"吾子爲司徒,叔孫爲司馬,孟孫爲司空",故《禮記·內則》云"后王命冢宰,降德于衆兆民",鄭云"《周禮》冢宰掌飲食,司徒掌十二教。今一云冢宰,記者據諸侯也。諸侯并六卿爲三,或兼職焉",是其諸侯并六卿爲三,諸侯以司徒爲冢宰,義與此同。宰,上卿,貳君事,諸侯謂司徒爲宰者也。云"士屬司馬",引《周禮》者,案司士屬司馬而云"作士適四方,使爲介",諸侯之司馬亦然,故引以證諸侯司馬戒衆介也。云"不辭"者,是其副使之賤者,故不敢辭。

六　宰書聘幣,幣稱其邦之大小

宰書幣。

注:書聘云云。宰又掌制國之用。

宰即上命司馬兼官者也②。云"書聘所用幣多少也"者,謂聘鄰國享君及夫人、問卿之等幣,《周禮·司儀》云"凡諸侯之交,各稱其邦而爲之幣,以其幣爲之禮",鄭云"幣,享幣也。於大國則豐,於小國則殺"。

七　先行之日夕幣

及期,夕幣。

釋曰:自此盡"受書以行",論陳幣付使者之事。云"夕幣,先行之日夕",知者,下云"厥明,釋幣于禰",是行日,明此夕是"先行之日夕"也。云"視之"

---

① "介"上原無"衆"字,經有"衆"字,據補。

② "馬"字原作"徒",汪刻本及張、阮刻本均作"馬",據改。

者,正謂賓及衆介視之,故下云"使者朝服,帥衆介夕",注云"視其事"是也。

八　管人布幕以承幣於外朝

管人布幕于寢門外。

云"館人謂掌次舍帷幕者也"者,案《天官》有《掌舍》、《掌次》、《幕人》等,《掌次》云"有邦事,則張幕設案",《掌舍職》云"爲帷宫①,設旌門",又《幕人》云"掌帷幕幄帟綬之事",鄭云"在旁曰帷,在上曰幕。幕或在地,展陳于上",即此布幕是也。館人即彼掌舍,以諸侯兼官,故鄭總言之也。云"布幕以承幣"者②,即下文"官陳幣"是也。云"寢門外,朝也"者,謂路門外,即正朝之處也。下記云"宗人授次,次以帷"③,則館人與宗人共掌之,若賓客則宗人掌之也。

九　官陳享幣,不陳璧琮,無皮則用馬

官陳幣,皮北首西上,加其奉於左皮上,馬則北面,奠幣云云。

云"官陳幣"者,即上文"官具"者也,館人布幕於地,官陳幣於其上。云"奉,所奉以致命,謂束帛及玄纁也"者,"所奉"謂後享時奉入以致命,故知,是以下文享時所致,束帛加璧以享君,玄纁加琮以享夫人,鄭不言璧琮者,璧琮不陳,厥明乃授之也。云"馬言則者,此享主用皮,或時用馬"者,主用皮,謂有皮之國,國無皮者乃用馬,故下云"庭實,皮則攝之",鄭注"皮言則者,或用馬也",記云"皮馬相間可也",注"間,猶代也,土物有宜"也。

十　君在路寢聽政,宰入告具

宰入告具于君,君朝服出門左,南鄉。

注:入路門而告。

---

①　"宫"字原作"官",四庫本作"宫",阮云:"按《周禮·掌舍》作'宫'。"據改。

②　"云"下原無"布"字,阮云:"毛本'云'下有'布'字。按注文有'布'字。"據補。

③　"次"下原不重"次"字,汪刻本及張、阮刻本均重"次"字,合於《記》,據補。

釋曰①：朝在路門外，故知"入路門"，至路寢而告君，以其在路寢聽政處故也。

十一　史展幣授宰，宰告具，授使者

宰執書，告備具于君，授使者。使者受書，授上介。公揖入。

釋云"史展幣畢，以書還授宰"者，以其宰在幕東西面，史居前西面讀書展幣，展幣訖，明廻還授宰，宰以書授使者。展幣授使者訖，禮畢，故入於寢也。

十二　賓介將行，釋幣于禰，反則釋奠

十三　大夫容父在告祖，楚圍聘娶並告莊、共②

厥明，賓朝服釋幣于禰。

注：告爲君使也。賓，使者云云。

釋曰：自此盡"亦如之"，論賓與上介將行告禰之事。云"朝服"者，卿、大夫朝服祭，故還服朝服告也。云"天子、諸侯將出，告群廟"者，案《禮記·曾子問》云"孔子曰：諸侯適天子，必告于祖，奠于禰"，注云"皆奠幣以告之"，是諸侯出，告群廟，案彼下文又云"孔子曰：天子、諸侯將出，必以幣帛皮圭告于祖禰，遂奉以出"，是天子與諸侯同告群廟之事。云"大夫告禰而已"者，大夫三廟，降天子、諸侯③，不得並告，故直告禰而已。若父在則告祖，知者，下記云"賜饗，唯羮飪筵一尸，若昭若穆"，注云"筵尸，若昭若穆，容父在。父在則祭祖，父卒則祭禰"，以此言之，明初行時，父在釋幣於祖廟可知。案昭元年楚公子圍聘於鄭，云"布几筵於莊、共之廟而來"，服氏云"莊，謂楚莊王，圍之祖。共王，圍之父"，是大夫並告群

---

① "釋"下原無"曰"字，四庫本作"案"，依其慣例，當作"釋曰"，謹補。

② "十三大夫"至"告莊共"，原在頁眉處，占行十一至十六，"云大夫"至"氏是也"乃與此題對應之文字，涵于題十二所領正文內，不宜段分，謹依題義挪至此處。

③ "天子"下原無"諸侯"二字，曹云："下脫'諸侯'二字。"據補。

廟者，彼不告聘，直告娶，故得並告，古者大夫得因聘而娶，故《傳》云“且娶於公孫段氏”是也。云“凡釋幣，設洗盥如祭”者，案《曾子問》云“凡告，用牲幣”，注云“牲，當爲制”，則告無牲，直用幣而已，但執幣須絜，當有洗而盥手，其設洗如祭祀之時，亦洗當東榮，南北以堂深，水在洗東，篚在洗西。必知無祭事者，下文還時云“乃至于禰，筵几于室，薦脯醢，觴酒陳”，鄭云“行釋幣，反釋奠，略出謹入”，是其差也。

十四　使者稱賓，入廟中更云主人

有司筵几于室中，祝先入，主人從入云云。

云“更云主人者，廟中之稱也”者，上云“賓”，至此更云“主人”，是廟中之稱，故《特牲》、《少牢》皆稱主人，對《聘》稱賓也。

十五　帛錦十卷名束，脯亦曰束，制幣丈尺異

釋幣，制玄纁束，奠于几下，出。

云“凡物十曰束”者，案《昏禮》玄纁束，則每卷二丈，自餘行禮云束者，每卷一丈八尺爲制幣，帛錦十卷者皆名束，至於脯十脡亦曰束，故云“凡物十曰束也”。云“玄纁之率，玄居三，纁居二”者，言率皆如是也，玄三纁二者，象天三覆地二也。

十六　純謂幅之廣狹，制謂舒之長短①

云“《朝貢禮》云：純，四只。制，丈八尺”者，純謂幅之廣狹，制謂舒之長短，《周禮》趙商問“只長八寸，四八三十二，幅廣三尺二寸，大廣，非其度”，鄭玄答云“古積畫誤爲四②，當爲三，三咫則二尺四寸矣”③，《雜記》云“納幣一束，束五兩，兩五尋”，然則每卷二丈，若作制幣者，每卷丈八尺爲制，合卷爲匹也。

---

① “十六純謂”至“之長短”，原在頁眉處，占行三至七，謹依題義挪至此處。
② “玄”字原作“志”，四庫本作“玄”，阮云：“毛本、《通解》、楊氏‘志’俱作‘元’。”據庫本改。
③ “二”字原和“三”，四庫本及汪刻本均作“二”，據改。

十七　釋幣于行,行神在廟門西

又釋幣于行。

釋曰:云"行者之先,其古人之名未聞"者,此謂平地道路之神。云"古人名未聞"者,謂古人教人行道路者,其人名字未聞。云"天子、諸侯有常祀在冬"者,《月令》祀行是也,言此者,欲見大夫雖三祀有行,無常祀,因行使始出,有告禮而已,至於出城,又有軷祭,祭山川之神,喻無險難也。"大夫三祀,曰門、曰行、曰厲"者,見《祭法》文①。云"《喪禮》有毀宗躐行,出于大門"者,《檀弓》文,案彼云"掘中霤而浴,毀竈以綴足。及葬,毀宗躐行,出于大門,殷道也",下文"周柩入毀宗"②,雖不云"躐行",亦有行可知,所毀者,毀廟門西而云"躐行",明行神在廟門西矣。"不云埋幣,可知"者,承上宗廟埋之,此亦埋可知 主人立于戶東,埋幣。此二節見卷末③。

十八　鄭以行神無正文,約《檀弓》、漢法爲況④

云"今時民春秋祭祀有行神,古之遺禮乎"者⑤,鄭以行神無正文,雖約《檀弓》,猶引漢法爲況,"乎"者,猶疑之矣。若然,城外祭山川之神有軷壇,此禮行神亦當有軷壞⑥,是《月令》冬祭行,注云"行在廟門外之西,爲軷壇,厚二寸,廣五尺,輪四尺"是也。

---

①　"祭"上原無"見"字,汪刻本及張、阮刻本均有"見"字,據補。

②　"周柩入毀宗",此文不見於《禮記·檀弓》,倉石云:"案《檀弓》注云'周人葬,不毀宗躐行。'孔疏云'周殯於正寢,至葬而朝廟,從西門出,不毀宗也,故《士喪禮》不云躐行也。'則此與鄭義顯背。"

③　"主人"至"卷末",原在頁眉處,占行十一至十三,乃了翁按語,謹依文義挪至此處。

④　"十八鄭以"至"法爲況",原在頁眉處,占行一至六,謹依題義挪至此處。

⑤　"遺"字原作"餘",四庫本作"遺",阮云:"毛本'餘'作'遺'。按'遺'與注合。"據改。

⑥　"壞"上原無"壇此禮行神亦當有軷"九字,疑涉前一"軷"字而脱,汪刻本及張、阮刻本均有此九字,據補。

十九　賓釋幣訖不復入，介待賓大門外

上介及衆介俟於使者之門外。

自此盡“斂旜”，爲使者與介向君朝受命即行之事。知“待於門外，東面北上”者，上云賓釋幣訖，不復入，明介待賓於大門外，賓出則向君也。言“東面北上”者，依賓客門外之位。

二十　使、介受命于朝謂皋門外，非路門外常朝位

使者載旜，帥以受命于朝。

云“至於朝門”者，凡諸侯三門①：皋、應、路，路門外有常朝位，下文君臣皆朝列位，乃使卿進使者，使者乃入至朝②，即此朝門者，皋門外矣。知“北面東上”者，還依展幣之位也。

二一　賈人取圭，垂繅，授宰，繅有二種

賈人西面坐啓櫝，取圭，垂繅，不起而授宰。

云“其或拜，則奠于其上”者，故《覲禮記》云“奠圭于繅上”是也。但繅有二種：一者以木爲中幹，以韋衣之，天子五采，公、侯、伯三采，子、男二采，采爲再行，下記及《典瑞》皆有其文，此爲繅也；下記云“絢組尺”，及《曲禮下》文“執玉，其有藉者則裼”，鄭亦謂之繅③。若韋版爲之者，奠玉於上，此則無垂繅、屈繅之事。若絢組爲之者，所以繫玉於韋版，使不失墜，此乃有屈、垂之法，則此經所云者是也。案向來所注，皆以韋版繅籍解之者，鄭意以承玉及繫玉二者，所據雖異，所用相將，又同名爲繅，是以和合解之，故以韋版爲之者以解絢組之繅也④。

---

① “凡”下原有“平”字，四庫本無“平”字，阮云：“毛本‘凡’下無‘平’字。按‘平’字誤。”據删。

② “使者”下原不重“使者”二字，汪刻本及張、阮刻本均重“使者”二字，據補。

③ “謂”字原作“爲”，四庫本作“謂”，阮云：“毛本、《通解》‘爲’作‘謂’。”曹云：“案‘謂’字是。”據改。

④ “組”上原無“絢”字，四庫本及汪刻本均有“絢”字，據補。

二二　使者受聘君圭、享君璧、聘夫人璋、享琮

受享束帛加璧，受夫人之聘璋、享玄纁束帛加琮，皆如初。

此經中三事，上經已受聘君圭，此經受享君束帛加璧，又受聘夫人璋，又受享夫人琮。案上文夕幣時云"官陳幣，皮北首西上，加其奉於左皮上"，鄭注云"奉，所奉以致命，謂束帛及玄纁也"，則知所陳，直陳束帛及玄纁，不陳璧琮，是以此經受璧琮而連言束帛玄纁者①，以其享時，束帛加璧於其上，玄纁加琮於其上，以相配之物，故兼言束帛、玄纁。若然，璧琮後受者②，以其璧琮與圭璋同類，尊之故也。

二三　漢以帛爲璧色繒，則帛與璧同色③

云"帛，今之璧色繒"者，《周禮·大宗伯》云"孤執皮帛"，鄭注亦然，又案《宗伯》云"以蒼璧禮天下"，云"牲幣各放其器之色，幣即幣帛，禮天之璧用蒼色"，則幣帛之色亦蒼色，是"璧色繒"，於漢時云"璧色繒"者，亦因周法，則此束帛亦與璧色同，以其相配，但未知正用何色耳。云"聘用璋，取其半圭"，知半曰璋者，案《周禮·典瑞》云"四圭有邸以祀天，兩圭有邸以祀地，圭璧以祀日月；璋邸射以祀山川"，以上向下差之，以兩圭半四圭，圭璧半兩圭，璋邸射又半圭璧，是半圭曰璋也。云"圭璋特達，瑞也"者，《聘義》云"圭璋特達，德也"，鄭云"特達，謂以朝聘也"。言"瑞"者，《大宗伯》云"以玉作六瑞，公執桓圭"，以下皆是瑞，故《尚書》云"班瑞於群后"。言"特達"者，不加束帛也。

二四　舍於郊謂脫舍朝服，服深衣而行

遂行，舍於郊。

① "璧"下原無"琮"字，曹云："'璧'下當有'琮'字。"據補。
② "後"字原作"右"，曹云："'右'當爲'後'。"據改。
③ "二三漢以"至"璧同色"，原在頁眉處，占行十一至十六，謹依題義挪至此處。

釋曰^①：受命則行，不留停，故云“遂行”。言“於此脫舍衣服，乃即道也”者^②，上文云賓朝服告禰，乃遂朝君受命^③，至此衣服未改，鄭注云“吉時道路深衣”，則此脫舍朝服，服深衣而行。引《曲禮》者，見受君命及君言，言別有告請之事。“遂行，舍於郊”，則彼云“不宿于家”也。

二五　諸侯相聘有假道，周衰天子亦假道

若過邦，至于竟，使次介假道，束帛將命于朝曰：“請帥。”奠幣。

注：帥，猶道也^④。

釋曰：自此盡“執策立於其後”^⑤，論過他國竟假道之事。云“諸侯以國爲家，不敢直徑”者，案《左氏傳》僖三十三年，秦師襲鄭，不假道於晉，爲晉所敗，是其不假道直徑過。天子之師，行過無假道，以其天子以天下爲家，所在如主人故也。天子微弱則有之，是以《周語》“定王使單襄公聘於宋，遂假道于陳以聘楚”，服氏注云“是時天子微弱，故與諸侯相聘同”^⑥。

二六　主國致餼，諸經釋餼，鄭望文爲義

餼之以其禮，上賓大牢，積唯芻禾，介皆有餼。

釋曰：此謂主國所致禮。云“凡賜人以牲，生曰餼”者，言“凡”者，總解諸文，案此下經云主國“使卿歸饔餼五牢”云“飪一牢，腥二牢，餼二牢，陳于門西”，鄭注云“餼，生也。牛羊右手牽之^⑦，豕束之^⑧，是牲生曰餼，

---

① “受命”上原無“釋曰”二字，四庫本有“釋曰”二字，據補。

② “者”上原無“也”字，阮云：“毛本‘者’作‘也’。按依下文述注，則此處當作‘也者’。”據補。

③ “乃”字原作“及”，曹云：“‘及’毛本作‘乃’是。”據改。

④ “注帥”至“道也”，原爲雙行小字，依其慣例，謹改同正文。

⑤ “於”上原無“立”字，曹云：“‘於’上脫‘立’字。”據補。

⑥ “同”字原作“間”，汪刻本及張、阮刻本均作“同”，據改。

⑦ “右”下原無“手”字，阮云：“毛本‘右’下有‘手’字。按《曲禮》云：‘效馬、效羊者右牽之。’此涉彼文而誤脫也，下文注疏並作‘牛羊右手牽之’。”倉石云：“‘右’下脫‘手’字。”據補。

⑧ “束”字原作“東”，倉石云：“‘束’誤‘東’。”據改。

上介及士亦皆有餼①,《論語》云"告朔之餼羊",鄭注亦云"牲生曰餼",《春秋傳》云"餼臧石牛",服氏亦云"牲生",是凡牲生曰餼。《春秋·僖三十三年》鄭皇武子云"餼牽竭矣",服氏以爲腥曰餼,以其對牽,故以餼爲腥。《詩序》云"雖有牲牢饔餼",鄭云"腥曰餼",以其對生是活,故以餼爲腥,又不爲牲生者,鄭望文爲義,故注不同也。

二七　稟、給謂賓受而主人給②

"餼,猶稟也、給也"者,於賓爲稟,稟受也;於主人爲給,給賓客也。

二八　上介與上賓牢禮同,群介異③

云"以其禮者,尊卑有常差。常差者,上賓、上介牲用大牢",經不言上介,知與賓同大牢者,若上介與群介同,當爲介皆少牢,是以下文"大夫餼賓"云上賓、上介皆大牢,米八筐,衆介皆少牢,米六筐,是上介與賓同之義也。云"米皆百筥",以下盡"二十車",皆約下文君使卿致饔餼禮。

二九　未至主國,習入廟聘享之禮

未入竟,一肄。

釋曰:自此盡"私事",論雖未至主國,預習聘享威儀之事。此與下文爲目,所習之禮事在下。云"謂於所聘之國竟"者④,鄭解"未入境"。案《覲禮》與《司儀》同爲壇三成,宮方三百步,此則無外宮,其壇壝土爲之,無城,又無尺數,象之而已。云"帷其北,宜有所向依"者,雖不立主人,賓、介習禮,宜有所向,故"帷其北"也。云"無宮,不壝土畫外垣也"者,壝

---

① "有餼"原作"牲生爲餼",曹云:"似當爲'亦皆有餼'。"據改。
② "二七稟給"至"主人給",原在頁眉處,占行一至三,謹依題義挪至此處。
③ "二八上介"至"群介異",原在頁眉處,占行四至八,謹依題義挪至此處。
④ "國"下原無"竟"字,倉石云:"'國'下脫'竟'字。"據補。

土爲宮①,是畫外垣。垣,牆。墠土爲外牆②,今則不畫宮也。此所習之禮,不習大門外內及廟門外之禮者③,以其於外威儀少而易行,故略之,但習入廟聘享、揖讓、升降、布幣、授玉之禮,是以直云"北面西上"之位也。注云"入門左之位"者,案下文云"賓入門左,介皆入門左"④。

三十　習聘享皆公事致命者,不習私事

習享,士執庭實。

注:"士士"至"之節"。釋曰:享時庭實旅百,獻國所有,非止於皮,知所執是皮者,以其金龜、竹箭之等皆列之於地,不執之,所執者唯有皮。云"習夫人之聘享,亦如之"者,以其行聘君訖,則行聘夫人,行享君訖,即行享夫人,還君受之,一如受君禮,故云"亦如之"也。云"習公事"者,謂君聘享、夫人聘享及問大夫皆致君命,故鄭云"公事,致命者",是以下文行君聘享及夫人聘享訖,擯出請,"賓告事畢",鄭注云"公事畢",又問卿時云"大夫升堂⑤,北面聽命,賓東面致命",鄭注云"致其君之命",皆公事致命者也。私事者,謂私覿於君,私面於卿大夫,故下文賓覿,"入門右",注云"私事自闑右","爲若降等然"是也。若然,大夫之幣不在朝付之,至郊乃付之,避君禮,不謂非公事。

三一　及竟張旜,明事在此國

及竟,張旜,誓。

釋曰:自此盡"入境,斂旜",論賓至主國之境,謁關人見威儀之事。云"張旜,明事在此國"者,以其行道斂旜,及境張旜,明所聘之事在此國,故張旜以表其事也,是以鄭云"明事在此國"也。云"張旜,使人維之"者,案《節服氏》"掌祭祀、朝覲,六人維王之大常,諸侯則四人",但大常十二

---

① "墠"上原有"不"字,曹云:"'不'字衍。"據刪。
② "牆"下原有"土"字,曹云:"'土'字衍。"據刪。
③ "廟門外"原作"廟門內",曹云:"'內'當爲'外'。"據改。
④ "左"字原作"右",阮云:"浦鏜云'左'誤'右'。按浦云是也。"據改。
⑤ "大夫"上原有"卿"字,曹云:"'卿'字衍。"據刪。

旒，人有六，則一人維持二旒，鄭云“維之以縷”，用線維之，大夫無文，諸侯四人，不依命數，大夫或一人或二人維持之。

三二　使謁關人，關人告司關，司關告王①

三三　竟上爲關，幾出入不物者②

乃謁關人。

釋曰：“古者境上爲關”者，王城十二門，則亦通十二辰，辰有一門一關，諸侯未知幾關，魯廢六關，半天子，則餘諸侯亦或然也。云“關，譏異服、識異言”者③，案《王制》云“關，幾而不征”，注亦云“幾，幾異服、異言”，二注皆無正文，案《周禮·司門》云“幾出入不物者”，注云“不物，衣服視占不與衆同”，鄭以“出入不物”幾之，則不物中含有此異服、異言，云“衣服視占不與衆同”，則是異也。但《周禮》“司關，上士二人，中士四人”，又云“每關下士二人”，但司關爲都總，主十二關，居在國都，“每關下士二人”者，各主一關，今所謂“關人”者，謂告每關，關人來告司關，司關爲之告王，故《司關職》云“凡四方之賓客叩關，則爲之告”。

三四　關人問“從者幾人”，即知大聘、小聘

關人問：“從者幾人？”

釋曰：不問使人而問從者，關人卑者，不敢輕問尊者，故問從者。云“欲知聘問”者，問得從者，即知使者是大聘，亦知使者是小聘，知者，以君行師從，一州之民，卿行旅從，一黨之人，若大夫小聘，當一族之人，百人

---

①　“關人告司關司關告王”原作“關告司關關關告王”，今案疏意，當是使者告關人，關人告司關，司關告王，底本似有脫，謹補。

②　“三三竟上”至“不物者”，原在頁眉處，占行十二至十六，“釋曰古”至“是異也”乃與此題對應之文字，涵于題三二所領正文内，不宜段分，謹依題義挪至此處。

③　“云關”至“言者”原作“云關譏異言”，阮云：“毛本作‘云關譏異服識異言者’。”據補。

也。"且爲有司當共委積之具"者①，賓客入竟，當於廬宿市設委積②，少曰委，多曰積。問從者幾人，當爲卿行旅從對，今不云而以介與受命者對，是謙也。"《聘禮》，上公之使七介"至"三介"，皆《禮記・聘義》文。

三五　入竟又斂旝，乃展幣者三

入竟，斂旝，乃展。

釋曰：自此盡"賈人之館"，論三度展幣之事。云"重其事"者，亦恐有脱漏失錯，故云"重其事"，不可輕也。"斂旝，變於始入"者，上"及竟，張旝"，注云"事在此國也"，此則入竟後乃斂之者③，謂若初出至郊"斂旝"，鄭云"行道耳，未有事也"，此亦及竟，示有事於此國張之，始入張之，去國遠，更是行道未有事，故鄭云"變於始入"。

三六　群幣謂聘享訖以己物私覿、私面

有司展群幣以告。

釋曰：云"群幣，私覿及大夫者"，上展君及夫人幣訖，此言"有司展群幣"，故知是"私覿及大夫者"，"私覿"者，行君、夫人聘享訖，賓以私禮己物見主君。"及大夫者"④，亦謂賓以己物面主國之卿。

三七　賓、介反命，所得公、私幣有陳與否⑤

必知私覿之幣是賓、介自將己物者，以經、記上下唯有君及夫人聘享及問大夫之幣付使者之文⑥，不見有付賓、介私覿之幣，又案下文賓將還，云"遂行，舍于郊。公使卿贈，如覿幣。使下大夫贈上介，亦如之。使

---

① "爲"字原作"謂"，阮云："按各本注俱作'爲'。"據改。

② "設"下原無"委積"二字，曹云："'設'下脱'委積'二字。"據補。

③ "斂"下原重"斂"字，阮云："陳、閩、毛本俱不重'斂'字。"曹云："衍一'斂'字。阮云單疏不重。案單疏實重。"據删。

④ "及"字原作"云"，曹云："'云'當爲'及'。"據改。

⑤ "三七賓介"至"陳與否"，原在頁眉處，占行一至五，謹依題義挪至此處。

⑥ "大夫"下原有"聘"字，曹云："'聘'衍字。"據删。

士贈衆介，如其覲幣”，還至本國，陳幣于朝，云“上賓之公幣、私幣皆陳，上介公幣陳，他介皆否”，注云“此幣，使者及介所得於彼國君、卿、大夫之贈賜也，其禮於君者不陳。公幣，君之賜也。私幣，卿大夫之幣也”，至於賓反命訖，“君使宰賜使者及介幣”，以此言之，彼國所報私覲之幣還與賓、介，明知私覲是賓、介私齎行可知也。《夏官·校人》云“凡國之使者，皆供其幣、馬”，鄭注“使者所用私覲”，若然，彼使者謂天子使卿、大夫存頫省問諸侯之事，使者得行私覲①，私覲之馬，校人供之，與諸侯禮異也。

三八　王畿千里，遠郊百，近郊半之

及郊，又展，如初。

釋曰：云“周制，天子畿內千里”者，《周禮·大司徒》云“制其畿方千里”，據《周禮》而言，其自殷已上，亦畿方千里，《商頌》云“邦畿千里，唯民所止”，夏亦千里，《王制》云“天子縣內方千里”，鄭據夏時《禹貢》方千里曰甸服據唐虞畿內是也。云“遠郊百里”者，《司馬法》文，畿方千里，王城面五百里，以百里爲遠郊，若公五百里②，中置國，城面二百五十里，故遠郊五十里，自此已下至子男差之可知。云“近郊各半之”者，亦約周天子遠郊百里，近郊五十里，亦無正文。

三九　周近郊五十里，鄭以河南、洛陽相去知之③

《尚書·君陳序》云“命君陳分正東郊成周”，鄭注“周之近郊五十里，今河南、洛陽相去則然”，鄭以目驗知之。若然，天子近郊半遠郊，則諸侯近郊各半遠郊可知也。

四十　畿內道路皆有候館，遠郊或亦有勞

及館，展幣於賈人之館，如初。

---

① “得”下原有“之”字，曹云：“‘之’字似衍。”據刪。
② “百”上原無“五”字，四庫本有“五”字，阮云：“毛本‘公’下有‘五’字，《通解》同。”據補。
③ “三九周近”至“去知之”，原在頁眉處，占行一至六，謹依題義挪至此處。

釋曰：案《周禮·遺人職》云"十里有廬，三十里有宿，五十里有市，市有候館"，畿內道路皆有候館，鄭云"遠郊之內有候館"者，據此候館在遠郊之內指而言之，不謂於此獨有也。以行道之間停息，故云"小休止沐浴"，又得展幣也。注云"展幣不于賓館者，爲主國之人有勞問已者就焉，便疾也"者，若并在賓館，則事煩不疾，若展幣於賈人之館，其賓館受勞問，是以就賈人之館展幣便疾也。案《大行人》諸侯朝天子，上公三勞，侯、伯再勞，子、男一勞，孤不問一勞。諸侯自相朝，無過如朝天子，遣臣相聘，無過一勞。此下文使卿近郊勞，此乃遠郊之內得有此勞問已者，謂同姓舅甥之國而加恩厚者，別有遠郊之內問勞也。

四一　上介出門西面請事，入門北面告賓

上介出請入告。

注：出門西面，請所以來事也。入告①，入北面告賓也。

釋曰②：此時賓當在賓館，阼階西面，故上介北面告賓也。云"每所及至，皆有舍。其有來者，皆出請入告，于此言之者，賓彌尊，事彌錄"者，道皆有廬、宿、市、候之舍③，前士請事④，大夫請行，亦當出請入告，於此始言之者，先士，次大夫，後卿，以是先卑後尊，今復見此言，故云"賓彌尊，事彌錄"也。

四二　凡爲使不答拜，不敢當其禮

勞者不答拜。

注：凡爲人使，不當其禮⑤。

釋曰：言"凡"者，非直此卿爲君勞賓，不敢當其禮，不答拜，聘賓亦初

---

①　"告"下原有"者"字，注無"者"字，據刪。

②　"釋"下原無"曰"字，四庫本有"曰"字，據補。

③　"候"字原作"來"，四庫本作"候"，案《周禮·遺人職》云"十里有廬，三十里有宿，五十里有市，市有候館"，則廬、宿、市、候皆有舍，據四庫本改。

④　"士請事"原作"出請士"，四庫本作"士請事"，曹云："阮云毛本作'士請事'。案毛本是。"據改。

⑤　"注凡"至"其禮"，原在頁眉處，占行十二至十三，乃了翁增補之注文，謹依文義挪至此處。

入大門，主君拜賓，辟不答拜也，如此之類皆然，故云"凡"以該之。至後儐勞者，與之答拜，爲已故也。

四三　此侯伯之臣，若公之臣則受勞于堂

賓揖，先入，受于舍門内。

釋曰：知"公之臣受勞於堂"者，案《司儀》云"諸公之臣相爲國客，及大夫郊勞，三辭，拜辱，三讓，登，聽命"，是公之臣受勞於堂。

四四　賓在館如主人，故勞者東面致命

勞者奉幣入，東面致命。

釋曰：賓在館如主人，當入門西面，故勞者東面向之也。

四五　大夫家臣稱老

授老幣。

釋曰：大夫家臣稱老，若趙魏臧氏老之類也。

四六　儐勞者，謂賓以來者爲賓

賓用束錦儐勞者。

釋曰：云"言儐者，賓在公館如家之義，亦以來者爲賓"者，凡言儐者，謂報於賓，今以賓在館①，故賓若主人，故云"儐勞者"，即以勞者爲賓故也。

四七　勞者稽首受儐，賓亦稽首送幣

勞者再拜稽首受。

---

① "館"上原無"在"字，曹云："'館'上脱'在'字。"據補。

釋曰:《周禮・大祝》辨九拜:一曰稽首,首至地,臣拜君法;二曰頓首,頭叩地,平敵相拜法^①;三曰空首,首至手,君答臣下拜法。《郊特牲》云"大夫之臣不稽首,非尊家臣,以辟君也",今此勞者與賓同類,不頓首而稽首,故云"尊國賓也",下賓亦稽首送者,以是爲君使,故亦稽首以報之也。

四八　賓之從者執皮^②,勞者從人詝受

勞者揖皮出,乃退,賓送再拜。

執皮者是賓之從者,執皮者得揖從出,勞者從人當詝受之,是以《公食大夫禮》云賓三飯,公侑食以束帛,庭實設乘皮,賓受幣,賓揖庭實出^③,鄭云揖執皮者若親受,下云"上介受賓幣^④,從者詝受皮",則此從者亦詝受可知也。

四九　主人與祝立少頃,示有俟於神

主人立于戶東,祝立于牖西。
注:少頃之間,示有俟於神。

五十　祭無尸者出戶而聽,若食間^⑤

釋曰:案《士虞禮》無尸者出戶而聽,若食間,此無祭事,故云"有俟於神"。

---

① "拜"字原作"於",四庫本作"拜",阮云:"毛本'於'作'拜'。"據改。
② "從"字原作"使",曹校正文"執皮者是賓之使者"云:"'使'當爲'從'。"據改,正文亦改。
③ "揖"上原有"出"字,曹云:"上'出'字衍。"據刪。
④ "云"上原無"下"字,曹云:"'云'上脱'下'字。"據補。
⑤ "五十祭無"至"若食間",原在頁眉處,占行十一至十五,謹依題義挪至此處,

五一　實幣于笲,埋西階東

取幣,降,卷幣,實于笲,埋于西階東。

注:埋幣必盛以器,若藏之然。

儀禮要義卷第二十　聘禮二

一　王后勞賓有玉案、竹簋，此夫人惟簋盛棗栗

二　竹簋實以棗蒸栗擇，如漢時寒具筥[①]

夫人使下大夫勞以二竹簋方，玄被纁裏，有蓋。

釋曰：自此盡“以賓入”，論夫人勞賓之事。夫人勞使下大夫者，降于君，故不使卿。凡簋皆用木而圓，受斗二升，此則用竹而方，故云“如簋而方”，受斗二升則同。“如今寒具筥”者，寒具，若《籩人》先鄭云“朝事，謂清朝未食，先進寒具口實之籩”，實以冬食，故謂之寒具。筥圓此方者，方圓不同爲異也。案《玉人》云“案十有二寸[②]，棗栗十有二列，諸侯純九，大夫純五，夫人以勞諸侯”，彼有玉案者，謂王后法有玉案，并有竹簋以盛棗栗，故彼注引此爲證[③]，此諸侯夫人勞卿大夫，故無案，直有竹簋，以盛棗栗。

經云：其實棗蒸栗擇，兼執之以進。

三　賓至外朝，主人拚桃以俟

至于朝，主人曰：“不腆先君之祧，既拚以俟矣。”

---

①　“二竹簋實”至“寒具筥”，原在頁眉處，占行四至九，“如今寒”至“之以進”乃與此題對應之文字，涵于題一所領正文內，不宜段分，謹依題義挪至此處。

②　“二”下原無“寸”字，四庫本有“寸”字，阮云：“毛本‘二’下有‘寸’字……按毛本是。”據補。

③　“彼”下原無“注”字，曹云：“‘彼’下脫‘注’字。”據補。

釋曰：自此盡“俟間”，論賓初至，主君請行聘禮，賓又請俟間之事。
云“至于朝”①，鄭云“賓至外門”者，外門即諸侯之外朝，故下云“以柩造
朝”，亦謂大門外爲外朝也。云“下大夫入告，出釋此辭”者，此下大夫即
夫人使勞賓導賓入者也②。云“明至欲受之，不敢稽賓”，案《覲禮》云“侯
氏遂從之，天子賜舍”，鄭云“且使即安”，不即言“欲受之”者，彼天子以諸
侯爲臣，故使且安，此鄰國聘賓，不臣人之臣，故言“不敢稽賓”。

四　受聘享於太祖祧，饗、食於禰，燕於寢

云“遷主所在曰祧”者，此總解天子、諸侯稱祧也。云“周禮，天子七
廟，文、武爲祧”者，案《周禮·大宗伯·序官·守祧職》云“奄八人”③，鄭
注云“遠廟曰祧”，又《守祧職》云“掌守先王、先公之廟祧”，鄭注云“廟，謂
大祖之廟及三昭三穆。遷主所藏曰祧。先公之遷主藏于后稷之廟，先王
之遷主藏於文、武之廟”。天子有二祧，以藏遷主，諸侯無二祧，遷主藏于
大祖廟，故此名大祖廟爲祧也。云“既拚”者，《少儀》云“埽席前曰拚”，拚
者，埽除之名。云“諸侯五廟”，《王制》與《祭法》文。云“則祧，始祖也④，
是亦廟也。言祧者，祧尊而廟親，待賓客者⑤，上尊者”者⑥，下文“迎賓於
大門，揖入，及廟門”，受賓聘享皆在廟，此云“先君之祧”，明下云廟是大
祖廟可知，是以於大祖廟受聘享，尊之，若饗、食，則於禰廟，燕又在寢，彌
相親也。

五　孔、王以高祖之父及祖爲二祧，與鄭異⑦

此鄭義，若孔君、王肅，則以高祖之父及祖爲二祧。

---

① “朝”下原有“者”字，曹云：“‘者’字衍。”據刪。
② “人”下原無“使”字，曹云：“‘人’下脱‘使’字。”據補。
③ “官”字原作“宫”，四庫本及汪刻本均作“官”，據改。
④ “祖”下原無“也”字，曹云：“‘祖’下注有‘也’字。”據補。
⑤ “待”字原作“侍”，四庫本作“待”，據改。
⑥ “者”下原不重“者”字，曹云：“‘者’字當重。”據補。
⑦ “五孔王”至“與鄭異”，原在頁眉處，占行一至六，謹依題義挪至此處。

六　凡稱致館者有幣，《覲禮》稱賜舍無幣

大夫帥至于館，卿致館。

釋曰：自此盡“送再拜”，論主君遣卿致館之事。云“賓至此館①，主人以上卿禮致之”者，案《覲禮》云“侯氏遂從之。天子賜舍，辭曰：‘賜伯父舍。’侯氏再拜稽首受，償之束帛、乘馬”，注云“王使人以命致館，無禮，猶償之者，尊王使也”，無禮謂無束帛，此云“以上卿禮”，明有束帛致亦可知。若然，有禮則稱致，《覲禮》不稱致，無禮故也。案《司儀》云“諸公相爲賓，主君郊勞”，云“三辭，拜受”，拜受謂拜受幣，又云“致館亦如之”，鄭云“使大夫授之，君又以禮親致焉”，亦是有幣可知。又云“諸侯、諸伯、諸子、諸男之相爲賓也，各以其禮相待也，如諸公之儀”，是五等相待，致館同有幣矣。天子待諸侯無幣，則其臣來無幣可知。據此文侯伯之卿聘，郊勞、致館有幣，則五等待臣皆同有幣也。《司儀》諸侯之臣相爲國客亦皆有幣，與此同。若諸侯遣大夫小聘曰問，下云“小聘曰問，不享有獻，不及夫人。不筵几，不禮，面不升，不郊勞”，注云“記貶於大聘，所以爲小也。獻，私獻也。面，猶覲也”，雖不言不致館，略之耳，亦不致也。又諸侯朝覲天子②，天子無禮以致，猶償，尊王使。又五等自相朝，主國皆有禮，皆有償，故《司儀》云“賓繼主君，皆如主國之禮”，鄭玄謂“繼主君者，償主君也。償之者，主君郊勞、致館、饗餼、還圭、贈、郊送之時也”，此等皆主君親致③，上云“致館亦如之”④，亦如郊勞時，亦有償矣。

七　國客有用幣致館，無償⑤

以此言，諸侯致者⑥，皆有償也。若諸侯遣卿大夫聘，主國有用幣致

① “至”上原無“云賓”二字，汪刻本及張、阮刻本均有“云賓”二字，據補。
② “侯”字原作“臣”，曹云：“‘臣’當爲‘侯’。”據改。
③ “致”下原有“館”字，曹云：“‘館’字衍。”據刪。
④ “上”字原作“又”，曹云：“‘又’當爲‘上’。”據改。
⑤ “七國客”至“館無償”，原在頁眉處，占行十一至十四，謹依題義挪至此處。
⑥ “侯”字原作“臣”，曹云：“‘臣’亦當爲‘侯’。”據改。

館①，無儐也，故《司儀》云“諸公之臣相爲國客，致館如初之儀”，鄭注云“如郊勞也，不儐耳”。

八　賓在館如主人，故迎卿先拜

賓迎，再拜。卿致命，賓再拜稽首。卿退，賓送再拜。

云“賓迎，再拜”者，賓在館如主人，故先拜也。卿不言答拜，答拜可知，但文略耳。雖不言入，言迎則入門可知。言“卿致命”者，亦東面致君命也。

九　諸侯相於致飧有幣，其臣飧無幣②

云“卿不俟設飧之畢，以不用束帛致故也”者，下直云“宰夫朝服設飧”，不言致，則此卿致館兼致飧矣，致館有束帛，致飧空以辭致君命無束帛者，案下記云“飧不致”，鄭注云“不以束帛致命，草次饌飧具輕”，若然，卿以空手致飧③，既即退，不待宰夫設畢也，以不用束帛致故也。又案《司儀》云君親致館，至於“致飧如致積之禮”，鄭注云“俱使大夫，禮同也”，以此言之，致館、致飧似別人者，但致積在道，致飧在館，所致別人，若致館與致飧同時，致館者兼致飧無嫌也，言“俱使大夫”者，言積與飧同使大夫，決君不親之義，何妨致館與致飧一人也。其臣致飧無幣，其五等諸侯致飧則有幣，案《司儀》諸侯相於“致飧如致積”，致積有幣，知致飧亦有幣也。

十　食不備禮曰飧，讀如魚飧、素飧

宰夫朝服設飧。

釋曰：云“食不備禮曰飧”者，對饔餼也，生與腥飪俱有，餘物又多，此飧唯有腥飪而無生，餘物又少，故云“不備禮”也。引《詩》、《傳》者，案

---

① “主”字原作“王”，倉石云：“‘王’當作‘主’。”據改。
② “九諸侯”至“飧無幣”，原在頁眉處，占行十一至十六，謹依題義挪至此處。
③ “手”字原作“拜”，曹云：“‘拜’當爲‘手’。”據改。

《詩》云"彼君子兮,不素飧兮",毛云"熟食曰飧",鄭云"讀如魚飧之飧",則《詩》飧與《傳》魚飧同,是直食魚與飯爲飧,彼小禮中不備[1],此則兩大牢,大禮中不備,不備是同,故引證一邊不備,其實禮有異也。"《春秋傳》曰:方食魚飧"者,案宣六年經書"晉趙盾、衛孫免侵陳"。《公羊傳》[2]。

十一　中庭之饌,飪西,腥東,象春秋

飪一牢在西,鼎九,羞鼎三。腥一牢在東,鼎七。

釋曰:云"中庭之饌也"者,對下文是堂上及門外之饌也。云"象春秋也"者,腥之言生,象春物生,飪,熟也,象秋物有成熟,故云"象春秋也"。

十二　鼎實與其陳如陳饔餼,羞鼎即陪鼎[3]

云"鼎西九,東七"者,九謂正鼎九,牛、羊、豕、魚、腊、腸胃、膚、鮮魚、鮮腊,東七者,腥鼎無鮮魚、鮮腊,故七。云"凡其鼎實與其陳,如陳饔餼"者,如其死牢,故《掌客》云諸侯之禮,饔餼九牢、七牢、五牢,"其死牢如飧之陳,凡介、行人皆有飧、饔餼",此則如介禮也,是飧之死牢與饔餼死牢,實與其陳同[4],亦於東階、西階也。云"羞鼎則陪鼎也",知是一物者,此云"羞鼎",下饔餼言"陪鼎",故知一也。陪鼎三,則下云"臐、臛、膮"是也。

十三　堂夾所陳六、八,鄭唯言豆,凡饌以豆爲本

堂上之饌八,西夾六。

釋曰:堂上與西夾所陳六、八非一,知六、八是豆者,凡設饌皆先設豆,乃設餘饌,故鄭云"凡饌以豆爲本",無妨六、八之內兼有餘饌,故鄭言簠、鉶之等也。凡鄭所云,皆約饔餼,故云"亦如饔餼"也。鄭必約與陳饔

---

[1]　"彼"下原有"少牢"二字,曹云:"'少牢'二字衍。"據刪。

[2]　"公羊傳",原疏"公羊傳"下有若干文字,了翁刪節不取,此仍其舊。

[3]　"十二鼎實"至"即陪鼎",原在頁眉處,占行一至六,謹依題義挪至此處。

[4]　"其"字原作"飧",倉石云:"汲古閣本'飧'作'其',《校勘記》云作'其'誤,《校釋》又云'飧'字衍。今案'其'字較優。"據倉校改。

饎同者,以其陳鼎與饔饎同①,故知餘亦同也②。

　　注:八、六者,豆數也。堂上八豆、八籩、六鉶、兩簠、八壺云云。

十四　米視生牢,禾視死牢,牢皆十車

　　門外米禾皆二十車。

　　釋曰:"諸侯之禮,車米視生牢,禾視死牢,牢十車"者③,案《掌客》云"上公之禮,飧五牢,饔饎九牢,其死牢如飧之陳,牽四牢,車米視生牢,牢十車,車秉有五籔,車禾視死牢,牢十車。侯伯飧四牢,饔饎七牢,其死牢如飧之陳,牽三牢④。皆米視生牢,牢十車,禾視死牢,牢十車",是其義也。云"大夫之禮,皆視死牢而已,雖有生牢,不取數焉"者,知然者,見下歸饔饎五牢,饔三牢,饎二牢,饔三牢死牢也,門外米禾皆三十車,與死三牢同,不取饎二牢生之數,故知義然。

十五　約《少牢》,此五鼎,此不數膚,與祭異

　　衆介皆少牢。

　　釋曰:知"亦飪"者,依上介知然。知"鼎五"者,以賓九,上介七,衆介當五,降殺以兩,又約《少牢》五鼎,此亦少牢,故知亦五鼎也。知鼎實有羊、豕、魚、腊與腸胃者,以上介無鮮魚、鮮腊,此又無牛,故從羊、豕以下數之得五。案《少牢》有膚,此無者,生人食與祭異,故《玉藻》"朔月少牢,五俎",亦云羊、豕、魚、腊、腸胃,不數膚也。

十六　此大聘是卿,使下大夫訝

　　厥明,訝賓于館。

---

① "饔"上原無"與"字,曹云:"'饔'上脱'與'字。"據補。
② "知"上原無"故"字,汪刻本及張、阮刻本均有"故"字,據補。
③ "十"上原有"皆"字,曹云:"注無'皆'字。"據删。
④ "三"字原作"二",汪刻本及張、阮刻本均作"三",侯伯次公一等,當牽三牢,子南牽二牢,據改。

釋曰：自此盡“每曲揖”，論將行聘禮，主君迎賓向廟之事。云“此訝，下大夫也”者，案《周禮》有掌訝，中士八人爲之，此訝下大夫，非彼掌訝也。案下記云“卿，大夫訝。大夫，士訝。士皆有訝”，又《周禮·掌訝》云“凡賓客，諸侯有卿訝，卿有大夫訝，大夫有士訝，士皆有訝”，此大聘是卿，故使下大夫訝也。

十七　朝聘之賓不使掌訝①

天子、諸侯雖有掌訝之官，朝聘之賓不使掌訝爲訝，直以尊卑節級爲訝，故云“此訝，下大夫也”。言“以君命迎”者，凡舉事，皆以承君命，故知迎賓待君命也。云“亦皮弁”者，下文君及賓皮弁。

十八　朝聘主相尊敬，故皮弁服

賓皮弁聘，至于朝，賓入于次。

釋曰：云“服皮弁者，朝聘主相尊敬也”者，《周禮·大行人》諸侯朝天子，各服冕服，廟中將幣三享，《覲禮》亦云“侯氏裨冕”，在廟覲天子，此諸侯待四方朝聘，皆皮弁者，入天子廟得申其上服，入已廟不可以冕服，又不可服常朝之服，故服天子之朝服，諸侯以爲視朔之服，在廟待朝聘之賓，是相尊敬故也。知此皮弁是諸侯視朔服者，以其《玉藻》云“諸侯皮弁以聽朔於大廟”是也。

十九　賓次在大門外之西②

云“次在大門外之西，以帷爲之”者，下記云“宗人授次，次以帷，少退于君之次”，以賓位在西。

---

① “十七朝聘”至“使掌訝”，原在頁眉處，占行五至八，謹依題義挪至此處。
② “十九賓次”至“外之西”，原在頁眉處，占行十三至十六，謹依題義挪至此處。

二十　陳幣有幕，在主國廟門外

乃陳幣。

釋曰："有司入于主國廟門外"者，案下文行聘時，幣在主國廟門外，知在此也。知有幕者，以言陳幣如展幣，明亦布幕陳幣也。云"圭璋，賈人執櫝而俟"者，案下文云"賈人東面坐啟櫝，取圭"，鄭注"賈人鄉入陳幣，東面俟"。

二一　此經擯者之數，鄭以意解之

"卿爲"至"請事"卿爲上擯，大夫爲承擯，士爲紹擯。擯者出請事①。

注："擯謂"至"無擯"注：擯，謂主國之君所使出接賓者也。紹，繼也②。釋曰：此擯陳在主國大門外，主君之擯與賓之介東西相對，南北陳之。云"其位相承繼而出也"者，從門向南陳爲繼而出。云"主君，公也，則擯者五人；侯伯也，則擯者四人；子男也，則擯者三人"者，案《周禮·大行人》天子待諸侯云"上公之禮，擯者五人；侯伯之禮，擯者四人；子男則擯者三人"，今以諸侯待聘賓，用天子待己之擯數者，以諸侯自相待無文，鄭以意解之，但天子尊，得分辨諸侯尊卑以待之，諸侯卑，降天子，不敢分辨前人，故據己國大小而爲擯數，且《春秋》又有大國朝焉，小國聘焉，又有卿出並聘之事，則小國有朝大國法，無大國下朝小國之禮，若相聘問，大小皆得。若然，待其臣，據此文，與待君等，天子待諸侯之臣，亦宜與君同也。又案《周禮》大宗伯爲上擯，小行人爲承擯，《覲禮》嗇夫爲末擯，若待子男三人足矣，若侯伯少一人，待上公少二人，一人、二人皆以士充數。

---

① "卿爲"至"請事"，原在頁眉處，占行十至十二，乃了翁增補之經文，謹依文義挪至此處。
② "注擯"至"繼也"，原在頁眉處，占行十三至十五，乃了翁增補之注文，謹依文義挪至此處。

二二　於所尊不敢質,故設擯介通情

引《聘義》者《聘義》曰:"介紹而傳命,君子於其所尊不敢質,敬之至也"①,案彼鄭注"質謂正,自相當",故設擯介通情乃相見,是"敬之至",引之者,證須擯介之意也。云"既知其所爲來之事"者,在道已遣士請事,大夫問行、郊勞、致館之等,是足知來事矣。云"復請之者,賓來當與主君爲禮,爲其謙,不敢斥尊者,啟發以進之"者,亦解所以立擯介通情及進相見之義也。

二三　主位在東,上聘賓直闑西北面②

云"於是時,賓出次,直闑西北面"者,案《玉藻》云"君入門,介拂闑,大夫中棖與闑之間,士介拂棖",此謂朝君,又云"賓入不中門",此謂聘賓,云"不中門",則此闑西北面者。若然,聘賓入門,還依作介入時同,亦拂闑也。云"上擯在闑東閾外,西面"者,主位在東,故賓在闑西,上擯在闑東,以擯位並門東西面,故上擯亦西面向賓③。

二四　諸侯之卿,其禮各下其君二等

云"其相去也,公之使者七十步,侯伯之使者五十步,子男之使者三十步"者,此依《大行人》云"諸侯之卿,其禮各下其君二等",鄭注云"所下者,介與賓主之間",是以步數與介數亦降二等。

二五　天子、諸侯交擯在大門外,未迎賓時

注:天子、諸侯朝覲,乃命介紹傳命耳。其儀,各鄉本受命云云④。

---

① "聘義"至"至也",原在頁眉處,占行十二至十五,乃了翁增補之《聘義》文,謹依文義挪至此處。
② "二三主位"至"西北面",原在頁眉處,占行一至五,謹依題義挪至此處。
③ "賓"字原作"君",倉石云:"'君'當爲'賓'。"據改。
④ "鄉"下原無"本"字,四庫本有"本"字,合於注,據補。

自此以下，論天子、諸侯交擯法。云"紹"者，亦謂使介相紹繼以傳命，傳命即擯介相傳賓主之命也。此交擯，謂在大門外初未迎賓時。

二六　正朝、覲無迎賓，饗食則乘金輅迎之①

案《曲禮》注"春夏受摯於朝，受享於廟，秋冬一受之於廟"，《覲禮》天子不下堂而見諸侯，則秋冬受贄、受享皆無迎法，無迎法則無此交擯之義，若春夏受贄於朝無迎法，受享於廟則迎之，故《大行人》云"廟中將幣三享"，鄭注"朝先享，不言朝者，朝正禮，不嫌有等也"，是正朝無迎法。若然，《覲禮》無迎法，此云"朝覲"連言"覲"者②，覲雖無迎法，饗食則有迎法，故《齊僕》云"朝覲、宗遇、饗食，皆乘金路，其法儀各以其等爲車送逆之節"，故連覲也。

二七　門容二徹參个，謂五門各容二丈四

云"門容二徹參个"者，《冬官・匠人》文③。天子五門，《匠人》直計應門，直舉應門，則皋、庫、雉亦同。云"二徹參个"者，轍廣八尺，參个三八二十四，門容二丈四。云"傍加各一步也"者，此無正文，但人之進退周旋，不過再舉足一步，故門傍各空一步，丈二添二丈四尺爲三丈六尺。

注：此三丈六尺者④，旁加各一步也云云。

二八　公迎賓不出大門，降其君一等

公皮弁迎賓于大門內，大夫納賓。

釋曰：云"公不出大門，降于待其君也"者⑤，案《司儀》諸公相爲賓，公皮弁，交擯，車迎，拜辱，出大門，此於門內，是"降於待其君"也。云"從大

---

① "二六正朝"至"輅迎之"，原在頁眉處，占行二至七，謹依題義挪至此處。
② "連"字原作"彼"，曹云："'彼'當爲'連'。"據改。
③ "文"字原作"云"，曹云："'云'當爲'文'。"據改。
④ "此"下原有"朝去"二字，注無"朝去"二字，據刪。
⑤ "云公"至"也者"，乃了翁增補之疏述注文，疏原作"云降于待其君也者"。

夫,總無所別也"者,《春秋》之義,卿稱大夫,《王制》云"上大夫卿",是總無別也。

二九　賓主皆裼,對下行聘時執玉皆襲①

云"於是賓、主人皆裼"者,案《玉藻》云"不文飾也不裼",又云"執龜玉,襲",下文行聘時執玉,賓、主人皆襲,此時未執玉,正是文飾之時,明賓、主人皆裼也。

三十　廟皆別門,有南北隔牆,故每門有曲

公揖入,每門、每曲揖。

釋曰:諸侯三門,皋、應、路,則應門爲中門,左宗廟,右社稷,入大門東行即至廟門,其間得有"每門"者,諸侯有五廟,大祖之廟居中,二昭居東,二穆居西,廟皆別門,門外兩邊皆有南北隔牆,隔牆中央通門②。若然,祖廟已西,隔牆有三,則閤門亦有三,東行經三門乃至大祖廟,門中則相逼,入門則相遠,是以每門皆有曲,有曲即相揖,故"每曲揖"也,是以《司儀》亦云"每門止一相",亦據閤門而言。

三一　凡入廟、寢門,賓必後君

云"凡君與賓入門,賓必後君"者,以賓主不敵,是以《玉藻》云"於異國之君,稱外臣某",故知聘賓後於主國君也。言"凡"者,非直聘享向祖廟,若饗食向禰廟,燕禮向路寢,皆當後於主君,故言"凡"以廣之。

三二　賓入拂闑,不中門,賓之介、主之擯鴈行

《玉藻》曰"君入門,介拂闑,大夫中棖與闑之間,士介拂棖",鄭注云

---

① "二九賓主"至"玉皆襲",原在頁眉處,占行三至八,謹依題義挪至此處。
② "央"字原作"夾",倉石云:"'夾',疑當'央'字之譌。"據改。

“此謂兩君相見也。君入必中門，上介夾闑，大夫介、士介鴈行於後，示不相沿也。君若迎聘客，擯者亦然”，又云“賓入不中門，不履閾”，鄭注云“辟尊者所從也”，此經謂聘客，鄭君并引朝君，欲見卿大夫聘來，還與從君爲介時入門同，故并引之也。云“君入門，介拂闑”，又云“門中，門之正”，又云“卑不踰尊者之迹”，若然，聊爲一闑言之，君最近闑，亦拂之而過，上介則隨君而行，拂闑而過，所以與君同行者，臣自爲一列。主君既出迎賓，主君與賓並入，主君於東闑之内，賓於西闑之内，並行而入；上介於西闑之外，上擯於東闑之外，皆拂闑；次介、次擯皆大夫，中棖與闑之間；末介、末擯皆士，各自拂棖。如是，得君入中門之正，上擯、上介俱得拂闑，又得不踰尊者之迹矣。又云“賓入不中門”者，此謂聘賓，大聘使卿、小聘使大夫[1]，故鄭卿、大夫並言，入門之時，還依與君爲介來入相似，賓入還拂闑，故上注賓自闑西，擬入時拂闑西故也。云“門中，門之正也”者，謂兩闑之間。云“卑不踰尊者之迹”者，士以大夫爲尊，大夫以上介爲尊，上介以君爲尊也。云“賓之介，猶主人之擯”者，欲見擯、介鴈行不別也。

三三　及廟門，公揖先入，省内事

及廟門，公揖入，立于中庭。

釋曰：自此盡“公襢，降立”，論行聘之事。云“公揖先入，省内事也”者[2]，《曲禮》云“請入爲席”，彼卿大夫、士禮，是以鄭注云“雖君亦然”，“省内事”即“請入爲席”之類也。云“如此得君行一，臣行二，於禮可矣”者，言“得君行一，臣行二”者，案下文“三揖”言之，初揖注云“將曲揖”，謂在内霤之間住[3]，主君先立，無過近於内霤間，若然，去門既近，去階又遠也，以此不得君行一，臣行二，下文“受玉于東楹之間”，彼得爲君行一，臣行二矣。

---

①　“大聘”下原無“使卿小聘使”五字，曹云：“‘大聘’下脱‘使卿小聘使’五字。”據補。

②　“者”字原作“事”，四庫本及汪刻本均作“者”，據改。

③　“謂在”至“間住”，“住”字四庫本作“在”，阮云：“毛本‘住’作‘在’”。倉石云：“‘住’字似有誤，汲古閣本作‘在’，亦未安。”姑仍其舊。

296

三四　不見大夫、士入廟，君未入時已在位俟

云"公迎賓於大門内，卿大夫以下入廟門即位而俟之"者，上初命迎賓于館之時[1]，卿大夫、士固在朝矣，及賓來大門外陳介之時，主君之擯亦在大門外之位，君在大門内時，其卿大夫不以無事亂有事，當於廟中在位矣。必知義然者[2]，當見行事之時，"公授宰玉"，又云"士受皮"，又云宰夫授公几，皆是於外無事，在廟始有事，更不見此官等命入廟之文，明君未入廟時，此官已在位而俟。《公食大夫》以其官各具饌物，皆有事，不預入廟，故公迎賓入後，乃見卿大夫以下之位，與此異也。

三五　賓已與主君交禮，立近塾，以俟命

賓立接西塾。

釋曰：云"門側之堂謂之塾"者，《爾雅·釋宮》文。云"立近塾者，已與主君交禮，將有出命，俟之於此"者，對在大門外時，未與主君交禮，直使擯傳命，故去門七十步、五十步、三十步，此已與君交禮[3]，故近門也。云"介在幣南[4]，北面西上"者，以上文入竟展幣時，布幕，賓西面，介北面東上，統於賓，今此陳幣，賓在門西北面，明介北面西上，統於賓也。云"上擯隨公入門東，東上，少進於士"者，案下"几筵既設，擯者出請命"，更不見上擯别入之文，明隨公入可知也。知門東有士者，案《公食》云"士立于門東，北面西上"，鄭云"統於門者，非其正位"也，故知此亦然，以擯者是卿，又相君，故知"進於士"，在士前也。

三六　大聘、覲禮有几筵，以廟受依神

几筵既設，擯者出請命。

釋曰：云"有几筵者，以其廟受，宜依神也"者，此對不在廟受，不几筵，故下云"聘遭喪，入竟則遂也，不郊勞，不几筵"，注云"致命不於廟，就尸柩於殯宮，又不神之"，下小聘"不几筵"，注云"記貶於聘"，是以記云"唯大聘有几筵"，《覲禮》不云几筵，文不具也。又案《曲禮》注"春夏受摯於朝，受享於廟，秋冬一受之於廟"，諸侯無此法，四時皆在於廟，亦無四時朝覲之別，名同，皆曰朝。

三七　賓至廟門，設筵几，與《公食》先設後迎異

云"賓至廟門，司宮乃于依前設之。神尊，不豫事也"者，此對《公食》"宰夫設筵，加席几"而後迎賓，彼食禮，與此異。

三八　天子、諸侯設几筵皆在依前

知在"扆前"者，案《司几筵》云大朝覲、大饗射，王位依前南鄉，設筵几，《覲禮》亦云依前，諸侯亦然，《爾雅·釋宮》云"牖戶之間謂之扆"，但天子以屏風設於扆，諸侯無屏風為異，席亦不同。

三九　此常祭祀之席，與《周禮》諸侯祀席異

云"《周禮》：諸侯祭祀，席蒲筵，繢純，右彫几"者①，《周禮·司几筵》文，彼諸侯祭祀，席三重，上更有加莞筵紛純，不引之者，文略可知，引之者，證此所設者，設常祭祀之席也。

---

① "云周"至"几者"，乃了翁增補之疏述注文，疏原作"云周禮至彫几者"。

四十　賓襲，執圭，以盛禮不盡飾以蔽敬

賓襲，執圭。

釋曰：云"執圭盛禮"者，《玉藻》云"執玉龜襲"，注"重寶瑞也"，若然，云"盛禮"者，以其圭瑞以行禮，故爲"盛禮"也。云"又盡飾，爲其相蔽敬也"者，《玉藻》又云"君在則裼，盡飾也"，注云"臣於君所"，今聘賓於主君，亦是臣於君所，合裼以盡飾，今既執圭，以瑞爲敬，若又盡飾而裼，則掩蔽執玉之敬[①]，故不得裼也。云"服之襲也，充美也"者，彼注云"充，猶覆也"，"是故尸襲"者，爲尸尊，故去飾也，不裼。云"執玉龜襲也"者，彼注云"重寶瑞也"，以龜玉爲寶瑞，若裼則盡飾爲蔽敬，故引之證不裼也。

四一　上擯出辭玉，以圭贄之重者

擯者入告，出辭玉。

釋曰：知擯是上擯者，案上相禮者皆上擯，故知此亦據上擯。云"圭，贄之重"者，《大宗伯》云"以玉作六瑞"，君之所執，又云"以禽作六贄"，臣之所執，總而言之，皆是贄，故《左氏傳》云男贄不過玉帛、禽鳥，但君之所執爲贄之重者也。文公十二年《左氏傳》云"秦伯使西乞術來聘，襄仲辭玉，賓對曰：不腆敝器，不足辭也"，彼主人三辭，此無三辭者[②]，文不具，亦當三辭也。

四二　公先揖入，此賓獨入而云"三揖"

三揖。

釋曰：前云"公揖入，立于中庭"，三分庭一在南，賓後獨入，得云"入門將曲揖"者，謂公先在庭，南面，賓既入門，至將曲揖，賓既曲北面，賓又

---

①　"蔽"下原無"執"字，阮云："毛本'蔽'作'執'。按'蔽'字是，《通解》、楊氏俱兼有'蔽執'二字。"據《通解》、楊氏補。

②　"主人"下原無"三辭此"三字，曹云："當爲'彼主人三辭，此無三辭者'。"據補。

向主君揖,主君二者①,皆向賓揖之,再揖訖,主君東面向堂塗北行當碑②,乃得賓主相向而揖,是以得"君行一,臣行二"。

四三　不必盡如晏子"君行一,臣行二"之言

公升二等。

釋曰:諸侯階有七等,公升二等,在上仍有五等,而得云"君行一,臣行二"者,但君行少,臣行多,大判而言,非謂即君行一,臣行二,此文出《齊語》晏子辭③。

四四　凡公拜賓辟,此不言辟,將進授圭

擯者進。公當楣再拜。

注:拜既也。

賓三退,負序。

釋曰:案上文"賓入門,公再拜。賓辟,不答拜",又下文云"賓訝受几於筵前,公一拜送,賓以几辟",皆言辟,此不言辟,故決之也。案《司儀》云"諸公之臣相爲國客,及將幣,客登拜,客三辟,授幣",注云"客三辟,三退,負序也"者,彼諸公之臣相聘之禮,與侯伯之卿聘於鄰國之禮少異故也。

四五　公側襲受玉,言獨爲之,見尊賓

公側襲,受玉于中堂與東楹之間。

注:側,猶獨也。言側,見其尊賓。

_____

① "賓既"至"二者"原作"賓既入門,至碑曲揖,賓既曲面北面,賓又揖主君,揖主君二者",阮云:"陳、閩、《通解》俱作'賓既入門至將曲之時,既曲,北面之時,主君二者'。朱子曰:'疏説蓋印本差誤,今以文義考之,更定如此。'按一本與毛本略同,但改'碑曲'爲'將曲','賓又揖主君'爲'賓又向主君揖','揖主君二者'删'揖'字。"據改。

② "主"上原有"亦"字,阮云:"陳、閩俱無'亦'字。"據删。

③ "此文"至"子辭",倉石曰:"朱子云:'《齊語》無此辭。'殿本《考證》云'見《韓詩外傳》。'"

釋曰："凡襲,于隱者",案《士喪禮》小斂,主人袒于户内,襲于序東,喪禮遽於事,尚襲於序東,況吉事乎? 明知襲於隱者也。云"公序坫之間可也"者,《士喪》襲于序東,謂於堂東地上,此則公在堂上,堂東南角爲坫,鄭以意斟酌,隱處無過於序東坫北。無正文^①,故云"可也"。

四六　凡廟之堂皆五架,中堂謂南北中^②

云"中堂,南北之中也。入堂深,尊賓事也"者,凡廟之堂皆五架,棟南北皆有兩架,棟北一架下有壁開户,棟南一架謂之楣,則楣北有二架,楣南有一架,今於當楣北面拜訖^③,乃更前北侵半架,於南北之中乃受玉,故云"南北之中",乃入堂深,尊賓事故也。

四七　兩楹之間爲中,今東楹間,亦君行一^④

云"東楹之間,亦以君行一,臣行二"者,兩楹之間爲賓主處中,今乃於東楹之間,更侵東半間,故云"君行一,臣行二"也。

四八　袒而有衣曰裼,謂袒衿前上服,見裼衣

裼,降立。

釋曰:云"裼者,免上衣,見裼衣"者,案《玉藻》云"君衣狐白裘,錦衣以裼之",注云"君衣狐白毛之裘,則以素錦衣覆之,使可裼也,袒而有衣曰裼。必覆之者,裘褻也。《詩》云'衣錦絅衣,裳錦絅裳',然則錦衣復有上衣明矣。天子狐白之上衣,皮弁服與? 凡裼衣象裘色也"。

---

①　"無"上原有"可也"二字,曹云:"'可也'二字衍。"據刪。
②　"四六凡廟"至"南北中",原在頁眉處,占行十三至十八,謹依題義挪至此處。又,"堂"上原有"室"字,曹校正文"凡廟之室堂皆五架"云:"'室'字衍。"據刪,正文亦删。
③　"當"字原作"堂",四庫本及汪刻本均作"當",據改。
④　"四七兩楹"至"君行一",原在頁眉處,占行一至六,謹依題義挪至此處。

四九　凡服,四時裘、絺、袷褶不同^①

若然,凡服四時不同,假令冬有裘,儭身禪衫^②,又有襦袴,襦袴之上有裘,裘上有裼衣,裼衣之上又有上服皮弁、祭服之等;若夏,則以絺綌,絺綌之上則有中衣,中衣之上復有上服皮弁、祭服之等;若春秋二時,則衣袷褶,袷褶之上加以中衣,中衣之上加以上服也。言"見裼衣"者,謂祖袗前上服,見裼衣也,故《玉藻》云"裘之裼也,見美也",襲者掩之^③,故《玉藻》云"襲,充美"是也。

五十　盛禮以充美爲敬,非盛禮則見美爲敬^④

云"凡當盛禮者以充美爲敬,非盛禮者以見美爲敬,禮尚相變也"者,《玉藻》云"執玉龜襲"^⑤,是禮之盛者充美爲敬,《玉藻》又云"君在則裼,盡飾也",是非盛禮者以見美爲敬,據此二者,是"禮尚相變"也^⑥。引《玉藻》者,證禮不盛者以裼見美也。

五一　諸侯與其臣視朔、行聘,裘裼有同者

曰"麛裘青豻褎,絞衣以裼之",引《論語》"素衣麑裘",又云"皮弁時或素衣,其裘同可知也",鄭并引二文者,欲見諸侯與其臣視朔與行聘禮皆服麛裘,但君則麛裘還用麛褎,臣則不敢純如君,麛裘則青豻褎。裼衣,君臣亦有異。時若在國視朔,君臣同素衣爲裼,故《鄉黨》云"素衣麑裘",彼一篇是孔子行事,鄭兼見君臣視朔之服,是其君臣同用素裼可知。若聘禮,亦君臣同用麛裘,但主君則用素衣爲裼,使臣則用絞衣爲裼,是

---

① "四九凡服"至"褶不同",原在頁眉處,占行十二至十六,謹依題義挪至此處。
② "儭身禪衫"原作"儭身禪衫",四庫本作"襯身禪衫",阮云:"毛本'儭'作'襯','禪'作'禪'。《通解》作"禪",敖氏作"單"。"曹云:"案'禪'字似是。"據曹校改。
③ "掩"字原作"奄",四庫本作"掩",阮云:"毛本'奄'作掩。按'掩'是。"據改。
④ "五十盛禮"至"美爲敬",原在頁眉處,占行一至六,謹依題義挪至此處。
⑤ "玉龜"原作"龜玉",阮云:"毛本'龜玉'作'玉龜',與《玉藻》合。"據乙。
⑥ "尚"下原有"有"字,阮云:"毛本無'有'字。"曹云:"'有'字衍。"據删。

以鄭總云“皮弁時或素衣①，其裘同可知也”。言“或素衣”者，在國則君臣同素衣，聘時主君亦素衣，唯臣用絞衣爲裼也。依《雜記》云“朝服十五升布”，皮弁亦天子朝服，與諸侯朝服同用十五升布，亦同素積以爲裳，白舄，臣用白屨也。云“裘者爲温，表之，爲其褻”者②，案《月令》云“孟冬，天子始裘”，是裘爲温。云“表之”者，則裼衣是也，裼衣象裘色，復與上服色同也。

五二　吉凶皆袒左，惟受刑袒右

云“凡禮裼者左”者③，吉凶皆袒左是也，是以《士喪禮》主人左袒，《檀弓》云吳季札“左袒，右還其封”，《大射》亦左袒。若受刑則袒右，故《覲禮》侯氏袒右受刑是也。

---

①　“弁”下原無“時”字，汪刻本及張、阮刻本均有“時”字，合於注，據補。

②　“爲”下原無“其”字，阮云：“毛本‘爲’下有‘其’字。”合於注，據補。

③　“禮”字原作“膻”，四庫本及汪刻本均作“禮”，據改。

儀禮要義卷第二十一　聘禮三

一　束帛加璧，設皮，聘使爲主君行享

擯者出請[①]。賓裼，奉束帛加璧享云云[②]。庭實，皮則攝之。

釋曰：自此盡“以束帛，如享禮”，論享禮之事。知皮是虎豹皮者，鄭云“毛在内[③]，不欲文之豫見”，是有文之皮，《郊特牲》云“虎豹之皮，示服猛也。束帛加璧，往德也”，文無所屬，則天子、諸侯皆得用之，此聘使爲君行之，故知皮是虎豹之皮也。《齊語》云桓公知諸侯歸已，令諸侯輕其幣，用麋鹿皮，非其正也。云“攝之者，右手并執前足，左手并執後足”者，下云皮右首，故云右手執前兩足。知“入設，參分庭一在南”者，見《昏禮記》“納徵，執皮攝之，内文，兼執足，左首，隨入，西上，參分庭一在南”，故知此亦然，但此右首，彼左首者，昏禮象生。云“凡君於臣，臣於君，麋鹿皮可也”者，云“凡君於臣”，謂使者歸，君使卿贈[④]，如覿幣及食饗以侑幣、酬幣、庭實皆有皮，故云“凡”也。“臣於君”，謂私覿，庭實設四皮及介用儷皮，此皆用麋鹿皮[⑤]，故亦云“凡”也。

二　孤執虎豹皮爲摯,與庭實異①

若然,《大宗伯》云"孤執皮帛",鄭云天子之孤用虎皮,諸侯之孤用豹皮,得用虎、豹者,彼所執以爲贄②,與庭實不同。

三　若有言,如"告糴"、"乞師",則束帛如享,無庭實

若有言,則以束帛,如享禮。

云"有言,有所告請,若有所問也"者,"言"、"有所告"即"告糴"之類是也,"請"即"乞師"之類是也③,"問"即"言汶陽之田"之類是也,鄭據《傳》而言,有此三事,皆是"有言","有言"即記云"有故",一也。云"有言",即有書致之,故記云"有故,則束帛加書以將命"也。云"《春秋》臧孫辰告糴"者,事在莊公二十八年也,云"公子遂如楚乞師"者,事在僖二十六年也,云"晉侯使韓穿來言汶陽之田",事在成公八年也,此三者皆見《春秋經》,引之者,證此有言以束帛加書之事也。云"無庭實也"者,以經直云"束帛④,如享禮",則除束帛之外,更無所有,故知"無庭實也"。《國語》云臧孫辰以郜圭者,是告糴之物,服注云"無庭實也"⑤。又哀七年《左傳》云"邾茅夷鴻以乘韋、束帛自請救于吳",求救非法,故有乘韋爲庭實也。

四　公事畢,賓請私覿,主人辭

賓奉束錦以請覿。

注:覿,見也云云。

擯者入告,出辭。

① "二孤執"至"庭實異",原在頁眉處,占行一至五,謹依題義挪至此處。
② "所"上原無"彼"字,汪刻本及張、阮刻本均有"彼"字,據補。
③ "請"下原無"即"字,汪刻本及張、阮刻本均有"即"字,據補。
④ "直"下原無"云"字,汪刻本及張、阮刻本均有"云"字,據補。
⑤ "也"字原作"者",汪刻本及張、阮刻本均作"也",據改。

注云云。

釋曰：自此盡“從者訝受馬”，論賓將私覿，主人不許而行禮賓之事。云“鄉將公事”者，聘享是也。云“是欲交其歡敬也”者，聘是公禮，非是交歡，此行私禮，爲交歡敬也。

五　臣爲君介而行私覿是外交，爲君聘則否[①]

案《郊特牲》云“爲人臣者無外交”，鄭注“私覿，是外交也”者，彼謂臣爲君介而行私覿是外交，若特行聘則得私覿，非外交也，故彼上經云“大夫執圭而使，所以申信也”，注云“其君親來，其臣不敢私見於主國君也，以君命聘，則有私見”是也。云“不用羔，因使而見，非特來”者，謂因爲君聘使而行私見，故用束錦，非特來，若特來，則卿用羔也。若然，案《士相見》卿初仕，見己君及卿皆見以羔，見他君得有羔者，案《尚書》有“三帛、二生”，二生，卿執羔，大夫執鴈，彼見天子法，從朝君而見，得有羔，若諸侯相朝，其臣從君，亦得執羔見主君可知，其爲君聘則不得執羔見主君也，故鄭云“因使而見，非特來”。案定公八年經書“公會晉師于瓦”，《左傳》云“范獻子執羔，趙簡子、中行文子皆執鴈”，亦是從君見主君法也。

六　天子孤、卿大夫與諸侯之臣几筵同

宰夫徹几改筵。

釋曰：云“宰夫，又主酒食者也”者，對上宰夫設飧，今又主酒食以禮賓也。云“賓席東上”者，對前爲神而西上也。云“《公食大夫禮》曰蒲筵”及“萑席”、“此筵上、下大夫也”者，以《公食》蒲筵、萑席二者是爲上、下大夫法，又引《周禮》者，鄭欲推出上、下大夫用漆几也。案《司几筵》云諸侯酢席“莞筵紛純，加繅席畫純[②]，筵國賓于牖前亦如之，左彤几”[③]，注云“國賓，諸侯來朝，孤、卿大夫來聘。後言几者，使不蒙如也。朝者彫几，聘者彤几”，但司几筵是天子之官，几筵又是諸侯之法，又鄭云“國賓，諸

---

① “五臣爲”至“聘則否”，原在頁眉處，占行十二至十八，謹依題義挪至此處。
② “加”字原作“如”，四庫本作“加”，合於《司几筵》，據改。
③ “几”字原作“凡”，四庫本及汪刻本均作“几”，據改。

侯來朝,孤、卿大夫來聘,是諸侯朝聘天子法①,則孤、卿大夫是諸侯之臣也,以此言之,則天子孤、卿大夫几筵與諸侯之臣同可知。若然,《公食大夫》筵上、下大夫禮同用蒲筵莞席,與此席不同,鄭注此國賓中卿大夫得與孤同者,鄭欲廣國賓之義,其實此國賓中唯有諸侯與孤,無卿大夫也,鄭必知卿大夫漆几者,《司几筵》有五几,從上向下序之,天子玉几,諸侯彫几,孤彤几,卿大夫漆几,下有素几,喪事所用,差次然也,無正文,故云"與"以疑之。

七　醴自東箱來,不面枷,不訝授②

宰夫實觶以醴,加柶于觶,面枋。

云"以醴自東箱來"者,下記云"醴尊于東箱,瓦甒一,有豐"是也。云"不面枷,不訝授也"者,公西面向賓,宰夫自東箱來,在公傍側,並授與公,是以下云"公側受醴",不訝授,故"不面枷"也。

八　此篇賓皆再拜稽首,惟受醴一拜

公壹拜送。

注:公尊也。古文壹作一。

公側受醴。賓不降,壹拜,進筵前受醴。

注:醴質,以少爲貴③。

賓於上下皆再拜稽首,獨此一拜,故鄭據大古之醴質,無玄酒配之,故壹拜,以少爲貴也。

九　束帛言"用",尊賓

公用束帛。

---

① "侯"下原有"與"字,曹云:"'與'字衍。"據刪。
② "授"字原作"受",四庫本作"授",合於經,據改。
③ "公壹"至"爲貴",四庫本作"公側受醴。注:將以飲賓。賓不降,壹拜,進筵前受醴,復位,公拜送醴。注:壹拜者,醴質,以少爲貴",節引不同,此仍其舊。

釋曰：上文郊勞，賓用束錦儐勞者，下文歸饔餼於上介，云大夫“用束帛致之”，皆亦云“用”，獨於此“言用，尊於下”者，儐勞者及歸饔餼，皆是賓敬君之使者，自尊之可知，今君親用束帛禮賓，故“言用①，尊于下也”。云“亦受之于序端”者，上“公側受几於序端”，則知此。

十　栗階，趨君命尚疾，不連步

注：“栗階”至“連步”。釋曰：凡栗階，不過二等，今云“不連步”者，謂不從下向上皆連步，其始升連步則有之也。

十一　前公皆一拜，今事畢，送幣再拜

云“公再拜者，事畢成禮也”者，前受几及醴，公送皆一拜，注云“公尊也”，今事畢成禮，不可亦自尊亢，故送幣亦再拜也。

十二　賓執左馬以出，鄭云“受尊者禮，宜親”

賓執左馬以出。

釋曰：案下歸饔餼於賓，賓儐大夫，庭實設乘馬，賓用束錦、乘馬，“大夫降，執左馬以出”，《覲禮》侯氏至郊，王使人用璧勞訖，“侯氏用束帛、乘馬儐使者”，使者受幣降，“以左驂出”，二者皆是尊國賓故也，唯上文郊勞賓儐，勞者執幣捐皮者②，皮是死物，異於馬故也。云“效馬者并左右靮授之”者③，《曲禮》云“效馬、效羊者，右牽之”，效猶呈見，故謂牽馬人爲效馬者也。云“餘三馬，主人牽者從出也”者，以是主人庭實，出門乃有從者訝受馬，明“主人牽者從出”可知。

---

① “用”上原無“言”字，張、阮刻本均有“言”字，合於注，據補。
② “勞”下原無“者”字，曹云：“‘勞’下脱‘者’字。”倉石云：“殿本‘勞’下補‘者’字。”據補。
③ “云效”至“之者”，“云效”二字漫漶，據再造善本及四庫本寫定。

十三　諸文"從者"與"士",鄭注各異

上介受賓幣,從者訝受馬。

鄭云"從者,士介",下記文。案《公食》云"上介受賓幣,從者訝受皮",鄭注"從者,府史之屬",不爲士者,彼《公食》是子男之大夫小聘,一介,其餘皆府史以下,故知從者是"府史之屬"也;《既夕》云"賵馬兩,士受馬",鄭云"此士謂胥徒之長,有勇力者受馬",彼據一廟下士,不應更有其屬士,故以爲胥徒之長言之也;《昏禮記》云"士受皮",鄭注"士,謂若中士、下士不命者,以其主人爲官長",據上士而言也①。

十四　賓覿用束錦,辟享幣,入門右,非公事

賓覿,奉束錦,總乘馬,二人贊,入門右,北面奠幣云云。

云"覿用束錦,辟享幣也"者,以上文享主君用束帛,享夫人用玄纁束帛,以今用束錦,是"辟享幣"也。云"總者"至"扣馬也"者,賓總八彎在前牽之,二人贊者各居兩馬間,各用左、右手,手扣一匹②,故云"在馬間扣馬也"。云"入門而右,私事自闑右"者,《玉藻》云"公事自闑西",鄭注云"聘享也",又云"私事自闑東",注云"覿面也",此行覿禮,故引之。

十五　凡授由右,受由左,今受馬由右

士受馬者自前還牽者後,適其右受。

此庭實之馬四匹,在庭,北面西上。牽馬者亦四人,各在馬西以右手執馬而立。士受馬者從東方來,由馬前各適牽馬者之前,還遶其後,適牽馬者之東,馬西而受之,牽馬者自前行而出之。云"此亦並授者,不自前左,由便也"者,《鄉飲酒》之等於西階之上,皆授由其右,受由其左,今乃受馬者不自左而由其右受者,使授馬者授訖,右迴其身,於出時爲便。

---

① "也"字原作"之",張、阮刻本均作"也",據改。
② "扣"字原作"加",四庫本及汪刻本均作"扣",據改。

十六　鄭以玉錦爲錦之文纖縟

十七　賓覿訖，上介、衆介請覿[①]

上介奉束錦，士介四人皆奉玉錦束，請覿。

釋曰：自此盡“舉皮以東”，論上介、衆介行私覿之事。云“玉錦，錦之文纖縟者也”者，案《聘義》孔子論玉而云“縝密以栗，知也”，是玉有密致，錦之纖縟似玉之密致者[②]。

十八　主人歸上介、衆介覿幣

執幣者西面北上，擯者請受。

釋曰：上文“擯者執上幣”，注云“請受，請于上介也”，此雖衆介，所請亦請上介，上介尊故也。云“上言其次，此言其位，互約文也”者，上云“擯者執上幣，士執衆幣，有司二人舉皮，從其幣出，請受”，是其次也，此言“委皮南面，執幣者西面北上”，是其位。言“互”者，此言西面北上，則上當有“北面東上”之文，下文士介覿時[③]，“士三人東上，坐取幣立”是也，此宜有“士執衆幣，立於擯南”之文[④]，如是者，互文也。言“約”者，雖互見其文，文猶不備，若欲備文，當上取歸賓幣之文，下取歸士介幣之文，以理推，約之乃備也。若然，上當言“擯者執幣，士四人北面東上，坐取幣從。有司二人坐舉皮，從其幣出，隨立於門中。擯者出門西面，于東塾南請受。士執幣者進立擯南，西面北上。執皮者南面，委皮於門中，北上”，如是乃爲文備也。

---

①　“十七賓覿”至“介請覿”，原在頁眉處，占行三至六，“上介”至“之事”乃與此題對應之文字，涵于題十六所領正文內，不宜段分，謹依題義挪至此處。

②　“似”字原作“以”，四庫本及汪刻本均作“似”，據改。

③　“下文”至“覿時”原作“下云士介覿幣時”，曹云：“‘云’當爲‘文’，‘幣’衍字。”據改刪。

④　“擯南”原作“南面”，曹云：“‘南面’似當爲‘擯南’。”據改。

十九　擯者授介幣,介皆詙受

介禮辭,聽命,皆進,詙受其幣連上文[1]。

釋曰:"此言皆詙受者,嫌擯者一一授之"者,案上受享皮及賓私覿之
馬,並不云"皆",此獨云"皆"者,嫌擯者獨請上介,謂先授上介幣[2],故言
"皆",明不一一授,同時詙受可知也。享幣無門外授先後之法,故不言
"皆"。

二十　庭實當使人執之,今奠皮,不敢授

上介奉幣,皮先,入門左,奠皮。

云"執皮者奠皮,以有不敢授之義"者,案享時庭實使人執之,《昏禮》
庭實亦使人執之,亦皆東,不奠於地,以其得親授主人有司,此奠之,不敢
授,故下云"坐舉皮"。

二一　上介、衆介覿訖又納士介

擯者又納士介。

釋曰:自此盡"序從之",論士介行私覿之事。云"納者,出道入也"
者,謂若《燕禮》、《大射》小臣納卿大夫,出道之入也[3]。

二二　事畢,衆介逆道賓而出

擯者出請,賓告事畢。

釋曰:自此盡"不顧",論事畢送賓之事。云"衆介逆道賓而出也"者,
介爲首,賓爲尾,謂逆道也。必知有逆出者,上文聘訖,云"賓降,介逆
出",又聘夫人、私覿亦介逆出,諸聘禮之等皆逆出。

---

① "詙受"至"上文","連上文"三字乃了翁按語,謂此節與前節文義相連。
② "謂"字原作"請",倉石云:"《校釋》云'請'字衍,今案或當'謂'字之譌。"據倉校改。
③ "之入"原作"入之",曹云:"'入之'二字當倒。"據乙。

二三　公拜，客趨辟，上擯送賓，反告

及大門內，公問君云云。賓出，公再拜送，賓不顧。

云“賓不顧”，據上擯送賓復迴，謂君云“賓不顧”矣，故引孔子事爲證。

二四　孔子送賓，以下大夫攝上擯[①]

若然，此送賓是上擯，則卿爲上擯，孔子爲下大夫，得爲上擯者，以孔子有德，君命使攝上擯，若定十年夾谷之會令孔子爲相同也。

二五　賓請問大夫訖即館，卿大夫勞賓、介

賓請有事於大夫。賓即館，卿大夫勞賓，賓不見。

釋曰：自此盡“亦如之”，論賓請問大夫訖即館，卿大夫勞賓、介之事。云“不言問聘，聘亦問也，嫌近君也”者，對文大聘曰聘，小聘曰問，總而言之，問聘一也，不得云問卿，若言問，近君矣，故云“有事于大夫”也。鄭云“擯者反命，因告之”者，但從朝以來，行聘享、行禮賓之事，事已煩矣，今日即請，未可即行，故云“反命，因告之”，告之使知而已，是以賓至館行勞賓、介及受饗餼，終日有事，明日乃行問卿之禮。

二六　主國卿見朝君執羔，見聘客用鴈

大夫奠鴈再拜，上介受。

云“《周禮》”者，案《周禮·秋官·掌客》云“凡諸侯之禮，上公五積，卿皆見以羔，侯伯四積，卿皆見以羔”，是主國之卿見朝君皆執羔，引之證主國卿見聘客不得執羔，與大夫同用鴈，不見朝君故也。

---

① “二四孔子”至“攝上擯”，原在頁眉處，占行十三至十六，謹依題義挪至此處。

二七　行聘享皆皮弁,歸饔餼韋弁

君使卿韋弁,歸饔餼五牢。

釋曰:自此盡“無儐”,論主君使卿歸饔餼於賓、介之事。云“變皮弁,服韋弁,敬也”者,案《周禮·春官·司服》王之吉服有九,祭服之下先云“兵事,韋弁服”,後云“視朝,皮弁服”,則韋弁尊於皮弁,今行聘享之事等皆皮弁,至歸饔餼則韋弁,故云“敬也”。案《司服》注,鄭引《春秋傳》曰“晉郤至衣韎韋之跗注”,又云“今時五伯緹衣,古兵服之遺色”,故知用韎韋也,韎即赤色,以赤韋爲弁也。有毛則曰皮,去毛熟治則曰韋,本是一物,有毛、無毛爲異,故云“取相近耳”。

二八　鄭注韋弁與《司服》注異,各以意量①

云“其服蓋韎布以爲衣而素裳”者,此無正文,但兵服②,則鄭注《司服》云“韋弁,以韎韋爲弁,又以爲衣裳”③,又“晉郤至衣韎韋之跗注”,《鄭志》解此跗注,以跗爲幅,以注爲屬,謂制韋如布帛之幅而連屬爲衣及裳④,今此鄭云以韎布爲衣而素裳,全與兵服異者,鄭以意量之,此爲賓館於大夫、士之廟,既爲入廟之服,不可純如兵服,故爲韎布爲衣而素裳,《鄭志》又云兵服素裳⑤,以其與皮弁同白舄,故以“素裳”解之,此言“素裳”,又與《鄭志》同。若然,唯變其衣耳,以無正文,故云“蓋”以疑之。

---

① “二八鄭注”至“以意量”,原在頁眉處,占行十二至十七,謹依題義挪至此處。
② “兵”字原作“正”,倉石云:“‘正’疑‘兵’字之譌。”據改。
③ “又以爲衣裳”,曹云:“賈所據《周禮》注有‘裳’字,孔氏《詩·六月正義》引無,阮氏《毛詩校勘記》曰:‘案此不誤,兵事素裳,下文引《鄭志》可證今《周禮》注衍裳字耳。’”此處當以鄭注《周禮》有“裳”方能與“其服蓋韎布以爲衣而素裳”有別,故仍其舊。
④ “謂制”至“及裳”,曹云:“《周禮》疏引《雜問志》‘及裳’作‘而素裳’,《六月正義》同。案此所引與《周禮疏》、《詩正義》所引恐是一條,竊疑此條唐時有二本:一作‘而素裳’,《周禮》疏引之,以見與彼注異;一作‘及裳’,此疏引之,以見與彼注同,與此注異。以《六月正義》引《周禮》注無‘裳’字及《詩》、《周禮》二疏所引《鄭志》皆作‘而素裳’及此疏下文別引《鄭志》一條訂之,似作‘而素裳’者是,俟通人正之。”姑仍其舊。
⑤ “鄭志”至“素裳”原作“鄭志兵服”,曹云:“此蓋別一條,有脫字,當爲‘《鄭志》又云兵服素裳’。”據改。

二九　朝聘使有正客館,有館于大夫、士廟

有司入陳。

注:入賓所館之廟,陳其積[1]。

釋曰:案上文直云"致館"及"即館",不辨廟與正客館之名,案下記云"卿館於大夫,大夫館於士",皆是大夫、士之廟,下文云"揖入,及廟",鄭據此而言[2],明陳之於廟也。《曾子問》孔子云"自卿大夫、士之家曰私館",即卿大夫、士之廟一也,孔子又云"公館與公所爲曰公館",鄭注云"公館,若今縣官舍也"[3],彼是正客館,彼此兩言之者,若朝聘使少,則皆於正客館,若使多,則有在大夫廟,多少不定,兩言之。

三十　客積與饔餼別,散文總是積[4]

案《大行人》及《掌客》積與饔餼各別,此注以饔餼爲"陳其積"者,對文饔餼與積別,散文總是委積。

三一　陪鼎當內廉,辟堂塗,以非正饌

飪一牢,鼎九,設于西階前,陪鼎當內廉云云。

釋曰:案《公食大夫》庶羞也,以非正饌,故在正鼎後而言"加"也。云"當內廉,辟堂塗也"者,正鼎九,雖大判繼階而言,其云于階前,則階東稍遠,故陪鼎猶當內廉也,而辟堂塗,堂塗之內也。

---

① "注入"至"其積",原在頁眉處,占行七至八,乃了翁增補之注文,謹依文義挪至此處。
② "言"上原無"而"字,汪刻本及張、阮刻本均有"而"字,據補。
③ "舍"字原作"宮",阮云:"浦鏜云'舍'誤'宮'。"據改。
④ "三十客積"至"總是積",原在頁眉處,占行十五至十四,謹依題義挪至此處。

三二　豕惟煗者有膚，牛、羊、豚無膚①

云“腸胃次腊，以其出牛羊也”，鄭言此者，以其膚是豕肉，腸胃是腹内之物而在肉前者，以其腸胃出於牛羊，故在膚前列之也。云“膚，豕肉也，唯煗者有膚”者，君子不食圂腴，犬豕曰圂，若然，牛羊有腸胃而無膚，豕則有膚而無腸胃也。且豕則有膚，豚則無膚，故《士喪禮》豚皆無膚，以其皮薄故也。縱豕以四解，亦無膚，故《既夕》大遣奠少牢無膚，以其豚解故也。云“此饌先陳其位，後言其次，重大禮，詳其事也”者，“先陳其位”者，“南陳”已上是也，後言“其次”者，“牛、羊、豕”已下是也。案設飧時直云“飪一牢在西，鼎九，羞鼎三。腥一牢在東，鼎七”，直言西九、東七，不言次、陳位，飧是小禮，輕之。

三三　宮必有碑，所以識日景，引陰陽

鼎九云，陪鼎當内廉，東面北上，上當碑，南陳。

釋曰：言“宮必有碑”者，案諸經云“三揖”者，鄭注皆云“入門將曲揖，既曲北面揖②，當碑揖”，若然，《士昏》及此聘禮是大夫、士廟内皆有碑矣，《鄉飲酒》、《鄉射》言“三揖”，則庠序之内亦有碑矣，《祭義》云“君牽牲，麗于碑”，則諸侯廟内有碑明矣，天子廟及庠序有碑可知。但生人寢内不見有碑，雖無文，兩君相朝，燕在寢，豈不三揖乎？明亦當有碑矣。言“所以識日景”者，《周禮·匠人》云“爲規，識日出之景與日入之景”者，自是正東西南北，此識日景，唯可觀碑景邪正，以知日之早晚也。又“引陰陽”者，又觀碑景南北長短，十一月日南至，景南北最長，陰盛也，五月日北至，景南北最短，陽盛也，二至之間，景之盈縮，陰陽進退可知。

---

① “三二豕惟”至“豚無膚”，原在頁眉處，占行三至七，謹依題義挪至此處。

② “既”下原無“曲”字，阮云：“《通解》、毛本‘既’下有‘曲’字。”據補。

儀禮要義

三四　凡碑，引物，廟以麗牲，廟以石，窆用木

云"凡碑，引物者，宗廟則麗牲焉，以取毛血"者。云"凡碑，引物"，則識日景、引陰陽皆是引物，則宗廟之中亦是引物①，但廟碑又有麗牲，麗，繫也，案《祭義》云"君牽牲，麗于碑"，以其鸞刀以取血毛，毛以告純，血以告殺，兼爲此事也。云"其材，宮廟以石，窆用木"者，此雖無正文，以義言之，葬碑取縣繩縴，暫時之間往來運載，當用木而已，其宮廟之碑，取其妙好，又須久長，用石爲之，理勝於木，故云"宮廟以石，窆用木"也，是以《檀弓》云"公室視豐碑，三家視桓楹"，時魯與大夫皆僭，言"視桓楹"，桓楹，宮廟兩楹之柱，是葬用木之驗也。

三五　陳豆籩、陳衣皆有絟、屈、錯

堂上八豆云云，其南醓醢，屈。八籩繼之，黍②，其南稷，錯。

釋曰③：八豆言"屈"，八籩言"錯"者，以八豆之實各別，直次第屈陳之則得相變，故云"屈"也，八籩唯有黍、稷二種，雖屈陳之則間雜，錯陳之使當行黍、稷間錯，不得並陳設，亦相變，故鄭下注"凡饌，屈、錯要相變"是也。"六鉶"至"羊豕"。不言絟、屈、錯者，絟文自具，故不言之也。案此文上下絟、屈、錯似各別，鄭此注"屈，猶錯"④，《士喪禮》"陳衣於房中，南領西上，絟"，注云"絟，猶屈"，又似不別者，云絟、屈，二者下手陳之少異，屈者句而屈陳之，絟者直屈陳之不爲句，陳訖則相似，故注《士喪禮》云"絟，猶屈"，言錯者，間雜而陳之，與絟、屈同，或句屈陳而錯，此文是也，或絟陳而錯⑤，《公食大夫》是也，故《公食大夫》云"宰夫設黍稷六籩于俎西，二以並，東北上，黍當牛俎，其西稷，錯以終，南陳"，是其直絟錯之也。

---

① "是"上原無"亦"字，曹云："'是'上脫'亦'字。"據補。
② "繼之"下原無"黍"字，四庫本有"黍"字，合於經，據補。
③ "釋"下原無"曰"字，四庫本無"釋曰"二字，依其慣例，當有"曰"字，謹補。
④ "此"下原無"注"字，汪刻本及張、阮刻本均有"注"字，據補。
⑤ "而"字原作"如"，倉石云："'如'疑當作'而'。"據改。

316

儀禮要義卷第二十二　聘禮四

一　醯醢夾碑,在鼎中央,醢東順陽

釋曰:案《既夕禮》云"甕三,醯、醢、屑",鄭注云"甕,瓦器,其容亦蓋一觳",《旅人》云"篹,實一觳",又云"豆,實三而成觳",四升曰豆,則甕與篹同受斗二升也。《禮器》云"五獻之尊,門外缶,門內壺,君尊瓦甒",注云"壺大一石,瓦甒五斗",即此壺大一石也。云"夾碑,在鼎之中央也"者,上陳鼎云"西階前,陪鼎當內廉,東面北上,上當碑,南陳",下腥鼎亦如之,此言"夾碑",自然"在鼎之中央"可知。云"醯在東,醯,穀,陽也,醢,內,陰也"者,醯是釀穀爲之,酒之類,在人消散,故云"陽",醢是釀肉爲之,在人沈重,故云"陰"也。《大宗伯》云"天產作陰德,地產作陽德",注云"天產,六牲之屬。地產,九穀之屬",以六牲爲陽,九穀爲陰,與此醯是穀物爲陽違者,物各有所對,六牲,動物行蟲也,故九穀爲陰。

二　醯醢、俎豆、庶羞、內羞各有陰陽之義[①]

《郊特牲》云"鼎俎奇而籩豆偶,陰陽之義也",又以籩豆、醯醢等爲陰,鼎俎肉物總爲陽者,亦各有所對,以鼎俎之實以骨爲主,故爲陽;籩豆,穀物,故爲陰也。《有司徹》注又以庶羞爲陽,內羞爲陰者,亦羞中自相對,內羞雖有糝食,是肉物,其中有糗餌粉餈穀物[②],故爲陰;庶羞,肉物,故爲陽也。

---

① "二醯醢"至"陽之義",原在頁眉處,占行十二至十七,謹依題義挪至此處。
② "穀"字原作"食",曹云:"'食'似當爲'穀'。"據改。

三　先饔,次豆,次餼,次芻禾等,以孰爲主

餼二牢陳于門西,北面東上。牛以西羊、豕,豕西牛、羊、豕。

釋曰:先言饔,後言餼者,陳者先以孰爲主,是以先陳饔,饔下即陳孰物繼之,故六豆以下相次,此餼是生物,其下次陳芻薪、米禾之等相繼也。云"牛、羊,右手牽之"者,《曲禮》云"效馬、效羊者,右牽之",以不噬齧人,用右手便也。言"右手牽之,則人居其左"也。云"豕束之,寢右,亦居其左"者,豕束縛其足,亦北首,寢臥其右,亦人居其左。案《特牲》云"牲在其西,北首東足",鄭注云"東足者,尚右也",與此不同者,彼祭禮法,用右胖,故寢左上右。《士虞記》云"陳牲于廟門外,北首西上,寢右",鄭注"寢右者,當升左胖也",變吉,故與此生人同。

四　稻粱加,黍稷正,故黍上端,稷下端

米百筥,筥半斛,設于中庭,十以爲列,北上云云。

釋曰:上享時直言庭實入設,不言中庭,則在東西之中,其南北三分庭一在南,此更言中庭,欲明南北之中也。上文公立於中庭,宰受幣於中庭,皆南北之中也。知"北上",東西爲行者,以經云"北上,黍、粱、稻皆兩行,稷四行",若南北縱陳,止得言東西,不得言北上,何者?以黍、粱、稻及稷每行皆一種①,無上下故也,明橫陳可知,黍兩行在北,次粱兩行,次稻兩行,次南稷四行。所以不用稻爲上者,稻粱是加,黍稷是正,故黍爲上端,稷爲下端,以見上下,而稻粱居其間,亦相變者,亦上紳、屈、錯之義。

五　大夫之禮,米禾皆視死牢

門外米三十車,車秉有五籔籔,色縷反②,設于門東,爲三列,東陳。

---

① "每"字原作"當",阮云:"毛本'當'作'每'。"據改。

② "籔色縷反",原在頁眉處,占行十七至十八,乃了翁據《儀禮音義》增補之釋文,謹依文義挪至此處。

云“大夫之禮，米禾皆視死牢”者，上文餼一牢，腥二牢，是三牢死，故米三十車，并下“禾三十車”，亦是視死牢也。

六　秉有五籔，總二十四斛①

云“秉、籔，數名也。秉有五籔，二十四斛也”者，下記云“十斗曰斛，十六斗曰籔，十籔曰秉”，若然，一秉十六斛，又有五籔爲八斛，總二十四斛也。云“籔，讀若不數之數”者，鄭君時以籔爲數，字仍竹下爲之，得爲十六斗爲籔，故下記注云“今江淮之間，量名有爲籔者”。

七　薪從米，芻從禾，四者車皆陳，北輈

薪、芻倍禾。
注：《聘義》曰“古之用財不能均如此”云云②。
釋曰：云“薪從米，芻從禾”者，以其薪可以炊爨，故從米陳之，芻可以食馬，故從禾陳之。鄭言此者，以經云“倍禾”，恐並從禾陳之故也。云“四者之車皆陳，北輈”者，以其內向爲正故也③。引《聘義》者，欲見主君享禮聘賓，外內皆善，故引爲證也。

八　凡館不於敵者之廟，皆下一等

揖入，及廟門，賓揖入。
釋曰：云“使者止執幣”者，下經始云“大夫奉束帛，入”，明此“賓揖入”時，“使者止執幣”可知。云“賓俟之于門內，謙也”，“門內”，即宁下，故下賓問卿，云“及廟門，大夫揖入”，鄭注“入者，省內事也，既而俟于宁下”是也。云“古者天子適諸侯，必舍于大祖廟”者，案《禮運》云“天子適諸侯，必舍其祖廟”，下記云“卿館於大夫，大夫館于士，士館于工商”，鄭注云“不館於敵者之廟，爲大尊也”，以此差之，諸侯無正文，鄭注“舍于諸

① “六秉有”至“十四斛”，原在頁眉處，占行一至四，謹依題義挪至此處。
② “注聘”至“云云”，原在頁眉處，占行八至九，乃了翁增補之注文，謹依文義挪至此處。
③ “內向”原作“向內”，阮云：“毛本‘向內’作‘內向’。按此本倒。”據乙。

公廟"者,諸公,大國之孤,云"大夫行,舍于大夫廟"者,謂卿舍于大夫。

九　讓不言三者,不成三

至于階,讓,大夫先升一等。

釋曰:云"讓不言三,不成三也。凡升者,主之讓于客三,敵者則客三辭,主人乃許升"者,是三讓三辭成也,今賓三讓,大夫即升,無三辭。案《周禮·司儀》云"諸公之臣相爲國客,大夫郊勞,三讓,登聽命",又云"致饔餼,如勞之禮",即得行三讓之禮,此中"古文云三讓",與彼合,鄭不從者,《周禮》統心,舉其大率而云"三讓",此《儀禮》據屈曲行事,觀此經直云"讓,大夫先升",是主人或三讓,大夫無三讓,故不從古文也。

十　大夫歸饔餼先升,今私儐無君命故後

賓升一等,大夫從,升堂。

釋曰:前大夫奉君命歸饔餼,故先升一等,今賓私儐使者,無君命,體敵,故賓先升,在館如主人之儀故也。知"皆北面"者,以其體敵,又下始云"賓奉幣西面,大夫東面",明此北面可知。

十一　大夫稽首於賓,尊君客

大夫對,北面當楣再拜稽首。

釋曰:賓主既行敵體之禮,當行頓首,今大夫稽首於賓,爲拜君之拜,尊君客故也。

十二　凡敵體者,授由其右①

受幣于楹間,南面,退東面俟。

---

① "右"字原作"左",正文亦原作"授由其左",汪刻本及張、阮刻本均作"授由其右,受由其左",正文有脱,據改,正文亦補。

320

釋曰：此賓儐使者，是體敵之義，經云“受幣于楹間，南面”，知賓不南面並授而云“賓北面授”者，凡敵體授受之義①，授由其右，受由其左，今尊君之使，是以大夫南面，賓北面，故知賓北面授幣。

十三　賓拜于朝，知諸侯外朝在大門外

明日，賓拜于朝，拜饔與餼，皆再拜稽首。

釋曰：知拜謝在大門外者，以其直言“賓拜於朝”，無入門之文，故知在大門外。若然，諸侯外朝在大門外明矣。

十四　賓發館至朝，皆掌訝爲導②

引《周禮》者，《秋官·掌訝職》云“賓客至于國，賓入館，次于舍門外，待事于客。及將幣，爲前驅。至于朝，詔其位。凡賓客之治，令訝，訝治之”，引之者，欲見賓客發館至朝來往，皆掌訝前驅爲之導。

十五　大夫朝服致饔餼，明日賓朝服拜③

知“此拜亦皮弁”者，以受時皮弁，故知此拜亦皮弁也，故《公食大夫》云“若不親食，使大夫各以其爵，朝服以侑幣致之，賓朝服以受。明日，朝服以拜賜于朝”，彼朝服受，還朝服拜，則知此皮弁受，亦皮弁拜可知。

十六　下大夫歸饔餼於上介，賓、介異館

上介饔餼三牢云云。

釋曰：自此論主君使下大夫歸饔餼於上介④。云“賓、介皆異館”者，

---

①　“授”下原無“受”字，阮云：“毛本‘授’下有‘受’字。”據補。

②　“十四賓發”至“訝爲導”，原在頁眉處，占行十四至十八，謹依題義挪至此處。

③　“十五大夫”至“朝服拜”，原在頁眉處，占行二至七，謹依題義挪至此處。

④　“自此”至“上介”，乃了翁節引之疏文，疏原作“自此盡‘兩馬、束錦’，論主君使下大夫歸饔餼於上介之事”，節引仍舊，“餼”下據疏補“於”字。

案下記云"卿館於大夫，大夫館於士，士館於工商"，彼云卿，即此賓，一也，彼云大夫，即此上介也，彼云士，即此衆介也，故知賓、介各異館。必異館者，所陳饔餼厚^①，無所容故也。

十七　宰夫歸餼衆介，牢、米不入門，略之

士介四人，皆餼大牢，米百筥，設于門外。

釋曰：自此至"無儐"，論使宰夫歸餼於衆介之事。上文賓與上介米陳碑南，餼陳門内，此不入門，陳於門外者，鄭云"略之也"。云"米設當門，亦十爲列^②，北上"，彼亦當門，此直云"設於門外"，不云東西，明當門北上，與賓同。云"牢在其南，西上"者，以此餼本設於庭，在門内，由士介賤，不得入門，且賓與上介門東有米三十車、薪六十車，門西禾三十車^③、芻六十車，皆統門爲上，此餼本非門外東西之物，知不在門外東西^④，宜當門陳之。云"牢在其南，西上"，知如此設之者，以其賓、上介餼在米南，門西東上，明知此牢亦在米南而西上爲異耳。

十八　宰夫致牛，朝服無束帛，略士介

宰夫朝服，牽牛以致之。

釋曰：案下記云"士館于工商"，則此致者在工商之館，宰夫從外來，即爲賓客，宜在門西東面，此就大牢之中取以致餼。云"朝服無束帛，亦略之"者，決上賓與上介皮弁有束帛。

十九　賓齎聘君之幣問主國卿

朝服問卿。

釋曰：自此盡"無儐"，論賓齎聘君之幣，問主國卿之事。云"不皮弁，

---

① "厚"字原作"後"，阮刻本作"厚"，阮云："陳、閩同。"作"厚"義顯豁，據改。
② "十"字原作"寸"，四庫本及汪刻本均作"十"，據改。
③ "禾"字原作"未"，四庫本作"禾"，汪刻本作"米"，據四庫本改。
④ "知"字原作"制"，曹云："'制'當爲'知'。"據改。

別於主君”者，對上文行聘享、私覿皆皮弁，此朝服，降一等，故鄭注云“別於主君”。云“卿，每國三人”者①，每國三卿是其常，鄭言此者，欲見三卿皆以幣問之。其主國下大夫曾使向己國者，乃得幣問之，與卿異。

二十　大夫三廟，有別子者立大祖廟

卿受于祖廟。

釋曰：卿受鄰國君所問之禮，不辭讓。大夫三廟，有別子者立大祖廟，非別子者并立曾祖廟，王父即祖廟也，今不受於大祖廟及曾祖廟而受於祖廟者②，以其天子受於文王廟，諸侯受於太祖廟③，大夫下君，故受於王父廟。

二一　大夫二門，廟在入門東，有每門每曲

擯者出請事，大夫朝服迎于外門外，再拜。賓不答拜，揖。大夫先入，每門、每曲揖，及廟門，大夫揖入。

注：入者，省內事也，既而俟于宁也。

釋曰：大夫二門，入大門東行即至廟門，未及廟門而有每門者，大夫三廟，每廟兩旁皆南北豎牆，牆皆有閣門④，假令王父廟在東，則有每門每曲之事。云“入者，省內事也”者，《曲禮》云“請入爲席”是也。云“既而俟于宁”者，宁，門屋宁也，知“俟于宁”者，下云“賓入，三揖，皆行”，鄭注云“皆，猶並也”，賓與卿並行，以卿俟于宁，故得並行，與卿三揖。不俟于庭者，下君也。案《曲禮》云“客至於寢門，則主人請入爲席。然後出迎客，主人肅客而入”，此卿既入，不重出迎客。

---

① “云卿”下原無“每國三人者”五字，當涉下文“每國三卿”之“每國”二字而脫，汪刻本及張、阮刻本均有“每國三人者”五字，據補。

② 上“受”字原作“授”，四庫本作“受”，據改。

③ “於”下原無“太”字，阮云：“毛本、《通解》、楊氏‘於’下俱有‘太’字。按有是也。”據補。

④ “皆有閣門”原作“皆閣門”，阮云：“毛本、《通解》‘閣’作‘閣’。按‘閣’是也。”倉石云：“今案上‘公揖入，每門每曲揖’，下亦作‘閣’。”曹云：“‘皆’下似脫‘有’字。”據改補。

二二　賓行私面於卿，散文面亦爲覜

擯者出請事，賓面，如覜幣。

釋曰：自此至"授老幣"，論賓行私面於卿之事。賓私面於卿，其幣多少，與私覜於君同，故云"如覜幣"。賓私覜之時，用束錦、乘馬，則此私面於卿，亦用束錦、乘馬可知也。云"面亦見也，其謂之面，威儀質也"者，覜、面並文，其面爲質，若散文，面亦爲覜，故鄭《司儀》注云"私面，私覜也"，又《左傳》云"楚公子棄疾以乘馬八匹私面鄭伯"是也。

二三　凡受幣楹間者，禮敵南面並授

賓稱面，大夫對，北面當楣再拜，受幣于楹間，南面云云。

釋曰：知賓北面授者，以云"大夫南面，退西面立"，言"退"，明賓不得南面，又見下文"賓當楣再拜"，明北面授因拜可知。云"受幣楹間，敵也"者，凡授受之義，在於兩楹之間者，皆是體敵，故《昏禮》云"授于楹間，南面"，注云"授於楹間，明爲合好，其節同也。南面，並授也"，謂賓主俱至楹間，南面並而授，是以《曲禮》云"卿與客並，然後受"，注云"於堂上，則俱南面。禮，敵者並受"，此是敵者之常禮也。

二四　雖是楹間敵禮，以尊大夫，故南北訝受[①]

雖是敵者於兩楹之間，或有訝受者，皆是相尊敬之法，則此云大夫南面，賓北面授，雖是敵禮，是尊大夫，故訝受。又前致饗餼，儐使者於楹間，賓北面授幣，鄭云"賓北面授[②]，尊君之使"。自餘不在楹間，別相尊敬，是以前云"公受玉于中堂與東楹之間"，鄭注云"東楹之間，亦以君行一，臣行二"，又云公禮賓，"賓受幣當東楹，北面"，注云"亦訝受"，又賓覜公云"振幣進授，當東楹北面"，如此之類，不在兩楹之間者，皆非敵法，就

---

① "二四雖是"至"北訝受"，原在頁眉處，占行三至八，謹依題義挪至此處。
② "北"字原作"西"，四庫本作"北"，據改。

文解之。

二五　介覿主君同衆介入，今於卿特面

擯者出請事，上介特面，幣如覿，介奉幣①。

釋曰：自此盡"再拜送幣"，論上介私面於鄰國卿之事②。云"特面者，異於主君"者，介初覿主君之時，不敢自尊別，與衆介同執幣而入，今私面於鄰國卿，不與衆介同而特行禮焉。

二六　大夫辭衆介幣，賓爲衆介辭

擯者出請，衆介面，如覿幣云云，大夫辭云云，禮請受，賓辭。

釋曰：自此至"拜辱"，論士介私面於鄰國卿之事。云"賓亦爲士介辭"者，"亦"者，亦士介私覿於主國君時。

二七　主國大夫嘗使至者，以幣問之

下大夫嘗使至者，幣及之。

釋曰：自此盡"于卿之禮"，論主國大夫嘗使至已國者，聘君使上介以幣問之事。諸侯之國皆有三卿、五大夫，其三卿不問至已國、不至已國，皆以幣及之，上已論訖。其五大夫者，或作介、或特行至彼國者，乃以幣及之，略於三卿故也。言"君子不忘舊"者，此大夫嘗與彼國君相接，即是故舊也，今以幣及之。

二八　大夫有故不得受聘幣，君使人代受

大夫若不見。

注：有故也。

---

① "擯者"至"奉幣"，"擯"及"奉幣"三字漫漶，據再造善本及四庫本寫定。
② "釋曰"至"之事"，"釋曰自"及"卿"四字漫漶，據再造善本及四庫本寫定。

釋曰：自此盡“不拜”，論主國卿大夫有故，不得親受聘君之幣之事。言“有故”者，或有病疾，或有哀慘，不得受其問禮。云“各以其爵，主人卿也則使卿，大夫也則使大夫”者，若然，經云“君使大夫”，大夫中有卿，大夫總名也。云“各以其爵”，亦是易以相尊敬故也。云“不拜，代受之耳，不當主人禮也”者，案《周禮·宗伯》云“大賓客，則攝而載祼”，鄭注云宗伯“代王爲祼，拜送則王”，亦此類，拜是致敬之事，不可代人之拜，故直受之而已①。

二九　夫人使大夫歸禮賓、介，其實君使之

夕，夫人使下大夫韋弁歸禮。

釋曰：自此盡“賓拜禮於朝”，論主君夫人歸禮於賓與上介之事。云“夕，問卿之夕也”者，案下記云“聘日致饔。明日，問大夫。夕，夫人歸禮”，是其問卿之夕也。云“使下大夫，下君也”者，歸饔餼使卿，此夫人使下大夫，故云“下君也”。云“君使之，云夫人者，以致辭當稱寡小君”者，案隱二年《傳》“九月，紀裂繻來逆女”，何休注云“禮，婦人無外事”，明知此使下大夫歸禮者，君使之可知，而稱夫人使者，以其致辭於賓客時，當稱寡小君，故稱夫人使下大夫，其實君使之也。

三十　醴、黍、清皆兩壺，其實稻、黍、粱三酒各二②

壺設于東序，北上，二以並，南陳，醴、黍、清皆兩壺。

注：醴，白酒也。凡酒，稻爲上，黍次之，粱次之，皆有清白。以黍間清白者，互相備③。

釋曰：其設壺於東序，自北向南而陳，稻、黍、粱皆二壺，並之而陳也，故言“醴、黍、清皆兩壺”也。云“以黍間清白者，互相備”者，醴，白也，上言白，明黍、粱皆有白，下言清，明稻、黍亦有清故也，於清、白中言黍，明醴即是稻，清即是粱也，故言“互相備”也。三酒既有清白二色，故言六

---

① “受”字原作“授”，阮刻本作“受”，此乃卿大夫代有故之大夫受聘君之幣，作“受”是，據改。

② “黍”下原無“粱”字，據疏意當爲稻、黍、粱三酒，疑脱“粱”字，謹補。

③ “注醴”至“互相備”，原在頁眉處，占行七至十一，乃了翁增補之注文，謹依文義挪至此處。

壺。必先言醯者，以白酒尊重，故先設之也。

三一　主國大夫餼賓、介，設于門外

大夫餼賓大牢，米八筐。

釋曰：自此至“牽羊以致之”，論主國大夫餼賓及上介之事。云“陳於門外”，知者，經無牢米入門之文，故明是門外可知。云“牲陳於後，東上”者，此與君餼士介略同，餼士介時不言門東西，鄭注云“當門”，則知此門外亦當門。云“不饌於堂、庭，辟君也”者，案上君致饗餼，籩豆在堂，牲牢米等在庭，此在門外。

三二　諸侯之臣牢禮同，無問大國、次國

公於賓，壹食再饗。

釋曰：此篇雖據侯伯之卿聘使，五等諸侯其臣聘使，牢禮皆同，無大國、次國之別，是以《掌客》五等諸侯相朝，其下皆云“羣介、行人、宰、史皆有飧、饗餼，以其爵等爲之牢禮之數陳”，又云“凡諸侯之卿大夫、士爲國客，則如其介之禮以待之”，鄭注云“尊其君以及其臣也，以其爵等爲之牢禮之數陳。爵，卿也，則飧二牢，饗餼五牢；大夫也，則飧大牢，饗餼三牢；士也，則飧少牢，饗餼大牢也。此降小禮，豐大禮也。以命數則參差難等，略於臣，用爵而已”①。

三三　若據鄭説，則子男之卿當再饗，多於君②

以此言之，公侯伯子男大聘使卿，主君一食再饗，小聘使大夫，則主君一食一饗。若然，案《掌客》子男一食一饗，子男之卿再饗，多於君者，以其君臣各自相差③，不得以君決臣。

---

① “爵”上原無“用”字，張、阮刻本均有“用”字，據補。
② “三三若據”至“多於君”，原在頁眉處，占行十一至十六，謹依題義挪至此處。
③ “差”字原作“望”，孫云：“黃以周云：‘望，差之誤。’”據改。

三四　此經食在饗前，《公食》饗在食前

云"饗，謂亨大牢以飲賓也"者，以其饗禮與食禮同，食禮既亨大牢，明饗禮亨大牢可知，但以食禮無酒，饗禮有酒，故以飲賓言之。引《公食》饗與食互相先後者，此經先言食，後言饗，則食在饗前，《公食》言設洗如饗禮，則饗在食前，饗先後出於主君之意，故先後不定也。

三五　燕與羞、俶獻無常數

燕與羞、俶獻無常數。

釋曰：案《周禮·掌客》上公三燕，侯伯再燕，子男一燕，皆有常數，此臣無常數者，亦是君臣各爲一，不得相決。知"羞，謂禽羞、鴈鶩之屬"者，案下記云"禽羞、俶獻"，故知是禽。知"成孰煎和"者，以其言羞鼎臐之類，故知"成孰煎和"者也。知禽是"鴈鶩之屬"者，案下記云"宰夫歸乘禽，日如饗飱之數"，鄭注"乘禽，乘行之禽也"，亦云"鴈鶩之屬"。

俶，始也。始獻，四時新物，《聘義》所謂"時賜"，無常數，由恩意也。

三六　介既從賓饗獻，復特饗之①，客之也

上介壹食壹饗②。

注：饗食賓，介爲介，從饗獻矣，復特饗之，客之也。

三七　介從賓饗，不從食③

介雖從入，不從食，賓食畢，介逆出，是不得從食矣。知"從饗"者，下記云"大夫來使，無罪饗之，過則飱之，其介爲介"，注云"饗賓有介者，賓尊，行敵禮也"，故知介從饗。案襄二十七年，"宋公兼享晉、楚之大夫，趙

---

① "饗"字原作"享"，下注同，張、阮刻本均作"饗"，下節疏述注文亦作"饗"，據改，注亦改。
② "介"下原有"皆"字，四庫本無"皆"字，合於經，據刪。
③ "三七介從"至"不從食"，原在頁眉處，占行三至六，謹依題義挪至此處。

孟爲客,子木與之言,弗能對,使叔向侍言焉①,子木亦不能對也"。叔向
爲趙孟介而得從饗②,是其義也。云"復特饗之",即此經是也。

三八　君有故不親食,使卿生致牢禮,有幣

若不親食,使大夫各以其爵,朝服致之以侑幣,如致饔,無儐。

案上文云君使卿歸饔餼於賓館,賓儐之,今君有故,不親食,使卿生
致其牢禮,亦於賓館,但無儐爲異。云"謂有疾及他故也"者,他故之中兼
及有哀慘。云"無儐,以己本宜往"者,饔餼之等不宜召賓,故君使人致
禮,賓則儐使者,此饗食之禮,主君無故,合速賓來③,就主君入廟,賓無
儐禮,今主君有故,生致於賓,亦無儐。

三九　酬幣,謂饗禮酬賓勸酒之幣,所用未聞

致饗以酬幣,亦如之。

釋曰:云"禮幣束帛、乘馬,亦不是過也"者,鄭以饗之酬幣無文,故約
上主君禮賓之時用束帛、乘馬。《禮器》云"有以少爲貴者,圭璋特,琥璜
爵",鄭注云"圭璋特,朝聘以爲瑞,無幣帛也。琥璜爵者,天子酬諸侯,諸
侯相酬,以此玉將幣也",彼經不云天子、諸侯相酬之幣,故此注云"蓋",
言"酬諸侯"者,公侯伯用琥,於子男用璜,引之者,證與此酬卿大夫不同。

四十　主國卿大夫饗食聘賓、上介

大夫於賓,壹饗壹食,上介,若食若饗。若不親饗,則公作大夫致之
以酬幣,致食以侑幣。

注④:作,使也。大夫有故,君必使其同爵者爲之致之。列國之賓來,
榮辱之事,君臣同之。

---

① "侍"字原作"待",四庫本作"侍",據改。
② "向"下原無"爲"字,汪刻本及張、阮刻本均有"爲"字,據補。
③ "賓"下原有"之"字,曹云:"'之'字衍。"據刪。
④ "作"上原無"注"字,四庫本有"注"字,據補。

釋曰:此一經論主國卿大夫饗食聘賓及上介之事。

四一　如韓宣子燕于季氏,大夫有相燕法[1]

此直言饗食,不言燕,亦有燕,是以《鄭詩·雞鳴》云"知子之來之[2],雜珮以贈之",鄭注云"與異國賓客燕時,雖無此物,猶言之,以致其厚意。其若有之,固將行之。士大夫以君命出使,主君之臣必以燕禮樂之,助君之歡"是也。又昭二年《左傳》云"韓宣子來聘,宴于季氏",傳無譏文,明鄰國大夫有相燕之法,又此大夫相禮,饗食有常數,雖有燕[3],亦無常數,亦無酬幣矣。

---

[1]　"四一如韓"至"相燕法",原在頁眉處,占行一至六,謹依題義挪至此處。

[2]　"雞鳴"原作"羔裘",所引詩句不見於《羔裘》,而見於今本《女曰雞鳴》。倉石云:"'羔裘'譌,殿本改作'雞鳴'二字。"據殿本改。

[3]　"燕"下原有"之"字,曹云:"'之'字似衍。"據删。

儀禮要義卷第二十三　聘禮五

一　君使卿皮弁詣館還玉，相厲之義

釋曰：自此盡“賓送，不拜”，論主君使卿詣館還玉及報享之事。云“玉，圭也”者，舉聘君之圭。云“君子於玉比德焉，以之聘，重禮也”并“相切厲之義”，並《聘義》文。案《聘義》云“天子制諸侯，比年小聘，三年大聘，相厲以禮”，又云“已聘而還圭璋，此輕財而重禮之義”，又云“夫昔者君子比德於玉焉”，是其義也。云“還之者，德不可取於人，相切厲之義也”者，相切磋、相磨厲以德而尊天子，故用之也。云“皮弁者，始以此服受之，不敢不終也”者，始，謂受聘享在廟時，今還以皮弁還玉，是終之也。

二　大夫入，賓不拜迎，不純爲主

賓皮弁，襲，迎于外門外，不拜，帥大夫以入。

釋曰：云“帥大夫以入”者，大夫即卿，卿亦大夫也。云“將去①，不純爲主也”者，客在館如主人，卿往如賓，今不拜迎，是不純爲主也，決上君使卿歸饔餼時賓拜迎，是純爲主人。

三　賓受禮、歸饋皆階上聽命，唯此碑內

賓自碑內聽命，升自西階，自左南面受圭，退負右房而立。

云“聽命於下，敬也”者，此決賓受禮時，公用束帛，賓西階上聽命，歸

---

① “云將去”，乃了翁增補之疏述注文，原疏無“將去”二字。

饗醴時，賓阼階上聽命，此特於下聽命，故云“敬也”。云“自左南面，右大夫且並受也”者，以《鄉飲酒》獻酢之時，授者在右，受者在左，故“右大夫”也，“且並受”者，欲取如向君前然也。

四　以負右房，知不館於大夫廟[①]

云“退，爲大夫降逡遁”者，以大夫降，爲之逡遁而退，因即負右房南面而立。大夫、士直有東房、西室，天子、諸侯左右房，今不在大夫廟，於正客館，故有右房也。

五　大夫賄賓用束紡，即漢時素紗

賓裼迎，大夫賄用束紡。

釋曰：此則未知何用之財，若是報享之物，不應在禮玉之上，今言此束紡者，以其上圭璋是彼國之物，下云“禮玉、束帛”，報聘君之享物，彼君厚禮於此，此亦當厚禮於彼，故將加此束紡，是以鄭云“相厚之至也”。云“賄，予人財之言也”者，案下記云“賄，在聘于賄”，又云“無行，則重賄反幣”，鄭注《周禮》云“布帛曰賄”。鄭注《周禮·內司服》亦云“素紗者，今之白縛也”溫本作縞，劉音須，一本作縛，息絹反[②]，則此束紡者，素紗也，故據漢法況之。

六　主君以玉、束帛、乘皮報聘君之享

禮玉、束帛、乘皮。

釋曰：云“禮，禮聘君也”者，此謂報享之物，以其彼持享物來禮此主君，此主君亦以物禮彼君，故云“禮，禮聘君也”。云“所以報享也”者，彼以物享此君，此君亦以物享彼君。上文聘賓行享之時，束帛加璧，束錦加

---

① “四以負”至“大夫廟”，原在頁眉處，占行四至八，謹依題義挪至此處。

② “溫本”至“絹反”，原在頁眉處，占行一至四，乃了翁據溫本及《儀禮音義》增補之釋文，謹依文義挪至此處。

琮，今報享物亦有璧、琮致之，故云“亦言玉，璧可知”，此玉則璧、琮也①，以其經言玉，故以玉言之。若然，經言束帛兼有束錦矣。案下記云“賄，在聘于賄”，又云“無行，則重賄反幣”，則此禮也。

七　賓將發，主君就館拜謝，賓辟不受

公館賓，賓辟。

釋曰：自此盡“賓退”，論明日賓將發，主君就館拜謝聘君使臣來禮己國之事。云“公朝服”者，以其行聘享在廟之時，相尊敬重，故著皮弁，此拜謝之禮輕，故知著朝服。上文賓即館，卿大夫勞賓，賓不見，以其不見，故遣上介聽命，故知此賓亦不見。凡言“辟”者，將見而不見則謂之辟，此本不見而言“辟”者，以其君在廟門外，雖不見而言“辟”，故鄭云“敬也”。

八　此館大夫之廟，君下廟門，客車則不入②

云“凡君有事於諸臣之家，車造廟門乃下”者，以其卿館于大夫之廟，此館則是諸臣之家，案《公食記》云“賓之乘車在大門外”，又《曲禮》云“客車不入大門”，以此言之，君車入大門矣。大夫、士有兩門，入門東行則是廟門矣，既至廟門，須與賓行禮，故云“造廟門乃下”也。

九　自聘享至送賓，公皆再拜

聘享、夫人之聘享、問大夫、送賓，公皆再拜。

釋曰：云“聘享”者，謂賓聘君以圭，享君以璧。“夫人聘享”者，謂賓聘夫人以璋，享夫人以琮，“問大夫”者，問三卿及嘗聘彼國之下大夫。“送賓”，以登路。云“拜此四事”者，君禮一，夫人禮二，大夫禮三，送賓禮四，四事皆再拜。云“公東面”者，公如賓禮，門西東面，擯者向公、向介，故知北面爲相而言也。

---

① “琮”上原無“璧”字，曹云：“‘琮’上脱‘璧’字。”據補。

② “八此館”至“則不入”，原在頁眉處，占行三至八，謹依題義挪至此處。

十　賓請命于朝,拜主君之館已

公退,賓從云①。

注:爲拜主君之舘已也②。

案《司儀》云"君舘客③,客辟,介受命,遂送,客從,拜辱于朝",此經不言"拜辱"而言"請命",凡言"請"者,得不由君,君聽則拜,此下經直云"公辭,賓退",不見拜文,是君不受其謝,故云"請命者,以己不敢斥尊者之意",故不言"拜辱"而言"請"④。

十一　三拜乘禽,明小者亦不敢忽

賓三拜乘禽於朝,訝聽之。

釋曰:自此盡"送至于竟",論賓介發行,主國贈送之事。云"明己受賜,大小無不識"者,以其乘禽是禮之細小,尚記識而拜之,況饔餼饗食禮之大者⑤。

十二　君已駕,僕展軨,卿大夫自展

遂行,舍于郊。

釋曰:《曲禮》云"已駕,僕展軨",鄭注云"具視"也,彼是君車,故使僕展之,此卿大夫,故鄭云"自展軨",恐不得所故也。

十三　受贈如受勞,皆在近郊

公使卿贈,如覿幣。受于舍門外,如受勞禮,無儐。

---

① "賓從云",四庫本引全經作"賓從請命于朝",此仍其舊。
② "爲拜"至"己也",四庫本作"賓從者爲拜主君之舘已也云云",節引不同,此仍其舊。
③ "案"上原有"公退賓從請命于朝"八字,四庫本無,此爲經文,前已引用,不當重引,據刪。
④ "辱"上原無"拜"字,曹云:"'辱'上脫'拜'字。"據補。
⑤ "食"上原無"饗"字,曹云:"'食'上脫'饗'字。"據補。

注云"不入，無儐"，對歸饔餼人設而有儐，此則"不入，無儐"，明賓去，禮宜有已。云"如受勞禮，以贈、勞同節"者，賓來勞之，去有贈之，皆在近郊，禮又不別。

十四　君贈上介如賓，贈衆介如覿，大夫贈如面幣

使下大夫贈上介，亦如之。使士贈衆介，如其覿幣。大夫親贈，如其面幣，無儐，贈上介亦如之。使人贈衆介，如其面幣。士送至于竟。

十五　使者歸及郊，請反命而後入①

使者歸，及郊，請反命。

注：郊，近郊也，告郊人，使請反命於君也。必請之者，以已久在外，嫌有罪惡，不可以入。春秋時鄭伯惡其大夫高克，使之將兵，遂而不納一本"遂"作"逐"，監本作"遂"②，此蓋請而不得入。

釋曰：自此盡"拜其辱"，論使者反命之事。知郊是近郊者，以下文云"朝服，載旜"，鄭云"行時稅舍於此郊，今還至此，正其故行服，以俟君命，敬也"者，初行云"舍於郊，斂旜"，今至此載旜而入，故知近郊也。云"告郊人，使請反命於君"者，以其使者至所聘之國謁關人，明此至郊告郊人，使請可知。引《春秋》者，案閔二年《公羊傳》云。

十六　賓介所得公、私幣之數

乃入，陳幣于朝，西上③。上賓之公幣、私幣皆陳④，上介公幣陳，他介皆否。

云"此幣，使者及介所得於彼國君、卿大夫之贈賜也"者，於君所得爲

---

① "十五使"至"而後入"，原在頁眉處，占行十三行半至十七行半，謹依題義挪至此處。

② "一本"至"作遂"，原在頁眉處，占行十一至十二，乃了翁按語，謹依文義挪至此處。

③ "朝"下原無"西上"二字，四庫本有"西上"二字，合於經，據補。

④ "上賓"至"皆陳"原作"上賓公幣皆陳"，四庫本作"上賓之公幣私幣皆陳"，合於經，據補。

公幣,於卿大夫所得爲私幣[1]。賓之公幣有八:郊勞幣,一也;禮賓幣,二也;致饔餼,三也;夫人歸禮幣,四也;侑食幣,五也;饗幣,六也;再饗幣,七也[2];贈賄幣,八也。此八者,皆主君禮賜使者,皆用束帛[3],故曰"公幣"。賓之私幣,略有十九:主國三卿、五大夫皆一食一饗[4],食有侑幣,饗有酬幣,皆用束錦,則是十六,有三卿郊贈,則十九也。其上介公幣則有五:致饔餼,一也;夫人致禮幣,二也;侑食幣,三也;饗酬幣,四也;郊贈幣,五也。降於賓者,以其上介無郊勞幣[5],又無禮賓幣,又闕一饗幣,故賓八,上介五也。上介私幣有十一:主國三卿、五大夫或饗或食不備,要有其一,則其幣八也,又三卿皆有郊贈,如其面幣,通前則十一也。主國下大夫嘗使己國者,聘亦有幣及之,則亦有報幣之事,其數不定。士介四人直有郊贈報私覿幣[6],主國卿大夫報士介私面幣[7],士介私幣,數不甚明。云"禮於君者不陳"者,謂賄用束紡,禮玉[8]、束帛、乘皮,不陳之者,以經云"公幣",又云"上介公幣陳,他介皆否",若禮於君者,一統於賓,不得云介之幣,故知"禮於君者不陳"。

十七　禮於君者不陳,禮於己者始陳

必禮於君不陳,禮於己始陳者,以其禮於君者是其正,故不陳之,禮於己者,以其榮,故陳之,是以下注云"不加於其皮上,榮其多",是其義也。

---

① "所"下原無"得"字,四庫本有"得"字,阮云:"毛本'所'下有'得'字。"曹云:"案'得'字當有。"據補。

② "饗幣"至"七也"原作"再饗幣六也夕幣七也",阮云:"朱子曰:'主國禮賜無有夕幣,疏於上介公幣云:無郊贈及無禮賓幣,又闕一饗幣,故賓八、上介五,則此夕字當是饗字之誤,而其次亦當在再饗之前。'"據乙改。

③ "帛"字原作"錦",倉石云:"案'錦'當爲'帛'。"據改。

④ "一"下原無"食一饗"三字,倉石云:"《正字》云下當脱'食一饗'三字。"據補。

⑤ "勞"字原作"贈",曹云:"'贈'當爲'勞'。"倉石云:"《正譌》云'贈'當爲'勞'。"據改。

⑥ "私"下原無"覿"字,曹云:"'私'下脱'覿'字。"據補。

⑦ "面"下原無"幣"字,曹云:"'面'下脱'幣'字。"據補。

⑧ "玉"字原作"用",曹云:"'用'當爲'玉'。"據改。

十八　聘君以幣問卿，其卿不報，嫌敵^①

若然，聘君以幣問卿而其卿不見報聘君之幣者，以其尊卑不敵，若報
之，嫌其敵體故也。初夕幣時，束帛皆加于左皮上，今不言加於皮上者，
若加於皮上相掩蔽，故"不加於皮上，榮其多"。

十九　反命謂某君受幣于某宮，謂太祖廟

反命曰："以君命聘于某君，某君受幣于某宮"云云^②。

釋曰：云"君亦揖使者進之，乃進反命也"者，亦謂亦受命於朝位立定
時，君揖使者，乃進受命，明反命亦然。云"某君^③，某，國名"者，若云鄭國
君、齊國君。云"某宮，若言桓宮、僖宮"者，《左傳》有桓宮之楹，宮是廟
名，其受聘享於廟，故以宮言之，但受聘享在大祖廟，不在親廟四而云"桓
宮、僖宮"者，略舉廟名而言。

二十　變反命言致命，明婦人無外事

受上介璋，致命亦如之。

釋曰：云"變反言致者，若云非君命也"者，君與夫人聘於鄰國君與夫
人，各有所當，聘鄰國君受命於君，今使者還，反命於君，聘鄰國夫人^④，
當受命於夫人，使者還，反命於夫人，但婦人無外事，雖聘夫人，亦君命
之，今使還反命，不云反命於君，變反言致命者，若本非君命，猶夫人之命
然^⑤，故變反言致也。若然，婦人既無外事而承君命聘鄰國夫人者，以其
夫婦一體，共事社稷，故下記云"君以社稷故，在寡小君，拜"，是賓主相對

---

①　"十八聘君"至"報嫌敵"，原在頁眉處，占行十至十四，謹依題義挪至此處。

②　"君"上原無"某"字，四庫本有"某"字，合於經，據補。

③　"某"上原無"云"字，阮云："毛本'某'上有'云'字。"據補。

④　"聘"下原有"於"字，此乃出聘鄰國夫人，非爲鄰國夫人所聘，因疑"於"字衍，上文"聘鄰
國君"即無"於"字，謹刪。

⑤　"然"上原無"猶夫人之命"五字，疑涉上文"命"字而脫，汪刻本及張、阮刻本均有"猶夫
人之命"五字，據補。

之辭。云"不言受幣於某宮,可知,略之"者,以其夫人受聘享,皆因君聘享,同時,同宮。

二一　郊勞至贈賄凡八,此執初以言

執禮幣,以盡言賜禮。

釋曰:云"禮幣,主國君初禮賓之幣也"者,謂從郊勞己後至於贈賄,八度禮賓,皆有幣,是自郊勞爲初也。云"以盡言賜禮,謂自此至於贈"者,此則郊勞也。

二二　大夫私行出疆,反有獻公行獻可知

若有獻,則曰:"某君之賜也"。

釋曰:此獻物謂入賓者,故下記云"既覿,賓若私獻,奉獻將命",注云"時有珍異之物,或賓奉之,猶以君命致之",則是賓有私獻於彼君[1],則彼君亦有私獻報賓,則此獻者也。云"大夫出,反必獻,忠孝也"者[2],案下《曲禮》云"大夫私行,出疆必請,反必有獻",彼私行出疆,反必有獻,此以公聘出疆,反亦有獻,故云"大夫出,反必獻"[3],此以入己之物獻於君者,忠孝也。

二三　大夫有獻不拜,爲君之答己

君其以賜乎?

注云"不拜者,爲君之答己也"者,士拜國君,國君不拜士,賤故也,大夫拜國君,國君即答拜,大夫尊故也,故云不拜者,爲君之答己拜。若然,自反命以來,盡於賜禮之等,或拜或不拜,無答己之嫌,獨此不拜,爲君之答己者,自此以前,皆是彼國報君之物,賓直告事而已,君受之而無言,故

---

① "賓"下原有"亦言"二字,曹云:"'亦言'二字衍。"據刪。

② "也"下原無"者"字,汪刻本及張、阮刻本均有"也"字,據補。

③ "反必"原作"必反",四庫本及汪刻本均作"反必",據乙。

賓不拜，君有言及己者乃拜之，拜君言也。此獻是彼國君賜於己①，理須拜送，是以《玉藻》云“凡獻於君，大夫使宰，士親，皆再拜稽首送之”，又《郊特牲》云“大夫有獻弗親，不面拜，爲君之答己”，亦此類，故鄭云“獻不拜者，爲君之答己”。若然，《玉藻》不親，此親者，此因反命②，故親獻也。

二四　旅答士介一拜，即奇拜，比上介又賤

上介徒以公賜告，君勞之，再拜稽首③，君答拜。勞士介亦如之。

鄭知旅答士介共一拜者，君勞上介，上介再拜稽首，君答拜，不言再拜，則君答上介一拜矣，“勞士亦如之”，不言皆，則總答一拜矣。勞賓，君答再拜，勞上介，君答一拜，對賓再拜，己是賤矣，今此士介四人，共答一拜，故云“又賤也”。此一拜答臣下，則《周禮·大祝》辨九拜，“七曰奇拜”是也，是以彼注云“一拜，答臣下也”。

二五　君於士不答拜，此以反命異之④

案《曲禮》云“君於士不答拜”，此君答拜士者，以其新行反命，君勞苦之，故答拜，異於常也。

二六　臣子得賜必獻君父，反之如更受賜

君使宰賜使者幣，使者再拜稽首。

云“禮，臣子人賜之而必獻之君父，不敢自私服也。君父因以予之，則拜受之，如更受賜也”者，案《內則》云“婦或賜之衣服，則受而獻諸舅姑，舅姑受之則喜，若反賜之則辭，不得命如更受賜”，臣子於君父亦然。

---

①　“於”字原作“與”，張、阮刻本均作“於”，據改。
②　“命”上原無“反”字，汪刻本及張、阮刻本均有“反”字，據補。
③　“君勞”至“稽首”，四庫本作“如上賓之禮云云”，經原作“如上賓之禮，君勞之，再拜稽首”，節引不同，此仍其舊。
④　“二五君於”至“命異之”，原在頁眉處，占行十二至十六，謹依題義挪至此處。

二七　釋幣于門，謂賓、介還禮大門之神

釋幣于門。

釋曰：自此盡“亦如之”，論賓、上介使還，禮門神及奠於禰之事。知門是大門者，以其從外來，先至大門，即禮門神，故知門是大門也。案《特牲》筮時云“席於門中，闑西閾外”，故知此亦席于闑西閾外。知“東面”者，神居東面爲正故也。云“設洗于門外東方”者，以其在廟[1]、在學，設洗皆云“洗當東榮”，故在門外，亦在東方也。云“其餘如初于禰時”者，初出亦釋幣於行，不如之者，以其初出於禰[2]，禮文具，設于行，其文略，故此云如禰時。言“如”者，謂釋幣於禰[3]，“祝先入”已下至“埋于西垍東”是也[4]。

二八　出告行，入告門，告所先見

云“出于行，入于門，不兩告，告所先見也”者，出時自廟出，先見行[5]，即告行，入時先見門，故告門。

二九　一獻當言奠，今言陳，以下有二獻

乃至于禰，筵几于室，薦脯醢，觴酒陳，席于阼云云。

云“筵几于室”者，還以《特牲》、《少牢》司宮設席于奧，東面右几，但無牲牢，進脯醢而已，以告祭非常故也。

觴酒陳。

主人一獻，當言奠，今不言奠而言陳者，以其下仍有室老及士獻，以

---

① “廟”上原無“在”字，空一格，四庫本“廟”上有“在”字，倉石云：“‘在’字《通解》、注疏本俱無，《校釋》云‘在當爲若’。”據四庫本補。
② “禰”字原作“廟”，曹云：“‘廟’當爲‘禰’。”據改。
③ “於”下原無“禰”字，曹云：“‘於’下脱‘禰’字。”倉石云：“殿本‘於’下補‘禰’字。”據補。
④ “埋”上原無“至”字，曹云：“‘埋’上脱‘至’字。”據補。
⑤ “先”下原無“見”字，汪刻本及張、阮刻本均有“見”字，據補。

備三獻①,故言陳,陳有次第之言,以其三時次第皆列于坐者也。

三十　先薦後酌乃祭禮,《特牲》、《少牢》亦然②

云"先薦後酌,祭禮也"者,以其《特牲》、《少牢》皆先薦饌,乃後酌③,奠于鉶南,此與彼同,故云"先薦後酌,祭禮也"。

三一　行釋幣于禰,反釋奠,略出謹入④

云"行釋幣,反釋奠,略出謹入也"者,必略出謹入者,出時以禱祈,入時以祠報,故不同也。

三二　鄭謂告反主婦不與,以室老、士備獻

三獻。

注:室老亞獻,士三獻也。

釋曰:鄭注《喪服》云"室老,家相。士,邑宰",知無主婦而取室老、士者⑤,以其自外來,主於告反,即釋奠於禰廟,故知主婦不與而取室老、士備三獻。必知有室老與士者,以其前大夫致饎於賓時⑥,使老牽牛以致之,饎士介,士牽羊以致之⑦,鄭注云皆大夫之貴臣,故知此亦貴臣爲獻也。云"每獻奠,輒取爵酌"者,此通三獻皆獻奠訖,別取爵自酢,故云"輒取爵酌"也。

---

① "備"下原無"三獻"二字,汪刻本及張、阮刻本均有"三獻"二字,據補。
② "三十先薦"至"牢亦然",原在頁眉處,占行八至十三,謹依題義挪至此處。
③ "酌"字原作"獻",曹云:"'獻'當爲'酌'。"據改。
④ "三一行釋"至"出謹入",原在頁眉處,占行十四至十八,謹依題義挪至此處。
⑤ "士"上原無"室老"二字,曹云:"'士'上似脱'室老'二字,下'而取士備三獻'同。"據補,下亦補。
⑥ "致"下原有"饔"字,曹云:"'饔'字衍。"據删。
⑦ "致之"下原無"饎士"至"致之"九字,曹云:"下脱'饎士介士牽羊以致之'九字。"據補。

三三　正祭有尸，尸酢主人等，今無尸，皆自酢①

別云"主人自酢"者，對正祭有尸，三獻皆獻尸訖，尸酢主人、主婦、賓長，今此無尸，皆自酢，獨云主人者，主人爲首正，故舉前以包後。

三四　鄭云更起酒以獻酬從者，不酌神尊

一人舉爵。

釋曰：云"三獻禮成"者，大夫、士家祭，三獻，《特牲》《少牢》禮是也。云"更起酒"者，此欲獻酬從者，不得酌神之尊，是以《特牲》行酬時，設尊兩壺於阼階東，西方亦如之，鄭注云"謂酬賓及兄弟"，則此亦當然，故知別取酒也。云"主人奠之，未舉"者，以其下文云"獻從者"，乃云"行酬"，似《鄉飲酒》《鄉射》一人舉觶，未舉，待樂作後②，乃行酬，亦然也。案《特牲禮》獻衆賓及兄弟之等，皆升飲於西階上，故此獻從者，亦於階上可知。

三五　正祭雖國君亦自獻，燕禮使宰夫

若正祭，雖國君亦自獻，故《祭統》云"尸飲五，君洗玉爵獻卿③。尸飲七，君洗瑶爵獻大夫"之等，若然，則告祭非常，今獻從者，從燕法，案《燕禮》使宰夫爲獻主，是國君不親獻，此大夫親獻，故云"避國君也"。

三六　主國遭喪，入竟則遂，關人未告則反

聘遭喪，入竟，則遂也。

釋曰：自此盡"卒殯乃歸"，上陳吉行聘之事④，此以下論或遭主國君喪，或聘君薨於後，或使者與介身卒，安不忘危，故見此非常之事。從此

---

① "三三正祭"至"皆自酢"，原在頁眉處，占行二至七，謹依題義挪至此處。
② "待樂作後"原作"待獻介衆賓後"，曹云："當爲'待樂作後'。"據改。
③ "卿"字原作"即"，四庫本及汪刻本均作"卿"，據改。
④ "吉"字原作"告"，曹云："'告'，單疏作'吉'是也，此誤。"據改。

盡"練冠以受",論主國君或夫人薨,或世子死,行變禮之事。云"以國爲體"者,謂《公羊傳》宋人執鄭祭仲,使之逐忽而立突,仲以逐忽則國存,不逐則國滅,故逐忽而立突,是以國爲體援引未當①,但聘君主以聘國,故君雖薨而遂入。"關人未告則反"者,聘使至關,乃謁關人,關人入告君,君知乃使士請事,己入關自然入矣,若關人未告君,君不知,使者又未入,聞主國君死,理當反矣。

三七　聘使不郊勞,以主國之子未君

不郊勞。

注:子未君也。

釋曰:案文公八年,天王崩,九年毛伯來求金,《公羊傳》曰"何以不稱使? 當喪未君也。踰年矣,何以謂之未君? 即位矣而未稱王也。未稱王,何以知其即位? 以諸侯踰年即位,亦知天子之踰年即位也。以天子三年然後稱王,亦知諸侯於其封内三年稱子",若然,云"子未君",《公羊傳》文,但彼據踰年即位後,此據新遭父喪,引之者,以其同是子未君。

三八　就殯廟致命,不筵几,與正聘異

不筵几。

釋曰:"不筵几","致命不於廟",決正聘設几筵也。"就尸柩於殯宫"者,國君雖以國爲體,主聘其國,但聘亦爲兩君相好,今君薨,當就尸柩,故不就祖廟也。云"又不神之"者,以其鬼神所在曰廟,則殯宫亦得爲廟,則設几筵亦可矣,但始死不忍異於生,不神之,故於殯傍無几筵也。

三九　殯宫無几筵,《曾子問》有之②

《曾子問》云"君薨世子生",告殯,殯東几筵者,鄭云"明繼體也",然

---

①　"援引未當",原在頁眉處,占行十五至十六,乃了翁按語,謹依文義挪至此處。

②　"三九殯宫"至"問有之",原在頁眉處,占行一至五,謹依題義挪至此處。

則尋常則殯東不設几筵,當在室内。

四十　遭喪降事,歸禮不以醴禮賓

不禮賓。

注:喪降事也。

釋曰:云"不禮"者,謂既行聘享訖,不以醴酒禮賓也。

主人畢歸禮。

知歸禮中兼有饗食者,主人有故,雖饗食亦有生致法,故主人亦歸之,且下文云"賓唯饔餼之受",明本并饗食亦歸賓,乃就中受饔餼,若本不歸饗食,空歸饔餼①,何須云"饔餼之受"? 明其時并致饗食也。

四一　賓受饔餼之正,不受饗食之加

賓唯饔餼之受。

注:受正不受加也。

釋曰:饔餼大禮,是其正,自饗食之等,是其加也。

四二　不賄束紡,不禮玉,不郊贈

不賄,不禮玉,不贈。

注:喪殺禮,爲之不備。

釋曰:云"不賄"者,皆據上文,謂不以束紡遺聘君②。"不禮玉"者,謂不束帛、乘皮以報享。"不贈"者,賓出至郊,不以物贈之也。

四三　夫人、世子喪,使大夫受聘禮于廟

遭夫人、世子之喪,君不受,使大夫受于廟,其他如遭君喪。

---

① "若本"至"饔餼"原作"若本不歸饔餼",汪刻本及張、阮刻本均作"若本不歸饗食空歸饔餼",據補。

② "紡"下原無"遺聘君"三字,曹云:"此下似脱'遺聘君'三字。"據補。

云“夫人、世子死，君爲喪主”者，案《禮記·服問》云“君所主，夫人妻、大子、適婦”，鄭注云“言妻，見大夫以下亦爲此三人爲喪主也”，故云“君爲喪主”。既爲喪主，是以使大夫受聘禮，不以凶接吉也。云“其他，謂禮所降”者，謂“不禮”以下，“不贈”以上，皆闕之。

四四　聘君若薨于後，入竟則遂

聘君若薨于後，入竟則遂。

注：既接於主國君也。

釋曰：自此盡“唯稍受之”，論聘者遭己君之喪，行非常之禮事。云“接於主國”者，謂謁關人，關人告君，君使士請事，是接於主國矣，故入境則遂也。

四五　聘君之赴未至，巷哭，館衰，不受加禮

赴者未至，則哭于巷，衰于館。

釋曰：“未至，謂赴告主國君者也”，以其本國遭喪，赴者有兩使，一使告聘者，一使告主國。云“未可爲位”者，以其赴主國之使未至，是以未可爲位受人弔禮。云“衰于館，未可以凶服出見人”者，對下經“赴者至，則衰而出”。云“其聘享之事，自若吉”者，下云受饔餼之禮，故知先行聘享，乃後受禮，以其主國未得赴告，故自若吉也。

受禮。

注：受饔餼也。

不受饗食。

亦不受加。

四六　使者聞聘君赴，凶服，若聘享，吉服

赴者至，則衰而出。

釋曰：云“禮，爲鄰國闕”者，案襄二十三年《春秋左氏傳》云“杞孝公卒，晉悼夫人喪之，平公不徹樂，非禮也。禮，爲鄰國闕”，服注云“鄰國尚

爲之闕樂，況舅甥之親乎”，若然，赴者至主國君，使者衰而出，則主國可以闕樂。云“於是可以凶服將事”者，謂主人所歸禮，則賓可以凶服受之，其正行聘享，則著吉服矣，故《雜記》云“執玉不麻”是也。

四七　米稟爲稍，謂稍稍給之

唯稍受之。

注：稍，稟食也。

釋曰：禮，君行師從，卿行旅從，從者既多，不可闕於稍食，案《周禮》每云“稍事”，皆謂米稟，以其稍稍給之，故謂米稟爲稍。

四八　復命于殯外，自西階，與奔親喪同

歸，執圭復命于殯，升自西階，不升堂。

自此盡“即位踊”，論使者遭喪①，執圭還國復命之事。云“臣子之於君父，存亡同”者，案《禮記》奔父母之喪，升自西階，此復命於殯，亦升自西階，法生時出必告，反必面。

四九　此未葬稱子，其實當稱子某

子即位，不哭。

釋曰：云“不言世子者，君薨也”者，案《公羊傳》“君存稱世子，君薨稱子某，既葬稱子，踰年稱君”，案上文稱世子，此文單稱子，是知其君薨故，君薨不稱子某②，而與既葬同號者③，以其既不得稱世子，略云子而已，故不言某，其實正法稱子某，是以《雜記》在殯待隣國之使皆稱某。

---

① “遭喪”原作“喪還”，曹云：“‘喪還’當爲‘遭喪’。”據改。
② “君薨”至“子某”原作“君不稱某”，曹云：“‘君’下脱‘薨’字，‘某’上脱‘子’字。”據補。
③ “與”下原有“此”字，曹云：“‘此’衍字。”據删。

五十　使者復命,諸臣如朝夕哭位①

云"諸臣待之,亦皆如朝夕哭位"者,但臣子一例②,上下文唯言子,不言羣臣,與子同。知"如朝夕哭位"者,案《奔喪》云奔父之喪,在家者待之,皆如朝夕哭位,故知此亦然。

五一　告殯,如君存時復命

"辯復命,如聘"者,上文君存時,使者復命,自陳公幣已下至上介以公賜告之等③,今復命於殯所,亦盡陳之,故言"辯"。

五二　朝夕哭位在阼東,此殯前北鄉異之

與介入,北鄉哭。

使者升階復命訖,不見出文而言"與介入"者,以其復命之時,介在幣南,北面,去殯遠,復命訖,除去幣,賓更與介前入近殯,北鄉哭,鄉內爲入,故言"與介入,北鄉哭"也。云"北鄉哭,新至別於朝夕"者,朝夕哭位在阼階下,西面,今於殯前北鄉,故云"別於朝夕"也。

五三　出,袒,括髮,入門右,與子奔喪變④

出,袒,括髮。

案《奔喪》云"至於家,入門左,升自西階",東面哭,括髮,袒於殯東,是於內者,子故也,此使者出門袒,括髮,變於外者,臣故也。

入門右,即位踊。

---

① "五十使者"至"夕哭位",原在頁眉處,占行十一至十五,謹依題義挪至此處。
② "例"字原作"列",阮云:"毛本'列'作'例'。"倉石云:"'列',注疏本作'例'疑是。"據改。
③ "至"下原無"上介以公"四字,曹云:"'至'下脱'上介以公'四字。"據補。
④ "五三出袒"至"奔喪變",原在頁眉處,占行十至十四,謹依題義挪至此處。

案《奔喪》云“袒，括髮，降堂①，東即位，踊，襲絰於序東”，此門外袒，括髮，入門右，即位踊，亦當襲絰於序東，故鄭云“自哭至踊，如奔喪禮”也。

五四　聞親喪，衰哭于館，聘享即吉服

若有私喪，則哭于館，衰而居，不饗食。

自此盡“從之”，論使者有父母之喪，行變禮之事。云“不敢以私喪自聞于主國”者，解“哭于館”，又云“凶服干君之吉使”者，亦取“不敢”解之。言“衰而居”，謂服衰居館，行聘享即皮弁吉服，故不敢凶服干君之吉使也。

五五　雖未出國竟，聞親喪猶不反②

引《春秋傳》者，案宣八年經書“夏，六月，公子遂如齊，至黃乃復”，《公羊傳》云“其言至黃乃復何？有疾也。何言乎有疾乃復？譏。何譏爾？大夫以君命出，聞喪徐行而不反”，何氏注“聞大喪而不反，重君命也。徐行者，爲君當使人追代之。以喪喻疾者，喪猶不還，而況疾乎”是也，以此言之，使雖未出國境，聞父母之喪遂行，不敢以私廢王事，君使人代之可也。以此言之，明至彼所使之國，雖聞父母之喪，不反可知，是以“哭于館，衰而居”。

五六　在道及至國，皆介居前，已衰而從之

歸，使眾介先，衰而從之。

釋曰：云“已有齊斬之服”者，以其私喪之內，有爲父斬，爲母齊衰，故

---

① “降堂”原作“於西階”，曹云：“‘於西階’三字似當爲‘降堂’二字。”倉石云：“今案下‘歸使’至‘從之’節又引《奔喪》，正作‘降堂’。”據改。

② “五五雖未”至“猶不反”，原在頁眉處，占行一至五，謹依題義挪至此處。又，“聞”字原作“同”，疏言“使雖未出國境，聞父母之喪遂行”，疑“同”字乃“聞”字之譌，謹改。

齊斬並言之也。云"不忍顯然趨於往來"者,解經"歸^①,使衆介先,衰而從之"意。經云"歸",據反國時,兼云"往"者,鄭意去時聞父母之喪,不敢即反,亦使衆介先,衰而從之,故往來並言。云"其在道路^②,使介居前"者,謂去向彼國時。云"歸又請反命,己猶徐行隨之"者,此謂還國至近郊,使人請反命,君許入,猶使介居前,徐行於後,隨介至國也。

五七　朝服反命,出門釋服,哭而歸^③

五八　出使與與祭聞喪,皆畢禮釋服^④

云"君納之,乃朝服"者,以其行聘之時,猶不以凶服干君之吉使而服吉服,知此反命時,亦不以凶服干君之吉使而服朝服,如吉時反命矣。云"出公門釋服,哭而歸"者,案《雜記》云"大夫、士將與祭於公,既視濯而父母死,則猶是與祭也,次於異宮。既祭,釋服,出公門外哭而歸",亦云"其他如奔喪之禮",明此亦出公門,釋朝服而歸,但彼祭服不可著出^⑤,故門內釋服,此朝服可以著,出門乃釋服爲異也。云"其他如奔喪之禮"者,案《奔喪》云"至於家,入門左,升自西階,殯東西面坐,哭盡哀,括髮,袒,降堂,東即位,西鄉哭,成踊,襲絰于序東,絞帶,反位,拜賓,成踊,送賓,反位。有賓後至者,則拜之,成踊,送賓,皆如初。衆主人、兄弟皆出門,出門哭止,闔門,相者告就次。於又哭,括髮,袒,成踊。於三哭,猶括髮,袒,成踊。三日成服,拜賓送賓皆如初"。

---

① "歸"字原作"並",四庫本作"歸",阮云:"毛本'並'作'歸'。"曹云:"'並'字疑衍。"據四庫本改。

② "在"上原無"其"字,曹云:"注'在'上有'其'字。"據補。

③ "五七朝服"至"哭而歸",原在頁眉處,占行一至五,謹依題義挪至此處。

④ "五八出使"至"禮釋服",原在頁眉處,占行十至十四,"云出公"至"爲異也"乃與此題對應之文字,涵于題五七所領正文內,不宜段分,謹依題義挪至此處。又,"畢"下有缺字,幾不可讀,疑其爲"禮"字,謹補。

⑤ "著"下原無"出"字,汪刻本及張、阮刻本均有"出"字,據補。

五九　朝服下唯有深衣,故道路服之

　　云"吉時道路深衣"者,以其朝服之下,唯有深衣,庶人之常服,既以朝服反命,出門去朝服,還服吉時深衣,三日成服乃去之。

儀禮要義卷第二十四　聘禮六

一　賓入竟死，主人具而殯，因斂連言殯

釋曰：自此盡“卒殯乃歸”，論賓、介死之事。云“賓入境而死，遂也”者，若未入境，即反來。云“主人爲之具而殯”者，謂從始死至殯所當用者，主人皆供之。鄭云“具，謂始死至殯所當用”，直云“至殯所當用”，明不殯於館，取其至殯節，主人供喪具，以其大斂訖即殯，故連言殯，故下文“歸，介復命”之時，柩止門外，明斂於棺而已。

二　賓死，介攝賓致命

介攝其命。

釋曰：云“初時，上介接聞命”者，鄭解介得代賓致命之意，以其命出於君，初賓受命於君之時，賓、介同北面，上介接聞君命矣，以是今賓死，得攝其命。

三　君弔賓，則介爲主，臣、子不爲主

君弔，介爲主人。

釋曰：古者賓聘，家臣、適子皆從行，是以延陵季子聘於齊，其子死，葬於嬴博之間，故鄭云“雖有臣子、親因，猶不爲主人”，以其介尊故也。

四　主人歸禮幣當中喪用者

主人歸禮幣，必以用。

釋曰：賓既死，主人所歸禮與幣，必以當喪者之用。云"當中奠"者①，解經"禮"②，奠謂小斂、大斂之奠③。云"贈④、諸喪具之用"者，"具"，謂襲與小斂、大斂諸衣物⑤。解經"幣"。云"不必如賓禮"者，不必如致殤⑥、饗之禮，束錦⑦、皮帛之類，不堪喪者之用故也。

五　介受賓禮，無辭，以反命陳之

介受賓禮，無辭也。

釋曰：云"介受主國賓已之禮"者，謂公幣、私幣之屬，故鄭云"當陳之以反命也"。言"無辭"者，雖無三辭，以其賓受饗餼之時禮辭，受食三辭，明介亦有禮辭，云"無所辭也"者，以有賓喪，嫌介有三辭。

六　介復命，賓柩止於皋門外外朝

歸，介復命，柩止于門外。

釋曰：知門外是大門外者，國君有三門，皋、應、路，又有三朝，内朝在路寢庭，正朝在路門外，應門外無朝，外朝當在皋門外，經直云"止於門外"，無入門之言，明知止於大門外，外朝之上，是以上賓拜賜，皆云"於門外"，亦在外朝矣，故鄭云"必以柩造朝，達其忠心"也。

---

① "奠"下原有"贈"字，曹云："'贈'字疑衍。"據刪。

② "禮"字原作"中"，曹云："'中'當爲'禮'。"據改。

③ "奠謂"至之奠"原作"小斂大斂之用"，曹云："'小'上似脱'奠謂'二字，'用'當爲'奠'。"據補改。

④ "云"下原有"當中奠"三字，曹云："'當中奠'三字衍。"據刪。

⑤ "斂"下原無"諸衣物"三字，曹云："句下似脱'諸衣物'三字。"據補。

⑥ "致"上原無"如"字，汪刻本及張、阮刻本均有"如"字，據補。

⑦ "錦"字原作"紡"，曹云："'紡'當爲'錦'。"據改。

七　介送賓柩于其家,君弔,卒殯

介卒復命,出,奉柩送之。君弔,卒殯。

釋曰①:當介復命之時,賓之尸柩在外朝上。"介卒復命",謂復命訖,出君大門,奉賓之柩,送至賓之家,屍柩入,殯於兩楹之間,君往就弔。"卒殯"者,謂殯訖,殯是喪之大節,故云"卒殯,成節乃去",謂君與大夫盡去。

八　大夫介卒,亦如賓②

若大夫介卒③,亦如之。

注:不言上介者,小聘上介,士也。

九　士介直言具棺,自以時服斂

士介死,爲之棺④,斂之。

釋曰:以其士介卑,其禮降於賓與上介⑤,非直具棺,他衣物亦具之,此士介直具棺,不具他衣物也⑥,其士介從者,自用時服斂之。

君不弔焉。

十　賓在館死,以柩造朝

若賓死,未將命,則既斂于棺,造于朝,介將命。

前云"賓入境而死",謂在路死,未至國,此經更説賓至朝俟間之後,

---

① "當"上原無"釋曰"二字,四庫本"當"上有"案"字,此爲疏文,依其慣例,當作"釋曰",謹補。
② "八大夫"至"亦如賓",原在頁眉處,占行六至九,謹依題義挪至此處。
③ "大"上原無"若"字,經有"若"字,據補。
④ "爲"上原有"則"字,經無"則"字,據删。
⑤ "禮"字原作"體",汪刻本及張、阮刻本均作"禮",據改。
⑥ "物"上原無"衣"字,阮云:"毛本'物'上有'衣'字。"據補。

使大夫致館，未行聘享而賓在館死之事，故鄭云"俟間之後"。"以柩造朝"①，以其既至朝，志在達君命，則知上國外死，不以柩造朝可知。

十一　小聘不享，不禮，面不升，不郊勞

小聘曰問，不享有獻，不及夫人。主人不筵几，不禮，面不升，不郊勞。

釋曰：自此盡"三介"，論侯伯行小聘之事。云"不享"者，謂不以束帛加璧獻國所有。云"不禮"者，聘訖，不以禮酒禮賓②。"面不升"者，謂私覿，庭中受之，不升堂，此對大聘升堂受。若然，不言私覿而言"面"者，對大聘言覿，故辟之。

十二　久無盟會之事則相聘

記：久無事則聘焉。

注：事謂盟會之屬。

釋曰：此云"久無事則聘焉"者，則《周禮》殷聘也，是以《周禮·大行人》云"凡諸侯之邦交，歲相問也，殷相聘也，世相朝也"，注云"小聘曰問。殷，中也。久無事，又於殷朝者及而相聘也"。云"事，謂盟會之屬"者，案《春秋》有事而會，不協而盟，是以《春秋》有會而不盟，盟必因會，若有盟會相見，故云"久無事則聘焉"。

十三　若有告請，束帛加書將命

若有故則卒聘，束帛加書將命。百名以上書於策。

云"故，謂災患及時事相告請"者③，此即上經云"若有言"，一也。言"災患"，上注引《春秋》臧孫辰告糴于齊，公子遂如楚乞師，此云"及時事"者，即上注引《春秋》晉侯使韓穿來言汶陽之田是也。

---

① "以"上原有"是以鄭云"四字，曹云："四字衍。"據刪。

② "禮酒"原作"齊酒"，曹云："'齊'當爲'禮'。"據改。

③ "時"下原無"事"字，阮云："毛本'時'下有'事'字。按各本注俱有'事'字。"據補。

十四 古謂字爲名,多則書策,少則書方

云"名,書文,今謂之字"者,鄭注《論語》亦云"古者曰名,今世曰字",許氏《説文》亦然,言此者,欲見經云"名","名"者即今之文字也。云"策,簡。方,板也"者,簡皆據一片而言①,策是編連之稱②,是以《左傳》云"南史氏執簡以往",是簡者未編之稱。此經云"百名以上書之於策",是其衆簡相連之名。鄭作《論語序》云"《易》、《詩》、《書》、《禮》、《樂》、《春秋》策皆二尺四寸③,《孝經》謙,半之,《論語》八寸策者,三分居一,又謙焉",是其策之長短。鄭注《尚書》"三十字,一簡之文",服虔注《左氏》云"古文篆書一簡八字"④,是一簡容字多少者。云"方,板者",以其百名以下書之於方,若今之祝版,不假連編之策,一板書盡。

十五 内史讀書于門外,書必璽之

主人使人與客讀諸門外。

注云云。主人,國君也。人,内史也云云。

釋曰:注云"既聘享,賓出而讀之"者,上經云"若有言,則以束帛,如享禮",文承聘享之後,故知此"讀諸門外",故云"既聘享"也。鄭知人是内史者,案《内史職》云"凡四方之事書,内史讀之",此云"使人與客讀諸門外"者,亦是四方事書,故知人是内史也。知"書必璽之"者,案襄二十九年《左傳》云公如楚還,"及方城,季武子取卞,使公冶問,璽書追而與之",故知。

---

① "簡皆據"原作"簡謂據",阮云:"毛本'簡'作'皆',陳、閩、《要義》'皆'上俱有'簡'字,《要義》無'皆'字,陳、閩俱無'謂'字,監本'皆謂'誤作'謂謂'。"據陳、閩本補"皆"字,刪"謂"字。

② "是"字原作"見",張、阮刻本均作"是",據改。

③ "二尺四寸"原作"尺二寸",阮云:"按《春秋序》疏云:'鄭玄注《論語序》以《鉤命決》云《春秋》二尺四寸書之,《孝經》一尺二寸書之,故知六經之策皆稱長二尺四寸。'然則此云'尺二寸',乃傳寫之誤,當作'二尺四寸'。下云'《孝經》謙,半之',乃一尺二寸也。又云'《論語》八寸策者,三分居一,又謙焉',謂《論語》八寸,居六經三分之一,比《孝經》更少四寸,故云'又謙焉'。"據改。

④ "八"下原有"分"字,四庫本無"分"字,阮云:"毛本無'分'字。"據刪。

十六　昨日書報，明日館，送書問尚疾

客將歸，使大夫以其束帛反命于館。

注：爲書報也。

釋曰：此爲書報上“有故”之事，彼以束帛加書將命，此亦以束帛加書反命于館。

明日君館之。

釋曰：昨日爲書報之[1]，今日君始就館送客者，書問之道尚疾故也。必須尚疾者，以其所報告請多是密事，是以鄭云“既報，館之，書問尚疾也”。

十七　國内釋幣于行，國外釋奠于軷

出祖釋軷，祭酒脯，乃飲酒于其側。

云“既受聘享之禮，行出國門，止陳車騎，釋酒脯之奠於軷”者，凡道路之神有二：在國内釋幣於行者，謂平地道路之神[2]；出國門釋奠於軷者，謂山行道路之神，是以委土爲山象，國中不得軷名，國外即得軷稱[3]。引“《詩傳》曰”者，證軷祭道路之神也。引“《春秋傳》曰”者，案襄二十八年《左氏傳》子大叔云“軷涉山川，蒙犯霜露”，引之者，證軷是山行之名，涉者水行之稱，故《鄘詩》云“大夫軷涉，我心則憂”，《毛傳》云“草行曰軷，水行曰涉”。云“是以委土爲山”者，案《月令》冬祀行，鄭注云“行在廟門外之西[4]，爲軷壤，厚二寸，廣五尺，輪四尺。祀行之禮，北面設主於軷上”，國外祀山行之神爲軷壤，大小與之同。鄭注《夏官·大馭》云“封土

---

①　“昨”上原有“爲”字，四庫本無“爲”字，阮云：“毛本、《通解》、楊氏俱無上‘爲’字。”據刪。

②　“地”字原作“敵”，四庫本作“適”，阮云：“毛本、《通解》‘敵’作‘適’。按‘適’是也。”曹云：“‘敵’當爲‘地’。”倉石云：“今案上‘釋幣於行’節疏正作‘地’。”據曹校改。

③　“在國”至“軷稱”，孫云：“《月令》注引逸《中霤禮》祭行亦爲軷壤，則國内亦得名軷矣，賈説未然。”

④　“鄭注云行在”原作“鄭注行”，阮云：“毛本‘注’下有‘云’字，‘行’下有‘在’字。按《月令》注有‘在’字。”據毛本補。

爲山象，以菩芻棘柏爲神主①，既祭之，以車轢之而去，喻無險難也"。

十八　此使還亦祖道，鄭引陳鍼子爲證

《左氏傳》"鄭忽逆婦嬀于陳，先配而後祖。陳鍼子曰：是不爲夫婦，誣其祖矣"。《鄭志》以祖謂祭道神，是亦將還而後祖道，此聘使還，亦宜有祖，但文不具。

十九　鄭釋圭爲瑞節，按節不得言瑞

所以朝天子，圭與繅皆九寸。

云"圭，所執以爲瑞節"者，案《周禮·大宗伯》云"以玉作六瑞以等邦國"，又云"王執鎮圭，公執桓圭，侯執信圭，伯執躬圭，子執穀璧，男執蒲璧"②，是以其圭爲瑞，又案《周禮·掌節》有玉節角節③，即是節與瑞別矣，今此云"瑞節"，乃連言"節"者④，案節不得言瑞，瑞亦是節信。

二十　圭長短依命數，雜采曰繅

案《雜記》"贊大行曰：博三寸，厚半寸，剡上，左右各寸半"，此經直言"剡上寸半"⑤，不言"左右"，文不具也。凡圭，天子鎮圭，公桓圭，侯信圭，皆博三寸，厚半寸，剡上左右各寸半，唯長短依命數不同。云"雜采曰繅"者，凡言繅者，皆象水草之文，天子五采，公侯伯三采，子男二采，皆是雜采也。

---

① "柏"字原作"拍"，四庫本作"柏"，據改。

② "子執"至"蒲璧"原作"子執穀圭男執蒲圭"，四庫本及汪刻本兩"圭"字均作"璧"，阮云："按'圭'非。"據改。

③ "玉節角節"原作"玉節之節"，倉石云："下'節'字《詳校》改作'等'。今案'節'字未誤，'之'疑當作'角'。"據倉校改。

④ "乃"字原作"但"，曹云："'但'當爲'乃'。"據改。

⑤ "直"下原無"言"字，曹云："'直'下脱'言'字。"據補。

二一　繅之制，以《漢禮器制度》而知①

云"以韋衣木板，飾以三色再就"者，依《漢禮器制度》而知。

二二　聘諸侯，降於朝天子之繅

問諸侯，朱綠繅，八寸。

此亦降於諸侯，而言"降於天子"者，此鄭君指上文朝天子而言，故言聘諸侯降於朝天子也。云"於天子曰朝"者，據上文"所以朝天子"是也，則諸侯自相朝亦同，圭與繅九寸，侯伯以下亦依命數。云"於諸侯曰問"者，諸侯遣臣自相問②，若遣臣問天子，圭與繅亦八寸，是以云"記之於聘，文互相備"。

二三　圭有玄纁，繫以繫玉，因爲飾，即繅藉

皆玄纁繫長尺，絢組。

釋曰：上文繅藉，尊卑不同，此之組繫，尊卑一等。云"采成文曰絢"，鄭注《論語》"文成章曰絢"，與此語異義同。云"繫，無事則以繫玉，因以爲飾"者，無事謂在櫝之時，亦以繫玉，因以爲飾。此組繫亦名繅藉，即上文反命之時，"使者執圭垂繅，上介執璋屈繅"，又《曲禮》下云"執玉，其有藉者則裼，無藉者則襲"，鄭注亦云"藉，繅也"，裼、襲皆據有繅、無繅之時，是其"因以爲飾"。云"皆用五采組"者，以其言絢，絢是文章之名，經又言"皆"，復無尊卑之別。

二四　大夫使，受命不受辭

辭無常，孫而説。

注:孫,順也。大夫使,受命不受辭云云。

正文:辭多則史云云。

受命謂受君命聘於鄰國,不受賓主對荅之辭。必不受辭者,以其口及則言,辭無定準。案《周禮》太史、内史皆掌策書,《尚書·金縢》云"史乃策祝",是策書祝辭,故辭多爲文史。

二五　賓介辭對主人,鄭釋《旅》瑣瑣之義

辭曰:"非禮也,敢"。對曰:"非禮也,敢"①。

注:辭,不受也云云,曰敢,言不敢。

釋曰:辭謂賓辭主人,荅謂賓荅主人。介則在旁,曰:"非禮也,敢",故《易·旅卦》初六云"旅瑣瑣,斯其所,取災",鄭云"瑣瑣,猶小小。爻互體艮②,艮小石,小小之象。三爲聘客,初與二其介也,介當以篤實之人爲之,而用小人瑣瑣然。客、主人爲言,不能辭曰'非禮',不能對曰'非禮',每者不能以禮行之,則其所以得罪",是其義也。

二六　館不於敵者之廟,嫌大尊

卿館於大夫,大夫館於士,士館於工商。

云"館者必於廟",案上歸饗餼云"於廟",明其禮皆在廟可知。云"不

---

① "非禮也敢",阮云:"毛本'敢'下無'辭'字,唐石經、徐本俱有,與此本標目合,《集釋》、《通解》、楊、敖俱無,《要義》載經亦無'辭'字。張氏曰:'經曰:辭曰非禮也,敢;對曰非禮也,敢辭。按注云:辭,不受。對,荅問也。二者皆卒曰敢,言不敢。又按疏云:辭謂賓辭主人,荅謂賓荅主人,介則在旁,曰非禮也敢。以注及疏文義攷之,下羨一辭字審矣。又嘗疑注辭不受也之句上,更有一辭字,傳寫者誤以注文作經文,今減經以還注。'《石經考文提要》云:'細繹經文,賓辭主人既稱辭,則敢下可省文。賓對主人亦辭,既稱對,則敢下當有辭字。若省辭字,是爲非禮也敢對矣。監本以經辭字混入注首而疏中仍作非禮也敢辭,即一本可證。今從唐石經、宋本《儀禮》鄭注。'按張説是也。注以'辭'爲'不受','對'爲'荅',爲截然兩事。二者皆曰'不敢',一則不敢不辭,一則不敢不對,疏引《易》注其義甚明,故朱子、敖氏皆從張説。疏中'非禮也敢辭'句,此本無'辭'字,毛本於注、注既依《通解》而疏中反增一'辭'字,適滋後人之惑。然此本標經文起止仍有'辭'字,蓋自唐石經之後誤讀已久,校疏者不知而誤改耳。"底本爲優。

② "艮"上原無"體"字,汪刻本及張、阮刻本均有"體"字,阮云:"按王應麟輯《周易》鄭注亦有'體'字。"據補。

館於敵者之廟，爲大尊也"者，以其在廟，尊則尊矣，故就降等而已，若又在敵者之廟以上，是其大尊。

二七　士以上有廟必有寢，庶人有寢無廟[①]

云"自官師以上，有廟有寢"者，案《祭法》云"適士二廟，官師一廟"，鄭云"官師，謂中士、下士"，是其官師有廟。知"廟有寢"者[②]，案《周禮·隸僕》云"掌五寢之埽除"，鄭注云"五寢，五廟之寢。天子七廟，唯祧無寢。《詩》云'寢廟奕奕'，相連之貌"，故《左傳》云"大叔之廟在道南，其寢在道北"，是其前曰廟，後曰寢。"工商則寢而已"者，案《爾雅·釋宮》云"室有東西廂曰廟"，注云"夾室前堂"，又云"無東西廂有室曰寢"，注云"但有大室"，是其自士以上，有廟者必有寢，庶人在官者工商之等有寢者則無廟，故《祭法》云"庶士、庶人無廟，祭於寢"是也。

二八　飧禮輕，故不以束帛致，賓亦不拜

飧不致。

釋曰：云"不以束帛致命"者[③]，對饗餼以束帛致之，此不以束帛致，草次饌具輕者，以其客始至則致之，故言"草次"也，對聘曰致饗餼，生死俱有，禮物又多爲重，故以此物爲輕而不致。

賓不拜。

注：以不致命。

釋曰：云"不拜"者[④]，宰夫朝服設飧[⑤]，賓無拜受之文，以其不以束帛致。

---

① "二七士以"至"寢無廟"，原在頁眉處，占行二至七，謹依題義挪至此處。
② "寢"下原無"者"字，曹云："'寢'下似脱'者'字。"據補。
③ "云"字原作"君"，阮云："按'君'疑'云'字之誤。"據改。
④ "拜"上原無"不"字，張、阮刻本均有"不"字，合於經，據補。
⑤ "飧"字原作"食"，曹云："'食'當爲'飧'。"據改。

二九　訝以迎賓，如漢時使者護客

卿，大夫訝。大夫，士訝。士皆有訝。

注①：卿，使者。大夫，上介也。士，衆介也。訝，主國君所使迎待賓者，如今使者護客②。

釋曰：云“卿，大夫訝”者，謂大聘使卿，主人使大夫迎。“士訝”者，小聘使大夫，主人使士迎。言“皆有訝”者，自介已下皆迎之。云“卿，使者。大夫，上介。士，衆介也”者，據此篇是侯伯之卿大聘而言，其實小聘使大夫，亦使士迎之。所迎者，謂初行聘及饗、食、燕皆迎之，故鄭君無所指定③。

三十　天子有掌訝，諸侯使大夫、士

賓即館，訝將公命。

注④：使己迎待之命。

釋曰：案《秋官·掌訝職》云“賓入館，次于舍門外，待事于客，注云“次，如今官府門外更衣處⑤。待事于客，通其所求索”，彼謂天子有掌訝之官，共承客禮，此諸侯無掌訝⑥，是以還遣所使大夫、士訝，將公命，有事通傳于君。

三一　訝執摯以見賓

又見之，以其摯。

---

①　“卿”上原無“注”字，四庫本有“注”字，據補。

②　“者”字原作“之”，張、阮刻本均作“者”，合於注及題“使者護客”文，據改。

③　“指”字原作“止”，四庫本作“指”，阮云：“毛本、《通解》‘止’作‘指’。”據改。

④　“使”上原無“注”字，四庫本有“注”字，據補。

⑤　“如今”至“衣處”原作“如今官府更衣處”，阮刻本作“如今官府門外更衣處”，阮云：“毛本、《要義》、楊氏‘宮’俱作‘官’，《要義》無‘門外’二字。按毛本不誤，否則與《周禮》注不合。”據毛本補“門外”二字。

⑥　“侯”下原有“使”字，曹云：“‘使’字衍。”據刪。

釋曰:云"復以私禮見者,訝將舍於賓館之外,宜相親也"者,禮,掌訝舍于賓之館門外,此大夫、士,君使爲訝,雖非掌訝之官,亦爲次舍于賓之館外,宜相親,故執摯以相見。"大夫訝者執鴈,士訝者執雉",案《士相見》及《大宗伯》文。

三二　賓將公事,以摯私見訝者

賓既將公事,復見之以其摯。

云"公事[①],聘、享、問大夫"者,此並行君物享主國君及問大夫,故云"公事"也。云"復,報也"者,以向訝者以摯私見已[②],今還以摯私報之。

三三　圭璧,人執曰瑞[③],禮神曰器,散文通

凡四器者,唯其所寶[④],以聘可也。

釋曰:案《周禮·大宗伯》云"以玉作六瑞[⑤],王執鎮圭,公執桓圭"以下,人執之曰瑞,又云"以玉作六器,以禮天地四方",謂禮神曰器,此四者,人所執,不言"瑞"而言"器"者,對文,執之曰"瑞",禮神曰"器",散文則通,雖執之亦曰"器",是以《尚書》云"五器卒乃復",與此文皆稱器。云"言國獨以此爲寶"者[⑥],案《周禮·天府職》"凡邦國之玉鎮大寶器藏焉",注云"玉鎮大寶器,玉瑞玉器之美"者,是其玉稱寶。云"四器,謂圭、璋、璧、琮"者,是據上經圭、璋以行聘,璧、琮以行享而言,此據公侯伯之使者用圭、璋、璧、琮,若子男使者,聘用璧、琮,享用琥、璜。

---

① "公"上原有"以"字,曹云:"'以'字衍。"據删。
② "以向"原作"有報",四庫本作"以向",阮云:"毛本'有'上有'向'字。"曹云:"當爲'訝向者'。"據四庫本改。
③ "人執曰瑞","瑞"字漫漶,據再造善本及四庫本寫定。
④ "唯其所寶","寶"字漫漶,據再造善本及四庫本寫定。
⑤ "以玉"至"六瑞","瑞"字漫漶,據再造善本及四庫本寫定。
⑥ "以此"原作"此以",注作"以此",據乙。

三四　主國之大門外賓次

宗人授次，次以帷，少退于君之次。

釋曰：主國門外，以其行朝聘，陳賓介，皆在大門外，故次亦在大門外可知。云"諸侯及卿大夫之所使者[1]，次位皆有常處"者，以其上公九十步，侯伯七十步，子男五十步，使其臣聘問[2]，大聘、小聘又各降二等，其次皆依其步數，就西方而置之，未行禮之時，止於次中[3]，至將行禮，賓乃出次。凡爲次，君次在前，臣次在後，故云"少退於君之次"，故云"皆有常處"。

三五　賓入門皇，升堂讓，將授志趨

賓入門，皇。升堂，讓。將授，志趨。

注：皇，自莊盛也云云。

釋曰："賓入門，皇"，謂未至堂時。"升堂，讓"，謂升堂東面向主君之時。"將授，志趨"，謂賓執玉向楹，將授玉之時，念鄉入門在庭時，執玉徐趨，今亦然，若降堂後，趨進翼如，則疾趨也。云"讓，謂舉手平衡也"者，謂若《曲禮》云"凡奉者當心"，下又云"執天子之器則上衡"，注云"謂高於心"，"國君則平衡"，注云"謂與心平"，則此亦執國君器也，故引之以爲證。引"孔子之執圭"者，《鄉黨》論孔子爲君聘使法，彼"足蹜蹜如有循"，謂徐趨，據入彼國廟門，執玉行步之時，以足容重退之在降堂之下，與此"趨"同。

三六　將授玉屏氣，下階發氣而趨

君還而後退。下階，發氣，怡焉，再三舉足，又趨。

---

[1]　"之"下原無"所"字，阮云："毛本'之'下有'所'字。按注有'所'字。"據補。

[2]　"問"字原作"使"，四庫本作"問"，阮云："毛下'使'字作'侯'。"曹云："言使其臣爲聘使。"據四庫本改。

[3]　"止"字原作"至"，張、阮刻本均作"止"，據改。

云“發氣，舍息也”者，以將授玉，屏氣似不息，今既授玉，降階，縱舍其氣，怡然和悦也。云“至此舉足，則志趨卷遜而行也”者①，是釋志趨爲徐趨，此舉足爲疾趨也。

三七　及門正焉，入門鞠窮焉②，心變見於威儀

及門，正焉正焉，注：容色復故③。

此謂聘訖，將更有享而出門時。云“心變見於威儀”者，以其貌從心起，觀威儀，省禍福，覩貌可以知心故也。

執圭入門，鞠躬焉温本作“鞠窮焉”④，如恐失之。

釋曰：亦謂將聘執圭入廟門時。云“鞠躬焉”，則“鞠躬如也”，“如恐失之”者，即“執輕如不克”也。

三八　上記執圭，此記其儀，異人記，故不同⑤

云“記異説”者，以上文已記執圭，此又記執圭之儀，以同記事而言有差，異人記事，説有不同。云“及享⑥，發氣焉，盈容”者，即孔子行享禮有容色，一也，故注引爲證也。此“發氣”即上注云“舍息”。

三九　此又記執玉行法，與上二記別一人

皇且行，入門主敬，升堂主慎。

上已二度記執玉行步之法，今又云“皇且行”，是別有人更記此執玉行法，故云“復記執玉異説”也。

---

① “遜”字原作“豚”，汪刻本及張、阮刻本均作“遜”，據改。
② “入門鞠窮焉”，“窮”字四庫本作“躬”，了翁此處特取温本“窮”字，宜仍其舊。
③ “正焉”至“復故”，原在頁眉處，占行四至五，乃了翁增補之注文，謹依文義挪至此處。
④ “温本”至“窮焉”，原在頁眉處，占行六，乃了翁按語，謹依文義挪至此處。
⑤ “三八上記”至“故不同”，原在頁眉處，占行七至十二，謹依題義挪至此處。
⑥ “及”上原無“云”字，汪刻本及張、阮刻本均有“云”字，據補。

四十　皮馬相間，君子不以所無爲禮

凡庭實，隨入，左先，皮馬相間可也。

注：間，猶代也云云。

云"左先"者，以皮馬以四爲禮，北面以西頭爲上，故左先入陳也。云"君子不以所無爲禮"者，案《禮器》云"天不生，地不養，君子不以爲禮"，言當國有馬而無虎豹皮則用馬，或有虎豹皮并有馬，則以皮爲主而用皮也。云"畜獸同類，可以相代"者，畜謂馬，獸謂虎豹。

四一　多貨則傷德，故聘享君、夫人各二器

多貨，則傷于德。

釋曰：此經主論聘享所用圭、璋、璧、琮不得過多之事也。云"貨，天地所化生，謂玉也"者，鄭注《周禮·九職》亦云"金玉曰貨，布帛曰賄"，故此注云"貨，天地所化生，謂玉也"，下注云"幣，人所造成"，幣則布帛曰賄，對金玉是自然之物也。若多之，則是主於貨物，不取相屬以德，是傷敗其爲德，是以圭、璧聘享主國君，璋、琮聘享主國夫人，各用一而已也。

四二　享用帛，錦過美則没禮

幣美，則没禮。

釋曰：此主論享時用束帛，故享君用束帛，享夫人用束錦，皆不得過美。云"幣，人所造成，以自覆幣，爲束帛也"者，案《禮記·檀弓》"伯高之喪，孔氏之使者未至，冉子攝束帛、乘馬而將之。孔子曰：異哉！徒使我不誠於伯高"，鄭注云"禮，所以副忠信也，忠信而無禮，何傳乎"，是知"自覆"者，覆忠信而已，若更美，則主意於財美而禮不見，故"没禮"也。云"愛之，斯欲衣食之，君子之情也"者，兼言食，謂以幣侑之[①]，君子之情則忠信。

---

① "侑"字原作"欲"，曹云："'欲'疑當爲'侑'，幣有侑食之用。"倉石云："'欲'，殿本作'侑'。"據改。

四三 "賄,在聘于賄",謂視聘禮而爲財

賄,在聘于賄。

釋曰:鄭轉"于"作"爲"者,欲就《司儀》之文爲解故也。云"言主國禮賓"者,釋經"賄"是主國禮賓也。云"當視賓之聘禮"者,釋經"在聘"謂在賓聘財多少。云"而爲之財也"者,釋經"于賄"也,謂主人視賓多少爲財賄報賓。云"若苟豐之,是又傷財也"者,凡行禮用財者,取不豐不儉,取於折中,若苟且豐多,則傷于貪財。引《周禮》者《周禮》曰:"凡諸侯之交,各稱其邦"云云①,《秋官·司儀職》文,案彼注云"幣,謂享幣也,於大國則豐,於小國則殺",解經"各稱其邦而爲之幣",彼又注云"主國禮之,如其豐殺之禮",解經"以其幣爲之禮",謂"賄用束紡,禮玉②、束帛、乘皮"及"贈"之屬是也。

四四 《鄉飲》主人拜賓,至此無拜至

禮,不拜至。

釋曰:此文承執玉帛之下,言聘事③,據《鄉飲酒》賓主升堂,主人有拜至之禮,此賓昨日初至之時,主人請賓行禮,賓言"俟間",此時賓已至矣,故聘時"不拜至",是以鄭云"以賓不於是始至"。

四五 主人庭實謂設乘馬,賓執左馬出

主人之庭實,則主人遂以出,賓之士訝受之。

"此主人之庭實"者,謂主人禮賓時設乘馬也,經云"賓執左馬以出",三馬在後,主人從者牽之,遂從賓以出於門外,賓之士介迎受之。

---

① "周禮"至"云云",原在頁眉處,占行十六至十八,乃了翁增補之注文,謹依文義挪至此處。
② "玉"字原作"用",汪刻本及張、阮刻本均作"玉",合於經,據改。
③ "言聘事"原作"聘臣事",曹云:"當爲'言聘事'。"據改。

四六　賓覿後有私獻,猶以君命致之

既覿,賓若私獻,奉獻將命。

云"猶以君命致之"者,以經云"將命",是以知雖是私獻己物,與君物同,皆以君命致之,臣統於君。

四七　經云"兄弟之國,則問夫人",注併及異姓親

若兄弟之國,則問夫人。

釋曰:云"兄弟,謂同姓"者,若魯於晉、鄭之等同姓也。云"若婚姻甥舅有親"者,若魯取齊女以爲舅,齊則以魯爲甥,是"有親者"也。云"非兄弟,獻不及夫人"者,以其經云"兄弟之國,則問夫人",則非兄弟,問不及夫人可知。

四八　君有故不見賓,則使大夫受

若君不見。

釋曰:云"他故"者,病之外,或新有哀慘也。

使大夫受。

釋曰:知"受聘享"者,以其在後雖有覿獻之法,聘享在前,是以據在先者而言。云"大夫,上卿也"者,以其卿上大夫,故以卿爲大夫。必知使卿,不使下大夫者,以其君無故,君親受,今既有故,明使上卿代君受之。

四九　賓受主國饔餼，筮尸祭，然後食

五十　大夫無木主，亦以幣帛主其神①

賜饔，唯羹飪筮一尸，若昭若穆。

注云云，容父在祭祖。

釋曰：古者天子、諸侯行，載廟木主。大夫雖無木主，亦以幣帛主其神，是以受主國饔餼，故筮尸祭，然後食之，尊神以求福故也。

五一　大夫容父在祭祖，故孫子、祖考兩言

僕爲祝，祝曰：「孝孫某，孝子某，薦嘉禮于皇祖某甫，皇考某子」。

釋曰：經並云孝孫、孝子，皇祖、皇考，以其不定，故兩言，謂上經「若昭若穆」，亦兩言之。

五二　大夫使僕攝祝，諸侯亦攝，以二祝不行②

云「僕爲祝者，大夫之臣攝官也」者，若然，諸侯不攝官，使祝祝策矣。案定四年，祝佗云「嘉好之事，君行師從，卿行旅從，則臣無事」，若然③，君到主國祭饔之時，得不攝官乎？諸侯亦使人攝，是以《覲禮》云「侯氏裨冕，釋幣于禰」，注云「釋幣于禰之禮，既則祝藏其幣，歸乃埋之於祧西階之東」，大夫使僕攝祝，則是本無祝官，與諸侯異矣。其諸侯禮，大祝不行，知不使小祝行者，以其《掌客》云「群介、行人、宰、史」，是諸侯從官不言祝，明大、小祝俱不行矣。

---

① 「五十大夫」至「主其神」，原在頁眉處，占行十四至十八，「釋曰」至「故也」乃與此題對應之文字，涵于題四九所領正文內，不宜段分，謹依題義挪至此處。
② 「五二大夫」至「不行」，原在頁眉處，占行二至七，謹依題義挪至此處。
③ 「若」下原無「然」字，四庫本《儀禮注疏》有「然」字，據補。

五三　賓祭饔餼如《少牢》饋食禮

如饋食之禮。

釋曰:云"如《少牢》饋食之禮"者,案《少牢禮》有尊、俎、籩、豆、鼎、敦之數,陳設之儀,陰厭、陽厭之禮,九飯、三獻之法,上大夫又有正祭於室,儐尸於堂,此等皆宜有之,至於致爵、加爵及獻兄弟、弟子等,固當略之矣。

五四　不敢用君之器,假主國大夫祭器

假器於大夫。

釋曰:案《曲禮》云"大夫、士去國,大夫寓祭器於大夫,士寓祭器於士",注云"與得用者言寄,覬已後還",若然,卑者不得用尊者之器,是以此大夫聘使,不得將己之祭器而行,致饔餼,雖是祭器,人臣不敢以君之器爲祭器,是以聘使是大夫,還於主國大夫假祭器而行之。

五五　"肦肉及廋、車",謂歸胙在下

肦肉及廋①、車。

釋曰:此謂祭訖,歸胙在下。云"廋,廋人也。車,巾車也"者,案《周禮》天子夏官有廋人職,掌養馬,春官有巾車職,諸侯雖兼官,亦當有廋人、巾車。

五六　既致饔,若賓留,則旬致稍禮

既致饔,旬而稍,宰夫始歸乘禽,日如其饔餼之數。

云"既致饔,旬而稍"者,以其賓客之道,十日爲正,行聘禮既訖,合歸,一旬之後,或逢凶變,或主人留之,不得時反,即有稍禮,故下文云"既

---

① "肉"下原無"及"字,四庫本有"及"字,合於經,據補。

將公事，賓請歸”，注云“謂已問大夫，事畢請歸，不敢自專，謙也。主國留之，饗食燕獻無日數，盡殷勤也”，是主人留之，是以《周禮・漿人》亦云“共賓客之稍禮”①，注云“稍禮，非飧饔之禮，留間，王稍所給賓客者，漿人所給亦六飲而已”，諸侯相待亦如之，是其留間致稍者也。

五七　乘禽如饔餼數，非物四曰乘

云“乘禽②，乘行之禽也”者，別言此者，欲見此乘非物四曰乘。言“如其饔餼之數”者，一牢當一雙，故《聘義》云“乘禽日五雙”，是此饔餼五牢者也。若然，上介三牢則三雙也，士介一牢則一雙也。云“鴈鶩之屬”者，依《爾雅》“二足而羽謂之禽”③，故以禽爲“鴈鶩之屬”。云“其，賓與上介也”者，以其下文別有士介故也。

五八　致禽羞與四時俶獻，如致禽

禽云云。

注：比，放也。其致之禮，如乘禽云云。俶，始也云云。

釋曰④：云“禽羞，謂成熟有齊和者”，以其稱羞，謂若庶羞、內羞之等，故以成熟解之，稱禽則以鴈鶩等爲之⑤。《聘義》謂之“時賜”者，案《聘義》云“燕與時賜，無數”，時賜謂四時珍異，以賜諸賓客，與此俶獻是一物。

---

① “亦”下原無“云”字，曹云：“‘亦’下脱‘云’字。”據補。

② “乘”上原無“云”字，汪刻本及張、阮刻本均有“云”字，據補。

③ “云鴈”至“而羽”，原在上文“五牢者也”下、“若然”上，且“一雙也”後原有“羽”字，倉石云：“‘云鴈鶩之屬者案爾雅二足而羽’十三字，《詳校》移置下文‘則一雙也’下，删‘羽’字。《校勘記》云：‘疏意欲以二足釋雙字之義，故引《爾雅》而截出之，不必如盧所改。’今案必如盧説，文義方完，阮氏駁之，殊覺牽强。”據倉校乙，並删“羽”字。

④ “釋”上原有“禽羞俶獻比”五字，四庫本無此五字，此五字爲經文，前已引，此當删，據删。

⑤ “故以”至“爲之”原作“故稱禽則以鴈鶩等爲之故以成孰解之”，曹云：“上‘故’字衍，二句當倒。”據删乙。

五九　饗使者無加籩豆，此有，非正法

凡致禮①，皆用其饗之加籩豆。

云“其，其賓與上介也”者，案上經“賓壹食壹饗，上介若食若饗”，唯士介不言饗，故知其中唯有賓與上介耳。云“加籩豆，謂其實也，亦實于罋”者<small>温本‘罋’下有‘筐’字②</small>，案致饗餼，醢醯是豆實，實于罋，明此饗之豆實，亦實于罋可知也。案昭六年，“夏，季孫宿如晉，拜莒田也。晉侯享之，有加籩③，武子退，使行人告曰：小國之事大國也，苟免於討，不敢求賕<small>云云</small>。不過三獻，今豆有加，下臣弗堪，無乃戾也”，此中致饗有加籩豆者，饗使者無加籩豆是正禮④，此云“加籩豆”者，殷勤之義也。

六十　今唯食禮在，知豆數，饗禮亡，無文⑤

云“饗禮今亡”者，以其食禮在，知其豆數，饗禮亡，無文以知之。

六一　無饔者無饗禮，謂士介唯有餼

無饔者無饗禮。

釋曰⑥：文承饗下，故鄭以“士介無饗禮”解之，以其賓與上介饔餼俱有，故有饗，士介唯有餼而已，無饔，故無饗禮。

---

①　“凡”字原作“及”，四庫本作“凡”，合於經，據改。

②　“温本”至“筐字”，原在頁眉處，占行八至九，乃了翁按語，謹依文義挪至此處。阮云：“毛本罋下有‘筐’字。了翁曰：‘温本罋下有筐字。’按下文兩言豆實實于罋，則無‘筐’是也。注內‘筐’字恐係衍文，經不言篚實，不必有‘筐’字。”

③　“有”字原作“以”，阮云：“浦鏜云‘有’誤‘以’。”倉石云：“‘以’，殿本、《正字》據《左傳》作‘有’字。案《冠禮》疏引，正作‘有’。”據改。

④　“是”字原作“之”，曹云：“‘之’字譌，單疏作‘是’。”據改。

⑤　“六十今唯”至“亡無文”，原在頁眉處，占行十至十五，謹依題義挪至此處。

⑥　“文”上原無“釋曰”二字，四庫本有“釋曰”二字，據補。

六二　賓請歸，主國留之，饗食燕獻

既將公事，賓請歸。

釋曰：云"已問大夫"者，請問三卿與下大夫嘗使於彼國幣所及，皆是君命及以君物行禮者，皆是公事，事訖，故請歸也。云"主國留之，饗食燕獻無日數，盡殷勤也"者，亦謂至旬，賓乃將歸，主君乃留賓，有此饗食燕獻之等，故《燕禮》注云"今燕又宜獻焉"是也。

六三　賓於大、小禮皆拜，唯稍不拜

凡賓拜于朝，訝聽之。

注：拜賜也，唯稍不拜。

案上經云"賓三拜乘禽於朝，訝聽之。遂行，舍于郊"，又案《司儀》云"明日，客拜禮賜，遂行"，是臨行大、小禮皆拜賜，則知唯米稟芻薪等不拜也。

六四　饗食君爲主，燕則上介爲賓，賓爲苟敬

燕則上介爲賓，賓爲苟敬。

釋曰：云"饗食，君親爲主，尊賓也"者，以其饗食在廟爲賓，故君親爲主，至後燕禮在寢，又以醉爲度，崇於恩，殺於敬，故賓辭而使介爲賓也。以"苟敬"爲"小敬"者，以阼階西近主爲位，諸公坐位，故云"小敬"，對戶牖南面爲大敬。云"更降迎其介以爲賓"者，介在廟門內西北面，降至庭迎之。云"不與亢禮也"者，略取《燕義》文，解君不親爲獻主而使宰夫之意也。云"主人所以致敬者，自敵以上"者，謂兩君相見，兩大夫、兩士以上，則主人親獻也。

六五　無行，則重賄反幣，謂特來，非歷聘

無行，則重賄、反幣。

注①：無行，謂獨來，復無所之也。必重其賄與反幣者，使者歸，以得禮多爲榮，所以盈聘君之意也。反幣，謂禮玉、束帛、乘皮，所以報聘君之享禮也。昔秦康公使西乞術聘于魯，辭孫而説，襄仲曰“不有君子，其能國乎？厚賄之”，此謂重賄反幣者也。今文曰賄反幣。

釋曰：云“重其賄”，即上“賄，在聘于賄”是也。“反幣”，謂上“禮玉、束帛、乘皮”是也。云“秦康公”者，案文公十二年《左氏傳》云“秦伯使西乞術來聘”云云是也，此特來，非歷聘，歷聘則吳公子札聘於上國，聘齊、聘魯是。

六六　贊拜夫人聘享，亦言以社稷故

君以社稷故，在寡小君，拜。

釋曰：云“言君以社稷故者，夫人與君體敵，不敢當其惠也”者，釋經云“社稷故”，以其《禮記·哀公問》孔子云取夫人爲社稷主，婦人無外事，天地并社稷，后、夫人雖不與，以夫婦一體，故夫人亦得云“社稷主”，是其云“社稷故者”，見夫人與君體敵，今夫人使致禮來，主人不敢當，下文云“君貺寡君，延及二三老”，是與君不敵，敢當之也。

六七　賓將去，留皮帛以禮主人，不致不拜

賓於館堂楹間，釋四皮、束帛。賓不致，主人不拜。

注②：賓將遂去是館，留禮以禮主人，所以謝之也。不致，不拜，不以將別崇新敬也。

釋曰：若賓敬主，宜致，主人敬賓，宜拜，皆是崇敬，若致與拜，即是“崇新敬”，故不爲，若《鄉飲酒》送賓，賓不荅，禮有終，相類也。

六八　使者有罪則執，今過輕，餼以愧之

云“過則餼之”，謂禮有失誤，故引《聘義》“使者聘而誤，主君”云云。

---

①　“無”上原無“注”字，四庫本有“注”字，據補。

②　“賓”上原無“注”字，四庫本有“注”字，據補。

"不言罪者,罪將執之"者,《春秋》之義春秋時非例①,聘賓有罪皆執之。若然,上經云"無罪饗之",有罪非但不饗,又執之,此"過則餼之",雖不饗,猶生致,過輕故也。若然,上云"罪",下云"過",互見其義也。

六九　將饗食使者,有大客後至則廢

有大客後至,則先客不饗食,致之。

釋曰:此據《聘禮》而言,則無君朝之事。若然,則前有小國之卿大夫來聘,將行饗食,有大國卿大夫來聘,則廢小國饗食,以其卑,不與尊齊禮。

七十　惟大聘爲神位,有几筵

惟大聘有几筵。

釋曰:案上經云"几筵既設,擯者出請命"②,行聘享及請私覿禮畢③,云"宰夫徹几改筵",是行聘享爲神位,今小聘不爲神位,屈也。

---

① "春秋時非例",原在頁眉處,占行十八,乃了翁按語,謹依文義挪至此處。
② "命"下原有"者"字,曹云:"'者'字衍。"據刪。
③ "及"下原無"請"字,曹云:"'及私覿'三字亦衍,或'及'下當有'請'字。"據後説補。

儀禮要義卷第二十五　公食大夫一

一　鄭以《公食》爲主國君食小聘大夫

公食大夫禮第九。鄭云“主國君以禮食小聘大夫之禮”。

釋曰：鄭知是小聘大夫者，案下文云“宰夫自東房薦豆六，設於醬東”①，“設黍稷六簋”，又設庶羞十六豆，此等皆是下大夫小聘之禮，下乃別云“上大夫八豆、八簋”，又云上大夫庶羞二十豆，是食上大夫之法，故知此篇據小聘大夫也。若然，《聘禮》據侯伯之大聘，此篇據小聘大夫者，周公設經，互見爲義。案篇末云“魚、腸胃、倫膚，若九若十有一，下大夫則若七若九”，鄭注云“此以命數爲差，九謂再命者，十一謂三命者，七謂一命者。九或上或下者，再命謂小國之卿、次國之大夫也。卿則曰上，大夫則曰下，大國之孤視子男”，以此言之，魚、腸胃、倫膚皆七者，謂子男小聘之大夫。此《公食》序在《聘禮》之下，是因聘而食之，不言食賓與上介，直云大夫者，若云食賓與上介，則小聘使下大夫，上介乃是士，是以直云大夫，兼侯伯大聘賓與上介②，亦兼小聘之賓。若然，《聘禮》據大聘，因見小聘，此《公食》先見小聘，後言大聘者，欲見大聘、小聘或先或後，不常之義。

二　主君使大夫戒聘客行食禮

公食大夫之禮。使大夫戒，各以其爵。

---

① “於”上原無“設”字，曹云：“‘於’上脱‘設’字。”據補。

② “侯伯大”原作“得大夫”，曹云：“言兼得以大夫目大聘賓與上介。”倉石云：“此疑有譌，‘得大夫’或當作‘侯伯大’三字。”據倉校改。

釋曰：自此盡"如聘"，論主君使大夫就舘，戒聘客使來行食禮之事。云"各以其爵"者，此篇雖據子男大夫爲正，兼見五等諸侯大聘使卿之事，故云"各以其爵"也。

三 受饔禮辭，至饗食皆當三辭

上介出請，入告。

注：問所以來事。

釋曰：據大夫就賓館之門外，賓使上介出請大夫所爲來之事。

三辭。

"既先受賜"者，謂聘日致饔，受賜大禮，故今辭食，不敢當之。但受饔之時，禮辭而已，至於饗食，皆當三辭。

四 大夫還，賓不拜送，遂從之

大夫將命云云。大夫還，賓不拜送，遂從之。

此賓不拜送，爲從之，不終事，故"賓不拜送"也。若然，《鄉飲酒》、《鄉射》戒賓，遂從之而云"拜辱"、"拜送"者，以其主人先反，不相隨，故得拜辱、拜送。《覲禮》使者勞賓，"侯氏送於門外，再拜，遂從之"[①]，使者既不先反，猶拜送者，尊天子使故也。

五 聘重，賓發館即皮弁，食輕，大門乃朝服

賓朝服即位于大門外，如聘。

謂賓發館時服玄端，若《鄉射》"主人朝服，乃速賓"，鄭注云"射，賓輕也，戒時玄端"，以此言之，亦賓在館拜所戒大夫即玄端，賓遂從大夫至君大門外，入次，乃去玄端，著朝服，出次即位也。云"如聘，亦入於次俟"者，案《聘禮》"賓皮弁聘，至于朝，賓入于次"，注云"入于次者，俟辦"，則

---

① "侯氏"至"從之"原作"於門外侯氏再拜遂送之"，曹云："當爲'侯氏送於門外，再拜，遂從之'。"據改。

此入次,亦俟主人辦也。若然^①,聘禮重,賓發館即皮弁,此食禮輕,及大門乃朝服。

六　君未迎賓入位,序、饌物皆廟門外

即位,具。

釋曰:云"擯者俟君於大門外"者,解"即位"之事。云"卿大夫士序及宰夫具其饌物,皆於廟門之外"者,以其君迎賓入,始言卿大夫以下廟內之位。

七　鼎有扃有鼏,鼏若束若編

甸人陳鼎七,當門,南面西上,設扃鼏,鼏若束若編。

注^②:七鼎,一大牢也。甸人,冢宰之屬兼亨人者。南面西上,以其爲賓,統於外也。扃,鼎扛,所以舉之者也。凡鼎鼏,蓋以茅爲之,長則束本,短則編其中央。今文扃作鉉,古文鼏皆作密。

釋曰:"鼎鼏,蓋以茅爲之"者,諸文多言鼎鼏,皆不言所用之物,此經雖言"若束若編",亦不指所用之體,故鄭云"蓋"以疑之,然必知用茅者,《詩》云"白茅苞之",《尚書》孔傳云"苴以白茅",茅是潔白之物,故疑用茅也。

八　鄭謂先饗後食,《聘禮》食在饗前

設洗如饗。

釋曰:云"必如饗者,先饗後食,如其近者也"^③。鄭據此文行食禮而云"如饗",明先饗,設洗訖,乃後食,故鄉前如之,是"先饗後食"也。案《聘禮》云"公於賓,壹食再饗",則食在饗前矣。

---

① "若"下原無"然"字,汪刻本及張、阮刻本均有"然"字,據補。
② "七"上原無"注"字,四庫本有"注"字,據補。
③ "其"字原作"具",四庫本及汪刻本均作"其",合於注,據改。

九　饗食重於燕，鄭引《燕禮》，以《饗禮》亡[①]

不言如《燕禮》者，饗食在廟，燕在寢，則是饗食重，先行之，故二者自相先後，是以不得用燕禮決之也。引《燕禮》者，欲見設洗之法，燕與饗食同，故無《饗禮》，引《燕禮》而言也。

十　生人左几，異於神右几

宰夫設筵，加席、几。

釋曰：云“設筵於户西，南面而左几”者，以其賓在户牖之間南面，又生人左几，異於神右几故也。

十一　飲酒、漿飲皆以酳口，不爲飲

飲酒、漿飲俟于東房。

釋曰：云“飲酒，清酒也”者，按《周禮·酒正》注“先鄭云清酒，祭祀之酒”，後鄭從之，則此賓客用之者，優賓故也。云“漿飲，載漿也”者，載之言載，以其汁滓相載，故云“載”，漢法有此名故也此未必然[②]。云“其俟，奠于豐上也”者，下云“飲酒實於觶，加于豐”是也，此云“奠”，即彼“加”也。云“飲酒先言飲，明非獻酬之酒也”者，以其《鄉飲酒》、《燕禮》等獻酬之酒皆不言飲，飲之可知，此擬酳口，故言飲，是異於獻酬酒故也，是以《酒人》云“共賓客之禮酒、飲酒”，鄭注云“禮酒，饗燕之酒”，不言飲，“飲酒，食之酒”[③]，云“飲”，亦是其義也。云“漿飲先言漿，别於六飲也”者，按《漿人》云“共王六飲：水、漿、醴、涼、醫、酏”，彼先云“六飲”，後云“水”、“漿”，與此先云“漿”不同，故云“先云漿，别於六飲”，必别於六飲者，彼六飲爲渴而飲，此漿爲酳口，不爲渴，故異之。

---

① “九饗食”至“饗禮亡”，原在頁眉處，占行十三至十八，謹依題義挪至此處。

② “此未必然”，原在頁眉處，占行十，乃了翁按語，謹依文義挪至此處。

③ “食”上原無“飲酒”二字，曹云：“上脱‘飲酒’二字。”據補。

十二　國君來則出迎，今迎賓不出大門

公如賓服，迎賓于大門內。

自此盡“階上北面再拜稽首”，論主君迎賓入，拜至之事。云“不出大門，降於國君”者，按《周禮·司儀》云“將幣，交擯，三辭，車逆，拜辱。賓車進，荅拜”，又云“致饔餼、饗食，皆如將幣之儀”，是國君來則出迎。

十三　經內言廟皆禰，非禰則言祧或祖廟

及廟門，公揖入。

注：廟，禰廟也。

釋曰：《儀禮》之內單言廟者，皆據禰廟，是以《昏禮》納采云“至于廟”，記云“凡行事，必用昏昕，受諸禰廟”，以此而言，則言廟皆禰廟也。若非禰廟，則言廟號①，若《聘禮》云“不腆先君之祧”，問卿云“受于祖廟”之類是也。但受聘在祖廟②，食饗在禰，燕輕於食饗，又在寢，是其差次也。

十四　客降等則就主階，此徑就西階，與禮異

至于階，三讓。

釋曰：案《曲禮》云“客若降等，則就主人之階。主人固辭，然後客復就西階”，此亦降等，初即就西階者，此君與客食禮，禮之正，彼謂大夫、士以小小燕食之禮，故與此不同也。

公升二等，賓升。

注言“遠下人君”者，亦取君行一，臣行二之義。

---

①　“號”字原作“祧”，曹云：“‘祧’似當爲‘號’。”據改。

②　“祖”下原有“禰”字，四庫本及汪刻本均無“禰”字，據刪。

十五　序已西爲正堂,序東有夾室

大夫立於東夾南,西面北上。

此謂主國卿大夫立位。云"取節於夾,明東於堂"者,序已西爲正堂,序東有夾室,今大夫立于夾室之南,是東於堂也。

十六　東夾之北,謂北堂之南

小臣東堂下,南面西上。宰東夾北,西面南上。

釋曰:云"宰東夾北,西面南上"者,謂在北堂之南,與夾室相當,故云"夾北"也。云"宰,宰夫之屬也"者,以經云"南上",則非止一人。

十七　諸侯内官之士,明當天子内宰

内官之士在宰東北,西面南上。

云"夫人之官,内宰之屬也"者,經云"内官",按《周禮・天官》,内宰下大夫,掌王后已下,彼天子内官,諸侯未必有内宰,以其言"内官之士",以士爲之,明當天子内宰。

十八　卿大夫助君饗食賓,故從君,不先入

云"自卿大夫至此,不先即位,從君而入者,明助君饗食賓,自無事"者,按前聘時,君迎客于大門内時,卿大夫已下入廟即位者,受聘事重,非饗食之事,故先入廟即位,此已下雖有宰及宰夫者,皆有事,及大夫匕牲①,士庶羞之等,皆助君食賓,非己之事,故後入。

---

① "匕"字原作"二",阮云:"浦鏜云'匕'誤'二'。"倉石云:"'二',《通解》作'匕'。"據改。

十九　賓至再拜，降，再拜，其實各一拜

公當楣北鄉，至再拜，賓降也，公再拜。

自此盡"稽首"，論公拜至，賓荅拜之事。云"公再拜，賓降矣"者，釋經"賓降"在"至再拜"下、"公再拜"上，以其"至再拜"者，公已一拜，賓即降下，"公再拜"者，賓降後又一拜，雖一拜，本當再拜，故皆以"再拜"言之，猶下侑幣之時，"公一拜，賓降，公再拜"，注云"賓不敢俟成拜"也。若然，鄭云"公再拜，賓降矣"者，解經"至再拜①，賓降也"。

二十　賓西階東荅拜，擯辭，公降，賓猶終再拜

賓西階東，北面荅拜。

釋曰：自此盡"稽首"，論賓降荅拜之事。此云"荅拜"，下云"拜也"，並據公未降之前，賓爲一拜，以其賓始一拜之間，公降一等，故間在一辭之中，是以鄭云"賓降再拜"，釋經"北面荅拜"及"拜也"。

擯者辭。

辭賓拜於下也。

二一　賓栗階升，不拜，以堂下終再拜稽首訖

賓栗階升，不拜。

釋曰：云"自以己拜也"者，於堂下終爲再拜稽首，故於堂上不拜也。云"栗，寔栗也"者，謂疾之意也。云"不拾級連步"者，《曲禮》云"拾級聚足，連步以上"。此"栗階"，據趨君命而上，按《燕禮記》云"凡君所辭，皆栗階"，注云"栗，蹙也，謂越等急趨君命也"，又曰"凡栗階，不過二等"，注云"其始升，猶聚足連步。越二等，左右足各一發而升堂"，是栗階之法也。

---

① "拜"下原有"者"字，阮云："按‘者’字衍文。"據刪。

二二　升階有四，曰走階、歷階、連步、栗階①

云"不拾級而下曰走"者，凡升階有四種，云"走"者，君臣急諫諍，則越三等爲走階，越一等爲歷階，又有連步，又有栗階，爲四等也，義已具於《燕禮記》疏也。

二三　賓已拜下，主君猶命之成拜於上

命之成拜，階上北面再拜稽首。

按《論語》孔子云"拜下，禮也。今拜乎上，泰也"，是以上文主君雖辭，賓猶終拜於下，盡臣之禮爲成拜，主君之意猶以爲不成，故命之升成拜，賓遂主君之意，故升更拜也。

二四　鼎去冪乃入，與喪禮入乃去冪異

士舉鼎，去鼏於外正本作"鼏"，疏作"冪"②，次入，陳鼎于碑南，南面西上③，右人云云。

釋曰：自此盡"逆退，復位"，論鼎入匕載之事④。云"去冪於外，次入"者，次入，謂序入也，故《少牢》云"序入"。"去冪於外"者，以其入當載於俎，故去之也。《士喪》《士虞》皆入乃去冪者，喪禮變于吉故也。

二五　諸侯官多，匕、俎各一人，大夫、士以次兼官

雍人以俎入，陳于鼎南。旅人南面加匕于鼎，退。

---

① "二二升階"至"步栗階"，原在頁眉處，占行十三至十八，謹依題義挪至此處。又，"升階"原作"升降"，正文疏"凡升降有四種"同，倉石云："'降'，殿本作'階'。今案《燕禮記》疏正作'階'。"據改，正文亦改。

② "正本"至"作冪"，原在頁眉處，占行九至十，乃了翁按語，謹依文義挪至此處。

③ "碑"下原不重"南""字，阮云："'南'字唐石經、嚴本、《集釋》、《通解》、敖氏俱不重，徐本、楊氏、毛本俱'重'。敖氏曰碑'下脱一'南'字。"據補。

④ "匕"字原作"已"，阮云："浦鏜云'匕'誤'已'。"據改。

釋曰:云"每器一人,諸侯官多也"者,按《少牢》云"鼎序入,雍正執一匕以從,雍府執四匕以從,司士合執二俎以從,司士贊者二人皆合執二俎以相,從入"①,是大夫官少,故每人兼執也。若然,《特牲》云"贊者執俎及匕從鼎入"②,《士虞》亦云"匕、俎從",《士昏禮》亦云"匕、俎從設",彼注云"執匕者、執俎者從鼎而入,設之",不言并合者,士官彌少,并合可知。

二六　食禮尚孰,饗禮有腥,即體薦、豚解

魚、腊飪。

注:饗有腥者。

釋曰:《樂記》云"大饗而俎腥魚",鄭注云"以腥魚爲俎實,不臑孰之",是饗禮有腥也。又宣公十六年,"冬,晉侯使士會平王室,定王享之,原襄公相禮。殽烝,武子私問其故,王聞之,召武子曰:季氏!而弗聞乎?王享有體薦,宴有折俎。公當享,卿當宴,王室之禮也"。又《國語》云"禘郊之事則有全烝,王公立飫則有房烝,親戚宴饗則有殽烝",以此觀之,明饗有腥,以饗禮用體薦,體薦則腥矣,故《禮記》云"腥其俎",謂豚解而腥之,豚解者,皆腥也。

二七　牲腊進奏謂進本,若祭則進末

載體進奏。

注:體,謂牲與腊也。奏,謂皮膚之理。

釋曰③:若致飧及歸饔餼,腥鼎皆無庶羞,《鄉飲酒》、《鄉射》、《燕禮》、《大射》雖同用狗一牲,以其亨,故亦皆有庶羞也④。云"奏,謂皮膚之理。進其理,本在前"者,此謂生人食法,故進本,本謂近上者,若祭祀則進末,故《少牢》云"進下",鄭云"變於食生"。

---

① "從"下原無"入"字,阮云:"毛本'從'下有'入'字。"據補。

② "贊者"至"鼎入",此句本爲鄭注而非《特牲》文,了翁不辨,仍賈氏之誤。

③ "釋"下原無"曰"字,四庫本有"曰"字,據補。

④ "故"字原作"亨",倉石云:"'亨'疑當作'故'。"據改。

二八　魚縮俎，寢右，以脊鄉賓，祭尚氣進腴

魚七，縮俎，寢右。

釋曰：云"縮俎"者，俎於人爲橫[1]，縮，縱也，魚在俎爲縱，於人亦橫。云"寢右"，鄭云"右首也，寢右，進鬐也"，賓在户牖之間南面，俎則東西陳之，魚在俎，首在右，腹腴鄉南。鬐，脊也，進脊在北鄉賓，必以脊鄉賓者，鄭云"乾魚近腴多骨鯁"，故不欲以腴鄉賓，取脊少骨鯁者鄉賓，優賓故也。若祭祀則進腴，以鬼神尚氣，腴者氣之所聚，故《少牢》進腴。

二九　倫膚，豕之皮革，食禮，膚從體數

倫膚七。

釋曰：倫膚，謂豕之皮革爲之，但此公食大夫謂賓用爲美，故膚與腸胃皆別鼎俎。《特牲》惟有三鼎[2]，魚腊不同鼎，故膚從牲，同鼎。《有司徹》雖同《少牢》，亦止三鼎而已，羊、豕、魚皆一鼎，故膚還從於牲鼎也。又此膚與牲體之數亦七，而《少牢》膚九者，此食禮，故膚從體數，《少牢》大夫之祭，膚出下牲，故取數於牲之體而九也。

三十　公與宰夫爲賓將設醬，故降盥

公降盥。

注：將設醬。

釋曰：自此盡"各卻于其西"，論公與宰夫爲賓設正饌之事。云"將設醬"者，下云"公設之"，是以盥手也。

三一　鉶羹、鉶鼎、陪鼎、羞鼎之别

宰夫設鉶四于豆西，東上，牛以西羊，羊南豕，豕以東牛。

---

① "於"上原無"俎"字，曹云："'於'上似脱'俎'字。"據補。

② "惟"字原作"腥"，曹云："'腥'當爲'惟'。"倉石云："'腥'，殿本作'惟'字。"據改。

釋曰：云“鉶，菜和羹之器”者，下記云“牛藿，羊苦，豕薇”，是菜和羹，以鉶盛此羹，故云“之器”也。據羹在鉶言之，謂之鉶羹；據器言之，謂之鉶鼎；據正鼎之後設之[1]，謂之陪鼎；據入庶羞言之，謂之羞鼎，其實一也。

三二　食有酒者優賓，設于豆東不舉

飲酒實于觶，加于豊。宰夫右執觶，左執豊，進設于豆東云云。

釋曰[2]：云“食有酒者，優賓也”者，按下文宰夫執漿飲，賓興受，唯有漿酨口，不用酒，今主人猶設之，是優賓。引《燕禮記》者，彼據酬酒[3]，主人奠於薦右，賓不飲，取奠於薦左[4]，此酒不用，故亦奠於豆東，酒義雖異，不舉是同，故引爲證也。

三三　鄭引《燕禮》奠者於左而無此文[5]

按《燕禮》無此文，《鄉飲酒》、《鄉射記》皆云“凡奠者於左，舉者於右”，不引之[6]，而引《燕禮記》者，此必轉寫者誤，鄭本引《鄉飲酒》、《鄉射》之等也。

三四　啓簋會蓋，各卻於其西

宰夫東面坐，啓簋會，各卻于其西。
注：會，簋蓋也[7]。

---

① “正”上原無“據”字，曹云：“‘正’上脱‘據’字。”倉石云：“今案上‘鼎’字或當‘據’字誤。又案殿本上‘鼎’字屬上讀，謬甚。”案了翁既以“鉶鼎”爲題，則其原意“鼎”字屬上讀，據曹校補。

② “云云釋曰”原作“釋曰云云”，四庫本作“云云釋曰”，據乙。

③ “酒”上原無“酬”字，曹云：“‘酒’上脱‘酬’字。”據補。

④ “主人”至“薦左”原作“主人奠於薦左賓不飲取奠於薦右”，曹云：“‘左’、‘右’二字當互易。”倉石云：“殿本‘左’‘右’二字互易。”據乙。

⑤ “三三鄭引”至“無此文”，原在頁眉處，占行三至七，謹依題義挪至此處。

⑥ “引”字原作“同”，阮云：“按‘同’字疑誤，或是‘引’字。”倉石云：“‘同’，殿本改作‘引’。”據改。

⑦ “會”上原無“簋”字，注有“簋”字，據補。

釋曰：簋蓋有六，兩兩皆相重而仰之，謂之合卻，故云“一一合卻之，各當其簋之西”，爲三處①。“亦”者，亦《少牢》，故《少牢》云“佐食啓會蓋，二以重，設于敦南”。

三五　公東序内，賓階西②，故贊者負東房南面

贊者負東房，南面告具于公。

注：負房户而立。

釋曰：自此盡“醬、湆不祭”，論賓所祭饌之事。經直云“負東房”，鄭知“負房户而立”者，以公在東序内，賓在階西，雖告具于公，且欲使賓聞之，故知於房近西，是以鄭云“得鄉公與賓也”。

三六　贊唯授賓黍稷，以遠故，賓祭之豆間

贊者東面，坐取黍，實于左手，辯，又取稷，辯，反于右手，興以授賓。賓祭之。

此所授者，皆謂遠賓者，故菹醢及鉶皆不授，以其近賓，取之易，故不言。按《曲禮》云“殽之序，辯祭之”，故知雖不授，亦祭可知也。經直云“祭”，知祭之於豆祭者，按《少牢》云“尸取韭菹，辯擩于三豆，祭于豆間”，故知“於豆祭也”。云“獨云贊興，優賓”者，欲見賓坐而不興，是優賓，其實俱興也。引《少儀》者，欲見贊興，賓亦興之義③，以其賓坐，贊亦坐故也。

三七　鄭謂挩爲拭，蓋佩巾名帨

案《内則》“左佩紛帨”，帨即佩巾，而云挩，拭，拭手以巾，似帨不名巾

---

① “三”字原作“兩”，曹云：“簋蓋有六，上云兩兩相重，則爲三處矣，疑此‘兩’當爲‘三’。”據改。

② “階”字原作“户”，曹校正文“賓在户西”云：“‘户’當爲‘階’。”據改，正文亦改。

③ “贊”下原無“興賓”二字，汪刻本及張、阮刻本均有“興賓”二字，據補。

者①，本名帨者，以拭手爲名，其實名巾，故鄭舉其實稱。

三八　公設粱，東上，賓辭，遷而西之

宰夫授公飯粱，公設之于湆西。賓北面辭，坐遷之。

釋曰：自此盡“降，出”，論設加饌粱與庶羞之事。云“遷之，遷而西之，以其東上也”，知粱東上者，下文“宰夫膳稻于粱西”，是以粱在東爲上也。

三九　羞人不足，除先者一人不反，餘皆反取之

先者反之。

釋曰：“反之”者，以其庶羞十六豆，羞人不足，故先至者反取之，下文云“先者一人升，設於稻南”，其人不反，則此云“先者反之”，謂第二已下爲先者也。

四十　正饌，公揖食，此使贊升賓，加饌禮殺

贊升賓。

注：以公命命賓升席。

釋曰：前設饌訖，贊者告具于公，公再拜揖食，此使贊升賓者，以其禮殺故也，是以上文正饌，公先拜，賓荅拜，此賓先拜公，公荅拜，爲異也。

---

① “帨”字原作“挩”，汪刻本及張、阮刻本均作“帨”，據改。

四一　祭稻粱於醬湇間，祭加宜於加

四二　稻粱加饌，醬湇亦正饌之加①

賓坐席末，取粱即稻，祭于醬湇間。

注：即，就也。

釋曰：注云"祭稻粱不於豆祭，祭加宜於加"者，按下文云"賓三飯以湇醬"，注云"每飯歠湇，以肴擩醬，食正饌也，三飯而止"，又云"不以湇醬"，注云"不復用正饌也"，則此湇醬是正饌而云"加"者，但湇醬與粱皆是加，故公親設之，下文爲正饌而此云"加"者，爲湇醬雖是加，以在正饌之上，得與正饌爲本，故名"正饌"，其實是正饌之加，故公親設之也。

四三　賓降拜庶羞，以後正食受侑幣

賓降拜。

注：拜庶羞。

釋曰：自此盡"魚、腊不與"，論賓正食受侑幣至於食終之事。

四四　有東西箱曰廟，箱在夾前，夾在序外

賓升，公揖，退于箱。

注：箱，東夾之前，俟事之處。

釋曰：按《爾雅》"有東西廂曰廟"，其夾皆在序外故也。知是"俟事之處"者，正以此文"公揖，退于箱"而俟賓食②。

---

① "四二稻粱"至"饌之加"，原在頁眉處，占行十三至十七，"但湇醬"至"設之也"乃與此題對應之文字，涵于題四一所領正文內，不宜段分，謹依題義挪至此處。

② "箱"字原作"廟"，四庫本作"箱"，合於經，據改。

四五　《公食大夫》禮食先殽，大夫、士燕食先稷[①]

賓三飯以涪醬。

釋曰：云"每飯歠涪，以殽擩醬"者，按《曲禮》"三飯，主人延客食胾，然後辯殽"，鄭注云"先食胾，後食殽，殽尊"，此先食殽者，彼鄭云"大夫、士與客燕食之法，其禮食，宜放《公食大夫禮》云"。若然，此爲禮食，故先食殽，彼大夫[②]、士與客燕食，則先食胾，故不同。

四六　或酒或漿皆右，兩有則左酒右漿

宰夫設其豐于稻西。

釋曰：云"酒在東，漿在西"者，案上飲酒實于觶，宰夫設于豆東，是酒在東也。云"漿在西"者，即此經設於稻西是也。云"是所謂左酒右漿"者，按《曲禮》云"酒漿處右"，鄭云"此言若酒若漿耳。兩有之，則左酒右漿"《弟子職》"左酒右醬"[③]。云"兩有"者，據此《公食》而言。

四七　束帛侑賓，公西鄉立，賓序端受

公受宰夫束帛以侑，西鄉立。

注[④]：束帛，十端帛也。侑，猶勸也。主國君以爲食賓，殷勤之意未至，復發幣以勸之，欲用深安賓也。西鄉立，序內位也。受束帛于序端。

釋曰：云"西鄉立，序內位也"者，案上文公設醬，"公立于序內，西鄉"，此經亦云"西鄉立"，故知亦在序內位也。云"受束帛于序端"

者，按上《聘禮》公受几於序端①，故每云公之所受者，皆約之受於序端。

四八　三飯後當受幣，再入終禮，今拜稽示將退

賓入門左，没霤，北面再拜稽首。

釋曰：云"便退則食禮未卒，不退則嫌"者，此鄭探解賓意，食禮自有常法，三飯之後，當受侑幣，更入以終食禮，故送庭實而後入，是以鄭云"便退則食禮未卒"，解經"賓入"之意。云"不退則嫌"者，謂有貪食之嫌，解"再拜稽首"，將辭之意，是以"更入行拜，若欲從此退"者，待公設辭留賓之意也。

四九　簋盛黍稷有會，簠盛稻粱無會

賓卒食會飯，三飲。

注：卒，已也。已食會飯，三漱醬也。

釋曰②：上文云"宰夫東面坐，啓簋會，各卻於其西"，此云"食會飯"，故知"會飯"者是黍稷也。前賓三飯不云會，以其簠盛稻粱，以其稻粱無會③，故鄭云"此食黍稷，則初食稻粱"矣。

五十　初食加飯用正饌，此食正飯用庶羞

不以醬湆。

釋曰：云"初時食加飯用正饌，此食正飯用庶羞，互相成也"者，案上

---

① "按上聘禮"原作"按大射禮"，阮云："'大'闌本作'上'，按'射'亦當作'聘'。"據改。又"公受几於序端"原作"公凡受於序端"，阮云："盧文弨改作'公受几於序端'，按'公凡受'三字當作一逗，言公凡有所受，必於序端也。觀疏下文自明。"四庫本《儀禮注疏》作"公受几於序端"。據盧校及四庫本《儀禮注疏》改。

② "釋"下原無"曰"字，四庫本有"曰"字，據補。

③ "無會"上原無"以其稻粱"四字，汪刻本及張、阮刻本均有"以其稻粱"四字，據補。

文"賓三飯以湆醬",注云"每飯歠湆,以殽擩醬",是正饌,稻粱是其加,此云"卒食會飯,三飲,不以醬湆",鄭意以黍稷是其正①,庶羞是其加,互相成而已。言"相成"者,既非互文,直取饌食互相成而已。云"後言湆者",或容前三飯後用湆也。

五一　賓初來揖讓而退不顧,示難進易退

賓出,公送于大門内②,再拜,賓不顧。
注:初來揖讓而退不顧③,示難進易退之義云云。
釋曰:云"擯者以賓不顧告公,公乃還也"者,知擯者告公者,按經"公送于大門内",公不見賓矣而云"賓不顧",明知擯者告公,公還入燕寢也④。此擯者告賓不顧,即《論語》云"賓退,必復命曰賓不顧矣",但彼據聘享訖,此據食禮訖。

五二　"卷三牲之俎"謂與祭、虞有所釋異

五三　《公食》與《士虞》皆無肵俎,故歸用篚⑤

有司卷三牲之俎,歸于賓館。魚、腊不與。
釋曰:云"歸俎者實于篚"者,此食禮無肵俎而言"卷三牲之俎",不言用俎,故云"實于篚"⑥,按《士虞禮》亦無肵俎,尸舉牲體皆盛於篚,吉凶雖不同,無肵俎是一,故知同用篚也。云"它時有所釋故"者,解"三牲之俎"

---

① "以"下原有"庶羞"二字,阮云:"毛本無'庶羞'二字。"據删。
② "内"字原作"外",四庫本作"内",合於經,據改。
③ "而"下原無"退"字,注有"退"字,據補。
④ "燕"字原作"宴",曹云:"'宴'當爲'燕'。"據改。
⑤ "五三公食"至"歸用篚",原在頁眉處,占行十三至十八,"釋曰云"至"用篚也"乃與此題對應之文字,涵于題五二所領正文内,不宜段分,謹依題義挪至此處。
⑥ "故"字原作"惟",曹云:"'唯'似當爲'故'。"據改。

言"卷",案《特牲》及《士虞》尸卒食,取俎歸於尸,釋三个①,是有所釋,此無所釋,故稱"卷"也,彼注云"釋,猶遺也。遺者,君子不盡人之歡,不竭人之忠"也。

---

① "三"上原無"釋"字,曹云:"'三'上殿本增'釋'字。"據補。

儀禮要義卷第二十六上　公食大夫二

一　拜賜于朝，謂大門外，不入

明日，賓朝服拜賜于朝，拜食與侑幣，皆再拜稽首。訝聽之。

釋曰：自此盡“訝聽之”，論賓拜謝主君之事。云“朝，謂大門外”者，以其經云“拜賜于朝”，無賓入之文，又《聘禮》以柩造朝，亦無喪入之文，皆言朝，故云“朝，謂大門外”也。

二　兩社在大門内，遥繫外朝①

若然，案閔二年《左氏傳》云“季友將生，使卜，楚丘之父卜之曰：男也，其名曰友，在公之右，間於兩社，爲公室輔”，注“兩社，周社、亳社之間，朝廷執政所在”，但諸侯左宗廟，右社稷，在大門之内，則諸侯外朝不在大門内者，但外朝在大門外兩社之間，遥繫外朝而言“執政所在”。

三　《聘禮》不拜束帛，《食禮》併拜侑幣，以親賜②

又此《食禮》拜侑幣，《聘禮》歸饔餼，直言拜饔與餼，不拜束帛者，彼使人致之，故不拜，此食禮，君親賜，故拜之。

---

① “二兩社”至“繫外朝”，原在頁眉處，占行四至八，謹依題義挪至此處。另，依疏意，兩社宜在大門外，了翁此題似誤“外”爲“内”。

② “三聘禮”至“以親賜”，原在頁眉處，占行九至十四，謹依題義挪至此處。

四　此子男使下大夫小聘，得有士訝

訝聽之。

釋曰：云“此下大夫有士訝”者，此篇是子男使下大夫小聘，又案《周禮·掌訝》大夫有士訝。

五　記公食上大夫異於下大夫之數

六　鄭以《特牲》、《少牢》參《公食》俎豆數①

上大夫八豆、八簋、六鉶、九俎，魚、腊皆二俎。

注：記公食云云。

釋曰：云“豆加葵菹、蝸醢”者，案《周禮·醢人》朝事之豆云“韭菹、醓醢、昌本、麋臡、菁菹、鹿臡、茆菹、麇臡”，案上文下大夫六豆用至鹿臡②，以下仍有茆菹、麇臡在，今上大夫八豆不取茆菹、麇臡而取饋食之豆葵菹、蝸醢者，鄭以《特牲》、《少牢》參之，彼二篇俱以饋食爲始，皆用《周禮》饋食之豆，《特牲》兩豆用饋食葵菹、蝸醢，《少牢》四豆，二豆與《特牲》同，兩豆用朝事之豆韭菹、醓醢，注云“韭菹、醓醢，朝事之豆也，而饋食用之，豐大夫禮”，以此觀之，故此公食大夫兼用饋食之豆，亦是豐大夫禮也。云“俎加鮮魚、鮮腊”者，上文下大夫七俎，牛、羊、豕、魚、腊、腸胃與膚，此云九俎，明加鮮魚、鮮腊。云“無特”者，陳饌要方，上七俎者，東西兩行爲六俎，餘一俎在③，特于俎東，此九俎爲三行，故無特，雖無特，膚亦爲下。

---

① “六鄭以”至“豆數”，原在頁眉處，占行三至七，“鄭以”至“禮也”乃與此題對應之文字，涵于題五所領正文內，不宜段分，謹依題義挪至此處。

② “用”下原無“至”字，曹云：“‘用’下似脱‘至’字。”據補。

③ “一”上原無“餘”字，曹云：“‘一’上當有‘餘’字。”據補。

七　公侯伯之大夫與子男之卿同再命

魚、腸胃、倫膚若九若十有一，下大夫則若七若九。

釋曰：云“此以命數爲差也”者，案《周禮·典命》公侯伯之卿三命，大夫再命，士一命，子男之卿再命，大夫一命，士不命，則諸侯之臣分爲三等，三命、再命、一命，不命與一命同，此經魚、腸胃、倫膚亦分爲三等，有十一，有九，有七，則十一當三命，九當再命，七當一命。若然，惟有上下二文者，以公侯伯之大夫與子男之卿同再命，卿爵尊爲上，大夫爵卑爲下，則上言若九者，子男之卿也，下言若九者，公侯伯之大夫也，故鄭云“卿則曰上，大夫則曰下”。

八　大國之孤視子男，參《典命》、《行人》文①

云“大國之孤視子男”者，欲見此經唯見三命以下，案《周禮·典命》大國之孤四命，又《大行人》云“大國之孤執皮帛以繼子男”，又云“其他皆視小國之君”，若然，孤與子男同十三，侯伯十五，上公十七，差次可知。

九　主君有故不親食，使大夫致禮賓館

若不親食。

釋曰：自此盡“聽命”，論主君不親食，使大夫致禮於賓館之事。疾病之外，別云“他故”者，君有死喪之事，故《聘禮》云“主人畢歸禮，賓唯饗餼之受”，謂畢致饗食，但賓不受之。

十　戠炙在牲未殺，故以生魚釋庶羞

庶羞陳于碑內。

釋曰：云“生魚”者，上文魚膾是魚之中膾者，皆是生魚也，案鄭注《周

---

① “八大國”至“行人文”，原在頁眉處，占行八至十三，謹依題義挪至此處。

禮》云"燕人膾魚方寸,切其腴以啗所貴"是也,此則全生不膾,何者？本膾在豆,與胾炙俱設,今胾炙在牲未殺,膾全不破可知。若然,庶羞之內,眾羞俱有,鄭獨云"生魚"者,以其胾炙在牲不殺,於此無矣,雖有乾腊、雉兔之等,以生魚爲主。

十一　庭實陳於碑外,主庭與賓館內外異

庭實陳于碑外。

釋曰:"執乘皮者,不參分庭一在南者,以言歸,宜近內"者,庭實正法,皆參分庭一在南而陳之,故《昏禮記》云"納徵",執皮者"參分庭一在南",上文親食,庭實陳處當亦然,今云"碑外"①,繼碑而言近北矣,彼參分庭一在南陳之者,謂在主人之庭參分庭一陳之②,擬與賓向外,故近南,此陳於客館,擬與賓入內,故鄭云"以言歸,故在內"也。

十二　賓皮弁受饔,今朝服受使,食禮輕

賓朝服以受,如受饔禮。

注:朝服,食禮輕也。

釋曰:云"朝服,食禮輕"者,以其歸饔餼時,卿韋弁,賓皮弁受,此食禮,賓朝服受,不皮弁。

十三　大夫相食,親戒、速,君不親

大夫相食,親戒、速。

釋曰:自此盡"大夫之禮",論主國大夫食賓之禮別於主君之事。大夫親戒、速,決君不親戒、速,此則異於君也,以其下諸文皆異,故云"記異於君者也"。云"先就告之,歸具。既具,復自召之"者,以其戒、速兩有③,

---

① "今"上原無"上文親食庭實陳處當亦然"十一字,曹云:"此上有脫,宜補云'上文親食,庭實陳處當亦然'。下句'彼參分庭',彼,彼親食也。"據補。

② 下"庭"字下原無"一"字,阮云:"毛本'庭'下有'一'字。"據補。

③ "速"字原作"具",曹云:"'具'當爲'速'。"據改。

皆親爲之，故爲此解，與《鄉飲酒》《鄉射》同，故彼二文皆云戒賓既歸，布筵設尊，乃親速賓。

十四　臣於君稽首，敵而稽首，食禮相敬

受侑幣，再拜稽首，主人送幣亦然。

注：敵也。

釋曰：案《郊特牲》云“大夫之臣不稽首，非尊家臣，以辟君也”，又案《左氏傳》哀十七年，“公會齊侯盟于蒙，孟武伯相。齊侯稽首，公拜。齊人怒，武伯曰：非天子，寡君無所稽首”，若然，臣於君乃稽首，平敵相施當頓首①，今言敵而稽首者，以食禮相尊敬，雖敵亦稽首，與臣拜同。

十五　自戒、速、迎、受之等外，其豆數等同公

其他皆如公食大夫之禮。

釋曰：云“其他”，謂豆數、俎體、陳設皆不異上陳，但禮異者，謂親戒、速，君則不親，迎賓公不出，此大夫出大門，公受醬、湆、幣不降，此大夫則降也，公食大夫，大夫降食於階下，此言西序端，上公食卷加席，公不辭，此則辭之，皆是異也。

十六　祭七日戒，三日宿，大射三日、一日，此則當日

記：不宿、戒。

釋曰：祭祀，散齊七日爲戒，致齊三日爲宿，此則與祭祀異，此“不宿、戒”者，謂不爲三日之戒，又不爲一日之宿，故鄭云“此所以不宿、戒者，謂前期三日之戒，申戒爲宿，謂前期一日”②。若然，必知三日之戒，一日之宿者，《大射》“前期三日，宰夫戒宰及司馬”，又《少牢》辟人君，有前期一日之宿，此雖人君禮，以食禮輕，故知無三日之戒③，一日之宿。既無前

---

① “施”字原作“於”，阮云：“毛本‘於’作‘施’。”據改。

② “日”下原有“者”字，曹云：“‘者’字衍。”據刪。

③ “無”字原作“有”，曹云：“‘有’當爲‘無’。”據改。

日之事,宜與《鄉飲酒》、《鄉射》禮同,當日爲之,故皆不言日數,故下注云"食賓之朝,夙興戒之①,賓則從戒者而來②,不復召"是也。

十七　禮賓時親授几

不授几。

釋曰:決禮賓時,公親授几也。

注:異於醴也。

十八　《食》、《燕禮》、《少牢》亨在門外,《特牲》、《鄉飲》門内

亨于門外東方。

釋曰:案上經甸人、亨人之等,亨人是士官,不得言大夫之事,言"大夫之事"者,解亨在門外之禮也,《燕禮》注云"亨於門外,臣所掌也",言臣亦是大夫事,《少牢》廩爨、饔爨皆在門外,亦大夫事,《特牲》云"主婦視饎爨于西堂下"者,以其無廩人主之,故在内。若然,《鄉飲酒》雖是大夫之事,以其取祖陽氣之始,故亦於門内。

十九　《燕禮》司宮注小宰,此注太宰之屬

司宮具几與蒲筵常,緇布純,加萑席尋,玄帛純。

釋曰:云"司宮,太宰之屬,掌宮廟者",案《燕禮》云"司宮尊于東楹之西",注"司宮,天子曰小宰,聽酒人之成要者也",注雖不同,其義一也,但《燕禮》司宮云"設尊",故以小宰解之,此司宮設几席,故以太宰之屬解之。案《太宰》之下有宮人,掌宮中除汙穢之事,即此司宮,彼不言設几席者,以天子具官,別有司几筵,又有小宰,諸侯兼官,故司宮兼司几筵及小宰。

---

① "夙"字原作"宿",曹云:"'宿'當爲'夙'。"據改。

② "戒"下原無"者"字,曹云:"下注'戒'下有'者'字。"據補。

二十　丈六尺曰常，半常曰尋，《考工》約文

經文同前。

注：丈六尺云云。純，緣也。必長筵者①，以有左右饌。

釋曰：云"丈六尺曰常，半常曰尋"者，此皆無正文，案《周禮·考工記》云車有六等之數，云"軫崇四尺，謂之一等"，又云"戈長六尺六寸，既建而迤之，崇於軫四尺，謂之二等；人長八尺，崇於戈四尺，謂之三等；殳長尋有四尺，崇于人四尺，謂之四等；車戟常，崇于殳四尺，謂之五等；酋矛常有四尺，崇于戟四尺，謂之六等"，自軫至矛，皆以四尺爲差，以是約之，即知常是丈六尺，尋是八尺也。

二一　天子、諸侯東西房，大夫、士直東房

宰夫筵，出自東房。

釋曰：上云司宮具几筵，具之在房，宰夫敷之而已。"天子、諸侯左右房"，以其言東房對西房，若大夫、士，直有東房而已。

二二　賓車不入大門，偏駕不入王門，廣敬

賓之乘車在大門外西方，北面立。

注：賓車不入門云云。

釋曰：云"賓車不入門，廣敬也"者，《曲禮》云"客車不入大門"，與此同，《覲禮》云"偏駕不入王門"，偏駕謂同姓金路之等，乘墨車以朝，墨車亦云不入大門，與此亦同。云"凡賓即朝，中道而往"者，《内則》云"男子由右，女子由左"，車從中央，故賓乘車中道。云"而後車還立于西方"者，案《少儀》云"僕於君子，始乘則式，君子下行，然後還立"，注云"還車而立，以俟其去"，是還立于西方鄉内②。云"賓及位而止，北面"者，案《玉

---

①　"筵"上原無"必長"二字，注有"必長"二字，據補。

②　"内"字原作"外"，曹云："'外'似當爲'内'。"據改。

藻》云"賓立不當門",彼亦謂聘使也。云"卿大夫之位當車前"者,案《大行人》云"上公立當軹,侯伯立當前疾①,子男立當衡",又云"大國之孤朝位當車前"者,則卿大夫立亦與孤同一節,兼云大夫者,小聘曰問,使下大夫,立與孤卿同,當車前,故連言也。

二三　簠先設,卻會,簠將食乃設,設亦去冪

簠有蓋冪。

釋曰:簠簋相將,簋既有會,明簠亦有會可知,但黍稷先設,故卻會於簠西②,簠盛稻粱,將食乃設,故鄭云"去會于房,蓋以冪。冪,巾也"。至于陳設,冪亦去之。經云"有蓋冪"者,據出房未設而言。

---

① "侯"上原有"諸"字,汪刻本及張、阮刻本均無"諸"字,據刪。
② "簠西"原作"敦南",曹云:"'敦南'當爲'簠西'。"據改。

中華禮藏 禮經卷 儀禮之屬

儀禮要義（下册）

［宋］魏了翁 撰
王紅娟 點校

浙江大學出版社
ZHEJIANG UNIVERSITY PRESS

儀禮要義卷第二十六下　覲禮一

一　朝位於内朝而序進，覲位廟門外序入

覲禮第十。

鄭《目録》云"覲，見也。諸侯秋見天子之禮"云云。釋曰：鄭云"春見
曰朝"等，《大宗伯》文。云"朝、宗禮備，覲、遇禮省"者，案《曲禮下》云"天
子當宁而立，諸侯北面而見天子曰覲。天子當宁而立，諸公東面，諸侯西
面曰朝"，鄭注"諸侯春見曰朝，受摯於朝，受享於廟，生氣，文也。秋見曰
覲，一受之於廟，殺氣，質也。朝者位於内朝而序進，覲者位於廟門外而
序入，王南面立於宁、宁而受焉①。夏宗依春，冬遇依秋。春秋時齊侯唁
魯昭公，以遇禮相見，取易略也。覲禮今存，朝、宗、遇禮今亡"，據此注而
言②，是"朝、宗禮備，覲、遇禮省"可知。

二　鄭云覲遇禮省，享獻不見，案下文有享

三　享謂朝覲行三享，獻謂享後私覲獻③

鄭又云"是以享獻不見焉"者，享謂朝覲而行三享，獻謂三享後行私

---

① "宁"字原作"宇"，四庫本及汪刻本均作"宁"，據改。

② "注"字原作"彼"，阮云："陳、閩俱無'彼'字，《要義》有。盧文弨改'彼'爲'注'。"據盧校改。

③ "三享謂"至"私覲獻"，原在頁眉處，占行二至七，"鄭又云"至"獻可知"乃與此題對應之
文字，涵于題二所領正文内，不宜段分，謹依題義挪至此處。

覿①，私覿後即有私獻，獻其珍異之物，故《聘禮記》云"既覿，賓若私獻，奉獻將命"，注云"時有珍異之物，或賓奉之，所以自序尊敬也，猶以君命致之"，臣聘猶有私獻，況諸侯朝覿，有私獻可知，是以《周禮·大宰職》云"大朝覲會同②，贊玉幣、玉獻"，注云"幣，諸侯享幣。玉獻，獻國珍異，亦執玉以致之"，大朝覲會同既有私獻，則四時常朝有私獻可知。案下文有享，亦當有獻，而云"享獻不見"者，案《周禮·大行人》上公冕服九章，介九人，賓主之間九十步，廟中將幣三享，侯伯子男亦云，鄭云"朝先享不言朝者，朝正禮，不嫌有等"，彼據春夏朝宗而言，不見秋冬者，以四時相對，朝宗禮備，故見之，覲遇禮省，故略而不言，此下文見享者，不對春夏，故言之。鄭云"是以享獻不見"者，據《周禮·大行人》而説也，必知鄭據《大行人》者，以其引《周禮》四時朝見，即云"是以享獻不見"，明鄭據《周禮·大行人》而言也。有人解"享"字上讀，以"獻不見"爲義者，苟就此文有享無獻，不辭之甚也。

四　侯氏至近郊，王使人皮弁用璧勞

覲禮。至于郊，王使人皮弁用璧勞，侯氏亦皮弁迎于帷門之外，再拜。

釋曰：自此盡"乃出"，論侯氏至近郊，天子使使者勞侯氏之事。云"郊，謂近郊"者，案《聘禮》云"至於近郊，君使卿勞"，故知此郊者亦近郊也。

五　近郊五十里，鄭約河南、洛陽相去數③

知"近郊去王城五十里"者，成周與王城相去五十里，而《君陳序》云"分正東郊成周"，鄭云"今河南、洛陽相去則然"，是近郊五十里也。引《小行人職》者，約近郊勞是大行人，以其尊者宜逸，小行人既勞于畿，明近郊使大行人也。

---

① "三"字原作"二"，曹云："'二'當爲'三'。"據改。
② "宰"下原無"職"字，汪刻本及張、阮刻本均有"職"字，據補。
③ "五近郊"至"相去數"，原在頁眉處，占行一至六，謹依題義挪至此處。

六　五等同有畿牢，侯伯、上公有加①

案《大行人》上公三勞，侯伯再勞，子男一勞，此雖不辨勞數，案《小行人》云"凡諸侯入王，則逆勞于畿"，不辨尊卑，則五等同有畿勞，其子男唯有此一勞而已，侯伯又加遠郊勞，上公又加近郊勞，則此云"近郊"，據上公而言。若然，《聘禮》使臣聘而云近郊勞者，臣禮異於君禮，君禮宜先遠，臣禮宜先近故也。

七　凡謂世子郊迎諸侯者，非周禮②

若然，《書傳略說》云"天子之子十八曰孟侯者，於四方諸侯來朝，迎於郊"，《孝經》注亦云"天子使世子郊迎"者，皆異代法，非周禮也。

八　王后有勞諸侯，主國夫人有勞聘客之禮

案《玉人職》云"案十有二寸，棗栗十有二列，諸侯純九，大夫純五，夫人以勞諸侯"，注云夫人謂王后，勞諸侯皆九，勞大夫皆五，此文不見者，以其《聘禮》於聘客，主國夫人尚有勞，以二竹簠方，明后亦有，略言王勞，不言后，文不具也。

九　王在朝服皮弁，入廟乃裨冕

王使人皮弁云云，侯氏亦皮弁云云。

云"皮弁者，天子之朝朝服"者，《司服》云"眡朝則皮弁"，故知在朝服皮弁，至入廟乃裨冕也。

---

① "六五等"至"公有加"，原在頁眉處，占行七至十一，謹依題義挪至此處。
② "七凡謂"至"非周禮"，原在頁眉處，占行十二至十六，謹依題義挪至此處。

十　諸侯致享皆帛配玉,此璧勞無帛①

云"璧無束帛者,天子之玉尊"者,此對諸侯玉卑,故《聘禮》云"束帛加璧",是諸侯臣所執,《小行人》合六幣云"璧以帛,琮以錦,琥以繡,璜以黼",是諸侯所執以致享,皆有束帛配之,諸侯玉卑故也。此乃行勞所用,以享禮況之耳。

十一　不言諸侯,言侯氏,不凡之

侯氏亦皮弁_{云云}。

云"不言諸侯,言侯氏者,明國殊舍異,禮不凡之也"。而所勞之處,或非一國,舍處不同,故不總言。

十二　郊舍狹寡,爲帷宮以受勞

迎于帷門之外_{云云},使者先升,侯氏升_{云云}②。
注:"升者,升壇"。
釋曰③:云"郊舍狹寡,爲帷宮以受勞"者,《周禮》十里有廬,三十里有宿,五十里有市,市有館④,郊關之所各自有舍,或來者多,館舍狹寡⑤,故不在館舍,以帷爲宮,以受勞禮也。

---

①　"十諸侯"至"勞無帛",原在頁眉處,占行九至十四,謹依題義挪至此處。
②　"使者"至"云云",乃了翁節引之經文,經原作"侯氏亦皮弁迎于帷門之外,再拜。使者不荅拜,遂執玉,三揖,至于階,使者不讓先升。侯氏升,聽命,降,再拜稽首,遂升受玉。"此是據經義省,四庫本作"使者不答拜至侯氏升云云",乃據經文省,此仍其舊。
③　"釋"下原無"曰"字,四庫本有"曰"字,據補。
④　"有"下原有"郊"字,阮云:"'有'下《要義》有'郊'字,非。"據刪。
⑤　"舍"字原作"是",汪刻本及張、阮刻本均作"舍",據改。

十三　國客受勞于館，諸侯相朝爲壇①

云“《掌舍職》曰：爲帷宮，設旌門”者，謂爲帷宮，則設旌旗以表四門，彼天子所舍平地之事，引之者證諸侯行亦有帷宮，設旌爲門之事也。案《聘禮》使卿勞，賓受於門內，《司儀》諸公之臣相爲國客②，亦是受勞於館，不爲帷宮者，彼臣禮，卿行旅從，徒衆少，故在館，此諸侯禮，君行師從，徒衆多，故於帷宮。襄二十八年《左氏傳》云“子產相鄭伯以如楚，舍不爲壇”，注云“至敵國郊，除地封土爲壇，以受郊勞”，又“外僕言曰：先大夫相先君適四國，未嘗不爲壇。今子草舍，無乃不可乎？子產曰：大適小則爲壇，小適大，苟舍而已，焉用壇”，彼亦是諸侯相朝，當爲壇，以帷爲宮，受勞之事也。

十四　使者不拜送玉，凡奉命使皆不拜送

使者左還而立，侯氏還璧。

釋曰：直云“使者左還”，不云拜送玉者，凡奉命使，皆不拜送，若卿歸饔餼不拜送幣，亦斯類也，若身自致者，乃拜送，下文儐使者及聘禮私覿、私面皆拜送幣是也。云“左還，還南面，示將去也”者，以其東面致命而左還，明左還者南面也，未降而南面，示將去故也。云“立者，見侯氏將有事於己，俟之”者，經云“而立”，即云“侯氏還璧”，故知立者見侯氏將有還玉之事於己，故俟之不降。

十五　圭璋還之，璧琮加束帛受而報之

侯氏還璧，使者受。侯氏降③，再拜稽首，使者乃出。

釋曰：云“還玉，重禮”者，案《聘義》圭璋還之，璧琮加束帛報之，所以輕財重禮，彼以璧琮不還則爲輕財者，以其璧琮加束帛，故爲輕財不還，

---

①　“十三國客”至“朝爲壇”，原在頁眉處，占行十三至十七，謹依題義挪至此處。
②　“公”字原作“侯”，阮云：“‘侯’，陳本作‘公’。”《周禮·司儀》作“公”，據改。
③　“氏”下原無“降”字，經有“降”字，據補。

此以天子之璧不加束帛,尊之與圭璋同,故亦還之,爲重禮也。

十六　賓在館爲主人,故侯氏先升,使者後

侯氏乃止使者,使者乃入。侯氏與之讓升,侯氏先升,授几,侯氏拜送几。使者設几,苔拜。

釋曰:自此盡"遂從之",論侯氏儐使者,遂從入朝之事。云"侯氏先升,賓禮統焉"者,行擯禮是待賓客之禮[1],是以賓在館爲主人,主人先升,使者爲賓,賓後升,故云"禮統焉",謂賓統於主人也[2]。

十七　侯氏授几,使者不坐而設几,示優厚[3]

云"几者,安賓,所以崇優厚"者,案《大宰》云"贊玉几",注云"立而設几,優尊也",此使者亦不坐而設几,故云"所以優厚也"。《聘禮》卿勞受儐不設几者,諸侯之卿卑,故不與此同也。云"上介出止使者,則已布席"者,經不云"上介出止使者"[4],鄭云"上介出止使者",案至館皆不敢當,皆使上介出請事,又見此經云"使者乃入",始云"侯氏與之讓升",是侯氏不出,故知使上介止使者也。云"則已布席"者,以其素不云布席而云"設几",几不可設於地,明有席,席之所設,唯在此時,案《聘禮》受聘云"几筵既設",是几筵相將。

十八　侯氏儐使者,賓主拜各於其階

侯氏用束帛、乘馬儐使者,使者再拜受,侯氏再拜送幣[5]。

釋曰:云"儐使者,所以致尊敬也"者,案《聘禮》使卿用束帛勞賓,賓

---

[1]　"行擯禮是待賓客之禮"原作"行賓禮是賓客之禮",曹云:"上'賓'疑當爲'擯',下'賓'上似脱'待'字。"據改補。

[2]　"於主人"原作"有此堂",曹云:"'有此堂'三字似當爲'於主人'。"據改。

[3]　"十七侯氏"至"示優厚",原在題十六下別行另起,謹依題義挪至此處。

[4]　"介"下原無"出"字,注有"出"字,據補。

[5]　"侯氏"至"送幣","再"字漫漶,據再造善本及四庫本寫定。

不還束帛，賓儐卿以束錦，此使者以玉勞侯氏，侯氏還玉，仍亦儐使者，是致尊敬天子之使故也。知"拜各於其階"者，此賓與使行敵禮，若《鄉飲酒》、《鄉射》賓主拜各於其階也。

十九　侯氏陳四馬與使者，使者執左驂以出

釋曰：知"左驂，設在西者"，陳四馬與人，以西爲上，案《聘禮》禮賓時，賓執左馬以出，此亦以左驂出，故知左驂設在西也。又知"其餘三馬，侯氏之士遂以出授使者之從者于外"者，亦案《聘禮》禮賓執左馬以出，記云"主人之庭實，則主人遂以出，賓之士訝受之"，此侯氏在館如主人，明三馬亦侯氏之士以出授使者從者可知①。云"從之者，遂隨使者以至朝"者，亦如《聘禮》云下大夫勞賓，使者"遂以賓入，至於朝"。

二十　天子賜侯氏舍，猶《聘禮》使卿致館

天子賜舍。

釋曰：自此盡"乘馬"，論賜侯氏舍館，侯氏儐使之事。云"賜舍，猶致館"者，猶《聘禮》賓至於朝，君使卿致館，此不言致館，言"賜舍"者，天子尊極，故言賜舍也。云"所使者，司空與"者，《聘禮》使卿致館，此亦宜使卿，知是司空卿者②，《周禮》以天、地、春、夏、秋、冬分六卿③，五官無致館之事④，司空主營城郭宮室，館亦宮室之事，故知所使者司空也。但《司空》亡，無正文，故云"與"以疑之。

二一　侯氏以束帛、乘馬儐使者，尊王命

曰："伯父，女順命于王所，賜伯父舍。"侯氏再拜稽首，儐之束帛、乘馬。

---

① "三"字原作"主"，張、阮刻本均作"三"，據改。
② "空"下原有"非"字，曹云："'非'字衍。"據刪。
③ "六"上原無"分"字，曹云："'六'上似脫'分'字。"據補。
④ "無"上原無"五官"二字，曹云："'無'上似脫'五官'二字。"據補。

釋曰：云"王使人以命致館，無禮，猶儐之者，尊王使也"者，決《聘禮》卿無禮致館，賓無束帛儐卿，此王使亦無禮致館，其賓猶儐使者，用束帛、乘馬，故云"尊王使"。

二二　天子使大夫戒侯氏覿日

天子使大夫戒，曰："某日，伯父帥乃初事。"侯氏再拜稽首。

釋曰：自此盡"再拜稽首"，論天子使大夫戒侯氏期日，使行覿禮之事。知大夫是卿爲訝者，以其《周禮·秋官·掌訝職》云"諸侯有卿訝"，故知大夫即卿爲訝者。云"其爲告，使順循其事也。初，猶故"者，以其四時朝覲，自是尋常，故使恒循故事之常也。

二三　前朝一日，諸侯各遣上介受次於朝

諸侯前朝，皆受舍于朝。同姓西面北上，異姓東面北上。

釋曰：此一經論前朝一日，諸侯各遣上介受次於朝之事。云"言諸侯者，明來朝者衆矣"，若其行禮，自有前後，故鄭云"顧其入覲，不得並耳"。

二四　諸侯待朝聘之賓皆在大祖廟

受次知在文王廟門外者，案《聘禮》云"不腆先君之祧，既拚以俟"，則諸侯待朝聘之賓，皆在大祖之廟，以其諸侯無二祧[①]，遷主所藏皆在始祖之廟，故以始祖爲祧。

二五　秋冬受贄、受享皆在廟，無迎法[②]

云"受舍於朝，受次于文王廟門之外"者，以其春夏受贄於朝無迎法，受享於廟有迎禮，秋冬受贄、受享皆在廟，並無迎法，是以大門外無位，既

---

① "侯"下原有"者"字，倉石云："殿本、《正字》俱删'者'字。今案《周禮·守祧》疏亦云'諸侯無二祧'，無'者'字。"據删。

② "二五秋冬"至"無迎法"，原在頁眉處，占行十六至次頁行二，謹依題序挪至此處。

受覲於廟,故在廟門外①。

二六　鄭謂遷主所藏曰祧,七廟有二祧②

案天子待覲、遇,亦當在祧,《祭法》云天子七廟有二祧,又案《周禮・守祧職》云"掌守先王、先公之廟祧",鄭注"遷主所藏曰祧",穆之遷主藏於文王廟,昭之遷主藏於武王廟,今不在武王廟而在文王廟者,父尊而子卑,故知在文王廟也。若然,先公木主藏於后稷廟,受覲、遇不在后稷廟者,后稷生非王③。

二七　春夏受享迎賓有外次,在大門外

云"言舍者,尊舍也"者,此實以帷爲次④,非屋舍,尊天子之次,故以屋舍言之,是"尊舍也"。若天子春夏受享、諸侯相朝聘迎賓客者,皆有外次,即《聘禮記》"宗人授次"是也。有外次於大門外者,則無廟門外之內次。天子覲、遇在廟者,有廟門外之內次,無大門外之外次,此文是也。云"天子使掌次爲之"者,案《周禮・掌次》云"掌王次之法⑤,以待張事",故知使掌次爲之,諸侯兼官無掌次,使館人爲之,故《聘禮》云"館人布幕于寢門外"⑥,鄭注云"館人掌次舍帷幕者"。

二八　諸侯受舍于朝、置旅于宮,皆上介

云"諸侯上介先朝受焉"者,知使上介者,案下文諸侯覲於天子,爲

---

① "云受"至"門外",原在題二三正文"不得並耳"之後,文義實與題二五對應,謹依文義挪至此處。又,"廟"字原作"大",曹云:"'大'當爲'廟'。"倉石云:"'大',殿本改爲'廟'是也。"據改。

② "二六鄭謂"至"有二祧",原在頁眉處,占行三至八,謹依題序挪至此處。

③ "案天"至"非王",原在題二四正文"故以始祖爲祧"後,文義當與題二六相應,謹依文義挪至此處。

④ "實"字原作"賓",曹云:"'賓'當爲'實'。"據改。

⑤ "掌王次之法"原作"掌次舍之瀘",阮刻本作"掌王次舍之瀘",阮云:"《周禮》作'掌王次之瀘',疏云:'次者,次則舍也。'此本誤衍'舍'字。"據改。

⑥ "幕"字原作"冪",四庫本及汪刻本均作"幕",據改。

宫,方三百步,"上介皆奉其君之旂置于宫",明知此亦使上介也。

二九　同姓、異姓皆北面,惟廟門外異面

云"分别同姓、異姓受之,將有先後"者,案此經同姓西面,異姓東面,案《下曲禮》云"天子當依而立,諸侯北面而見天子曰覲",彼此皆是覲禮,彼諸侯皆北面,不辨同姓、異姓,與此不同者,此謂廟門外爲位時,彼謂入見天子時,故鄭注云"覲者位於廟門外而序入"[①],"入"謂北面見天子時。引《春秋》者,案隱十一年經書"滕侯、薛侯來朝",《左傳》曰"爭長。薛侯曰:'我先封'。滕侯曰:'我周之卜正也。薛,庶姓也。我不可以後之'。公使羽父請於薛侯"[②]。

三十　諸侯將覲,釋幣于禰,謂告行主

侯氏裨冕,釋幣于禰。

釋曰:此經明諸侯在館内[③],將覲於王,先釋幣告於行主之禮。知"將覲質明時"者,案《聘禮》賓厥明釋幣于禰,故知此亦質明時也。

三一　大裘爲上,袞冕以下爲裨[④]

三二　天子吉服有九而言六服,據六冕[⑤]

云"裨之,爲言埤"者,讀從《詩》"政事一埤益我",取裨陪之義。云"天子六服,大裘爲上,其餘爲裨"者,天子吉服有九而言六服者,據六冕

① "位"字原作"謂",汪刻本及張、阮刻本均作"位",據改。
② "羽"字原作"與",四庫本及汪刻本均作"羽",據改。
③ "侯"下原有"之"字,曹云:"'之'字衍。"據删。
④ "三一大裘"至"下爲裨",原在頁眉處,占行十六至次頁行二,謹依題義挪至此處。
⑤ "三二天子"至"據六冕",原在頁眉處,占行三至八,"云天子"至"冕而言"乃與此題對應之文字,涵于題三一所領正文内,不宜段分,謹依題義挪至此處。

而言,以大裘爲上,無埤義,袞冕以下皆爲裨,故云"其餘爲裨"。

三三　諸侯惟不得有大裘,上公則袞冕以下①

云"以事尊卑服之"者,即《司服》所云王"祀昊天上帝則大裘而冕,祀五帝亦如之,祀先王則袞冕"以下,至"群小祀則玄冕",舉天子而言,故云"以事尊卑服之"。云"而諸侯亦服焉"者,亦據《司服》而言,諸侯唯不得有大裘,上公則袞冕以下,故鄭云"此差,司服所掌也"。

三四　上公袞無升龍,天子升降俱有

云"上公袞無升龍"者,案《白虎通》引《禮記》曰"天子乘龍,載大旂,象日月,升龍。《傳》曰:天子升龍,諸侯降龍",以此言之,上得兼下,下不得僭上,則天子升降俱有,諸侯直有降龍。

三五　諸侯而用裨冕告禰,以將入天子廟

案《玉藻》"諸侯玄冕以祭",不得服袞冕以下,是以鄭注《司服》云諸侯自祭於其家則降②。若然,諸侯自家祭降,魯與二王之後,皆不得用袞冕、鷩冕、毳冕,則此等及孤、卿大夫絺冕、玄冕者,是入君廟及入天子之廟,故服也。今云諸侯告禰用裨冕者,將入天子之廟,故服以告禰,謂若《曾子問》云諸侯"裨冕以朝",鄭注云"爲將廟受",亦斯之類也。

三六　天子巡守以遷廟主行,諸侯亦然

云"禰,謂行主遷主矣"者,案《禮記·曾子問》云"師行,必以遷廟主行乎?孔子曰:天子巡守,以遷廟主行,載于齊車,言必有尊也",彼雖據天子,其諸侯行亦然,以其皆有遷廟木主。

---

① "三三諸侯"至"冕以下",原在頁眉處,占行九至十四,謹依題義挪至此處。

② "自"下原無"祭"字,倉石云:"案《司服》注無文。殿本'自'下補'祭'字。"據補。

三七　諸侯遷主歸還入祧廟，大夫無木主^①

　　若然，大夫無木主，《聘禮》賓釋幣于禰者，大夫雖無木主，以幣帛主其神，亦爲行主也。"而云禰，親之"者，以其在外，唯有遷主可事，故不言遷主而云禰也。云"其釋幣，如聘大夫將受命，釋幣于禰之禮"者，案《聘禮》將行，釋幣于禰，此禰無文，故約與之同，彼既釋幣，乃受命^②，即出行，故云"將受命，釋幣于禰"，皆是告將行，無祭祀。知"既則祝藏其幣，歸乃埋之於祧西階之東"者，此無正文，案《聘禮》祝告，祝"又入取幣降，卷幣實于笲，埋于西階東"，此亦與彼同。云"祧"者，諸侯遷主藏於始祖之廟，諸侯既以始祖之廟爲祧，遷主歸，還入祧廟，故知此幣埋於祧西階之東也。

三八　諸侯偏駕不入王門，乘大夫墨車以朝

　　乘墨車，載龍旂、弧、韣，乃朝，以瑞玉，有繅。

　　釋曰：自此盡"乃出"，論諸侯發館至天子廟門之外，以次行覲禮之事。云"墨車，大夫制也"者，案《周禮·巾車職》云"孤乘夏篆，卿乘夏縵，大夫乘墨車，士乘棧車，庶人乘役車"，故知"墨車，大夫制也"。必言"墨車，大夫制"者，對玉路、金路、象路之等，天子、諸侯之制也。云"乘之者，入天子之國，車服不可盡同"者，《巾車》云同姓金路，異姓象路，四衛革路，並得與天子同，據在本國所乘，下記云"偏駕不入王門"，偏駕金路、象路等是也，既不入王門，舍於客館，乘此墨車以朝也。

三九　龍旂、弧、韣、瑞玉、繅藉之制

　　云"交龍爲旂，諸侯之所建"者，《司常職》文也。云"弧，所以張縿之弓也"者，《爾雅》説旌旗正幅爲縿，故以此弧弓張縿之兩幅，故云"張縿之

---

① "三七諸侯"至"無木主"，原在頁眉處，占行九至十四，謹依題義挪至此處。
② "乃"上原無"彼既釋幣"四字，曹云："此上似脱'彼既釋幣'四字。"據補。

弓也”。云“弓衣曰韣”者，案《月令》。云“瑞玉，謂公桓圭”之等，皆《大宗伯》、《典瑞職》文。云“繅，所以藉玉”至“爲六色”①，其義疏己見於《聘禮記》。

四十　天子設斧依於户牖間，左右玉几

天子設斧依於户牖之間，左右几。

釋曰：云“依，如今綈素屏風也”者，案《爾雅》“牖户之間謂之扆”，以屏風爲斧文，置於依地②。孔安國《顧命傳》云“扆，屏風，畫爲斧文，置户牖間”是也。

四一　漢時屏風綈素爲之，象古白黑斧③

言“綈素”者，綈，赤也；素，白也，漢時屏風以綈素爲之，象古者白黑斧文。云“有繡斧文，所以示威也”。云“斧謂之黼”者，據繡次言之，白與黑謂之黼，即爲此黼字也，據文體形質言之，刃白而銎黑，則爲此斧字，故二字不同也。云“几，玉几也”者，案《周禮·司几筵》云“左右玉几”，故知此几是玉几也，注“左右有几，優至尊也”，亦與此同。

四二　袞衣裨之，上衣繢，裳繡，法陰陽

天子袞冕，負斧依。

釋曰：云“負斧依”者，負謂背之南面也。云“袞衣者，裨之上也”者，但裨衣者，自袞冕至玄冕，五者皆裨衣，故云“裨之上也”。上文云“裨衣”者，總五等諸侯，指其衣有三等，不得定其衣號，故總言裨衣，此據天子一身，故指其衣體言“袞冕”。云“繢之、繡之爲九章”者，衣繢而裳繡，衣在上爲陽，陽主輕浮，故對方爲繢次，裳在下爲陰，陰主沈深，故刺之爲繡

---

① “云繅”至“六色”原作“后云繅所以藉玉至於六色”，汪刻本及張、阮刻本均作“云繅所以藉玉至爲六色”，據删改。

② “地”字原作“也”，汪刻本及張、阮刻本均作“地”，據改。

③ “四一漢時”至“白黑斧”，原在頁眉處，占行九至十四，謹依題義挪至此處。

次，是以《尚書》衣言作繢，裳言黼。

四三　天子在朝、在廟皆南鄉立

云"南鄉而立"者，此文及《司几筵》雖不云立，案《下曲禮》云"天子當宁而立"，又云"當宸而立"，在朝、在廟皆云"立"，故知此南面而立，以俟諸侯之見也。

四四　嗇夫蓋司空之屬，爲末擯，承命侯氏

嗇夫承命，告于天子。

釋曰：云"嗇夫，蓋司空之屬也"者，無正文，知司空屬者，案五官之內，無嗇夫之名，故知是司空之屬，但《司空職》亡，故言"蓋"以疑之。云"爲末擯[1]，承命於侯氏下介，傳而上，上擯以告於天子"者，案《周禮·司儀職》兩諸侯相朝，皆爲交擯，則此諸侯見天子交擯可知。

四五　擯、介當在廟門外，有末擯、上擯[2]

此所陳擯、介當在廟之外，門東陳擯，從北鄉南，門西陳介，從南鄉北，各自爲上下，此經先云"嗇夫承命，告于天子"，則命先從侯氏出，下文天子得命，呼之而入，命又從天子下至侯氏，即令入，故下注云"君乃許入"。若然，此覲、遇之禮略，唯有此一辭而已，無三辭之事，《司儀》云"交擯三辭"者，據諸侯自相見於大門外法，其天子春、夏受享於廟，見於大門外，亦可交擯三辭矣。云"天子見公，擯者五人"以下，並《大行人》文。

---

① "云"下原無"爲"字，曹云："'云'下脱'爲'字。"據補。

② "四五擯介"至"上擯"，原在題四四下別行另起，謹依題義挪至此處。

四六　出接賓曰擯，入詔禮曰相①

云“皆宗伯爲上擯”者，案《大宗伯職》云“朝覲會同，則爲上相”，鄭注云“相詔王禮也，出接賓曰擯，入詔禮曰相”，若四時常朝，則小行人爲承擯。

四七　覲、遇雖無迎法，饗與春夏同，有送逆

天子曰：“非他，伯父實來，予一人嘉之。伯父其入，予一人將受之。”

釋曰：此經直云“伯父其入”，不云迎之，《禮記·郊特牲》云“覲禮，天子不下堂而見諸侯”，故無迎法。若然，案《夏官·齊僕》云“掌馭金路以賓，朝、覲、宗、遇饗食皆乘金路，其法儀各以其等，爲車送逆之節”者，覲、遇雖無迎法，至於饗即與春夏同，故連言之。

四八　卑者見尊，皆奠摯而不授②

侯氏入門右，坐奠圭，再拜稽首。

釋曰：云“卑者見尊，奠摯而不授”者，案《士昏禮》云壻執鴈，升奠鴈，又云“若不親迎，則婦入三月然後壻見。主人出門，壻入門，奠摯再拜，出”，鄭注云“奠摯者，壻有子道，不敢授也”，又《士相見》凡臣見於君，奠摯再拜，與此奠圭皆是卑者不敢授而奠之。

四九　擯者延之升堂③，謂從後詔禮

侯氏再拜稽首。擯者延之曰：“升。”升成拜，乃出。

---

① “四六出接”至“禮曰相”，原在頁眉處，占行三至七，謹依題義挪至此處。

② “四八卑者”至“而不授”，“者”至“摯”六字漫漶，四庫本無“皆”字，據再造善本寫定。

③ “者”下“堂”上原有三字殘缺不見，再造善本“堂”上有“升”字，四庫本作“擯者延之延進也”，今按疏義，疑爲“擯者延之升堂”，謹補。

　　釋曰：云"從後詔禮曰延。延，進也"者，以其賓升堂，擯者亦升[1]，若《特牲》、《少牢》祝延尸使升，尸升，祝從升，與此文同，皆是從後詔禮之事。

---

①　"亦"字原作"不"，孫云："疑當作'亦升'。"據改。

416

儀禮要義卷第二十七　覲禮二

一　四享當作三享,古三字積畫故誤

四享,皆束帛加璧,庭實惟國所有。

自此盡"事畢",論侯氏行覲禮訖,相隨即行三享之事。云"四當爲三、古書作三、四或皆積畫,此篇又多四字,字相似,由此誤也"者,知四當爲三者,諸文唯謂三享,無四享之事,所以誤作四者,由古書作三、四之字,或皆積畫者,《堯典》云"帝曰:咨!三岳",《臯陶》云"外薄三海",《泰誓序》云"作《泰誓》三篇",是古書三、四皆積畫也。云"此篇文多四字"者,下有"四傳擯",又云"路下四,亞之",又云"束帛四馬"、"四門"、"四尺",四字既多,積畫四又似三,由此故誤爲四字也。引《大行人》者,欲證三享爲正文。云"其禮差,又無取於四也"者,案《聘禮》"小聘曰問,不享",大聘雖有享,不言數,明一享而已,案《大行人》五等諸侯皆同三享,若然,三與一及不享是其禮之差,是無取於四之義,故從三爲正。

二　初享皮馬,次享三牲、魚、腊等

云"初享,或用馬,或用虎豹之皮"者[1],案下經先陳馬,《聘禮》特言皮,故知初享以此二者爲先,言"或"者,《聘禮記》云"皮馬相間,可也",又《聘禮經》夕幣時,"皮則北首"[2],展幣時,更云"馬則幕南北面",此下經亦用馬,案《郊特牲》云"虎豹之皮[3],示服猛也",是其或用馬,或用虎豹之皮

---

① "或"下原無"用"字,曹云:"'或'下注有'用'字。"據補。
② "北"字原作"左",倉石云:"'左',殿本據經改作'北'。"據改。
③ "特牲"原作"祀特",四庫本作"特牲",據改。

爲初享也。云"其次享,三牲、魚、腊、籩豆之實"以下,皆《禮器》文,是以《禮器》云"大饗,其王事與? 三牲、魚、腊,四海九州之美味也。籩豆之薦,四時之和氣也。內金,示和也。束帛加璧,尊德也。龜爲前列,先知也。金次之,見情也。丹漆、絲纊、竹箭,與衆共財也。其餘無常貨,各以其國之所有,則致遠物也"。

三　因覲即助祭,因祭即致享物[①]

彼諸侯因王爲祫祭而致之[②],與此因覲致之同,以其因覲即助祭,因祭即致享物,若不當三年祫祭,即特致三享也。

四　凡享者皆貢國所有,以璧帛致之

云"皆以璧帛致之"者,案《聘禮》束帛加璧享君,束錦加琮享夫人,《小行人》亦云"璧以帛,琮以錦",是五等諸侯享天子與后,此云"璧帛致之"者,據享天子而言,若享后,即用琮錦。但三享在庭分爲三段,一度致之,據三享而言,非謂三度致之爲皆也。凡享者,貢國所有,或因朝而貢,或歲之常貢。歲之常貢,則《小行人》云"春入貢"及《太宰》"九貢"是也,因朝而貢者,則《大行人》云"侯服歲一見,其貢祀物"之等是也,皆有璧帛以致之。

五　五等享玉各如其瑞,二王後異[③]

案《小行人》云"合六幣,圭以馬,璋以皮,璧以帛,琮以錦,琥以繡,璜以黼。此六物者,以和諸侯之好故",注云"合,同也。六幣,所以享也。五等諸侯享天子用璧,享后用琮,其大各如其瑞,皆有庭實,以馬若皮。皮,虎豹之皮。用圭璋者,二王之後也。二王後尊,故享用圭璋而特之。

---

① "三因覲"至"致享物",原在頁眉處,占行三至七,謹依題義挪至此處。

② "因"字原作"國",曹云:"'國'當爲'因'。"倉石云:"殿本倒'王爲'二字,《正字》改'國'爲'因'。今案尋繹文理,浦說似優。"據改。

③ "五五等"至"王後異",原在頁眉處,占行六至十,謹依題義挪至此處。

《禮器》曰'圭璋特',義亦通於此,其於諸侯亦用璧琮耳。子男於諸侯,則享用琥璜,下其瑞也。凡二王後、諸侯相享之玉,大小各降其瑞一等"。若如此言,鄭知五等享玉各如其瑞者,見《玉人職》云"璧琮九寸,諸侯以享天子",言九寸,據上公,琮以享后不言者,文不具,公依命數與瑞等,則侯、伯、子、男之享玉亦如其瑞可知①。又知五等自相享各降其瑞一等者②,又見《玉人職》云"瑑琮八寸,諸侯以享夫人",鄭云"獻於所朝聘君之夫人",兼言聘者,欲見聘使亦下君之瑞一寸,與君同,直言瑑琮享夫人,不言瑑璧以享君③,亦文不具,若然,侯、伯、子、男自相享,各降其瑞一寸可知。圭璋據二王後享天子與后者,五等諸侯既用璧琮,二王後尊,明用圭以享天子,用璋以享后可知。又知二王後自相享亦用璧琮者,以五等諸侯降於享天子,明二王後退用璧琮可知。子、男自相享用琥璜者,以其子、男瑞用璧,享天子可與瑞同,自相享不得與瑞等,降用琥璜可知,若然,子、男之臣自相聘,亦享用琥璜,不得踰君故也。又知五等之臣聘享之玉皆降其君一寸者,又見《玉人》云"瑑圭璋八寸,璧琮八寸以覜聘",八寸據上公之臣,則侯、伯、子、男臣各降其君一寸可知。

六　上公者謂王之三公爲二伯及二王後

《孝經緯・援神契》云"二王後稱公,大國稱侯",則二王之後爲公,而則前謂公者,案《典命》云"上公九命爲伯,其國家、宮室、車旗、衣服、禮儀皆以九爲節",鄭注云"上公者,謂王之三公有德者,加命爲二伯,二王之後亦爲上公"。

七　周公、召公本國猶稱魯侯、燕伯④

若然,《典命》云"王之三公八命,有功加一命爲二伯,則周公、召公是也,本國猶稱侯,則魯侯、燕伯是也。

---

①　"則侯"至"可知","享玉"二字漫漶,據再造善本及四庫本寫定。

②　"等"下原無"者"字,汪刻本及張、阮刻本均有"者"字,據補。

③　"言"字原作"見",汪刻本及張、阮刻本均作"言",據改。

④　"七周公"至"侯燕伯",原在頁眉處,占行一至五,謹依題義挪至此處。

八 一馬卓上,讀如卓王孫之卓

奉束帛,匹馬卓上①,九馬隨之。

云“卓,讀如卓王孫之卓。卓,猶的也”者,以音字既同而讀從之,卓王孫是司馬相如之妻文君之父也。於十馬之内,以素的一馬以爲上,故訓卓爲的也。云“書其國名,後當識其何産也”者,謂若晉有鄭之小駟,復有屈産之類是也。

九 庭實馬十匹,與《書》布乘黄朱異②

云“馬必十匹者,不敢斥王之乘,用成數,敬也”者,此爲庭實,故用十匹。案《康王之誥》二伯率諸侯而入,皆布乘黄朱陳四匹者③,彼據二王之後,以國所有享新王,享物陳於庭,用圭以馬致享,馬不得上堂,亦陳於庭,直以圭升堂致命,乘馬若乘皮,故以四爲禮,非所享之物,故用四馬,與此異也。

十 皮、馬與玉皆爲幣

侯氏升致命,王撫玉,侯氏降自西階,東面授宰幣云云。

釋曰:云“授宰幣”,王既撫玉,不受幣。幣即束帛加璧,并玉言幣,故《小行人》合六幣,皮、馬與玉皆爲幣。此單言宰,即大宰,大宰主幣,故《周禮·大宰職》云“大朝覲會同,贊玉幣、玉獻、玉几、玉爵”,注云“助王受此四者”是也。

---

① “匹馬”下原有“一馬”二字,經無“一馬”二字,據删。
② “九庭實”至“黄朱異”,原在頁眉處,占行十三至十七,謹依題義挪至此處。
③ “朱”下原有“而”字,曹云:“‘而’字衍。”據删。

十一　覲禮不下堂猶親受玉,至三享亦不庭受①

云"王不受玉,撫之而已,輕財也"者,案《聘義》圭璋還之爲重禮,璧
琮不還爲輕財,是以圭璋親受,璧琮即不受②,爲輕財故也。云"以馬出,
隨侯氏出授王人於外也"者,謂侯氏牽馬而出,馬隨侯氏之後,出授王人
於外也③。云"王之尊益君,侯氏之卑益臣"者,春夏受贄于朝,雖無迎法,
王猶在朝,至受享又迎之而稱賓主,至覲禮,受贄④、受享皆無迎法,不下
堂而見諸侯,已是王尊爲君禮,侯卑爲臣禮⑤,王猶親受其玉,今至于三
享,貢國所有,行供奉之節,故使自執其馬,王不使人受之於庭者,是王之
尊益君,侯氏之卑益臣故也。《聘禮》享用皮及賓私覿,馬皆使人受之者,
見他國之君,不臣人之臣,故與此異。

十二　《聘禮》享君有幣問卿大夫,《覲》亦當然

《聘禮》享君,尚有幣問卿大夫,此諸侯覲天子,享天子訖,亦當有幣
問公卿大夫,是以隱七年《左氏傳》云"初,戎朝于周,發幣于公卿而凡伯
不賓",服注云"戎以朝,禮及公卿大夫,發陳其幣,凡伯以諸侯爲王卿士,
不修賓主之禮敬報於戎",是以"冬,天王使凡伯來聘,還,戎伐之於楚丘
以歸",是諸侯朝天子,亦有幣及公卿大夫之事也⑥。

十三　侯氏右袒受刑,王免之,降出

事畢。乃右肉袒于廟門之東,乃入門右,北面立,告聽事。
釋曰:自此盡"降出",論侯氏受刑,王免之,降出之事。刑袒於右者,

---

① "十一覲禮"至"不庭受",原在頁眉處,占行十五至次頁行三,謹依題義挪至此處。
② "琮"下原有"初"字,曹云:"'初'衍字。"據刪。
③ "王"字原作"玉",四庫本及汪刻本均作"王",據改。
④ "禮"下原無"受贄"二字,曹云:"'禮'下脱'受贄'二字。"據補。
⑤ "侯"字原作"臣",曹云:"上'臣'當爲'侯'。"據改。
⑥ "幣"字原作"聘",曹云:"'聘'當爲'幣'。"倉石云:"'聘',殿本改爲'幣'。"據改。

右是用事之便，又是陰，陰主刑，以不能用事，故刑袒於右也。

十四　凡以禮事者，無問吉凶皆左袒①

云"凡以禮事者，左袒"，左袒者，無問吉凶禮皆袒左，知者，《士喪禮》云"主人出，南面，左袒，扱諸面之右"，《檀弓》云"延陵季子葬其子於嬴、博之間"，葬訖，"左袒"，故云"凡"以該之。

十五　鄭氏以"互體"釋"折其右肱"②

引"《易》曰：折其右肱，無咎"者，案《易·豐☰卦》九三云"折其右肱，無咎"，凡卦爻，二至四，三至五，兩體交互，各成一卦，先儒謂之互體，故鄭隨其義而注云"三，艮爻，艮爲手。互體爲巽，巽又爲進。退手而便於進③，退右肱也，猶大臣用事于君，君能誅之，故無咎"，引之者，證刑理宜於右。

十六　既袒而王辭，當出隱於屏外而襲

侯氏再拜稽首，出，自屏南適門西，遂入門左，北面立。

云"當出隱於屏而襲之也"者，以屏外不見天子爲隱，向者右袒，今王辭以無事，故宜襲也。云"天子外屏"者，據此文出門，乃云"屏南"，即是外屏。云"天子外屏"，取《禮緯》之文，故《禮緯》云"天子外屏，諸侯內屏，大夫以簾，士以帷"是也。

十七　天子賜侯氏車服

天子賜侯氏以車服。迎于外門外，再拜。

釋曰：自此盡"亦如之"，論王使人賜侯氏車服之事。

---

① "十四凡以"至"皆左袒"，原在頁眉處，占行十四至十八，謹依題義挪至此處。
② "十五鄭氏"至"其右肱"，原在頁眉處，占行二至六，謹依題義挪至此處。
③ "進"下原無"退手而便於進"六字，汪刻本及張、阮刻本均有"退手而便於進"六字，據補。

十八　同姓金路,太公與杞、宋雖異姓,亦如之①

云"同姓金路,異姓象路",案《周禮‧巾車》掌五路,自玉路至木路,玉路以祀,尊之,不賜諸侯,金路云"同姓以封",象路云"異姓以封",革路云"以封四衛",木路云"以封蕃國",鄭云同姓"謂王子母弟,率以功德出封,雖爲侯伯,其畫服猶如上公",賜魯侯、鄭伯服則衮冕,得乘金路以下,與上公同。則大公與杞、宋雖異姓,服衮冕乘金路矣。異姓謂舅甥之國,與王有親者,得乘象路。異姓侯伯,同姓子男,皆乘象路以下。四衛,謂要服以內庶姓,與王無親者,自侯、伯、子、男皆乘革路以下。蕃國,據外爲總名,皆乘木路而已。鄭直言金路、象路者,略之也。云"服則衮也、驚也、毳也",據《司服》而言。

十九　邦國連言據諸侯,單言國據王

同姓大國則曰伯父,其異姓則曰伯舅②,小邦則曰叔父、叔舅③。

釋曰:案《周禮‧冢宰職》云"掌建邦之六典,以佐王治邦國",注云"大曰邦,小曰國,邦之所居亦曰國"者,彼經或邦國連言,或單言國,則邦國連言據諸侯,單言國據王,以邦在國上,故云"大曰邦,小曰國",唯王建國,是邦之所居亦曰國。

二十　此經大國言國,小國言邦④

彼對文則別⑤,散文則通,故此大國言國,小國言邦也。

---

①　"十八同姓"至"亦如之",原在頁眉處,占行五至十,謹依題義挪至此處。

②　"異"上原無"其"字,四庫本有"其"字,合於經,據補。

③　"小邦"至"叔舅",乃了翁節引之經文,經原作"同姓小邦則曰叔父,其異姓小邦則曰叔舅",是據經義省,四庫本作"同姓小邦云云",乃據經文省,此仍其舊。

④　"二十此經"至"國言邦",原在頁眉處,占行十四至十八,謹依題義挪至此處。

⑤　"別"字原作"例",曹云:"'例'當爲'別'。"據改。

二一　同姓伯父、叔父，二伯不問同姓，皆伯父①

　　鄭云"據此禮云伯父，同姓大邦而言"者，鄭欲解稱伯父、叔父不要同姓爲定之意。云"據此禮云伯父"者②，即上文云"伯父"，此文即云"同姓大國則曰伯父"，是以云"據此禮云伯父③，同姓大邦而言"，若據他文④，則不要同姓與大國，案《下曲禮》東西二伯，不問同姓、異姓，皆稱伯父⑤，州牧皆稱叔父⑥，鄭云"牧尊於大國之君而謂之叔父，辟二伯，亦以此爲尊"是，此文云"同姓大國則曰伯父"者⑦，唯據此禮云伯父而言⑧，不據他文，故鄭此注決爲不定之意。

二二　饗、食、燕皆有酬幣、侑幣

　　饗、禮，乃歸。

　　釋曰：云"禮謂食、燕也"者，案《聘禮》及諸文言饗皆單云饗，無云禮，鄭所引《掌客》五等饗、食、燕三者具有，今饗下有禮，故以禮爲食、燕也。云"王或不親，以其禮幣致之"，鄭言此者，欲解經變食、燕而謂之禮⑨，見王有故不親食、燕，則以禮幣致之，故謂之禮⑩。云"略言饗、禮，互文"者，

---

　　① "二一同姓"至"皆伯父"，原在頁眉處，占行二至七，謹依題義挪至此處。
　　② "此"下原無"禮"字，注有"禮"字，據補。
　　③ "以"下原無"云"字，汪刻本及張、阮刻本均有"云"字，據補。
　　④ "若據他文"原作"者也據文"，阮刻本《儀禮注疏》作"若也據文"，阮云："許宗彥云：'若也據文，乃若據他文之訛。'"據改。
　　⑤ "案下曲禮"至"皆稱伯父"，倉石云："殿本《考證》吳氏紱云：'異姓焉得有稱伯父之理，顯與《曲禮》原文不合。但此賈氏失解，非寫刻之譌，未便遽改也。'"
　　⑥ "皆"字原作"而"，曹云："'而'當爲'皆'。然《曲禮》明有異姓稱伯舅、叔舅之文，此疏所云，弼殊未解。"據改。
　　⑦ "文"字原作"又"，曹云："'又'字當爲'文'"，據改。
　　⑧ "禮"下原有"而"字，曹云："'而'字衍。"據刪。
　　⑨ "謂"字原作"言"，曹云："'言'當爲'謂'。"據改。
　　⑩ "謂"字原作"言"，曹云："'言'亦當爲'謂'。"據改。

直言饗，見王無故親饗之，若王有故，亦以酬幣之禮致之①，食、燕謂之禮②，見王有故，以侑幣之禮致之③，亦宜有王無故親食、燕，故云“互文也”。引《掌客》者，見五等諸侯饗、食、燕皆具有，證經之禮是食、燕之義也。以此文爲互，則饗、食、燕皆有酬幣、侑幣，是以《掌客職》“三饗、三食、三燕”云云，即云“若弗酌，則以幣致之”，鄭注云“若弗酌，謂君有故，不親饗、食、燕”，彼是諸侯自相待法，此鄭引之，證經天子待諸侯法，則天子待諸侯三者皆有幣可知。案《掌客》云王巡守，“從者三公眂上公之禮，卿眂侯伯之禮，大夫眂子男之禮”，則天子使公卿大夫存覜省，至諸侯之國，諸侯與之饗、食、燕皆有幣，與諸侯同可知也。若大國之孤聘於天子及鄰國，其饗、食、燕有侑幣、酬幣，亦與子男同，故《大行人》云“凡大國之孤，執皮帛以繼小國之君，出入三積，不問，一勞”，又云“其他皆眂小國之君”，鄭注云“他，謂貳車及介、牢禮、賓主之間、擯者、將幣、祼酢、饗食之數”，故知饗、食、燕亦有幣也。

二三　疏謂親燕無酬幣，《鹿鳴》實無幣④

案《聘禮》云“若不親食，使大夫各以其爵朝服致之，以侑幣，如致饗，無儐，致饗以酬幣亦如之”，是親饗、食之有幣可知，又云“燕與傔獻無常數”，又不言致燕以幣，則無致燕之禮，親燕亦無酬幣何以知⑤。《鹿鳴序》云“燕羣臣嘉賓也，既飲食之，又實幣帛筐篚以將其厚意”，則飲食據饗⑥、食有幣，若然，發首云“燕羣臣嘉賓”者，文王於羣臣嘉賓恩厚，燕之無數，故先言，其實無幣也。若然，天子燕已臣及四方卿大夫，諸侯燕已臣及四方卿大夫，皆無酬幣也。

---

① “酬”字原作“侑”，曹云：“‘侑’當爲‘酬’。”倉石云：“‘侑’，殿本改爲‘酬’。”據改。
② “謂”字原作“公”，曹云：“‘公’當爲‘謂’。”據改。
③ “幣”上原無“侑”字，倉石云：“殿本‘幣’上補‘侑’字。”據補。
④ “二三疏謂”至“實無幣”，原在頁眉處，占行一至五，謹依題義挪至此處。
⑤ “何以知”三字原在頁眉處，占行八，乃了翁按語，謹依文義挪至此處。
⑥ “飲”上原無“則”字，汪刻本及張、阮刻本均有“則”字，據補。

二四　時會殷同，王爲壇見諸侯

諸侯覲于天子，爲宮，方三百步①，四門，壇十有二尋，深四尺。

釋曰：自此盡“四傳擯”，論會同王爲壇見諸侯之事。云“四時朝覲受之於廟”者，案《曲禮》下經言之，春夏朝宗在朝，不在廟，而言四時朝覲皆在廟者，朝宗雖在朝，受享則在廟，故并言之。云“此謂時會殷同也”者，以《司儀職》云“將合諸侯，則令爲壇三成”，與此爲一事，則合者，會諸侯也②，故知此爲壇見諸侯謂時會殷同時也。

二五　十二歲王如不巡守，則六服盡朝，曰殷朝③

案《大宗伯》云“時見曰會，殷見曰同”，鄭注云“時見者，言無常期。諸侯有不順服者，王將有往討之事，則既朝覲，王爲壇於國外，合諸侯而命事焉，《春秋傳》曰‘有事而會，不協而盟’是也。殷，猶衆也。十二歲王如不巡守，則六服盡朝。朝禮既畢，王亦爲壇，合諸侯以命政焉。所命之政，如王巡守。殷見，四方四時分來④，終歲則遍”，若如此注，則時會殷同亦有朝覲在廟，而獨云四時朝覲在廟者，以其《周禮·大行人》諸侯依服數來朝，時會無常期，假令當方諸侯有不順服，則順服者皆來朝王，其中則有當朝之歲者，復有不當朝之歲者。若當朝之歲者，自於廟朝覲，若不當朝之歲者，當在壇朝。若十二年王不巡守則殷朝，亦云既朝乃於壇者，六服之內，若以當歲者即在廟，則依服數，十二歲合有侯服年年朝者在廟朝覲，其甸⑤、男、采、衞、要五服，若以十二歲王巡守總合朝，五服不得同在廟⑥，在壇朝，故鄭會同皆言既朝覲乃爲壇於國外也。《朝事儀》未在

---

① “三”上原無“方”字，經有“方”字，據補。

② “會”字原作“合”，曹云：“下‘合’似當爲‘會’。”據改。

③ “二五十二”至“曰殷朝”，原在頁眉處，占行二至八，謹依題義挪至此處。

④ “四方”下原重“四方”二字，阮云：“‘四方’二字，陳、閩俱不重出。”孫云：“《大宗伯》注亦不重，當刪。”據刪。

⑤ “其”下原有“五服自”三字，曹云：“‘五服自’三字衍。”據刪。

⑥ “五服”至“在廟”原作“服不得獨在廟”，曹云：“‘服’上脫‘五’字，‘獨’當爲‘同’。然疏義未是，在廟非五服同日覲也。”據補改。

壇朝,而先言帥諸侯拜日,亦謂帥已朝者諸侯而言也。

二六　爲宮者於國外,四時各於其方①

云"爲宮者,於國外,春會同則於東方"云云者,經直言爲壇,鄭知逐四方爲之者,案《司儀》云"將合諸侯,則令爲壇三成",鄭注云"合諸侯,謂有事而會也"。

二七　方明亦曰明神、曰司盟,有象②

云"方明者,上下四方神明之象也"者,謂合木爲上下四方,故名方,此則神明之象,故名明,此鄭解得名方明,神之義也。云"所謂明神也"者,所謂《秋官·司盟》之職云"北面詔明神,既盟則貳之"是也。云"則謂之天之司盟,有象"者,案《春秋》襄十一年經書"公會晉侯、宋公之等伐鄭。鄭人懼,行成。秋七月,同盟于亳。范宣子曰:不慎,必失諸侯。乃盟,載書曰:凡我同盟,毋薀年,毋壅利,毋保姦,毋留慝,救災患,恤禍亂,同好惡,奬王室。或間兹命,司慎、司盟、名山、名川、明神殛之",注云"二司,天神",司慎司不敬者,司盟司察盟者,是爲天之司盟也。云"有象者,猶宗廟之有主乎"者,以其宗廟木主,亦上下四方爲之,故云"猶宗廟之有主",無正文,約同之,故云"乎"以疑之。雖同四方爲之,但宗廟主止一神而已,此下文以色爲六神,用六玉禮之,有此別,但取四方同而已。云"王巡狩,至於方岳之下,諸侯會之,亦爲此宮以見之"者,案下文"祭天,燔柴。祭山、丘陵,升。祭川,沈。祭地,瘞",鄭注云"升、沈必就祭者也,則是謂王巡守及諸侯之盟祭也"③,是王巡守在方岳,亦爲此宮可知,是以《司儀》注云"王巡守殷國而同,則其爲宮亦如此與",以其爲宮同也④。

---

① "二六爲宮"至"於其方",原在頁眉處,占行五至九,謹依題義挪至此處。
② "二七方明"至"盟有象",原在頁眉處,占行十至十四,謹依題義挪至此處。
③ "也"下原有"者"字,倉石云:"殿本刪'者'字是也。"據刪。
④ "爲"字原作"與",曹云:"'與'當爲'爲'。"據改。

二八　六色象方明之神,六玉禮之

加方明于其上。

注:方明者,上下云云[1]。

方明者,木也,方四尺。設六色:東方青,南方赤,西方白,北方黑,上玄,下黃。設六玉:上圭,下璧,南方璋,西方琥,北方璜,東方圭。

六色象其神,六玉以禮之。上宜以蒼璧,下宜以黃琮,而不以者,則上下之神非天地之至貴者也。設玉者,刻其木而著之。

二九　五等各有旂以表朝位,如銘旌徽幟

上介云云,尚左。公、侯、伯、子、男皆就其旂而立。

釋曰:云"上介皆奉其君之旂,置于宮,尚左"者,此雖不言前期,鄭云"豫爲其君見王之位也",則亦前期一日可也。公、侯就旂,據臨朝之時也,此旂鄭雖不解,鄭注《夏官》中夏辨號名,此表朝位之旂,與銘旌及在軍徽幟同,皆以尺易刃,小而爲之也。

三十　二伯帥諸侯入壝門就旂,以東爲上

云"尚左者,建旂,公東上,侯先伯,伯先子,子先男,而位皆上東方"者,以其侯、伯別階相對,子、男雖隔門,亦相對,皆以東爲上,故云"侯先伯,子先男"也。云"諸侯入壝門,或左或右,各就其旂而立"者,案下注云"諸侯初入門,王官之伯帥之",則此云"諸侯入壝門,或左或右"者,是二伯初帥之,各依左右,若《康王之誥》云"大保帥西方諸侯入應門左,畢公帥東方諸侯入應門右",皆北面,此雖無應門,亦二伯帥諸侯初入宮門,或左或右,亦皆北面立定,乃始各就其旂而立,王乃降,南面見之而揖。

---

[1]　"注方"至"云云"原作"方明者木也云云",四庫本作"注方明上下云云",注原作"方明者,上下四方神明之象也",據四庫本補改。

三一　天子不下堂，此鄭云降揖，會同與覲異①

必知王有降、揖之事者，《燕禮》《大射》公降揖羣臣，使定位，故知王亦然。又知王"土揖庶姓"之等者，此是《司儀職》王在壇揖諸侯之事，彼與此同，鄭彼注云"土揖，推手小下之也。時揖，平推手也。天揖，推手小舉之"，以推手曰揖，引手曰擪，故爲此解也。若然，覲禮天子不下堂而見諸侯，今王降者，以在壇會同相見與覲異故也，以其覲禮廟門設擯，此則堂下壝門內設擯②，是以雖繼覲禮之下，覲禮無降揖法，此與諸侯對面相見，故有降揖之事。

三二　會同，受玉、撫玉、請事、勞皆如覲禮

四傳擯。

注："王既"至"作傅"③。釋曰：知"奠瑞玉及享幣，公拜於上等，侯、伯於中等，子、男於下等，擯者每延之升堂致命，王受玉、撫玉，降拜於下等"者，三等拜禮皆《司儀職》文。擯者延之升堂以下，約上覲禮之法。云王受玉謂朝時，撫玉謂享時，是以《司儀》三等之下云"其將幣亦如之"，鄭云"將幣，享也"，又云"及請事、勞，皆如覲禮"者，請事謂上文侯氏奠圭，擯者請侯氏，王欲親受之，勞謂侯氏受刑後，王勞之，故云"皆如覲禮"。云"公也，侯也，伯也，各一位"者，以其面位不同④，故各自設擯。云"子、男俠門而俱東上，亦一位也"者，以其雖隔門，相去近，又同北面東上，故共一位設擯，故有"四傳擯"。云"至庭乃設擯"者，對上覲禮門外設擯，案此上經⑤，諸侯各就其旃而立，乃云"四傳擯"，則在諸侯之北，故知至庭乃設擯。

---

① "三一天子"至"與覲異"，原在頁眉處，占行十三至十八，謹依題義挪至此處。
② "堂下壝門內"原作"堂壝門"，曹云："'堂'下脱'下'字，'門'下脱'內'字。"據補。
③ "傅"字原作"傳"，阮刻本同，阮云："此本《要義》'傳'俱作'傳'，與《釋文》不合。"據改。
④ "同"上原無"不"字，曹云："'同'上脱'不'字。"據補。
⑤ "此"下原有"文"字，汪刻本及張、阮刻本均無"文"字，據删。

三三　諸侯龍旂無日、月、星，天子大常兼之

案《左傳》云“三辰旂旗”，服注云“三辰，謂日、月、星”，孔君《尚書傳》亦云“畫日、月、星於衣服、旌旗”，鄭注《司服》亦云“王者相變，至周而以日、月、星辰畫於旌，其所謂三辰旂旗，昭其明也”。若然，大常當有星，所以《司常》及此直云日、月，不云星者，既言三辰，則日、月、星俱有。《周禮·司常》不言星者，《司常》九旂皆以二字爲名，故略不言星，是以此文亦略不言星。案文大常之上又有交龍，則諸侯交龍爲旂，無日、月，王之大常非直有日、月，兼有交龍。

三四　天子帥諸侯朝日東郊，教尊尊

云“帥諸侯朝日於東郊”者，朝日即拜日，一也，以其朝必有拜。云“所以教尊尊也”者，天子至尊，猶往朝日，是教天下尊敬其所尊。

三五　邦國無疑則朝日無祀方明、無盟誓[①]

其朝事儀朝日退，乃始朝諸侯，此覲禮加方明於壇上，公、侯、伯、子、男就其旂而立，王乃四傳擯見之，是已祀方明，乃始見諸侯，二者同，故云“由此二者言之”。若然，朝事儀直有朝日禮畢，退見諸侯，此覲禮祀方明禮畢，乃朝諸侯，不同者，以其邦國有疑則有盟事，朝日既畢，乃祀方明於壇，祀方明禮畢，退去方明於下，天子乃升壇，與諸侯相見，朝禮既畢，乃更加方明於壇，與諸侯行盟誓之禮。若邦國無疑，王帥諸侯朝日而已，無祀方明之事，是以《朝事儀》直云朝日教尊尊而朝諸侯，不言祀方明之事。鄭云“已祀方明”者，據此覲禮上下有盟誓而言，此“天子乘龍”及下文“禮日”之等，若有盟誓，文當在“宮方三百步”之上，今退文在下者，欲見盟誓非常，尋常無盟誓之事，直朝日而已。

---

① “三五邦國”至“無盟誓”，原在頁眉處，占行三至八，謹依題義挪至此處。

三六　禮日月、四瀆、山川、丘陵於三門，謂夏、秋、冬

禮日於南門外，禮月與四瀆於北門外，禮山川、丘陵於西門外。

釋曰：知此謂會同以夏①、秋、冬者，以經禮日之等各於其門外，上經禮日於東門之外，已是春會同，明知此是夏、秋、冬也。既所禮各於門外，爲壇亦合各於其方②，是以《司儀》云“將合諸侯，則令爲壇三成，宮旁一門”，鄭注云“天子春率諸侯拜日於東方，則爲壇於國東。夏禮日於南郊，則爲壇於國南。秋禮山川、丘陵於西郊，則爲壇於國西。冬禮月、四瀆於北郊，則爲壇於國北。”

三七　變拜言禮者容祀，先北後西者月尊③

云“變拜言禮者，容祀也”者，言拜無祀，祀則兼拜，上春云“拜日”，無盟誓，不加方明於壇，直拜日教尊尊而已，此經三時皆言禮，見有盟誓之事，加方明於壇，則有祀日月④、四瀆及山川之事，故言禮，是以或言拜，或言禮。云“禮月於北郊者，月，太陰之精，以爲地神也”者，鄭據經，三時先北後西，不以次第，以其祭地於北郊，祭月、四瀆亦於北郊，與地同，但日者，太陽之精，故於東郊、南郊，於陽方而禮之，以月是地神，四瀆與山陵俱是地神，以山陵出見爲微陰，故配西方，四瀆爲極陰，故與月同配北方⑤，又以月尊，故先言之而又祭於北郊也。

三八　上言會同拜禮諸神，此言巡守就祭

祭天，燔柴。祭山、丘陵，升。祭川，沈。祭地，瘞。

---

① “同”下原無“以”字，曹云：“‘同’下脫‘以’字。”據補。
② “合各”原作“各合”，曹云：“‘各合’二字當倒。”據乙。
③ “三七變拜”至“者月尊”，原在頁眉處，占行九至十四，謹依題義挪至此處。
④ “日月”原作“日與”，阮云：“‘與’，閩本作‘月’。”曹云：“‘日’下脫‘月’字。”倉石云：“閩本於文理較勝。”據閩本改。
⑤ “月”上原無“與”字，曹云：“‘月’上脫‘與’字。”據補。

釋曰：上論天子在國行會同之禮，於國之四郊拜禮於日、月、山川之神，以爲盟主，已備於上，今更言祭日、月、山川者，據天子巡守於四岳，各隨方向祭之①，以爲盟主，故重見此文。云“升、沈，必就祭者也”者，對上經山川、丘陵但於四郊望祭之，故不言升、沈之事，此經言升、沈，必是就山川、丘陵，故言升、沈。案《爾雅》云“祭山曰庪縣，祭川曰浮沈”，不言升，此山、丘陵云“升”者，升即庪縣也，此祭川直言“沈”，不言“浮”者，以牲體或沈或浮，不言浮，亦文略也。云“就祭，則是謂王巡守及諸侯之盟祭也”者，此經主爲天子春東郊，夏南郊皆禮日，即此經“祭天，燔柴”也，秋西郊，即此經“祭山、丘陵，升”是也，冬北郊，即此經“祭川，沈。祭地，瘞”也，以其川即四瀆也。

三九　樂與禋、柴、牲體爲下神、歆神、薦饌始

云“燔柴、升、沈、瘞，祭禮終矣”者，案《周禮》禋祀實柴燎是歆神始，禮未終而言“禮終”者，以其祭禮有三始：樂爲下神始，禋柴爲歆神始，牲體爲薦饌始。燔柴是樂爲下神之後，是下神之禮終，故云禮終。案《爾雅》“祭天曰燔柴，祭地曰瘞埋”，柴與瘞相對，則瘞埋亦是歆神，若然，則升、沈在柴、瘞之間，則升、沈亦是歆神之節，皆據樂爲下神之後而爲祭禮終矣或可。周禮此三者爲歆神，至祭祀之後，更有此柴、瘞、升、沈之事，若今時祭祀訖，始有柴、瘞之事。

四十　鄭以此祭天地乃是祭日月

引《郊特牲》者，案《易緯》“三王之郊②，一用夏正”，春分以後始日長，於建寅之月郊天。云“迎長日之至”者，預迎之，又云“大報天而主日也”者，鄭彼云“大猶徧”，謂郊天之時，祭尊可以及卑，日月以下皆祭，以日爲主。又云《大宗伯職》曰：以實柴祀日、月、星辰者，此所引不取月與星辰之義，直取日而已，與此經燔祭文同。鄭引此諸文者，欲證此經“祭天，

---

① “方”下原無“向”字，汪刻本“方”下有“西”字，毛本及張刻本“方”下有“向”字，阮云：“《要義》無‘向’字，浦鐘改‘向’爲‘而’。按此本‘向’誤作‘西’，今從毛本。”據毛本、張本補。

② “三”字原作“二”，汪刻本及張、阮刻本均作“三”，據改。

燔柴”是祭日，非正祭天神，以其日亦是天神，故以祭天言之，是以鄭云
“則燔柴祭天，謂祭日也”。又云“柴爲祭日，則祭地瘞者，祭月也”者，以
其前文天子在國祀日月，燔祭既是日，祭地是月可知，亦非正祭地神
也[1]。云“日月而云天地，靈之”者，以其尊之，欲爲方明之主，故變日月而
云天地，是神靈之也。

四一　有先敷席後設几，有同時預設

几俟于東箱[2]。

注：“王即”至“之處”。釋曰：云“王即席，乃設之也”者，案《公食大夫
記》“宰夫筵，出自東房”，則此天子禮，几筵亦在東房，其席先敷，其几且
俟于東箱，待王即席乃設之，謂若《聘禮》賓即席乃授几。若然，《公食大
夫》“宰夫設筵，加席几”，同時預設者，公親設湆，可以略几，故以几與席
同時設之，若爲神几筵，亦同時而設，故《聘禮》“几筵既設[3]，擯者出請
命”。

四二　宗廟如明堂無箱、夾，而鄭云東夾

云“東箱，東夾之前”者，案上文覲在文王廟中，案鄭《周禮》注，宗廟、
路寢制如明堂，明堂有五室、四堂，無箱夾，則宗廟亦無箱夾之制，此有東
夾者，此周公制禮，據東都乃有明堂，此文王廟仍依諸侯之制，是以有東
夾室。若然，《樂記》注云“文王廟爲明堂制”者，彼本無“制”字，直云“文
王廟爲明堂”。云“相翔待事之處”者，翔謂翱翔無事，故《公食》賓將食，
辭公親臨己食[4]，公揖退於箱以俟賓食。

---

① “正”下原無“祭”字，四庫本有“祭”字，前疏既言“則非正祭天神”，則此當從四庫本作
“亦非正祭地神也”，據補。

② “几”上原有“設”字，經無“設”字，據刪。

③ “設”上原無“既”字，曹云：“‘設’上脫‘既’字。”據補。

④ “辭”下原有“於”字，曹云：“‘於’字衍。”據刪。

四三　偏駕不入王門，謂四路對玉路爲偏

偏駕不入王門。

注："在旁"至"館與"。釋曰：云"在旁與己同曰偏"者，依《周禮·巾車》掌王五路：玉路以祀，不賜諸侯；金路以賓，同姓以封；象路以朝，異姓以封；革路以即戎，以封四衛；木路以田，以封蕃國。此五路者，天子所乘爲正，四路者，諸侯乘之爲偏，是據諸侯在旁，與王同爲偏。云"不入王門，乘墨車以朝是也"者，據上文而言，云"偏駕之車，舍之於館與"者，偏駕既云"不入王門"，又云乘墨車而至門外，諸侯各停於館，明舍在館，無正文，故言"與"以疑之。

儀禮要義卷第二十八　喪服經傳一

一　《喪服篇》天子以下親疏、隆殺之禮

　　《喪服》第十一。案鄭《目録》云"天子以下，死而相喪，衣服、年月、親疏、隆殺之禮。不忍言死而言喪，喪者棄亡之辭，若全存居於彼焉，已亡之耳。《大戴》第十七，《小戴》第九，劉向《别録》第十一"。

二　經禮謂《周禮》，曲禮謂事禮，即今禮

　　釋曰：案《禮器》云"經禮三百，曲禮三千"，鄭云"經禮謂《周禮》也，曲猶事也，事禮謂今禮也。禮篇多亡，本數未聞，其中事儀三千"。若然，未亡之時，有天子、諸侯、卿大夫、士之喪禮[1]，其篇各別，今皆亡，唯《士喪禮》在。

三　《喪服》在《士喪》之上者，總包尊卑[2]

　　若然，據《喪服》一篇，總包天子以下服制之事，故鄭《目録》云"天子以下相喪，衣服、親疏之禮"。《喪服》之制，成服之後，宜在《士喪》始死之下，今在《士喪》之上者，以《喪服》總包尊卑上下，不專據士，故在《士喪》之上，是以《喪服》爲第十一。

――――――――――

[1]　"禮"字原作"服"，曹云："'服'殿本改作'禮'。"據改。
[2]　"三喪服"至"包尊卑"，原在題二下别行另起，現依題意挪至此處。

四　賈疏分七章以明《喪服》

《喪服》所陳，其理深大，今之所釋，且以七章明之：第一，明黃帝之時，朴略尚質，行心喪之禮，終身不變；第二，明唐虞之日，淳朴漸虧，雖行心喪，更以三年爲限；第三，明三王以降，澆僞漸起，故制喪服以表哀情；第四，明既有喪服，須明喪服二字；第五，明《喪服》章次以精麤爲序；第六，明作傳之人并爲傳之意；第七，明鄭玄之注，經傳兩解之。

五　黃帝時喪期無數，唐虞後三年①

“第一，明黃帝之時，朴略尚質，行心喪之禮，終身不變”者，案《禮運》云“昔者先王未有宮室，食鳥獸之肉，衣其羽皮”，此乃伏義之時也，又云“後聖有作，治其絲麻，以爲布帛，養生送死，以事鬼神”，此謂黃帝之時也，又案《易·繫辭》云“古之葬者，厚衣之以薪，葬之中野，不封不樹，喪期無數”，在黃帝九事章中，亦據黃帝之日言喪期無數，是其心喪終身者也。“第二，明唐虞之日，淳朴漸虧，雖行心喪，更以三年爲限”者，案《禮記·三年問》云“將由夫患邪淫之人與？則彼朝死而夕忘之，然而從之，則是曾鳥獸之不若也②，夫焉能相與羣居而不亂乎？將由夫脩飾之君子與？則三年之喪，二十五月而畢，若駟之過隙，然而遂之，則是無窮也。故先王焉爲之立中制節，壹使足以成文理則釋之矣。然則何以至期也？曰至親以期斷。是何也？曰天地則已易矣，四時則已變矣，其在天地之中者，莫不更始焉，以是象之也”。鄭注云“法此變易，可以期也”，又云“然則何以三年也”，注云“言法此變易，可以期，何以乃三年爲”，又云“曰加隆焉爾也，焉使倍之，故再期也”，注云“言於父母加隆其恩，使倍期也”，據此而言，則聖人初欲爲父母期，加隆焉，故爲父母三年，必加隆至三年者，孔子荅宰我云：“子生三年，然後免於父母之懷”，是以子爲之三年報之。《三年問》又云“三年之喪，人道之至文者也。夫是之謂至隆，是

---

① “五黃帝”至“後三年”，原在頁眉處，占行四至八，謹依題義挪至此處。

② “若”上原無“不”字，四庫本有“不”字，據補。

百王之所同，古今之所壹也，未有知其所由來者也”，注云“不知其所從來，喻此三年之喪，前世行之久矣”，既云喻前世行之久，則三年之喪，實知其所從來，但喻久耳，故《虞書》云“二十八載，帝乃殂落，百姓如喪考妣。三載，四海遏密八音”，是心喪三年未有服制之明驗也。

六　三王因古白布冠、衣而制喪服①

“第三，明三王已降，澆偽漸起，故制喪服以表哀情”者，案《郊特牲》云“大古冠布，齊則緇之”，鄭注云“唐虞已上曰大古”，又云“冠而敝之可也”，注云“此重古而冠之耳。三代改制，齊冠不復用也，以白布冠質，以爲喪冠也”，據此而言，則唐虞已上，吉凶同服，唯有白布衣、白布冠而已，故鄭注云三王以來②，以唐虞白布冠爲喪冠，又案《喪服記》云“凡衰，外削幅，裳內削幅”，注云“大古冠布衣布，先知爲上，外殺其幅，以便體也。後知爲下，內殺其幅，稍有飾也，後世聖人易之，以此爲喪服”，據此《喪服記》與《郊特牲》兩注而言，則鄭云“後世聖人”，夏禹也，是三王用唐虞白布冠、白布衣爲喪服矣。

七　據鄭義喪服作去聲讀③

“第四，明既有喪服，須明喪服二字”者，案鄭《目錄》云“不忍言死而言喪，喪者棄亡之辭，若全存於彼焉，已棄亡之耳”，又案《曲禮》云“天子曰崩，諸侯曰薨，大夫曰卒，士曰不祿，庶人曰死”，《爾雅》崩④、薨、卒、不祿，皆訓死也，是士以上各爲義稱⑤，庶人言死，得其總名，鄭注《曲禮》云“死之言澌，精神澌盡”，又案《檀弓》孔子云“喪欲速貧”，《春秋公羊傳》魯昭公出居乾侯⑥，齊侯唁公於野井，公曰“喪人其何稱”，是喪棄亡之辭，

---

① “六三王”至“制喪服”，原在頁眉處，占行十四至十八，謹依題義挪至此處。
② “云”下原有“白布冠爲喪冠又案”八字，曹云：“‘白布’以下八字衍。”據刪。
③ “七據鄭”至“去聲讀”，原在頁眉處，占行一至四，謹依題義挪至此處。
④ “爾雅”下原有“曰”字，曹云：“‘曰’字似衍。”據刪。
⑤ “爲”上原無“各”字，阮云：“‘爲’上聶氏有‘各’字是也。”據補。
⑥ “公羊”原作“左氏”，倉石云：“此《公羊·昭公二十五年》傳文，稱《左氏傳》誤。”據改。

棄於此,存於彼,是孝子不忍言父母精神盡澌,雖棄於此,猶存於彼,以此鄭義言之,其喪字去聲讀之,人或以平聲讀之者,雖不同①,義亦通也。

八　喪服以精麤爲次,上下十有一章②

死者既喪,生人制服服之者,但貌以表心,服以表貌,故《禮記・間傳》云"斬衰何以服苴? 苴,惡貌也。所以首其內③,見諸外。斬衰貌若苴,齊衰貌若枲,大功貌若止,小功、緦麻容貌可也",下又云斬衰三升、三升半,齊衰四升以下,是其孝子喪親,以衣服表心,但吉服所以表德,凶服所以表哀,德有高下,章有升降,哀有深淺,布有精麤,不同者也。"第五,明喪服章次以精麤爲叙"者,案《喪服》上下十有一章,從斬至緦麻,升數有異。

九　喪服有正、義、降之別④

異者,斬有正、義不同⑤,爲父以三升爲正,爲君以三升半爲義,其冠同六升。三年齊衰,唯有正之四升,冠七升,繼母、慈母雖是義,以配父故,與因母同,是以略爲節,有正而已。杖期齊衰,有正而已,父在爲母與爲妻同正服,齊衰五升,冠八升。不杖齊衰期章有正、有義二等,正則五升,冠八升,義則六升,冠九升。齊衰三月章皆義服,齊衰六升、冠九升,曾祖父母計是正服,但正服合以小功,以尊其祖,不服小功而服齊衰,非本服,故同義服也。殤大功有降、有義,爲夫之昆弟之子長殤是義⑥,其餘皆降服也,降服衰七升,冠十升,義服衰九升,冠十一升。大功章有降、有正、有義,姑姊妹出適之等是降,婦人爲夫之族類爲義,自餘皆正,衰冠

---

①　"不"下原有"與"字,阮云:"陳、閩俱無'與'字。"據删。
②　"八喪服"至"有一章",原在頁眉處,占行十三至十八,謹依題義挪至此處。
③　"首"字原作"苴",倉石云:"'苴',殿本作'首',是。張氏錫恭云聶氏《三禮圖》引此作'首',《間傳》正作'首'。"據改。
④　"九喪服"至"降之別",原在頁眉處,占行四至七,謹依題義挪至此處。
⑤　"正"字原作"二",四庫本作"正",阮云:"毛本'二'作'正',《通解》作'斬有二,有正,有義',無'不同'二字。"據四庫本改。
⑥　"子長"原作"長子",曹云:"阮云:'長子,陳、閩、《通解》俱倒。'案倒者是。"據乙。

如上釋也。總衰唯有義服四升半，皆冠七升而已①，以諸侯大夫爲天子，故同義服也。緦小功有降、有義，婦人爲夫之族類是義，自餘皆降服，降則衰冠同十升，義則衰冠同十二升。小功亦有降、亦有正、有義，如前釋。緦麻亦有降、有正、有義，皆如上陳，但衰冠同十五升抽去半而已。自斬以下至緦麻，皆以升數，升數少者在前，升數多者在後，要不得以此升數爲叙者，一則正、義及降升數不得同在一章，又總衰四升半，在大功之下、小功之上，鄭下注云“在小功之上者，欲審著縷之精麤”，若然，《喪服》章次雖以升數多少爲前後，要取縷之精麤爲次第也。

十　《喪服傳》疑子夏作傳，内更引舊傳②

“第六，明作傳之人，又明作傳之意”，“傳曰”者不知是誰人所作，人皆云孔子弟子卜商字子夏所爲，案《公羊傳》是公羊高所爲，公羊高是子夏弟子，今案《公羊傳》有云“者何”、“何以”③、“孰謂”、“曷爲”等之問，師徒相習，語勢相遵，以弟子却本前師，此傳得爲子夏所作，是以師師相傳，蓋不虚也。其傳内更云傳者，是子夏引他舊傳以證已義。《儀禮》見在一十七篇，餘不爲傳，獨爲《喪服》作傳者，但《喪服》一篇總包天子已下五服差降，六術精麤，變除之數既繁，出入正殤交互，恐讀者不能悉解其義，是以特爲傳解。

十一　鄭康成釋經文、釋傳④

“第七，明鄭玄之注，經傳兩解之”，云“鄭氏”者，北海郡高密縣人，姓鄭，名玄，字康成，漢僕射鄭崇八世孫⑤，後漢徵爲大司農而不就⑥。

---

① “皆冠”至“而已”，倉石云：“案下記總衰冠八升，此疑誤。”
② “十喪服”至“引舊傳”，原在頁眉處，占行八至十三，謹依題義挪至此處。
③ “何”下原不重“何”字，汪刻本及張、阮刻本均重“何”字，據補。
④ “十一鄭康”至“文釋傳”，原在頁眉處，占行十五至十八，謹依題義挪至此處。
⑤ “漢僕射鄭崇”原作“僕射崇”，汪刻本及張、阮刻本均有“漢”、“鄭”二字，據補。
⑥ “農”下原無“而”字，汪刻本及張、阮刻本均有“而”字，據補。

十二　斬衰先斬後作，疏衰先作後齊

喪服。斬衰裳，苴経、杖、絞帶①，冠繩纓，菅屨者。

釋曰：言"斬衰裳"者，謂斬三升布以爲衰裳，不言裁割而言斬者，取痛甚之意，知者，案《三年問》云"創鉅者其日久，痛甚者其愈遲"，《雜記》縣子云"三年之喪如斬，期之喪如剡"，謂哀有深淺，是斬者痛深之義，故云"斬"也。若然，斬衰先言斬，下疏衰後言齊者，以斬衰先斬布後作之，故先言斬，疏衰先作之後齊之，故後云齊。斬、齊既有先後，是以作文有異也。

十三　経、杖、絞帶、冠繩纓、菅屨之制②

云"苴経、杖、絞帶"者，以一苴目此三事，謂苴麻爲首経、要経，又以苴竹爲杖，又以苴麻爲絞帶，知此三物皆同苴者，以其"冠繩纓"不得用苴，明此三者皆用苴。又《喪服小記》云"苴杖，竹也"，記人解此杖是苴竹也。又絞帶與要経象大帶與革帶，二者同在要，要経既苴，明絞帶與要経同用苴可知。又《喪服四制》云"苴衰不補"，則衰裳亦同苴矣。云"冠繩纓"者，以六升布爲冠，又屈一條繩爲武，垂下爲纓。冠在首，退在帶下者，以其衰用布三升，冠六升，冠既加飾，故退在帶下。又齊衰冠纓用布，則知此繩纓不用苴麻，用枲麻，故退冠在下，更見斯義也③。云"菅屨"者，謂以菅草爲屨，《詩》云"白華菅兮，白茅束兮"，鄭云"白華已漚，名之爲菅，濡刃中用"，則此菅亦是已漚者也。已下諸章並見年月，唯此斬章不言三年者，以其喪之痛極，莫甚於斬，故不言年月，表創鉅而已，是以衰没人功之疏④，経不言麻之形體⑤，至於齊衰已下，非直見人功之疏，又見

---

① "杖"下原無"絞帶"二字，四庫本有"絞帶"二字，合於經，據補。

② "十三経杖"至"屨之制"，原在頁眉處，占行十至十四，謹依題義挪至此處。

③ "斯"字原作"斬"，曹云："'斬'當爲'斯'。"據改。

④ "没"字原作"設"，阮云："浦鏜云：'没誤設，從下疏校。'"據改。

⑤ "不"字原作"又"，倉石云："下疏又云'斬衰経不言麻'，則此'又'字似當爲'不'。"據改。

經，去麻之狀貌①，舉齊衰云"三年"，明上斬衰三年可知。

十四　服上曰衰，下曰裳，弔服亦曰衰

云"凡服，上曰衰，下曰裳"者，言"凡"者，鄭欲兼解五服。案下記云"衰，廣四寸，長六寸"，綴之於心，此衰則以上衣總號爲衰②，非止當心而已③，故諸言衰皆與裳相對，至於弔服三者，亦謂之爲衰也。

十五　首絰象頍項，要絰、絞帶象大帶、革帶④

云"麻在首、在要皆曰絰"，知一絰而兼二文者，以子夏傳要、首二絰俱解，《禮記》諸文亦要、首並陳⑤，故《士喪禮》云"要絰小焉"，故知一絰而兼二文也。云"首絰象緇布冠之缺項"者，案《士冠禮》"緇布冠，青組纓，屬於缺"，鄭注云"缺，讀如'有頍者弁'之'頍'。緇布冠無笄者⑥，著頍圍髮際，結項中，隅爲四綴，以固冠也"，此所象無正文，但喪服法吉服而爲之，吉時有二帶，凶時有二絰，以要絰象大帶，明首絰象頍項可知，以彼頍項爲吉時緇布冠無笄，故用頍項以固之，今喪之首絰與冠繩纓別材而不相綴，今言象之者，直取絰法象頍項而爲之。至於喪冠，亦無笄，直用六升布爲冠，一條繩爲纓，與此全異也。云"要絰象大帶"者，案《玉藻》云大夫以上⑦，大帶用素，天子朱裏，終裨以朱綠，諸侯不朱裏，亦終裨以朱

---

① "麻之"原作"之麻"，四庫本作"麻之"，曹云："'絰'字逗，言又其見經(猶言絰也)。'去麻之狀貌'，謂言牡不言枲也。《記》曰：'齊衰貌若枲。''麻之'，單疏倒。"據四庫本、單疏本乙。

② "總"上原無"此衰"至"上衣"六字，曹云："此上有脱，擬補云'此衰則以上衣總號爲衰'。"據補。

③ "止"字原作"正"，阮云："'正'，《通解》作'止'。按篇中'止'字多誤作'正'。盧文弨謂唐人書'止'多作'正'，不必改，未知何據，俟考。"據改。

④ "十五首絰"至"帶革帶"，原在頁眉處，占行十三至十八，謹依題義挪至此處，又"之"字漫漶，據再造善本及四庫本寫定。

⑤ "禮"下原無"記"字，汪刻本及張、阮刻本均有"記"字，據補。

⑥ "冠"下原有"之"字，曹云："'之'字衍。"據刪。

⑦ "上"字原作"下"，曹云："'下'當爲'上'。"據改。

緑,大夫裨垂以玄黄①,士則練帶,裨下末三尺②,用緇,是大帶之制,今此要絰,下傳名爲帶,明象吉時大帶也。云"又有絞帶象革帶"者,案《玉藻》韠之形制云"肩、革帶博二寸",吉備二帶,大帶申束衣,革帶以佩玉及事佩之等,今於要絰之外别有絞帶,明絞帶象革帶可知。

十六　婦人雖無頍項,而喪服亦有二絰、絞帶③

案《士喪禮》云"苴絰大鬲,要絰小焉",又云"婦人之帶,牡麻結本",注云"婦人亦有首絰,但言帶者,記其異。此齊衰婦人,斬衰婦人亦有苴絰",以此而言,則婦人吉時雖云女鞶絲,以絲爲帶而無頍項,今於喪禮哀痛甚,亦有二絰與絞帶,以備喪禮,故此絰具陳於上,男女俱言於下,明男女共有此服也。

十七　斬、苴絰、杖、冠、屨等,傳自爲問答

傳曰:斬者(何)④? 不緝也。苴絰者,麻之有蕡者也。苴絰大搹,左本在下,去五分一以爲帶。齊衰之絰,斬衰之帶也,去五分一以爲帶。大功之絰,齊衰之帶也,去五分一以爲帶。小功之絰,大功之帶也,去五分一以爲帶。緦麻之絰,小功之帶也,去五分一以爲帶。苴杖,竹也。削杖,桐也。(杖)〔長〕各齊其心⑤,皆下本。杖者何? 爵也。無爵而杖者何? 擔主也。非主而杖者何? 輔病也。童子何以不杖? 不能病也。婦

───────────

① "天子"至"玄黄"原作"天子朱裏終裨以玄黄",曹云:"'以'上有脱文,擬補云'天子朱裏,終裨以朱绿,諸侯不朱裏,亦終裨以朱绿,大夫裨垂以玄黄'。"據補。

② "尺"字原作"赤",阮云:"毛本'赤'作'尺'。"據改。

③ "十六婦人"至"絰絞帶",原在頁眉處,占行一至六,謹依題義挪至此處。

④ "者"下漢簡《服傳》甲、乙本皆無"何"字,沈云:"傳多設問答之詞。解説服制與親等,均用'何'、'何也'、'何以'、'何謂'等問辭;其對某一服飾之用材與製法,喪具之取象與形狀,如苴絰、絞帶等,則不用問辭。傳解斬、齊、緦、緦等字,當屬後者,簡本俱無'何'字,前後一貫;今本則於斬、齊、緦字下有'何'字,緦字下無'何'字,殊乏條例。又《太平御覽·禮儀部》二十六引此傳亦無'何'字。足證簡本單傳以近原本爲善,而今本出合編者之手或有所增删也。"當據删。

⑤ "杖"字漢簡《服傳》甲、乙本皆作"長",沈云:"《通典》卷八十七:'削桐木爲杖,長與心齊,下本。'此言杖之長度依人之長度而定,文承杖之用材下,非更端重起,當作'長'。此簡本之善者。今本誤。"當據改。

人何以不杖？亦不能病也。絞帶者，繩帶也。冠繩纓，條屬，右縫。冠六升，外畢，鍛而勿灰。衰三升。菅屨者，菅菲也，外納。

十八　初喪、虞、練，哭、寢、飲食之節①

居倚廬，寢苫枕塊，哭晝夜無時。歠粥，朝一溢米，夕一溢米。寢不說経帶。既虞，（翦屏）〔贊楄〕柱楣②，寢有席，食疏食，水飲，朝一哭，夕一哭而已。既練，舍外寢，始食菜菓，（飯）〔反〕素食③，哭無時。

注：盈手曰搔，搔扼也。中人之扼圍九寸，以五分一爲殺者，象五服之數也。爵，謂天子、諸侯、卿、大夫、士也。無爵，謂庶人也。擔擔，時艷④，猶假也。無爵者假之以杖，尊其爲主也。非主，謂衆子也。屬，猶著也。通屈一條繩爲武，垂下爲纓，著之冠也。

十九　升字當爲登，諒闇乃梁闇，即柱楣⑤

布八十縷爲升，升字當爲登。登，成也。今之《禮》皆以登爲升，俗誤已行久矣。《雜記》曰"喪冠條屬，以別吉凶。三年之練冠亦條屬，右縫，小功以下左縫"。外畢者，冠前後屈而出，縫於武也。二十兩曰溢，爲米

---

① "十八初喪"至"食之節"，原在題十七下別行另起，謹依題義挪至此處。
② "翦屏"漢簡《服傳》甲、乙本皆作"贊楄"，沈云："《説文·木部》：'楄，楄部，方木也。从木扁聲。'《文選·景福殿賦》：'爰有禁楄，勒分翼張，承以陽馬，接以員方。'李善注：'楄附，陽馬之短桷也。陽馬，四阿長桁也。禁楄列布，衆材相接，或員方也。'梁上於陽馬（即桁），陽馬上加方木（即楄附），以便于架椽。初喪之倚廬，橫置楣梁于地，無柱，其椽一頭倚東壁，一頭架于地楣。既虞哀殺，倚廬改建，楣下豎柱，楣上加楄附方木以承椽。《漢書·東方朔傳》顏注：'贊，進也。'是謂進楄而柱楣。《漢書·嚴助傳》'劗髮文身之民也'，顏注引晉灼曰：'《淮南》云越人劗髮，張揖以爲古翦字也。'贊楄、楄屏並一聲之轉。贊楄之作翦屏，蓋聲之訛也，禮家遂曲説以爲柱楣而翦其草苫屏蔽。"當據改。
③ "飯"字漢簡《服傳》乙本作"反"，沈云："鄭注：'素猶故也，謂復平生時食也。'可見鄭本不作'飯'。敖繼公即據此而謂'《傳》之飯似當作反'。盧文弨《儀禮注疏詳校》云：'《白虎通》正作反，俗本譌作及。'本無疑義，而諸家猶多未信，如胡氏《正義》云：'鄭注或本《白虎通》之義，但此《傳》自作飯，與《論語》飯疏食文法一例。'今得簡乙本正作'反'，則今本作'飯'爲後人所臆改無疑。"當據改。
④ "擔時艷"三字原在頁眉處，占行七，乃了翁增補之釋文，謹依文義挪至此處。
⑤ "十九升字"至"即柱楣"，原在頁眉處，占行一至六，謹依題義挪至此處。

一升二十四分升之一。楣謂之梁,柱楣所謂梁闇。疏,猶麤也。舍外寢,於中門之外,屋下壘墼爲之,不塗墍,所謂堊室也。

二十　既練素食,素猶故①

素,猶故也,謂復平生時食也。

二一　斬衰不書受月,天子以下虞、卒哭異數,此又見後②

斬衰不書受月者,天子、諸侯、卿、大夫、士,虞、卒哭異數。

二二　絰帶遞去五分之一,疏以分寸計之

二三　絰左本在下,重服統於内,爲母反之③

云“苴絰大搹④,左本在下”者,《士喪禮》文與此同,彼此皆云“苴絰大搹”,連言“苴”者,但經連言苴絰,經中有二,此“苴絰大搹”⑤,先據首絰而言也。雷氏以搹搤不言寸數,則各從其人大小爲搤,非鄭義。據鄭注,無問人之大小,皆以九寸圍之爲正,若中人之跡尺二寸也。云“左本在下”者,本謂麻根,案《士喪禮》鄭云“下本在左,重服,統於内而本陽也”,以其父是陽,左亦陽,言下是内,故云“重服統於内”,以言痛從心内發故也。此對爲母右本在上,輕服統於外而本陰也。云“去五分一以爲帶”者,以其首絰圍九寸,取五寸,去一寸,得四寸,餘四寸,寸爲五分,總二十分,去

---

① “二十既練”至“素猶故”,原在頁眉處,占行八至十一,謹依題義挪至此處。

② “二一斬衰”至“又見後”,原在頁眉處,占行十二至十八,謹依題義挪至此處。

③ “二三絰左”至“母反之”,原在頁眉處,占行七至十二,“云左本”至“本陰也”乃與此題對應之文字,涵于題二二所領正文内,不宜段分,謹依題義挪至此處。

④ “絰”字原作“組”,四庫本及汪刻本均作“絰”,據改。

⑤ “二此苴”原作“此二言”,曹云:“‘言’,殿本改作‘者’。”倉石云:“‘此二’二字當倒,‘言’當作‘苴’,殿本‘言’改作‘者’,恐非。”據倉校乙改。

四分餘十六分，取十五分，五分爲寸，爲三寸，添前四寸爲七寸，并一分，總七寸五分寸之一也。云“齊衰之經，斬衰之帶也”者，以其大小同，故疊而同之也。云“去五分一以爲帶”者，謂七寸五分寸之一中五分去一^①，爲齊衰之帶，今計之，以七寸中取五寸，去一寸，得四寸，餘二寸，寸分爲二十五分，二寸合爲五十分，餘一分者又破爲五分，添前爲五十五分，亦五分去一，總去一十一分，餘四十四分在，又二十五分爲一寸，餘十九分在，齊衰之帶總五寸二十五分寸之十九也。云“大功之經，齊衰之帶也，去五分一以爲帶”者^②，就五寸中去一寸，得四寸，前二十五分破寸，今大功百二十五分破寸，則以十九分者各分破爲五分，十九分總破爲九十五，與百二十五分破寸相當，就九十五分中五分去一，去十九餘七十六，則大功之經五寸二十五分寸之十九，帶則四寸百二十五分寸之七十六。又云“小功之經，大功之帶也，去五分一以爲帶”者，又就四寸百二十五分寸之七十六中五分去一，前百二十五分破寸，今亦四倍加之，以六百二十五分破寸，然後五分去一爲小功帶。又云“緦麻之經，小功之帶，去五分一以爲帶”，則亦四倍加之，前六百二十五分破寸，今則三千一百二十五分破寸，五分去一取四，以爲緦麻之帶。經帶之等皆以五分破寸，既有成法，何假盡言？然斬衰有二，齊衰有四，大功、小功、成人與殤各有二等，緦麻殤與成人章又不別，若使經帶各依升數，則參差難等，是以子夏作傳，五服各爲一節計之。

二四　苴杖竹、削杖桐與經杖之長短大小

云“苴杖，竹也。削杖，桐也”者，傳意見經唯云“苴杖”，不出杖體所用，故言苴杖者竹也，下章直云“削杖”，亦不辨木名，故因釋之云削杖者桐也。若然，經言苴杖，因釋削杖，唯上下二章不通於下，是以兼釋之。至於經帶，五服自明，故不兼釋。然爲父所以杖竹者，父者子之天，竹圓亦象天，竹又外内有節，象子爲父亦有外内之痛，又竹能貫四時而不變，子之爲父哀痛亦經寒溫而不改，故用竹也。爲母杖桐者，欲取桐之言同，

---

① “一”下原有“也”字，曹云：“殿本删‘也’字。”據删。

② “去”字原作“夫”，四庫本及汪刻本均作“去”，據改。

内心同之於父,外無節,象家無二尊,屈於父,爲之齊衰,經時而有變。又案《變除》云削之使下方者①,取母象於地故也。此雖不言杖之麤細,案《喪服小記》云'經殺五分而去一,杖大如經',鄭注云'如要經也'",鄭知"如要經"者,以其先云經五分爲殺爲要經,其下即云"杖大如經",明如要經也。如要經者,以杖從心已下,與要經同處,故如要經也。云"杖各齊其心"者,杖所以扶病,病從心起,故杖之高下以心爲斷也。云"皆下本"者,本,根也,案《士喪禮》"下本"注云"順其性也"。

二五　無爵而杖者擔主②,非主而杖輔病

自此已下有五問五荅,皆爲杖起文。云"者何"者,亦是執所不知,以其吉時五十已後乃杖,所以扶老,今爲父母之喪,有杖,有不杖,不知,故執而問之。云"爵",以爵荅之,以其有爵之人必有德,有德則能爲父母致病深,故許其以杖扶病。云"無爵而杖者何",問辭也,庶人無爵,何亦得杖③? 云"擔主也"者,荅辭也,以其雖無爵、無德,然以適子故,假取有爵之杖爲喪主④,拜賓、送賓成喪主之義也。云"非主而杖者何",問辭也。"輔病也",荅辭也,鄭云"謂衆子",雖非爲主,子爲父母致病是同,亦爲輔病也。

二六　爲舊君,有待放之臣,有致仕之臣

舊君有二等,一是待放之臣,二是致仕之臣,俱爲舊君,是以齊衰三月章云"舊君",傳曰"爲舊君者孰謂也? 仕焉而已者也"。由其有二等,故問比類也⑤。齊衰三月章云"大夫爲舊君",傳曰"何大夫之謂乎? 言其以道去君而猶未絶也",由其大夫有致仕者、有待放者不同。

---

①　"云削"至"下方"原作"削之使方",阮云:"'除'下聶氏有'云'字。案《隋志》有《喪服變除》一卷,葛洪撰。"又云"'使'下聶氏有'下'字。"倉石云:"聶崇義《三禮圖》引《變除》'使'下有'下'字,張氏錫恭云《司馬氏書儀》'爲母,上圓下方,蓋本於此'。"據補。

②　"擔"字原作"檐",正文疏述經同,四庫本作"擔",據改,正文亦改。

③　"亦"上原無"何"字,阮云:"毛本'亦'上有'何'字。"據補。

④　"爲"下原有"之"字,阮云:"陳、閩俱無'之'字。"據刪。

⑤　"比"字原作"此",汪刻本及張、阮刻本均作"比",據改。

二七　庶童子不杖^①，當室及成人皆杖

云“童子何以不杖”，問辭也。“不能病也”，荅辭也。此庶童子非直不杖，并不免^②，以其未冠杖者亦首加免而已^③，故《問喪》云“免者以何爲也？曰不冠者之所服也”。言“何以”者，據當室童子及成人皆杖，唯此庶童子不杖，故云“何以”決之也。知當室童子杖者，案《問喪》云“禮曰：‘童子不緦，唯當室緦。’緦者，其免也，當室則免而杖矣”，謂適子也。案《雜記》云“童子哭不偯，不踊，不杖，不菲，不廬”，注云“未成人者不能備禮也”，此獨云“不杖”，餘不言者，此上下皆釋杖，故言杖，不云餘者，其實皆無，直有衰裳絰帶而已。

二八　婦人不杖，疏謂童子婦人，非成人^④

又云“婦人何以不杖？亦不能病也”者，此亦謂童子婦人，若成人婦人正杖，知者，此《喪服》上陳其服，下陳其人，喪服之下，男子、婦人俱列，男子、婦人同有苴杖，又《喪大記》云“三日，子、夫人杖。五日，大夫、世婦杖”，諸經皆有婦人杖文，故知成人婦人正杖也，明此童子婦人。案《喪服小記》云“女子子在室爲父母，其主喪者不杖，則子一人杖”，鄭注云“女子子在室亦童子也，無男昆弟，使同姓爲攝主，不杖，‘則子一人杖’謂長女也，許嫁及二十而筓，筓爲成人，成人正杖也”，是其童女爲喪主，則亦杖矣。

---

① “不”字原作“皆”，據疏意，庶童子不杖，當室童子乃杖，謹改。

② “杖”下原無“并不免”三字，曹云：“下脱‘并不免’三字。”據補。

③ “冠”下原無“杖者亦”三字，曹云：“下脱‘杖者亦’三字。”據補。

④ “二八婦人”至“非成人”，原在頁眉處，占行一至六，謹依題義挪至此處。

二九　諸文婦人杖者甚衆，何言不杖[①]

三十　童子得稱婦人，猶小功章殤稱婦人[②]

　　若然，童子得稱婦人者，案《小功章》云"爲姪、庶孫丈夫、婦人之長殤"，是未成人稱婦人也。雷氏以爲此《喪服》妻爲夫、妾爲君、女子子在室爲父、女子子嫁反在父之室[③]，爲父三年，如傳所云婦人者皆不杖，《喪服小記》婦人不爲主而杖者，唯著此一條，明其餘不爲主者皆不杖。此説非。何者？此四等婦人皆在杖科之内，何得不杖？又《禮記》諸文説婦人杖者甚衆，何言無杖？

三一　絞帶以絞麻爲繩作帶，如要絰

　　云"絞帶者，繩帶也"者，以絞麻爲繩作帶，故云"絞帶"也。王肅以爲絞帶如要絰，馬、鄭不言，當依王義。雷氏以爲絞帶在要絰之下言之，則要絰五分去一爲絞帶[④]，但首絰象頍項之布，又在首，要絰象大帶用繒，又在要，故須五分去一以爲帶，今絞帶象革帶，與要絰同在要，一則無上下之差，二則無麤細可象，而云去要絰五分一爲絞帶，失其義也。

三二　絰帶至虞後變葛，絞帶亦當變布[⑤]

　　但絰帶至虞後變麻服葛，絞帶虞後雖不言所變，案公士、衆臣爲君服布帶，又齊衰已下亦布帶，則絞帶虞後變麻服布，於義可也。

---

① "二九諸文"至"言不杖"，原在頁眉處，占行七至十一，謹依題義挪至此處。

② "三十童子"至"稱婦人"，原在頁眉處，占行十二至十七，"若然"至"人也"乃與此題對應之文字，涵于題二九所領正文内，不宜段分，謹依題義挪至此處。

③ "反"字原作"及"，曹云："'及'當爲'反'。"倉石云："'及'，《詳校》作'反'，似是。"據改。

④ "帶"上原無"絞"字，曹云："'帶'上殿本增'絞'字。"據補。

⑤ "三二絰帶"至"當變布"，原在頁眉處，占行六至十，謹依題義挪至此處。

三三　冠布倍衰裳，用六升，勿灰，七升以上灰

云“鍛而勿灰”者，以冠爲首飾①，布倍衰裳而用六升，又加以水濯，勿用灰而已。冠六升勿灰，則七升已上固灰矣②，故大功章鄭注云“大功布者，其鍛治之功麤沽之”，則七升已上皆用灰也。云“衰三升”者，不言裳，裳與衰同，故舉衰以見裳，爲君義服衰三升半，不言者，以縷如三升半，成布三升，故直言三升，舉正以包義。

三四　喪屨外納，倚廬，適庶異處

云“菅屨者，菅菲也，外納。居倚廬”者，周公時謂之屨，子夏時謂之菲，案《士喪禮》“屨外納”，鄭注云“納，收餘也”，王謂正向外編之。“居倚廬”，孝子所居在門外東壁③，倚木爲廬，故《既夕記》云“居倚廬”，鄭注云“倚木爲廬，在中門外東方，北户”④，又《喪大記》云“凡非適子者，自未葬，以於隱者爲廬”，注云“不欲人屬目，蓋廬於東南角”，若然，適子則廬於其北，顯處爲之，以其適子當應接弔賓，故不於隱者。

三五　倚廬與堊室異，婦人不居廬⑤

若然，此下有臣爲君，則亦居廬，案《周禮·宮正》云“大喪授廬舍，辨其親疏貴賤之居”，注云“親者、貴者居倚廬，疏者、賤者居堊室”，又《雜記》朝廷卿大夫、士居廬，都邑之士居堊室，見諸侯之臣爲其君之禮。案《喪大記》云“婦人不居廬”，若然，此經云“居倚廬”，專據男子。

---

① “爲”下原無“首”字，汪刻本及張、阮刻本均有“首”字，據補。
② “固”字原作“故”，曹云：“‘故’，《讀禮通考》改作‘固’。”據改。
③ “居”下原重“居”字，阮云：“《通解》、楊氏、毛本俱不重‘居’字。”據刪。
④ “户”字原作“方”，汪刻本及張、阮刻本均作“户”，據改。
⑤ “三五倚廬”至“不居廬”，原在頁眉處，占行十至十四，謹依題義挪至此處。

三六　枕塊據大夫以上，若士則枕草

三七　大夫適子爲士者得行大夫禮①

云“寢苫枕塊”，《既夕》文與此同，此云“衰三升”，“枕塊”，據大夫已上，若士則大夫適子爲士者得行大夫禮②，若正士則枕草，衰則縷三升半，成布三升，《雜記》注所云“齊晏平仲爲其父麤衰斬枕草”是也③，但平仲謙，爲父服士服耳。

三八　哭有三無時

“哭晝夜無時”者，哭有三無時：始死未殯以前，哭不絶聲，一無時；既殯已後，卒哭祭已前，阼階之下爲朝夕哭，在廬中思憶則哭，二無時；既練之後，無朝夕哭，唯有廬中或十日、或五日思憶則哭，三無時也。卒哭之後，未練之前，唯有朝夕哭，是一有時也。

三九　未葬前，寢不説絰帶

云“寢不説絰帶”，案《雜記》孔子云“少連、大連善居喪，三月不解”，鄭云“不解倦也”，又案《既夕》文與此同，鄭注云“哀戚不在於安”，絰帶在衰裳之上而云不説，則衰裳在內不説可知。此據未葬前，故文在虞上，既虞後，寢有席，衰絰説可知。

---

① “三七大夫”至“大夫禮”，原在頁眉處，占行一至五，“若士”至“夫禮”乃與此題對應之文字，涵于題三六所領正文內，不宜段分，謹依題義挪至此處。
② “上”下原無“若士”二字，汪刻本及張、阮刻本均有“若士”二字，據補。
③ “記”下原無“注”字，曹云：“‘記’下脱‘注’字。”倉石云：“‘記’下浦氏補‘注’字，今案此左氏襄十七年《傳》文，鄭注《雜記》引之。”據補。

四十　既虞，翦屏柱楣，寢有席，疏食，水飲

云“既虞，翦屏柱楣”者，案《王制》云“天子七月而葬，諸侯五月而葬，大夫、士三月而葬”，又案《士虞禮》既葬反，日中而虞，鄭注《士喪》“三虞”云“虞，安也”，葬時送形而往，迎魂而反，反哭之時，入廟中，上堂不見，入室又不見，乃至適寢之中舊殯之處，爲虞祭以安之，《禮記·檀弓》云“葬日虞，不忍一日離也。是日也，以虞易奠”是也。依《公羊傳》云天子九虞，諸侯七虞，大夫五虞，士三虞①，今傳言既虞，謂九虞、七虞、五虞、三虞之後，乃改舊廬，西鄉開戶，翦去戶旁兩廂屏之餘草。“柱楣”者，前梁謂之楣，楣下兩頭豎柱施梁，乃夾戶傍之屏也。云“寢有席”者，案《間傳》云“既虞，卒哭，柱楣翦屏，苄翦不納”，鄭云“苄，今之蒲苹”，即此“寢有席”，謂蒲席加於苄上也。云“食疏食，水飲”者，未虞已前，朝一溢米，夕一溢米而爲粥，今既虞之後，用麤疏米爲飯而食之②，明不止朝一溢、夕一溢而已，當以足爲度。云“水飲”者③，未虞已前，渴亦飲水，而在既虞後與疏食同言“水飲”者，恐虞後飲漿酪之等，故云飲水而已也。

四一　卒廬中無時哭，唯有阼階下朝夕哭④

云“朝一哭，夕一哭而已”者，此當士虞禮卒哭之後，彼云卒哭者，謂卒去廬中無時之哭，唯有朝夕於阼階下有時之哭。

四二　既練，男子除首絰，練布冠，舍外寢

云“既練，舍外寢”者，謂十三月服七升冠，男子除首絰而帶獨存，婦

---

① “依公羊”至“士三虞”，倉石云：“公羊文二年《傳》何注云：‘虞祭，天子九，諸侯七，卿大夫五，士三。’疏云：‘自諸侯七以下《雜記》文，其天子九虞者，何氏差之耳。’明此非傳文可知。”
② “飯”字原作“飲”，四庫本及汪刻本均作“飯”，據改。
③ “水飲”原作“飲水”，曹云：“傳作‘水飲’。”據乙。
④ “四一卒廬”至“朝夕哭”，原在頁眉處，占行十三至十八，謹依題義挪至此處。

人除要帶而経獨存①，又練布爲冠，著繩屨，止舍外寢之中，不復居廬也。云"始食菜果，飯素食"者，案《喪大記》"祥而食肉"，《間傳》云"大祥有醯醬，中月而禫，禫而飲醴酒②，始飲酒者，先飲醴酒，始食肉者，先食乾肉"，《曲禮》云父母之喪，"有疾飲酒食肉，疾止復初"，皆爲不以死傷生也。

四三　布以八十縷爲升，無正文，師師相傳

冠六升。衰三升。

云"布八十縷爲升"者，此無正文，師師相傳言之，是以今亦云"八十縷謂之宗"，宗即古之升也。

四四　《儀禮》升字當作登，俗誤已久③

云"今之《禮》皆以登爲升，俗誤已行久矣"者，案鄭注《儀禮》之時，古今二《禮》並觀，疊古文者，則從經今文，若疊今文者，則從經古文，今此注而云"今之《禮》皆以登爲升"，與諸注不同，則今、古《禮》皆作升字，俗誤已行久矣也。若然，《論語》云"新穀既升"，升亦訓爲成，今從登不從升者，凡織紝之法，皆縷縷相登上，乃成繒布，登義強於升。

四五　大功以上冠右縫，小功、緦左縫

云"右縫，小功以下左縫"者④，案《大戴禮》云"大功已上唯唯，小功已下額額然"，孝子朝夕哭在阼階之下西面，弔賓從外入門，北面見之，大功以上哀重，其冠三辟積鄉右爲之，從陰，陰唯唯然順，小功、緦麻哀輕，其冠亦三辟積鄉左爲之，從陽，弔賓入門，北鄉望之，額額然逆鄉賓，二者皆條屬，但從吉、從凶不同。

---

① "要帶"二字原作"於帶"，四庫本作"於要"，阮云："毛本'於'作'要'。"據毛本改。

② "禫"下原不重"禫"字，阮云："陳、閩俱重'禫'字。按《間傳》重'禫'字。"據補。

③ "四四儀禮"至"誤已久"，原在頁眉處，占行十七至次頁行三，謹依題義挪至此處。

④ "左"下原無"縫"字，阮云："毛本'左'下有'縫'字。按各本注俱有'縫'字。"據補。

四六　喪冠厭伏，兩頭縫皆鄉外，五服同名

云"外畢者，冠前後屈而出，縫於武也"者，冠廣三寸[①]，落頂，前後兩頭皆在武下鄉外出，反屈之縫於武而爲之，兩頭縫，畢鄉外，故云"外畢"。案《曲禮》云"厭冠不入公門"，鄭注云"厭，猶伏也，喪冠厭伏"，是五服同名，由在武下出，反屈之，故得厭伏之名。《檀弓》云"古者冠縮縫，今也衡縫，故喪冠之反吉，非古也"，是吉冠則辟積無數[②]，橫縫，亦兩頭皆在武上，鄉內反屈而縫之，不得厭伏之名。

四七　諒闇即梁闇，謂廬有梁，即柱楣

云"楣謂之梁，所謂梁闇"者，所謂《書傳》文。案《喪服四制》云"高宗諒闇三年"，鄭注云"諒，古作梁，楣謂之梁。闇，讀如鶉鷃之鷃，闇謂廬也。廬有梁者，所謂柱楣也"。

四八　練後外寢謂中門外，屋下壘墼爲堊室[③]

云"舍外寢，於中門之外，屋下壘墼爲之，不塗墍，所謂堊室也"者，今至練後，不居舊廬，還於廬處爲屋，但天子五門，諸侯三門，得有中門，大夫、士唯有大門、內門兩門而已，無中門而云中門外者，案《士喪禮》及《既夕》外位唯在寢門外，其東壁有廬、堊室，若然，則以寢門爲中門[④]，據內外皆有哭位，其門在外內位中，故爲中門，非謂在外門、內門之中爲中門也。言"屋下壘墼爲之"者，東壁之所，舊本無屋，而云"屋下爲之"者，謂兩下爲屋，謂之屋下，對廬偏加東壁，非兩下謂之廬也。云"不塗墍"者，

---

① "三"字原作"二"，倉石云："張氏錫恭云：'聶氏《三禮圖》引賈疏作三寸，溫公《書儀》斬衰冠服用古禮而述冠制亦云廣三寸，《讀禮通考》引《通解續》言五服冠之廣狹皆同亦云廣三寸（今通行本三作二），《後漢書·輿服志》記竹皮冠制亦云廣三寸。疑賈疏本作冠廣三寸，作二者乃傳寫之誤。惟廣三寸，故可容三辟積也。'今案張說是。"據改。

② "數"字原作"殺"，阮云："'殺'，《通解》作'數'。"據改。

③ "四八練後"至"爲堊室"，原在頁眉處，占行四至九，謹依題義挪至此處。

④ "以"下原無"寢"字，倉石云："殿本'以'下補'寢'字，似是。"據補。

謂翦屛而已，不泥塗墍飾也。云"所謂堊室"者①，《間傳》云"父母之喪，既虞翦屛，期而小祥，居堊室"，彼練後居堊室，即此外寢。

四九　素食謂復平生時，食讀曰飼

云"謂復平生時食也"者，此食爲飼讀之，不得爲食讀之，知者，天子已下平常之食皆有牲牢、魚、腊，練後始食菜果，未得食肉、飲酒，何得平常時食？明專據米飯而言也。以其初據一溢米而言，既虞飯疏食，食亦米飯也，此既練後復平生時食②，食亦據米飯而言，以其古者名飯與食，與公食大夫者同音。

五十　葬後有受服、不受服，而斬不書受月

云"斬衰不書受月者③，天子、諸侯、卿大夫、士虞、卒哭異數"者，服乃隨哀以降殺，故初服麤，至葬後、練後、大祥後，漸細加飾，是以冠爲受，斬衰裳三升，冠六升，既葬後，以其冠爲受，衰裳六升，冠七升，小祥又以其冠爲受，衰裳七升，冠八升。自餘齊衰以下，受服之時，差降可知。然葬後有受服、有不受服，案下齊衰三月章及殤大功章皆云"無受"，正大功章即云"三月，受以小功衰即葛九月"者，今此斬衰章及齊衰章應言受月而不言，故鄭君特解之。

五一　大夫以上虞訖即受服，士虞待卒哭乃受服④

案《雜記》云天子七月而葬，九月而卒哭⑤；諸侯五月而葬，七月而卒哭；大夫三月而葬，五月而卒哭；士三月而葬，是月而卒哭，是天子已下，

---

① "所謂"原作"謂所"，四庫本及汪刻本均作"所謂"，據乙。

② "後"下原無"復"字，汪刻本及張、阮刻本均有"復"字，據補。

③ "月"下原無"者"字，注有"者"字，據補。

④ "五一大夫"至"乃受服"，原在頁眉處，占行四至十，謹依題義挪至此處。又，上"受服"二字原作"卒哭"，據疏意，大夫以上虞訖即受服，疑"卒哭"二字乃"受服"之譌，謹改。

⑤ "案雜記"至"而卒哭"，倉石云："《雜記》無此二語，賈氏蓋差次言之。案天子七月而葬，《王制》文。"

虞、卒哭異數,尊卑皆葬訖反,日中而虞,天子九虞,諸侯七虞,大夫五虞,
虞訖即受服,士三虞,待卒哭乃受服。必然者,以其大夫已上,卒哭在後
月,虞在前月,日已多,是以虞即受服,不得至卒哭,士葬月卒哭,與虞同
月,故受服待卒哭後也。

儀禮要義卷第二十九　喪服經傳二

一　父以斬，母以齊，家無二尊

父。

釋曰：周公設經，上陳其服，下列其人，即此文“父”已下，是爲其人服上之服者也。先陳父者，此章恩義並設。“傳曰：爲父何以斬衰也？父至尊也”者，言“何以”者，問比例，以父母恩愛等，母則在齊衰，父則入於斬，比並不例①，故問“何以斬”，不齊衰，荅云“至尊者”，天無二日，家無二尊，父是一家之尊，尊中至極，故爲之斬也。

二　此文在父下、君上者，君則兼諸侯、大夫

諸侯爲天子。

釋曰：此文在父下、君上者，以下文君中雖言天子，兼有諸侯及大夫，此天子不兼餘君，君中最尊上，故特著文於上也。

三　君尊，與父同，以義合，故從義服

君。

釋曰：臣爲之服，此君内兼有諸侯及大夫，故文在天子下。鄭注《曲禮》云“臣無君，猶無天”，則君者，臣之天，故亦同之於父，爲至尊，但義故，還著義服也。

---

① “例”字原作“同”，汪刻本及張、阮刻本均作“例”，據改。

四　諸侯之下卿大夫有地者亦曰君[1]

卿大夫承天子、諸侯，則天子、諸侯之下卿大夫有地者皆曰君，案《周禮·載師》云"家邑任稍地，小都任縣地，大都任畺地"，是天子卿大夫有地者，若魯國季孫氏有費邑，叔孫氏有郈邑，孟孫氏有郕邑，晉國三家亦皆有韓、趙、魏之邑，是諸侯之卿大夫有地者皆曰君[2]，以其有地則有臣故也。天子不言公與孤，諸侯大國亦有孤，鄭不言者，《詩》云"三事大夫"，謂三公，則大夫中含之也。

五　士無臣，非君，故僕隸等吊服加麻不斬[3]

但士無臣，雖有地，不得君稱，故僕隸等爲其喪[4]，吊服加麻不服斬也。

六　子不言適、大而言長，通上下

父爲長子。

釋曰：君、父尊外，次長子之重，故其文在此。言長子，通上下，則適子之號，唯據大夫、士，不通天子、諸侯，若言大子，亦不通上下，案《服問》云"君所主，夫人妻、大子、適婦"，鄭注云"言妻，見大夫已下亦爲此三人爲喪主也"，則大子[5]，下及大夫之子，不通士。若言世子，亦不通上下，唯據天子、諸侯之子，是以鄭云"不言適子，通上下"。非直長子得通上下，冢子亦通上下，故《內則》云"冢子則大牢"，注云"冢子，猶言長子，通於下也"，是冢子亦通上下也。云"亦言立適以長"者，欲見適妻所生皆名適

---

① "四諸侯"至"亦曰君"，原在頁眉處，占行一至六，謹依題義挪至此處。

② "卿"字原作"鄉"，四庫本及汪刻單疏本均作"卿"，據改。

③ "五士無"至"麻不斬"，原在頁眉處，占行七至十二，謹依題義挪至此處。

④ "其"下原無"喪"字，汪刻本及張、阮刻本有"長"字，阮云："'長'，陳、閩、《通解》俱作'喪'。"據陳、閩、《通解》補。

⑤ "大"字原作"天"，汪刻本及張、阮刻本均作"大"，據改。

子,第一子死也,則取適妻所生第二長者立之,亦名長子。若言適子,唯據第一者,若云長子,通立適以長故也。

七 爲長子不問斬而問三年,舉輕明重

傳曰:何以三年也? 正體於上,又乃將所傳重也。

釋曰[①]:以其俱是子,不杖章父爲衆子期,此章長子則爲之三年,故發"何以"之傳也。不問斬而問三年者,斬重而三年輕,長子非尊極,故舉輕以問之,輕者尚問,明重者可知,故舉輕以明重也。

八 父祖適適相承,己又是適,爲正體[②]

云"正體於上,又乃將所傳重也"者,此是荅辭也,以其父祖適適相承於上[③],己又是適,承之於後,故云"正體於上",云"又乃將所傳重"者,爲宗廟主,是有此二事,乃得三年。云"庶子不得爲長子三年,不繼祖也"者,此明適適相承,故須繼祖,乃得爲長子三年也。

九 爲父後者然後爲長子三年

庶子不得爲長子三年,不繼祖也。

釋曰:云"此言爲父後者,然後爲長子三年"者,經云"繼祖",即是爲祖後,乃得爲長子三年。

十 周道有適子,無適孫,孫猶同庶[④]

鄭云"爲父後者,然後爲長子三年",不同者,周之道有適子,無適孫,

---

① "釋"下原無"曰"字,依其慣例,"釋"下當有"曰"字,謹補。

② "父祖"至"正體",原在頁眉處,占行八至十二,謹依題義挪至此處。又,"父"上原無題號"八",此節上下有題號"七"與"九"而獨缺"八",補之乃全,謹補。

③ "於"字原作"爲",阮云:"'爲',陳、閩、《通解》俱作'於'。"據改。

④ "十周道"至"猶同庶",原在頁眉處,占行二至六,謹依題義挪至此處。

適孫猶同庶孫之例，要適子死後乃立適孫，乃得爲長子三年，是"爲父後者，然後爲長子三年"也。云"重其當先祖之正體"者，解經"正體於上"。又云"又以其將代己爲宗廟主也"者，釋經"傳重"。

十一　爲父後者之弟則庶子，衆子亦名庶

云"庶子者，爲父後者之弟也"者，謂兄得爲父後者是適子，其弟則是庶子，是爲父後者之弟，不得爲長子三年。此鄭據初而言，其實繼父祖，身三世，長子四世乃得三年也。云"言庶者，遠別之也"者，庶子，妾子之號，適妻所生第二者是衆子，今同名庶子，遠別於長子，故與妾子同號。

十二　言繼祖不言禰，容祖禰共廟

云"《小記》曰：'不繼祖與禰。'此但言祖，不言禰，容祖禰共廟"者，案《祭法》云"適士二廟，官師一廟"，鄭注云"官師中士、下士[1]，祖禰共廟"，則此"容祖禰共廟"，據官師而言。若然，《小記》所云祖禰并言者，是適士二廟者也。祖禰共廟，不言禰，直言祖，舉尊而言。

十三　長子斬不必五世，鄭微破先師説

鄭注《小記》云"言不繼祖禰，則長子不必五世"者，鄭前有馬融之等，解爲長子五世，鄭以義推之，已身繼祖與禰，通己三世，即得爲長子斬，長子唯四世，不待五世也，此微破師馬融之義也，以融是先師，故不正言而云"不必"而已也。

十四　長子傳重而不得三年者四[2]

若然，雖承重，不得三年，有四種：一則正體不得傳重，謂適子有廢

---

[1]　"官師"至"下士"原作"官師中下之士"，阮云："按《祭法》注作'官師中士、下士'。"據改。
[2]　"十四長子"至"年者四"，原在頁眉處，占行十二至十六，謹依題義挪至此處。

疾，不堪主宗廟也；二則傳重非正體，庶孫爲後是也；三則體而不正，立庶子爲後是也；四則正而不體，立適孫爲後是也。案《喪服小記》云“適婦不爲舅後者，則姑爲之小功”，鄭注云“謂夫有廢疾他故，若死而無子，不受重者”，婦既小功，不大功，則夫死亦不三年期可知也。

十五　不言所後之父，或後祖父以上不定

爲人後者。

釋曰：此出後大宗，其情本疏，故設文次在長子之下也。案《喪服小記》云“繼別爲大宗，繼禰爲小宗”，大宗即下文爲宗子齊衰三月，彼注云謂大宗①，則此所後，亦後大宗者也。云“何以三年”者，以生己父母三年，彼不生己亦爲之三年，故發問比例之傳也。云“受重者必以尊服服之”者，荅辭也。雷氏云“此文當云‘爲人後者爲所後之父’，闕此五字者，以其所後之父或早卒，今所後其人不定，或後祖父，或後曾高祖，故闕之，見所後不定故也”。

十六　同宗可爲後，謂同承別子，若別宗同姓亦不可②

云“何如而可爲之後”，問辭。“同宗則可爲之後”，荅辭。大宗子當收聚旅人，非同宗則不可謂同承別子之後，一宗之内，若別宗同姓，亦不可以其收族故也。

十七　支子可爲人後，衆子、妾子皆支③

又云“何如而可以爲人後”，問辭。云“支子可也”，荅辭。以其他家適子當家，自爲小宗，小宗當收斂五服之内，亦不可闕，則適子不得後他，故取支子，支子則第二已下庶子也。不言庶子，云“支子”者，不限妾子

---

①　“彼注”至“大宗”原作“彼云後大宗者”，曹云：“‘云’上脱‘注’字，‘後’當爲‘謂’，‘者’字衍。”據補改删。

②　“十六同宗”至“亦不可”，原在頁眉處，占行五至十一，謹依題義挪至此處。

③　“十七支子”至“子皆支”，原在頁眉處，占行十二至十六，謹依題義挪至此處。

而已。

十八　適子不得後人，當家自爲小宗^①

　　若然，適子不得後人，無後亦當有立後之義也。

十九　爲所後者之骨肉親如親子可知^②

　　云"爲所後者之祖父母"已下之親至"若子"，謂如死者之親子，則死者祖父母，則當已曾祖父母，齊衰三月也。妻謂死者之妻，即後人之母也。妻之父母、昆弟、昆弟之子，並據死者妻之父母，妻之昆弟，妻之昆弟之子，於後人爲外祖父母及舅與内兄弟，皆如親子爲之著服也。若然，不言爲父，此經直言爲所後者之祖父母及妻及死者外親之等，不言死者緦麻、小功、大功及期之骨肉親者，子夏作傳，舉疏以見親，言外以包内，骨肉親者如親子可知。

二十　妻爲夫斬，以在家天父，出則天夫

　　妻爲夫。傳曰：夫至尊也。
　　釋曰：自此已下論婦人服也。婦人卑於男子，故次之。案《曲禮》云"天子曰后，諸侯曰夫人，大夫曰孺人，士曰婦人，庶人曰妻"，后以下皆以義稱，士、庶人得其總名。妻，齊也。"妻爲夫"者，上從天子，下至庶人，皆同爲夫斬衰也。傳言"夫至尊"者，雖是體敵齊等，夫者猶是妻之尊敬，以其在家天父，出則天夫，又婦人有三從。

二一　妾爲君服斬，君至尊

　　妾爲君。傳曰：君至尊也。

---

　①　"十八適子"至"爲小宗"，原在頁眉處，占行一至五，謹依題義挪至此處。
　②　"十九爲所"至"子可知"，原在頁眉處，占行六至十一，謹依題義挪至此處。

釋曰:妾賤於妻,故次妻後。案《內則》云"聘則爲妻,奔則爲妾"。既名爲妾,故不得名壻爲夫,故加其尊名,名之爲君也,亦得接於夫,又有尊事之稱,故亦服斬衰也。

二二　女子子別於男子,在室關許嫁者

女子子在室爲父。

釋曰:自此盡"爲父三年",論女子子爲父出及在室之事,制服又與男子不同。云"女子子者,子,女也,別於男子也"者,男子、女子各單稱子,是對父母生稱,今於女子別加一字,故雙言二子,以別於男一子者。云"言在室者,關已許嫁"者,《內則》"女子十年不出",又云"十有五年而笄",女子子十五許嫁而笄,謂女子子年十五笄,四德已備,許嫁與人,即加笄,與丈夫二十而冠同,死而不殤,則同成人矣,身既成人,亦得爲父服斬杖也[1]。

二三　婦人服,於女子子下言布、言三年

布總、箭笄、髽、衰三年。

釋曰:上文不言布,不言三年,至此言之,上以哀極,故没其布名與年月,至此須言之故也,以其笄既用箭,則總不可不言用布,又上文經,至練有除者,此經三者既與男子有殊,並終三年乃始除之矣。案《喪服小記》云婦人帶、惡笄以終喪,彼謂婦人期服者,帶與笄終喪,此斬衰帶亦練而除,笄亦終三年矣,故以三年言之。云"此妻、妾、女子子喪服之異於男子"者[2],鄭據經上下婦人服斬者而言,若然,周公作經,越妻、妾而在女子子之下言之者,雷氏云"服者本爲至情,故在女子之下"。云'謂之總者,既束其本,又總其末'者,鄭解此經云'布總'者,只爲出紒後垂爲飾者而言,以其布總六升,與男子冠六升相對,故知據出見者而言,是以鄭云'謂之總者,既束其本,又總其末也'。云"箭笄,篠竹也"者,案《尚書·禹

---

① "斬"下原無"杖"字,曹云:"'斬'下脱'杖'字,未成人者但得服斬,不得杖。"據補。

② 異"下原無"於男"二字,汪刻本及張、阮刻本均有"於男"二字,據補。

貢》云“篠蕩既敷”,孔云“篠,竹箭”,是箭篠爲一也。又云“鬠,露紒也。其用於未成服時者①,猶男子之括髮”者,鬠有二種:案《士喪禮》曰“婦人鬠于室”,注云“始死,婦人將斬衰者去笄而纚,將齊衰者骨笄而纚。今言鬠者,亦去笄纚而紒也”。

二四　男子髺、免用布,唯婦人鬠無明文②

云“斬衰括髮以麻,則鬠亦用麻”者,案《喪服小記》云“斬衰括髮以麻,免而以布”,男子髺髮與免用麻布有文③,婦人鬠用麻布無文,鄭以男子髺髮,婦人鬠,同在小斂之節,明用物與制度亦應不殊,但男子陽,以外物爲名,名爲括髮,婦人陰,以内物爲稱,稱爲鬠爲異耳。

二五　鄭引漢法幒頭以況鬠、髺、免④

鄭引漢法“幒頭”況者,古之括髮與鬠之狀亦如此⑤,故鄭注《士喪禮》云“其用麻布,亦如著幒頭也”。引《喪服小記》者,彼男子冠,婦人笄,相對。云“男子免而婦人鬠”者,亦《小記》之文,此免既齊衰以下用布爲免⑥,則鬠是齊衰以下亦同用布爲鬠,相對而言也,但男子陽多變,斬衰名括髮,齊衰以下名免耳,婦人陰少變,故齊斬婦人同名鬠。

二六　齊衰將袒,以免代冠,免制未聞

《士喪禮》鄭注云“衆主人免者,齊衰將袒,以免代冠。免之制未聞,

---

① “也”下原無“其用”至“時者”八字,曹云:“‘露紒也’下有脱文,大約謂‘其用於未成服時者,猶男子之括髮’,皇氏、賈氏所據本皆有此句,故其釋鄭注義皆與今本抵捂。孔氏所據本無,故引皇説而駁之。皇引注文爲孔所删節,此疏述注又爲後人據孔本改,故文皆與今本注同而義則與所述不合。沈氏、胡氏不能校注之譌脱而輕議之,非也。”據補。
② “二四男子”至“無明文”,原在頁眉處,占行三至八,謹依題義挪至此處。
③ “布”上原無“麻”字,曹云:“‘布’上脱‘麻’字。”據補。
④ “二五鄭引”至“鬠髺免”,原在頁眉處,占行九至十三,謹依題義挪至此處。
⑤ “與”字原作“其”,曹云:“‘其’當爲‘與’。”據改。
⑥ “爲”字原作“而”,汪刻本及張、阮刻本均作“爲”,據改。

463

舊説以爲如冠状,廣一寸",亦引《小記》括髮及漢幓頭爲説,則括髮及免與鬠三者,雖用麻布不同,皆如著幓頭不别。若然,成服以後,斬衰至緦麻皆冠,不如著幓頭①,婦人皆露紒而鬠。

二七　男子衰裳並見,女子直名衰

云"凡服,上曰衰,下曰裳。此但言衰,不言裳,婦人不殊裳"者,以其男子殊衣裳,是以衰綴於衣,衣統名爲衰,故衰裳並見。案《周禮·内司服》王后六服,皆單言衣,不言裳,以連衣裳,不别見裳,則此喪服亦連裳於衣,衰亦綴於衣而名衰,故直名衰,無裳之别稱也。

二八　婦人衰如男子衰,下如深衣而無袡②

二九　深衣縫齊、倍要、續袡、鉤邊之制③

云"衰如男子衰"者,婦人衰亦如下記所云"凡衰,外削幅"以下之制,如男子衰也。云"下如深衣"者,如深衣六幅,破爲十二,闊頭鄉下,狹頭鄉上,縫齊倍要也。云"深衣則衰無帶下"者,案下記云"衣帶下尺",注云"衣帶下尺者,要也。廣尺,足以掩裳上際也",今此裳既縫著衣,不見裏衣,故不須要以掩裳上際,故知無要也。云"又無袡"者,又案下記云"袡,二尺有五寸",注云"袡,所以掩裳際也",彼據男子陽,多變,故衣裳别制,裳又前三幅,後四幅,開兩邊,露裏衣,是以須袡屬衣兩旁垂之,以掩交際之處,此既下如深衣,縫之以合前後,兩邊不開,故不須袡以掩之也。案深衣云"續袡鉤邊",注云"續,猶屬也。袡,在裳旁者也。屬,連之,不殊裳前後也。鉤邊,如今曲裾也",彼吉服深衣,須有曲裾之袡,此婦人凶服之衰,下連裳,雖如深衣,不得盡如深衣并有袡,故鄭總云"下無袡",則非

---

①　"如"上原無"不"字,曹云:"'如'上脱'不'字。"據補。

②　"二八婦人"至"而無袡",原在頁眉處,占行八至十三,謹依題義挪至此處。

③　"二九深衣"至"邊之制",原在頁眉處,占行十四至十八,"云衰如"至"掩之也"乃與此題對應之文字,涵于題二八所領正文内,不宜段分,謹依題義挪至此處。

直無喪服之衽,亦無吉服深衣之衽也。

三十　吉笄有象、有玉,喪中唯有箭、有榛

釋曰:云"箭笄長尺,吉笄尺二寸"者,此斬之笄用箭。下記云"女子子適人爲父母,婦爲舅姑"用"惡笄",鄭以爲榛木爲笄,則《檀弓》南宮縚之妻之姑之喪云"蓋榛以爲笄"是也。吉時,大夫、士之妻用象①,天子、諸侯之后、夫人用玉爲笄,今於喪中,唯有此箭笄及榛二者,若言寸數,亦不過此二等,以其斬衰尺,吉笄尺二寸,《檀弓》南宮縚之妻爲姑榛以爲笄,亦云一尺,則大功以下,不得更容差降。鄭注《小記》云"笄,所以卷髪",既直同卷髪,故五服略爲一節,皆用一尺而已,是以女子子爲父母既用榛笄,卒哭之後折吉笄之首歸於夫家,以榛笄之外,無可差降,故用吉笄也。若然,總不言吉而笄言之者②,以其喪中有用吉笄之法③,故下記"折吉笄之首"是也④。

三一　總用布六升,與男子冠同首飾

云"總六升者,首飾象冠數"也,上云男子冠六升,此女子子總用布,當男子冠用布之處,故同六升,以同首飾故也。

三二　喪冠倍衰之升,吉服冕亦倍朝服⑤

首飾尊⑥,故吉服之冕三十升,亦倍於朝服十五升也。云"長六寸,謂出紒後所垂爲飾也",鄭知者,若據其束本,人所不見,何寸數之有乎?

---

① "之"字原作"與",阮云:"'與',浦鏜改作'之'。"據改。

② "言"下原無"之"字,汪刻本及張、阮刻本均有"之"字,據補。

③ "法"下原有"故小記無折笄之法當記文"十一字,阮云:"周學健云十一字蓋緣下文'故小記'三字而誤衍。"據刪,所謂"故小記"亦有誤,見下。

④ "下"字原作"小",曹云:"'小'當爲'下'。"據改。

⑤ "三二喪冠"至"倍朝服",此題原在"與笄同也"文下,謹依題義挪至此處。

⑥ "首"上原有"十五升"三字,倉石云:"浦氏上補'朝服'二字,《校釋》云'十五升'疑衍。"據曹校刪。

故鄭以六寸據垂之者，此斬衰六寸，南宮縚妻爲姑總八寸以下，雖無文，大功當與齊同八寸，緦麻、小功同一尺，吉總當尺二寸，與笄同也。

三三　女爲父服齊衰後被出，更服斬

子嫁，反在父之室，爲父三年。

云"反在父之室"者，以其出時，父已死，初服齊衰，不與在室同，既服齊衰，後反被出，更服斬衰，即與在室同，故須言"在室"也。言"三年"者，亦有事須言，以其初死服朞服，死後被出，向父家，更服斬衰三年，與上在室者同。

三四　凡女行於大夫已上曰嫁，士、庶曰適人

云"凡女，行於大夫已上曰嫁，行於士、庶人者曰適人"，案齊衰三月章云"女子子嫁者、未嫁者爲曾祖父母"，傳曰"嫁者，嫁於大夫。未嫁者，成人而未嫁者"，是行於大夫曰嫁。不杖章云"女子子適人者爲其父母、昆弟之爲父後者"，傳雖不解，《喪服》本文是士[1]，故知行於士、庶人曰適人。庶人，謂庶人在官者，府、史、胥徒名曰庶人，至於民庶，亦同行士禮，以禮窮則同之。

三五　婦人不貳斬，君女下嫁者有二斬[2]

行大夫以上曰嫁，若天子之女嫁於諸侯，諸侯之女嫁於大夫，出嫁爲夫斬，仍爲父母不降，知者[3]，以其外宗、内宗及與諸侯爲兄弟者爲君皆斬，明知女雖出嫁反，爲君不降。若然，下傳云"婦人不二斬，猶曰不二天"，今若爲夫斬，又爲父斬，則是二天，與傳違者，彼不二天者，以婦人有三從之義，無自專之道，欲使一心於其天，此乃尊君宜斬，不可以輕服服之，不得以彼決此。若然，外宗、内宗、與諸侯爲兄弟服斬者，豈不爲夫服

---

① "喪"下原無"服"字，汪刻本及張、阮刻本均有"服"字，據補。

② "三五婦人"至"有二斬"，原在頁眉處，占行二至七，謹依題義挪至此處。

③ "知"字原作"之"，汪刻本及張、阮刻本均作"知"，據改。

斬乎？明爲君斬，爲夫亦斬矣。

三六　“公、士、大夫”者，謂公、卿、大夫

公、士、大夫之衆臣爲其君布帶、繩屨。

云“士，卿士也”者，以其在公之下，大夫之上，尊卑當卿之位，故知是卿士也。不言公、卿言士者，欲見公無正職，大夫又承副於卿，士之言事，卿有職事之重，故變言士。

三七　諸侯有公、卿，謂大國立孤一人

云“公、卿、大夫厭於天子、諸侯，故降其衆臣，布帶、繩屨”者，鄭解公[①]、卿、大夫，天子、諸侯並言之者，欲見天子、諸侯下皆有公、卿、大夫，公、卿、大夫下皆有貴臣、衆臣，若然，天子、諸侯下公、卿、大夫，《周禮·典命》及《大宰》具有其文，此諸侯下公[②]，《典命》大國立孤一人是也，以其諸侯無公，故以孤爲公。《燕禮》云“若有諸公，則先卿獻之”，鄭注云“諸公者，大國之孤也。孤一人，言諸者，容牧有三監”，是以其孤爲公。

三八　室老與士爲貴臣，其餘皆衆臣

傳曰：公、卿、大夫室老、士，貴臣云云。君，謂有地者也。

釋曰：云“室老、士，貴臣，其餘皆衆臣也”者，傳以經直云“衆臣”，不分別上下貴賤，故云“室老、士”二者是貴臣，其餘皆衆臣也。云有地者，“衆臣杖，不以即位”，欲見公、卿、大夫或有地，或無地，衆臣爲之皆有杖，但無地公、卿、大夫，其君卑，衆臣爲之皆得以杖，與嗣君同即阼階下朝夕哭位，若有地公、卿、大夫，其君尊，衆臣雖杖，不得與嗣君同即阼階下朝夕哭位，下君故也。

---

① “鄭”下原無“解”字，汪刻本及張、阮刻本均有“解”字，據補。

② “公”下原有“卿”字，曹云：“‘卿’字衍，下‘故以孤爲公卿’同。下又云‘以其孤爲公’，無‘卿’字可證。”據刪，下亦刪。

三九　有地卿、大夫有邑宰、家相，無地直有家相

云“室老，家相也”者，《左氏傳》云“臧氏老”，《論語》云“趙魏老”，是家臣稱老。云“家相”者，案《曲禮》云大夫“不名家相，長妾”①，以大夫稱家，是室老相家事者也。云“士，邑宰也”者，《雜記》云“大夫居廬，士居堊室”，鄭注云“士居堊室，亦謂邑宰也”，與此同，皆謂邑宰爲士也。若然，孤、卿、大夫有菜邑者，其邑既有邑宰，又有家相，若魯三卿，公山弗擾爲季氏費宰，子羔爲孟氏之郕宰之類，皆爲邑宰也，陽貨、冉有、子路之等爲季氏家相，亦名家宰，若無地卿、大夫則無邑宰，直有家宰，則孔子爲魯大夫而原思爲之宰，是直有家相者也。此等諸侯之臣而有貴臣、衆臣之事。案《周禮·載師》云“家邑任稍地，小都任縣地，大都任畺地”，是天子公、卿、大夫有菜地者也，案《鄭志》荅云“天子之卿，其地見賜乃有，何由諸侯之臣正有此地”，則天子下有無地者也，有菜地者有邑宰，復有家相，無地者直有家相可知。

四十　畿內諸侯不世爵，此經乃有嗣君

云“君，嗣君也”者，釋傳云“君服”，但其君已死矣，更有君爲死君之服，故知是嗣君。若然，案《王制》，畿內諸侯不世爵而世禄，彼則天子公、卿、大夫未爵命得有嗣君者，以世禄不降②，未得爵亦得爲嗣君，況其中兼畿外諸侯下公③、卿、大夫也，且《詩》云“維周之士，不顯亦世”，《左氏傳》云“官有世功，則有官族”，皆是臣有世功，子孫得襲爵，故雖畿內公、卿、大夫，有嗣君。

---

① “案曲”至“長妾”，倉石云：“下緦麻章引同，案《曲禮》作‘國君不名卿老、世婦；大夫不名世臣、姪娣；士不名家相、長妾’，賈引皆誤，《校釋》云‘所見《曲禮》與今本不同’，似無確據。”

② “降”上原無“不”字，曹云：“‘降’上脫‘不’字。”據補。

③ “下”下原無“公”字，阮云：“‘外’，陳、閩俱作‘內’。‘下’，毛本作‘公’，陳本、《要義》俱作‘下’。案以下文考之，‘外’字當從陳、閩作‘內’。以前節疏考之，‘下’、‘公’二字宜兼有之。”曹云：“‘外’字不誤，‘下’毛本作‘公’，阮云‘下’、‘公’二字宜兼有之。”據曹校補。

四一　周屨後謂菲，漢時謂不借

　　云“繩菲，今時不借也”者，周時人謂之屨，子夏時人謂之菲，漢時謂之不借者，此凶菅屨①，不得從人借，亦不得借人。

---

① “菅”字原作“荼”，四庫本《儀禮注疏》作“菅”，據改。

儀禮要義卷三十　　喪服經傳三

一　疏衰裳齊、牡麻絰與冠、杖文異斬衰

釋曰：此齊衰三年章，以輕於斬，故次斬後。“疏，猶麤也”，麤衰者，案上斬衰章中，爲君三升半麤衰斬[1]，鄭注《雜記》云：“微細焉，則屬於麤”，則三升正服斬不得麤名，三升半成布三升，微細，則得麤稱[2]，麤衰爲在三升斬内，以斬爲正，故没義服之麤，至此四升，始見麤也。若然，爲父哀極，直見深痛之斬，没人功之麤[3]，至於義服斬衰之等，乃見麤稱，至於大功、小功，更見人功之顯，緦麻極輕，又表細密之事，皆爲哀有深淺，是以斬衰斬在上，齊衰齊在下。“牡麻絰”者，斬衰絰不言麻，此齊衰絰見麻者，彼有杖，杖亦苴，故不得言麻，此經文孤，不兼杖，故得言麻也。云“冠布纓”者，案斬衰冠繩纓，退在絞帶下，使不蒙苴，齊冠布纓，無此義，故進之，使與經同處，此布纓亦如上繩纓，以一條爲武，垂下爲纓也。云“削杖、布帶”者，並不敢蒙苴之義，故在常處，但杖實是桐，不言桐者，以斬衰杖不言竹，使蒙苴，故闕竹字，此既不取蒙苴，亦不言桐者，欲見母比父削殺之義，故亦没桐文也。“布帶”者，亦象革帶，以七升布爲之，此即下章“帶、緣各視其冠”是也。齊、斬不言布，此纓、帶言布者，以對斬衰纓、帶用繩，故此須言用布之事也。“疏屨”者，疏取用草之義，即《爾雅》云“疏不熟”之“疏”，稍輕，故舉草之總稱。自此以下，各舉差降之宜，故不杖章言麻屨，齊衰三月與大功同繩屨，小功、緦麻輕，又没其屨號。

---

① “衰”下原無“斬”字，曹云：“‘衰’下脱‘斬’字。”據補。
② “則”下原無“得”字，汪刻本及張、阮刻本均有“得”字，據補。
③ “没”上原有“不”字，倉石云：“‘没’字殿本改作‘見’。今案據斬衰章疏衰没人功之疏言之，此‘不’字恐衍，‘没’字疏中常見，不容有譌。”據删。

二　父在爲母期，父卒直申三年喪^①

言“三年”者，以其爲母稍輕，故表其年月。若然，父在爲厭降至期，今既父卒，直申三年之衰，猶不申斬者，以天無二日。

三　傳釋齊、牡、疏、沽之義

傳曰：齊者何？緝也。牡麻者云云。

釋曰：緝則今人謂之爲緶也。上章傳先云“斬者何？不緝也”，此章言齊對斬，故亦先言“齊者何？緝也”。云“牡麻者，枲麻也”者，此枲對上章苴，苴是惡色，則枲是好色，故《間傳》云“斬衰貌若苴，齊衰貌若枲”也。云“牡麻絰，右本在上”者，上章爲父“左本在下”者，陽統於內，則此爲母，陰統於外，故“右本在上”也。云“疏屨者，藨蒯之菲也”者，藨是草名，案《玉藻》云“屨蒯席”^②，則蒯亦草類。云“冠尊，加其纋。纋功，大功也”者，此鄭雖據齊衰三年而言，冠尊加服皆同，是以衰裳升數恒少，冠之升數恒多，冠在首尊，既冠從首尊，故加飾而升數恒多也。斬冠六升，不言功者，六升雖是齊之末，未得沽稱，故不見人功，此三年齊冠七升，初入大功之境，故言沽功，始見人功。沽，纋之義，故云“纋功”，見人功纋大不精者也。

四　齊衰不書受月，亦以虞、卒哭異數^③

云“齊衰不書受月者，亦天子、諸侯、卿、大夫、士虞、卒哭異數”者，其義說與斬章同。

---

①　“二父在”至“三年喪”，原在頁眉處，占行四至八，謹依題義挪至此處。又，此題前一行有“朱點皆正文”五字，占行三，所指蓋疏述經、注之文，然正文無朱點與之相應，姑且置之。

②　“屨”字原作“履”，阮刻本作“屨”，阮云：“‘屨’，陳、閩、《通解》、《要義》俱作‘履’。按《玉藻》作‘屨’。”曹云：“‘履’字譌，單疏作‘履’。”據阮校改。

③　“四齊衰”至“哭異數”，原在頁眉處，占行三至八，謹依題義挪至此處。

471

五　父卒爲母三年,疏必以爲父喪除後

父卒則爲母。

注:尊得伸也。

釋曰:此章專爲母,三年重於期,故在前也。直云"父卒爲母"足矣,而云"則"者,欲見父卒三年之內而母卒,仍服期,要父服除後而母死,乃得伸三年,故云"則"以差其義也。必知義如此者,案《內則》云"女子十有五而笄,二十而嫁。有故,二十三年而嫁",注云"故,謂父母之喪",言"二十三而嫁",不止一喪而已,故鄭并云父母喪也。若前遭母喪,後遭父喪,自然爲母期,爲父三年,二十三而嫁可知。若前遭父喪,服未闋[①],即得爲母三年,則是有故,二十四而嫁,不止二十三也。知者,假令女年二十,二月嫁娶之月將嫁,正月而遭父喪,并後年正月爲十三月小祥,又至後年正月大祥,女年二十二,欲以二月將嫁,又遭母喪,至後年正月十三月大祥,女年二十三將嫁[固哉之説][②],此是父服將除遭母喪,猶不得爲申三年,況遭母喪在小祥之前[③],何得即申三年也? 是父服未除,不得爲母三年之驗,一也。又《服問》注曰"爲母既葬,衰八升",亦據父卒爲母,與父在爲母同,五升衰裳,八升冠,既葬以其冠爲之受,衰八升,是父卒爲母未得申三年之驗,二也。《間傳》云爲母既虞卒哭衰七升者,乃是父服除後,乃爲母申三年,初死衰四升,冠七升,既葬以其冠爲之受,衰七升,與此經同是父服除後,爲母乃申三年之驗,三也[④]。諸解者全不得此義,妄解"則"文,説義多塗,皆爲謬也。云"尊得伸"者,得伸三年,猶未伸斬。

六　繼母與因母同,孝子不敢殊

繼母如母。傳曰:繼母何以如母? 繼母之配父,與因母同,故孝子不敢殊也。

---

① "服"上原無"喪"字,阮云:"《通解》'喪'、'服'二字並有。"據補。

② "固哉之説",原在頁眉處,占行七,乃了翁按語,謹依文義挪至此處。

③ "母"字原作"父",曹云:"'父'當爲'母'。"據改。

④ "三"上原有"是"字,阮云:"《要義》同,毛本、《通解》無'是'字。"據删。

釋曰：繼母本非骨肉，故次親母後，謂已母早卒，或被出之後，繼續已母，喪之如親母，故云“如母”。但父卒之後如母^①，明父在如母可知，下期章不言者，舉父没後，明父在如母可知。慈母之義亦然，皆省文也，故皆舉後以明前也。若然，直言“繼母”，載在三年章内，自然如母可知，而言“如母”者，欲見生事、死事一皆如己母。傳發問者，以繼母本是路人，今來配父，輒如己母，故發斯問。荅云繼母配父，即是片合之義_{片合，下經云胖合，普半反②}，既與已母無别，故孝子不敢殊異之也。

七　傳内别舉傳，是子夏引舊傳

八　慈母謂妾之無子，妾子之無母而養之^③

慈母如母。傳曰：慈母者何也？傳曰：妾之無子者，妾子之無母者，父命妾曰：“女以爲子”，命子曰：“女以爲母”。若是，則生養之，終其身，如母，死則喪之三年，如母，貴父之命也。

注：此主謂大夫、士之妾，妾子之無母，父命爲母子者。其使養之，不命爲母子，則亦服庶母慈己之服可也。大夫之妾子，父在爲母大功，則士之妾子爲母期矣，父卒則皆得伸也。

釋曰：傳别舉傳者，是子夏引舊傳，證成己義。云“妾之無子者”，謂舊有子，今無者，失子之妾有恩慈深，則能養他子以爲己子者也。若未經有子，恩慈淺，則不得立後而養他子^④。不云“君命妾曰”而云“父”者，對子而言父，故言“父”也。必先命母者，容子小，未有所識，長乃命之^⑤，或養子是母^⑥，故先命母也。

---

① “父”字原作“又”，汪刻本及張、阮刻本均作“父”，據改。

② “片合”至“半反”，原在頁眉處，占行十二至十三，乃了翁按語，謹依文義挪至此處。

③ “八慈母”至“而養之”，此題原就在題七下别行另起，“慈母如”至“養他子”乃與此題對應之文字，涵于題七所領正文内，不宜段分，故仍其舊。

④ “他”下原無“子”字，阮云：“毛本、《通解》‘他’下有‘子’字。”據補。

⑤ “乃”上原無“長”字，曹云：“‘乃’上脱‘長’字。”據補。

⑥ “母”字原作“然”，曹云：“‘然’當爲‘母’。”據改。

九　慈母輕於繼母,故云養之終其身①

云"若是,則生養之,終其身",下乃云"如母,死則喪之三年",則以慈母輕於繼母,言"終其身",唯據終慈母之身而已,明三年之後不復如是,以《小記》云"慈母不世祭",亦見輕之義也。云"如母,貴父之命也"者,一非骨血之屬,二非配父之尊,但唯貴父之命故也。傳所引唯言妾之子與妾相事者,案《喪服小記》云"爲慈母後者,爲庶母可也,爲祖庶母可也",鄭云"緣爲慈母後之義,父之妾無子者,亦可命己庶子爲後",又云"即庶子爲後,此皆子也,傳重而已,不先命之與適妻使爲母子也",若然,此父命妾之文,兼有庶母、祖庶母,但不命女君與妾子爲母子而已。

十　慈母章鄭主謂大夫、士之妾

鄭知"此主謂大夫、士之妾,妾子之無母,父命爲母子者",知非天子、諸侯之妾與妾子者,案下記云"公子爲其母練冠、麻衣縓緣,既葬除之",父没乃大功,明天子庶子亦然,何有命爲母子爲之三年乎?故知主謂大夫、士之妾與妾子也。

十一　大夫及公子之適妻子有師母、慈母、保母②

云"其使養之,不命爲母子,則亦服庶母慈己之服可也"者,小功章云"君子子爲庶母慈己者"文見小功末③,注云"君子子者,大夫及公子之適妻子",彼謂適妻子備三母,有師母、慈母、保母,慈居中服之,則師母、保母服可知,是庶母爲慈母,服小功,下云"其不慈己,則緦可也",是大夫之適妻子,不命爲母子,慈己加服小功,若妾子爲父之妾慈己加服小功可知,

---

①　"九慈母"至"終其身",原在頁眉處,占行十三至十八,謹依題義挪至此處。

②　"十一大夫"至"母保母",原在頁眉處,占行十二至十八,謹依題義挪至此處。

③　"母"下原有"之"字,曹云:"'之'字衍。"據刪。又,"文見小功末"五字原在頁眉處,占行十一,乃了翁按語,謹依文義挪至此處。

若不慈己則緦麻矣。士爲庶母緦麻,緦麻章云"士爲庶母"①,傳曰"以名服也",故此云"不命爲母子,則亦服庶母慈己者之服可也"。

十二　大夫妾子爲母大功,士妾子期,父卒得伸②

云"大夫之妾子,父在爲其母大功"者,大功章云"大夫之庶子爲其母",是大功也。云"士之妾子爲其母期矣"者,期章云"父在爲母",不言士之妾子爲其母③,鄭知者,推究其理,大夫妾子厭降,爲母大功,士無厭降,明如衆人服期也。云"父卒則皆得伸也"者,士父在已伸矣,但大夫妾子父在大功者,父卒則與士皆得伸三年也。

十三　母爲長子齊衰三年,不問夫之在否

母爲長子。

釋曰:長子卑,故在母下,但父爲長子在斬章,母爲長子在齊衰,以子爲母服齊衰,母爲之不得過於子爲已,故亦齊衰也。若然,長子與衆子爲母,父在期,若夫在,爲長子,豈亦不得過於子爲已服期乎?然者,子爲母有降屈之義,父母爲長子,本爲先祖之正體,無厭降之義,故不得以父在屈至期,明母爲長子不問夫之在否也。

十四　父母爲長子,不以己尊降先祖正體④

"傳曰:何以三年"者,此亦問比例,父母爲衆子期,等是子,此何以獨三年?云"父之所不降,母亦不敢降也"者,斬章亦云"何以三年"⑤,荅云"正體於上,將所傳重",不降,故於母亦云"不敢降"。若然,夫不敢降,妻

①　"緦麻"下原不重"緦麻"二字,倉石云:"上'士爲庶母'四字殿本刪,今案'緦麻'二字當疊,今脱其一也。四字非羨。"據補。
②　"十二大夫"至"卒得伸",原在頁眉處,占行一至七,謹依題義挪至此處。
③　"不"下原有"可"字,曹云:"'可'字衍。"據刪。
④　"十四父母"至"祖正體",原在頁眉處,占行三至八,謹依題義挪至此處。
⑤　"亦"字原作"又",曹云:"'又'當爲'亦'。"據改。

亦不敢降,而云"父母"者,以其父母各自爲子,故父母各云"何以三年"而問之。注云"不敢以己尊降祖禰之正體"者,上傳於父已荅云"正體於上",是以鄭解母不降,亦與父同。

十五　此經七服皆同三年之文,唯易一"期"字

疏衰裳齊、牡麻経、冠布纓、削杖、布帶、疏屨期者。傳曰:問者曰:何冠也?曰:齊衰、大功冠其受也,緦(麻)①、小功冠其衰也,帶、緣各視其冠。

注:問之者,見斬衰有二,其冠同,今齊衰有四章,不知其冠之異同爾。緣,如深衣之緣。今文無冠布纓。

案下章不言"疏衰"已下者,還依此經所陳,唯言"不杖"及"麻屨"異於上者,此章"疏衰"已下與前章不殊,唯"期"一字與前"三年"有異,今不直言其異而還具列之者,以其此一期與前三年懸絶,恐服制亦多不同,故須重列七服者也。

十六　爲母、爲妻期,猶申禫杖②

但此章雖止一期而禫杖具有,案《下雜記》云"期之喪,十一月而練,十二月而祥,十五月而禫",注云"此謂父在爲母",即是此章者也。母之與父,恩愛本同,爲父所厭,屈而至期,是以雖屈猶申禫杖也。爲妻亦申,妻雖義合,妻乃天夫,爲夫斬衰,爲妻報以禫杖,但以夫尊妻卑,故齊、斬有異。

---

① "緦"下漢簡本《服傳》甲、乙本皆無"麻"字,沈云:"緦麻章首'緦麻三月者',鄭注:'緦麻,布衰裳而麻絰帶也。'胡氏《正義》云:'以緦布爲衰衰裳,以麻爲絰帶,故服名緦麻也。鄭注又云:'不言衰絰,略輕服,省文。'敖繼公云:'齊衰三月不言繩屨,大功不言冠布纓,小功不言布帶,緦麻不言衰絰,服彌輕則文彌略也。'鄭氏謂此等爲省文,是也,而敖氏云服輕彌略則可商。蓋此經緦麻已是省稱,而《傳》文'何以緦也'、'何以服緦也'更省'麻'字,則'彌略'之説爲無據矣。此《傳》'緦小功冠其衰',簡本無'麻'字正相一致。經作'緦麻',傳並省作'緦',今本爲後人臆加'麻'字。"今案底本下題"十七"亦曰"緦、小功冠其衰",則知此衍"麻"字,當據删。

② "十六爲母"至"申禫杖",原在頁眉處,占行四至七,謹依題義挪至此處。

十七　齊衰、大功冠其受，緦、小功冠其衰

云“曰：齊衰、大功冠其受也”者，降服齊衰四升，冠七升，既葬，以其冠爲受，衰七升，冠八升。正服齊衰五升，冠八升，既葬，以其冠爲受，衰八升，冠九升。義服齊衰六升，冠九升，既葬，以其冠爲受，受衰九升①，冠十升。降服大功衰七升，冠十升，既葬，以其冠爲受，受衰十升，冠十一升。正服大功衰八升，冠十升，既葬，以其冠爲受，受衰十升，冠十一升。義服大功衰九升，冠十一升，既葬，以其冠爲受，受衰十一升，冠十二升。以其初死，冠升皆與既葬衰升數同，故云“冠其受也”，大功亦然。云“緦麻、小功冠其衰也”者，以其降服小功衰十升，正服小功衰十一升，義服小功衰十二升，緦麻，十五升抽其半，七升半，冠皆與衰升數同，故云“冠其衰也”，義疏備於下記也。云“帶、緣各視其冠”者，帶謂布帶象革帶者，緣謂喪服之內中衣用布緣之②，二者之布升數多少，視猶比也，各比擬其冠也。然本問齊衰之冠，因荅大功與緦麻、小功并荅帶、緣。

十八　斬二其冠同，齊四不知冠之同異

云“問之者，見斬衰有二，其冠同”者③，下記云“斬衰三升、三升有半，冠六升”，是其冠同也。云“今齊衰有四章，不知其冠之異同爾”者，下記云“齊衰四升，其冠七升”，既葬，以其冠爲受，受衰七升，冠八升，唯見此降服齊衰，不見正服、義服及三月齊衰一章，不見，以不知其冠之異同，故致此問也。

十九　深衣、中衣、長衣與在喪深衣之別④

云“緣，如深衣之緣”者，案《深衣目録》云“深衣連衣裳而純之以采，

---

① “受”下原有“服”字，曹云：“‘服’字衍。”據删。
② “用”上原有“緣”字，曹云：“上‘緣’字似衍。”據删。
③ “者”字原作“皆”，張、阮刻本均作“者”，據改。
④ “十九深衣”至“衣之别”，原在頁眉處，占行九至十四，謹依題義挪至此處。

素純曰長衣，有表則謂之中衣"，此既在喪服之內，則是中衣矣，而云"深衣"，以其中衣與深衣同是連衣裳，其制大同，故就深衣有篇目者而言之。案《玉藻》云"長①、中繼揜尺"，注云"其爲長衣、中衣，則繼袂揜一尺，若今褎矣，深衣則緣而已"，若然，中衣與長衣袂皆手外長一尺。此初喪之中衣緣亦狹短，不得如《玉藻》中衣繼袂揜一尺者也。但"吉時麑裘"，即凶時鹿裘。吉時中衣，《深衣目錄》云"大夫以上用素"，士中衣用布②，緣皆用采，況喪中緣用布，明中衣亦用布也。其中衣用布，雖無明文，亦當視冠。若然，直言緣視冠，不言中衣，吉時中衣緣用采③，故特言緣用布，何妨喪時中衣亦用布乎？云"今文無冠布纓"者，鄭注既疊出今文，明不從今文，從經古文，有"冠布纓"爲正文。

二十　父在爲母期，至尊在，不敢伸私尊

父在爲母。

釋曰：上章已論斬衰不同訖，故傳直言"何以期"而不三年決之也。"屈也"者，荅辭，以家無二尊，故於母屈而爲期，是以云"至尊在，不敢伸其私尊也"。父非直於子爲至尊，夫於妻亦至尊④，母則於子爲尊，夫不尊之，直據子而言，故言"私尊也"。若然，夫妻敵體而言"屈"，公子爲母練冠，在五服之外，不言"屈"者，舉尊以見卑，屈可知。大夫妾子爲母大功，亦斯類也。

二一　子爲母、夫爲妻期，猶心喪三年⑤

云"父必三年然後娶，達子之志也"者，子於母屈而期，心喪猶三年，故父雖爲妻期而除，三年乃娶者，通達子之心喪之志。《左氏傳》晉叔向

---

① "長"字原作"表"且上有"其爲"二字，汪刻本及張、阮刻本均作"其爲長"，曹云："'其爲'二字涉下句衍。"據刪改。

② "用"上原有"不"字，阮云："毛本無'不'字。按'不'字疑衍文。"據刪。

③ "緣"上原無"吉時中衣"四字，倉石云："'緣'上疑脫'吉時中衣'四字。"據補。

④ "夫於妻"原作"妻於夫"，據疏義，夫爲妻之至尊，尊者宜在"於"字前，謹乙。

⑤ "二一子爲"至"喪三年"，原在頁眉處，占行一至五，謹依題義挪至此處。

云“一歲王有三年之喪二”，據大子與穆后，天子爲后亦期，而云三年喪者，據達子之志而言三年也。

二二　夫爲妻年月、禫杖亦與母同

夫爲妻年月、禫杖亦與母同，故同章也，以其出嫁天夫，爲夫斬，故夫爲之亦與父在爲母同。傳曰“何以期也”者，雷氏云“妻卑，以擬同於母，故問深於常也”。云“妻至親也”，荅以“妻至親”，故同於母。言“妻至親”者，妻既移天齊體，與己同奉宗廟，爲萬世之主，故云“至親”。

二三　適子父在則爲妻不杖，以父爲之主

妻。傳曰：爲妻何以期也？ 妻至親也。

注云云。

釋曰：注云“適子父在，則爲妻不杖即位①，以父爲之主也”者，不杖章之文也。此經爲妻，非直是庶子爲妻，欲見兼有適子父没爲妻在其中。云“父在，子爲妻以杖即位，謂庶子”者，案《喪服小記》云“父在，庶子爲妻以杖即位可”是也②。引之者，證經所云③，是天子已下至士、庶人，父皆不爲庶子之妻爲喪主，故夫皆爲妻杖，得伸也。

二四　子無出母之義，故繼夫而言出妻之子

出妻之子爲母。

釋曰：此謂母犯七出，去謂去夫氏④，或適他族，或之本家，子從而爲服者也。雷氏云：“子無出母之義，故繼夫而言‘出妻之子’”。

---

①　“杖”下原無“即位”二字，曹校注文云：“‘杖’下脱‘即位’二字。下云‘父在子爲妻以杖即位，謂庶子’，‘杖’下有‘即位’字可證。不以杖即位，則仍有杖，故在杖期章，此士適子之禮也。大夫適子則并不杖，故下不杖章別出大夫之適子爲妻。”據補。

②　“子”上原無“庶”字，阮云：“《喪服小記》作‘父在庶子爲妻’，此脱‘庶’字。”據補。

③　“云”上原無“所”字，曹云：“‘云’上脱‘所’字。”據補。

④　“去”字原作“出”，汪刻本及張、阮刻本均作“去”，據改。

二五　絶族無施服,謂母出,無傍及之服①

云“出妻之子爲母期,則爲外祖父母無服”者,傳意以言出妻即是絶族②,故於外祖可以無服。嫁來承奉宗廟,與族相連綴,今出則與族絶,故云“絶族”也。“無施服”者,傍及爲施,以母與族絶③,即無傍及之服也。云“親者屬”者,舊傳解母被出,猶爲之服也。

二六　爲父後者爲出母無服,事宗廟故④

云“出妻之子爲父後者,則爲出母無服”者,舊傳釋爲父後者,謂父没適子承重,不合爲出母服意。云“傳曰”者,子夏釋舊傳意。云“與尊者爲一體”者,不言與父爲體,而言“與尊者”,上斬衰章已有傳云“正體於上,將所傳重”,釋相承,父祖已上皆是尊者,故不言父也。但事宗廟祭祀者⑤,不欲聞見凶人,故《雜記》云有死於宫中三月不祭⑥,況有故,可得祭乎? 是以“不敢服其私親也”。父已與母無親,子獨親之,故云“私親也”。在旁而及曰施,此以母爲主,旁及外祖,今母已絶族,不復及在旁,故云“無施服”也。云“親者屬,母子至親無絶道”者,屬,猶續也,《孝經》云“父母生之,續莫大焉”,故謂母子爲屬,對父與母義合有絶道。

二七　父卒,繼母嫁,從爲之服,報一期

父卒,繼母嫁,從爲之服,報。

釋曰:云“父卒,繼母嫁”者,欲見此母爲父已服斬衰三年,恩意之極,

---

① “二五絶族”至“及之服”,原在頁眉處,占行十三至十八,謹依題義挪至此處。

② “以”字原作“似”,阮云:“‘似’,陳、閩俱作‘是’。”倉石云:“‘似’恐當作‘以’字。”據倉校改。

③ “與”字原作“爲”,曹云:“‘爲’當爲‘與’。”據改。

④ “二六爲父”至“宗廟故”,原在頁眉處,占行二至七,謹依題義挪至此處。

⑤ “但”字原作“佀”,汪刻本及張、阮刻本均作“但”,據改。

⑥ “雜記”至“不祭”,倉石云:“緦麻章傳云:‘有死於宫中者,則爲之三月不舉祭。’此引《雜記》恐誤。攷《雜記》:‘父母之喪將祭而昆弟死,既殯而祭。如同宫,則雖臣妾葬而后祭。’孔疏亦引《喪服傳》證之。”

故子爲之一期，得伸禫杖，但以不生已，父卒改嫁，故降於己母，雖父卒後，不伸三年，一期而已。云"從爲之服"者，亦爲本是路人，暫時與父片合①，父卒還嫁，便是路人，子仍著服，故生"從爲"之文。

二八　感恩者稱"報"，凡十有二文

"報"者，《喪服》上下并記云"報"者十有二，無降殺之差，感恩者皆稱"報"，若此子念繼母恩終，從而爲服，母以子恩不可降殺，即生"報"文，餘皆放此。

二九　此亦齊衰，唯不杖、麻屨異

不杖、麻屨者。

注：此亦齊衰，言其異於上。

唯此二事異於上，故得言之也。此不杖章輕於上禫杖②，故次之。又案此章與上章③，雖杖與不杖不同，其正服齊衰裳皆同五升，而冠八升，則不異也。必知父在爲母不衰四升，冠七升，與上三年齊衰同者，見鄭注《雜記》云"士以臣從君服之齊衰，爲其母與兄弟"，是父在爲母與兄弟同正服五升、八升之驗也。又鄭注《服問》云"爲母既葬衰八升"，是初死衰五升，冠八升，既葬以其冠爲受，受衰八升，冠九升，是亦爲母同正服衰五升之驗也。又案此章云"不杖、麻屨"，鄭云"言其異於上"，則上章中疏衰之等亦同④，又是爲母同正服五升之驗也。案下記云"齊衰四升，冠七升"及《間傳》云"爲母既虞，受衰七升"者，唯據上章父卒爲母齊衰三年者也。

三十　爲祖父母期，至尊。世、叔父期，尊者一體

三一　昆弟之義無分，分者辟子之私①

祖父母。傳曰：何以期也？至尊也。世父母、叔父母。傳曰：世父、叔父何以期也？與尊者一體也。然則［爲］昆弟之子何以亦期也②？旁尊也，不足以加尊焉，故報之也。父子一體也，夫妻一體也，昆弟一體也，故父子，首足也；夫妻，胖合也；昆弟，四體也，故昆弟之義無分，然而有分者，則辟子之私也。子不私其父，則不成爲子，故有東宮，有西宮，有南宮，有北宮。異居而同財，有餘則歸之宗，不足則資之宗。世母、叔母何以亦期也？以名服也。

注：宗者，世父爲小宗典宗事者。資，取也。爲姑姊妹在宗亦如之。

釋曰：孫爲之服。《喪服》條例，皆親而尊者在先，故斬章先父三年，齊衰先母，此不杖期先祖，亦是其次。若然，此章有降、有正、有義，服之本制，若爲父期，祖合大功，爲父母加隆至三年，祖亦加隆至期，是以祖在於章首，得其宜也。“傳曰：何以期也？至尊也”者，此據母而問，所生之母至親，唯期而已，祖爲孫止大功，孫爲祖既疏，何以亦期？苔云“至尊也”者，祖爲孫降至大功，似父母於子降至期，祖雖非至親，是至尊，故期。若然，不云“祖至尊”，而直云“至尊”者，以是父之至尊，非孫之至尊。

三二　昆弟之子猶子，亦期而不言報

世父母、叔父母。

釋曰：世叔既卑於祖，故次之。伯言世者，欲見繼世。爲昆弟之子亦

---

① “三一昆弟”至“子之私”，原在頁眉處，占行七至十一，“昆弟四”至“有北宮”乃與此題對應之文字，涵于題三十所領正文内，不宜段分，謹依題義挪至此處。

② “則”下漢簡《服傳》甲、乙本皆有“爲”字，沈云：“此經昆弟之子爲世叔父母正服不杖期，下經‘昆弟之子’，乃世叔父母爲昆弟之子亦正服不杖期，傳發報服之義，遂於此總釋之，則有‘爲’字義長。”當據補。

期,不言報者,以昆弟之子猶子,若言報爲疏。云"與尊者一體也"者,雖非至尊,既與尊者爲一體,故服期。不言與父爲一體者,直言"尊者",明父子爲一體也①,爲與二尊爲體②,故加期也。云"然則昆弟之子何以亦期也"者,以世、叔與二尊爲體,故加期,昆弟之子無此義,何以亦期?故怪而致問也。云"旁尊也,不足以加尊焉,故報之也"者,凡得降者,皆由已尊也,故降之,世、叔非正尊,故生報。

三三　父子首足,夫妻牉合,皆一體

云"父子一體也"者,謂子與父骨血是同爲體,因其父與祖亦爲一體,又見世、叔與祖亦爲一體也。云"夫妻一體也"者,亦見世、叔母與世叔、父爲一體。云"昆弟一體也"者,又見世、叔與父亦爲一體也,故馬云"言一體者,還是至親",因父加於世、叔,故云"昆弟一體",因世、叔加於世、叔母,故云"夫妻一體也"③,因上世、叔是旁尊,故以下廣明尊有正、有旁之義也。人身首足爲上下,父子亦是尊卑之上下,故父子比於首足。因父子兼見祖孫,故馬云"首足者,父尊若首,加祖在期,子卑若足,曾孫在緦也"。云"夫婦牉合也"者,《郊特牲》云"天地合而后萬物興焉",是夫婦半合,子胤生焉,是半合爲一體也。

三四　昆弟四體,於義無分

云"昆弟四體也"者,四體謂二手二足,在身之旁,昆弟亦在父之旁,故云"四體也"。云"故昆弟之義無分"者,此傳見兄弟有合離之義④,以手足四體本在一身,不可分別,若昆弟共成父身,亦不可分別,是昆弟之義不合分也。

---

① "父"下原無"子"字,曹云:"'父'下脱'子'字,言世叔父非直與己父爲兄弟一體,又與己祖爲父子一體,故渾言尊者以明斯義。"據補。
② "尊"下原無"爲體"二字,曹云:"'尊'下脱'爲體'二字,二尊謂父祖。"據補。
③ "云"字原作"以",阮云:"毛本'以'作'云'。"據改。
④ "兄"上原無"見"字,曹云:"'兄'上似脱'見'字。"據補。

三五　昆弟之子各私朝其父,故異宮①

云"然而有分者,則辟子之私也"者,昆弟理不合分,然而分者,則辟子之私也,使昆弟之子各自私朝其父,故須分也。云"子不私其父,則不成爲子"者,《內則》云"子事父母,雞初鳴,咸盥漱,櫛縰笄總",朝事父母,若兄弟同在一宮,則尊崇諸父之長者,第二已下,其子不得私其父,不成爲人子之法也②。云"故有東宮,有西宮"云云,案《內則》云"命士以上,父子異宮",不命之士,父子同宮,縱同宮亦有隔別,亦爲四方之宮。

三六　配世、叔父則生母名,故同服

云"世母、叔母何以亦期也? 以名服也"者,二母是路人,以來配世、叔父,則生母名,既有母名,則當隨世、叔而服之。

三七　爲宗子期,謂世父小宗,非大宗

注"宗者"至"如之"。釋曰:案《喪服小記》云"繼別爲大宗,繼禰爲小宗",繼別子之後,百世不遷之宗,在五服之內者,族人爲之月笇如邦人,如在五服外,則爲齊衰三月,齊衰三月章爲宗子是也③。小宗有四,皆據五服之內依常著服,五世別高祖,則別事親者。今宗子在期章之內,明非大宗子,是"世父爲小宗典宗事者"也。云"爲姑姊妹在室亦如之"者,大功章云爲姑嫁大功,明未嫁在此期章。若然,不見姑者,雷云"不見姑者,欲見及時早出之義"④。

---

①　"三五昆弟"至"故異宮",原在頁眉處,占行二至六,謹依題義挪至此處。

②　"人"下原有"之"字,汪刻本及張、阮刻本均重"人"字,"人"下亦有"之"字。阮云:"《要義》、毛本不重'人'字,陳、閩、《通解》,敖氏'人'下俱無'之'字。"曹云:"'人之'二字衍。"據以刪"之"字。

③　"如在"至"是也"原作"如爲齊衰齊衰三月章宗子是也",曹云:"此處有脱,當云'如在五服外,則爲齊衰三月,齊衰三月章爲宗子是也'。"據補。

④　"時"上原無"及"字,曹云:"'時'上脱'及'字。"倉石云:"殿本'時'上補'及'字是,下爲衆子疏又引雷説有'及'字,雷氏蓋用下大功章注'及將出者,明當及時也'。"據補。

三八　父爲適子之婦爲喪主，故子不杖

大夫之適子爲妻。

釋曰：云“大夫之適子爲妻”，在此不杖章，則上杖章爲妻者是庶子爲妻。父没後，適子亦爲妻杖，亦在彼章也。

傳曰。

問者，大夫衆子爲妻皆大功，今令適子爲妻期，故發問也。云“父之所不降，子亦不敢降也”者，大功章有適婦，注云“適子之妻”，是父不降適婦也。云“子亦不敢降”者，謂不敢降至大功與庶子同也。云“何以不杖也”者，既不降，怪不杖[1]，故發問也。“父在爲妻不杖”者，父爲適子之婦爲喪主，故適子不敢伸而杖也，《服問》云“君所主，夫人妻、大子、適婦”，是大夫爲適婦爲喪主也，故子不杖也。若然，此適子爲妻通貴賤，今不云長子通上下而云適子唯據大夫者，以五十始爵，爲降服之始，嫌降適婦，其子亦降其妻，故明。舉大夫不降，天子、諸侯雖尊，不降可知。

三九　君、大夫於正統親不降，君於餘親絶

注“大夫”至“出降”。釋曰：云“大夫不以尊降適婦者，重適也”者，此解經文所不降適子之婦，對大夫爲庶子之婦小功，是尊降也。云“凡不降者，謂如其親服服之”者，謂依五服常法服之。云“降有四品”者，鄭因傳有“降”、“不降”之文，遂總解《喪服》上下降服之義。云“君、大夫以尊降”者，天子、諸侯爲正統之親后、夫人與長子、長子之妻等不降，餘親則絶，天子、諸侯絶者，大夫降一等，即大夫爲衆子大功之等是也。云“公子、大夫之子以厭降”者，此非身自尊，受父之厭屈以降無尊之妻，下記云“公子爲其母練冠、麻、麻衣縓緣，爲其妻縓冠、葛絰帶、麻衣”，父卒乃大功是也。大夫之子即小功章云“大夫之子爲從父昆弟”在小功皆是也。云“公之昆弟以旁尊降”者，此亦非已尊，以公尊旁及昆弟[2]，故亦降其諸親，即

---

① “既不”至“不杖”原作“既不降怪不杖也者既不降怪不杖”，此當涉上“云何以不杖也者”文而衍，汪刻本及張、阮刻本均作“既不降怪不杖”，據删。

② “旁”上原無“以公尊”三字，曹云：“上似脱‘以公尊’三字。”據補。

小功章云"公之昆弟爲從父昆弟"是也①,案大功章云"公之庶昆弟爲母、妻、昆弟",傳曰"先君餘尊之所厭,不得過大功"。若然,公之昆弟有兩義,既以旁尊降②,又爲餘尊厭也。

四十　爲人後及女子子嫁者,以出降服③

云"爲人後者、女子子嫁者以出降"者,謂若下文云"爲人後者爲其父母,報",又下文云"女子適人者爲其父母、昆弟爲父後者",此二者是出也。凡大夫之服,例在正服後,今在昆弟上者,以其妻本在杖期,直以父爲主,故降入不杖章,是以進之在昆弟上也。

四一　兄稱昆,訓明,弟以次弟名

昆弟卑於世、叔,故次之,此亦至親以期斷④。云"昆,兄也"者,昆,明也,以其次長,故以明爲稱。弟,弟也,以其小,故以次弟爲名。云"爲姊妹在室亦如之"者,義同於上姑在室也⑤。

四二　大夫爲庶子降大功,天子、國君不服

衆子卑於昆弟,故次之。注兼云女子之義,如上姑姊妹,但上注鄭云"在室",此不云,"在室"可知。云"士謂之衆子,未能遠別也"者,經不云士,鄭云"士"者,《喪服》本文是士⑥,故言士可知也。云"大夫則謂之庶子,降之爲大功"者,下文大夫之子皆云庶子,降一等,故大功。云"天子、國君不服之"者,以其絕旁親,故知不服。若然,經所云唯據士也。

---

① "父"下原有"母"字,曹云:"'母'字衍。"倉石云:"《詳校》云'母'字衍,是。"據刪。
② "尊"下原無"降"字,曹云:"'尊'下脱'降'字。"據補。
③ "四十爲人"至"出降服",原在頁眉處,占行四至九,謹依題義挪至此處。
④ "斷"字原作"繼",汪刻本及張、阮刻本均作"斷",據改。
⑤ "姑"字原作"如",汪刻本及張、阮刻本均作"姑",據改。
⑥ "本"字原作"平",阮云:"毛本'平'作'本'。"據改。

四三　適子,適妻所生。冢子猶長子,通於下①

引《内則》者,案彼云子生三月之末,擇日翦髮爲鬌,以見於父,若冢子生則見於正寢,其日夫妻共食,具視朔食,天子則大牢,諸侯則少牢,大夫特牲,士特豚,冢子未食而見,必執其右手,咳而名之,執右明授之室事,退入夫之燕寢乃食,下云其非冢子皆降一等。云“適子、庶子已食而見,必循其首”者,不授室事故也,而鄭注未食、已食,急正緩庶之義。言冢子猶言長子,通於下也,彼言適子,謂適妻所生第二已下,庶子謂妾子也。引之者,證言庶子是別於適、長者也。

四四　世、叔父與昆弟子兩相爲服,不言報

昆弟之子。

釋曰:昆弟子疏於親子,故次之。世、叔父爲之,此兩相爲服,不言報者,引同己子,與親子同,故不言報,是以《檀弓》爲證。滕伯文爲孟虎齊衰云云②。

四五　庶子爲適昆弟,適子爲庶昆弟

大夫之庶子爲適昆弟。

釋曰:此大夫之妾子,故言庶,若適妻所生第二已下,當直云昆弟,不言庶也。云“兩言之者”,以其適妻所生適子,或長於妾子,或小於妾子。云“父之所不降”者,即斬章父爲長子是也。云“子亦不敢降”者,於此服期是也。發“何以”傳者,餘兄弟相爲皆大功,獨爲適服期,故發問比例之傳也。云“大夫雖尊③,不敢降其適,重之也”者,釋傳“父之所不降”。云

---

① “四三適子”至“通於下”,原在頁眉處,占行十二至十七,謹依題義挪至此處。

② “滕伯文爲孟虎齊衰云云”不見於它本疏,阮云:“按《要義》此下有‘滕伯文爲孟虎齊衰云’八字,今疏無此説,唯《通解》於經傳後附載《檀弓》一條,《要義》蓋本諸此,當附注篇末,或別記於上方,抄本誤與疏文相連耳”。今案底本亦刻於“是以《檀弓》爲證”下,與疏相連,姑仍其舊。

③ “云”字原作“注”,汪刻本及張、阮刻本均作“云”,據改。

“適子爲庶昆弟”已下，鄭廣明大夫與適子所降者[1]，以大夫適子得行大夫禮，故父子俱降庶，庶又自相降也，如大夫爲之皆大功也。

四六　周道有適子者無適孫，適孫爲祖後

適孫。

釋曰：孫卑於昆弟，故次之。此謂適子死，其適孫承重者，祖爲之期。亦爲衆孫大功，此獨期，故發問也。云“有適子者無適孫”者，謂適子在，不得立適孫爲後也。云“孫婦亦如之”，亦謂不立之，故云“亦如之”也。云“周之道[2]，適子死則立適孫，是適孫將上爲祖後者也”者，此釋祖爲孫服重之義。言“周之道”，對殷道則不然，以其殷道適子死，弟乃當先立，故言“周之道”也。云“長子在，則皆爲庶孫耳”者[3]，既適子在不得立孫，明同庶孫之例。

四七　適婦不爲舅後，姑爲之小功[4]

云“凡父於將爲後者，非長子皆期也”者，案《喪服小記》云“適婦不爲舅後者，則姑爲之小功”，注云“謂夫有廢疾他故，若死而無子，不受重者。小功，庶婦之服也。凡父母於子，舅姑於婦，將不傳重於適，及將傳重者非適，服之皆如衆子、庶婦也”，是以鄭云“凡父於將爲後者，非長子皆期”[5]，明非長子婦及於非適孫傳重，同於庶孫，大功可知也。

---

①　“鄭廣”至“降者”原作“庶昆弟相爲亦如大夫爲之者”，汪刻本及張、阮刻本均作“鄭廣明大夫與適子所降者”，據改。

②　“云”字原作“注”，汪刻本及張、阮刻本均作“云”，據改。

③　“則”下原無“皆”字，阮云：“毛本‘則’下有‘皆’字。按各本注俱有‘皆’字。”據補。

④　“四七適婦”至“之小功”，原在頁眉處，占行九至十三，謹依題義挪至此處。

⑤　“是以”至“皆期”原作“是以鄭云凡父母於子舅姑於婦非長子皆期”，曹云：“當爲‘是以鄭云凡父於將爲後者，非長子皆期’。”據改。

488

四八　長子與父相爲斬，祖報適孫期[①]

若然，長子爲父斬，父亦爲斬，適孫承重爲祖斬，祖爲之期，不報之斬者，父子一體，本有三年之情，故特爲之斬[②]，祖爲孫本非一體，但以報期，故不得斬也[③]。

四九　爲人後者爲其父母報期，不貳斬

爲人後者爲其父母，報。傳曰：何以期也？不貳斬也。何以不貳斬也？持重於大宗者，降其小宗也。爲人後者孰後？後大宗也。曷爲後大宗？（大宗者）尊之統也[④]。禽獸知母而不知父，野人曰父母何算焉？都邑之士則知尊禰矣，大夫及學士則知尊祖矣。諸侯及其大祖，天子及其始祖之所自出。尊者尊統上，卑者尊統下。

五十　大宗不可絕，族人以支子後之[⑤]

大宗者，尊之統也。大宗者，收族者也，不可以絕，故族人以支子後大宗也，適子不得後大宗。

注：都邑之士則知尊禰，近政化也。大祖，始封之君。始祖者，感神靈而生，若稷、契也。自，由也。及始祖之所由出，謂祭天也。上，猶遠也。下，猶近也。收族者，謂別親疏、序昭穆。《大傳》曰：“繼之以姓而弗別，綴之以食而弗殊。雖百世昏姻不通者，周道然也。”

---

① “四八長子”至“適孫期”，原在頁眉處，占行十四至十八，謹依題義挪至此處。

② “之”字原作“祖”，曹云：“‘祖’當爲‘之’。”據改。

③ “故”下原有“期”字，阮云：“陳、閩、《通解》俱無‘期’字。”據刪。

④ “尊”上漢簡《服傳》甲、乙本皆無“大宗者”三字，沈云：“答辭‘尊之統也’實是總括後大宗之義，下文乃分述‘尊統’與‘收族’二義，文相承接，毋庸重起，簡本是，今本蓋涉下二‘大宗者’句而誤衍。”當據刪。

⑤ “五十大宗”至“子後之”，原在頁眉處，占行三至七，謹依題義挪至此處。

五一　不貳斬者,持重於大宗,降其小宗

　　問者,本生父母應斬及三年,今乃不杖期,故問比例也。云"不貳斬"者,苔辭。又云不貳斬者"持重於大宗者①,降其小宗",此解不貳斬之意也。此問苔雖兼母,專據父,故苔以斬而言。

五二　別子如三桓,別於大子同,而爲後世始②

　　案《喪服小記》云"別子爲祖,繼別爲大宗",謂若魯桓公適夫人文姜生大子,名同,後爲君,次子慶父、叔牙、季友,此三子謂之別子。別子者,皆以臣道事君,無兄弟相宗之法,與大子有別,又與後世爲始,故稱別子也。大宗有一,小宗有四。大宗一者,別子之子適者爲宗③,諸弟來宗之,即謂之大宗,自此以下,適適相承,謂之百世不遷之宗。五服之內,親者月筭如邦人。五服之外,皆來宗之,爲之齊衰三月④,齊衰三月章"爲宗子、宗子之母妻"是也⑤。

五三　有繼高祖以下四小宗,又家家有小宗

　　小宗有四者,謂大宗之後生之,謂別子子之弟⑥。《小記》注云別子之世長子,兄弟宗之。第二已下長者,親弟來宗之,爲繼禰小宗。更一世,長者非直有親兄弟⑦,又從父昆弟亦來宗之,爲繼祖小宗。更一世,長者非直有親昆弟、從父昆弟,又有從祖昆弟來宗之,爲繼曾祖小宗。更

---

　　①　"又"下原無"云"字,曹云:"'又'下脱'云'字。"據補。

　　②　"五二別子"至"後世始",原在頁眉處,占行六至十一,謹依題義挪至此處。

　　③　"爲"下原無"宗"字,曹云:"下脱'宗'字。"據補。

　　④　"齊衰"下原無"三月"二字,曹校於"齊衰"下增"三月"二字,曹校此卷"如在五服外,則爲齊衰三月,齊衰三月章爲宗子是也"文亦於"齊衰"後增"三月"二字,據補。

　　⑤　"宗子"下原不重"宗子"二字,曹校重"宗子"二字,合於下經,據補。

　　⑥　"別子"下原無"子"字,曹云:"'別子'下似脱一'子'字,此用《大傳》注別子子弟之文也。"據補。

　　⑦　"直"下原無"有"字,阮云:"'直'下陳、閩、《通解》俱有'有'字,下同。"據補,下亦補。

一世，長者非直有親昆弟、從父昆弟、從祖昆弟來宗之，又有從曾祖昆弟來宗之，爲繼高祖小宗也。更一世，絕服，不復來事，以彼自事五服内繼高祖已下者也。四者皆是小宗，則家家皆有兄弟相事長者之小宗，雖家家盡有小宗，仍世事繼高祖已下之小宗也，是以上傳云“有餘則歸之宗”，亦謂當家之長爲小宗者也。

五四　爲後人者後大宗，若小宗無後當絕

云“爲人後者孰後？後大宗也”者，此問小宗、大宗二者與何者爲後，後大宗也。案何休云“小宗無後當絕”，與此義同也。又云“後大宗者降其小宗”，則此經爲人後爲父母①，父母尚降，明餘皆降也，故大功章云“爲人後者爲其昆弟”，是降小宗之類也。云“曷爲後大宗？大宗者尊之統”者，此問必後大宗何意也？明宗子尊，統領族人②，是以《書傳》云“宗子燕族人於堂，婦燕族人於房，序之以昭穆”，既有族食、族燕齒序族人之事，是以須後，不可絕也。

五五　大夫及學士知尊祖，諸侯、天子又遠

云“大夫及學士則知尊祖”者，此學士謂鄉庠③、序及國之大學、小學之學士，《文王世子》亦云學士④，雖未有官爵，以其習知四術，閑知六藝，知祖義父仁之禮，故敬父遂尊祖，得與大夫之貴同也。“諸侯及其大祖，天子及其始祖所自出”⑤，皆是爵尊者其德所及遠。

---

① “則此經”原作“此則繼”，曹云：“‘此則繼’當爲‘則此經’。”據改。

② “領”下原無“族人”二字，曹云：“‘領’下毛本《通解》有‘族人’二字是。”據補。

③ “學”下原無“士”字，倉石云：“首‘學’下各本補‘士’字是。”據補。

④ “王”下原有“之”字，阮云：“‘之’字衍。”據删。

⑤ “祖”下原無“所自出”三字，四庫本《儀禮注疏》卷末《考證》云：“監本脱‘所自出’三字，則與諸侯無別，今据傳文補之。”據補。

五六　適子不得後大宗

云“大宗收族”已下，論爲大宗立後之意也①。云“適子不得後大宗”者，以其自當主家事并承重祭祀之事故也②。

五七　大祖謂加命出封之君，如周公、大公

“大祖，始封之君”者，案《周禮·典命》云三公八命，卿六命，大夫四命，其爵皆加一等。加一等者，八命爲上公九命，六命爲牧八命、爲侯伯七命，四命爲子男五命③。此皆爲大祖，後世不毀其廟，若魯之周公、齊之大公、衛之康叔、鄭之桓公之類。

五八　天子諸侯尊統遠，大宗亦尊統遠

本文“尊者尊統上，卑者尊統下”④。

云“上，猶遠也。下，猶近”者，天子始祖，諸侯及大祖，並於親廟外祭之，是尊統遠，大夫三廟，適士二廟，中、下士一廟，是卑者尊統近也。若然，此論大宗子而言天子、諸侯、大夫、士之等者，欲見大宗子統領族人⑤，百世而不遷，又上祭別子爲大祖而不易⑥，亦是尊統遠，小宗子唯統五服之內，是尊統近，故傳言尊統遠近而云“大宗者，尊之統也”，又云“大宗者，收族”，是大宗統遠之事也。引《大傳》者，案彼稱姓謂正姓，若殷子、周姬之類。證周之大宗子統領族人，序以昭穆，百世不亂之事也。

---

① “論爲”原作“論謂”，阮云：“按‘論謂’疑當作‘論爲’。”據改。

② “其”下原無“自”字，汪刻本及張、阮刻本均有“自”字，據補。

③ “六命”至“五命”原作“爲牧八命爲侯伯七命爲子男五命”，曹校於“爲牧”上增“六命”二字，於“爲子男”上增“四命”二字，據補。

④ “本文”至“統下”，原在頁眉處，占行一至二，乃了翁增補之經文，謹依文義挪至此處。

⑤ “領”下原無“族人”二字，曹云：“‘領’下似脱‘族人’二字。”據補。

⑥ “又上”至“不易”原作“又上祭別祖子大祖而不易”，阮云：“毛本‘子’作‘於’。按當云‘又上祭別子爲太祖而不易’。”據刪補。

五九　男子有貳斬，婦人無貳斬

　　女子子適人者爲父母①、昆弟之爲父後者。傳曰：爲父何以期也？婦人不貳斬也。婦人不貳斬者何也？婦人有三從之義，無專用之道，故未嫁從父，既嫁從夫，夫死從子，故父者，子之天也，夫者，妻之天也。婦人不貳斬者，猶曰不貳天也，婦人不能貳尊也。爲昆弟之爲父後者何以亦期也？婦人雖在外，必有歸宗，曰小宗，故服期也。

　　經兼言父母，傳特問父，不問母者，家無二尊，故父在爲母期，今出嫁仍期，但不杖禫而已，未多懸絶，故不問。父則女子子在室斬衰三年②，今出嫁與母同在不杖麻屨，懸絶，故問云“爲父何以期也”③。“婦人不貳斬也”，苔辭。云“婦人不貳斬者何”，更問不貳斬之意也。云“婦人有三從之義”已下，苔辭。前章爲人後④，不云丈夫不貳斬，至此女子子云“婦人不貳斬者”，則丈夫容有貳斬，故有爲長子皆斬，又《喪服四制》云“門内之治恩揜義，門外之治義斷恩”，至於君父別時而喪，仍得爲父申斬，則丈夫有二斬。至於女子子在家爲父，出嫁爲夫，唯一無二，故特言婦人，是異於男子故也。若然，案《小記》云“與諸侯爲兄弟者服斬”⑤，是婦人爲夫并爲君得二斬者，然則此婦人不貳斬者，在家爲父斬，出嫁爲夫斬，爲父期，此其常事，彼爲君，不可以輕服服君⑥，非常之事，不得決此也。

六十　婦人從父、從夫皆斬，從子不斬⑦

　　言“婦人有三從之義”者，欲言不貳斬之意，婦人從人，所從即爲之斬。若然，夫死從子，不爲子斬者，子爲母齊衰，母爲子不得過齊衰，故亦不斬。

---

① “爲”下原有“其”字，經無“其”字，據刪。
② “女子子”上原無“父則”二字，曹校於“女子子”上增“父則”二字，據補。
③ “期”字原作“斯”，汪刻本及張、阮刻本均作“期”，據改。
④ “前章爲人後”原作“前斬章云爲人後”，曹云：“‘斬’字、‘云’字似衍。”據刪。
⑤ “小記”原作“雜記”，倉石云：“‘雜記’當爲‘小記’。”據改。
⑥ “輕”字原作“斬”，汪刻本及張、阮刻本均作“輕”，據改。
⑦ “六十婦人”至“子不斬”，原在頁眉處，占行十四至十八，謹依題義挪至此處。

六一　婦人有歸小宗,故爲昆弟之爲父後期

云"婦人不能二尊"者,欲見不二斬之意。云"曰小宗,故服期"者,欲見大宗子百世不遷,婦人所歸,雖不歸大宗,宗内丈夫、婦人爲之齊衰三月。小宗,宗内兄弟父之適長者爲之,婦人之所歸宗者,歸此小宗,遂爲之期①,與大宗别。傳恐人疑爲大宗,故辨之"曰小宗,故服期也"。

六二　丈夫、婦人爲小宗各如其親之服,辟大宗

從者,從其教令。歸宗者,父雖卒,猶自歸宗,其爲父後持重者②,不自絶於其族纇也。曰小宗者,言是乃小宗也。小宗明非一也,小宗有四。丈夫、婦人之爲小宗,各如其親之服,辟大宗。

釋曰:"歸宗者,父雖卒,猶自歸宗",知義然者,若父母在,嫁女自當歸寧父母,何須歸宗子? 傳言"婦人雖在外,必歸宗",明是據父母卒者,故鄭據父母卒而言。

六三　人君絶宗,故夫人親没,不得歸③

若然,天子、諸侯夫人父母卒,不得歸宗,以其人君絶宗,故許穆夫人,衛侯之女,父死不得歸,賦《載馳》詩是也。

六四　爲大宗無功、緦,皆齊衰

云"丈夫、婦人爲小宗,各如其親之服"者,謂各如五服尊卑服之,無所加減。云"避大宗"者,大宗則齊衰三月,凡丈夫④、婦人五服外,皆齊衰

① "遂"下原無"爲"字,阮云:"毛本、《通解》'遂'下有'爲'字。"據補。
② "持"字原作"特",阮云:"持,徐本、《要義》俱作'特',《通典》、《集釋》俱作'持',毛本、《通解》作'服'。"前有"持重於大宗者"文,據《通典》、《集釋》改。
③ "六三人君"至"不得歸",原在頁眉處,占行十四至十八,謹依題義挪至此處。
④ "凡"字原作"云",四庫本《儀禮注疏》作"凡",據改。

三月,五服内月箅如邦人,亦皆齊衰,無大功、小功、緦麻,故云"避大宗"也。

六五　大夫采地曰都邑^①,散文國亦名都邑

爲人後。傳。

"都邑之士"者,對文天子^②、諸侯曰國,大夫采地曰都邑,故《周禮·載師》有家邑、小都、大都,《左氏》諸侯之大夫采地亦曰都邑,邑曰築,都曰城^③,散文天子以下皆名都邑,都邑之内者,其民近政化。

---

① "大夫"至"都邑"原作"采地大夫曰都邑",正文疏同,曹校"采地"與"大夫"互乙,據乙,正文亦乙。

② "對"下原無"文"字,曹校於"對"字下增"文"字,據補。

③ "左氏"至"曰城"原作"春秋左氏諸侯下大夫采地亦曰邑邑曰築都曰城",曹云:"此句譌,當云'《左氏》諸侯之大夫采地亦云都邑,邑曰築,都曰城',文乃順。"今案"云"字似無需改,其他皆據曹校改。

儀禮要義卷第三十一　喪服經傳四

一　爲繼父同居服期，謂三者具

二　婦無再嫁，而此經有繼父[①]

繼父同居者。傳曰：何以期也？傳曰：夫死，妻稺，子幼，子無大功之親，與之適人，而所適者亦無大功之親。所適者以其貨財爲之築宮廟，歲時使之祀焉，妻不敢與焉。若是，則繼父之道也。同居則服齊衰期，異居則服齊衰三月，必嘗同居，然後爲異居。未嘗同居，則不爲異居。

釋曰：繼父本非骨肉，故次在女子子之下。案《郊特牲》云“夫死不嫁，終身不改”，《詩》共姜自誓不許再歸[②]，此得有婦人將子嫁而有繼父者，彼不嫁者自是貞女守志，而有嫁者，雖不如不嫁，聖人許之，故齊衰三年章有“繼母”，此又有“繼父”之文也。“何以朞也”者，以本非骨肉，故致問也。“傳曰”已下，並是引舊傳爲問答。自此至“齊衰朞”，謂子家無大功之內親，繼父以財貨爲此子築宮廟，使此子四時祭祀不絕，三者皆具，即爲同居，子爲之朞，以繼父恩深故也。言妻不言母者，已適他族，與己絕，故言妻，欲見與他爲妻，不合祭己之父故也。

---

① “二婦無”至“有繼父”，原在頁眉處，占行三至七，“案郊特”至“之文也”乃與此題對應之文字，涵于題一所領正文內，不宜段分，謹依題義挪至此處。

② “共”字原作“恭”，倉石云：“《柏舟序》‘共姜自誓也’，陸氏《釋文》云‘共音恭’，則此作‘恭’誤，當從各本作‘共’。”據改。

三　繼父異居入下齊衰三月章[1]

云"異居則服齊衰三月,必嘗同居,然後爲異居"者,此一節論異居,繼父言異者,昔同今異,謂上三者若闕一事,則爲異居。假令前三者皆具[2],後或繼父有子,即是繼父有大功之内親,亦爲異居矣。如此,父死爲之齊衰三月,入下文齊衰三月章繼父是也。云"必嘗同居,然後爲異居"者,欲見前時三者具爲同居,後三者一事闕,即爲異居之意。云"未嘗同居,則不爲異居",謂子初與母往繼父家時,或繼父有大功内親,或己有大功内親,或繼父不爲己築宫廟,三者一事闕,雖同在繼父家,亦名不同居繼父,全不服之矣。

四　子隨母嫁得有廟,非必正廟

云"爲之築宫廟於家門之外"者,以其中門外有己宗廟,則知此在大門外築之也。必在大門外築之者,神不歆非族故也。若在門内,於鬼神爲非族,恐不歆之,是以大門外爲之。隨母嫁,得有廟者,非必正廟,但是鬼神所居曰廟,若《王制》云"庶人祭於寢"也[3]。

五　夫爲君斬,妻從服期,於夫人無服

爲夫之君。傳曰:何以期也?從服也。

釋曰:此以從服,故次繼父下。但臣之妻皆稟命於君之夫人,不從服小君者,欲明夫人命亦由君來,故臣妻於夫人無服也。不直言"夫之君"而言"爲"者,以夫之君從服輕[4],故特言"爲夫之君"也。"傳曰:何以期"者,問比例者,怪人疏而同親者,故發問。云"從服也",以夫爲君斬,故妻

---

① "三繼父"至"三月章",原在頁眉處,占行八至十二,謹依題義挪至此處。

② "皆"字原作"仍是",阮云:"毛本、《通解》'仍是'作'皆'。"據改。

③ "王制"原作"祭法",倉石云:"'祭法'誤,當作'王制'。"據改。

④ "以"上原有"以夫之君而言爲者"八字,曹云:"此八字今本無,似可省。"毛氏汲古閣刊本《儀禮注疏》無此八字,據删。

從服期也。

六　女適人無主,與姪、兄弟還相爲期

姑姊妹、女子子適人無主者,姑姊妹報。

釋曰:此等親出適,已降在大功,雖矜之服期,不絶於夫氏,故次義服之下。"女子子"間在上,不言報者,女子子出適大功,反爲父母,自然猶期,不須言報,故不言也。姑對姪,姊妹對兄弟,出適反爲姪與兄弟大功,姪與兄弟爲之降至大功,今還相爲期,故須言"報"也。

七　適人者無主謂無祭主,喪無無主①

"無主者,謂其無祭主者",無主有二,謂喪主、祭主,傳不言喪主者,喪有無後,無無主者,若當家無喪主,或取五服之内親,又無五服親,則取東西家,若無則里尹主之,今無主者,謂無祭主也,故可哀憐而不降也。"人之所哀憐"者,謂行路之人,見此無夫復無子而不嫁,猶主哀憫,況姪與兄弟及父母,故不忍降之也。若然,除此之外,餘人爲之服者,仍依出降之服而不復加。

八　不言嫁,言"適人",謂士

不言嫁而云"適人"者,若言適人,即謂士也,若言嫁②,乃嫁於大夫,於本親又以尊降,不得言"報"。

九　君喪父、祖謂始封,若繼體,受之曾祖

爲君之父母、妻、長子、祖父母期。父卒,然後爲祖後者服斬。

釋曰:云"此爲君矣而有父若祖之喪者,謂始封之君也"者,若《周禮

---

① "七適人"至"無無主",原在頁面處,占行一至五,謹依題義挪至此處。
② "嫁"下原有"之嫁之"三字,曹云:"'之嫁之'三字,毛本、《通解》無,似是。"據删。

•典命》三公八命,其卿六命,大夫四命,出封皆加一等,是五等諸侯爲始封之君,非繼體,容有祖、父不爲君而死,君爲之斬,臣亦從服期也。云"若是繼體,則其父若祖有癈疾不立"者,此祖與父合立,爲癈疾不立,已當立,是受國於曾祖。若然,此二者自是不立,今君立不關父祖。又云"父卒者,父爲君之孫,宜嗣位而早卒,今君受國於曾祖"者,此解傳之"父卒"耳,鄭意以父、祖有癈疾,必以今君受國於曾祖,不取受國於祖者①,若今君受國於祖,祖薨則群臣爲之斬,何得從服期,故鄭以新君受國於曾祖。若然,曾祖爲君薨,群臣自當服斬,若君之祖薨,君爲之服斬,臣從服期也,若然,"父卒者,父爲君之孫,宜嗣位而早卒",則君之祖亦是癈疾或早死不立,是以君之父宜受國於祖②,復早卒,今君乃受國于曾祖也。

十　父有癈疾,不任喪事,孫服斬③

趙商問:"已爲諸侯,父有癈疾,不任國政,不任喪事,而爲其祖服,制度之宜,年月之斷,云何?"荅云:"父卒,爲祖後者三年斬,何疑?"

十一　君有父在,而爲祖服,亦斬衰④

趙商又問:"父卒,爲祖後者三年已聞命矣。所問者,父在爲祖如何?欲言三年則父在,欲言期復無主,斬杖之宜,主喪之制,未知所定。"荅曰:"天子、諸侯之喪皆斬衰,無期。"彼志與此注相兼乃具也。

十二　妾爲女君與子婦等,女君不服妾

妾爲女君。

釋曰:妾事女君,使與臣事君同,故次之也。以其妻既與夫體敵,妾不得體夫,故名妾。傳意謂妾或是妻之姪娣,同事一人,忽爲之重服,故

---

① "者"上原無"不取受國於祖"六字,汪刻本及張、阮刻本均有此六字,據補。
② "受"上原無"宜"字,曹云:"'受'上似脱'宜'字。"據補。
③ "十父有"至"孫服斬",原在頁眉處,占行九至十三,謹依題義挪至此處。
④ "十一君有"至"亦斬衰",原在頁眉處,占行十四至十八,謹依題義挪至此處。

發問也。荅曰"妾之事女君,與婦之事舅姑等"者,婦之事舅姑亦期,故云"等",但並后匹適,傾覆之階,故抑之,雖或姪娣,使如子之妻,與婦事舅姑同也。云"女君於妾無服"者,諸經傳無女君服妾之文。

十三　爲夫之昆弟之子期,言報,與世叔父異

夫之昆弟之子。

注:男女皆是。

釋曰:《檀弓》云"兄弟之子猶子也,益引而進之",進同己子,故二母爲之,亦如己子服期也。云"男女皆是"者,據女在室與出嫁,與二母相爲服,同期與大功,故子中兼男女,但以義服情輕,同婦事舅姑,故次在下也。"報之"者[1],二母與子本是路人,爲配二父而有母名,爲之服期,故二母報子,還服期。若然,上世、叔之下不言報[2],至此言之者,二父本是父之一體,又引同己子,不得言報,至此本疏,故言報也。

十四　諸侯爲衆子無服,大夫降,唯妾得遂

公妾、大夫之妾爲其子。

釋曰:傳嫌二妾承尊應降,今不降,故發問。荅云"妾不得體君,爲其子得遂也"者,諸侯絕旁期,爲衆子無服,大夫降一等,爲衆子大功,其妻體君,皆從夫而降之,至於二妾賤,皆不得體君,君不厭妾,故自爲其子得伸,遂而服期也。注云"唯爲長子三年",更云"其餘",謂己所生第二已下,以尊降,與妾子同,諸侯夫人無服,大夫妻爲之大功也。

十五　已嫁之女降旁親,祖父母正期不降

女子子爲祖父母。

釋曰:章首已言爲祖父母,兼男女,彼女據成人之女,此言女子子,謂

---

[1]　"報之者","報之"二字漫漶,據再造善本及四庫本寫定。

[2]　"叔"下原有"父"字,汪刻本及張、阮刻本均無"父"字,據刪。

十五許嫁者。祖父母正期也，已嫁之女可降旁親，祖父母正期，故不降也，故云“不敢降其祖也”。知“經似在室”者，以其直云“女子子”，無嫁文，故云“似在室”。云“傳似已嫁”者，以其言“不敢”，則有敢者，敢謂出嫁降旁親，是已嫁之文，此言“不敢”，是雖嫁而不敢降祖，故云“傳似已嫁”也。經、傳互言之，欲見在室、出嫁同不降，故鄭云“明雖有出道，猶不降”也。

十六　女子子許嫁，行四禮即著笄，爲成人①

云“出道”者，女子子雖十五許嫁，始行納采、問名、納吉、納徵四禮，即著笄爲成人，得降旁親，要至二十乃行請期②、親迎之禮，以其笄而未出。

十七　命者加爵服之名，君命夫，后命妻

云“命者，加爵服之名”者，見《公羊傳》云“錫者何？賜也。命者何？加我服也”，又案《覲禮》“諸公奉篋服，加命書於其上”，以命侯氏，是“命者，加爵服之名”也鄭此説未安③。云“自士至上公，凡九等”者，不據爵，皆據命而言，故《大宗伯》云“以九儀之命，正邦國之位”。云“君命其夫”者，君中總天子、諸侯。云“后、夫人亦命其妻矣”者，案《禮記》云“夫人不命於天子，自魯昭公始也”，由昭公娶同姓，不告天子，天子亦不命④，明臣妻皆得后、夫人命也。鄭言此者，經云“大夫”⑤、“命婦”，不辨天子、諸侯之臣，則天子、諸侯下，但是大夫、大夫妻，皆是命夫、命婦。

---

① “十六女子”至“爲成人”，原在頁眉處，占行二至七，謹依題義挪至此處。
② “行”下原有“謂”字，曹云：“‘謂’字衍。”據删。
③ “鄭此説未安”原在頁眉處，占行十三，乃乇翁按語，謹依文義挪至此處。
④ “天子”下原不重“天子”二字，汪刻本及張、阮刻本均重“天子”二字，據補。
⑤ “大夫”原作“命夫”，阮云：“按經不云‘命夫’，此‘命夫’亦當作‘大夫’。”據改。

十八　五十爲大夫常法，有不待五十者

“四十强而仕，五十艾，服官政”，爲大夫，何得大夫子又爲大夫？又何得爲弟之子爲大夫者？五十命爲大夫，自是常法，大夫之子有德行茂盛者，豈待五十乃命之乎？是以殤小功有大夫爲其昆弟之長殤，大夫既爲兄姊殤[1]，明是幼爲大夫，舉此一隅，不得以常法相難也此處《集釋》論通喪一節[2]。

十九　傳意女君得以尊降其父母，鄭云傳誤

二十　妾得爲其父母遂服期[3]

公妾以及士妾爲其父母。傳曰：何以期也？妾不得體君，得爲其父母遂也。

注：女君有以尊降其父母者與云云[4]。

釋曰：傳曰“何以期也”，問者以公子爲君厭，爲己母不在五服，又爲己母黨無服，公妾既不得體君，君不厭，故妾爲父母得伸，遂而服期。鄭欲破傳義[5]，故據傳云“妾不得體君，得爲其父母遂也”，然則女君體君者，有以尊降其父母者與？言“與”，猶不正執之辭也。云“《春秋》之義”者，案桓九年《左傳》云“紀季姜歸于京師”，杜云“季姜，桓王后也。季，字。姜，紀姓也。書字者，伸父母之尊”，是王后猶不得降父母，是子尊不加父母，傳何云“妾不得體君”乎？豈可女君降其父母？是以云“傳似誤

---

① “姊”字原作“弟”，倉石云：“張氏錫恭云：‘弟字衍。’今案‘弟’當爲‘姊’，下小功殤章疏屢言兄姊殤是也。”據改。

② “此處”至“一節”，原在頁眉處，占行六至七，乃了翁按語，謹依文義挪至此處。

③ “二十妾得”至“遂服期”，原在頁眉處，占行十一至十四，“釋曰傳”至“而服期”乃與此題對應之文字，涵在題十九所領正文內，不宜段分，謹依題義挪至此處又“之”字浸漶，據再造善本及四庫本寫定。

④ “以”下原有“其”字，注無“其”字，據刪。

⑤ “鄭”下原無“欲”字，汪刻本及張、阮刻本均有“欲”字，據補。

矣”。言“似”，亦是不正執，故云“似”，其實誤也。云“禮，妾從女君而服其黨服”者，《雜記》文也。云“是嫌不自服其父母，故以明之”者，鄭既以傳爲誤，故自解之。鄭必不從傳者，一則以女君不可降父母，二則經文兼有卿大夫、士，何得專據公子以決父母乎？

二一　齊衰三月無受，若大功以上輕服受之

疏衰裳齊、牡麻絰，無受者。

注云云。

釋曰：此齊衰三月章，以其義服，月日又少，故在不杖章下[①]。注云“無受者，服是服而除，不以輕服受之”者，凡變除，皆因葬、練、祥乃行，但此服至葬即除，無變服之理，故云“服是服而除”，若大功已上，至葬後以輕服受之，若斬衰三升，冠六升，葬後受衰六升，是更以輕服受之也。注云“不著月數者，天子、諸侯葬異月也”者，天子七月葬，諸侯五月葬，爲之齊衰者皆三月，藏其服，至葬更服之，葬後乃除，是以不得言少以包多，亦不得言多以包少，是以不著月數。

二二　此章論義服而先寄公，疏者爲首

寄公爲所寓。

注“寓亦”至“君服”。釋曰：此章論義服，故以疏者爲首，故寄公在前。言“寓，亦寄”。諸侯各有國土，而寄在他國，故發問也。“失地之君也”，荅辭也。失地君者，謂若《禮記·射義》貢士不得其人，“數有讓”，數有讓，黜爵削地，削地盡，君則寄在他國，《詩·式微》“黎侯寓於衛”，彼爲狄人所迫逐，寄在衛，黎之臣子勸以歸，是失地之君爲衛侯服齊衰三月[②]，藏其服，至葬更服，葬訖，乃除也。云“言與民同也”者，以客在主國，

---

① “此齊”至“章下”，原在頁眉處，占行十五至十八，乃了翁增補之疏文，原在“云無受者”等文前，謹依文義挪至此處。

② “是失”至“三月”，曹云：“‘衛侯’當爲‘所寓’。”倉石云：“今案《式微》孔疏引此失地之君云謂削地盡者，此疏乃以削地盡者與被人追逐者相提並論，則當與孔立異，且此云‘衛侯’者，或假如言之，不必改爲‘所寓’也。”故仍其舊。

得主君之恩,故報主君與民同,則民亦服之三月①。

二三　爲宗子齊衰三月,謂與大宗別高祖者

丈夫、婦人爲宗子、宗子之母、妻。

此經爲宗子,謂與大宗別高祖之人,皆服三月也。案斬章女子子在室及嫁反在父室者②,又不杖章中歸宗婦人,爲當家小宗親者期,爲大宗疏者三月也。云“宗子③,繼別之後”者,案《喪服小記》及《大傳》云“繼別爲大宗”,又云“有五世則遷之宗”,小宗有四是也,有百世不遷之宗,繼別爲大宗是也。云“所謂大宗也”者,即上文“大宗者,尊之統”是也。

二四　爲宗子服太重,以尊祖敬宗

傳曰:何以服齊衰三月也? 尊祖也云云。

傳以丈夫、婦人與宗子服絕而越大功、小功,與曾祖同,怪其大重,故問比例,何以服齊衰三月? 云“尊祖也”至“之義也”,荅辭也。祖謂別子爲祖,百世不遷之祖,當祭之日,同宗皆來陪位及助祭,故云“尊祖也”。云“尊祖故敬宗”者,是百世不遷之宗,大宗者尊之統,故同宗敬之。云“敬宗者尊祖之義也”者,以宗子奉事別子之祖,是尊祖之義也。“宗子之母在,則不爲宗子之妻服也”者,謂宗子父已卒,宗子主其祭。《王制》云“八十齊喪之事不與”,則母七十亦不與,今宗子母在④,未年七十,母自與祭,母死,宗人爲之服。宗子母七十已上,則宗子妻得與祭,宗人乃爲宗子妻服,故云然也。

---

① “月”字原作“日”,汪刻本及張、阮刻本均作“月”,據改。
② “嫁”字原作“女”,倉石云:“下‘女’字疑當作‘嫁’。”據改。
③ “宗”上原無“云”字,汪刻本及張、阮刻本均有“云”字,據補。
④ “宗”上原無“今”字,汪刻本及張、阮刻本均有“今”字,據補。

二五　宗子母妻燕食族婦，故族人服之①

必爲宗子母、妻服者，以宗子燕食族人於堂，其母、妻亦燕食族人之婦於房，皆序以昭穆，故族人爲之服也。

二六　臣服君斬，致仕齊衰三月

爲舊君、君之母、妻。傳曰：爲舊君者孰謂也云云。

釋曰②：此經上下臣爲舊君有二，故發問云“孰謂也”。云“仕焉而已者也”者③，荅辭也。傳意以下爲舊君，是待放之臣，以此爲致仕之臣也。云“何以服齊衰三月”者，怪其舊服斬衰，今服三月也。云“言與民同也”者，以本義合，且今義已斷，故抑之。“謂老若有廢疾而致仕者也”者，此解“仕焉而已”，有仕已老者，《曲禮》云“大夫七十而致仕”，云“有廢疾”者，謂未七十而有廢疾，亦致仕，是致仕之中有二也。云“爲小君服者，恩深於民”者④，下文庶人爲國君，無小君，是恩淺。

二七　大夫在外，妻、長子爲舊君衰三月

大夫在外，其妻、長子爲舊國君。

妻本從夫服君，今夫已絕，妻不合服而服之，長子本爲君斬者，亦大夫之子得行大夫禮，從父而服之，今父已絕於君，亦當不服矣，而皆服齊衰三月⑤，故發問也。云“妻雖從夫而出，古者大夫不外娶”者，鄭欲解傳云“妻，言與民同”之意，以古者不外娶，是當國娶婦，婦是當國之女，今身與妻俱出他國，大夫雖絕而妻歸宗，往來猶是本國之民。其歸者，則期章云爲昆弟之爲父後者曰小宗者是也。云《春秋》者，案《春秋公羊傳》莊二

---

① “二五宗子”至“人服之”，原在頁眉處，占行一至六，謹依題義挪至此處。
② “釋”下原無“曰”字，依其慣例，當有“曰”字，謹補。
③ 上“者”字原作“著”，汪刻本及張、阮刻本均作“者”，合於經，據改。
④ “民”下原有“也”字，曹云：“注無‘也’字。”據刪。
⑤ “衰”上原無“齊”字，曹云：“‘衰’上脫‘齊’字。”據補。

十七年，"莒慶來逆叔姬"，傳曰"大夫越竟逆婦①，非禮"，證古者大夫不外娶之事。云"君臣有離合之義"者，謂諫争從臣，是有義則合，三諫不從，是無義則離。子既隨父，故去可以無服矣。

二八　經言曾祖父母齊衰三月，注兼曾、高

曾祖父母。

釋曰：曾、高本合小功，加至齊衰，故次繼父之下。此經直云曾祖，不言高祖，案下緦麻章鄭注云"族祖父者，亦高祖之孫，則高祖有服明矣"，是以此注亦兼曾、高而說也《集釋》曾祖以上皆云曾祖②。若然，此曾祖之内合有高祖可知，不言者，見其同服故也。云"何以齊衰三月也"者，問者怪其三月大輕，齊衰又重，故發問也。云"小功者，兄弟之服也"，案下記傳云凡小功已下爲兄弟，是以云"小功者，兄弟之服也"。云"不敢以兄弟之服服至尊也"者，傳釋服齊衰之意也。

二九　爲曾祖宜小功，以加隆故重其衰麻

云"正言小功者，服之數盡於五"者，自斬至緦是也。云"則高祖宜緦麻，曾祖宜小功也"，據爲父期而言，故《三年問》云"何以至期也？曰：至親以期斷。是何也？曰：天地則已易矣，四時則已變矣，其在天地之中莫不更始焉，以是象之也"，彼又云"然則何以三年也？曰：加隆焉爾也，焉使倍之，故再期也"，是本爲父母加隆至三年，故以父爲本而上殺下殺也，是故言爲高祖緦麻者，謂爲父期，爲祖宜大功，曾祖宜小功，高祖宜緦麻。又云"據祖期"，是爲父加隆三年，爲祖宜期，曾祖宜大功，高祖宜小功，故鄭云"高祖、曾祖皆有小功之差"。此鄭總釋傳云"小功者，兄弟之服"，其中含有曾、高二祖而言之也。又云"則曾孫、玄孫爲之服同也"者，曾祖中既兼有高祖，是以云曾孫、玄孫各爲之齊衰三月也。云"重其衰麻尊尊

---

① "大夫"至"逆婦"，阮云："'女'，《要義》作'婦'。按《公羊傳》是'女'字，《要義》非也。凌曙云：'來，内辭，當作女。'"倉石云："今案下文又云'彼云婦，此云女'，則疏本如此無疑，諸本據《公羊》改作'女'，以致轇轕不通，不可從也。"故仍其舊。

② "集釋"至"曾祖"，原在頁眉處，占行十四至十五，乃了翁之按語，謹依文義挪至此處。

也"者,既不以兄弟之服服至尊,故云"重其衰麻",謂以義服六升衰,九升冠,此尊尊者[1]。

三十　此重出服舊君三月,謂大夫待放未去

舊君。

注:大夫待放未去者。

釋曰:此舊君以重出,故次在此也。鄭知此舊君是待放未去之大夫者,鄭據傳而言也。案上下四經皆爲君、爲舊君[2],不言國,庶人爲國君言國,其妻、長子爲舊國君言國,此舊君又不言國。言國者[3],據繼在土地而爲之服。正如爲舊君[4],止是不敢進同臣例,故服之三月,非爲土地,故不言國。庶人本繼土地,故言國也。其妻、長子本爲繼土地,故言國。此待放未去,本爲君埽其宗廟爲服,不繼土地,故不言國也。

三一　言大夫爲舊君,不言士,士無待放

傳曰:大夫爲舊君云云,言其以道去君而猶未絕也。

釋曰:云"以道去君,謂三諫不從,待放"者,此以道去君,據三諫不從,在境待放,得環則還,得玦則去,如此者,謂之以道去君。有罪放逐,若晉放胥甲父於衛之等,爲非道去君。云"未絕者,言爵禄有列於朝,出入有詔於國"者,《下曲禮》文。"爵禄有列",謂待放大夫舊位仍在。"出入有詔於國"者,謂兄弟宗族猶存,吉凶之事,書信往來,相告不絕。引之者,證大夫去,君埽其宗廟,詔使宗族祭祀[5],爲此,大夫雖去,猶爲舊君服。若然,君不使埽宗廟,爵禄已絕,則是得玦而去,則亦不服矣。不言士者,此主爲待放未絕,大夫有此法,士雖有三諫不從,出國之時,案《曲

---

① "此尊"原作"尊此",阮云:"毛本'尊此'作'此尊'。按毛本是。"據乙。

② "皆"下原無"爲君"二字,倉石云:"《校釋》云:'皆字似衍。'今案'皆'下當補'爲君'二字。"據補。

③ "言國"下原不重"言國"二字,曹云:"'言國'二字似當重。"據補。

④ "正如爲舊君",曹云:"'正如'當爲'上文'。"倉石云:"今案'正如'二字總提四經以下言國、不言國,各分別釋之,曹校非是。"故仍其舊。

⑤ "詔"字原作"設",汪刻本及張、阮刻本均作"詔",據改。

禮》踰竟，素服，乘髦馬，不蚤鬋，不御婦人，三月而後，即向他國，無待放之法，是出國即不服舊君矣。是以此舊君，唯有大夫也。若然，不言公卿及孤者，《詩》云“三事大夫”，則三公亦號大夫，則大夫中總兼之矣。

三二　大夫尊，降旁親，不敢降其祖

曾祖父母爲士者，如衆人。

“傳曰”至“其祖也”。釋曰：問者，以大夫尊，皆降旁親，今怪其服，故發問。經不言大夫，傳爲大夫解之者，以其言曾祖爲士者，故知對大夫爲之服①，明知曾孫是大夫。

三三　三殤唯二等服，欲大功下，殤有服

子、女子子之長殤、中殤大功章②。

注“殤者”至“殤也”。釋曰：子、女子子在章首者，以其父母於子，哀痛情深，故在前。云“殤者，男女未冠筓”者，女子筓與男子冠同，明許嫁筓，雖未出，亦爲成人，不爲殤可知。兄弟之子亦同此而不別言者，以其兄弟之子猶子，明同於子，故不言。且中殤或從上，或從下，是則殤有三等，制服唯有二等者，欲使大功下，殤有服故也。若服亦三等，則大功下，殤無服，故聖人之意也。

三四　喪未成人文不縟，無服殤以日易月

傳曰：何以大功也？未成人也。何以無受也？喪成人者其文縟，喪未成人者其文不縟，故殤之経不樛垂，蓋未成人也。年十九至十六爲長殤，十五至十二爲中殤，十一至八歲爲下殤，不滿八歲以下皆爲無服之殤。無服之殤以日易月，以日易月之殤③，殤而無服，故子生三月則父名之，死則哭之，未名則不哭也。

---

① “夫”下原有“下”字，曹云：“‘下’字衍。”據刪。
② “大功章”原在頁眉處，占行四，乃了翁之按語，謹依文義挪至此處。
③ “日”字原作“目”，經作“日”，據改。

注:縟,猶數也。其文數者,謂變除之節也。不樛垂者,不絞其帶之垂者。《雜記》曰:"大功已上散帶。"以日易月,謂生一月者哭之一日也①。殤而無服者,哭之而已。爲昆弟之子、女子子亦如之。凡言子者,可以兼男女。又云女子子者,殊之以子,關適庶也。

釋曰:云"何以大功也",問者以成人皆期,今乃大功,故發問也。云"未成人也"者,荅辭,以其未成人,故降至大功。云"何以無受也",問者以其成人至葬後,皆以輕服受之,今喪未成人,即無受,故發問也。云"喪成人者其文縟"已下,荅辭,遂因廣解四等之殤,年數之別并哭與不哭,具列其文。但此殤次成人,是以從長以及下與無服之殤。

三五　三殤皆以四年爲差,八歲據齔而言②

又三等殤皆以四年爲差,取法四時穀物變易故也。又以八歲已上爲有服,七歲已下爲無服者,案《家語·本命》云"男子八月生齒,八歲齔齒。女子七月生齒,七歲齔齒",今傳據男子而言,故八歲已上爲有服之殤也。傳必以三月造名始哭之者,以其三月一時,天氣變,有所識眄③,人所加憐,故據名爲限也。云"未名則不哭也"者,不正依"以日易月"而哭④,初死亦當有哭而已。

三六　成人之喪有變除之節,殤則否

成人之喪,既葬以輕服受之,又變麻服葛,緦麻者除之,至小祥,又以輕服受之,男子除於首,婦人除於帶,是有變除之數也。今於殤人喪,象物不成,則無此變除之節數,月滿則除之。又云"不樛垂者⑤,不絞帶之

---

① "哭"字原作"笑",注作"哭",據改。
② "三五三殤"至"齔而言",原在頁眉處,占行二至七,謹依題義挪至此處。
③ "眄"字原作"盻",阮云:"《要義》同,毛本'盻'作'盼',陳、閩、監本、《通解》俱作'眄'。按《玉篇》云:'眄,俗作盻。'《説文》:'眄,目偏合也。'今俗以眄、眄、盼混爲一字,故遂誤爲'眄'、'盼',宜作'眄'。"據改。
④ "正"字原作"止",曹云:"'止'當爲'正'。"倉石云:"浦氏鏜云'不止'疑當倒。殿本'止'作'正'。"據曹校、殿本改。
⑤ "樛"字原作"摎",汪刻本及張、阮刻本均作"樛",據改。

垂者"，凡喪，至小斂皆服未成服之麻，麻絰、麻帶，大功以上散帶之垂者，至成服乃絞之，小功已下初而絞之，今殤大功，亦於小斂服麻，散垂，至成服後，亦散不絞，以示未成人，故與成人異①，亦無受之類，故傳云蓋不成也。引《雜記》者，證此殤大功有散帶，要至成服則與成人異也。

三七　以日易月之殤，鄭、王、馬異説②

云"以日易月，謂生一月者哭之一日也"，若至七歲，歲有十二月，則八十四日哭之。王肅、馬融以爲日易月者，以哭之日易服之月，殤之昔親，則以旬有三日哭，總麻之親者，則以三日爲制。若然，哭三月喪與七歲同③，又此傳承父母子之下而哭總麻孩子，疏失之甚也。

三八　公、大夫爲適子成人斬，爲殤大功

釋曰：自此盡"大夫庶子爲適昆弟之長殤、中殤"，皆是成人齊衰朞，長殤、中殤降一等在大功④，故於此總見之，又皆尊卑爲前後次第作文也。云"公爲適子"、"大夫爲適子"，皆是正統，成人斬衰，今爲殤死，不得著代，故入大功。

三九　天子、諸侯於庶子絕服，大夫降一等⑤

特言"適子"者，天子、諸侯於庶子則絕而無服，大夫於庶子降一等，故於此不言，唯言適子也。

---

① "人"下原無"異"字，汪刻本及張、阮刻本均有"異"字，據補。

② "三七以日"至"馬異説"，原在頁眉處，占行六至十，謹依題義挪至此處。

③ "哭"下原有"總麻"二字，曹云："'總麻'二字似衍。"據刪。

④ "在"下原無"大"字，阮云："毛本、《通解》'在'下有'大'字。"曹云："'功'上脱'大'字。"據補。

⑤ "三九天子"至"降一等"，原在頁眉處，占行六至十一，謹依題義挪至此處。

四十　五服唯大功中殤有七月服

五服之正,無七月之服,唯此大功中殤有之,故《禮記》云"九月、七月之喪,三時"是也。

四一　受服盡此義服大功,故不言降、正

云"大功布九升,小功布十一升"者成人大功章[①],此章有降、有正、有義。降則衰七升,冠十升,正則衰八升,冠亦十升,義則衰九升,冠十一升。十升者,降小功。十一升者,正小功。傳於受服不言降大功與正大功[②],直言義大功之受者,鄭云"此受之下",止據受之下發傳者[③],明受盡於此義服大功[④],以其小功至葬[⑤],唯有變麻服葛,因故衰,無受服之法,故傳據義大功而言也。云"又受麻絰以葛絰"者,言受,衰麻俱受,而傳唯發衰,不言受麻以葛,故鄭解之云"又受麻絰以葛絰"[⑥]。引《間傳》者,證經大功既葬,其麻絰受以葛者[⑦],以其大功既葬,變麻爲葛,五分去一,大小與小功初死同,即《間傳》云"大功之葛與小功之麻同"[⑧],一也,故引之爲證耳。

四二　從父昆弟、姊妹緣親致服,降大功

從父昆弟。

---

① "成人大功章",原在頁眉處,占行十六,乃了翁按語,謹依文義挪至此處。
② "於"字原作"以",曹云:"'以'似當爲'於'。"據改。
③ "止"字原作"正",四庫本《儀禮注疏》作"止",據改。
④ "盡"下原無"於"字,汪刻本及張、阮刻本均有"於"字,據補。
⑤ "小"字原作"大",張、阮刻本均作"小",據改。
⑥ "麻"下原無"絰"字,四庫本《儀禮注疏》有"絰"字,合於注,據補。
⑦ "以"下原有"小功"二字,曹云:"'小功'二字衍。"據刪。
⑧ "小"上原無"與"字,曹云:"'小'上脱'與'字。"據補。

注"世父"至"如之"。釋曰:親昆弟爲之朞①,此從父昆弟降一等②,故次姑姊妹之下。云"其姊妹在室亦如之"者,義當然也。謂之"從父昆弟",世、叔父與祖爲一體,又與己父爲一體,緣親以致服,故云"從"也。

四三　爲人後者於兄弟、本宗親降一等

案下記云"爲人後者於兄弟降一等"者,故大功也。若然,於本宗餘親皆降一等也。

四四　祖服庶孫大功,降一等,男女同

庶孫。

注:男女皆是,下殤小功章曰"爲姪、庶孫丈夫、婦人"同。

釋曰:庶孫從父而服祖朞,故祖從子而服孫大功,降一等。云"男女皆是"者,女孫在室,與男孫同,其義然也。引殤小功者,證男女同。

---

① "親昆弟"原作"昆弟親",曹云:"'親'字當在'昆弟'上。"據乙。
② "等"字原作"降",汪刻本及張、阮刻本均作"等",據改。

儀禮要義卷第三十二　喪服經傳五

一　爲適婦大功，降於長子，加於庶婦

適婦。

注：適婦，適子之妻。

釋曰：疏於孫，故次之。其婦從夫而服其舅姑期，其舅姑從子而服其婦大功，降一等者也。此傳問者，以其適庶之子，其妻等是婦，而爲庶婦小功，特爲適婦服大功，故發問也。荅不降其適故也。若然，父母爲適長三年，今爲適婦不降一等服期者[1]，長子本爲正體於上，故加至三年，婦直是適子之妻，無正體之義，故直加於庶婦一等，大功而已。

二　姪對姑，若對世、叔唯言昆弟之子

姪丈夫姪，大結反，或丈一反[2]、婦人（報）[3]。

注：爲姪男女服同。

釋曰：姪卑於昆弟，故次之。不言男子、女子，而言"丈夫、婦人"者，姑與姪在室、出嫁同，以姪女言婦人，見嫁出，因此謂姪男爲丈夫，亦見長大之稱，是以鄭還以男女解之。云"謂吾姑者，吾謂之姪"者，姪之名唯對

---

[1]　"荅不"至"期者"原作"荅不一等服期者"，張、阮刻本均作"荅不降其適故也。若然，父母爲適長三年，今爲適婦不降一等服期者"，此似涉下"不"字而脱，據補。

[2]　"姪大"至"一反"，原在頁眉處，占行十一至十二，乃了翁據《儀禮音義》增補之釋文，謹依文義挪至此處。

[3]　"婦人"下漢簡《喪服》丙本無"報"字，沈云："敖繼公云：'章首已見爲姑適人者之服，此似不必言報，疑報字非誤則衍。'得簡丙本相證，知今本'報'字爲衍文。"當據删。

姑生稱①,若對世、叔,唯得言昆弟之子,不得姪名也。

三 爲夫之祖父母、世叔父母大功,從夫而服

夫之祖父母、世父母、叔父母。

釋曰:以其義服,故次在此。記云"爲夫之兄弟降一等",此皆夫之昆弟,故妻爲之大功也。問者怪無骨肉之親而重服大功,故致問也。答"從服也",從夫而服,故大功也。若然,夫之祖父母、世父母爲此妻著何服也?案下緦麻章云婦爲夫之諸祖父母報,鄭注謂夫所服小功者,則此夫所服昆,不在報限②。王肅以爲父爲衆子昆,妻小功,爲兄弟之子昆,其妻亦小功,以其兄弟之子猶子,引而進之,進同己子,明妻同可知。"夫之昆弟何以無服"已下,總論兄弟之妻不爲夫之兄弟服,夫之兄弟不爲兄弟妻服之事。云"其夫屬乎父道者,妻皆母道也。其夫屬乎子道者,妻皆婦道也",此二者尊卑之叙,並依昭穆相爲服,即此經爲夫之世、叔父母服是也。云"謂弟之妻婦者,是嫂亦可謂之母乎"者,此二者欲論不著服之事。若著服則相親,近于淫亂,故不著服,推而遠之。

四 兄弟之妻本無母、婦之名,塞亂原

五 嫂猶㛐,老人之善名③

"謂弟之妻爲婦者,卑遠之,故謂之婦"者,使下同子妻,則本無婦名。云"嫂,猶叟也。叟,老人稱也"者,叟有兩號,若孔注《尚書》"西蜀叟",叟是頑愚之惡稱,若《左氏傳》云"趙叟在後",叟是老人之善名,是以名爲嫂。云"若已以母、婦之服服兄弟之妻,兄弟之妻以舅、子之服服已,則是

---

① "名"上原無"姪之"二字,倉石云:"'名'上浦氏、金氏俱依《通解》增'姪之'二字是。"據補。

② "不"下原無"在"字,曹云:"'不'下當有'在'字。"據補。

③ "五嫂猶"至"之善名",原在頁眉處,占行一至四,"謂弟之"至"名爲嫂"乃與此題對應之文字,涵于題四所領正文內,不宜段分,謹依題義挪至此處。

亂昭穆之序也”者,此解不得之意。何者？以弟妻爲婦,即以兄妻爲母,而以母服服兄妻,又以婦服服弟妻,又使妻以舅服服夫之兄,又使兄妻以子服服夫之弟①,則兄弟反爲父子,亂昭穆之次序,故不得以兄妻爲母者也,故聖人深塞亂源,使兄弟之妻本無母、婦之名,不相爲服。

六　大宗子合族屬,母、婦燕族婦

引《大傳》云“同姓從宗合族屬”者②,謂大宗子同是正姓,姬、姜之類。屬,聚也。合聚族人於宗子之家,在堂上行食燕之禮,即“繫之以姓而弗別,綴之以食而弗殊”是也。又云“異姓主名治際會”者,“主名”,謂母與婦之名。治,正也。際,接也。以母、婦正接之會聚,則宗子之妻食燕族人之婦於房是也。

七　大夫爲朞服之爲士者,降至大功

大夫爲世父母、叔父母、子、昆弟、昆弟之子爲士者。

釋曰:大夫爲此八者本朞,今以爲士故,降至大功,亦爲重出此文,故次在此也。云“子,謂庶子”者,若長子③,在斬章。

八　云公之庶昆弟謂父卒,大夫庶子父在

公之庶昆弟、大夫之庶子爲母、妻、昆弟。

釋曰:云“公之庶昆弟、大夫之庶子”者,此二人各自爲母、妻、爲昆弟服大功,此並受厭降,卑於自降,故次在自降人之下。若云公子,是父在,今繼兄而言昆弟,故知父卒也。又公子父在爲母、妻在五服之外,今服大功,故知父卒也。云“大夫之庶子則父在也”者,以其繼父而言,又大夫卒,子爲母、妻得伸,今得大功,故知父在也。云“其或爲母,謂妾子也”者,以其爲妻、昆弟,其禮並同,又於適妻,君、大夫自不降,其子皆得伸,

---

①　“夫”上原有“己”字,曹云:“‘己’字似衍。”據刪。

②　“傳”下原有“者”字,阮云:“毛本無‘者’字。”據刪。

③　“長”上原無“若”字,張、阮刻本均有“若”字,據補。

今在大功，明妾子自爲己母也。

九　大夫降庶子，庶子亦厭而降昆弟、母、妻

傳曰：何以大功也？先君餘尊之所厭，不得過大功也。大夫之庶子則從乎大夫而降也。（父之所不降，子亦不敢降也）①。

注：言從乎大夫而降，則於父卒如國人也。昆弟，庶昆弟也。舊讀云云。

釋曰：以大夫尊少，身在，降一等，身没，其庶子則得伸，如國人也。云“昆弟，庶昆弟也”者，若適則在父之所不降之中，故知庶昆弟也。云“舊讀昆弟在下，其於厭降之義宜蒙此傳也，是以上而同之”者，言“舊讀”，謂鄭君已前馬融之等，以“昆弟”二字抽之在傳下，今皆易之在上。鄭檢經義，“昆弟”乃是公之庶昆弟、大夫之庶子所爲者，父以尊降庶子，則庶子亦厭而爲昆弟大功，是知“宜蒙此傳”，則“昆弟”二字當在傳上，與母、妻宜蒙此傳同爲厭降之文，不得如舊讀。云“父所不降，謂適也”者，不指不降之人而云“謂適”者，欲見適中非一，謂父爲適妻、適子之等皆是也②。

十　世、叔母爲女服而言夫之昆弟婦人子

爲夫之昆弟之婦人子適人者。

注：婦人子者③，女子子也。

釋曰：此亦重出，故次從父昆弟下。此謂世、叔母爲之服，在家期，出嫁大功。云“不言女子子者，因出見恩疏”者，女，在家室之名，是親也，婦

---

① “從乎大夫而降也”下漢簡《服傳》甲、乙本皆無“父之所不降子亦不敢降也”十一字，沈云：“今本此傳，本屬可疑。不杖期章‘大夫之適子爲妻’，傳云：‘父之所不降，子亦不敢降也’，又‘大夫之庶子爲適昆弟’，傳云：‘父之所不降，子亦不敢降也’；如此條乃‘大夫之庶子爲庶昆弟’釋義，則當云‘父之所降，子亦不敢不降也’，不當如今本所云也。今得簡本，知此傳未及爲‘庶昆弟’之服，故述經無‘昆弟’二字，又無此二句，其疑始渙然冰釋矣。今本‘父之’二句爲衍文無疑也。”當據刪。

② “適子”原作“釋子”，張、阮刻本均作“適子”，據改。

③ “子”下原無“者”字，注有“者”字，據補。

者,事人之稱,是見疏也,今不言女與母,而言"夫之昆弟之婦人子"者①,是因出,見恩疏故也。

十一　大夫妾爲君之長子三年,庶子大功,己子期

十二　妾爲君黨服同女君②

大夫之妾爲君之庶子。

釋曰:妾爲君之庶子,輕於爲夫之昆弟之女,故次之。引下傳曰"'何以大功也? 妾爲君之黨服,得與女君同',指謂此也"者,彼傳爲此經而作,故云"指謂此",在下者,鄭彼云"文爛在下爾"故也。云"妾爲君之長子亦三年"者,妾從女君服,得與女君同,故亦同女君三年。又云"自爲其子期,異於女君也"者,以其女君從夫降其庶子大功,夫不厭妾,故自服其子期,是異於女君也。云"士之妾爲君之衆子亦期",亦得與己子同者,亦是與女君同故也③。

十三　女成人未嫁亦降旁親,故期親降大功

女子子嫁者、未嫁者爲世、叔父母、姑姊妹大功④。傳曰:嫁者,其嫁於大夫者也。未嫁者,成人而未嫁者也云云。

注:成人者云云,及將出者,明當及時也。

云"女子子成人者有出道,降旁親"者,此鄭依經正解之,以其嫁者降旁親是其常,而云未嫁者,成人未嫁亦降旁親者,謂女子子十五已後許嫁,笄爲成人,有出嫁之道,是以雖未出,即逆降世父已下旁親也。云"及

---

① 　下"之"字原作"與",四庫本《儀禮注疏》作"之",合於經,據改。

② 　"十二妾爲"至"同女君",原在頁眉處,占行六至九,"引下傳"至"同故也"乃與此題對應之文字,涵于題十一所領正文內,不宜段分,謹依題義挪至此處。

③ 　"亦得"至"故也"原作"謂亦得與女君期者亦是與己子同故也",曹云:"當爲'亦得與己子同者,亦是與女君同故也'。"據改。

④ 　"爲世"至"大功",原在頁眉處,占行十六至十八,"爲世"至"大功"乃了翁之按語,謹依文義挪至此處。

將出者，明當及時也"者，謂女子子年十九，後年二月，冠子娶妻之月，其女當嫁，今年遭此世父已下之喪，若依本服期者，過後年二月①，不得及時，逆降在大功，大功之末，可以嫁子，則於二月得及時而嫁，是以云"明當及時也"。

十四　大夫、大夫妻、子等爲女之尊同者不降

大夫、大夫之妻、大夫之子、公之昆弟爲姑姊妹、女子子嫁於大夫者。君爲姑姊妹、女子子嫁於國君者。傳曰：何以大功也？尊同也。尊同則得服其親服。諸侯之子稱公子，公子不得禰先君。公子之子稱公孫，公孫不得祖諸侯。此自卑別於尊者也。若公子之子孫有封爲國君者，則世世祖是人也，不祖公子，此自尊別於卑者也。是故始封之君不臣諸父、昆弟，封君之子不臣諸父而臣昆弟，封君之孫盡臣諸父、昆弟，故君之所爲服，子亦不敢不服也，君之所不服，子亦不敢服也。

注：不得禰、不得祖者，不得立其廟而祭之也。卿大夫以下，祭其祖禰。"則世世祖是人，不祖公子"者②，後世爲君者，祖此受封之君，不復祀別子也。公子若在高祖以下，則如其親服。後世遷之，乃毀其廟爾。因國君以尊降其親，故終説此義云。

十五　女尊同，唯有出降，若卑，又降在緦麻

此等姑姊已下，應降而不降，又兼重出其文，故次在此也。此大夫、

---

① "後"下原無"年"字，毛氏汲古閣刊本《儀禮注疏》有"年"字，據補。

② "不"下原有"復"字，"復"字張、阮刻本均作"得"，下注"不復祀別子也"同。阮云："張氏曰：注曰'不得祖公子'，又曰'不得祀別子'，按《釋文》云'不復，扶又反'。'復'謂此二句'得'字誤也。不得者，禁止之辭也。公子禰先君，公孫祖諸侯於禮爲僭，禁之可也。其曰'不得禰、不得祖'宜也。若公子之子孫有封爲國君者，則後世不祖公子，人情然也，何用禁？爲'不復'云者，蓋既祖此，則不再祖彼焉爾。經于上禰先君、祖諸侯皆云'不得'，于下止言不祖，義可見矣。今改二句之'得'爲'復'，從《釋文》。"阮又云："按張説當矣。但疏以'則世世祖是人，不得祖公子者'兩句爲疊傳，則'得'字、'者'字宜俱屬衍文，下句'得'字乃當作'復'。兩《釋文》不云'下同'，明注中止一'復'字。"今按阮校删"復"字是，疏言"鄭疊傳文"，"者"字似不必删，仍其舊，下注亦仍其舊。

大夫妻、大夫之子、公之昆弟四等人，尊卑同，皆降旁親姑姊已下一等，大功，又以出降，當小功，但嫁於大夫，尊同，無尊降，直有出降，故皆大功也。但大夫妻爲命婦，若夫之姑姊妹在室及嫁皆小功，若不爲大夫妻，又降在緦麻，假令彼姑姊妹亦爲命婦，唯小功耳，今得在大夫科中者，此謂命婦爲本親姑姊妹、已之女子子，因大夫、大夫之子爲姑姊妹、女子子，寄文於夫與子姑姊妹之中，不煩別見也。云“君爲姑姊妹、女子子嫁於國君”者，國君絕期已下，今爲尊同，故亦不降，依嫁，服大功。

十六　公子不禰先君，公孫不祖諸侯

“諸侯之子稱公子”已下，因尊同，遂廣説尊不同之義也。但諸侯之子適適相承，象賢，而旁支庶已下並爲諸侯所絕，不得稱諸侯子，變名公子。案《檀弓》注云“庶子言公，卑遠之”，是以子與孫皆言公，見疏遠之義故也。云“此自卑別於尊者也”者，謂適既立廟，支庶子孫不立廟。

十七　公子之子孫有封君則世祖之，不祀別子

云“若公子之子孫有封爲國君者”，謂若《周禮·典命》云公八命，卿六命，大夫四命，其出封皆加一等，公子之子孫①，或爲天子臣，出封爲五等諸侯，是子孫有封爲國君之事②。云“則世世祖是人也，不祖公子，此自尊別於卑者也”者③，謂後世將此始封之君，世世祖是人也。“不祖公子”，謂不復祀別子。

十八　始封君與子孫於諸父、昆弟有臣，不臣

云“是故始封之君不臣諸父、昆弟”者，以其初升爲君，諸父是祖之一體，又是父之一體，其昆弟既是父之一體，又是已之一體，故不臣此二者，仍爲之著服也。云“封君之子不臣諸父而臣昆弟”者，以其諸父尊，故未

---

① “公子之子孫”原作“是公之子孫”，曹云：“‘公’下脱‘子’字，‘是’字容衍。”據刪補。
② “子孫”原作“公子”，曹云：“‘公子’當爲‘子孫’。”據改。
③ “也者”原作“者也”，張、阮刻本均作“也者”，據乙。

得臣，仍爲之服，昆弟卑，故臣之，不爲之服，亦既不臣，當服本服期，其不臣者爲君所服當服斬，以其與諸侯爲兄弟者雖在外國，猶爲君斬，不敢以輕服服至尊，明諸父、昆弟雖不臣，亦不得以輕服服君，爲之斬衰可知。云“封君之孫盡臣諸父、昆弟”者，繼世至孫，漸爲貴重，故盡臣之，不言不降而言不臣，君是絕宗之人，親疏皆有臣道，故雖未臣，子孫終是爲臣，故以臣言之。云“故君之所爲服，子亦不敢不服也”者，此欲釋臣與不臣，君之子與君同。

十九　不祖禰先君，謂支庶避適，無廟

鄭恐人以傳云“不得禰”，“不得祖”，令卑别之，不得將爲禰祖，故云“不得”者，“不得立其廟而祭之”，名爲“不得”也，以其廟已在，適子爲君者立之，旁支庶不得並立廟，故云“不得”也。

二十　支庶立别子已下廟，公子皆别子[①]

云“卿大夫以下祭其祖禰”，鄭言此者，欲見公子、公孫若立爲卿大夫，得立三廟，若作上士，得立二廟，若作中士，得立一廟，並得祭其祖禰，既不祖禰先君，當立别子已下，以其公子並是别子，若魯桓公生世子名同者後爲君，慶父、叔牙、季友等謂之公子，公子並爲别子，不得禰先君桓公之廟，慶父等雖爲卿大夫，未有廟，至子孫已後乃得立别子爲大祖不毁廟，已下二廟，祖禰之外，次第則遷之也，故云“卿大夫已下祭其祖禰”也，雖得祭祖禰，但不得禰祖先君也。云“則世世祖是人，不祖公子”者[②]，此鄭疊傳文也[③]。云“後世爲君者，祖此受封之君，不復祀别子也”者[④]，此鄭解義語，以其後世爲君，祖此受封君，解世世祖是人，不得祀别子，解不

---

① “二十支庶”至“皆别子”，原在頁眉處，占行十二至十七，謹依題義挪至此處。又，“公子”下原有“公孫”二字，曹校正文“以其公子公孫並是别子”云：“‘公孫’二字衍。”據删，正文亦删。

② “不”下原有“得”字，阮云：“按‘得’字亦疑衍。”疏既云此乃“鄭疊傳文”，而傳無“得”字，則阮校是，據删。

③ “此”下原有“謂”字，阮云：“‘謂’字疑衍。”據删。

④ “復”字原作“得”，阮云：“按此‘得’字亦當作‘復’，後人既改注，併改疏。”按此本注未改，疏當據注改。

祖公子者也，以其别子卑，始封君尊，是爲自尊别於卑。

二一　始封君未有太祖廟，唯四親廟

云“公子若在高祖以下，則如其親服”者，此解始封君得立五廟，五廟者，大祖與高祖已下四廟，今始封君，後世乃不毁其廟，爲大祖於此，始封君未有大祖廟，唯有高祖以下四廟，則公子爲别子者得入四廟之限，故云“公子若在高祖以下，則如其親”，如其親，謂自禰已上至高祖，以次立四廟。云“後世遷之，乃毁其廟爾”者，謂始封君死，其子立，即以父爲禰廟，前高祖者爲高祖之父，當遷之，又至四世之後，始封君爲高祖父，當遷之時，轉爲大祖，通四廟爲五廟，定制也，故云“後世遷之，乃毁其廟”也。云“因國君以尊降其親，故終説此義云”者，自諸侯之子已下[1]，既非經語而傳汎説降與公子之義。

二二　諸侯臣爲天子總衰，七月葬除之

總衰裳總，音歲[2]、牡麻絰，既葬除之者。

釋曰：此總衰是諸侯之臣爲天子，在大功下、小功上者，以其天子七月葬，既葬除，故在大功九月下、小功五月上，又總雖如小功，升數又少，故在小功上也。此不言帶屨者，以其傳云“小功之總也”，則帶屨亦同小功可知。

二三　布細而疏曰總，漢時有鄧總

云“凡布細而疏者謂之總”者，此喪服謂之總，由細而疏[3]，若非喪服，細而疏亦謂之總，故云“凡”以總之。云“今南陽有鄧總”者，謂漢時南陽郡鄧氏造布有名總。

---

① “侯”字原作“臣”，曹云：“‘臣’當爲‘侯’。”據改。

② “衰”下原無“裳”字，四庫本有“裳”字，合於經，據補。又，“總音歲”三字原在頁眉處，占行十五，乃了翁據《儀禮音義》增補之釋文，謹依文義挪至此處。

③ “細”字原作“總”，曹云：“‘總’當爲‘細’。”據改。

二四　諸侯之大夫兼有孤、卿

諸侯之大夫爲天子。

釋曰：此經直云“大夫”，則大夫中有孤、卿，以其小聘使下大夫[1]，大聘或使孤，或使卿也，故《大行人》云諸侯之孤以皮帛繼子男，故知大夫中兼孤、卿。

二五　陪臣受天子恩故服，介與畿外民否

傳問者，怪其重，此既陪臣，何意服四升半布，七月乃除。荅云“以時接見乎天子”者，爲有恩，故服之。《大宗伯》云“時聘曰問，殷覜曰視”，鄭注云“時聘者，亦無常期，天子有事乃聘之焉。竟外之臣，既非朝歲，不敢瀆爲小禮”，是天子有事乃遣大夫來聘。彼又注云“殷覜，謂一服朝之歲，以朝者少，諸侯乃使卿以大禮衆聘焉，一服朝在元年、七年、十一年”[2]，此時唯有侯服一服朝，故餘五服並使卿來見天子，此並是以時會見天子。天子待之以禮，皆有委積、飧、饔、饗、食、燕與時賜，加恩既深，故諸侯大夫報而服之也。云“則其士、庶民不服可知”者，上文云“庶人爲國君”，注云“天子畿內之民服天子亦如之”，即知畿外之民不服可知。其士與卿大夫聘時作介者[3]，雖亦得禮，介本副使，不得天子接見，亦不服可知。

二六　殤小功由齊衰降，故在成人小功上

殤小功章[4]。小功布衰裳、澡麻帶絰五月者。

釋曰：此殤小功章在此者，本齊衰、大功之親，爲殤，降在小功，故在成人小功之上也。但言小功者，對大功是用功麤大，則小功是用功細小

---

① “使”下原有“天”字，四庫本無“天”字，據刪。

② “十一”原作“十二”，張、阮刻本均作“十一”，合於《周禮》，據改。

③ “其”下原有“有”字，阮云：“毛本、《通解》無‘有’字。”據刪。

④ “殤小功章”，此非經文，乃了翁按語，意在標註章節起始，卷三一題三三有“大功章”、題四一有“成人大功章”文，均在頁眉處，已出校，此在正文，雖爲按語，宜仍其舊。

精密者也。

二七　大功以上言经带,此殤小功言帶绖①

自上以來,皆帶在經下,今此帶在經上者,以大功已上經帶有本,小功以下斷本,此殤小功中有下殤小功,帶不絕本,與大功同,故進帶於經上,倒文以見重②,故與常例不同也,且上文多直見一经苞二,此別言帶者,亦欲見帶不絕本,與經不同③,故兩見之也。

二八　或言無受,或言除月,經互見④

又殤大功直言無受,不言月數,此直言月,不言無受者,聖人作經,欲互見爲義,大功言無受,此亦無受,此言五月,彼則九月、七月可知。又且下章言"即葛",此章不言即葛,亦是兼見無受之義也。又不言布帶與冠,文略也。不言屨者,當與下章同吉屨無絇也。

二九　澡麻去莩垢,不絕本,爲下殤小功帶

云"澡者,治去莩垢"者,謂以枲麻,又治去莩垢,使之滑淨,以其入輕竟故也。引《小記》者,欲見下殤小功中,有本是齊衰之喪,故特言下殤,若大功下殤,則入緦麻,是以特據下殤。云"屈而反以報之"者,謂先以一股麻不絕本者爲一條,展之爲繩。報,合也,以一頭屈而反,鄉上合之,乃絞垂。必屈而反以合者,見其重故也,引之者,證此帶亦不絕本,屈而反以報之也。

---

① "二七大功"至"言帶绖",原在頁眉處,占行十三至十八,謹依題義挪至此處。
② "倒"字原作"到",四庫本作"倒",據改。
③ "经"字原作"帶",四庫本作"经",據改。
④ "二八或言"至"經互見",原在頁眉處,占行四至八,謹依題義挪至此處。

三十　爲人後者昆弟本大功,今殤,降小功

爲人後者爲其昆弟之長殤、從父昆弟之長殤。

此二者以本服大功,今長殤、中殤小功,故在此章。從父昆弟情本輕,故在出降昆弟後也。

三一　大功之殤中從上,小功之殤中從下

傳曰:問者曰中殤何以不見也? 大功之殤中從上,小功殤中從下。

釋曰:鄭云“問者據從父昆弟之下殤在緦麻也”者,以其緦麻章見從父昆弟之下殤,此章見從父昆弟之長殤,唯中殤不見,故致問,是以據從父昆弟也。云“大功、小功皆謂服其成人也”者,以其緦麻章傳云“齊衰之殤中從上,大功之殤中從下”,據此二傳言之,禮無殤在齊衰,則下齊衰之殤與大功之殤據成人,明此大功與小功之殤據服其成人可知也。若然,此經大功之殤,唯有爲人後者爲昆弟及從父昆弟二者,長殤、中殤在此小功,其成人小功之殤中從下,自在緦麻①,於此言之者,欲使小功與大功相對,故兼言之。

三二　中殤從上、下有二文,鄭謂丈夫、婦人異

云“此主謂丈夫之爲殤者服也”者,鄭以此云“大功之殤中從上,小功之殤中從下”,緦麻章云“齊衰之殤中從上,大功中從下”,兩文相反,故鄭以彼謂婦人爲夫之族類,此謂丈夫爲殤者服也。鄭必知義然者,以其此傳發在從父昆弟丈夫下,下文發傳在婦人爲夫之親服下②。

---

①　“自”下原無“在”字,張、阮刻本均有“在”字,據補。
②　“親”下原無“服”字,四庫本《儀禮注疏》有“服”字,吳紱云:“‘夫之親服’四字,監本譌作‘服之親’三字。按下從父昆弟之子章注云‘此主謂妻爲夫之親服也’,可以証此疏之誤。”據補。

三三　成人期者，長、中殤大功，下殤小功

昆弟之子、女子子、夫之昆弟之子、女子子之下殤者。

此皆成人爲之齊衰期，長、中殤在大功，故下殤在此小功也。云“爲姪、庶孫丈夫、婦人之長殤”者，謂姑爲姪成人大功，長殤在此小功，不言中殤，中從上。

三四　不言男子、女子，言丈夫、婦人，亦恩疏①

不言男子、女子，而言丈夫、婦人，亦是見恩疏之義。庶孫者，祖爲之大功，長殤、中殤亦在此小功，言丈夫、婦人，亦是見恩疏也。

三五　鄭謂爲大夫無殤，爲大夫則已冠

云“大夫爲昆弟之長殤小功，謂爲士者若不仕者也”者，凡爲昆弟，成人期，長殤在大功，今大夫爲昆弟長殤小功，明大夫爲昆弟降一等，成人大功，長殤、中殤在小功。若昆弟亦爲大夫，同等則不降，今言降在小功，明是昆弟爲士若不仕者也。云“以此知爲大夫無殤服也”者，已爲大夫則冠矣，大夫冠而不爲殤，是以知大夫無殤服矣。若然②，大夫身用士禮，已二十而冠而有兄姊殤者，已與兄姊同十九而兄姊於年終死，已至明年初二十，因喪而冠，是已冠成人而有兄姊殤也。

三六　五十而後爵，而大夫有兄姊殤，士有殤③

且五十乃爵命，今未二十已得爲大夫者，五十乃爵命，自是禮之常法，或有大夫之子有盛德，謂若甘羅十二相秦之等，未必要至五十，是以

---

① “三四不言”至“亦恩疏”，原在頁眉處，占行十一至十六，謹依題義挪至此處。
② “然”上原無“若”字，張、阮刻本均有“若”字，據補。
③ “三六五十”至“士有殤”，原在頁眉處，占行十三至十八，謹依題義挪至此處。

得有幼爲大夫者也。若然,《曲禮》云"四十强而仕",則四十然後爲士①,今云殤死者爲士若不仕,則爲士而殤死,亦是未二十得爲士者,謂若《士冠禮》鄭《目録》云士之子"任士職,居士位,二十而冠",則亦是有德,未二十爲士,至二十乃冠,故鄭引《管子》書四民之業,士亦世焉。

三七　妾爲君之庶子長殤降小功

大夫之妾爲庶子之長殤。

注:君之庶子。

釋曰:妾爲君之庶子,成人在大功,已見上章,今長殤降一等,在此小功。云"君之庶子"者,若適長,則成人隨女君三年,長殤在大功,與此異,故言"君之庶子"以別之。

---

① "士"字原作"仕",張、阮刻本均作"士",據改。

儀禮要義卷第三十三　喪服經傳六

一　小功三月而變麻就葛，凡五月

小功成人章。小功布衰裳、牡麻絰即葛五月者①。

即，就也。小功輕，三月變麻，因故衰以就葛絰帶而五月也。《間傳》曰"小功之葛與緦之麻同"，舊說小功以下吉屨無絇也。

釋曰：此是小功成人章，輕於殤小功②，故次之。此章有三等，正、降、義，其衰裳之制、澡絰等與前同，故略也。云"即葛五月者"，以此成人文縟，故有變麻從葛，故云"即葛"，但以日月爲促③，故不變衰也。不列冠屨，承上大功文略，小功又輕，故亦不言也。言日月者，成人文縟，故具言也。云"即，就也"者，謂去麻就葛也。引《間傳》，欲見小功有變麻服葛法，既葬，大小同，故變同之也。

二　小功不見屨，舊說從吉屨而無絇④

引舊說云"小功以下吉屨無絇也"者，以小功輕，非直《喪服》不見屨，諸經亦不見其屨，以輕略之，是以引舊說爲證。絇者，案《周禮・屨人職》屨、舄皆有絇、繶、純。純者，於屨口緣。繶者，牙底接處縫中有絛。絇者，屨鼻頭有飾爲行戒。吉時有行戒，故有絇，喪中無行戒，故無絇，以其小功輕，故從吉屨，爲其大飾，故無絇也。

---

① "牡"字原作"壯"，四庫本作"牡"，合於經，據改。
② "輕"字原作"經"，四庫本作"輕"，據改。
③ "促"字原作"足"，阮云："'足'，聶氏作'促'。"曹云："案聶氏是也。"據改。
④ "二小功"至"而無絇"，原在頁眉處，占行十三至十八，謹依題義挪至此處。

三　從祖祖父母、從祖父母、從祖昆弟

從祖祖父母、從祖父母，報。從祖昆弟。

釋曰：此亦從尊向卑，故先言從祖祖父母，以上章已先言父，次言祖，次言曾，此從祖祖父母是曾祖之子，祖之兄弟，故次之，是以鄭言"祖父之昆弟之親"者。云"從祖父母"者①，是從祖祖父母之子②，是父之從父昆弟之親，故鄭并言"祖父之昆弟之親"。云"報"者，恩輕，欲見兩相爲服，故云"報"也。從祖昆弟是從祖父之子③，故鄭云"父之從父昆弟之子"，已之再從兄弟。此上三者爲三小功也。

四　姊妹逆降，故亦逆降報，不分在出

從父姊妹。

注：父之昆弟之女。

釋曰：此謂從父姊妹，在家大功，出適小功，不言出適與在室，姊妹既逆降宗族，亦逆降報之，故不辨在室及出嫁也。

孫適人者。

以女孫在室，與男孫同大功，故出適小功也。

五　爲人後者爲姊妹適人小功

爲人後者爲其姊妹適人者。

釋曰：云"不言姑者，舉其親者而恩輕者降可知"，案《詩》云"問我諸姑，遂及伯姊"，注云"先姑後姊，尊姑也"，是姑尊而不親，姊妹親而不尊。

---

① "祖"下原重"祖"字，張、阮刻本均不重"祖"字，據删。
② "父母"原作"父祖"，張、阮刻本只有"父"字，阮云："'父'下聶氏、《要義》俱有'母'字。"阮所據《要義》不同於底本，據聶氏改。
③ "父"下原有"子"字，四庫本無，據删。又，疏原作"此是從祖父之子"，了翁則删"此"字，代之以"從祖昆弟"四字。

六　外親不過緦，今言爲外祖父母小功

爲外祖父母。

釋曰：發問者，是傳之不得決此，以云外親之服不過緦，今乃小功，故發問。云“以尊加也”者，以言祖者，祖是尊名，故加至小功。

七　外祖父母情重，言“爲”猶言“爲衆子”[1]

言“爲”者，以其母之所生，情重，故言“爲”，猶若衆子恩愛與長子同，退入期，故特言“爲衆子”。

八　從母，丈夫、婦人報，謂姊妹之男女

從母，丈夫、婦人報。

注：從母，母之姊妹。

釋曰：母之姊妹與母一體，從於己母而有此名，故曰“從母”。言“丈夫、婦人”者，姊妹之男女[2]，與從母兩相爲服，故曰“報”。云“丈夫、婦人”者，馬氏云“從母報姊妹之子男女也。丈夫、婦人者，異姓無出入降”，若然，是皆成人長大爲號。

九　外親無過緦，從母有母名，加至小功

傳曰：何以小功也？以名加也。外親之服皆緦也。

注[3]：外親，異姓，正服不過緦。丈夫、婦人，姊妹之子，男女同。

釋曰：云“以名加也”者，以有母名，故加至小功。云“外親之服皆緦也”者，以其異姓，故云“外親”，以本非骨肉，情疏，故聖人制禮，無過緦

---

① “七外祖”至“爲衆子”，原在頁眉處，占行八至十三，謹依題義挪至此處。

② “姊妹”上原有“母之”二字，曹云：“‘母之’二字似衍。”據删。

③ “外”上原無“注”字，四庫本有“注”字，據補。

也。言此者，見外親有母名[1]，即加服之意耳。注云"外親，異姓"者，從母與姊妹子、舅與外祖父母，皆異姓，故總言"外親"也。

十　夫爲姑姊妹期，妻於在適皆降小功

夫之姑姊妹、娣姒婦，報。

釋曰：夫之姑姊妹，夫爲之期，妻降一等，出嫁小功，因恩疏，略從降，故在室及嫁同小功。若此釋，恐謂未當報，然文不爲娣姒設，以其娣姒婦兩見，更相爲服自明，何言報也？既"報"字不爲娣姒，其報不於娣姒上者[2]，以其於夫之兄弟，使之遠別，故無名，使不相爲服，要娣姒婦相爲服，亦因夫而有，故"娣姒婦"下云"報"，使"娣姒"上蒙"夫"字以冠之也。

十一　注以穉爲娣，長爲姒，疏以年大小，不據夫

傳曰云云，何以小功也？以爲相與居室中，則生小功之親焉。

傳云"娣姒婦者，弟長也"者，此二字皆以女爲形，弟、以爲聲[3]，則據二婦立稱，謂年小者爲娣，故云"娣"，弟是其年幼也，年大者爲姒，故云"姒"。長是其年長。假令弟妻年大，稱之曰姒，兄妻年小，稱之曰娣，是以《左氏傳》穆姜是宣公夫人，大婦也，聲伯之母是宣公弟叔肸之妻，小婦也，聲伯之母不聘，穆姜云吾不以妾爲姒，是據二婦年大小爲娣姒，不據夫年爲小大。

十二　大夫、大夫子、公昆弟爲大功者，降小功

大夫、大夫之子、公之昆弟爲從父昆弟、庶孫、姑姊妹、女子子適士者。

---

[1]　"外親有母名"原作"有親與母名"，倉石云："'有親與'殿本作'親有'二字。今案當作'外親有'三字。"據改。

[2]　"於"上原無"不"字，曹云："'於'上似脱'不'字。"據補。

[3]　"弟以爲聲"原作"以弟爲聲"，阮云："陳、閩俱無'以'字，聶氏作'弟似爲聲'。按當作'弟以爲聲'，'似'字即'以'字之誤。"據乙。

釋曰：從父昆弟、庶孫本大功，此三等以尊降，入小功。姑姊妹、女子子本期，此三等出降，入大功，若適士，又降一等，入小功也。此等以重出其文，姑姊妹又以再降，故在此。鄭云“從父昆弟及庶孫，亦謂爲士者”，以經女子子下總云“適士”，鄭恐人疑，故鄭別言之，以其從父昆弟及庶孫已見於大功章。

十三　爲庶婦小功，夫不可立者亦然

庶婦。

注：夫將不受重者。

釋曰：經云於支庶，舅姑爲其婦小功，鄭云“夫將不受重”，則若《喪服小記》注云“世子有廢疾不可立而庶子立”，其舅姑皆爲其婦小功，則亦兼此婦也。

十四　妾子爲君母之父母、從母如適子

君母之父母、從母。

釋曰：此亦謂妾子爲適妻之父母及君母姊妹，如適妻子爲之同也。何以發問者，以既不生已，母又非骨肉，怪爲小功，故發問也。苔云“不敢不從服”者，言無情，實但畏敬，故云“不敢不從服”也。云“君母不在”者，或出，或死，故直云“不在”，容有數事不在也。鄭云“不敢不服者，恩實輕也”者，以解“不敢”意也。

十五　妾子爲己母之父母，君母卒，得申①

云“如適子”者，則如適妻之子，非正適長，而據君母在而云如，若君母不在則不如。若然，君母在，既爲君母父母，其已母之父母或亦兼服之。若馬氏義，君母不在，乃可申矣。

注：君母，父之適妻。從母，君母之姊妹。

---

① “十五妾子”至“卒得申”，原在頁眉處，占行十二至十七，謹依題義挪至此處。

十六　君子子謂大夫及公子之適妻子

君子子爲庶母慈已者。

釋曰：鄭云"君子子者，大夫及公子之適妻子"者，禮之通例，云君子與貴人，皆據大夫已上，公子尊卑比大夫，故鄭據而言焉。又國君之子爲慈母無服，士又不得稱君子，亦復自養子，無三母具，故知此二人而已①。必知"適妻子"者，妾子賤，亦不合有三母故也。

十七　貴人子，父在爲三母慈已服小功

傳曰傳，君子子者，貴人之子也②：爲庶母何以小功也？

釋曰③：發問者，以諸侯與士之子皆無此服，唯此貴人大夫與公子之子獨有此服④，故發問也。荅云"慈已加也"，故以緦麻上加至小功也。云"君子子者，則父在也"者，以其言子，繼於父，故云"父在"，且大夫、公子不繼世，身死則無餘尊之厭，如凡人，則無三母慈已之義，故知"父在"也。云"父没則不服之矣"者，以其無餘尊，雖不服小功，仍服庶母緦麻也，如士禮，故鄭又云"以慈已加，則君子子以士禮爲庶母緦也"，是其本爲庶母緦麻也。"《內則》"已下至"非慈母也"，皆《內則》文，彼文承國君與大夫、士之子生之下，鄭彼注云"人君養子之禮"⑤，今此鄭所引，證大夫、公子養子之法，以其大夫、公子適妻亦得立三母故也。云"異爲孺子室於宮中"者，鄭注云"特埽一處以處之"，更不別室，還於側室生子之處也。云"擇於諸母與可者"，諸母謂父之妾，即此經庶母者也。云"可者"，彼注云"可者，傅、御之屬也"，諸母之外⑥，別有傅姆⑦、御妾之等有德行者，可以

---

① "知"字原作"如"，四庫本作"知"，據改。

② "傳君"至"子也"，原在頁眉處，占行十至十一，乃了翁增補之經文，"傳"字乃了翁所加，謹依文義挪至此處。

③ "發"上原無"釋曰"二字，四庫本有"釋曰"二字，據補。

④ "獨"字原作"猶"，曹云："'猶'當爲'獨'。"據改。

⑤ "人"字原作"爲"，曹云："'爲'當爲'人'。"據改。

⑥ "諸"字原作"謂"，曹云："'謂'當爲'諸'。"據改。

⑦ "姆"字原作"母"，曹云："'母'當爲'姆'。"據改。

充三母也。

十八　有庶母、慈母、保母，食母即乳母

云"必求其寬裕、慈惠、温良、恭敬、慎而寡言者"，彼注云"子師，教示以善道者"。云"其次爲慈母"，彼注云"慈母，知其嗜欲者"，德行稍劣者爲慈母，即此經"慈母"是也。又云"其次爲保母"者，德行又劣前者爲保母，彼注云"保母，安其居處者"。云"皆居子室"者，以皆是子母，是以居子之室也。云"他人無事不往"者，彼注云"爲兒精氣微弱，將驚動也"。又云"大夫之子有食母"者，彼注云"選於傅、御之中，《喪服》所謂乳母也"，案下章云"乳母"，注云"謂養子者有他故，賤者代之慈已"者，若然，大夫三母之内，慈母有他故，使賤者代慈母養子，謂之乳母，死則服之三月，與慈母服異，引之者，證三母外又有此母也①，君與士皆無此事。云"庶母慈已者，此之謂也"者，謂此經"庶母慈已"，則《内則》所云之謂也。

十九　鄭注《内則》"可者，傅、御之屬"，此云"傅姆"，異②

云"其可者賤於諸母，謂傅姆之屬也"者，傅姆謂女師，鄭注《昏禮》云"姆，婦人年五十，無子，出而不復嫁，能以婦道教人者，若今時乳母矣"。鄭注"《内則》云'可者③，傅、御之屬'"，與此注不同者，無正文，故注有異，相兼乃具。

二十　天子、諸侯之子於三母無服④

云"其不慈已，則總可矣"者，覆解子爲三母之服，謂諸母也。傳云"以慈已加"，若不慈已，則不加，明本當總也。云"不言師、保，慈母居中，

---

① "外"字原作"中"，四庫本《儀禮注疏》作"外"，據改。
② "十九鄭注"至"傅姆異"，原在頁眉處，占行十至十五，謹依題義挪至此處。
③ "注"下原有"云"字，張、阮刻本均無"云"字，據删。
④ "二十天子"至"母無服"，原在頁眉處，占行五至九，謹依題義挪至此處。

服之可知也"者,周公作經,舉中以見上下,故知皆服之矣。云"國君世子生,卜士之妻、大夫之妾,使食子。三年而出,見於公宮則劬,非慈母"者,引此者,彼既總據國君與鄉大夫士養子法,向來所引,唯據大夫與公子養子法,故更見國君養子之禮。但國君子之三母具,如前説,三母之外,別有食子者,二者之中,先取士妻,無堪者,乃取大夫妾,不并取之。案彼注謂先有子者,以其須乳故也。劬勞三年,子大出,見公宮,則勞之以束帛。非經慈母①,以其無服故也。知國君子於三母無服者,案《曾子問》孔子曰"古者男子外有傅,内有慈母,君命所使教子也,何服之有?"以此而言,則知天子、諸侯之子,於三母皆無服也。云"士之妻自養其子"者,此亦《内則》文,取之者,以其君、大夫養子已具,故因論士之養子法。彼注云"賤,不敢使人也"。

二一　緦麻,布衰裳,麻絰帶,不言衰絰,略

緦麻三月。緦麻三月者。

釋曰:此章五服之内,輕之極者,故以細如絲者爲衰裳②,又以澡治莩垢之麻爲絰帶,故曰"緦麻"也。"三月"者,凡喪服變除,皆法天道,故此服之輕者,法三月一時,天氣變,可以除之,故"三月"也。云"緦麻,布衰裳"者,緦則絲也,但古之"緦"、"絲"字通用,故作"緦"字。直云"而麻絰帶也",案上殤小功章云"澡麻絰帶",況緦服輕,明亦澡麻可知。云"不言衰絰,略輕服,省文"者,據上殤小功言絰帶,故成人小功與此緦麻有絰帶可知。

二二　治縷如絲曰緦,謂之錫者,治布不治縷

云"緦者,十五升抽其半"者,以八十縷爲升,十五升千二百縷,抽其半,六百縷,縷麤細如朝服,數則半之,可謂細而疏③,服最輕故也。云"有事其縷、無事其布曰緦"者,案下記云"大夫弔於命婦,錫衰",傳曰"錫者,

---

① "非"字原作"此",曹云:"'此'當爲'非'。"據改。
② "細"字原作"緦",曹云:"'緦'當爲'細'。"據改。
③ "細"字原作"緦",曹云:"'緦'當爲'細'。"據改。

十五升抽其半,無事其縷、有事其布曰錫",鄭注云"謂之錫者,治其布,使之滑易也。錫者①,不治其縷,哀在内也。緦者,不治其布,哀在外"。若然,則二衰皆同升數,但錫衰重,故治布,不治縷,哀在内故也,此緦麻衰,治縷,不治布,哀在外故也。云"謂之緦者,治其縷,細如絲也"者,以其麤細與朝服十五升同,故"細如絲也"。

二三　朝服皆用布,謂緦爲絲者非②

云"或曰有絲"者,有人解有用絲爲之,故云"緦"。又曰"朝服用布,何衰用絲乎"者,此鄭以義破或解,朝服,謂諸侯朝服緇布衣③,及天子朝服皮弁服白布衣,皆用布,至於喪衰,何得反絲乎? 故不可也。引《雜記》"緦冠繰纓"者,以其斬衰纓,纓重於冠,齊衰已下纓,纓與冠等,上傳曰"齊衰、大功,冠其受也。緦麻、小功,冠其衰也",則此云"緦冠"者,冠與衰同用緦布,但"繰纓"者,以灰澡治布爲纓④,與冠别,以其冠與衰皆不治布,纓則澡治,以其輕,故特異於上也。

二四　族曾祖父母、祖父母、父母、昆弟,凡四緦麻

《禮記·大傳》云"四世而緦,服之窮也",名爲四緦麻者也。云"族曾祖父母"者,已之曾祖親兄弟也。云"族祖父母"者,已之祖父從父昆弟也。云"族父母"者,已之父從祖昆弟也。云"族昆弟"者,已之三從兄弟。皆名爲族,族,屬也,骨肉相連屬,以其親盡,恐相疏,故以"族"言之耳。

---

① "錫"上原有"不"字,阮云:"聶氏無上'不'字。"無"不"字合於注,據删。
② "二三朝服"至"絲者非",原在頁眉處,占行一至五,謹依題義挪至此處。
③ "朝服"下原無"謂諸侯朝服"五字,四庫本有"謂諸侯朝服"五字,據補。
④ "澡"字原作"繰",倉校下疏"纓則繰治"文云:"'繰',殿本作'澡'。今案《雜記》'緦冠繰纓'注:'繰當爲澡麻帶絰之澡,聲之誤也。'疏云:'經之繰字,絲旁爲之,非澡治之義,故讀從《喪服小記》下殤澡麻帶絰之澡(張氏錫恭:小記當作小功,澡麻帶絰,《喪服》殤小功章文也。《小記》則作帶澡麻不絶本,與此文略殊)。'據彼言之,此並上'以灰繰治布'兩'繰'字俱作'澡'得之。"據改,下疏亦改。

二五　旁四世既有服,高祖有服可知,經無文①

云"祖父之從父昆弟之親"者,欲推出高祖有服之意也,以己之祖父與族祖父相與爲從昆弟,族祖父與己之祖俱是高祖之孫,此四緦麻又與己同出高祖,己上至高祖爲四世,旁亦四世,旁四世既有服,於高祖有服明矣。鄭言此者,舊有人解,見齊衰三月章直見曾祖父母,不言高祖,以爲無服,故鄭從下鄉上推之,高祖有服可知,上章不言者,鄭彼注"高祖、曾祖皆有小功之差",服同,故舉一以見二也。然則又云"族祖父"者,鄭意以"族祖父者"上連"祖父之從父昆弟"爲義,句也,故下云"亦高祖之孫"也②,明己之祖父,即高祖之正孫,族祖父,高祖之旁孫也。

二六　中殤從下,經無單言中殤,此誤

庶孫之婦緦者,以其適子之婦大功,庶子之婦小功,適孫之婦小功,庶孫之婦緦,是其差也。云"庶孫之中殤",注云"庶孫者③,成人大功,其殤中從上"者,則長、中殤皆入小功章中,故云"此當爲下殤,言中殤者,字之誤爾。又諸言中者,皆連上下也"者,謂大功之殤中從上,小功之殤中從下④,謂殤之内,無單言中殤者⑤,此經單言中殤,故知誤,宜爲下也。

二七　此本服小功,或出適,或長殤,降緦

從祖姑姊妹適人者,報。從祖父、從祖昆弟之長殤。

釋曰:此一經皆本服小功,是以此經或出適,或長殤,降一等,皆緦麻。云"不見中殤者,中從下"者,以其小功之殤中從下故也。其云從祖

---

① "二五旁四"至"經無文",原在頁眉處,占行五至十,謹依題義挪至此處。

② "下"下原無"云"字,曹云:"'下'下似脱'云'字。"據補。

③ "庶孫"原作"孫庶",四庫本作"庶孫",據乙。

④ "小功"下原有"緦麻"二字,倉石云:"張氏錫恭云:'依上傳,緦麻二字當衍。又本服緦麻殤皆無服,無從上、從下之可言也。'今案胡氏《正義》引已刪之。"據刪。

⑤ "言"下原無"中"字,張、阮刻本均有"中"字,據補。

父長殤,謂叔父者也。

二八　女外適所生曰外孫

云"外孫"者,以女出外適而生,故云"外孫"。

二九　大功之下殤皆降緦

從父昆弟成人大功,長、中殤在小功,故下殤在此章也。姪者爲姑之出降大功,姑亦報之大功①,長、中殤小功,故下殤在此也。夫之叔父,成人大功,長殤在小功,故中、下殤在此。以下傳言之,婦人爲夫之族類,大功之殤中從下。

三十　從母與姊妹子兩相爲服,故云"報"

從母之長殤,報。

釋曰:從母者,母之姊妹,成人小功,故長殤在此,中、下之殤則無服,故不言。云"報"者,以其疏,亦兩相爲服也。案小功章已見從母報服,此殤又云"報"者,以前章見兩俱成人,以小功相報,此章見從母與姊妹子亦俱在殤死,相爲報服,故二章並言"報"。

三一　庶子爲父後爲其母緦,不敢服私親

庶子爲(父)後(者)爲其母②。

————————

①　"大功"下原無"姑亦報之大功"六字,倉石云:"《欽定義疏》云:'姪爲姑之下殤小功,據在室者降之也。姑爲姪之下殤緦,據己已適人而降之也。疏以姪爲姑釋此,非其次也。當云姑爲姪成人大功,長中殤小功,故下殤緦。'今案張氏錫恭'大功'下補'姑亦報之大功'六字,近之。"據補。

②　"爲"下、"後"下漢簡《服傳》甲、乙本皆無"父"字、"者"字,丙本單經與甲、乙本引述經文同。沈云:"下記丙本'庶子爲後爲其外祖父母從母蓍無服',今本'後'下有'者'字。《禮記·服問》鄭注'禮庶子爲後爲其母緦',正據此文而與簡本爲近。今本作'爲父後者'、'爲後者'義雖無異,而原本必無'父'、'者'二字。"當據刪。

釋曰:此爲無冢適,唯有妾子,父死,庶子承後,爲其母緦也。傳發問者,怪其親重而服輕,故問。引舊傳者,子夏見有成文,引以爲證。云"與尊者爲一體"者,父子一體,如有首足者也。云"不敢服其私親也"者,妾母不得體君,不得爲正親,故言"私親"也。

三二　有死宮中三月不舉祭,因是服庶母①

云"然則何以服緦也",又發此問者,前荅既云"不敢服其私親",即應全不服,而又服緦,何也? 荅曰"有死於宮中者,則爲之三月不舉祭,因是以服緦也"者,云"有死宮中"者,縱是臣僕死於宮中,亦三月不舉祭,故此庶子因是爲母服緦也。有死即廢祭者,不欲聞凶人故也。

三三　君卒,庶子爲母大功,大夫庶子三年,士無厭

注"君卒"至"衆人"。釋曰:云"君卒,庶子爲母大功"者②,大功章云公之庶昆弟爲其母是也③,以其先君在,公子爲母在五服外,記所云是也。先君卒,則是今君庶昆弟爲其母大功,先君餘尊之所厭,不得過大功。今庶子承重,故緦。云"大夫卒,庶子爲母三年也"者,以其父在大功,父卒無餘尊所厭,故伸三年。"士雖在,庶子爲母皆如衆人"者,士卑,無厭故也。鄭并言大夫、士之庶子者,欲見不承後者如此服,若承後,則皆緦,故并言之也。

三四　天子、諸侯庶子承後,爲庶母有二文④

向來經傳所云者⑤,據大夫、士之庶子承後法,若天子、諸侯庶子承後,爲其母所服云何? 案《曾子問》云"古者天子練冠以燕居",鄭云謂庶

---

① "三二有死"至"服庶母",原在頁眉處,占行十至十五,謹依題義挪至此處。
② "子"下原重"子"字,四庫本不重,據刪。
③ "章"上原無"大功"二字,四庫本有"大功"二字,據補。
④ "三四天子"至"有二文",原在頁眉處,占行十三至十八,謹依題義挪至此處。
⑤ "者"字原作"言",張、阮刻本均作"者",據改。

子王，爲其母無服，案《服問》云“君之母非夫人，則羣臣無服，唯近臣及僕、驂乘從服，唯君所服服也”，注云“妾，先君所不服也。禮，庶子爲後，爲其母緦，言‘唯君所服’，申君也。《春秋》之義，有以小君服之者，時若小君在，則益不可”，據彼二文而言，《曾子問》所云據小君在，則練冠五服外，《服問》所云據小君没後，其庶子爲得申，故鄭云“申君”，是以引《春秋》之義，母以子貴。若然，天子、諸侯禮同，與大夫、士禮有異也。

三五　士爲庶母緦，大夫以上無服

士爲庶母。

釋曰：上下體例，平文皆士，若非士，則顯其名位。傳云“大夫已上爲庶母無服”，則爲庶母是士可知，而經云“士”者，雷云大夫已上[①]，不服庶母，庶人又無庶母，爲庶母服者，唯士而已，故詭例言士也。獨士有服，故發問。答云“以名服也”，以有母名，故有服。云“大夫以上爲庶母無服”者，以其降，故無服。

三六　貴臣、貴妾，謂公士、大夫之家相、姪娣

貴臣、貴妾。

釋曰：此貴臣、貴妾謂公士、大夫爲之服緦。發問者，以臣、妾言，不應服，故發問之也。答云“以其貴也”，以非南面，故簡貴者服之也。注云“此謂公士、大夫之君也”者，若士則無臣，又不得簡妾貴賤，天子、諸侯又以此二者無服，則知爲此服者，是公卿、大夫之君，得“殊其臣妾貴賤而爲之服”也。云“貴臣，室老，士也”者，上斬章鄭已注云“室老，家相也。士，邑宰也”。云“貴妾，姪娣也”者，案《曲禮》云“大夫不名世臣、姪娣”[②]，《士

---

① “雷”字原作“當”，倉石云“‘當’當作‘雷’字之誤也。《通典》（卷九十二）引雷次宗曰：‘爲五服之凡不稱其人者，皆士也。若有天子、諸侯下及庶人，則指其稱位，未有言士爲者。此獨言士，何乎？蓋大夫以上庶母無服，庶人無妾，則無庶母，爲庶母者，唯士而已，故詭常例以著，唯獨一人也。’即謂此也，殿本、《校釋》紛紛改字，皆非。鄭氏《私箋》又云：‘雷次宗説，賈氏疏蓋沿之。’不知賈氏明明引雷，學如遵義，亦爲瞀惑如此，甚矣。魯魚之貽誤後人也。”據改。

② “世臣姪娣”原作“家相長妾”，曹云：“下四字當爲‘世臣姪娣’。”據改。

昏》云"雖無娣,媵先",是士姪娣不具,卿大夫有姪娣爲貴妾可知①,故曰"貴妾,姪娣也"②。云"天子、諸侯降其臣妾,無服"者,以其絶期已下故也。云"士卑,無臣"者,《孝經》以諸侯、天子大夫皆云"争臣",士有"争友",是士無臣也。云"妾又賤,不足殊"者,以大夫已上身貴,妾亦有貴,士身賤,妾亦隨之賤者,故云"妾又賤,不足殊"也③。云"有子則爲之緦,無子則已"者,《喪服小記》文。

三七　乳母即食母,有母名,故服緦

乳母。

釋曰:案《內則》云"大夫之子有食母",彼注亦引此云"《喪服》所謂乳母",以天子、諸侯其子有三母具,皆不爲之服,士又自養其子,若然,自外皆無此法,唯有大夫之子有此食母爲乳母。獨大夫之子有之,故發問也。荅"以名服",有母名,即爲之服緦也。

三八　族父母爲從祖昆弟子緦④

從祖昆弟之子。

注:族父母爲之服。

釋曰:云"從祖昆弟之子"者,據已呼彼爲再從兄弟之子⑤。云"族父母爲之服"者,據彼來呼已爲族父母,爲之服緦也。

三九　經唯言曾祖、孫,不言高祖、玄孫

曾孫。

---

① "貴"字原作"長",曹云:"'長'當爲'貴'。"據改。

② "曰"字原作"以",阮云:"毛本、《通解》'以'作'曰'。"據改。

③ "也"上原無"者以大"至"不足殊"二十九字,似涉下"妾又賤,不足殊"文而脱,張、阮刻本均有"者以大"至"不足殊"二十九字,據補。

④ "弟"下原無"子"字,據經注疏義,當曰族父母爲從祖昆弟之子服緦,因疑"弟"下脱"子"字,謹補。

⑤ "呼"字原作"於",曹云:"'於'當爲'呼'。"據改。

注：孫之子。

釋曰：據曾祖爲之緦①，不言玄孫者，此亦如齊衰三月章直見曾祖，不言高祖，以其曾孫、玄孫爲曾、高同②，曾、高亦爲曾孫、玄孫同，故二章皆略，不言高祖、玄孫也。

四十　女謂昆弟子爲姪，姪之子曰歸孫

父之姑。

注：歸孫爲祖父之姊妹。

釋曰：案《爾雅》云“女子謂舅弟之子爲姪，謂姪之子爲歸孫”。

四一　服從母昆弟緦，亦以名服

從母昆弟。傳曰：以名服也。

釋曰：傳問者，怪外親輕而有服者。荅云“以名服”者，因從母有母名而服其子，故云“以名服也”。必知不因兄弟名，以其昆弟非尊親之號，是以上小功章云爲從母小功，云“以名加也”，爲外祖父母，“以尊加也”。

四二　因舅有甥之稱，相爲服緦

甥。

注：姊妹之子。

釋曰③：發問者，五服未有此名，故問之。荅云“謂吾舅者，吾謂之甥”，以其父之昆弟有世叔之名，母之昆弟不可復謂之世叔，故名爲舅，舅既得別名，故謂姊妹之子爲甥，亦爲別稱。“報之”者，甥既服舅以緦，舅亦爲甥以緦。

---

① “據”下原有“彼”字，張、阮刻本均無“彼”字，據刪。
② “曾孫玄孫”原作“曾孫”，四庫本作“曾玄”，張、阮刻本均作“曾孫玄孫”，據張、阮刻本補。
③ “發問”上原無“釋曰”二字，四庫本有“釋曰”二字，據補。

四三　壻從妻而服妻之父母,故報以緦

壻。

注:女子子之夫也。

傳曰:何以緦? 報之也。

釋曰:發問之者,怪女之父母爲外親女夫服。荅云"報之"者,壻既從妻而服妻之父母,妻之父母遂報之服。前疑姪及甥之名而發問,此不疑壻而發問者,姪、甥本親而疑異稱,故發問,而壻本是疏人,宜有異稱。

四四　壻與妻父母連文,明從服

妻之父母。傳曰:從服也。

注:從於妻而服之。

釋曰:傳發問者,亦怪外親而有服。荅云"從服",故有此服。若然,上言甥,不次言舅,此言壻,次即言妻之父母者,舅、甥本親,不相報,故在後別言舅①,此壻本疏,恐不是從服,故即言妻之父母也。

四五　姑子爲外兄弟與内兄弟相爲服

姑之子。

注:外兄弟也。

釋曰②:姑是内人,以出外而生,故曰"外兄弟"。傳發問者,亦疑外親而服之,故問也。荅云"報之"者,姑之子既爲舅之子服,舅之子復爲姑之子兩相爲服。

四六　舅雖從服,以母之親,不得言報

舅。

---

① "在"字原作"故",四庫本作"在",據改。

② "姑是"上原無"釋曰"二字,四庫本有"釋曰"二字,據補。

注：母之兄弟。

傳曰：從服也。

注：從於母而服之。

釋曰：傳發問者，亦疑於外親而有服。荅"從服"者，從於母而服之。不言報者，既是母之懷抱之親，不得言報。

四七　舅子爲内兄弟從母而服

舅之子。

注：内兄弟也。

傳曰：從服也。

釋曰：云"内兄弟"者，對姑之子。云"舅之子"，本在内，不出，故得内名也。傳發問者，亦以外親服之，故問也。荅云"從服"者，亦是從於母而服之。不言報者，爲舅既言從服，其子相施①，亦不得言報也。

四八　夫小功者妻緦麻，凡言報，兩相服

夫之姑姊妹之長殤。夫之諸祖父母，報。

注②：諸祖父者，夫之所爲小功，從祖祖父母、外祖父母。或曰曾祖父母。曾祖於曾孫之婦無服而云報乎？曾祖父母正服小功，妻從服緦。

釋曰：夫之姑姊妹成人，婦爲之小功，長殤降一等，故緦麻也。云"諸祖父者，夫之所爲小功"者，妻降一等，故緦麻。云"報"者③，以其本疏，兩相爲服，則生報名。云"從祖祖父母、外祖父母"者，此依小功章夫爲之小功者也。云"或曰曾祖父母"者，或人解諸祖之中兼有夫之曾祖父母。凡言"報"者，兩相爲服，曾祖爲曾孫之婦無降服，何得云"報"乎？鄭破或解也。云"曾祖父母正服小功，妻從服緦"者，此鄭既破或解，更爲或人而言，若今夫不爲曾祖齊衰三月④，而依差降服小功，其妻降一等，得有緦

---

①　"施"字原作"於"，阮云："毛本、《通解》'於'作'施'。"據改。

②　"諸"上原無"注"字，四庫本有"注"字，據補。

③　"者"上原無"云報"二字，曹云："'者'上脱'云報'二字。"據補。

④　"夫"字原作"本"，倉石云："'本'疑當爲'夫'。"據改。

服，今既齊衰三月，明爲曾孫妻無服①。

四九　君母之姊妹、兄弟或云從母，或不云舅

君母之昆弟。

釋曰：前章不云君母姊妹而云從母者，以其上連君母之父母故也②，此昆弟單出，不得直云舅，故云"君母之昆弟"也。敬君母③，故從於君母而服緦也④。云"君母在則不敢不從服，君母卒則不服也"者⑤，君母之昆弟從服⑥，與君母之父母同，故亦取上傳解之也⑦，皆徒從，故所從亡則已。

五十　夫不服而妻服，以同室生緦之親

從父昆弟之子之長殤、昆弟之孫之長殤，爲夫之從父昆弟之妻。傳曰：何以緦也？以爲相與同室，則生緦之親焉。長殤、中殤降一等，下殤降二等，齊衰之殤中從上，大功之殤中從下。

注⑧：同室者不如居室之親也。齊衰、大功，皆服其成人也。大功之殤中從下，則小功之殤亦中從下也。此主謂妻爲夫之親服也，凡不見者，以此求之。

釋曰："從父昆弟之子之長殤、昆弟之孫之長殤"，此二人本皆小功，故長殤在緦麻，中殤從下殤無服。"夫之從父昆弟之妻"，同堂娣姒，降於親娣姒，故緦也。

---

① "明"下原有"曰"字，張、阮刻本均無"曰"字，據刪。
② "君"下原無"母"字，阮云："浦鏜云'君'下脱'母'字。"據補。
③ "敬君母"原作"君母"，張、阮刻本均作"敬君之母"，曹云："'之'字衍。"據補"敬"字。
④ "母"下原無"而"字，張、阮刻本均有"而"字，據補。
⑤ "也"下原無"者"字，張、阮刻本均有"者"字，據補。
⑥ "母"下原無"之"字，張、阮刻本均有"之"字，據補。
⑦ "同故亦"原作"故亦同"，阮云："'同'字誤在'故亦'下。"據乙。
⑧ "同"上原無"注"字，四庫本有"注"字，據補。

五一　大功有同室、同財之義，居室又親①

傳曰“何以緦”，發問者，以本路人，夫又不服之，今相爲服，故問之。荅云“以爲相與同室，則生緦之親焉”者，以大功有同室、同財之義，故云“相與同室，則生緦之親焉”。云“同室者不如居室之親也”者，言“同室”者，直是舍同，未必安坐，言“居”者，非直舍同，又是安坐，以上小功章親娣姒婦發傳而云“相與居室”，此從父昆弟之妻相爲即云“相與同室”，是親疏相並，同室不如居室中，故輕重不等。

五二　無殤在齊衰，齊衰之殤亦中從上

云“齊衰、大功，皆服其成人也”者，以其無殤在齊衰之服，明據成人，齊衰既是成人，明大功亦是成人可知也。云“大功之殤中從下，則小功之殤亦中從下”者，則舉上以明下，上殤小功注云“大功之殤中從上②，則齊衰之殤亦中從上”，彼注舉下以明上，皆是省文。

五三　凡婦人爲夫親，從夫服而降一等③

云“凡不見者，以此求之”者④，以其婦人爲夫之親，從夫服而降一等，而經傳不見者，以此求也。

五四　《儀禮》有記，記經不備

記。

---

① “五一大功”至“室又親”，原在頁眉處，占行十三至十七，謹依題義挪至此處。又，“又”下原無“親”字，再造善本有“親”字，據補。

② “殤小功”原作“殤大功”，張、阮刻本均作“殤小功”，此疏所引是殤小功注文，據改。

③ “五三凡婦”至“降一等”，原在頁眉處，占行七至十二，謹依題義挪至此處。

④ “公”上原無“此”字，四庫本有“此”字，據補。

釋曰:《儀禮》諸篇有記者,皆是記經不備者也。作記之人,其疏已在《士冠》。

五五　公子爲母不得伸,權制服,妻又輕

公子爲其母練冠、麻、麻衣縓緣縓,七絹或倉亂①,爲其妻縓冠、葛絰帶、麻衣縓緣,皆既葬除之。

注②:公子,君之庶子也。其或爲母,謂妾子也。"麻"者,緦麻之絰帶也。此"麻衣"者,如小功布深衣,爲不制衰裳變也。《詩》云"麻衣如雪"。縓,淺絳也,一染謂之縓。練冠而麻衣、縓緣,三年練之受飾也,《檀弓》曰"練,練衣黃裏、縓緣。"諸侯之妾子厭於父,爲母不得伸,權爲制此服,不奪其恩也③。爲妻縓冠、葛絰帶,妻輕。

釋曰:云"練冠、麻、麻衣縓緣"者,以練布爲冠。"麻"者,以麻爲絰帶。又云"麻衣"者,謂白布深衣。云"縓緣"者,以繒爲縓色,與深衣爲領緣。"爲其妻縓冠"者,以布爲縓色爲冠,"葛絰帶"者,又以葛爲絰帶。云"麻衣縓緣"者,與爲母同。"皆既葬除之"者,與緦麻所除同也。

五六　公子、妾子及適夫人次世子之別④

云"公子,君之庶子也"者⑤,則君之適夫人第二巳下及八妾子皆名

---

① "縓七"至"倉亂",原在頁眉處,占行十七至十八,乃了翁據《儀禮音義》所增釋文,謹依文義挪至此處。

② "公"上原無"注"字,四庫本有"注"字,據補。

③ "恩"字原作"思",四庫本作"恩",據改。

④ "五六公子"至"子之別",原在頁眉處,占行七至十二,謹依題義挪至此處。又,"世"字原作"出",正文"爲母自與世子同"之"世"字亦原作"出",四庫本作"正",張、阮刻本作"世"。阮云:"'正',《通解》、《要義》俱作'出'。按'正子'有誤作'出子'者,無作'世子'者。此本作'世子'誤也,今改從毛本。蓋長適固多爲世子,然《左氏》云:'誓於天子則爲世子,未誓於天子則爲公子。'故有世子而非適長者,可知適長不得輒稱世子也,鄭故以正子言之。"曹云:"'世',阮云《要義》作'出'。案'出'乃'世'之譌耳。《內則》曰'國君世子生',是初生即爲世子,立適以長,周之制也。"倉石云:"今案《小記》云:'世子不降妻之父母,其爲妻也,與大夫之適子同。'此正賈疏所本,則此當作'世子'無疑。"據曹與倉校改,正文亦改。

⑤ "也"下原無"者"字,張、阮刻本均有"者"字,據補。

庶子。云“其或爲母，謂妾子也”者，以其適夫人所生第二已下，爲母自與世子同，故知爲母，妾子也。

五七　此公子爲母之麻在五服外[1]

云“麻者，緦麻之絰帶也”者，以經有二麻，上麻爲首絰、腰絰，知一麻而含二絰者，斬衰云“苴絰”，鄭云“麻在首、在腰皆曰絰”，故知此經亦然。知如緦之麻者，以其此言麻，緦麻亦云麻，又見《司服》弔服環絰，鄭云“大如緦之絰”，則此云子爲母，雖在五服外，絰亦當如緦之絰，故鄭以此麻兼緦言之。

五八　麻衣如小功布深衣，不制衰裳

云“此麻衣者，如小功布深衣”，知者，案士之妾子，父在爲母朞，大夫之妾子，父在爲母大功，則諸侯妾子，父在小功，是其差次，故知此當小功布也。云“爲不制衰裳變也”者，此記不言衰，明不制衰裳，變者，以其爲深衣，不與喪服同，故云“變”也。《詩》云“麻衣如雪”者，彼麻衣及《禮記·檀弓》云“子游麻衣”，并《間傳》云“大祥素縞麻衣”，注皆云十五升布深衣，與此小功布深衣異，引之者，證麻衣之名同，取升數則異。

五九　麻、深、長、中之衣雖異，連衣裳同[2]

禮之通例，麻衣與深衣制同，但以布緣之則曰麻衣，以采緣之則曰深衣，以素緣之，袖長在外則曰長衣，又以采緣之，袖長在衣內則曰中衣，又以此爲異也，皆以六幅破爲十二幅，連衣裳則同也[3]。

---

① “五七此公”至“五服外”，原在頁眉處，占行十三至十七，謹依題義挪至此處。

② “五九麻深”至“衣裳同”，原在頁眉處，占行十至十四，謹依題義挪至此處。

③ “也”下原有“云緣”二字，疑涉下文衍，四庫本無此二字，據刪。

六十　君所爲服，子亦服，謂正統不降

傳曰：何以不在五服之中也？曰：君之所爲服，子亦不敢不服也。

謂君之正統者也①。注云"君之所不服，謂妾與庶婦也"者，解傳意，還釋上公子爲母與妻者也。云"君之所爲服，謂夫人與適婦也"者，正統故不降也。

六一　二滕與娣爲貴妾，與賤者皆三月葬②

云"諸侯之妾，貴者視卿，賤者視大夫，皆三月而葬"者，《大戴禮》文，鄭不於上經葬之下注之，至於此傳下乃引之者，鄭意傳云"君之所不服"③，謂妾與庶婦也，下乃解妾有貴賤，葬有早晚，故至此引之，見此意也。云"妾，貴者"，謂諸侯一娶九女，夫人與左右滕各有姪娣，二滕與夫人之娣三人爲貴妾，餘五者爲賤妾也。下又引齊王子有其母死云云④。

六二　所爲後兄弟之子言報，兩相爲服

爲人後者於兄弟降一等⑤，報。於所爲後之兄弟之子，若子。

釋曰：謂支子爲大宗子後，反來爲族親兄弟之類⑥，降一等。云"於所爲後之兄弟之子，若子"者，此等服其義已見於斬章。云"言報者，嫌其爲宗子不降"者，以其出降本親，又宗子尊重，恐本親爲宗子有不敢降服之嫌，故云"報"以明之。言"報"，是兩相爲服者也。

---

① "謂"上原有"注"字，"謂君之正統者也"是疏文，而非注文，"注"字似衍，謹刪。

② "六一二滕"至"三月葬"，原在頁眉處，占行四至九，謹依題義挪至此處。

③ "意"下原有"注"字，倉石云："'意注'，殿本倒。今案'注'字似衍。"據刪。

④ "下又"至"云云"，四庫本不重"云"字，阮云："今疏無此説，惟《通解》於經傳後附載《孟子》一條，與前不杖期章昆弟之子疏引孟皮事同，但《要義》於此云'下又引'，則似疏元有此語，尤不可曉。"

⑤ "於"字原作"爲"，張、阮刻本均作"於"，合於經，據改。

⑥ "反"字原作"及"，四庫本作"反"，據改。

六三　"不及知父母"謂遺腹或幼孤,於兄弟加一等

六四　古有仕他國之法,有辟仇在外①

兄弟皆在他邦,加一等。不及知父母,與兄弟居,加一等。

釋曰:云"在他邦,加一等"者,二人共在他國,一死一不死,相愍不得辭於親眷,故加一等也。云"不及知父母,與兄弟居,加一等"者,謂各有父母,或父母有早卒者,與兄弟共居而死,亦當愍其孤幼相育,特加一等。云"皆在他邦,謂行仕"者,孔子身行七十二國,是行仕者②,以古者有出他國之法,故云"行仕"也。又云"出遊"者,謂若孔子弟子、朋友同周遊他國,兄弟容有死者。又云"若辟仇"者,《周禮·調人》云"從父兄弟之仇③,不同國","兄弟之仇,辟諸千里之外",皆有兄弟共行之法也④。云"不及知父母,父母早卒"者,或遺腹子,或幼小未有識知而父母早死者也。

六五　此經兄弟謂小功以下,若大功以上不可加

傳曰:何如則可謂之兄弟?傳曰:小功以下爲兄弟。

釋曰:發問者,上經及記已有兄弟,皆是降等,唯此兄弟加一等,故怪而致問。引舊傳者,以有成文,故引之。云"小功已下爲兄弟"者,以其加一等故也。鄭云"於此發兄弟傳者,嫌大功以上又加也"者,鄭亦據於此兄弟加一等發傳者,嫌大功已上親則親矣,又加之,故以小功發傳也⑤。云"大功以上,若皆在他國,則親自親矣"者,不

---

①　"六四古有"至"仇在外",原在頁眉處,占行十至十四,"又云若"至"之法也"乃與此題對應之文字,涵于題六三所領正文內,不宜段分,謹依題義挪至此處。

②　"是行"原作"不見",曹云:"'不見'當爲'是行'。"據毛本、曹校改。

③　"兄"字原作"昆",張、阮刻本均作"兄",據改。

④　"兄"下原無"弟"字,四庫本有"弟"字,據補。

⑤　"以"字原作"於",曹云:"'於'當爲'以'。"據改。

可復加者也。云"若不及知父母,則固同財矣"者,據經"不及知父母,與兄弟居",是本不同財,大功以上既親重①,則財食是同,雖無父母,恩自隆重,不可復加也。

---

① "居"下原無"是本"至"以上"九字,曹云:"'居'下有脱,擬補'是本不同財,大功以上'九字。"據補。

儀禮要義卷第三十四　喪服經傳七

一　朋友無親,皆在他邦,則袒免

朋友皆在他邦,袒免免,見《士喪禮》注[1],歸則已。

注:謂服無親者,當爲之主,每至袒時則袒,袒則去冠,代之以免,舊説以爲免象冠,廣一寸。已,猶止也,歸有主則止也。主若幼少則未止[2]。《小記》曰"大功者主人之喪,有三年者則必爲之再祭,朋友虞、祔而已"。

釋曰:謂同門曰朋,同志曰友,或共遊學,皆在他國而死者,每至可袒之節,則爲之袒而免,與宗族五世袒免同。云"歸則已"者,謂在他國袒免,爲死者無主,歸至家,自有主則止,不爲袒免也。鄭云"謂服無親者,當爲之主"者,以其有親入五服,今言朋友,故知是義合之輕,無親者也。云"歸有主則止也,主若幼少則未止"者,本以在外爲無主,與之爲主,今至家,主若幼,不能爲主,則朋友猶爲之主,未止。引《小記》者,證主幼少不能主喪,朋友爲主之義,以雖有子,是三年之人小,不能爲主,大功爲主者,爲之再祭,謂練祥,朋友輕爲之虞、祔而已,以其又無大功已下之親,此朋友自外來及在家朋友,皆得爲主,虞、祔乃去,彼鄭注以義推之,又云"小功、緦麻爲之練祭可也",是親疏差降之法也。

二　朋友在國,相爲服緦經帶

朋友,麻。

---

[1]　"免見"至"禮注",原在頁眉處,占行二至三,乃了翁按語,謹依文義挪至此處。

[2]　"少"字原作"小",張、阮刻本均作"少",下疏述注亦作"少",據改。

釋曰：云“朋友，麻”者，上文據在他國，加袒免，今此在國相爲弔服，麻絰帶而已。注云“朋友雖無親，有同道之恩，相爲服緦之絰帶”者，案《禮記·禮運》云“人其父生而師教之，朋友成之”①，又《學記》云“獨學而無友，則孤陋而寡聞”，《論語》云“以文會友，以友輔仁”，以此而言，人須朋友而成也，故云“朋友雖無親，有同道之恩”，故爲之服。知“緦之絰帶”者，以其緦是五服之輕，爲朋友之絰帶，約與之等，故云“緦之絰帶”也。云“《檀弓》曰：羣居則絰，出則否”者，彼注“羣，謂七十二弟子相爲朋友”，彼亦是朋友相爲之法。

三　朋友居絰，出否，爲師出行亦絰②

云“居則絰”，絰謂在家居止則爲之絰，出家行道則否，引之者，證此亦然也。彼又云“孔子之喪，二三子皆絰而出”，是爲師出行亦絰也。

四　“朋友，麻”謂弔服，弁絰如爵弁而素，加環絰

云“其服，弔服也”者，以其不在五服，五服之外，唯有弔服，故即引《周禮》弔服之等也。“《周禮》”者，《司服職》文，彼云“凡弔事，弁絰服”，鄭注亦云“弁絰者，如爵弁而素，加環絰”也。言“爵弁”者，制如冕，以木爲中幹，廣八寸，長尺六寸，前低一寸二分，以三十升布③，上玄下纁，爵弁之體，廣長亦然，亦以三十升布，但染作爵頭赤多黑少之色④，置之於版上，今則以素爲之。又加環絰者，以一股麻爲骨⑤，又以一股麻爲繩，纏之如環，然謂之環絰，加於素弁之上，彼注云“絰大如緦之絰”，是弔服之絰。

---

① “朋友成之”，《禮記·禮運》無此文。
② “三朋友”至“行亦絰”，原在頁眉處，占行十四至十八，謹依題義挪至此處。
③ “三”下原無“十”字，阮云：“‘三’上浦鏜云脫‘十’字。”曹云：“阮云‘三上浦鏜云脫十字’。案‘上’當爲‘下’，下‘亦以三升布’同。”據補，下文亦補。
④ “爵頭”下原有“色”字，孫云：“‘爵頭’下疑衍‘色’字。”據刪。
⑤ “一”上原無“以”字，阮云：“毛本上‘一’字上有‘以’字。”據補。

五　王、諸侯於臣皆故反義,故爲弁経服①

但此文云"朋友,麻",鄭引《周禮》王弔諸臣之經及三衰證此者,以其王於諸侯②、諸臣,諸侯於諸臣,皆有朋友之義,故《泰誓》武王謂諸侯云"我友邦冢君",是謂諸侯爲友,《洛誥》周公謂成王云"孺子其朋",是王以諸臣爲朋,諸侯於臣亦有朋友之義可知,故引《周禮》弁経與三衰證此"朋友,麻"也。若然,弁経唯一,衰則有三,則一弁冠三衰也。

六　錫衰、總衰、疑衰皆弔服,又居出有異

云"其服有三,錫衰也,總衰也,疑衰也"者,案彼云"王爲三公、六卿錫衰,爲諸侯總衰,爲大夫、士疑衰",鄭司農云"錫,麻之滑易者也,十五升去其半,有事其布,無事其縷。總亦十五升去其半,有事其縷,無事其布。疑衰,十四升",玄謂"無事其縷,哀在內。無事其布,哀在外。疑之言擬也,擬於吉"者也。云"諸侯及卿大夫亦以錫衰爲弔服,當事乃弁経,否則皮弁,辟天子也"者,案《禮記・服問》云"公爲卿大夫錫衰以居,出亦如之,當事則弁経,大夫相爲亦然。爲其妻,往則服之,出則否",注云"出,謂以他事不至喪所",是諸侯及卿大夫亦以錫衰爲弔服也,天子常弁経,諸侯、卿大夫當事大斂、小斂及殯時乃弁経,非此時則皮弁,是辟天子也。云"士以總衰爲喪服"者,士卑,無降服,是以總爲喪服,既以總爲喪服,不得復將總爲弔服,故向下取疑衰爲弔服。

七　謂士弔服布上素下及素冠加朝服皆非

"舊説"者,以士弔服無文,故舊説云"以爲士弔服布上素下",云"或曰素委貌冠加朝服"者,前有此二種解者,故鄭引《論語》破之。云"《論語》曰'緇衣羔裘'"",言此者,欲解"緇衣羔裘"與下"羔裘玄冠"爲一物,並

---

①　"五王諸"至"弁経服",原在頁眉處,占行六至十一,謹依題義挪至此處。
②　"於"下原無"諸侯"二字,曹云:"'於'下脱'諸侯'二字。"據補。

553

是朝服,是以云"又曰'羔裘玄冠不以弔',何朝服之有乎",此破舊説①,以言朝服不合首加素委貌,又"布上素下",是近天子之朝服②,又不言首所加,故非之也。

八　侯、卿大夫皮弁辟天子,士素裳辟諸侯③

九　未小斂前容有著朝服弔,非正弔法④

云"然則二者皆有似也"者,以其未小斂已前,容有著朝服弔法,則子游、曾子弔是也,但非正弔法之服,又"布上素下",近士之弔服素下,故云"二者皆有似也"。云"此實疑衰也"者,總破二者也。云"弁絰,皮弁之時則如卿大夫然"者,以其三衰共有弁絰,不當事著皮弁亦同⑤,故知二者如卿大夫然也。云"又改其裳以素,辟諸侯也"者,諸侯及卿大夫"否則皮弁",辟天子,此諸侯之士不著疑裳而用素,又辟諸侯也。

十　士弔服疑衰素裳,庶人冠素委貌⑥

云"朋友之相爲服,即士弔服疑衰素裳"者,是鄭正解士之弔服。云"庶人不爵弁者,則其冠素委貌",不言其服,則白布深衣,以白布深衣庶人之常服,又尊卑始死,未成服已前服之,故庶人得爲弔服也。

---

①　"舊"下原無"説"字,四庫本有"説"字,據補。

②　"是近"原作"近是",阮云:"毛本'近是'作'是近'。"據乙。

③　"八侯卿"至"辟諸侯",原在題七下别行另起,"云又改"至"諸侯也"乃與此題對應之文字,位於題九所領正文後,不宜段分,謹依題義挪至此處。

④　"九未小"至"正弔法",原在頁眉處,占行七至十二,謹依題義挪至此處。

⑤　"當"上原無"不"字,曹云:"'當'上脱'不'字。"據補。

⑥　"十士弔"至"素委貌",原在頁眉處,占行十三至十八,謹依題義挪至此處。

十一　君弔臣服，《服問》與《文王世子》注異

案《司服》諸侯如王之服言之，則諸侯皆如王①，亦有三衰。《服問》直云君弔用錫衰，未辨緦衰、疑衰所施用。案《文王世子》注云“君雖不服臣，卿大夫死，則皮弁錫衰以居，往弔當事則弁絰。於士蓋疑衰，同姓則緦衰”。

十二　君於士有師友之恩，則弔服加等②

若然，案《士喪禮》“君若有賜焉，則視斂”，注云“賜，恩惠也。斂，大斂。君視大斂，皮弁服襲裘。主人成服之後往則錫衰”，此注又與《文王世子》違者，《士喪禮》既言有“恩惠”，則君與此士有師友之恩，特加與卿大夫同。其諸侯卿大夫則有錫衰，士唯疑衰。其天子卿大夫、士既執贄與諸侯之臣同，則弔服亦同也。天子孤與卿同六命，又亦名爲卿，諸侯孤雖四命，與卿異，及其聘之介數與卿降君二等亦同③，則孤弔服皆與卿同也。天子三公與王子母弟得稱諸侯，其弔服亦與畿外諸侯同三衰也。

十三　謂弔服有絰無帶者非④

凡弔服直云素弁環絰，不言帶，或有解云有絰無帶，但弔服既著衰，首有絰，不可著吉時之大帶，吉時之大帶既有采矣，麻既不加于采，采可得加於凶服乎？明不可也。案此經注“服緦之絰帶”，則三衰絰帶同有可知，以其三衰所用⑤，皆是朋友，故知凡弔皆有帶矣。

---

① “則”上原有“鄭”字，曹云：“‘鄭’字衍。”據刪。
② “十二君於”至“服加等”，原在頁眉處，占行九至十四，謹依題義挪至此處。
③ “亦”字原作“等”，曹云：“‘等’當爲‘亦’。”據改。
④ “十三謂弔”至“帶者非”，原在頁眉處，占行十五至十八，謹依題義挪至此處。
⑤ “以其”原作“其以”，阮云：“按‘其以’疑當作‘以其’。”據乙。

十四　君於大夫、士弔服，亦有變除之節

《雜記》云"君於卿大夫，比葬不食肉，比卒哭不舉樂"，是知未吉則凡弔服亦當依氣節而除，並與緦麻同三月除之矣，爲士雖比殯不舉樂，其服亦當既葬除矣。

十五　公士、大夫之君於旁親降一等

君之所爲兄弟服，室老降一等。

注：公士、大夫之君。

釋曰：天子、諸侯絕朞，今言爲兄弟服，明是"公士、大夫之君"，於旁親降一等者。室老、家相，降一等。不言士，士，邑宰，遠臣，不從服。若然，室老似是君近臣[1]，故從君所服也。

十六　庶子爲後，爲外祖父母、從母、舅無服

云"庶子爲後者，爲其外祖父母、從母、舅無服"者，以其與尊者爲一體，既不得服所出母[2]，是以母黨皆不服之。不言兄弟而顯尊親之名者，雷氏云"爲父後者服其本族"，若言兄弟，恐本族亦無服，故顯著其尊親之號[3]，以別於族人也。

十七　宗子謂繼別爲大宗，有孤，有不孤

宗子孤爲殤，大功衰、小功衰皆三月，親則月筭如邦人。

釋曰[4]：宗子謂繼別爲大宗，百世不遷收族者也。云"孤爲殤"者，謂無父，未冠而死者也。云"大功衰，小功衰"者，以其成人齊衰，故長殤、中

---

[1]　"是"字原作"正"，阮云："毛本'正'作'止'。按'止'疑'是'字之誤。"據改。

[2]　"服所"下原重"服所"二字，四庫本不重，據刪。

[3]　"顯"字原作"汎"，曹云："'汎'疑當爲'顯'。"據改。

[4]　"釋"下原無"曰"字，依其慣例，"釋"下當有"曰"字，謹補。

殤皆在大功衰，下殤在小功衰也。云"皆三月"者，以其衰雖降，月本三月，法一時，不可更降^①，故還依本三月也。云"親則月筭如邦人"者，上三月者是絕屬者，若在五屬之內親者，月數當依本親爲限，故云"如邦人也"。注云"言孤，有不孤者"，鄭以記文云"孤"，明對"不孤者"，故《曲禮》注云"是謂宗子不孤"^②，彼不孤，對此孤也。

十八　父在爲適子，則宗子不爲適孫^③

云"不孤則族人不爲殤服服之也"者，以父在，猶如周之道，有適子，無適孫，以其父在爲適子，則不爲適孫服，同於庶孫，明此本無服，父在亦不爲之服殤可知也。

十九　宗子不孤謂父廢疾，子代主宗事

云"不孤謂父有廢疾"者，案《喪服小記》云"適婦不爲舅後者，則姑爲之小功"，注云"謂夫有廢疾他故，若死而無子，不受重者"，是宗子不孤^④，謂父有廢疾不立，其子代父主宗事。云"若年七十而老，子代主宗事"者，案《曲禮》云"七十曰老，而傳"，注云"傳家事，任子孫"，是謂宗子不孤。

二十　宗子絕屬猶齊衰三月，親者可知

云"與宗子有期之親者，成人服之齊衰期"，謂宗子親昆弟及伯叔昆弟之子、姑姊妹在室之等皆是也。自大功親已下，盡小功親以上，成人月數雖依本皆服齊衰者，以其絕屬者猶齊衰三月，明親者無問大功、小功、緦麻皆齊衰者也。既皆齊衰，故三月既葬受服，乃始以大功、小功也^⑤。至於小功親已下，"殤與絕屬者同"者，以其成人小功五月，殤即入三月，

---

①　"降"字原作"服"，曹云："'服'當爲'降'。"據改。
②　"是謂宗子不孤"，倉石云："疏兩引皆同。案《曲禮》注作'是謂宗子之父'。"
③　"十八父在"至"爲適孫"，原在頁眉處，占行一至五，謹依題義挪至此處。
④　"子"上原無"宗"字，曹云："'子'上似脱'宗'字。"據補。
⑤　"小功"下原有"齊衰"二字，曹云："'齊衰'二字似衍。"據删。

是以"與絕屬者同",皆大功衰、小功衰三月,故"與絕屬者同"也。

二一　宗子緦麻親亦齊衰①

云"有緦麻之親者,成人及殤皆與絕屬者同"者,以其絕屬者爲宗子齊衰三月,緦麻親亦三月。

二二　墓崩改葬服緦者,見柩不可無服

改葬,緦。

注:謂墳墓以他故崩壞,將亡失屍柩者也②。言"改葬"者,明棺物毀敗,改設之,如葬時也。其奠如大斂③,從廟之廟,從墓之墓,禮宜同也。服緦者,臣爲君也,子爲父也,妻爲夫也。必服緦者,親見屍柩,不可以無服,緦三月而除之④。

二三　童子當室緦,女君有以尊降其兄弟

童子,唯當室緦。傳曰:童子不當室則無緦服也。凡妾,爲私兄弟如邦人。

注:童子⑤,未冠之稱也。當室者,爲父後承家事者,爲家主,與族人爲禮,於有親者,雖恩不至,不可以無服也。嫌厭降之也。私兄弟,目其族親也⑥。然則女君有以尊降其兄弟者,謂士之女爲大夫妻,大夫之女爲諸侯夫人,諸侯之女爲天王后。父卒,昆弟之爲父後者,宗子亦不敢降也。

---

① "二一宗子"至"亦齊衰",原在頁眉處,占行二至五,謹依題義挪至此處。

② "柩"下原無"者"字,阮云:"毛本、聶氏'柩'下有'者'字。"疏述注"柩"下有"者"字,據補。

③ "奠"字原作"斂",四庫本作"奠",阮云:"按《釋文》云'大斂,力驗反。'……張氏從之,改'奠'爲'斂',與疏不合。"據四庫本改。

④ "之"字原作"也",四庫本作"之",據改。

⑤ "注"下原無"童"字,四庫本有"童"字,據補。

⑥ "目"字原作"自",四庫本作"是",阮云:"'自',徐本、《集釋》《要義》、敖氏俱作'自',與疏不合,毛本作'目'。"曹云:"'自'當爲'目'。"據毛本、曹校改。

二四　公爲卿大夫居、出皆錫衰

大夫弔於命婦，錫衰。命婦弔於大夫，亦錫衰。

注：弔於命婦，命婦死也①。弔於大夫，大夫死也。《小記》曰“諸侯弔，必皮弁錫衰”，《服問》曰“公爲卿大夫錫衰以居，出亦如之，當事則弁絰，大夫相爲亦然。爲其妻，往則服之，出則否。”

二五　錫衰，縷與緦同，唯治布、治縷異

傳曰：錫者何？麻之有錫者也云云。

釋曰：問者先問其名，荅云“麻之有錫者也”，荅以名錫之意，但言“麻”者，以麻表布之縷也。又云“錫者，十五升抽其半”者，以其縷之多少與緦同。云“無事其縷，有事其布”者，事，猶治也，謂不治其縷，治其布，以衰在内故也。緦則治縷，不治布，衰在外。以其王爲三公、六卿，重於畿外諸侯故也。鄭云“謂之錫者，治其布，使之滑易”，以“治”解“事”，以“滑易”解“錫”，謂使錫錫然滑易也。

二六　《禮》記諸侯弔士服與此錫衰異②

云“君及卿大夫弔士，雖當事，皮弁錫衰而已”者，是士輕，無服弁絰之禮，有事、無事皆皮弁錫衰而已③，見其不足之意也。若然，《文王世子》注“諸侯爲異姓之士疑衰，同姓之士緦衰”，今言士與大夫又同錫衰者，此言與《士喪禮》注同，亦是君於此士有師友之恩者也④。云“士之相弔則如朋友服矣”者，“朋友，麻”，是朋友服也。上注士弔服用疑衰素裳，腰首服麻弔，亦朋友服也。

---

① “婦”上原無“命”字，注有“命”字，據補。

② “二六禮記”至“錫衰異”，原在頁眉處，占行一至五，謹依題義挪至此處。

③ “皮弁錫衰”原作“皮弁言”，四庫本作“皮弁焉”，張、阮刻本均作“皮弁衰”，曹云：“案‘言’字誤，‘衰’上脱‘錫’字。”據曹校補改。

④ “士”上原有“公”字，張、阮刻本均無“公”字，據删。

二七　婦人弔用錫衰,首服無文,注謂吉笄

上文“命婦弔於大夫,錫衰”,未解首服,至此乃解之者,婦人弔之首服無文,故待傳釋錫衰後①,下近婦人吉笄無首,布總,乃解之。必知用“吉笄無首,素總”者,下文“女子子爲父母,卒哭,折吉笄之首,布總”,此弔服用“吉笄無首,素總”,又男子冠、婦人笄相對,婦人喪服,又笄總相將,上注男子弔用素冠,故知婦人弔亦“吉笄無首,素總”也。

二八　婦人居父母、舅姑喪,惡笄有首,子折首

女子子適人者爲其父母②,婦爲舅姑,惡笄有首以髽,卒哭,子折笄首以笄,布總。

釋曰:此二者皆期服,但婦人以飾事人,是以雖居喪內,不可頓去脩容,故使惡笄而有首,至卒哭,女子子哀殺,歸于夫氏,故折吉笄之首而著布總也③。案斬衰章“吉笄尺二寸”,斬衰以“箭笄長尺”,《檀弓》齊衰笄亦云尺,則齊衰已下皆與斬同一尺,不可更變,故折吉笄首而已。其總,斬衰已六升,長六寸,鄭注“總六升,象冠數”,則齊衰總亦象冠數,正服齊衰冠八升,則正齊衰總亦八升,是以總長八寸。笄總與斬衰長短爲差,但笄不可更變,折其首,總可更變,宜從大功總十升之布總。

二九　髽有笄,髽、免自對文,髽不對笄

“言以髽,則髽有著笄者明矣”者④,鄭言此者,舊有人解《喪服小記》

---

① “待”字原作“特”,倉石云:“‘傳’浦氏改作‘傅’,殿本、《校釋》‘傳’上補‘於’字。今案‘特’當作‘待’字之誤也。”據改。

② “子”下原不重“子”字,四庫本重,合於經,據補。

③ “總”字原作“緫”,四庫本作“總”,據改。

④ “言以”至“矣者”原作“言以髽者則髽有著笄明矣”,注本作“言以髽則髽有著笄者明矣”,則當乙“者”字於“笄”字下,又依疏述注慣例,句末亦當有“者”字,故謹乙補。

云“男子免而婦人髽”,免時無冠①,則髽亦無笄矣,但免、髽自相對,不得以婦人與男子冠笄有無相對②,故鄭以經云“惡笄有首以髽”,髽、笄連言,則髽有著笄明矣。

三十　櫛笄、象笄、榛笄、樿櫛、象櫛之别

傳曰:笄有首者,惡笄之有首也。惡笄者,櫛笄也云云。

釋曰:案記自云“惡笄有首”③,即惡笄自有首明矣,而傳更云“笄有首”,重言之者,但惡者,直木理麤惡,非木之名。若然,斬衰笄用箭,齊衰用櫛,俱是惡,傳恐名通於箭,故重疊言之。傳以爲初死惡笄有首,至卒哭更著吉笄,嫌其大飾,乃折去首而著之也。又云“吉笄者,象笄也”者,傳明吉時之笄,以象骨爲之,據大夫、士而言,案《弁師》天子、諸侯笄皆玉也。鄭云“櫛笄者,以櫛之木爲笄”者,此櫛亦非木名,案《玉藻》云“沐櫛用樿櫛,髮晞用象櫛”,鄭云“樿,白理木爲櫛”④,櫛即梳也,以白理木爲梳櫛也,彼樿木與象櫛相對,此櫛笄與象笄相對,故鄭云“櫛笄者,以櫛之木爲笄”。云“或曰榛笄”者,案《檀弓》,爲姑用榛木爲笄,此亦婦人爲姑,與彼同,但此用樿木,彼用榛木⑤,不同耳,蓋二木俱用,故鄭兩存之也。

三一　笄有首,若漢時刻鏤摘頭⑥

云“笄有首者,若今刻鏤摘頭矣”,鄭時摘頭之物,刻鏤爲之,此笄亦在頭而去首爲大飾,明首亦刻鏤之,故舉漢法況之。

---

① “冠”字原作“笄”,張、阮刻本均作“免而無笄”,曹云:“‘笄’當爲‘冠’字之誤也。”據改“笄”爲“冠”,“時”字仍舊。

② “冠笄有無”原作“有笄無笄”,曹云:“‘有笄無笄’四字,當作‘冠笄有無’。言免、髽自有相對之時,然不得過泥於冠笄之有無以相對,因男子免必無冠,遂謂婦人髽必無笄也,髽固有著笄時矣。疏文多譌,姑爲釋之如此。”據改。

③ “惡笄有首”原作“惡笄之有首也”,曹校删“之”字,節“也”字,合於記文,據删。

④ “樿白理木爲櫛”,曹云:“《玉藻》注無此文,《禮器》注云:‘樿,木白理也。’”

⑤ “榛”字原作“櫅”,阮云:“按‘櫅’疑當作‘榛’。”據改。

⑥ “三一笄有”至“鏤摘頭”,原在頁眉處,占行十四至十八,謹依題義挪至此處。

三二　女子子既練而歸、卒哭而歸,二注異

云"卒哭而喪之大事畢,女子子可以歸于夫家"者,但以出適女子與在家婦俱著惡笄,婦不言卒哭折吉笄首,女子子即言折吉笄之首,明女子子有所爲,故獨折笄首耳。所爲者,以女子外成。《喪大記》云女子子既練而歸,與此注違者,彼小祥歸是其正法,此歸者,容有故,許之。

三三　妾爲女君之黨①,得與女君同

妾爲女君、君之長子惡笄云云。

釋曰:妾爲女君之黨服,得與女君同,爲長子亦三年,但爲情輕,故與上文婦事舅姑齊衰同,"惡笄有首,布總"也。

三四　五服衰皆外削幅,裳內削幅

凡衰,外削幅。裳,內削幅。幅三袧。

注:削,猶殺也。大古冠布、衣布,先知爲上,外殺其幅,以便體也。後知爲下,內殺其幅,稍有飾也。後世聖人易之,以此爲喪服。袧者,謂辟兩側,空中央也。祭服、朝服,辟積無數。凡裳,前三幅,後四幅也。

釋曰:自此已下盡"袪尺二寸",記人記衰裳之制,用布多少,尺寸之數也。云"凡"者,總五服而言,故云"凡"以該之。云"衰,外削幅"者,謂縫之邊幅向外。"裳,內削幅"者,亦謂縫之邊幅向內。

---

① "君"下原無"之黨"二字,正文"妾爲女君之黨服"亦原無"黨"字,阮云:"程瑤田曰:'妾爲女君見不杖麻屨章,爲君之長子經不見其服,故賈疏曰妾爲君之黨服,得與女君同,爲長子亦三年也。今疏作妾爲女君之服,蓋君之黨三字,轉寫譌作女君之三字也。今據經傳服例,參考改正。'按大功章'大夫之妾爲君之庶子'疏云'妾爲君之長子亦三年者,妾從女君服,得與女君同,故亦同女君三年。'此疏與彼正同,然則此句但須改'爲'字作'從'。若據《小記》注'妾爲女君之黨服,得與女君同',則可於'之'下加'黨'字。"謹補"之黨"二字,正文"之"下亦補"黨"字。

三五　凡裳，前三幅，後四幅，幅三衲^①

云“幅三衲”者，據裳而言，爲裳之法，前三幅，後四幅，幅皆三辟攝之，以其七幅，布幅二尺二寸，幅皆兩畔各去一寸爲削幅，則二七十四尺，若不辟積其腰中，則束身不得就，故須辟積其腰中也。腰中廣狹，在人麤細，故衲之，辟攝亦不言寸數多少，但幅別以三爲限耳。

三六　古冠、衣皆白布，齊則緇，尚幽闇

云“大古冠布、衣布”者^②，案《禮記·郊特牲》云“大古冠布，齊則緇之”，鄭注云“唐虞以上曰大古也”，是“大古冠布、衣布”也。云“先知爲上，外殺其幅，以便體也。後知爲下，內殺其幅，稍有飾也”者，此亦唐虞已上、黃帝已下，故《禮運》云“未有麻絲，衣其羽皮”，謂黃帝已前，下文云“後聖有作，治其絲麻，以爲布帛”，後聖謂黃帝，是黃帝始有布帛，是時先知爲上，後知爲下。“便體”者，邊幅向外，於體便。“有飾”者，邊幅向內，覩之善也。云“後世聖人易之，以此爲喪服”者，又案《郊特牲》云“緇布冠，冠而敝之可也”，注“此重古而冠之耳，三代改制，齊冠不復用也，以白布冠質，以爲喪冠也”，以此言之，唐虞已上^③，冠、衣皆白布，吉凶同，齊則緇之，鬼神尚幽闇。

三七　三代始制弁、委等冠，白布始爲喪冠^④

“三代改制”者，更制牟追、章甫、委貌爲行道、朝服之冠。緇布冠，三代將爲始冠之冠。白布冠質，三代爲喪冠。

---

① “三五凡裳”至“幅三衲”，原在頁眉處，占行十四至十八，謹依題義挪至此處。又，“後四幅”原作“後三幅”，注、疏皆言“前三幅，後四幅”，疑“三”乃“四”之譌，謹改。

② “衣”下原無“布”字，四庫本有“布”字，合於注，據補。

③ “上”字原作“下”，阮云：“聶氏‘下’作‘上’。”曹云：“案‘上’字是。”據改。

④ “三七三代”至“爲喪冠”，原在頁眉處，占行一至六，謹依題義挪至此處。

三八　祭服、朝服辟積無數，深衣實亦辟積

云"祭服、朝服，辟積無數"者，朝服，謂諸侯與其臣以玄冠服爲朝服，天子與其臣以皮弁服爲朝服。祭服者，六冕與爵弁爲祭服。不云玄端，亦是士家祭服中兼之。凡服，唯深衣、長衣之等，六幅破爲十二幅，狹頭向上，不須辟積其腰間①，已外皆辟積無數，似喪冠三辟積，吉冠辟積無數者然②。"凡裳，前三幅，後四幅"者，前爲陽，後爲陰，故前三後四，各象陰陽也。唯深衣之等，連衣裳十二幅，以象十二月也。

三九　衰，一斬四緝③，緝裳内展，緝衰外展

若齊，裳内衰外。

注：齊，緝也。凡五服之衰，一斬四緝。緝裳者，内展之。緝衰者，外展之。

釋曰：據上齊斬五章，有一斬四齊，此據四齊而不言一斬者④，上文已論五服衰裳縫之外内，斬衰裳亦在其中，此據衰裳之下緝之用針功者，斬衰不齊，無針功，故不言也。言"若"者⑤，不定辭，以其上有斬不齊，故云"若"也。言"裳内衰外"者，上言"衰，外削幅"，此齊還向外展之。上言"裳，内削幅"，此齊還向内展之，並順上外内而緝之。此先言裳者，凡齊據下畔而緝之⑥，裳在下，故先言裳，順上下也。鄭云"齊，緝也"者，據上傳而言之也。云"凡五服之衰，一斬四緝"者，謂齊衰至緦麻並齊，齊既有

---

①　"其"下原有"實"字，倉石云："'實'，《通解》作'它'，汲古閣本作'餘'。張氏錫恭云：'實字衍，其要間三字屬上爲句，下文已外乃指深衣、長衣之外朝祭之服。'今案此承上喪裳須辟積其要中而言，張説差可從。"據刪。

②　"者"字原作"也"，曹云："'也'當爲'者'。"據改。

③　"四"字原作"三"，注、疏之義皆言一斬而四輯，謹改。

④　"不言"原作"言不"，四庫本作"不言"，阮云："按'而言'二字屬上'此據四齊'爲句，'一'字疑亦當作'言'。"孫云："'而言'固屬上句，'不'下仍當有'言'字，此奪。"今按四庫本作"不言"，其義已明，似無需如阮、孫校改，據四庫本乙。

⑤　"言若"原作"若言"，四庫本作"言若"，據乙。

⑥　"畔"字原作"裳"，曹云："'裳'似當爲'畔'。"據改。

針功,總之名則没去齊名,亦齊可知也。言"展之"者,若今亦先展訖,乃行針功者也。

四十　負,廣出於適寸,謂負版出辟領外

釋曰:以一方布置於背上,上畔縫著領,下畔垂放之,以在背上,故得負名。"適,辟領",即下文"適"也。"出於辟領外旁一寸",總尺八寸也。

負,廣出於適寸。

四一　適,即辟領博四寸,出衰外①

適,博四寸,出於衰。

云"博,廣也"者,若言博,博是寬狹之稱,上下兩旁俱名爲博,若言廣,則唯據橫闊而言,今此適四寸,據橫,故博爲廣,見此義焉。云"辟領廣四寸"者,據項之兩相,向外各廣四寸。云"則與闊中八寸也"者,謂兩身當縫中央,總闊八寸,一邊有四寸,并辟領四寸,爲八寸。云"兩之爲尺六寸也"者,一相闊與辟領八寸,故兩之總一尺六寸。云"出於衰者,旁出衰外"者,以兩旁辟領向前,望衰之外也。云"不著寸數者,可知也"者,以衰廣四寸,辟領橫廣總尺六寸,除中央四寸當衰,衰外兩旁各出衰六寸。

四二　前衰後負,左右辟領,哀戚無不在

衰,長六寸,博四寸。

釋曰:衰,長也,據上下而言也。綴於外衿之上,故得廣長當心。云"前有衰,後有負板"者,謂"負,廣出於適寸"及"衰,長六寸,博四寸"。云"左右有辟領"者,謂左右各四寸。云"孝子哀戚無所不在"者,以衰之言摧,孝子有哀摧之志,負在背上者,荷負其悲哀在背也。云"適"者,以哀戚之情,指適緣於父母,不兼念餘事,是其四處皆有悲痛。

---

① "四一適即"至"出衰外",原在頁眉處,占行七至十一,謹依題義挪至此處。

四三　衣亦名衰，帶謂帶衣之帶

衣帶下尺。

釋曰：謂衣腰也。云"衣"者，即衰也，但衰是當心廣四寸者，取其衰摧在於徧體，故衣亦名爲衰，今此云"衣"①，據在上曰衣，舉其實稱。云"帶"者，此謂帶衣之帶，即大帶、革帶者也②。云"衣帶下尺"者，據上下闊一尺，若橫而言之，不著尺寸者，人有麤細，取足爲限也。云"足以掩裳上際也"者，若無腰則衣與裳之交際之間，露見裏衣③，有腰則不露見，故云"掩裳上際也"。言"上際"者，對兩旁有衽，掩旁兩廂下際也。

四四　衽掩裳際，長比有司紳，婦服無衽

衽二尺有五寸。

釋曰：云"掩裳際也"者，對上腰而言，此掩裳兩廂下際不合處也。云"二尺五寸，與有司紳齊也"者，《玉藻》文，案彼士已上，大帶垂之皆三尺。又云"有司二尺有五寸"，謂府史，紳即大帶也。紳，重也，屈而重，故曰紳。此但垂之二尺五寸，故云"與有司紳齊也"。云"上正一尺"者，取布三尺五寸，廣一幅，留上一尺爲正，正者，正方不破之言也。一尺之下，從一畔旁入六寸，乃向下，邪向下一畔一尺五寸，去下畔亦六寸，橫斷之，留下一尺爲正，如是，則用布三尺五寸，得兩條衽，各二尺五寸，兩條共用布三尺五寸也，然後兩旁皆綴於衣，垂之向下，掩裳際。此謂男子之服，婦人則無，以其婦人之服連衣裳，故鄭上斬章注云婦人之服如深衣，"則衰無帶下，又無衽"是也。

---

① "云"下原無"衣"字，曹云："'云'下似脱'衣'字。"據補。

② "即"字原作"非"，曹云："'非'當爲'即'，言此帶謂平常衣之帶，即大帶、革帶。衣帶下尺者，衣至當帶處，以布接之，垂下長尺耳。衣帶下尺，不獨喪服然也。"據改。

③ "裏衣"原作"表文"，張、阮刻本均作"表衣"，阮云："《通解》作'裏'。"曹云："案'裏'字是。"據改。

四五　袂屬幅謂不削，若射侯等削幅二寸

袂屬幅。

注：屬，猶連也。連幅，謂不削。

釋曰："屬幅"者，謂整幅二尺二寸，凡用布爲衣物及射侯，皆去邊幅一寸爲縫殺，今此屬連其幅，則不削去其邊幅，取整幅爲袂。必不削幅者，欲取與下文"衣二尺二寸"同，縱橫皆二尺二寸，正方者也，故《深衣》云袂中"可以運肘"，二尺二寸亦足以運肘也。

四六　袂與身參齊，故此變袂言衣

衣二尺有二寸。

釋曰：云"此謂袂中也"，上云"袂"，據從身向袪而言，此"衣"據從上向掩下而言①。云"言衣者，明與身參齊"者，袂所以連衣爲之，衣即身也，兩旁袂與中央身總三事，下畔皆等②，故變"袂"言"衣"，欲見袂與衣齊參也，故云"與身參齊"。云"二尺二寸，其袖足以容中人之肱也"者，案《深衣》云袂中"可以運肘"，鄭注云"肘不能不出入"，彼云"肘"，此云"肱"也。凡手足之度，鄭皆據中人爲法，故云"中人"也。云"衣自領已下"云云者，鄭欲計衣之用布多少之數。自領至腰二尺二寸者③，衣身有前後，今且據一相而言，故云"衣二尺二寸"，倍之爲四尺四寸，總前後計之，故云"倍之爲四尺四寸"也。云"加闊中八寸"者，闊中，謂闊去中央安項處，當縫兩相，總闊去八寸，若去一相④，正去四寸，若前後據長而言，則一相各長八寸，通前兩身四尺四寸，總五尺二寸也。云"而又倍之"者，更以一相五尺二寸并計之，故云"又倍之"。云"凡衣用布一丈四寸"者，此唯計身，不計袂與袪及負衰之等者，彼當文尺寸自見⑤，又有不全幅者，故皆不言也。

---

① "衣"上原無"此"字，張、阮刻本均有"此"字，據補。
② "下"下原有"與"字，曹云："'與'字衍。"據刪。
③ "腰"下原有"皆"字，曹云："'皆'字衍。"據刪。
④ "去"下原無"一"字，張、阮刻本均有"一"字，據補。
⑤ "文"字原作"丈"，曹云："'丈'當爲'文'。"據改。

四七　袪尺二寸,謂袖口容併兩手

袪尺二寸。

釋曰:云"袪,袖口也",則袂末接袪者也①。"尺二寸"者,據複攝而言,圍之則二尺四寸,與深衣之袪同,故云"尺二寸,足以容中人之併兩手也"。"吉時拱尚左手,喪時拱尚右手"者,案《檀弓》吉時拱尚左,喪時拱尚右也。"尺二寸",既據橫而言,不言緣之深淺尺寸者,以袪橫既與深衣同②,故緣口深淺亦與深衣同寸半可知。

四八　衰三升、三升半,其冠六升,受冠同七升

衰三升、三升有半,其冠六升,以其冠爲受,受冠七升。

注:衰,斬衰也。或曰三升半者,義服也。其冠六升,齊衰之下也,斬衰正服變而受之此服也。三升、三升半,其受冠皆同,以服至尊,宜少差也。

四九　六升在齊衰三等之下

釋曰:自此至篇末,皆論衰冠升數多少也,以其正經言斬與齊衰及大功、小功、緦麻之等③,並不言布之升數多少,故記之也。云"衰三升、三升有半,其冠六升"者,衰異冠同者,以其三升半謂縷如三升半,成布還三升,故其冠同六升也。

---

① "末"字原作"未",張、阮刻本均作"末",據改。

② "尺二寸"至"深衣同"原作"以袪橫既與深衣尺二寸既據橫而言不言緣之深淺尺寸者同",阮云:"《通解》無兩'既'字。按此處疑有錯簡,當云'以袪橫據橫而言,既與深衣尺二寸同'。"許宗彥云當作'不言緣之深淺尺寸者,以袪據橫而言,既與深衣尺二寸同,故緣'云云。"孫校乙"以袪橫既與深衣"七字於"者"字下,云:"此乙七字便可通,似不必如許校增易太多,轉失其舊也。"據孫校乙。

③ "緦"字原作"總",四庫本作"緦",據改。

五十　受冠據虞後，衰、冠變輕^①

云"以其冠爲受，受冠七升"者，據至虞變麻服葛時，更以初死之冠六升布爲衰，更以七升布爲冠，以其葬後哀殺，衰冠亦隨而變輕。

五一　或曰冠三升半者是義斬

云"或曰三升半者，義服也"者，以其斬章有正、義，子爲父、父爲長子、妻爲夫之等是正斬。云"諸侯爲天子"，臣爲君之等是義斬，此三升半實是義服，但無正文，故引或人所解爲證也。上章子夏傳亦直云"衰三升，冠六升"，亦據正斬而言，不言義服者，欲見義服成布同三升故也。云"六升，齊衰之下也"者，齊衰之降服四升，正服五升，義服六升，以其六升是義服，故云"下也"。

五二　齊衰冠及受冠升數

齊衰四升，其冠七升，以其冠爲受，受冠八升。

注：言受以大功之上也，此謂爲母服也。齊衰正服五升，其冠八升，義服六升，其冠九升，亦以其冠爲受。凡不著之者，服之首主於父母。

五三　此冠衰據父卒爲母齊衰

釋曰：此據父卒爲母齊衰三年而言也。云"言受以大功之上也"者，以其降服大功衰七升，正服大功衰八升，故云"大功之上"。云"此謂爲母服也"者，據父卒爲母而言，若父在爲母，在正服齊衰，前已解訖。

---

① "五十受冠"至"冠變輕"，原在頁眉處，占行一至四，謹依題義挪至此處。

五四　諸侯之大夫爲天子繐衰

繐衰四升有半，其冠八升。

注：此謂諸侯之大夫爲天子繐衰也。服在小功上者，欲著其縷之精麤也，升數在齊衰之中者，不敢以兄弟之服服至尊也。

五五　繐衰雖四升有半而縷細，故冠與齊衰同

釋曰：云“諸侯之大夫爲天子繐衰也”者，是正經文也。云“服在小功之上者，欲著其縷之精麤也”者，據升數，合在杖期上，以其升數雖少，以縷精麤與小功同，不得在杖期上，故在小功之上也。云“升數在齊衰之中者，不敢以兄弟之服服至尊也”者，據縷如小功，小功已下乃是兄弟。

五六　大功章既言受以小功衰，此直記受服之差

大功八升，若九升。小功十升，若十一升。

注：此以小功受大功之差也。不言七升者，主於受服，欲其文相值，言服降而在大功者，衰七升，正服衰八升，其冠皆十升，義服九升，其冠十一升，亦皆以其冠爲受也。斬衰受之以下，大功受之以正者，重者輕之，輕者從禮，聖人之意然也。其降而在小功者，衰十升，正服衰十一升，義服衰十二升，皆以即葛及緦麻無受也。此大功不言受者，其章既著之。

五七　小功、大功俱有三等，此各言二等

釋曰：云“此以小功受大功之差也”者，以其小功、大功俱有三等，此唯各言二等，故云“此以小功受大功之差也”，以此二小功衰①，受二大功之冠爲衰，二大功初死，冠還用二小功之衰，故轉相受也。

---

① “衰”下原重“衰”字，阮云：“毛本不重‘衰’字。”曹云：“下‘衰’字衍。”據删。

五八　受服,重者輕之,輕者從禮

云"斬衰受之以下,大功受之以正者,重者輕之,輕者從禮,聖人之意然也"者,聖人之意,重者恐至滅性,故抑之,受之以輕服,義服齊衰六升是也。"輕者從禮"者,正大功八升,冠十升,既葬,衰十升,受以降服小功,義服大功衰九升,冠十一升,既葬,衰十一升,受以正服小功,二等大功皆不受以義服小功,是從禮也,是聖人有此抑揚之義。

五九　此章主受而言,故無受者不言①

云"不言七升"者,以其七升乃是殤大功,殤大功章云"無受",此主於受,故不言②。

---

①　"五九此章"至"者不言",原在頁眉處,占行六至十,謹依題義挪至此處。
②　"云不"至"不言"原在題五七正文"故轉相受也"後,依其文義,當與題五九相應,謹挪至此處。

儀禮要義卷第三十五　士喪禮一

一　士喪禮,自始死至卜葬日

士喪禮第十二。

鄭《目録》云:"士喪其父母,自始死至於既殯之禮。"是以下殯後論朔奠、筮宅、井槨①、卜葬日之事也。

二　有天子士,公侯伯之士,子男之士

天子、諸侯之下皆有士,此當諸侯之士。知者,下云"君若有賜",不言王,又《喪大記》云"君沐粱,大夫沐稷,士沐粱",鄭云"《士喪禮》沐稻,此云士沐粱,蓋天子之士也",又大斂陳衣與《喪大記》不同,鄭亦云"彼天子之士,此諸侯之士",以此言之,此篇諸侯之士可知。但公侯伯之士一命,子男之士不命,一命與不命皆分爲三等,各有上、中、下,及行喪禮,其節同,但銘旌有異,故下云"爲銘各以其物,亡則以緇長半幅②",物謂公侯伯之士一命已上生時得建旌旗,亡謂子男之士生時無旌旗之物者,唯此爲異。

---

① "槨"字原作"榔",四庫本作"槨",據改。
② "半"字原作"牛",四庫本作"半",據改。

三　適室、適寢皆正，側室、燕寢非正

士喪禮①。死于適室適，丁狄反②，幠用斂衾幠，火吴反③。

釋曰：自此盡“帷堂”，論始死招魂、楔齒④、綴足、設奠、帷堂之事。云“適室，正寢之室也”者，若對文⑤，天子、諸侯謂之路寢，卿大夫、士謂之適室，亦謂之適寢，故下記云“士處適寢”，總而言之，皆謂之正寢，是以莊三十二年秋八月，公薨于路寢，《公羊傳》云“路寢者何？正寢也”，《穀梁傳》亦云“路寢，正寢也”，言“正寢”者，對燕寢與側室非正。

四　卒於路寢、適寢、翼室者正，於小寢者即安⑥

案《喪大記》云“君夫人卒於路寢，大夫世婦卒於適寢，内子未命則死於下室，遷尸于寢，士之妻皆死于寢”，鄭注云“言死者必皆於正處也”，以此言之，妻皆與夫同處。若然，天子崩，亦於路寢，是以《顧命》成王崩，延康王於翼室，翼室則路寢也。若非正寢，則失其所，是以僖公二十三年冬十二月，公薨於小寢，《左氏傳》云“即安也”。

五　疾者齊，故于正寢，疾時北墉下

云“疾者齊，故于正寢焉。疾時處北墉下，死而遷之當牖下⑦，有牀

---

① “士”下原無“喪禮”二字，張、阮刻本均有“喪禮”二字，合於經，據補。
② “適丁狄反”，原在頁眉處，占行一，乃了翁據《儀禮音義》增補之釋文，謹依文義挪至此處。
③ “幠火吴反”，原在頁眉處，占行二，乃了翁據《儀禮音義》增補之釋文，謹依文義挪至此處。
④ “魂”下原無“楔齒”二字，曹云：“‘魂’下脱‘楔齒’二字。”據補。
⑤ “對”下原無“文”字，曹云：“‘對’下似脱‘文’字。”據補。
⑥ “四卒於”至“者即安”，原在頁眉處，占行三至八，謹依題義挪至此處。又，“即”下原不見“安”字，再造善本有“安”字，二本刻工同，則“即”下當有“安”字，據補。
⑦ “死而”至“牖下”，張、阮刻本同，“當”字四庫本作“南”，阮云：“徐、陳、《釋文》、《通典》、《集釋》、《通解》、楊、敖同，毛本‘當’作‘南’。按室制，南有牖而北無牖，或亦有之，謂之向。《毛詩傳》及《説文》皆云‘向北出牖也’，故《既夕記》作‘北牖下’。《喪大記》作‘北墉下’，若作‘北牖’，則近室之牖宜稱南以别之，若作‘北墉’則不必言‘南牖’也，據疏内稱‘南牖’、‘北墉’者非一，似可通。”

衽”者,此並取下記文。鄭彼注云“正情性也”。衽是臥席,故彼云“下莞上簟,設枕焉”。

六　小斂一衾,大斂二衾,一承薦,一覆尸①

云“幠,覆也。斂衾,大斂所并用之衾”者,經直云“斂衾”②,不辨大小,鄭知非小斂衾,是大斂衾者,案《喪大記》君、大夫、士皆小斂一衾,大斂二衾,今始死用大斂一衾以覆尸,及至大斂之時,兩衾俱用,一衾承薦於下,一衾以覆尸,故云“大斂所并用之衾”。引《喪大記》者,欲見加斂衾以覆尸,以去死衣,鄭彼注云“去死衣,病時所加新衣及復衣也,去之以俟沐浴”是也。

七　有司招魂復魄必朝服,事死如生

復者一人,以爵弁服,簮裳于衣,左何之,扱領于帶。

釋曰③:云“復者,有司”者,案《喪大記》復者小臣,則士家不得同僚爲之,則有司,府史之等也。不言所著衣服者,案《喪大記》小臣朝服,下記亦云“復者朝服”,則尊卑皆朝服可知。必著朝服者,鄭注《喪大記》云“朝服而復,所以事君之衣也”。復者,庶其生氣復,既不蘇,方始爲死事耳。愚謂朝服平生所服,冀精神識之而來反④,以其事死如事生,故復者皆朝服也。若然,天子崩,復者皮弁服也。云“招魂復魄也”者,出入之氣謂之魂,耳目聰明謂之魄,死者魂神去⑤,離於魄,今欲招取魂來,復歸于魄。

八　始祖曰大廟,高祖以下小廟、小寢

《天官·夏采職》云“大喪,以冕服復於大祖,以乘車建綏復於四郊”,

---

① “六小斂”至“一覆尸”,原在頁眉處,占行四至九,謹依題義挪至此處。
② “衾”上原無“斂”字,曹云:“‘衾’上脱‘斂’字。”據補。
③ “釋”下原無“曰”字,依其慣例,此當有“曰”字,謹補。
④ “反”下原有“衣”,阮云:“‘反’下衍‘衣’字。”據刪。
⑤ “神”上原無“死者魂”三字,張、阮刻本均有“死者魂”三字,據補。

鄭注云“求之王平生嘗所有事之處^①。乘車，玉路。於大廟，以冕服不出宮也”，又《夏官·祭僕職》云“大喪，復於小廟”，鄭注云“小廟，高祖已下也，始祖曰大廟”，又《隸僕》云“大喪，復於小寢”，鄭注云“小寢，高祖已下廟之寢也。始祖曰大寢”，此不言隸僕，以其隸僕與祭僕同僕官，“之屬”中兼之。

九　君復於小寢、大寢、小祖、大祖、庫門、四郊^②

案《檀弓》“君復於小寢、大寢、小祖、大祖、庫門、四郊”，鄭注云“尊者求之備也，亦他日所嘗有事”，是諸侯復法。言“庫門”，據魯作説。若凡平諸侯，則皐門，舉外門而言，三門俱復，則天子五門及四郊皆復，不言者，文不具。卿大夫以下，復自門以内廟及寢而已。婦人無外事，自王后已下，所復處亦自門以内廟及寢而已。云“諸侯則小臣爲之”者，《喪大記》文也。

十　復，諸侯以褒衣、冕服，士用助祭服

案《雜記》云“士弁而祭於公，冠而祭於已”，是士服爵弁助祭於君，玄冠自祭於家廟，士復用助祭之服，則謂諸侯以下，皆用助祭之服可知，故《雜記》云“復，諸侯以褒衣、冕服、爵弁服”，鄭注云“復，招魂復魄也。冕服者，上公五，侯、伯四，子、男三。褒衣，亦始命爲諸侯及朝覲見加賜之衣也。褒，猶進也”，則袞冕之類。

十一　云爵弁服，謂以冠名服，用服，不用弁

云“禮以冠名服”者，案《士冠禮》皮弁、爵弁並列於階下執之，而空陳服於房，云皮弁服、爵弁服是以冠名服，鄭言此者，欲見復時唯用緇衣纁裳，不用爵弁，而經言爵弁服，是禮以冠名服也。

---

① “嘗”字原作“常”，張、阮刻本均作“嘗”，合於下節疏述注“亦他日所嘗有事”文，據改。

② “九君復”至“門四郊”，原在頁眉處，占行七至十二，謹依題義挪至此處。

十二　簪裳於衣謂連裳衣，取便①

云"簪簪，側林，左南②，連也"者，若凡常③，衣服、衣裳各別，今此招魂，取其便，故連裳於衣。

十三　復者降自後西榮，不由前降，嫌虛反

復者降自後西榮。

注云：不由前降云云。

釋曰：云"不由前降，不以虛反也"者，凡復者，緣孝子之心，望得魂氣復反，復而不蘇，則是虛反，今降自後，是不欲虛反也。云"降，因徹西北厞"者，案此文及《喪大記》皆言降自西北榮，皆不言徹厞，鄭云徹厞者，案《喪大記》將沐，"甸人爲垼于西牆下，陶人出重鬲，管人受沐，乃煮之，甸人取所徹廟之西北厞薪，用爨之"④，諸文更不見徹厞薪之文，故知復者降時徹之，故鄭云"降，因徹西北厞"也。西北名爲厞者，案《特牲》尸謖之後，改饌於西北隅以爲陽厭，而云"厞用筵"，鄭云"厞，隱也"，故以西北隅爲厞也。必徹毀之者，鄭云"若云此室凶，不可居然。"

十四　綴足用燕几，校在南

案記云"綴足用燕几，校在南，御者坐持之"，鄭注云"校，脛也。尸南首，几脛在南以拘足，則不得辟戾矣"，以此言之，几之兩頭皆有兩足，今竪用之，一頭以夾兩足，恐几傾倒，故使御者坐持之。案《喪大記》"小臣楔齒用角柶，綴足用燕几，君、大夫、士一也"，又案《周禮·天官·玉府》

---

① "十二簪裳至"裳取便"，原在頁眉處，占行九至十三，謹依題義挪至此處。

② "簪側林左南"，原在頁眉處，占行八，乃了翁據《儀禮音義》增補之釋文，謹依文義挪至此處。

③ "凡常"原作"凡裳"，四庫本作"常時"，張、阮刻本均作"凡常"，毛本《儀禮注疏》作"凡常時"，據張、阮刻本改。

④ "用"字原作"而"，阮云："毛本'而'作'用'。按《喪大記》作'用'，毛本是也。"據改。

“大喪共含玉、復衣裳、角枕、角柶”，則自天子已下至於士，其禮同。言“燕几”者，燕，安也，當在燕寢之內，常馮之以安體也。

十五　始死之奠以餘閣，設奠以依神

“奠脯”至“尸東”。釋曰：案《檀弓》曾子云“始死之奠，其餘閣也與”，鄭注云“不容改新也”，則此奠是閣之餘食爲之。案下小斂，一豆、一籩，大斂，兩豆、兩籩，此始死，俱言脯、醢①，亦無過一豆、一籩而已。下記云“若醴若酒”，鄭注云“或卒無醴，用新酒”，小斂醴、酒俱有。

注：鬼神無象，設奠以馮依之。

李釋曰：不立尸，奠置之而已②。

十六　父兄命赴者，士則主人親命之

此及下經論使人告君之事。云“臣，君之股肱耳目，死當有恩”，是以下有弔及贈襚之事也。案《檀弓》云“父兄命赴者”，鄭注云“謂大夫以上也，士，主人親命之”。

十七　凡哭位，有尊坐卑立，有尊卑皆立

入坐于牀東。衆主人在其後，西面。婦人俠牀，東面。

釋曰：自此盡“北面”，論主人以下哭位之事。云“入坐”者，謂上文主人拜賓訖，入坐于牀東，衆主人直言在其後，不言坐，則立可知，婦人雖不言坐，案《喪大記》婦人皆坐，無立法。言“俠牀”者，男子牀東，婦人牀西，以近而言也。案《喪大記》“士之喪，主人、父兄、子姓皆坐于東方，主婦、姑姊妹、子姓皆坐于西方”。注云“士賤，同宗尊卑皆坐”，此除主人之外不坐者，此據命士，彼據不命之士。知者，案《喪大記》云“大夫之喪，主人坐于東方，主婦坐于西方。其有命夫、命婦則坐，無則皆立”，是大夫喪，

---

①　“言”下原無“脯醢”二字，阮云：“此節疏內‘此始死俱言’之下脱‘脯醢’二字。”據補。

②　“李釋”至“而已”，非疏文，乃了翁據李如圭《儀禮集釋》所增之按語。

尊者坐，卑者立。但此經有不命士，《喪大記》無不命士，又與《大記》文不同，釋亦不合，此義恐錯①。

十八　哭位親者在室，謂大功以上

親者在室。

釋曰：知親者謂大功以上者，以大功以上有同財之義，相親昵之理，下有衆婦人戶外，據小功以下疏者。

十九　衆兄弟謂小功以下

衆婦人戶外北面，衆兄弟堂下北面。

釋曰：案《喪服記》云“兄弟皆在他邦，加一等”，傳曰“小功以下爲兄弟”，玄謂“於此發兄弟傳者②，嫌大功以上又加也。大功以上若皆在他國，則親自親矣”，是大功以上爲親者，則上文是也，是以知此婦人在戶外，是小功以下可知。

---

① “注云”至“恐錯”原作“此義恐錯。此經有不命士，《喪大記》無不命士，又與《大記》文不同，釋亦不合。‘子姓皆坐于西方’，注云‘士賤，同宗尊卑皆坐’，此除主人之外不坐者，此據命士，彼據不命之士。知者，案《喪大記》云‘大夫之喪，主人坐于東方，主婦坐于西方。其有命夫、命婦則坐，無則皆立’，是大夫喪，尊者坐，卑者立”。殿本《儀禮注疏》移置前後文序，作“鄭注云‘士賤，同宗尊卑皆坐’，此除主人之外不坐者，此經據命士，彼據不命之士。知者，案《喪大記》云‘大夫之喪，主人坐于東方，主婦坐于西方。其有命夫、命婦則坐，無則皆立’，是大夫喪，尊者坐，卑者立，是知此非主人皆立，據命士，《喪大記》云‘尊卑皆坐’，據不命之士，但此經有不命士，《喪大記》無不命之士，此又與《喪大記》文不同，釋亦不合，此義恐錯”，曹云：“殿本移置甚善。命士、不命士，賈蓋承用舊義而疑之，故云‘此義恐錯’，《既夕記》室中唯主人、主婦坐節疏義與此不同，則賈之自爲說也。竊疑賈氏之書，據黃氏、李氏爲本而疏中稱引殊不概見。竊疑原本當先引二家，次下己語，後人刪併爲一，故全書内時有前後違互者，且有一節内文義不甚融貫者，又加以顛倒舛誤，古書之受誣、經義之晦蝕，非一日矣。”據殿本移置文序，刪其所增“鄭”、“經”、“喪”、“之”、“此”等字及“是知”至“之士”一句，惟留“之士”下之“但”字，另删“注云士賤”前“子姓皆坐于西方”七字。

② “弟”下原無“傳”字，張、阮刻本均有“傳”字，合於《喪服記》鄭注，據補。

二十　衆男子在堂下，婦人户外堂上①

若然，同是小功以下而男子在堂下者，以其婦人有事，自堂及房，不合在下，故男子在堂下，婦人户外堂上耳。

二一　君使人弔，襚使士，若天子，則不以爵，各以官

君使人弔，徹帷。主人迎于寢門外，見賓不哭，先入門右，北面。

釋曰②：自此盡“不辭，入”，論君使人弔襚之事。鄭知“禮使人必以其爵”者，案《聘禮》使人歸饔餼及致禮，皆各以其爵，此君使人弔朝士，明亦以其爵，使士可知。此《儀禮》見諸侯弔法，若天子則不以其爵，各以其官，是以《周禮·大僕職》云“掌三公、孤、卿之弔勞”，鄭云“王使往”，又《小臣職》云“掌士、大夫之弔勞”，又《御僕職》掌羣吏之弔勞，又案《宰夫職》云“凡邦之弔事，掌其戒令與幣器”，注“弔事，弔諸侯”，是其皆以官，不以爵也。

二二　大夫、士唯兩門，此寢門謂内門

云“寢門，内門也”者，以其大夫、士唯有兩門，有寢門、有外門③，以其下云“主人拜送于外門外”，故知此寢門内門也。

二三　屍之謂褰而上，事畢則下之

徹帷，屍之屍，羌據④，事畢則下之。

---

①　“二十衆男”至“外堂上”，原在頁眉處，占行一至五，謹依題義挪至此處。

②　“自此”上原無“釋曰”二字，四庫本有“釋曰”二字，據補。

③　“有寢門有外門”原作“有寢門者”，張、阮刻本均作“有寢門者外門者”，阮云：“案似當作‘知寢門非外門者’。”倉石云：“今案殿本作‘有寢門有外門’，似優。”據殿本改。

④　“屍羌據”，原在頁眉處，占行六，乃了翁據《儀禮音義》增補之釋文，謹依文義挪至此處。又，“羌”字原作“差”，各本《釋文》均作“羌”，據改。

云"徹帷，屈之"者，謂褰帷而上，非謂全徹去。知"事畢則下之"者，案下君使人襚，徹帷，明此事畢下之可知。

二四　君命弔，大夫之子升堂受命，士子堂下

弔者入，升自西階，東面。主人進中庭。弔者致命。

釋曰：上云"主人迎于寢門外"，此云"弔者入"，謂入寢門，以其死在適寢。云"主人不升，賤也"者，對大夫之喪，其子得升堂受命，知者，案《喪大記》"大夫於君命，迎于寢門外。使者升堂致命，主人拜于下"，言拜於下，明受命之時得升堂。必知大夫之子得升堂受命者，案《喪大記》云"大夫之喪，將大斂，君至，主人迎，先入門右。君即位于序端，主人房外南面。卒斂，宰告，主人降，北面於堂下，君撫之，主人拜稽顙"，鄭注云"大夫之子尊，得升視斂"，下文又云"士之喪，將大斂，君不在，其餘禮猶大夫也"，以君常視士殯，故言"君不在"。

二五　稽顙觸地無容，哭踊三者三

云"稽顙，頭觸地"者，案《禮記·檀弓》云"稽顙而后拜，頎乎其至也"，爲稽首之拜，但觸地無容，即名稽顙。云"成踊，三者三"者三，息暫反[1]，案《曾子問》君薨，世子生，三日告殯云"衆主人、卿大夫、士哭踊，三者三"，凡九踊也。《喪服小記》爲父母、長子稽顙，大夫弔之，雖緦，必稽顙者三[2]。

二六　衣被曰襚，小斂主人先自盡

云"衣被曰襚"者，案《左傳》隱元年，"秋七月，天王使宰咺來歸惠公、仲子之賵"，《穀梁傳》曰"乘馬曰賵，衣衾曰襚，貝玉曰含，錢財曰賻"是也。云"致命曰：君使某襚"者，亦約《雜記》文，此君襚雖在襲前，主人襲

---

[1] "者三息暫反"，原在頁眉處，占行六至七，"者三"二字大寫，"息暫反"三字小寫，乃了翁據《儀禮音義》增補之釋文，謹依文義挪至此處。

[2] "喪服"至"者三"，張、阮刻本均無此二十二字，阮云："蓋從他書録入，非疏文。"

與小斂俱不得用君襚,大斂乃用之,知者,案《喪大記》云"君無襚,大夫、士畢主人之祭服,親戚之衣受之,不以即陳",注云"無襚者,不陳,不以斂",謂不用之爲小斂,至大斂乃用之,故下文大斂之節云"君襚不倒",注云"至此乃用君襚,主人先自盡"是也。

二七　凡弔襚來,唯君命出,謂始死時

云"襚者入,衣尸,出"者,案《既夕記》"襚者委衣于牀,不坐。衆襚者委於牀上,不坐",則此襚者左執領,右執要,以衣尸,亦不坐。云"唯君命,出"者,欲見孤、卿大夫、士,雖有弔襚來,皆不出,故云"唯",著異也。云"遂拜賓"者,因事曰遂,以因有君命,故拜賓,若無君命,則不出戶。

二八　大功兄弟弔襚①,謂異門齊衰

親者襚,不將命,以即陳。

釋曰:自此盡"適房",論大功兄弟及朋友弔襚之事。云"大功以上",謂并異門齊衰,故云"以上"。云"即陳,陳在房中"者,下云"如襚,以適房"。

二九　庶兄弟襚,謂小功、緦麻親

庶兄弟襚,使人以將命于室,主人拜于位,委衣于尸東牀上。

釋曰②:知"庶兄弟即衆兄弟"者,見上文云"親者在室",又云"衆兄弟堂下,北面",注云是"小功以下",又云"親者襚",此云"庶兄弟襚",以文次而言,故知"庶兄弟即衆兄弟也"。云"變衆言庶,容同姓耳"者,以同姓絕服者有襚法。云"將命曰:某使某襚"者,某謂庶兄弟名,使某,襚者名,但庶兄弟是小功、緦麻之親,在堂下,使有司歸家取服,致命於主人,若同姓,容不在,始來弔襚也。云"拜于位,室中位也"者,以其非君命不出。

---

① "弔"字原作"吊",四庫本作"弔",據改。

② "釋"下原無"曰"字,依其慣例,"釋"下當有"曰"字,謹補。

三十　銘旌名以其物，同用雜帛，杠長短異

爲銘，各以其物。亡則以緇長半幅，經末長終幅_經，丑貞反^①，廣三寸，書銘于末_{云云}。

釋曰^②：自此至“西階上”，論書死者銘旌之事。此《士喪禮》記公侯伯之士一命，亦記子男之士不命^③，故此銘旌總見之也^④。云“爲銘各以其物”者，案《周禮・司常》大夫、士同建“雜帛爲物”，今云“各以其物”而不同者，雜帛之物雖同，其旌旗之杠，長短則異，故《禮緯》云“天子之旗九刃^⑤，諸侯七刃，大夫五刃，士三刃”，但死以尺易刃，故下云“竹杠長三尺”。

三一　愛之斯録之，謂重與奠，此引證銘旌^⑥

云“以死者”至“録之矣”者，鄭注《檀弓》云“謂重與奠”，此引證銘旌者，鄭君兩解之，以彼兼有重與奠，亦是録死者之義，此銘旌是録死者之名，故兩注不同。案《周禮・小祝》云“設熬置銘”，杜子春引《檀弓》曰“銘，明旌也。以死者爲不可别，故以其旗識之，愛之斯録之矣”，子春亦爲此解。云“無旌，不命之士”者，謂子男之士也。

三二　復與名，男子稱名，婦人書姓與伯仲

凡書銘之法，案《喪服小記》云“復與書銘，自天子達於士，其辭一也，男子稱名，婦人書姓與伯仲”，鄭注云“此謂殷禮也。殷質，不重名，復則臣得名君。周之禮，天子崩，復曰‘臯天子復’，諸侯薨，復曰‘臯某甫復’，

---

① “經丑貞反”，原在頁眉處，占行十，乃了翁據《儀禮音義》增補之釋文，謹依題義挪至此處。
② “自此”上原無“釋曰”二字，四庫本有“釋曰”二字，據補。
③ “記”字原作“之”，四庫本作“記”，據改。
④ “見”字原作“是”，四庫本作“見”，據改。
⑤ “天子之旗九刃”，《周禮・司常》疏引“旗”作“旌”，“旌”下有“高”字。
⑥ “三一愛之”至“證銘旌”，原在頁眉處，占行十三至十八，謹依題義挪至此處。

其餘及書銘則同”,以此而言,除天子、諸侯之外,其復,男子皆稱姓名,是以此云“某氏某之柩”。云“在棺爲柩”者,《下曲禮》文,以其銘旌表柩,不表屍。

三三　銘杠立宇下,待爲重,卒塗置於殔

竹杠長三尺,置于宇①,西階上。

注:杠,銘橦也。宇,梠也梠,呂②。

釋曰③:此始造銘訖,且置於宇下,西階上,待爲重訖,以此銘置於重④,又下文卒塗,始置於殔。若然,此時未用,權置於此,及爲重訖,乃置於重也⑤。云“宇注:宇即檐也⑥,梠也”者,案《爾雅·釋宫》云“檐謂之樀”,郭云“屋梠”,謂當檐下。

三四　甸人掘坎以埋棄潘,爲垼以煑潘

甸人掘坎于階間,少西。爲垼于西牆下,東鄉。

釋曰:自此盡“西階下”,論掘坎、爲垼、饌陳沐浴之具。此坎不論淺深及所盛之物,案《既夕記》云“掘坎,南順,廣尺,輪二尺,深三尺,南其壤”,下文沐浴餘潘及巾、柶等,棄埋之於此坎也。云“甸人,有司主田野”者,士無臣,所行事皆是有司、屬吏之等,言“主田野”者,案《周禮·甸師》其徒三百人,掌帥其屬而耕耨王籍,是掌田野,士雖無此官,亦有掌田野之人,謂之甸人。云“垼,塊竈”者,案《既夕記》云“垼用塊”,是以塊爲竈,名爲垼,用之以煑沐浴者之潘水。

---

① “置”字原作“至”,四庫本作“置”,合於經,據改。

② “梠呂”二字原在頁眉處,占行十七,乃了翁據《儀禮音義》增補之釋文,謹依文義挪至此處。

③ “釋曰”原作“釋”,四庫本作“案”,依其慣例,當作“釋曰”,謹補“曰”字。

④ “銘”下原無“置”字,四庫本有“置”字,據補。

⑤ “及爲”至“重也”原作“及於重也”,四庫本作“及爲重訖,乃置於重也”,卷末《考證》云:“監本脱‘爲重訖乃置’五字,今尋繹上下文義補之。”據補。

⑥ “注宇即檐也”,原在頁眉處,占行二,乃了翁按語,謹依文義挪至此處。

三五　盆盛水，槃盛渜濯，瓶管人以汲水

新盆、槃、瓶、廢敦、重鬲皆濯，造于西階下。

釋曰：云"盆以盛水"者，案下文祝淅米時所用。"槃以盛渜濯"者渜，奴亂反。濯，直孝。尸沐浴之餘水也①，謂置於尸牀下，浴時餘潘水②，名爲渜濯，知以此槃盛者，下文別云"士有冰，用夷槃"，彼是寒尸之槃，故知此承渜濯。云"瓶以汲水也"者，下文管人汲，用此瓶也。

三六　廢敦、廢爵皆以無足得名

"廢敦，敦無足者"，若有足，直名敦，故下文徹朔奠云"敦啟會，面足"，注云"面足執之，令足間鄉前也"，是其有足直名敦。凡物，無足稱廢，是以《士虞禮》云"主人洗廢爵，主婦洗足爵"，廢爵，注云"爵無足"是也。云"所以盛米也"者，以下文而知。

三七　重鬲，先用煑沐潘，将以縣重

云"重鬲，鬲将縣重者也"，下文鬻餘飯，乃縣於重，此時先用煑沐潘，故云"将縣重者也"，以其事未至，故言"将"也。

三八　陳襲事於房内户東，西領，南上

陳襲事于房中，西領，南上，不綪。

注③：綪，讀爲綪綵，側庚反④。

釋曰：自此至"纚陳，不用"，論陳襲所用之事。云"襲事，謂衣服也"

---

①　"渜敦"至"水也"，原在頁眉處，占行十一至十四，乃了翁增補之釋文，謹依文義挪至此處。

②　"時"上原無"浴"字，曹云："'時'上脱'浴'字。"據補。

③　"綪"上原無"注"字，四庫本有"注"字，據補。

④　"綵側庚反"，原在頁眉處，占行十五至十六，乃了翁據《儀禮音義》增補之釋文，謹依文義挪至此處。

者,此先陳之,至下文商祝襲時乃用之,但用者三稱而已,其中庶襚之等雖不用,亦陳之,以多爲貴。案下小斂、大斂,先陳先用,後陳後用,依次第而陳,此襲事,以其初死,先成先陳,後成後陳,喪事遽,備之而已,故不依次也。

三九　襲事不綪,衣裳少,不綍屈①

云"襲事少,上陳而下不屈"者,所陳之法,房户之内,於户東,西領,南上②,以衣裳少,從南至北則盡,不須綍屈。知户東陳之者,取之便故也。江沔之間,以縈收繩索爲綍,引之證取綍爲屈。

四十　明衣裳用帷幕之布,親身爲圭潔

明衣裳用布。

釋曰:案下記云"明衣裳用幕布",注云"幕布,帷幕之布",則此布用帷幕之布,但升數未聞。知"親身"者,下浴訖③,先設明衣,故知親身也。云"爲圭潔也"者,以其言"明"。

四一　安髪之筓男女俱有,冠筓唯男子

鬠筓用桑鬠,音膾,又會④,長四寸,纋中。

釋曰:以髻爲鬠,義取以髪會聚之意。凡筓有二種,一是安髪之筓,男子、婦人俱有,即此筓是也;一是爲冠筓,皮弁筓、爵弁筓,唯男子有而婦人無也,此二筓皆長,不唯四寸而已,今此筓四寸者,僅取入髻而已⑤,以其男子不冠,冠則筓長矣。

---

① "三九襲事"至"不綍屈",原在頁眉處,占行六至十,謹依題義挪至此處。
② "南上"原作"西鄉",四庫本作"南上",據改。
③ "訖"字原作"説",四庫本作"訖",據改。
④ "鬠音膾又會",原在頁眉處,占行十五,乃了翁增補之釋文,謹依文義挪至此處。
⑤ "入"字原作"人",四庫本作"入",據改。

四二　死者不冠，不笄，《家語》王肅增改，不可信①

此注及下注知死者不冠者，下記云"其母之喪，髽無笄"，注云"無笄，猶丈夫之不冠也"，以此言之，生時男子冠，婦人笄，今死，婦人不笄，則知男子亦不冠也。《家語》云孔子之喪襲而冠者，《家語》，王肅之增改，不可依用也。云"纚纚，音憂，一何候反②，笄之中央以安髮"者，兩頭闊，中央狹，則於髮安。纚中，謂狹其中央③。

四三　大夫以上鑿巾以飯，有殷奠

布巾環幅，不鑿。

釋曰：此爲飯含而設，所以覆死者面。云"廣袤等也④，不鑿者，士之子親含，反其巾而已"者，下經云"主人左扱米，實于右三，實一貝，左、中亦如之"，是士之子親含，此經云"不鑿"，明反其巾而已也。又知"大夫以上，賓爲之含，當口鑿之，嫌有惡"者，案《雜記》云"鑿巾以飯，公羊賈爲之也"。鄭云"記士失禮所由始"。"不鑿"，則大夫已上鑿。謂若士月半不殷奠，則大夫以上月半殷奠可知⑤，以其大夫以上有臣，臣爲賓，賓飯含，嫌有惡，故鑿之也。

四四　練帛爲掩，謂裹首，若唐時幞頭

掩，練帛廣終幅，長五尺，析其末⑥。

釋曰⑦：掩，若今人幞頭，但死者以後二脚於頤下結之，與生人爲異

---

① "四二死者"至"不可信"，原在頁眉處，占行一至六，謹依題義挪至此處。

② "纚音"至"候反"，原在頁眉處，占行八至九，乃了翁據《儀禮音義》增補之釋文，謹依文義挪至此處。

③ "纚中"至"中央"，此非疏文，乃了翁按語。

④ "等"下原無"也"字，注有"也"字，據補。

⑤ "上"字原作"二"，四庫本作"上"，據改。

⑥ "析"字原作"折"，四庫本作"析"，據改。

⑦ "掩"上原無"釋曰"二字，四庫本有"案"字，依其慣例，疏前當有"釋曰"二字，謹補。

也。此陳之耳,若設之,案下經云"商祝掩,瑱,設幎目",注云"掩者,先結頤下,既瑱,幎目,乃還結項"。

注:裏首也,爲將結於頤下,又還結於項中。

四五　生時瑱以黃、素、玉、象,死用白纊

瑱用白纊。

注:瑱,充耳。纊,新緜。

釋曰:案下記云"瑱塞耳",《詩》云"充耳",充即塞也,生時人君用玉,臣用象,又《著》詩云"充耳以素,充耳以黃"之等,注云"所以懸瑱",則生時以黃,以素,又以玉、象等爲之,示不聽讒,今死者直用纊塞耳而已。

四六　纊是新綿,對緼是舊絮①

豫州貢絲纊,故知新緜,對緼舊絮。

四七　幎目,鄭讀爲絓,緇表赬裏,以覆面

幎目用緇,方尺二寸,赬裏,著,組繫。

注②:覆面者也。

釋曰③:鄭讀從"葛藟絓之"之"絓"者④,以其葛藟絓于樹木,此面衣亦絓於面目,故讀從之也。云"組繫,爲可結"者,以四角有繫,於後結之。

四八　握手謂在手之衣

握手用玄,纁裏,長尺二寸,廣五寸,牢中旁寸,著,組繫。

---

① "四六纊是"至"是舊絮",原在頁眉處,占行九至十二,謹依題義挪至此處。

② "注"字原作"鄭",四庫本作"注",據改。

③ "釋"下原無"曰"字,四庫本作"案",依其慣例,當作"釋曰",謹補。

④ "之"下原不重"之"字,阮云:"毛本重。"據補。

釋曰①:名此衣爲握,以其在手,故言"握手",不謂以手握之爲握手。云"牢,讀爲樓,樓謂削約握之中央以安手也"者,義取樓斂挾少之意。云"削約"者,謂削之,使約少也。

四九　決以闓弦,生者朱極三,死用纊二

決用正王棘若檡棘,組繫,纊極二。

云"挾弓以橫執弦"者,方持弓矢曰挾,未射時已然,至射時還依此法以闓弦。云"生者以朱韋爲之而三"者,《大射》所云"朱極三"者是也,彼但爲君設文,引證此士禮,則尊卑生時俱三,皆用朱韋,死者尊卑同二,用纊也。

五十　冒如直囊以韜尸,緇質經殺

冒,緇質,長與手齊,經殺經,丑貞②,掩足。

云"制如直囊"者,下經云"設冒囊之",故云"如直囊"。云"上曰質,下曰殺③。質,正也"者,案此經以冒爲總目,下別云質與殺,自相對,則知上曰質,"質,正"者,以其在上,故以正爲名,引《喪大記》君與大夫、士皆以冒對殺,不云質,則冒既總名,亦得對殺,爲在上之稱。皆云"綴旁"者,以其冒無帶,又無紐④,一定不動,故知旁綴質與殺相接之處,使相連,尊卑降殺而已。云"其用之,先以殺韜足而上,後以質韜首而下,齊手"者,凡人著服,先下後上,又質長與手齊,殺長三尺,人有短者,質下覆殺,故後韜質也。

五一　皮弁服,取以冠名服,見死者不冠

皮弁服。

---

① "釋"下原無"曰"字,四庫本作"案",依其慣例,當作"釋曰",謹補。
② "經丑貞",原在頁眉處,占行十六,乃于翁增補之釋文,謹依文義挪至此處。
③ "下"字原作"不",四庫本作"下",據改。
④ "紐"字原作"鈕",曹云:"'鈕'當爲'紐'。"據改。

釋曰：云“皮弁所衣之服也”者，亦見死者不冠，不用皮弁，今直取以冠名服，是皮弁所衣著之服也。知“其服白布衣素裳”者，《士冠禮》注衣與冠同色，裳與屨同色，以皮弁白而白屨，故《士冠禮》云“素積白屨”是也，《雜記》云“朝服十五升”，則皮弁天子朝服與諸侯朝服，同十五升布也。

五二　冠有三服，士襲亦三服而同裳

褖衣是黑衣裳者，此褖衣則玄端，知者，以其《士冠禮》陳三服，玄端、皮弁、爵弁，有玄端，無褖衣，此士喪襲亦陳三服[①]，與彼同，此無玄端，有褖衣，故知此褖衣則玄端者也。玄端有三等裳，此喪禮質略，同玄裳而已，但此玄端連衣裳，與婦人褖衣同[②]，故變名褖衣也。

五三　褖衣以表袍，袍與繭皆衣之有著者[③]

若然，連衣裳者，以其用之以表袍，袍連衣裳故也，是以《雜記》云“子羔之襲也，繭衣裳與稅衣纁袡，曾子曰‘不襲婦服。’”彼曾子譏用纁袡，不譏其稅衣，是稅衣以表袍，故連衣裳而名褖衣。引《喪大記》者，欲見褖衣以表袍之意。若然，《雜記》云“繭衣”，《大記》云“袍”，不同者，《玉藻》云“纊爲繭，縕爲袍”，鄭云“衣有著之異名也”，其實連衣裳一也。

五四　襲三服同一緇帶，生時各設帶

緇帶。

注：黑繒之帶。

釋曰：上雖陳三服，同用一帶者，以其士唯有此一帶而已，案《玉藻》云士“練帶緇辟”，是黑繒之帶據神者而言也，但生時著服不重，各設帶，

---

① “三”字原作“一”，四庫本作“三”，據改。

② “與婦人褖衣同”原作“與婦人褖衣”，四庫本作“似婦人褖衣”，張、阮刻本“衣”下均有“同”字，據張、阮刻本補。

③ “五三褖衣”至“有著者”，原在頁眉處，占行一至六，謹依題義挪至此處。

此襲時三服俱著，共一帶，爲異也。

五五　生時有韠，有韎韐，死則三服同韎韐

韎韐。

注：一命縕韍。

釋曰：韎者，據色而言，以韎草染之，取其赤。韐者，合韋而爲之，故名韎韐也。云"一命縕韍"者，《玉藻》文，但祭服謂之韍，他服謂之韠，士一命名爲韎韐，亦名縕韍，不得直名韍也。但《士冠禮》玄端爵韠，皮弁素韠，爵弁服韎韐，今亦三服共設韎韐者，以其重服，亦如帶矣。

五六　笏之所用物不同，士以竹本象

竹笏。

注：笏，所以云云，作忽。

釋曰：云"笏，所以書思對命者"，亦《玉藻》文。引《玉藻》者，證天子以下笏之所用物不同。

又曰"笏度二尺有六寸"云云，又曰"天子搢珽"云云。今文笏作忽①。

五七　夏葛屨，冬白屨，變皮言白以互見

夏葛屨、冬白屨，皆繶緇絇純，組綦繫于踵。

案《士冠禮》云"屨，夏用葛，冬用皮"，今此"變言白者"，欲互見其義，以夏言葛，冬當用皮，冬言白，明夏亦用白，又《士冠禮》云"爵弁纁屨"、"素積白屨"、"玄端黑屨"，以三服各自用屨，屨從裳色，其色自明。今死者重用其服，屨唯一，故須見色。若然，三服相參，帶用玄端，屨用皮弁，韎韐用爵弁，各用其一，以當三服而已。

---

① "文"下原無"笏"字，注有"笏"字，補之義更顯豁，據補。

五八　庶襚陳而不用，陳貴多，納貴少

庶襚繼陳，不用。

釋曰：直云"庶襚"，即上經親者襚、庶兄弟襚、朋友襚皆是，故云"庶襚"。云"繼陳"，謂繼襲衣之下陳之。云"不用，不用襲也"者，以其繼襲衣而言不用，明不用襲，至小斂則陳而用之，唯君襚至大斂乃用也。云"多陳之爲榮"者，庶襚皆陳之是也，"少納之爲貴"者，襲時唯用三稱是也。

五九　飯含用米貝、珠玉之等

貝三實于笲笲，煩①。

釋曰：自此盡"夷槃可也"，論陳飯含、沐浴器物之事。此云"貝三"，下云"稻米"，則士飯含用米貝，故《檀弓》云"飯用米貝"，亦據士禮也。但士飯用米，不言兼有珠玉，大夫以上飯時兼用珠玉也，《雜記》云"天子飯九貝，諸侯七，大夫五，士三"，鄭注云"此蓋夏時禮也，周禮天子飯含用玉"，案《典瑞》云"大喪，共飯玉、含玉"，《雜記》云"含者執璧"，彼據諸侯而用璧，唯大夫含無文。

六十　引《書傳》、《食貨志》，見古者以貝爲貨

《書傳》云"紂囚文王，散宜生等於江淮之間，取大貝，如車渠，以獻于紂，遂放文王"，是貝水物，出江水也，又云"古者以爲貨"者，《漢書·食貨志》云五貝爲朋，又云有大貝、壯貝之等以爲貨用，是古者以爲貨也。

---

① "笲煩"，原在頁眉處，占行十，乃了翁據《儀禮音義》增補之釋文，謹依文義挪至此處。

注：貝，水物，古者以爲貨，江水出焉。

六一　春秋時大夫含玉、設屬椑，非正法①

哀十一年《左氏傳》云“公會吳子伐齊，陳子行命其徒具含玉”，示必死者，春秋時非正法，若趙簡子云“不設屬椑”之類②。文五年，“王使榮叔歸含且賵”，何休云“天子以珠，諸侯以玉，大夫以璧，士以貝，春秋之制也。”③

六二　巾於笄，櫛於簞，浴衣於篋

沐巾一，浴巾二皆用絺絺，纑葛也④，於笄。櫛，於簞。浴衣，於篋。
釋曰：知“浴衣，已浴所衣之衣”者⑤，下經云“浴用巾，挋用浴衣”，是既浴所著之衣，用之以晞身，明以布爲之。云“如今通裁”者，以其無殺，即布單衣，漢時名爲通裁。

六三　序中半以南曰堂，戶、房外皆堂

皆饌于西序下，南上。
釋曰：謂從序半以北陳之。云“東西牆謂之序”者，《爾雅·釋宮》文。云“中以南謂之堂”者，謂於序中半以南乃得堂稱⑥，以其堂上行事，非專一所，若近戶，即言戶東、戶西；若近房，即言房外之東，房外之西；若近楹，即言東楹、西楹；若近序，即言東序下、西序下；若

---

① “六一春秋”至“非正法”，原在頁眉處，占行五至十，謹依題義挪至此處。
② “椑”字原作“神”，四庫本作“稗”，張、阮刻本均作“椑”，據張、阮刻本補。
③ “哀十一”至“之制也”原在題五九正文“唯大夫含無文”後，然其文義實與題六一對應，謹挪至此處。
④ “絺纑葛也”，原在頁眉處，占行十一，乃了翁據《儀禮音義》增補之釋文，謹依文義挪至此處。又，“纑”字原作“鹿”，《釋文》曰：“絺，纑葛”，據改。
⑤ “所衣”原作“所依”，四庫本作“所衣”，合於注，據改。
⑥ “謂”字原作“諸”，四庫本作“謂”，據改。

近階，即言東階、西階；若自半以南無所繼屬者，即以堂言之，即下文
"淅米于堂"是也。其實户外、房外皆是堂，故《論語》云"由也升堂
矣，未入于室"，是室外皆名堂也。

儀禮要義卷第三十六　士喪禮二

一　管人主館舍，汲水不説繘者，喪事遽

釋曰：自此盡"明衣裳"，論沐浴及寒尸之事。云"不説繘，屈之"者，以其喪事遽，則知吉尚安舒[①]，汲宜説之矣。云"管人，有司主舘舍者"，士既無臣，所行事者是府史，故知管人是有司也，《聘禮記》云"管人爲客，三日具沐，五日具浴"，此爲死者，故亦使之汲水。

二　重鬲先煮潘，後煮米爲鬻，懸于重

管人盡階，不升堂，受潘潘，芳元[②]，煮于垼，用重鬲。

釋曰：云"盡階"者，三等上也[③]。云"用重鬲"者，以其先煮潘，後煮米爲鬻，懸于重，故煮潘用重鬲也[④]。云"取所徹廟之西北厞薪，用爨之"者，此薪即復人降自西北榮所徹者也。

三　内冰盤中，遷尸牀上，無冰則用水

士有冰，用夷槃可也。

《喪大記》云士無冰用水，此云"有冰"，明據士得賜者也。云"夷槃，承尸之槃"者，案《喪大記》注"禮，自仲春之後，尸既襲，既小斂，先内冰盤

---

① "則"字原作"明"，張、阮刻本均作"則"，据改。
② "潘芳元"，原在頁眉處，占行九，乃了翁據《儀禮音義》增補之釋文，謹依文義挪至此處。
③ "等"字原作"階"，倉石云："'階'，《校勘記》云'等'字之譌，似是。"據改。
④ "用"下原無"重"字，張、阮刻本均有"重"字，據補。

中,乃設牀於其上,不施席而遷尸焉,秋涼而止"是也。引《喪大記》已下,欲證士有賜乃有冰,又取用冰之法。案彼注"造,猶内。夷盤小焉",第爲簀_{壯矣反}①,謂無席,如浴時牀也,特欲通冰之寒氣,若然,《凌人》云"大喪,共夷槃冰",則天子有夷槃,鄭注《凌人》云"《漢禮器制度》大槃廣八尺,長丈二尺,深三尺,漆赤中",諸侯稱大槃,辟天子,其大夫言夷槃,此士喪又用夷槃,卑不嫌,但小耳,故鄭云"夷槃小焉"

四　抗衾而浴爲保裎,禈笫即袒簀

外御受沐入,主人皆出,户外北面。

下記云"御者四人,抗衾而浴",鄭云"抗衾,爲其保裎,蔽之也",以浴尸時袒露無衣,故抗衾以蔽之也。云"而禈笫"者_{禈,之善②},又下記云"禈笫",鄭云"禈,袒也。袒簀去席,盪水便"是也。

五　沐櫛晞清訖仍未紒,待蚤揃乃鬠

乃沐,櫛,挋用巾_{挋,之慎③}。

注"挋晞"至"作振"。釋曰:挋謂拭也,而云"晞也、清也"者,以其櫛訖,又以巾拭髮乾,又使清净無潘糯,拭訖,仍未作紒,下文待蚤揃訖,乃鬠用組,是其次也。

六　澳濯棄于坎,巾、櫛、浴衣、杖皆棄

澳濯棄于坎。

注"沐浴"至"間語"。釋曰:潘水既經温爨,名之爲澳,已將沐浴,謂之爲濯,已沐浴訖,餘潘水棄于坎。知巾、櫛、浴衣亦棄之者,以其已經尸用,恐人褻之,若棄杖者棄于隱者,故知亦棄于坎。云"古文澳作緣,荆沔之間語"。

---

① "壯矣反",原在頁眉處,占行五,乃了翁據《儀禮音義》增補之釋文,謹依文義挪至此處。
② "禈之善",原在頁眉處,占行十,乃了翁據《儀禮音義》增補之釋文,謹依文義挪至此處。
③ "挋之慎",原在頁眉處,占行十七,乃了翁據《儀禮音義》增補之釋文,謹依文義挪至此處。

七 "蚤揃其蚤"之"蚤",鄭讀爪足之爪

蚤揃如他日。

注"蚤讀"至"生時"。釋曰:鄭讀蚤從爪者,此蚤乃是《詩》云"其蚤獻羔祭韭",古早字,鄭讀從手爪之爪①。知"人君則小臣爲之"者,《喪大記》云"小臣爪足",注云"爪足,斷足爪"是也。

八 先布衣袵上,待飯含訖,乃襲

《喪大記》云"襲一袵",故知襲時布衣袵上也。此雖布衣,未襲,待飯含訖,乃襲,下經爲次是也。

九 皮弁有朝服,有送終之素服②

云"祭服,爵弁服、皮弁服,皆從君助祭之服"者,以其爵弁從君助祭宗廟之服,《雜記》云"士弁而祭於公"是也;皮弁,從君聽朔之服,《玉藻》云"皮弁以聽朔於大廟"是也。云"大蜡有皮弁素服而祭,送終之禮也"者,《郊特牲》文,引之者,證皮弁之服有二種,一者皮弁時白布衣積素爲裳,是天子朝服,亦是諸侯及臣聽朔之服;二者皮弁時衣裳皆素,葛帶,榛杖,大蜡時送終之禮,凶服也,此士之襲及《士冠》所用聽朔者,不用此素服。

十 北墉遷南牖,襲袵次含袵,喪事即遠③

知"襲衣於袵④,袵次含袵之東",以死于北墉下,遷尸于南牖下,沐浴而飯含。引《大記》云"含一袵,襲一袵,遷尸于堂又一袵",喪事即遠,

---

① "爪"下原無"之爪"二字,張、阮刻本均有"之爪"二字,據補。
② "九皮弁"至"之素服",原在頁眉處,占行一至四,謹依題義挪至此處。
③ "十北墉"至"事即遠",原在頁眉處,占行六至十一,謹依題義挪至此處。
④ "襲"下原無"衣於袵"三字,張、阮刻本均有"衣於袵"三字,合於注,據補。

故知襲牀云云。

十一　尸當牖南首，唯朝廟及葬北首

知尸當牖者，見《既夕記》"設牀笫，當牖。衽，下莞上簟"，遷尸於上，是尸當牖，今言"當牖北面"，故知"值尸南"可知。云"如商祝之事位，則尸南首明矣"者，舊有解云"遷尸於南牖時，北首"，若北首，則祝當在北頭而南鄉，以其爲徹枕設巾，要須在尸首便也，今商祝事位以北面，則尸南首明矣。若然，未葬已前，不異於生，皆南首，《檀弓》云"葬于北方，北首"者，從鬼神，尚幽闇，鬼道事之故也。唯有喪朝廟時北首，順死者之孝心。

十二　結掩于頤、項下，結屨于跗，連絢

商祝掩、瑱、設幎目，乃屨，綦結于跗，連絢。

釋曰：自此盡"于坎"，論襲尸之事。云"掩者，先結頤下，既瑱、幎目，乃還結項也"者，經先言掩，後言瑱與幎目，鄭知"後結項"者，以其掩有四脚，後二脚先結頤下，無所妨。

十三　絢屨飾如漢時刀衣鼻，在屨頭上①

云"跗，足上也"者，謂足背也。云"絢，屨飾，如刀衣鼻，在屨頭上"者，以漢時刀衣鼻絢在屨頭上，以其皆有孔，得穿繫于中而過者也。若無絢，則謂之鞮屨，是以鄭注《周禮·鞮鞻氏》云"鞮屨者，無絢之屝"②。云"以餘組連之"者，以其綦繫既結③，有餘組穿連兩屨之絢，使兩足不相悖離④，故云"止足坼也"。

---

① "十三絢屨"至"屨頭上"，原在頁眉處，占行十至十五，謹依題義挪至此處。
② "是以"至"之屝"，倉石曰："《周禮》注無此文，當引《檀弓》注。"
③ "其綦"原作"綦屨"，張、阮刻本均作"其綦"，據改。
④ "悖"字原作"恃"，曹云："'恃'蓋'悖'之誤，'悖'猶背也。"據改。

十四　死者之衣左衽,不紐,襲、含並南牖下

乃襲,三稱。

云"凡衣死者,左衽,不紐"者,案《喪大記》云"小斂、大斂祭服不倒[①],皆左衽,結絞不紐",注云"左衽,衽鄉左,反生時也"。云"襲不言設牀,又不言遷尸於襲上,以其俱當牖,無大異"者,此對大斂、小斂布衣訖,皆言遷尸于斂上,以其小斂于户内,大斂于阼階,其處有異故也,此襲牀與含牀並在南牖下,小别而已,無大異,故不言設牀與遷尸也。若然,疾者於北墉下廢牀,始死,遷尸於南牖,即有牀,故上文主人"入坐於牀東",主婦牀西,以其夏即寒尸,置冰於尸牀之下,雖不言設牀,有牀可知,故將飯含,祝以米、貝致於牀西也。《大記》唯言含一牀,襲一牀,小斂、大斂不言牀者[②],以大、小斂衣裳多,陳於地,故不言牀,襲衣裳少,含時須漉水,又須寒尸,故並須牀也。

十五　袍有表、衣有裳爲稱,禪衣不數

明衣不在筭。

注"筭數"至"稱也"。釋曰:云"不在數,明衣,禪衣不成稱也"者,《喪大記》云"袍必有表,不禪。衣必有裳,謂之一稱",其裸衣雖禪,與袍爲表,故云稱,明衣禪而無裏,不成稱,故不數也。

十六　緇帶以束衣,革帶以佩韠玉之等

設韐、帶,搢笏。

注"韐帶"至"合也"。釋曰:云"韐帶[③],韎韐,緇帶"者,案上陳服之時有韎韐,有緇帶,故云是"韎韐,緇帶"也。云"不言韎、緇者,省文,亦欲見

---

①　"小斂大斂"原作"大斂",四庫本作"大斂小斂",張、阮刻本均作"小斂大斂",據張、阮刻本補。

②　"大斂"上原無"小斂"二字,倉石云:"首當補'小斂'二字。"據補。

③　"云"字原作"去",四庫本作"云",據改。

鞈自有帶”者，本正言靺鞈、帶，亦同得爲省文，今言鞈、帶者明革帶也①，以其生時緇帶以束衣，革帶以佩韍玉之等。

十七　朱綠帶異於生，申加大帶於上則同②

生時有二帶，死亦備此二帶，是以《雜記》云“朱綠帶，申加大帶於上”，注云“朱綠帶者，襲衣之帶，飾之雜以朱綠，異於生也，此帶亦以素爲之。申，重也，重於革帶也。革帶以佩韍，必言重加大帶者，明雖有變，必備此二帶”是也。案《玉藻》云“雜帶，君朱綠，大夫玄華，士緇辟”，以此而言，生時君、大夫二色，今死則加以五采，士生時一色，死更加二色，是異於生。若然，此帶亦以素爲之，以朱綠異於生也③，彼是襲衣之帶④，非大帶，諸侯禮有⑤，則士、大夫亦宜有之，此不言，文不具也。但人君衣帶用朱綠，與大帶不同⑥，此則大夫、士飾與大帶同也⑦。云“搢，插也，插於帶之右旁”者，以右手取之便。

十八　設重謂鑿木縣物相重累

重重，直容⑧，木刊鑿之。甸人置重于中庭，叄分庭一在南。

釋曰：自此至“于重”，論設重之事。云“木也，縣物焉曰重”者，解名木爲重之意，以其木有物縣於下相重累，故得重名。云“鑿之，爲縣簪孔也”者，下云“繫用靲”靲，竹簛也，舉琴反。簛，音蔑⑨，用靲内此孔中，云“簪”者，

---

① “鞈帶者明”原作“靺鞈者用”，曹云：“‘靺鞈’當爲‘鞈帶’，‘用’當爲‘明’。”據改。
② “十七朱綠”至“上則同”，原在頁眉處，占行四至九，謹依題義挪至此處。
③ “若然”至“生也”原作“若然，又《雜記》‘朱綠帶’，注云‘朱綠帶者，襲衣之帶，飾之雜以朱綠，異於生也，此帶亦以素爲之’”，吳紱云“又雜記朱綠帶”以下十九字屬衍文，蓋因上文引之而誤複耳，又云“以朱綠異於生也”一句當在“此帶亦以素爲之”句下。據刪乙。
④ “襲”字原作“帶”，曹云：“上‘帶’似當爲‘襲’。”據改。
⑤ “禮”下原無“有”字，曹云：“‘禮’下似脱‘有’字。”據補。
⑥ “同”上原無“不”字，曹云：“‘同’上脱‘不’字。”據補。
⑦ “此則”至“同也”，曹云：“大夫大帶亦五采，襲衣之帶不與之同，疏偶失檢。”
⑧ “重直容”，原在頁眉處，占行六，乃了翁據《儀禮音義》增補之釋文，謹依文義挪至此處。
⑨ “靲竹”至“音蔑”，原在頁眉處，占行七至九，乃了翁增補之釋文，謹依文義挪至此處。

若冠之筓謂之簪,使冠連屬於紒,此簪亦相連屬於木之名也。云“士重木長三尺”者,鄭言士重木長三尺,則大夫以上各有等,當約銘旌之杠。又冪用疏布云云,偶失於節録①。

十九　以飯尸餘米爲鬻,盛於鬲,士二鬲

前商祝奠米、飯畢②,夏祝徹之,今乃鬻之而盛於鬲鬻,之六③,是以下記云“夏祝徹餘飯”,注云“徹去鬻”是也。

二十　始死未作主,以重主神④

云“重,主道也”者,《檀弓》文,彼注云“始死未作主,以重主其神也”,即是虞祭之後,以木主替重處,故云“重,主道也”,引之者,證此重是木,主之道也。

二一　取銘置於重,重與主皆録神之物

祝取銘,置於重。

釋曰:以銘未用⑤,待殯訖乃置於𥌗,今且置於重。必且置于重者,重與主皆是録神之物。

二二　陳小斂衣物,絞析其末,大斂則三析

厥明,陳衣于房,南領西上,綪。絞絞,户交⑥,横三縮一,廣終幅,析其末。

---

① “又冪”至“節録”,此非疏文,乃了翁按語。
② “畢”字原作“米”,曹云:“‘米’當爲‘畢’。”據改。
③ “鬻之六”,原在頁眉處,占行十三,乃了翁據《儀禮音義》增補之釋文,謹依文義挪至此處。
④ “二十始死”至“重主神”,原在頁眉處,占行十四至十七,謹依題義挪至此處。
⑤ “銘”字原作“重”,四庫本作“銘”,據改。
⑥ “絞户交”,原在頁眉處,占行六,乃了翁據《儀禮音義》增補之釋文,謹依文義挪至此處。

釋曰：自此盡“束柄”，論陳小斂衣物之事。云“厥明”者，對昨日始死之日爲厥明。此陳衣，將陳并取以斂皆用篋，是以《喪大記》云“凡陳衣者實之篋，取衣者亦以篋，升降者自西階”是也。云“絞，所以收束衣服爲堅急”者，此總解大、小斂之絞，若細而分之則別，故鄭注《喪大記》云“小斂之絞也，廣終幅，析其末，以爲堅之强也。大斂之絞，一幅三析，用之以爲堅之急也”。云“以布爲之”，知者，下記云“凡絞、紟用布，倫如朝服”，注云“倫，比也”。此絞直言縱橫幅數①，不言長短者，人有短長不定，取足而已，引《喪大記》證絞爲三析之事。

二三　衾無紞，異於生，凡衾皆五幅，約紟文

緇衾，赬裏，無紞。

注“紞被”至“幅也”。釋曰：云“斂衣或倒”者，案下文云“祭服不倒”，則餘服有倒者，皆有領可記也。云“被無別於前後可也”者，被本無首尾，生時有紞，爲記識前後，恐於後互換，死者一定，不須別其前後可也。云“凡衾，制同，皆五幅也”者，此無正文，《喪大記》云“紟五幅，無紞”，衾是紟之類，故知亦五幅。

二四　小斂先布散衣，後祭服，大斂先祭服

祭服次。

注：爵弁服、皮弁服。

釋曰：凡陳斂衣，先陳絞、紟於上，次陳祭服於下，故云“祭服次”，至大斂陳衣，亦先陳絞、紟、衾，次陳君襚祭服，所以然者，以絞、紟爲裹束衣，故皆絞紟爲先。但小斂美者在内，大斂美者在外，故小斂先布散衣，後布祭服，大斂則先布祭服，後布散衣，是小斂美者在内，大斂美者在外也，襲時美者在外，是三者相變也。

---

① “此”字原作“比”，張、阮刻本均作“此”，據改。

二五 散衣謂褖以下,袍襺之屬

散衣次。

注:褖衣以下,袍襺之屬。

釋曰:袍襺有著之異名,同入散衣之屬也。

二六 士服唯爵弁、皮弁、褖衣,而云十九稱

凡十有九稱。

釋曰:士之服唯有爵弁、皮弁、褖衣而已。云十九稱,當重之,使充十九。必十九者,案《喪大記》"小斂衣十有九稱,君陳衣于序東,大夫、士陳衣于房中,注云"衣十有九稱,法天地之終數也",則天子已下皆同十九。

二七 凡在東西堂下者南齊坫,坫以土爲之

饌于東堂下,脯、醢、醴、酒。冪奠用功布,實于篚,在饌東。

云"凡在東西堂下者,南齊坫",知者,《既夕記》云"設棜于東堂下,南順,齊于坫,饌于其上兩甒醴酒",若然,則凡設物於東西堂下者,皆南與坫齊①,北陳之。堂隅有坫,以土爲之,或謂堂隅爲坫也。

二八 喪事略,無洗,以盆爲盥器

設盆盥于饌東,有巾。

云"爲奠設盥也"者,謂爲設奠人設盥及巾②。云"喪事略,故無洗也",直以盆爲盥器也,下云"夏祝及執事盥,執醴先酒",即是於此盥也。

---

① "坫"字原作"北",四庫本作"坫",據改。

② "盥"下原有"洗"字,曹云:"'洗'字衍。"據刪。

二九　諸文設洗篚、就洗篚者皆不言巾①

但諸文設洗篚者,皆不言巾,凡設洗篚不言巾者②,以其設洗篚,篚內有巾可知。至於不就洗篚皆言巾,是以《特牲》、《少牢》尸奠不就洗篚,及此喪事略,不設洗篚,皆見巾。

三十　婦人亦有帶絰,在首、在要皆曰絰

知"婦人亦有苴絰"者,《喪服》首云"苴絰杖",下經男子、婦人俱陳,則婦人亦有苴絰,《禮記·服問》之等每云婦人麻絰之事,故知婦人亦有絰,今此經不言婦人苴絰者,記其異,謂男子帶有散麻,婦人則結本,是其異者,且男子小功、緦麻,小斂有帶則絞之,亦結本,婦人帶結本可以兼之矣。云"此齊衰婦人"者,以其牡麻,宜言齊衰以下至緦麻皆同牡麻也。云"斬衰婦人亦苴絰也"者,此亦據帶而言,以其帶亦名絰,則《喪服》云"苴絰杖",鄭云"麻在首、在要皆曰絰",彼經既兼男女,則婦人有苴麻爲帶絰可知,經不言者,以義可知,故省文也。

三一　夷衾覆尸、覆柩,質、殺之裁猶冒

牀笫、夷衾,饌于西坫南。

釋曰:云"夷衾,覆尸之衾"者,小斂訖,奉尸夷於堂,無用夷衾矣,故陳之於西坫南。案《曲禮》云"在牀曰尸,在棺曰柩",此夷衾,小斂以往用之覆尸柩,今直言覆尸者,鄭據此小斂未入棺而言。云"《喪大記》曰:'自小斂以往用夷衾'"者,對小斂已前用大斂之衾,今小斂以往,大斂之衾當陳之,故用夷衾,證小斂不用之,兼明夷衾之制。彼言小斂以往③,則此

①　"二九諸文"至"不言巾",原在頁眉處,占行一至五,謹依題義挪至此處。

②　"凡"字原作"至於",阮云:"毛本'至於'作'凡'。"曹云:"各本此句'至於'二字與下'凡不就洗篚'句'凡'字,互易似是。"據改,亦改下"凡不就洗篚"句之"凡"爲"至於"。

③　"彼"字原作"鄭",倉石云:"'鄭'當爲'彼'。"據改。

夷衾本爲覆尸、覆柩^①，不用入棺矣，是以將葬啓殯，覆棺亦用之矣。云"夷衾質、殺之裁猶冒也"者，案上文冒之材云"冒，緇質，長與手齊，䞓殺，掩足"，注云"上曰質，下曰殺"，此作夷衾亦如此，上以緇，下以䞓，連之乃用也，其冒則韜下、韜上訖，乃爲綴旁使相續，此色與形制大同，而連與不連則異也。

三二　小斂奠陳之，鼏用茅爲編

陳一鼎于寢門外，當東塾云云。其實特豚，四鬄_鬄，託歷^②，去蹄，兩胉云云_{胉，音博，或百，或魄}^③。

釋曰：此亦爲小斂奠陳之，鼏用茅爲編。言"西末"，則茅本在東。

三三　牲體之法有二，吉、凶禮豚皆合升^④

云"四解之^⑤，殊肩、髀而已，喪事略"者，凡牲體之法有二，一者四解而已，此經直云"四鬄"，即云"去蹄"，明知殊肩、髀爲四段。案《士冠禮》云"若殺，則特豚，載合升"，注云"合左右胖"，此下文大斂亦云"豚合升"，則吉、凶之禮豚皆合升，而鄭云"喪事略"者，但喪中之奠，雖用成牲，亦四解，故《既夕》葬奠云"其實羊左胖，豕亦如之"，是以鄭總釋喪中四解之事，故云"喪事略"。

---

① "則此"至"覆柩"原作"則夷衾本爲覆柩"，張、阮刻本均有"此"及"覆尸"三字，據補。
② "鬄託歷"，原在頁眉處，占行二，乃了翁據《儀禮音義》增補之釋文，謹依文義挪至此處。
③ "胉音"至"或魄"，原在頁眉處，占行三至四，乃了翁據《儀禮音義》增補之釋文，謹依文義挪至此處。
④ "三三牲體"至"皆合升"，原在頁眉處，占行五至十，謹依題義挪至此處。
⑤ "云"字原作"方"，倉石云："'云'誤'方'。"據改。

三四　郊禘雖先有全胙,亦有體解①

若禘郊大祭,雖吉祭,亦先有豚解,後爲體解,是以《禮運》云"腥其俎,孰其殽",鄭云"腥其俎,謂豚解而腥之。孰其殽,謂體解而爓之",《國語》亦云"禘郊之事則有全胙,王公立飫則有房胙②,親戚燕飲則有殽胙"者,若然,禘郊雖先有全胙,後有體解,《禮運》所云者是也,若然,此經云"四鬄",并兩胉脊與脊總爲七體,若豚解皆然也。

三五　小斂衣裳唯祭服尊不倒,善衣在中

商祝布絞、衾、散衣、祭服,祭服不倒,美者在中。

釋曰:云"斂者趨方,或慎倒衣裳"者,以其襲時衣裳少,不倒,小斂十九稱,衣裳多,取其要方,除祭服之外,或倒,或否。云"祭服尊,不倒"者,士之助祭服,則爵弁服、皮弁服,并家祭服玄端,亦不倒也。云"善衣後布,於斂則在中也"者,以其斂衣半在尸下,半在尸上,今於先布者在下,則後布者在中可知也。云"既後布祭服,而又言善者在中,明每服非一稱也"者,鄭見祭服文在散衣之下③,即是後布祭服,祭服則是善者,復云"善者在中",則祭服之中更有善者可知。

三六　始死,將斬衰者雞斯,將齊衰者素冠

主人髺髮,袒,衆主人免于房。

案《禮記·問喪》云"親始死,雞斯徒跣",鄭注云"雞斯,當爲笄纚",以成服乃斬衰,是始死未斬衰,故云"始死,將斬衰者雞斯"也。云"將齊衰者素冠"者,《喪服小記》云"男子冠而婦人笄",冠、笄相對,《問喪》親始

---

①　"三四郊禘"至"有體解",原在頁眉處,占行十二至十七,謹依題義挪至此處。又,"亦有"下原有"豚解"二字,曹校正文"後有體解、豚解"云"'豚解'二字衍,全胙即豚解也。"據刪,正文亦刪。

②　"胙"字原作"俎",曹云:"'俎'當爲'胙'。"據改。

③　"鄭"字原作"欲",倉石云:"'欲'字《詳校》疑衍。今案或當作'鄭'。"據改。

死,男子云笄纚,明齊衰男子素冠可知。

三七　爲母雖齊衰,初亦髺髮,與斬同①

云"今至小斂變"者,謂服麻之節,故云變也。云"又將初喪服也②,髺髮者,去笄纚而紒"者,此即《喪服小記》云"斬衰髺髮以麻,爲母髺髮以麻,免而以布",是母雖齊衰,初亦髺髮,與斬衰同,故云"去笄纚而紒",紒上著髺髮也。云"衆主人免者,齊衰將祖,以免代冠"者,此亦小斂節,與斬衰髺髮同時,此皆擄男子,若婦人,斬衰婦人以麻爲髽,齊衰婦人以布爲髽,髽與髺髮皆以麻布自項而向前交於額上,卻繞紒如著幓頭焉,免亦然,但以布廣一寸爲異也。云"于房、于室,釋髺髮宜於隱者",并下文婦人髽于室兼言之也。

今文免皆作絻,古文髺作括。

三八　男女將斬衰、將齊衰去冠笄之節

婦人髽于室。

注"始死"至"頭然"。釋曰:知"婦人將齊衰者去笄而纚"者,《喪服小記》云"男子冠而婦人笄",冠、笄相對,將斬衰男子既去冠而著笄纚,則婦人將斬衰亦去笄而纚可知,又知"將齊衰者骨笄而纚"者,上引男子齊衰始死素冠,則知婦人將齊衰骨笄而纚也。云"今言髽者,亦去笄纚而紒也"者,謂今至小斂節,亦如上將斬衰男子去笄纚而髺髮,則此將斬衰婦人亦去纚而麻髽③,齊衰婦人去骨笄與纚而布髽矣,鄭不云斬衰婦人去纚,而云"去笄纚"者④,專擄齊衰婦人而言,文略故也,鄭所以云"而紒",紒即髽也,故《喪服》注亦云"髽,露紒也"。

---

① "三七爲母"至"與斬同",原在頁眉處,占行三至七,謹依題義挪至此處。
② "喪"字原作"變",四庫本作"喪",據改。
③ "去"下原有"笄"字,曹云:"'笄'字衍。"據删。
④ "云"下原無"去"字,四庫本有"去"字,據補。

三九　男髻女髽，分陰陽，髽有麻有布①。

四十　髻與髽如漢時幓頭，髽如露紒②

云"齊衰以上至笄猶髽"者，謂從小斂著未成服之髽，至成服之笄，猶髽不改，至大斂殯後，乃著成服之髽代之也。云"髽之異於髻髮者，既去纚而以髮爲大紒，如今婦人露紒。其象也"者，古者男子、婦人吉時皆有笄纚，有喪至小斂，則男子去笄纚③，著髻髮，婦人去纚而著髽，髽形先以髮爲大紒，紒上，斬衰婦人以麻，齊衰婦人以布，其著之如男子髻髮與免，故鄭依《檀弓》"縱縱"、"扈扈"之後，乃云"其用麻布，亦如著幓頭然"，既髻髮與髽皆如著幓頭而異爲名者，以男子陽，外物爲名而謂之髻髮，婦人陰，內物爲稱而謂之髽也。

四一　大夫、士無西房，故婦髽在室內戶西④

但經云"婦人髽于室"者，男子髻髮與免在東房，若相對，婦人宜髽于西房，大夫、士無西房，故於室內戶西，皆於隱處爲之也。

四二　舉鼎，抽扃，取鼏，扃與鉉、鼏與密同

舉者盥，右執匕卻之，左執俎橫攝之，入，阼階前西面錯，錯俎北面。舉者盥，出門舉鼎者。右人以右手執匕，左人以左手執俎，因其便也。攝，持也。西面錯，錯七故鼎於此，宜西面。錯俎北面，俎宜西順之。右人左執匕，抽扃予左手，兼執之，取鼏，委于鼎北，加扃，不坐。

---

① "三九男髻"至"麻有布"，原在頁眉處，占行八至十二，謹依題義挪至此處。

② "四十髻與"至"如露紒"，原在頁眉處，占行十四至十八，"云髽之"至"之髽也"乃與此題對應之文字，涵于題三九所領正文內，不宜段分，謹依題義挪至此處。

③ "男"字原作"君"，張、阮刻本均作"男"，據改。

④ "四一大夫"至"內戶西"，原在頁眉處，占行一至六，謹依題義挪至此處。

注①：抽肩取鼏，加肩於鼏上，皆右手。今文肩爲鉉，古文予爲與，鼏爲密。

四三　奠者反位由重南，重謂主道

四四　奠者、主人位在阼階下，婦人位在上②

婦人位在上，故奠者升，丈夫踊，奠者降，婦人踊，各以所見先後③。云“奠者由重南東，丈夫踊”者，此奠者奠訖，主人見之，更與主人爲踊之節也。奠者降反位，必由重南東者，以其重主道，神所馮依，不知神之所爲，故由重南而過，是以主人又踊也。注云“東，反其位”者，其位蓋在盆盥之東，南上。

四五　鬼神所在曰廟，故名適寢爲廟

賓出，主人拜送于門外。

注：廟門外也。

釋曰：廟門者，士死于適室，以鬼神所在則曰廟，故名適寢爲廟也。

四六　自人君至大夫、士，皆有代哭

乃代哭，不以官。

注“代更”至“代哭”。釋曰：此經論君及大夫、士於小斂之後，隨尊卑代哭之事。注云“人君以官尊卑，士賤以親疏爲之”者，案《喪大記》云君喪，縣壺，乃官代哭，大夫官代哭不縣壺，士代哭不以官”，注云“自以親疏哭也”，此注不言大夫，舉人君與士，其大夫有《大記》可參，以官可知，故

---

① “抽”上原無“注”字，四庫本有“注”字，據補。

② “四四奠者”至“位在上”，原在頁面處，占行十四至次頁行一，“婦人位”至“見先後”乃與此題對應之文字，涵于題四三所領正文内，不宜段分，謹依題義挪至此處。

③ “以”上原無“各”字，張、阮刻本均有“各”字，據補。

不言也。

四七　禮有三無時之哭①

云“三日之後，哭無時”者，禮有三無時之哭：始死未殯，哭不絕聲，一無時；殯後葬前，朝夕入於廟，阼階下哭，又於廬中思憶則哭，是二無時；既練之後，在堊室之中②，或十日，或五日一哭，是三無時。練前葬後，有朝夕在阼階下哭，唯此有時，無無時之哭也。引《挈壺氏》者，證人君有縣壺爲漏刻分更代哭法③，大夫、士則無縣壺之義也。

四八　有著爲複，無著爲褶，散文通

四九　士襚用褶，褶以襚，主人未必用之斂④

襚者以褶褶，音牒，或特獵反⑤，則必有裳，執衣如初，徹衣者亦如之。

釋曰：案《喪大記》云“小斂，君、大夫複衣複衾。大斂，君褶衣褶衾⑥，大夫、士猶小斂也”，若然，則士小斂、大斂皆同用複複，方服⑦，而襚者用褶者，褶者所以襚，主人未必用之斂耳。云“帛爲褶，無絮，雖複，與禪同，有裳乃成稱，不用表也”者，此決《雜記》云“子羔之襲也，繭衣裳與稅衣”，乃爲一稱，以其絮褻，故須表，此雖有表裏爲褶，衣裳別⑧，又無絮，非褻，故

---

① “四七禮有”至“時之哭”，原在頁眉處，占行十四至十七，謹依題義挪至此處。

② “室”字原作“堂”，四庫本作“室”，據改。

③ “刻”字原作“尅”，四庫本《儀禮注疏》作“刻”，據改。

④ “四九士襚”至“用之斂”，原在頁眉處，占行六至十一，“釋曰案”至“之斂耳”乃與此題對應之文字，涵在題四八所領正文內，不宜段分，謹依題義挪至此處。又，“斂”字原作“襚”，曹校正文“主人未必用之襚耳”云：“‘襚’，殿本改作‘斂’。”據改，正文亦改。

⑤ “褶音”至“獵反”，原在頁眉處，占行十二至十三，乃了翁據《儀禮音義》增補之釋文，謹依文義挪至此處。

⑥ “衣”下原無“褶”字，張、阮刻本均有“褶”字，據補。

⑦ “複方服”，原在頁眉處，占行十四，乃了翁據《儀禮音義》增補之釋文，謹依文義挪至此處。

⑧ “別”下原有“則裳”二字，四庫本作“作裳”，曹云：“‘則裳’二字衍。”據刪。

有裳乃成稱，不須表也。言“雖複，與襌同”者，案《喪大記》君、大夫、士褶衣與複衣相對，有著爲複，無著爲褶，散文褶亦爲複也。案《喪大記》有衣必有裳乃成稱，據襌衣、祭服之等而言，此褶雖複，與襌同，亦得裳乃成稱也。云“不用表也”者，見異於袍繭也。云“藏以待事也”者，以待大斂事而陳之也。

古文褶爲襲。

五十　古者荆燋爲燭，或云以蠟灌，大燭爲庭燎

宵，爲燎于中庭。

注：宵，夜也。燎，大燋。

釋曰：案《少儀》云主人“執燭抱燋”，注云“未爇曰燋”，古者以荆燋爲燭，故云“燎，大燋”也。或解庭燎與手執爲燭別，故《郊特牲》云“庭燎之百，由齊桓公始也”，注云“僭天子也，庭燎之差，公蓋五十，侯伯子男皆三十”，大夫、士無文。大燭，或云以布纏葦，以蠟灌之，謂之庭燎，則此云庭燎亦如之。云“大”者，對手執者爲大也。

儀禮要義卷第三十七　士喪禮三

一　君襚、庶襚不必盡用，即《守祧》遺衣服

二　絞、紟、衾之制及大、小斂衣稱數①

　　厥明，滅燎。陳衣于房，南領西上，綪。絞、紟、衾二、君襚、祭服、散衣、庶襚，凡三十稱。紟不在筭，不必盡用。

　　釋曰：云“君襚、祭服、散衣”者，士祭服有助祭爵弁服，自家祭玄端服，散衣非祭服、朝服之等。云“庶襚”者，謂朋友、兄弟之等來襚者也。云“紟不在筭”者，案《喪大記》“紟五幅，無紞”，鄭云“今之單被也”，以其不成稱，故不在數內。云“不必盡用”者，案《周禮·守祧職》云“其遺衣服藏焉”，鄭云“遺衣服，大斂之餘也”，即此不盡用者也。云“衾二者，始死斂衾，今又復制”者，此大斂之衾二，始死幠用斂衾，以小斂之衾當陳之，故用大斂衾，小斂已後，用夷衾覆尸，故知更制一衾，乃得二也。云“小斂衣數，自天子達”者，案《喪大記》君、大夫小斂已下同云十九稱，則天子亦十九稱，注云“十九稱，法天地之終數也”。云“大斂則異矣”者，案此文，士喪大斂三十稱，《喪大記》士三十稱，大夫五十稱，君百稱，不依命數，是亦喪數略，則上下之大夫及五等諸侯各同一節，則天子宜百二十稱，此鄭雖不言襲之衣數，案《雜記》注云“士襲三稱，大夫五稱，公九稱，諸侯七稱，天子十二稱與”，以其無文，推約爲義，故云“與”以疑之。

---

　　①　“二絞紟”至“衣稱數”，原在頁眉處，占行十三至十七，“絞紟衾”至“以疑之”乃與此題對應之文字，涵于題一所領正文內，不宜段分，謹依題義挪至此處。

三　大、小斂之饌亦在東堂下,籩豆皆巾

東方之饌云云,奠席在饌北,斂席在其東。

云"此饌但言東方①,則亦在東堂下也"者,案上小斂之饌云"于東堂下",此直言"東方",則亦東堂下,鄭云"亦"者,亦上小斂也②。云"籩豆具而有巾,盛之也"者,決小斂一豆一籩③,籩豆不具,故無巾,若然,籩有巾,豆無巾者,以豆盛菹醢濕物,不嫌無巾,故不言,其實有巾矣。案此注引《特牲記》"籩巾",鄭彼注云"籩有巾者,果實之物多皮核,優尊者",此言"盛之",不同,引之者,以其彼爲尸,尸食,故云"優尊者",此爲神。

四　小斂奠無巾,大斂有巾,又有席,彌神之④

云"彌神之"者,以其小斂奠無巾,大斂奠有巾,已是神之,今於大斂奠又有席。

五　掘肂見衽,肂謂埋棺之坎

掘肂見衽肂,以二,或音四⑤。

釋曰:云"肂,埋棺之坎"者,肂訓爲陳,謂陳尸於坎,鄭即以肂爲埋棺之坎也。知"於西階上"者,《檀弓》孔子云"夏后氏殯於東階,殷人殯於兩楹之間,周人殯於西階之上",故知士亦殯于西階之上。

---

① "云此"原作"此云",張、阮刻本均作"云此",據乙。
② "亦"下原無"者亦"二字,張、阮刻本均有"者亦"二字,據補。
③ "決"字原作"使",曹云:"'使'當爲'決'。"據改。
④ "四小斂"至"彌神之",原在頁眉處,占行十二至十七,謹依題義挪至此處。
⑤ "肂以"至"音四",原在頁眉處,占行二至三,乃了翁據《儀禮音義》增補之釋文,謹依文義挪至此處。

六　未葬以前皆南首，唯朝廟不背父母①

此殯時雖不言南首，南首可知，鄭注上文云“如商祝之事位，則尸南首”，以《檀弓》又云“葬於北方，北首，三代之達禮也”，《禮運》云“故死者北首，生者南鄉”，亦據葬後而言，則未葬已前，不忍異於生，皆南首，唯朝廟時北首，故《既夕》云“正柩于兩楹間，用夷牀”，注云“是時柩北首”，必北首者，朝事當不背父母，以首鄉之。

七　大夫殯在西序，四面及上塗之如屋

引《喪大記》者，云“畢塗屋”者，畢，盡也，四面及上盡塗之，如屋然。云“大夫殯以幬，欑置于西序”者，大夫不得如人君於西階，離序而四面欑之，大夫但逼西序，以木幬覆棺，營欑置於西序。云“塗不暨于棺”者，彼注云“欑中狹小，裁取容棺”，暨，及也，但塗木不及棺而已也②。云“士殯見衽，塗上”者，即此經掘肂而見其小要於上，塗之而已。云“帷之”者，鬼神尚幽闇，君、大夫、士皆同。

八　棺不釘，蓋用漆，有衽有束

云“又曰：君蓋用漆，三衽三束”者，古者棺不釘，彼鄭注云“用漆者，塗合牝牡之中也。衽，小要也”，棺蓋每一縫爲三道小要，每道爲一條皮束之，故云“君蓋用漆，三衽三束”，大夫、士降于君，故“二衽二束”，大夫有漆，士無漆也，引之者，證經肂與衽之義也。

九　輇軸異狀，輇與龍輇異制

云“輇，狀如牀。軸，其輪”者，此注文略，案《既夕》云“遷于祖用軸”，

---

① “六未葬”至“背父母”，原在頁眉處，占行九至十四，謹依題義挪至此處。

② “塗”字原作“欑”，阮云：“按《通解》‘欑’作‘塗’是也。”據改。

注云"軸,輁軸也。軸,狀如轉轔,刻兩頭爲軹。輁,狀如長牀,穿桯[①],前後著金而關軸焉。大夫、諸侯以上有四周,謂之輴,天子畫之以龍"是也。

十　小斂近户得明,此大斂於室之奥,故有燭

燭俟于饌東。

釋曰:"堂雖明,室猶闇"者,前小斂陳衣于房無燭者,近户得明,故無燭,此大斂於室之奥,故有燭以待之。

十一　有地燎、手燭、大燭、墳燭之别[②]

云"在地曰燎"者,謂若《郊特牲》云"庭燎之百",又《詩》云"庭燎之光",如此之類皆"在地曰燎",此云"執之云燭",及《少儀》云主人"執燭抱燋"[③],此之類,皆是人之手執燭也,庭燎,且《燕禮》亦謂之大燭也,《司烜氏》亦謂之墳燭也。

十二　大、小斂奠,皆受巾於阼階下而升

云"授執巾者於尸東,使先待於阼階下"者,此巾前爲小斂奠巾之,今祝徹巾,還爲大斂奠巾之,前小斂奠,升自阼階,設于尸東,祝受巾於阼階下而升,今大斂奠亦升自阼階,設于奥,亦宜受巾於阼階下而升。

十三　不忍使親須臾無依,故後奠繼先奠

其餘取先設者,出于足,降自西階,婦人踊。設于序西南,當西榮,如設于堂。

注:爲求神於庭,孝子不忍使其親須臾無所馮依也。堂,謂尸東也。

釋曰:云"凡奠,設于序西南者,畢事而去之"者,言"凡奠",謂小斂

---

① "桯"字原作"程",張、阮刻本均作"桯",據改。

② "十一有地"至"燭之别",原在頁眉處,占行一至五,謹依題義挪至此處。

③ "人"字原作"入",四庫本作"人",據改。

奠、大斂奠、遷柩奠①、祖奠，但將設，後奠，則徹先奠於序西南②，待後奠事畢③，則去之，故小斂奠設之於此，不巾，以不久設故也。

十四　自小斂後男髺女髽，今祖爲大斂變

婦人尸西，東面。主人及親者升自西階，出于足，西面，祖。

知“祖”爲“大斂變”者，前將小斂祖④，今言祖，下文即行大斂事，故知爲“大斂變”也。云“不言髺、免、髽髮，小斂以來自若矣”者，決前小斂祖，男有髺髮、免，婦人有髽，今大斂祖不言者，自小斂以來有此，至成服乃改。若，如也，自如常有，故不言之也。

十五　主人先自盡，至大斂乃用君襚

商祝布絞、紟、衾、衣，美者在外，君襚不倒。

釋曰：云“至此乃用君襚，主人先自盡”者，《喪大記》“君無襚大夫、士”，注云“不陳，不以斂”，彼“無襚大夫、士”，止謂不陳爲小斂用之，故云“無襚大夫、士”，以其上文士喪始死，君使人襚，何得云君全無襚大夫、士也？故以“不陳，不以斂”解之，至大斂乃用君襚，於小斂所用，主人先自盡也。

十六　士初喪爲君命出，小斂後爲大夫出

有大夫則告。

釋曰：案《檀弓》“大夫弔，當事而至，則辭焉”，注云“辭，猶告也，擯者以主人有事告也。主人無事，則爲大夫出”，《喪大記》云“士之喪，於大夫不當斂則出”，注“父母始死悲哀，非所尊不出也”，上文有君命，則出迎于門外，是始死唯君命出，若小斂後，則爲大夫出。

---

① “柩”字原作“祖”，張、阮刻本均作“柩”，據改。
② “序西”原作“西序”，阮云：“‘西序’二字誤倒。”倉石云：“‘西序’，汲古閣本倒，是。”據乙。
③ “奠”下原無“事畢”二字，張、阮刻本均有“事畢”二字，據補。
④ “前將小斂祖”，倉石云：“案上經卒小斂，‘主人髺髮，祖’，注云‘今至小斂變’，則此疑有誤。”

十七　從阼階遷戶鄉西階，入棺，棺在肂中

釋曰："士舉遷尸"，謂從戶外夷牀上遷尸於斂上，下云"奉尸斂于棺"，謂從阼階斂上，遷尸鄉西階，斂於棺中，乃加蓋於棺上也。云"棺在肂中，斂尸焉"者，欲見先以棺入肂中，乃奉尸入棺中。云"所謂殯也"者，即所引《檀弓》"殯於客位"者是也，以尸入棺名斂，亦名殯也。

十八　殯後拜客，北面視肂，謂西階東

主人降殯訖①，拜大夫之後至者，北面視肂。
注：北面於西階東。
釋曰：小斂後，主人阼階下，今殯後，拜大夫後至者，殯訖，不忍即阼階，因拜大夫，即於西階東，北面視肂而哭也。

十九　始死作銘，置于重，殯後置肂東

卒塗，祝取銘，置于肂。
注：爲銘設柎，樹之肂東。
釋曰：上文始死則作銘，襲訖②，置于重，今殯訖，取置于肂上，銘所以表柩故也。云"肂東"者，以不使當肂。

二十　襲奠、小斂奠皆尸旁，殯後奠在奧

乃奠，燭升自阼階，祝執巾，席從，設于奧，東面。
釋曰："執燭者先升，當照室"者，以其設席于奧，當先照之爲明也。云"自是不復奠於尸"者，鄭欲解自始死已來，襲奠、小斂奠皆在尸旁，今大斂奠不在西階上就柩所，故於室內設之，則自此已下朝夕奠、朔月奠薦

---

① "殯訖"，原在頁眉處，占行四，乃了翁按語，謹依文義挪至此處。
② "訖"上原無"襲"字，曹云："'訖'上脫'襲'字。"據補。

新①,皆不於尸所。

二一　載魚左首,據執者言之,未異於生

魚左首,進鬐。

注:古文首爲手,鬐爲耆。

釋曰:云"左首進鬐,亦未異於生也"者,案《公食》右首進鬐,此云左首,則與生異,而云"亦未異於生"者,下文注"載者統於執,設者統於席",彼《公食》言右首,據席而言,此左首據載者統於執,若設於席前,則亦右首也。云"不致死也"者,《檀弓》云"之死而致死之,不仁而不可爲也",今進魚不異於生,則亦是之死不致死之。

二二　魚左首以執者言,豆右菹據設言

云"設豆,右菹"者,凡設菹醢②,菹常在右,今特言之者,此從北鄉南而陳,嫌先設者在北,故言"右",言"右菹",則醢自然在左,是以鄭云"右菹,菹在醢南也"③。注云"此左右異於魚者,載者統於執,設者統於席"者,鄭以上文魚言左首,據載者統於執,故云左首,及設則右首,此言"設豆,右菹",據設者統於席前,若執來,即左菹也。

二三　哭殯謂既塗,兄弟疏者可以歸

賓出云云,主人拜送于門外,入,及兄弟北面哭殯。兄弟出云云。

云"北面哭殯"者,案《喪大記》云"大夫、士哭殯則杖,哭柩則輯杖",注云"哭殯,謂既塗也。哭柩,謂啓後也",此哭不言杖者,文略也。云"小功以下至此可以歸"者,案《喪服記》云"小功以下爲兄弟",則此兄弟可以兼男女也。云"異門大功亦存焉"者,大功容有同門、同財④,故《喪服》以

---

① "奠薦新"原作"薦新奠",阮云:"案'奠'字當在'薦'字上。"據乙。

② "醢"上原無"菹"字,曹云:"'醢'上似脱'菹'字。"據補。

③ "醢"字原作"醴",張、阮刻本均作"醢",據改。

④ "同財"上原有"有"字,曹云:"'有'字似衍。"據删。

小功以下爲兄弟,但大功亦容有不同門①、不同財之義,以異門疏,至此亦可以歸,故云"亦存焉",謂存在家之法也。

二四　既殯,疏兄弟雖歸,朔奠、葬時皆與②

既殯雖歸,至朝夕、朔奠之日,近者亦入哭限也,若至葬時,皆就柩所,故《既夕》反哭云"兄弟出,主人拜送"。云"兄弟,小功以下也,異門大功亦可以歸"是也。

二五　凡言次,廬、堊室以下總名,賓客亦云次

衆主人出門,哭止,皆西面于東方,闔門。主人揖,就次。

釋曰:凡言次者,廬、堊室以下總名,是賓客所在,亦名次也,故引《禮記·間傳》爲證③,案《間傳》云"父母之喪,居倚廬,寢苫枕凷,不說絰帶。齊衰居堊室,芐翦不納。大功寢有席,小功、緦麻牀可也",齊衰既居堊室,故大功已下有帷帳也。

二六　君於士視大斂,皮弁服襲裘

君若有賜焉君弔④,則視斂。既布衣,君至。主人出迎云云見下。

釋曰:案《雜記》云"公視大斂,公升,商祝鋪席,乃斂",注引《喪大記》曰"'大夫之喪,將大斂,既鋪絞、紟、衾,君至',此君升乃鋪席,則君至爲之改,始新之",此經上下不言改新者,文不具也。云"斂,大斂"者,案《喪大記》云"君於士,既殯而往,爲之賜,大斂焉",此經云"若有賜",明君於士視大斂也。云"君視大斂,皮弁服襲裘"者,案《喪服小記》云"諸侯弔⑤,必皮弁錫衰",言諸侯,不言君者,以其彼是弔異國之臣法。

---

① "容"下原無"有"字,四庫本"容"作"有",阮云:《要義》'容'下有'有'字。"據阮見本補。
② "二四既殯"至"時皆與",原在頁眉處,占行四至九,謹依題義挪至此處。
③ "間"字原作"聞",四庫本作"間",據改。
④ "君弔",原在頁眉處,占行一,乃了翁按語,謹依文義挪至此處。
⑤ "諸"字原作"記",四庫本作"諸",據改。

二七　大斂未成服、已成服弔服異①

案《服問》云“公爲卿大夫錫衰以居，出亦如之，當事則弁絰”，不見君弔士服，案《文王世子》注君爲同姓之士緦衰，異姓之士疑衰，並據成服後，今大斂未成服，緣弔異國之臣有服皮弁之法，則君弔士未成服之前，可服皮弁襲裘。

二八　君弔大夫、士服，《服問》與《世子》異②

襲裘之文，出《檀弓》子遊弔，小斂後“襲裘帶絰而入”，此小斂後，亦宜然也。云“成服之後往則錫衰”者，亦約《服問》君弔卿大夫之法。若然，《文王世子》注同姓之士緦衰，異姓之士疑衰，不同者，彼謂凡平之士，此士於君有師友之恩，特賜與大夫同也。

二九　君弔，主人出迎不哭，厭於君

主人出迎于外門外，見馬首不哭，還入門右，北面，及衆主人祖。
注：不哭，厭於君，不敢伸其私恩。

三十　巫掌招彌，王弔則與祝前

巫止於廟門外③，祝代之。小臣二人執戈先，二人後。
釋曰：云“巫，掌招彌以除疾病”者，《周禮·春官·男巫職》文，彼注云“招，招福也。彌，讀爲敉，敉，安也，謂安凶禍也”。云“小臣，掌正君之法儀”者，《夏官·小臣職》文。云“男巫，王弔則與祝前”者，亦《男巫職》文。云“祝”者，則《周禮·春官·喪祝職》云“王弔則與巫前”是也④。引

---

① “二七大斂”至“吊服異”，原在頁眉處，占行七至十一，謹依題義挪至此處。
② “二八君弔”至“世子異”，原在頁眉處，占行十三至十七，謹依題義挪至此處。
③ “門外”原作“外門”，四庫本作“門外”，據乙。
④ “禮”上原無“周”字，張、阮刻本均有“周”字，據補。

之者,證經巫、祝、小臣之事也。引《檀弓》者,證彼與此經異,故云"皆天子之禮"也,以其巫祝桃茢具。

三一　殯宮而曰廟門,神之

云"凡宮有鬼神曰廟"者,以經云"廟",謂適寢爲廟李氏引《顧命》[1]。

三二　大國之孤四命,如鄭良霄亦號公

君升主人,主人西楹東,北面。升公、卿大夫,繼主人,東上。

案《典命》云"公之孤四命",故云"大國之孤四命也",引《春秋》者,襄三十年《左氏傳》文,鄭爲伯爵,不合立孤,但良霄,鄭之公族大夫,貴重之極[2],以比大國之孤,故臣子尊其君,亦號爲公,引之者,證經公是公之孤也[3],以其天子有三孤,副貳三公,大國無公[4],唯有孤,亦號爲公,是以《燕禮》亦謂之爲公也。

三三　撫尸、奉尸、馮尸雖異,馮爲總名

云"凡馮尸,興必踊"者,《喪大記》文,此經直云"君坐撫,當心",主人直踊,又不言"馮尸",而鄭云"凡馮尸,興必踊"者,欲見撫即馮之類,興亦踊,故得與主人拾踊也,是以《喪大記》"君於臣撫之,父母於子執之,子於父母馮之,婦於舅姑奉之,舅姑於婦撫之,馮尸不當君所",又云"凡馮尸,興必踊",是馮爲總名,故君撫之,亦踊也。

三四　凡奠升自阼階,此自西階,辟君在

乃奠,升自西階。

---

① "李氏引顧命",乃了翁按語,據李如圭《儀禮集釋》而言。
② "貴"下原無"重"字,張、阮刻本均有"重"字,據補。
③ "經"下原無"公"字,張、阮刻本均有"公"字,據補。
④ "大"字原作"公",張、阮刻本均作"大",阮云:"'大',《要義》作'公',誤。"據改。

注：以君在阼。

釋曰：以其凡奠，皆升自阼階，是爲君在阼，故辟之，而升西階也。

三五　君弔臣，至廟門下車，臣出大門送

君出門，廟中哭，主人不哭，辟，君式之。

釋曰：君入臣家，至廟門乃下車，則貳車本不入大門，下云“貳車畢乘，主人哭，拜送”者，明出大門矣。云“辟，逡遁辟位也”者，案《曲禮》云“君出就車，左右攘辟”，則此云“辟”，亦是主人攘辟，故云“逡遁辟位”。

三六　古者立乘，故式視馬尾

云“古者立乘”者，以其坐乘則不得式而小俛①，故云“古者立乘”也。知式是“禮主人”者，《曲禮》云“式宗廟”，《曾子問》卿大夫見君之尸皆下之，尸必式，是凡式皆是禮前物爲式。引《曲禮》者，欲見式小俛，彼注“嶲，猶規也”，車輪轉之一帀爲一規，案《周禮·冬官》輪崇六尺六寸，圍三徑一，三六十八，一帀則一丈九尺八寸，五規則五箇一丈九尺八寸，總爲九丈九尺，六尺爲一步，總十六步半，凡平立視，視前十六步半，若小俛爲式，則低頭視馬尾，故連引《曲禮》云“式視馬尾”也。

三七　貳車視命數，君使異姓乘之在後

貳車畢乘，主人哭，拜送。

釋曰：云“其數各視其命之等”者，案《周禮·大行人》云上公貳車九乘，侯伯貳車七乘，子男貳車五乘”，故知視命數也。云“君出，使異姓之士乘之在後”者，《禮記·坊記》云“君不與同姓同車，與異姓同車”，彼謂與君同在一車爲御與車右者也，此經云“貳車畢乘”，明亦“使異姓之士乘之在後”可知。

---

①　“云古”至“小俛”原作“云辟亦是主人攘辟”，“云辟”至“攘辟”乃賈氏疏注“辟逡遁辟位也”之文，而“故云古者立乘也”文前之疏文原作“云‘古者立乘’者，以其坐乘則不得式而小俛”，謹改。

三八　君弔臣乘象路，貳車與正車同飾①

云“君弔，蓋乘象路”者，案《周禮·巾車職》王有五路，玉、金、象、革、木。以其象路以朝及燕出入，弔臨亦是出入之事，故云“蓋”以疑之。若四衛諸侯，侯伯已下，與王無親者，亦各乘已所賜之車，革路、木路之等。今鄭於貳車之下言所乘車者，以其言貳車，其飾皆與正車同，故於貳車以下言君之所乘車也。引《曲禮》者，乘君之乘車，則貳車是也。

三九　三日成服，除死日數之，士與大夫以上異

三日成服②，杖，拜君命及衆賓，不拜棺中之賜。

釋曰：云“既殯之明日”者三日成服，上“厥明，滅燎”者，是三日之朝，行大斂之事，今別言“三日成服”，則除上三日，更加一日，是四日矣，而言“三日”者，謂除死日數之爲三日也。云“全三日，始歠粥矣”者，謂成服日乃食粥，除此日已前，是未全三日，不食，至四日乃食也。案《喪大記》云“三日不食”，謂通死日，不數成服日，故云“三日不食”，《孝經》“三日而食”者，是除死日數。引《曲禮》者，彼注云“與，猶數也。生數來日③，謂成服杖，以死明日數也。死數往日，謂殯斂以死日數也④。此士禮，貶於大夫者，大夫以上皆以來日數”，引之以證此士喪禮與大夫已上異也。

四十　朝夕哭，據殯後而言，不辟子卯

朝夕哭，不辟子卯。

釋曰：云“既殯之後，朝夕及哀至乃哭”者，此據殯後阼階下朝夕哭，廬中思憶則哭。云“不代哭也”者，決未殯以前，大夫以上以官代哭，士以親疏代哭，不絕聲。云“子、卯，桀、紂亡日”者，王者以爲忌日。云“凶事

---

① “三八君弔”至“車同飾”，原在頁眉處，占行九至十四，謹依題義挪至此處。
② “三日成服”，原在頁眉處，占行十七至十八，乃了翁按語，謹依文義挪至此處。
③ “日”字原作“月”，四庫本作“日”，據改。
④ “謂”上原有“此”字，張、阮刻本均無“此”字，據刪。

不辟"者,即此經是也。云"吉事闕焉"者,《檀弓》云"子、卯不樂"。桀亡,見《詩·頌》、《左傳》,紂見《牧誓》①。

四一　未祥則外位皆有哭,哭與奠開廟門

四三　外兄弟異姓有服者,若舅子、姑子等②

婦人即位于堂,南上,哭。丈夫即位于門外云云,辟門 辟,開也。婢亦反③。

釋曰:《喪大記》云"祥而外無哭"者,則此外位皆有哭,今直云婦人哭,則丈夫亦哭矣,但文不備也。案下注云"兄弟,齊衰大功者,主人哭則哭,小功、緦麻亦即位乃哭"是也。云"外兄弟,異姓有服者",謂若舅之子、姑姊妹從母之子等,皆是有服者也。云"凡廟門,有事則開,無事則閉"者,有事謂朝夕哭及設奠之時,無此事等則閉之,鬼神尚幽闇故也。

四二　大功以上親,無問內外位④,主人哭亦哭

賓皆即此位,乃哭,盡哀止,主人乃右還拜之,如外位矣。兄弟,齊衰大功者,主人哭則哭,小功、緦麻亦即位乃哭。上言賓,此言卿大夫,明其亦賓爾。少進,前於列。異爵,卿大夫也。他國卿大夫亦前於列,尊之。拜諸其位,就其位特拜。

釋曰:既云"如外位",又案外位,主人之南有外兄弟,其南乃有賓,此內位,主人之南即有卿大夫,不言兄弟者,以外兄弟雖在主人之南,以少退,故卿大夫繼主人而言也。云"諸公門東,少進"者,謂門東有士,故云"少進",少進於士。云"兄弟,齊衰大功者,主人哭則哭"者,以其大功已

---

① "桀亡"至"牧誓",此非疏文,乃了翁按語。
② "四三外兄"至"姑子等",原在頁眉處,占行十五至次頁行二,謹依題義挪至此處。
③ "辟開"至"亦反",原在頁眉處,占行四至五,乃了翁增補之釋文,謹依文義挪至此處。
④ "問"字原作"門",曹校正文"無門外內位"云:"'門'當爲'問'。"據改,正文亦改。

上親,無問外内位,但主人哭則亦哭矣。小功、緦麻疏,故入即位乃哭①。

四四　主人是士,拜異爵者就其位特拜②

云"少進,前於列"者③,前於士之列也。云"異爵,卿大夫也"者,以主人是士,明異爵是卿大夫也。云"他國卿大夫亦前於列"者,以經云"他國之異爵者門西,少進",亦當前於士之位也。云"拜諸其位,就其位特拜"者,以其異爵,則亦卿大夫,故知特拜,一一拜諸其位也。

四五　喪不剥奠,故大斂之俎、朝廟之宿奠皆巾

乃奠,醴、酒、脯、醢升,丈夫踊。入,如初設,不巾。

釋曰:注云"入,入於室也"者,以其設奠在室中故也。云"如初設者,豆先,次籩,次酒,次醴也"者,以其大斂有俎,籩、豆又多,今言"如初設",直豆、籩、酒、醴見用者,先後次第耳。云"不巾,無菹、無栗也"者,以大斂奠兼有菹、栗,則巾之,是以《檀弓》云"喪不剥奠也與,祭肉也與",其大斂皆有俎,俎有祭肉,故巾之也。若然,朝廟之奠亦是宿奠,無菹、栗,有巾者,爲在堂而久設,塵埃故也。

四六　朝夕哭止,拜賓,乃奠,奠則禮畢

奠者由重南東,丈夫踊。賓出,婦人踊,主人拜送。

云"哭止乃奠"者,謂朝夕哭止,拜賓乃奠,奠則禮畢矣,是以《檀弓》云"朝奠日出"是也。

---

① "即"下原無"位乃哭"三字,曹云:"下脱'位乃哭'三字。"據補。

② "四四主人"至"位特拜",原在頁眉處,占行六至十一,謹依題義挪至此處。

③ "云少進前於列者"原作"進",曹云:"'進'上當有'云少'二字,下當有'前於列者'四字。"據補。

四七　大夫以上有月半殷奠，士惟朔月

朔月奠殷奠①，用特豚、魚、腊，陳三鼎如初，東方之饌亦如之。

知“大夫已上，月半又奠”者，下經云“月半不殷奠”，士不者，大夫已上則有之，謂若下文云“不述命”，大夫已上則有之。又若《特牲》云士“不諏日”，大夫已上則諏，諸士言不者，大夫已上則皆有之，故知大夫已上又有月半奠也。云“如初者，謂大斂時”者，以其上陳大斂事。

四八　至殷奠，始有黍稷，猶平常供養

無籩，有黍稷，用瓦敦有蓋，當籩位。

云“於是始有黍稷”者，始死以來，奠不言黍稷，至此乃言之，故云“於是始有黍稷”也。

四九　朔月、月半殯宮有黍稷，下室無②

云“死者之於朔月、月半，猶平常之朝夕”者，謂猶生時朝夕之常食也，案《既夕記》云“燕養、饋、羞、湯沐之饌，如他日”，注云“燕養，平常所用供養也。饋，朝夕食也。羞，四時之珍異”，若然，彼謂下室中不異於生時，殯宮中則無黍稷，今至朔月、月半乃有之，若朔月、月半殯宮中有黍稷，下室則無，故《既夕記》云“朔月若薦新，則不饋于下室”③，注云“以其殷奠有黍稷也，下室如今之內堂”是也，是以云“猶平常朝夕”決之也。

五十　禫月吉祭猶未配，大祥後得四時祭④

云“大祥之後，則四時祭焉”者，《士虞禮》禫月“吉祭猶未配”，是大祥

---

① “殷奠”，原在頁眉處，占行八，乃了翁按語，謹依文義挪至此處。
② “四九朔月”至“下室無”，原在頁眉處，占行一至五，謹依題義挪至此處。
③ “室”字原作“堂”，四庫本作“室”，據改。
④ “五十禫月”至“四時祭”，原在頁眉處，占行八至十三，謹依題義挪至此處。

之後，得四時祭，若虞祭之後，卒哭之等，雖不四時，亦有黍稷①。

五一　俎在黍稷前設，執之在後

云“俎行者，俎後執，執俎者行，鼎可以出”者，案下文設時，豆錯，俎錯，黍稷後設，則俎宜在黍稷前，今在黍稷後而言“俎行”者，欲見俎雖在黍稷前設，以執之在後，欲與鼎匕出爲節，故云“俎行”，即匕鼎出也。

五二　士月半無殷奠，有薦新，如朔奠

月半不殷奠。

釋曰：云“下尊者”，以下大夫以上有月半奠故也。

有薦新，如朔奠。

釋曰：案《月令》仲春“開冰，先薦寢廟”，季春云“薦鮪于寢廟”，孟夏云“以彘嘗麥，先薦寢廟”，仲夏云“羞以含桃，先薦寢廟”②，皆是薦新。“如朔奠”者，牲牢、籩、豆，一如上朔奠也。

五三　徹朔奠，先取醴、酒，序出，如入

徹朔奠，先取醴、酒，其餘取先設者。敦啓會，面足。序出，如入。

五四　敦有對會，有足，形如漢時酒敦③

注：啓會，徹時不復蓋也。面足，執之令足間鄉前也。敦有足，則敦之形如今酒敦。

釋曰：以前設時，即不蓋，至徹亦不蓋，今經云“敦啓會”，嫌先蓋，至徹重啓之，故云“不復蓋也”。

---

① “黍”下原無“稷”字，四庫本有“稷”字，據補。

② “嘗麥”下“羞以”上原無“先薦寢廟仲夏云”七字，張、阮刻本均有此七字，阮云：“《要義》無下七字，似誤。”據補。

③ “五四敦有”至“時酒敦”，原在頁眉處，占行十至十四，謹依題義挪至此處。

五五　爲葬將北首,故南其壤,在足處

筮宅,冢人營之。

釋曰:案《周禮》有冢人,掌公墓之地,辨其兆域,此士亦有冢人,掌墓地兆域,故云"冢人營之"也。

掘四隅,外其壤。掘中,南其壤。

云"爲葬將北首"者,解"掘中,南其壤",爲葬時北首,故壤在足處,案《檀弓》云"葬於北方,北首"。

五六　卜宅與葬日,主人、有司不敢純凶服

既朝哭,主人皆往,兆南北面,免絰。

注:求吉不敢純凶。

釋曰:案《雜記》云"大夫卜宅與葬日,有司麻衣、布衰、布帶,因喪屨,緇布冠不蕤,占者皮弁",下又云"如筮,則史練冠長衣以筮,占者朝服",彼有司與筮者之服①,不純吉,亦不純凶,此乃主人之服,不純吉,免絰亦不純凶也。

五七　爲父某甫,謂二十加冠時且字

命曰:"哀子某,爲其父某甫筮宅,度茲幽宅兆基,無有後艱?"云"某甫,且字也"者,謂二十加冠時且字。云"若言山甫、孔甫矣"者,此亦二十加冠所稱,故《士冠禮》云"伯某甫,仲、叔、季唯其所當",鄭亦以孔甫之字解某甫,則孔甫之等是實字,以某甫擬之,是且字也,是以諸侯薨,復者亦言某甫,鄭云"某甫,且字",是爲之造字也。

---

① "筮"字原作"占",曹云:"'占'當爲'筮'。"據改。

五八　鄭注此經兆爲域，《雜記》注爲吉兆①

引《孝經》“卜其宅兆”者，證宅爲葬居，又見上大夫以上，卜而不筮，故《雜記》云“大夫卜宅與葬日”，下文云“如筮，則史練冠”，鄭注云“謂下大夫若士也”，則卜者謂上大夫，上大夫卜，則天子、諸侯亦卜可知。但此注兆爲域，彼注兆爲吉兆，不同者，以其《周禮·大卜》掌三兆，有玉兆、瓦兆、原兆，《孝經》注亦云“兆，塋域”，此文“主人皆往，兆南北面”，兆爲營域之處，義得兩全，故鄭注兩解。

五九　士與大夫命筮、命龜之辭

釋曰：云“不述者，士禮略”者，但士禮，命筮辭有一，命龜辭有二，大夫已上，命筮辭有二，命龜辭有三。士命筮辭有一者，即上經是，直有命筮，無述命，又無即席西面命筮辭，是命筮辭唯有一也，下文卜日有族長涖卜，爲事命龜，直云“哀子某”以下，又有即席西面一命龜，注云“不述命，亦士禮略”，是士命龜辭有二。又知大夫以上命筮辭有二，命龜辭有三者，案《少牢》是大夫筮禮，彼上文云“主人曰：孝孫某，來日丁亥”以下，是爲因事命筮②，下又云“遂述命曰：假爾大筮有常”，因直云“孝孫某③，來日丁亥”已下，即將西面命筮④，冠於述命之上，共爲一辭，通前爲事命筮有二⑤，若卜則有爲事命龜，通述命，又有當席西面命爲三⑥。

---

① “五八鄭注”至“爲吉兆”，原在頁眉處，占行十二至十七，謹依題義挪至此處。
② “因”字原作“一”，四庫本作“因”，曹云：“‘因’誤‘一’。”據改。
③ “因”字原作“是”，曹云：“‘是’或當爲‘因’。”據改。
④ “即將”原作“將即”，曹云：“‘將即’，殿本倒。”據乙。
⑤ “事”字原作“士”，四庫本作“事”，據改。
⑥ “有”下原有“卿”字，曹云：“‘卿’字衍。”據刪。

六十　大夫龜有述命，士吉凶禮皆不^①

知大夫龜亦有述命，士不者^②，《士喪禮》士之卜筮皆云"不述命"，士云不者，大夫已上皆有，謂若士"月半不殷奠"，大夫則殷奠之類。知大夫命龜，不將述命，與即席西面命龜^③，共爲一命龜，亦知有二者^④，案此《士喪》注"述命、命龜異，龜重威儀多也"，對《少牢》述命與命龜爲二，通前命龜爲三。若然，則天子、諸侯亦命筮辭有二，命龜辭有三可知也。知士不述命，非爲喪禮略者，《特牲》之吉禮亦云"不述命"，故知士吉、凶皆不述命。

六一　卜、筮各三人，以龜三兆，筮三《易》

卒筮，執卦以示命筮者。命筮者受視^⑤，反之。東西旅占云云。

注云"與其屬共占之，謂掌《連山》、《歸藏》、《周易》者"，案《洪範》卜筮云"三人占，則從二人之言"，注云"卜、筮各三人"，大卜掌三兆、三《易》，以其龜有三兆，玉兆、瓦兆、原兆，筮有三《易》，《連山》、《歸藏》、《周易》。《連山》者，夏家《易》，以純艮爲首，艮爲山，象山之出雲，連連不絕，故《易》名《連山》。《歸藏》者，殷之《易》，以純坤爲首，坤爲地，萬物歸藏於地，故《易》名《歸藏》。周以十一月爲正月，一陽爻生爲天統，故以乾爲首，乾爲天，天能周帀於四時，故《易》名《周易》也。

六二　井椁及獻明器之材皆殯門外

既井椁，主人西面拜工，左還椁，反位哭，不踊。婦人哭于堂。

釋曰：自此盡"亦如之"，論將葬須觀知椁材與明器之材善惡之事。

---

① 　"六十大夫"至"禮皆不"，原在頁眉處，占行十二至十六，謹依題義挪至此處。

② 　"士"下原有"云"字，曹云："'云'字衍。"據刪。

③ 　"即"下原無"席"字，曹云："'即'下脱'席'字。"據補。

④ 　"知"字原作"只"，四庫本作"知"，阮云："毛本'只'作'知'，《要義》作'只'似誤。"據改。

⑤ 　"筮"上原無"命"字，經有"命"字，據補。

案《禮記·檀弓》云"既殯,旬而布材與明器",注云"木工宜乾腊",則此云井椁及明器之材,布之已久,故云"既,已也",又須作之,豈今始獻材也,但至此時將用,故主人親看視,是以云"既哭之,則往施之窆中"也。云"匠人爲椁,刊治其材"者,此解經主人拜工之事,以其《冬官》主百工,百工之內,匠人主木工之事。所云"拜工"者[①],拜匠人,以其爲椁,刊治其材有功,故主人拜之也。云"以井構於殯門外也"者,以下文"獻材於殯門外",則此亦在殯門外,此不言,下言者,以明器之材多,并有獻素、獻成之事,故具言處所也。"反位,拜位"者,謂反西面拜位。知既哭施之窆中者,以其文承筮宅以下,見其即入壙故也。知"主人還椁,亦以既朝哭矣"者,以其筮宅與卜日皆在朝哭訖,明還椁亦既朝哭。

六三　明器獻材、獻素、獻成與椁異

獻材于殯門外,西面北上,緝。主人徧視之,如哭椁。獻素、獻成亦如之。

釋曰:上經已言椁,此經言材,故鄭言"明器之材"也。《檀弓》云"既殯,旬而布材與明器",明器與材別言,故彼言材爲椁材也,又此下別言素與成,則此明器之材,未斲治,先獻之,驗其堪否也。云"形法定爲素,飾治畢爲成",知義然者,以其言素,素是未加飾名,又經言獻材是未斲治[②],明素是形法定,斲治訖可知。又言成,成是就之名,明知飾治畢也。此明器須好,故有三時獻法,上椁材既多,故不須獻,直還觀之而已。

六四　楚焞以鑽龜,明火以爇燋,歠其燋契

卜日。卜人先奠龜于西塾上,南首,有席。楚焞置于燋,存閟,吐敦,又徒敦,子閟,又純音[③],在龜東。

"荆焞,所以鑽灼龜者",古法鑽龜用荆,謂之荆焞也。云"燋,炬也"

---

① "云"下原無"拜工"二字,曹云:"'云'下脫'拜工'二字。"據補。

② "是"下原無"未"字,曹云:"'是'下脫'未'字。"據補。

③ "焞存"至"純音",原在頁眉處,占行十六至十八,乃了翁據《儀禮音義》增補之釋文,謹依文義挪至此處。

者,謂存火者爲炬,亦用荆爲之,故鄭云"所以燃火者也"。"《周禮·菙氏》:掌共燋契燋,《周礼》注杜讀爲樵,鄭讀雀①,以待卜事"者,案彼下注"杜子春云:'明火,以陽燧取火於日。'玄謂燋讀如戈鐏之鐏燋,俊,又存閩等三音②,謂以契柱燋火而吹之也契,本又作'挈',苦計,又苦結。並《菙氏》注下③。契既然,以授卜師,用作龜也。役之,使助之",是楚焞與契爲一,皆謂鑽龜之燋④。讀爲戈鐏之鐏者,取其銳頭爲之灼龜也。

六五　族長有司、宗人禮官皆吉服以卜

六六　士吉服即祭服,祭服即玄端⑤

族長涖卜,及宗人吉服。

釋曰:云"族長,有司掌族人親疏"者,以其言族長,故知掌族人親疏也。云"吉服,服玄端也"者,案《雜記》云"大夫卜宅與葬日,有司麻衣",又云"如筮,則史練冠長衣",此宗人直云"吉服",不言服名,則士之吉服,祭服爲吉服,士之祭服爲玄端而已。宗人掌禮之官,非卜筮者,著玄端,則筮、史亦服練冠長衣。

六七　族長涖卜,兼代主人命卜

宗人告事具。主人北面,免絰,左擁之。涖卜即位于門東,西面。

云"涖卜,族長也"者,上文所云是也,以其改鄉西面,下文受龜、受視、受命訖,即云"命曰:'哀子某'",則族長非直視高,兼行命龜之事也,故云"當代主人命卜"也。

---

① "燋周"至"讀雀",原在頁眉處,占行三至五,乃了翁增補之釋文,謹依文義挪至此處。

② "燋俊"至"三音",原在頁眉處,占行一至二,乃了翁據《儀禮音義》增補之釋文,謹依文義挪至此處。

③ "契本"至"注下",原在頁眉處,占行六至九,乃了翁增補之釋文,謹依文義挪至此處。

④ "燋"字原作"荆",阮云:"毛本'荆'作'燋'。"據改。

⑤ "六六士吉"至"即玄端",原在頁眉處,占行十二至十六,"云吉服"至"端而已"乃與此題對應之文字,涵于題六五所領正文內,不宜段分,謹依題義挪至此處。

六八　天子卜法有涖卜、陳龜、貞龜、命龜等①

《周禮》天子卜法，則與士異，假使大事，則大宗伯涖卜，小宗伯陳龜、貞龜、命龜，大卜眂高、作龜，次事、小事已下②，各有差降也。

六九　示高謂腹甲高處鑽之，以示涖卜

宗人受卜人龜，示高。

釋曰：凡卜法，案《禮記》云“禎祥見乎龜之四體”，鄭注云“春占後左，夏占前左，秋占前右，冬占後右”，今云“腹甲高”者，謂就龜之四體腹下之甲高突起之處鑽之③，以示涖卜也。

---

① “六八天子”至“命龜等”，原在頁眉處，占行一至六，謹依題義挪至此處。

② “下”字原作“上”，張、阮刻本均作“下”，阮云：“‘下’，《要義》作‘上’誤。”據改。

③ “高突起之處鑽之”原作“高者部之處鑽之”，四庫本作“高突起之處鑽”，阮云：“毛本作‘高起之處’。按：疑當作‘部起之處’。”據四庫本改“者部”爲“突起”。

儀禮要義卷第三十八　既夕禮一

一　《既夕禮》,鄭依《別録》云《士喪禮》下篇

釋曰:"鄭《目録》云:《士喪禮》下篇"者,依《別録》而言,以其記本士之始死①,乃計葬時而總記之②,故名"《士喪禮》下篇"也。鄭又云先葬二日與葬間一日者,驗經云"既夕哭,請啓期,告于賓",明旦夙興開殯,即遷于祖,一日,又厥明即葬,故知是葬前二日③,"與葬間一日"也。云"必容"者,請啓期在葬前二日,中間容朝廟一日,故云"必容焉"。

二　士一廟,故葬前容一日,若五廟、七廟可知④

鄭又云"此諸侯下士一廟,其上士二廟,則既夕哭先葬前三日"者,以其一廟則一日朝,二廟則二日朝,故葬前三日,中間容二日,故三日。若然,大夫三廟者,葬前四日;諸侯五廟者,葬前六日;天子七廟者,葬前八日,差次可知。

三　既夕哭,謂哭訖,請明朝啓殯之期

既夕哭。

釋曰:此經論既夕哭,請啓期之事。"夕哭"者,是主人朝夕哭,在殯

---

① "本"字原作"下",曹云:"'下'當爲'本'。"據改。

② "計"字原作"記",阮云:"毛本'記'作'計'。"曹云:"'記'當爲'計'。"據改。

③ "故"下原無"知"字,汪刻本及張、阮刻本均有"知"字,據補。

④ "二士一"至"廟可知",原在頁眉處,占行四至十,謹依題義挪至此處。

宮阼階之下。禮,將請啓殯之時,主人於夕哭訖,出寢門,復外位,故鄭云"謂出門哭止,復外位時"①。

四　朝夕哭訖皆出寢門,復外位②

鄭知復外位請者,見上篇卜日禮云"既朝哭,皆復外位",朝夕之哭,其禮並同。此不於既朝哭而待既夕哭者,謂明日之朝始啓殯,又不可隔夕哭,故於既夕請也。但復外位之時,必有弔賓來,亦在外位,故請期因告賓也。

五　將葬,當遷柩于祖,豫請啓殯之期

請啓期,告于賓。

釋曰:云"將葬,當遷柩于祖,有司於是乃請啓殯之期於主人,以告賓"者,鄭解時未至而豫前二日夕哭之後,出於門外位請期者,明旦須啓殯,以柩朝于祖,故有司於此時請啓殯之期告賓③,使知而來赴弔之事也。

六　擬舉鼎者盥水,故夙興設盥門外

夙興,設盥于祖廟門外。

釋曰:自此盡"階間",論豫於祖廟陳饌之事。言"夙興"者,謂夕哭請期訖,明旦早起,豫設盆盥於祖廟門外,擬舉鼎之人盥手。案小斂設盆盥在東堂下,大斂設盥于門外,雖不言東方,約小斂盥在東堂下,則大斂盥亦門外東方。

七　官師一廟,謂中、下士祖禰共廟

云"祖,王父也"者,案《祭法》云"曰考廟,曰王考廟",此云"王父",王

---

①　"時"下原有"者",曹云:"'者'字衍。"據删。

②　"四朝夕"至"復外位",原在頁眉處,占行二至六,謹依題義挪至此處。

③　"請"字原作"謂",汪刻本及張、阮刻本均作"請",據改。

父之言出于彼。云"下士祖禰共廟"者，又《祭法》云"適士二廟，官師一廟"，鄭注云"官師，中士、下士"，案下記云"其二廟，則饌于禰"，則此經所朝，據一廟者而言，設盥于祖，是下士一廟，祖禰共廟，據尊者而言也。

八　啓時陳三鼎及瓦、甒、𦉥、豆等如殯

案上文殯後，大斂奠之陳三鼎①，有豚、魚、腊，在廟門外，西面北上，此陳鼎亦如之。云"東方之饌亦如之"者，彼大斂時云"東方之饌，兩瓦甒，其實醴、酒；𦉥豆兩𦉥,苦瞎,苦割②，其實葵菹芋、蠃醢；兩籩無縢，布巾，其實栗，不擇，脯四脡"。云"如殯，如大斂既殯之奠"者，以其大斂於阼階，即移于棺而殯之，殯訖乃于室中設大斂之奠，即大斂奠在殯後，恐於殯時别有奠，故明之，云"如殯，如大斂既殯之奠"也。

九　夷牀，謂正柩于祖廟兩楹之間

夷牀饌于階間。

釋曰：云"夷之言尸也"者，遷尸於堂，亦言夷尸，盤、衾皆依尸而言，故云"夷之言尸也"。云"朝正柩，用此牀"者，謂柩至祖廟兩楹之間，尸北首之時。

十　二燭俟于門外，謂炤徹與啓殯

二燭俟于殯門外③。

釋曰：自此盡"夷衾"，論啓殯及變服之事。"二燭"者，以其發殯宮徹奠④，下云"燭入"，注云"炤徹與啓殯"者，故於此豫備之。

---

① "斂"下原無"奠"字，曹云："'斂'下脱'奠'字。"據補。
② "𦉥苦瞎苦割"，原在頁眉處，占行十二，乃了翁增補之釋文，謹依文義挪至此處。
③ "于"下原無"殯"字，經有"殯"字，據補。
④ "徹奠"原作"二者"，四庫本《儀禮注疏》作"徹奠"，據改。

十一　燭用蒸,亦名燋①

云"燭用蒸"者,案《周禮‧甸師》云"以薪蒸役外內饔",注云"大曰薪,小曰蒸",又案《少儀》云"主者執燭抱燋",鄭云"未爇曰燋",燋即蒸。

十二　男子免,婦人髽,今言丈夫髽,互文

丈夫髽,散帶垂,即位如初。

釋曰:云"爲將啓變也"者,凡男子免與括髮,散帶垂,婦人髽,皆當小斂之節,今於啓殯時亦見尸柩,故變同小斂之時,故云"爲將啓,變也"。云"此互文以相見耳。髽,婦人之變"者,髽既是婦人之變,則免是男子之變,今丈夫見其人,不見免,則丈夫當免矣,婦人見其髽,不見人,則婦人當髽矣,故云"互文以相見"。

十三　啓殯後,雖斬衰亦免而無括髮

引《喪服小記》者,正見未成服已前②,男子免而婦人髽,既成服以後,男子冠,婦人笄。若然,小斂之時,斬衰男子括髮,齊衰以下男子免,不言男子括髮者,欲見啓殯之後,雖斬衰亦免而無括髮。

十四　既殯、先啟之間,雖有事,不免,啟後免③

知者,案《喪服小記》云"緦、小功,虞、卒哭則免",注云"棺柩已藏,嫌恩輕,可以不免也。言'則免'者,則既殯、先啓之間,雖有事不免",以此而言,先啓不免,則啓當免矣。又《喪服小記》云"君弔,雖不當免時也,主人必免,不散麻。雖異國之君,免也,親者皆免",注云"不散麻者,自若絞垂,爲人君變,貶於大斂之前、既啓之後也。親者,大功以上也",注直言

---

① "十一燭"至"亦名燋",原在頁眉處,占行七至九,謹依題義挪至此處。

② "正"字原作"證",曹云:"'證'或當爲'正'。"據改。

③ "十四既殯"至"啟後免",原在頁眉處,占行四至九,謹依題義挪至此處。

"不散麻",貶于既啓之後,則主人著免不貶矣。以此言之,啓後主人著免可知,若啓後著免,亦是變矣①。

十五　知啟至卒哭同著免,以反哭時無變②

若然,後至卒哭,其服同矣,以其反哭之時,更無變服之文。

十六　拂柩用功布,三有聲以存神

商祝免,袒,執功布入,升云云③。

云"功布,灰治之布也"者,亦謂七升以下之布也。云"執之以接神,爲有所拂拭也"者,拂拭猶言拂拭,下經云"商祝拂柩用功布",是拂拭去塵也,此始告神而用功布拂拭者,謂拂拭去凶邪之氣也。云"三有聲,存神也"者,案《曾子問》亦云"祝聲三",鄭云"警神也",即此存神。

十七　周祝徹宿奠,夏祝取銘降,爲妨啟

祝降,與夏祝交于階下。取銘置于重。

此祝不言商、夏,則周祝也。燭既入室,周祝從而入室徹宿奠,降。降時夏祝自下升取銘,降置于重,爲妨啟殯故也。

十八　宿奠,謂經宿,擬朝廟所用④

云"祝降者,祝徹宿奠降也"者,謂昨暮所設夕奠經宿,故謂之宿奠也。此宿奠擬朝廟所用,即下云"重先,奠從,燭從"者是也。

---

① "變"字原作"貶",程恂云:"按啓後自當免,不應云'貶'。以上文君弔,主人必免,爲人君變推之,則'貶'字蓋'變'之譌。下云反哭之時,更無變服,亦可證也。"據改。

② "十五知啟"至"時無變",原在頁眉處,占行十二至十七,謹依題義挪至此處。

③ "商祝"至"云云"原作"商祝拂柩用功布憮用夷衾",爲下節經文,不與正文疏相對,四庫本作"商祝袒免執功布入升云云",經文"免"在"袒"上,據改乙。

④ "十八宿奠"至"廟所用",此題原在"燭從者是也"文下,謹依題義挪至此處。

十九　凡交於階下,吉事左,凶事右①

云"吉事交相左"者,則《鄉射》《大射》皆云"降與升射者交於階下②,相左"是也。云"凶事交相右"者,此凶事不言交相左者,以凶事反於吉,明交相右可知。"交相右"者,周祝降階時當近東,夏祝升階當近西。

二十　棺出南首,夷衾覆棺,衾隨柩入壙

幠用夷衾。

注:幠,覆之,爲其形露。

釋曰:開柩已出時,是棺南首。夷衾本擬覆柩,故斂時不用,今得覆棺,於後朝廟及入壙,雖不言用夷衾,又無徹文,以覆棺言之,當隨柩入壙矣。

二一　遷于祖用軸,謂從殯宮朝廟時

遷于祖,用軸。

釋曰:自此盡"由足,西面",論以柩朝廟之事。云"遷于祖,用軸"者,謂朝廟之時,從殯宮遷移于祖廟朝時,用輁軸載之。案《士喪禮》將殯云"棺入,主人不哭,升棺用軸",則遷于祖時,亦升輁軸於階上,載之挽柩而下。若然,未升饌,陳之當在堂下,是以下記云"夷牀、輁軸,饌于西階東",注云"明階間者,位近西,夷牀饌于祖廟,輁軸饌于殯宮",而言"階間",明在堂下也。

二二　殷朝廟而殯于祖,周朝而遂葬③

云"《檀弓》曰:殷朝而殯于祖"者,殷人將殯之時,先朝廟,訖乃殯,至

---

① "十九凡交"至"凶事右",原在頁眉處,占行十四至十八,謹依題義挪至此處。

② "與"下原無"升"字,曹云:"'與'下脱'升'字。"據補。

③ "二二殷朝"至"而遂葬",原在頁眉處。占行十四至十八,謹依題義挪至此處。

葬時不復朝也。云“周朝而遂葬”者，周人殯于路寢，至葬時乃朝，朝訖而遂葬。

二三　朝廟時前後有燭，男女分右左、親疏

重先，奠從，燭從，柩從，燭從，主人從。

釋曰：此論發殯官鄉祖廟之次序。柩之前後皆有燭者，以其柩車爲隔，恐闇，故各有燭以炤道。若至廟，燭在前者升照正柩，在後者在階下照升柩，故下記云“燭先入者升堂，東楹之南，西面。後入者西階東，北面，在下”是也。云“主人從者，丈夫由右，婦人由左，以服之親疏爲先後”者，經直云“主人從”者，以主人爲首者而言，故鄭總舉男子、婦人并五服而言。知男子由右，婦人由左者，以《内則》云“道路，男子由右，女子由左”，鄭云“地道尊右”，彼謂吉時，此雖凶禮，亦依之也。云“親疏爲先後，各從其昭穆”者，假令昭親則在先，昭疏則在後，就同昭穆之中，又以年之大小爲先後，男從主人後，女從主婦後。云“男賓在前[①]，女賓在後”者，謂無服者亦各從五服男子、婦人之後。

二四　爲人子不由阼階，至朝廟猶然

升自西階。

釋曰：云“猶用子道，不由阼也”者，案《曲禮》云爲人子者“升降不由阼階”，今以柩朝祖，故用子道，不由阼也。

二五　唯主人、主婦從柩升，衆人東階下

主人從升。婦人升，東面。衆人東即位。

釋曰：主人、主婦從柩而升。言“婦人升，東面”，不言主人西面，舉主婦東面，主人西面可知，故下文云主人“西面”也。云“衆人東即位”者，唯主人、主婦升，自衆主人以下，從柩至西階下，遂鄉東階下即西面位。

---

① “前”字原作“後”，四庫本作“前”，據改。

二六　正柩於兩楹間，近西柩，北首

正柩于兩楹間，用夷牀。

釋曰：云“兩楹間，象鄉户牖也”者，以其户牖之間①，賓客之位，亦是人君受臣子朝事之處，父母神之所在，故於兩楹之間，北面鄉之。若言鄉户牖，則在兩楹間而近西矣，故下記云“夷牀、輁軸，饌于西階東”，饌夷牀，俟正柩，而言“西階東”，則正柩于楹間近西可知矣。云“是時柩北首”者，既言朝祖，不可以足鄉之，又自上以來設奠，皆升自阼階，今此下文設奠，升降皆自西階，下鄭注云“奠升不由阼階，柩北首，辟其足”。

二七　設宿奠於柩西，據神位在奧，不在東

席升，設于柩西。奠設如初，巾之。升降自西階。

釋曰：此論設宿奠於柩西。云“從奠設如初，東面也”者，“如初”謂如殯宮朝夕奠設于室中者，從柩而來，此還是彼朝夕奠脯、醢、醴、酒，據神東面設之於席前也。云“不統於柩，神不西面也”者，《特牲》、《少牢》皆設席于奧，東面，則天子、諸侯亦不西面可知。云“不設柩東，東非神位也”者，此亦據神位在奧，不在東而言也。

二八　小斂奠尸東，未異於生，大斂後設室中②

若然，小斂奠設于尸東者，以其始死，未忍異於生。大斂以後，奠皆設于室中，亦不統於柩。此奠不設于室者，室中神所在，非奠死者之處。

二九　喪不剥奠據大小斂，此宿奠無肉亦巾

案《禮記·檀弓》云“喪不剥奠也與，祭肉也與”，據小斂、大斂之等

---

① “象鄉”下原無“户牖也者以其”六字，汪刻本及張、阮刻本均有“户牖也者以其”六字，據補。
② “二八小斂”至“設室中”，原在頁眉處，占行四至九，謹依題義挪至此處。

也,有牲肉,故不裸露,故巾之,以此宿奠脯、醢、醴、酒,無祭肉,巾之者,以朝夕奠在室,不巾,此雖無祭肉,爲在堂風塵,故巾之巾,如字,或居覲反①。

三十　主人殯宮拜賓訖,即位袓,至此乃襲絰

主人踊無筭,降至襲。主婦及親者由足,西面。

釋曰:云"降拜賓,即位踊,襲"者,賓謂在殯宮看主人開殯朝袓之賓。襲者,主人從殯宮中降拜賓②,入即位袓,至此乃襲。襲者先即位踊,踊訖,乃襲絰于序東。

三一　薦車如生時陳駕,漢謂之魂車

薦車,當東榮,北輈。

釋曰:自此盡"還出",論薦車馬,設遷袓奠之事。"薦車"者,以明旦將行,故豫陳車。云"進車者,象生時將行陳駕也"者,案《曲禮》云"君車將駕,則僕執策立於馬前,已駕,僕展軨",是生時將行陳駕,今死者將葬,亦陳車象之也。云"今時謂之魂車"者,鄭舉漢法況之。《周禮·考工記》有輈人爲輈,輈亦謂之轅,故云"輈,轅也"。云"車當東榮,東陳西上於中庭"者,此車既非載柩之車,即下記云薦乘車、道車、槀車。云"中庭"者,據南北之中庭,不據東西爲中庭也,何者?以下經云薦馬入門,三分庭一在南,馬右還出,薦馬者當車南,在庭近南,明車近北,當中庭矣。

三二　喪奠皆升自阼,唯朝袓奠升自西,辟足

質明,滅燭。徹者升自阼階,降自西階云云。

釋曰:云"新奠"者③,謂遷袓之奠將設新,故徹去從奠,以辟新奠也。

---

①　"巾如"至"覲反",乃了翁增補之釋文。

②　"襲者"至"拜賓"原作"襲者從殯宮中拜賓",阮云:"毛本'者'下有'主人'二字,'中'下有'降'字。《通解》有'主人'二字,無'襲者'二字。"據毛本補。

③　"云云釋曰云"原作"釋曰云云云",四庫本作"云云釋曰",據四庫本乙"云云"二字於"釋曰"前,後一"云"字仍其舊。

云“不設序西南,已再設爲褻”者,謂徹從奠,不設于序西南,爲再設褻黷,故不設也。其再設者,未啓殯前夕時一設,至此朝廟又設。云“如初”者,亦於柩西當階之上,東面席前爲之則同,其饌則異,以其上三鼎及東方之饌,皆如大斂之奠是也①。云“奠升不由阼階,柩北首,辟其足”者,以前大斂、小斂及朝夕奠皆升自阼階,降自西階,今此遷祖奠升不由阼階,故云辟足。辟足者,以其來往不可由首,又飮食之事不可褻之由足,故升自西階也。若然,徹時所以由足者,奠畢去之,由足無嫌也。

三三　薦馬以駕車,士每車二匹,有纓

薦馬,纓三就,入門北面,交轡,圉人夾牽之。

釋曰:案下記云“薦乘車”,又云“纓、轡、貝勒縣于衡”,又云“道車載朝服,槀車載蓑笠”,注云“道車、槀車之纓、轡及勒亦縣于衡也”,若然,薦車之時,纓縣于衡,此薦馬得有纓者,以薦車時縣于衡,至此薦馬時又取而用之,故兩見之也。云“駕車之馬”者,即上文薦車之馬也。云“每車二匹”者,下經云“公賵兩馬”,注云“兩馬,士制也”,故知此車有三乘,馬則六匹矣。

三四　漢時名馬纓曰鞅②

云“纓,今馬鞅也”者,古者謂之纓,漢時謂之鞅。

三五　薦車之禮成于薦馬,故始哭踊

御者執策,立于馬後。哭成踊。

釋曰:云“主人於是乃哭踊者,薦車之禮成于薦馬”者,以其車得馬而成,故前薦車時主人不哭踊,至薦馬乃哭。

---

① “皆”下原無“如”字,曹云:“‘皆’下脱‘如’字。”倉石云:“胡氏《正義》‘皆’下補‘如’字是。”據補。

② “三四漢時名馬纓曰鞅”,原在頁眉處,占行一至四,謹依題義挪至此處。

三六　賓以朝廟事畢而出，就外位，請祖期

賓出，主人送于門外。有司請祖期。

釋曰：自此盡“屬引”，論祖時飾柩車之事。此賓即上來弔主人啓殯者，朝廟事畢而出，主人送之。云“亦因在外位請之”者，上既夕哭訖，因外位請啓期，故云“亦”也。此經不言告賓，知告賓者，若不告賓，時至則設，何須請期？

三七　日側是旁側，轉爲昃，注訓昳[①]

主人答之曰“日側”者，昃是傍側，亦爲特義轉爲昃者，取差跌之義，故從昃。

注：側，昳也，謂過中之時昳，大結反[②]。

三八　袒爲載變，卒束乃襲，束謂束棺

主人入，袒，乃載，踊無筭，卒束，襲。

釋曰：云“袒，爲載變也”者，將載，主人先袒，乃載，故云“爲載變也”。云“乃舉柩卻下而載之”者，卻猶却也，鄉柩在堂北首，今卻下以足鄉前，下堂載於車，故謂之爲卻也。云“束，束棺於柩車”者，案《禮記·喪大記》云“君蓋用漆，三衽三束”，《檀弓》云“棺束縮二横三”，彼是棺束，此經先云“載”，下乃云“卒束”，則束非棺束，是載柩訖，乃以物束棺。

三九　柩車即蜃車，飾以帷荒，亦名牆柳

商祝飾柩，一池，紐前緇後緇，齊三采，無貝。

---

① “三七日側”至“注訓昳”，原在頁眉處，占行十二至十六，謹依題義挪至此處。

② “謂過中之時”原作“將過中之時”，張、阮刻本均作“謂將過中之時”，阮云：“敖氏無‘將’字，似與疏合。”據改。又，“昳，大結反”四字乃了翁增補之釋文，“昳”上原有“釋曰”二字，既非疏文，謹删。

釋曰：此並飾車之事。其柩車即《周禮》蜃車也，四輪迫地，其轝亦狀如長牀①，兩畔豎轓子，以帷繞之，上以荒，一池縣於前面荒之爪端，荒上於中央加齊。云"飾柩，爲設牆柳也"者，即加帷、荒是也。云"巾奠乃牆"，下記文，鄭引之者，以此經直云"飾柩"，不言設牆時節，故記人辨之，以巾覆奠乃牆，謂此飾柩者也。云"牆有布帷，柳有布荒"者，案《喪大記》云"飾棺，君龍帷、黼荒，大夫畫帷、畫荒②，士布帷、布荒"，鄭注云"布帷、布荒者，白布也，君、大夫加文章焉"，此注牆、柳別，案《喪大記》注又云"在旁曰帷，在上曰荒，皆所以衣柳也"，則帷、荒總名爲柳者，案《縫人》云"衣翣柳之材"，鄭注"必先纏衣其木，乃以張飾也。柳之言聚，諸飾之所聚"③，若然，對而言之④，則帷爲牆，象宮室有牆壁，荒爲柳，以其荒有黼黻及齊三采諸色所聚，故得柳名，總而言之，皆得爲牆。"巾奠乃牆"及《檀弓》云"周人牆置翣"，皆牆中兼有柳，《縫人》"衣翣柳之材"，柳中兼牆矣。鄭注《喪大記》云"荒，蒙也"，取蒙覆之義。

四十　池象生時承霤，唯仰俯及竹木異⑤

云"池者，象宮室之承霤，以竹爲之"者，生人宮室，以木爲承霤，仰之以承霤水，死者無水可承，故用竹而覆之，直取象平生有而已。

四一　池狀如小車笭，衣以青布，依漢禮言⑥

云"狀如小車笭，衣以青布"者，此鄭依漢禮而言。云"一池縣於柳前"者，案《喪大記》君三池，大夫二池，士一池。君三池，三面而有。大夫二池，縣於兩相。士一池，縣於柳前面而已。

---

① "亦"下原有"一"字，阮云："毛本無'一'字，陳、閩俱有'刪'字。案'刪'字亦後人校語，誤入正文。"據刪。

② "畫"下原無"帷畫"二字，汪刻本及張、阮刻本均有"帷畫"二字，據補。

③ "之"下原無"所"字，汪刻本及張、阮刻本均有"所"字，據補。

④ "對"下原無"而言之"三字，阮云："毛本、《通解》'對'下有'而言之'三字。"據補。

⑤ "四十池象"至"竹木異"，原在頁眉處，占行一至六，謹依題義挪至此處。

⑥ "四一池狀"至"漢禮言"，原在頁眉處，占行十三至十八，謹依題義挪至此處。

四二　池下褕絞，一名振容，士則無，又去魚①

云“士不褕絞”者，案《雜記》云“大夫不褕絞，屬於池下”，褕者，依《爾雅·釋鳥》云“江淮而南，青質，五采皆備，成章曰鷂”，絞者，倉黄之色，則人君於倉黄色繒上，又畫鷂雉之形，縣于池下，大夫則闕之，故云大夫則“不褕絞，屬于池下”。池下褕絞，一名振容，故《喪大記》云大夫“不振容”，振容者，車行振動，以爲容儀，但大夫不振容，池下仍有銅魚縣之。士不但不褕絞，又無銅魚，故《喪大記》大夫有“魚躍拂池”，士則無，鄭注云“士則去魚”。

四三　齊若人齊，居柳中，若漢小車蓋上蕤②

云“左右面各有前後”者，柩車左右以有帷，分兩相，各爲前後，故云“前經後緇”。云“齊居柳之中央”，雖無正文，以其言齊，若人之齊亦居身之中央也。云“若今小車蓋上蕤矣”者，漢時小車蓋上有蕤，在蓋之中央，故舉以爲説。云“以三采繒爲之，上朱、中白、下倉”者，案《聘禮記》云三采“朱、白、倉”，彼據繅藉用三采，先朱，次白，下倉，此爲齊用三采，亦當然，故取以爲義也。云“著以絮”者，既云齊，當人所覩見，故知以絮著之使高。知“元士以上有貝”者，案《喪大記》云君齊五采、五貝，大夫齊三采、三貝，士齊三采、一貝，鄭注云“齊，象車蓋蕤，縫合雜采爲之，形如瓜分然，綴貝落其上及旁”③，見彼士爲天子元士，元士已上皆有貝也，此諸侯之士，故云“無貝”也。

四四　設披謂輅柳棺上，貫結於戴，人旁牽

設披。

釋曰：云“披，輅柳棺上，貫結於戴”者，案《喪大記》注云“戴之言值

---

① “四二池下”至“又去魚”，原在頁眉處，占行三至八，謹依題義挪至此處。
② “四三齊若”至“蓋上蕤”，原在頁眉處，占行十二至十七，謹依題義挪至此處。
③ “上”字原作“土”，四庫本及汪刻本均作“上”，據改。

也,所以連繫棺束與柳材,使相值,因而結前後披也",此注云"披,輅柳棺上①,貫結於戴",以此而言,則戴兩頭皆結于柳材,又以披在棺上輅過,然後貫穿載之連繫棺束者,乃結于戴,餘披出之於外,使人持之,一畔有二,爲前後披,故下記云"執披者旁四人",注云"前後左右各二人"是也。人君則三披,各三人持之,備傾虧也。引《喪大記》者,證披連戴而施之。

四五　屬引謂以紼繩屬于柩車,在軸輴

屬引。

釋曰:引謂紼,繩屬,著於柩車。云"在軸輴曰紼"者,士朝廟時用軸,大夫已上用輴,故并言之,言紼見繩體,言引見用力,故鄭注《周禮》亦云"在車曰紼,行道曰引"②。

四六　鄭言古者以人引柩,對漢不以人引③

云"古者人引柩"者,《雜記》"乘人,專道而行",又云諸侯五百,大夫三百,皆是引人也。言"古者人引",對漢以來不使人引也。引《春秋》者,案定公九年《左氏傳》云齊侯伐晉夷儀,敝無存死之,齊侯與之犀軒而先歸之,"坐引者,以師哭之,親推之三",注云坐而飲食之④,此鄭略引之。云"坐引"者,亦謂飲食之,"哭之",亦以師哭之。"三"者,亦謂公親推之三也。引之者,證古者人引也。

四七　明器,自包筲以下藏器,陳於乘車西

陳明器於乘車之西。

---

① "披"下原無"輅"字,曹云:"'披'下各本有'輅'字是也。"據補。
② "在車"至"曰引",倉石云:"《周禮》注無此文。今案賈氏於《大司徒》、《遂人》疏皆引《喪大記》注'在棺曰紼,行道曰引',則此亦當引之。"
③ "四六鄭言"至"以人引",原在頁眉處,占行二至七,謹依題義挪至此處。
④ "注云"至"食之",倉石云:"疑是服注文,李氏貽德、嚴氏蔚俱未采。"

　　釋曰：云"明器，藏器也"者①，自包筲以下皆是藏器，故下云"器，西南上，綪"，又云"茵"，注云"茵在抗木上②，陳器次而北也"，則自包筲以下總曰藏器，以其俱入壙也。引《檀弓》者，案彼注"成，猶善也，竹不可善用"。云"陳器乘車之西，則重北"者，無正文，上薦車云"直東榮"，繼廟屋而言，上注云"中庭"，不得云近北，明車近南在重東北③，今東陳於乘車之西，明重北可知。引《檀弓》者，"竹不成用，瓦不成味"。成，猶善也，謂籩無縢，味當作沫，醢也。"琴瑟張而不平"云云，無宮商之調。

四八　折猶庪，加於壙上，承抗席，禦土

　　云"折，橫覆之"者，鄭云"蓋如牀"，則加於壙上時，南北長，東西短。以其窆畢，加之於壙上，所以承抗席，若庪藏物然，故云"折，猶庪也"。云"方鑿連木爲之，蓋如牀，而縮者三，橫者五，無簀"者，此無正文。

　　抗木，橫三縮二。

　　云"所以禦止土"者，以其在抗席之上④，故知"以禦土也"⑤。

四九　明器輴車皆由羨道入，壙口唯下棺⑥

　　"其橫與縮，各足掩壙"者⑦，以其壙口大小雖無文，但明器之等皆由羨道入，諸侯已上又有輴車，亦由羨道入，壙口唯以下棺，則壙口大小容棺而已，今抗木亦足掩壙口也。

---

　　①　"也者"原作"者也"，張、阮刻本均作"也者"，合於注，據乙。
　　②　"抗"字原作"杭"，四庫本及再造善本均作"抗"，據改。
　　③　"近南在重東北"原作"近不在重"，曹云："案'近不在重'四字，或當爲'近南在重東北'六字。"據改。
　　④　"席"字原作"木"，張、阮刻本均作"席"，據改。
　　⑤　"土"字原作"上"，四庫本及再造善本均作"土"，據改。
　　⑥　"四九明器"至"唯下棺"，原在頁眉處，占行六至十一，謹依題義挪至此處。
　　⑦　"掩"下原無"壙"字，阮云："毛本、《通解》'掩'下有'壙'字。"曹云："'掩'下各本有'壙'字是。"據補。

五十　抗木橫三縮二①,加抗席,加茵,茵以藉棺

既陳抗木於折北,又加此抗席三領於抗木之上。知抗木不在折上者,以抗木直言橫三縮二,不言加,明別陳於折北,抗木之下而此云"加",加於抗木之上可知,抗席之下而云"加茵"②,明又加於抗席之上。抗木在上,故云"禦土",抗席在下,隔抗木,慮有塵鄉下,故云"禦塵"。云"加茵"者,謂以茵加於抗席之上,此說陳器之時。云"用疏布"者,謂用大功疏麤之布。云"緇翦"者,緇則七入黑汁爲緇,翦,淺也,謂染爲淺緇之色。言"有幅"者,案下記云"茵著用荼,實綏澤焉",此鄭注云有幅緣之者③,則用一幅布爲之,縫合兩邊幅爲帒,不去邊幅,用之以盛著也,故云"有幅"也。云"茵,所以藉棺"者,下葬時茵先入④,屬引乃窆,則茵與棺爲藉。抗木云縮二橫三,此亦縮二橫三,故知"亦者,亦抗木也"。

五一　陳明器從茵鄉北爲次,故連茵言之

茵非明器而言之者,陳器從此茵鄉北爲次第,故言之,故鄭云"茵在抗木上,陳器次而北"。下文既設遣奠,而云"苞牲,取下體",故知苞二"所以裹奠羊、豕之肉"也。

筲三,黍、稷、麥。

云"其容蓋與簋同一㲉也"者,案《考工記》"㲉人爲簋,實一㲉",又云"豆實三而成㲉",案昭三年晏子云"四升曰豆","豆實三而成㲉",則㲉受斗二升,此筲與簋同盛黍、稷,知受一㲉斗二升,約同之,無正文,故云"蓋"以疑之也。

甕三。

云"甕,瓦器"者,以甕與甒等字從缶、瓦,故知是瓦器。云"其容亦蓋

---

① "抗"字原作"杭",四庫本作"抗",據改。
② "茵"上原無"加"字,汪刻本及張、阮刻本均有"加"字,據補。
③ "有"下原無"幅"字,四庫本及汪刻本均有"幅"字,據補。
④ "先"下原無"入"字,阮云:"毛本、《通解》'先'下有'入'字。"據補。

一穀”者，《聘禮記》致饔餼云“罋，斗二升”①，則此罋約同之，故云“蓋”以疑之也。知屑是薑、桂者，以其與《内則》“屑，桂與薑”同云“屑”，故引《内則》爲證也。

甒二。

繼罋三而陳之。言“亦瓦器”，亦上“罋三”也。云“皆木桁，久之”者，則自苞、筲以下皆塞之，置於木桁也。若然，既皆久塞而罋、甒獨云“幂”者，以其苞、筲之等燥物，宜苞塞之而無幂，罋、甒濕物，非直久塞其口，又加幂覆之。云“久，當爲炙，炙謂以蓋案塞其口”者，此亦如上設重鬲，亦與之同，故讀從炙也。云“每器異桁”者，以其言“皆木桁”。

五二　用器自弓矢、耒耜以下，皆常用器

五三　槃匜盥器，南流謂匜口在南②

用器，弓矢、耒耜、兩敦、兩杆、槃匜。匜實于槃中，南流。

注云：此皆常用之器③。杆，盛湯漿。槃匜，盥器也，流，匜口也。今文杆作桙。

釋曰：謂常用之器。弓矢，兵器。耒耜，農器。敦杆，食器。槃匜，洗浴之器。皆象生時而藏之也。

五四　明器鬼器，祭器人器，士無祭器

無祭器。

釋曰：知“大夫以上兼用鬼器、人器也”者，案《檀弓》云“宋襄公葬其夫人，醯醢百罋。曾子曰：既曰明器矣，而又實之”，注云“言名之爲明器，而與祭器皆實之，是亂鬼器與人器”，以此而言，則明器鬼器也，祭器人器

---

① “罋斗二升”，倉石云：“《聘禮》無此文，當攷。”

② “五三槃匜”至“口在南”，原在頁眉處，占行十三至十七，“槃匜盥”至“匜口也”乃與此題對應之文字，涵于題五二所領正文内，不宜段分，謹依題義挪至此處。

③ “此”下原無“皆”字，注有“皆”字，據補。

也。士禮略,無祭器,空有明器而實之。大夫以上尊者備,故兩有,若兩有,則實祭器,不實明器。宋襄公既兩有而并實之,故曾子非之。

五五　士有燕樂器,謂琴瑟、特縣

有燕樂器可也。

釋曰:言“可”者,許其得用,故云“可也”。云“與賓客燕飲用樂之器也”者,則升歌有琴瑟,庭中有特縣,縣磬也。

五六　役器,介、胄、干、笮,無弓、矢,示不用

役器,甲、胄、干、笮。

釋曰:此役器中有干、笮,無弓、矢,示不用,故不具。上用器是常用之器,故具陳之也。

五七　古用皮,名甲、胄,後用金,名鎧、兜鍪①

云“甲,鎧。胄,兜鍪”者,古者用皮,故名甲、胄,後代用金,故名鎧、兜鍪,隨世爲名故也。

五八　役用器皆沽,魂車象生,與此別②

但上下役用之器,皆麤沽爲之,故下記云“弓矢之新,沽功”,注云“設之宜新,沽示不用”,弓矢云“沽”,餘雖不言,皆沽可知也。但此笮是送死之具,下記云“薦乘車,鹿淺幦,干、笮、革靾”者,是魂車所載象生者,與此別也。

---

① “五七故用”至“鎧兜鍪”,原在頁眉處,占行十三至十八,謹依題義挪至此處。
② “五八役用”至“與此別”,原在頁眉處,占行一至五,謹依題義挪至此處。

五九　燕器謂杖扶身、笠禦暑、翣招涼

燕器，杖、笠、翣。

釋曰：云"燕居安體之器也"者，以杖者所以扶身，笠者所以禦暑，翣者所以招涼，而在燕居用之，故云"燕居安體之器也"。云"笠，竹篛蓋也"者，篛，竹青之皮，以竹青皮爲之。

六十　還車爲祖奠，布巾、席于車西方

徹奠云云。

自此盡"入復位"，論還車爲祖奠之事。此徹遷祖奠者，爲將還遷車，更設祖奠。云"巾、席俟於西方，祖奠將用焉"者，以下經云"祖，還車"，還車訖，布席設祖奠，則布此巾、席也，故巾、席俟祖奠，在西方也。

六一　大、小斂奠有升降階，此祖奠在庭①

云"節者，來象升，丈夫踊，去象降，婦人踊"者，案上篇徹小斂、大斂奠時，皆升自阼階，丈夫踊，降自西階，婦人踊，今奠在庭，無升降之事，直有來往，經云"要節而踊"，知有婦人亦踊者，以下經徹祖奠時云"徹者入，丈夫踊，設於西北，婦人踊"，注云"猶阼階升時也，徹設於柩車西北，亦猶序西南"，是男子、婦人並有踊文。

六二　大、小斂奠等皆經宿，此遷祖奠旦設晨徹

云"徹者由明器北，西面。既徹，由重南東"者，凡奠於堂、室者，皆升自阼階，降自西階，奠於庭者，亦由重北，東方來陳，由重北而西徹，徹訖，由重南而東，象升自阼階，降自西階也。云"不設于序西南者，非宿奠也"者，以其大斂、小斂奠及夕奠，乃皆經宿，故皆設之於序西南，爲神憑依，

---

① "六一大小"至"奠在庭"，原在頁眉處，占行十三至十八，謹依題義挪至此處。

此遷祖奠旦始設之,今日側徹之,未經宿。

六三　將祖,主人袒,既祖,踊而襲

祖[①]。

注:爲將祖變。

釋曰:下經"商祝御柩,乃祖",是將祖,故此主人袒,袒即變也。既祖訖,故踊而襲。云"主人也"者,前祖是主人,則此襲亦主人也。

六四　婦人即位階間,以柩遷鄉外,階間空

婦人降[②],即位于階間。

釋曰:"婦人降"者,以柩還鄉外,階間空,故婦人從堂上降,在階間。云"爲柩將去有時"者,"去有時"即明旦遣而行之時是也[③],今此爲行始也。云"位東上"者,以堂上時,婦人在阼階西面,統於堂下男子,今柩車南還[④],男子亦在車東,故婦人降亦東上,統于男子也。婦人不鄉車西者,以車西有祖奠,故辟之,在車後。

六五　茵與銘皆入壙,重不藏,埋廟門左

祝取銘,置于茵。

釋曰:初死,爲銘置于重。啓殯,祝取銘置于重。祖廟,又置于重,今將行置于茵者,重不藏,擬埋于廟門左,茵是入壙之物,銘亦入壙之物,故置于茵也,是以鄭云"重不藏,故於此移銘加於茵上也"。

---

① "袒"字原作"祖",經作"袒",據改。

② "人"下原無"降"字,四庫本有"降"字,合於經,據補。

③ "時是"原作"是時",曹云:"'是時'二字殿本倒。"據乙。

④ "還"字原作"遷",阮云:"毛本、《通解》'遷'作'還'。"據改。

六六　大夫以上廞旌，士唯乘車建攝盛之旗①

士無廞旌，唯有乘車所建攝盛之旗，并此銘旌而已，大夫以上有廞旌，通此二旌，則此備三旌也。

六七　祖奠與遷祖奠同在車西，再薦馬

布席，乃奠如初。

"主人要節而踊"者，祖奠既與遷祖奠同車西，又皆從東而來②，則此要節而踊，一與遷祖奠同。云"車已祖，可以爲之奠"，是之謂祖奠者，下記云"祝饌祖奠于主人之南"，是謂彼祖奠。

薦馬如初。

上已薦馬，今又薦馬者，以柩車動而鄉南，爲行始，宜新之。

六八　死至殯啓、至葬，主人及兄弟皆内位

賓出，主人送，有司請葬期。

上啓期、祖期，事畢在外位，故此亦因事畢出，在外位時請葬期也。

又復位。

云"自死至于殯、自啓至於葬，主人及兄弟常在内位"者，自死至於殯在内位，據殯宮中，自啓至於葬在内位，據在祖廟中，處雖不同，在内不異，故總言之。

---

① "六六大夫"至"盛之旗"，原在頁眉處，占行七至十二，謹依題義挪至此處。又，"上"字原作"土"，疑其爲"上"之誤，謹改。

② "又皆從東"原作"又皆從車"，阮云："毛本'又'作'人'。"曹云："'車'當爲'重'。"倉石引《校釋》作"'車'當爲'東'"，據《校釋》改。

六九　内位在尸東，斂後位、在廟位皆阼階下①

云"在内位"者，始死未小斂已前，位在尸東，小斂後，位在阼階下，若自啓之後在廟，位亦在阼階下也。

---

① "六九内位"至"阼階下"，原在頁眉處，占行四至九，謹依題義挪至此處。

儀禮要義卷第三十九　既夕禮二

一　公及大夫皆有臣，臣皆尊之曰公

公賵玄纁束、馬兩①。

自此盡“入復位，杖”，論國君賵法之事。云“國君也”者，公及大夫皆有臣，臣皆尊其君，呼之曰公，故《左氏傳》伯有之臣曰“吾公在壑谷”，今此云“公”，則國君，非大夫君也，以下云“主人釋杖，迎于廟門外”，與《喪大記》如此迎送者，皆據國君也。云“賵，所以助主人送葬也”者，案兩小《傳》皆云“車馬曰賵”，施于生及送死者，故云“助主人送葬也”②，是以下注云“賵奠於死生兩施”。

二　注引季康子事，證賵馬助人

三　大夫以上駕駟，士家居乘兩馬③

---

① “馬”下原無“兩”字，四庫本有“兩”字，合於經，據補。

② “也”下原有“者”字，汪刻本及張、阮刻本均作“者也”，不合於注，底本“者”字似涉上“云賵所以助主人送葬也者”文而衍，謹删。

③ “三大夫”至“乘兩馬”，原在頁眉處，占行十四至十八，“云兩馬”至“之文也”乃與此題對應之文字，涵于題二所領正文内，不宜段分，謹依題義挪至此處。

四　於父之舅氏稱彌甥[①]

云"兩馬,士制也"者,謂士在家常乘之法,若出使及征伐則乘駟馬,其大夫以上則常乘駟馬,故鄭《駁異義》云"天子駕駟",《尚書·康王之誥》康王始即位,云諸侯"皆布乘黃朱",《詩》云"駟騵彭彭",武王所乘,《魯頌》云"六轡耳耳",僖公所乘,《小雅》云"駟牡騑騑",大夫所乘,是大夫以上駕駟之文也。引《春秋》者,《左氏傳》哀公二十三年,"春,宋景曹卒",注云"景曹,宋元公夫人小邾女,季桓子外祖母",又云"季康子使冉有弔,且送葬,曰:敝邑有社稷之事,使肥與有職競焉,是以不得助執紼,使求從輿人",注云"輿,衆也",又云"曰:以肥之得備彌甥也",注云"彌,遠也。康子父之舅氏,故稱彌甥",又云"有不腆先人之產馬,使求薦諸夫人之宰,其可以稱旌繁乎",注云"稱,舉也。繁,馬飾繁纓也",引之者,證公有贈馬助人之事。

五　主人釋杖迎賓,尊君命,衆主人不迎

擯者出請,入告。主人釋杖,迎于廟門外,不哭云云。
釋曰:云"尊君命也"者,謂釋杖迎入,是尊君命也。前文祖、襲,皆據主人,此則衆主人亦祖,亦是尊君命。云"衆主人自若西面"者,以其主人一人迎賓入門,門東而右,其餘衆主人不迎賓,明自若常位,柩東西面可知也。

六　馬是庭實,故設於庭,在重南

馬入設。
注:設於庭,在重南。
釋曰:以馬是庭實,故云"設于庭"。知"在重南"者,以庭實法皆參分

---

① "四於父"至"稱彌甥",原在頁眉處,占行二至五,"又云曰"至"稱彌甥"乃與此題對應之文字,涵于題二所領正文內,不宜段分,謹依題義挪至此處。

庭一,在南設之,又重北陳明器,不得設馬,故知“在重南”。

七　棧謂柩車,凡士車制無漆飾

主人哭,拜稽顙,成踊。賓奠幣于棧左服,出。

釋曰:云“棧,謂柩車也,凡士車制無漆飾”者,此棧車即柩車,以其賓由輅西而致命。云“奠幣於棧”者,明此棧車、柩車即屬車,四輪迫地,無漆飾,故言棧也。

八　車南鄉,以東爲左,尸在車上,東爲右^①

云“左服,象授人授其右也”者,案《聘禮》宰授使者圭時云“同面”,使者在左,宰在右而授其右也,此車南鄉,以東爲左,尸在車上,以東爲右,故授左服容授尸之右也。

九　公所將命曰賓,謂卿、大夫、士

賓賵者將命。

注:賓,卿、大夫、士也。

釋曰:自此盡“知生者賻”,論賓及兄弟賵奠之事。云“賓,卿、大夫、士也”者,以其上云君,下有兄弟,則此賓是國中三卿、五大夫、二十七士可知。言“將命”者,身不來,遣使者將命告主人。案《雜記》諸侯使卿弔鄰國諸侯,主人使擯者告賓云“孤某須矣”。

十　貨財曰賻,施於生者

云“貨財曰賻”者,《公羊傳》文也。鄭知“施於主人”者,以下經云“知生者賻”,是施於主人也^②。案《春秋》文五年春,“王使榮叔歸含且賵”,

---

①　“八車南”至“東爲右”,原在頁眉處,占行六至十一,謹依題義挪至此處。

②　“於”下原無“主”字,四庫本及汪刻本均有“主”字,據補。

《傳》譏一人兼二事,此賓所以兼事,彼譏一人獨行,不與介各行,故譏,若《雜記》云上客弔,即其介各行含、襚、賵,則不譏,則卿、大夫、士禮,一人行數事可也。

十一　無器則捂受,謂對面授受,捂即逆①

若無器,則捂受之。

釋曰:以堂上授,有並受法,以其在門外,若有器盛之,則坐委於地,若無器,則對面相授受,故云"捂受之",捂即逆也,對面相逢受也。

十二　就器謂玩好,奠于陳,謂明器之陳

若就器,則坐奠于陳。

釋曰:知"贈無常"者,案下記云"凡贈幣無常",注云"賓之贈也,玩好曰贈,在所有",言"玩好"者,謂生時玩好之具,與死者相知,皆可以贈死者,故此經云"若就器,則坐奠于陳"者,就器則是玩好之器也。云"陳,明器之陳"者,以其廟中所陳者唯明器,即陳于車之西,以外或言薦,或言設,無言陳者。

十三　兄弟賵、奠,謂小功以下非同財者

兄弟賵、奠可也。

釋曰:知"兄弟,有服親者",《喪服傳》云"凡小功以下為兄弟",既言兄弟,明有服親者也,知非大功以上者,以大功以上有同財之義,無致賵奠之法。云"可且賵且奠,許其厚也"者,若然,此所知許其賵,不許其奠,兄弟許其貳,賵兼奠,而上經亦賓而有賵、有奠、有賵三者,彼亦不使並行,俱見之,見三禮之中,有則任行其一,故總見之。

---

① "逆"字原作"遷",阮校正文"捂即遷也"云:"毛本'選'作'逆'。"據改,正文亦改。

十四　所知許賵，不許奠，兄弟賵兼奠

所知，則賵而不奠。

言"所知"，明是朋友通問相知。言"降於兄弟"者，許賵不許奠也。

十五　賵、奠於生死兩施，而奠施於死爲多[①]

云"奠施於死者爲多，故不奠"者，但賵與奠皆生死兩施，其奠雖兩施，施於死者爲多，知者，以其言奠爲死者而行。

十六　知死者贈玩好，知生者賻貨財

知死者贈，知生者賻。

釋曰：云"各主於所知"者，以其贈是玩好，施於死者，故知死者行之，賻是補主人不足，施於生者，故知生者行之。

十七　書賵於方，書遣於策，遣中并有贈

十八　編連爲策，不編爲簡，百名以上書策[②]

書賵於方，若九、若七、若五。

釋曰：以賓客所致，有賵、有賻[③]、有贈、有奠，直云"書賵"者，舉首而言，但所送有多少，故行數不同。

書遣於策。

云"策，簡者，編連爲策，不編爲簡"，故《春秋左氏傳》云"南史氏執簡

---

① "十五賵奠"至"死爲多"，原在頁眉處，占行十三至十八，謹依題義挪至此處。

② "十八編連"至"上書策"，原在"特書也"文下，"云策簡"至"之於策"乃與此題對應之文字，涵于題十七所領正文內，不宜段分，謹依題義挪至此處。

③ "有賵有賻"原作"有賻有賵"，阮云："聶氏、敖氏俱作'有賵有賻'。"據乙。

以往"。上書賵云方,此言"書遣於策",不同者,《聘禮記》云"百名以上書於策,不及百名書於方",以賓客贈物名字少,故書於方則盡,遣送死者明器之等并贈死者玩好之物名字多,故書之於策。策書明器之物,應在上文而於此言之者,遣中并有贈物,故在賓客贈賵與賵之下特書也①。

十九　士特牲三鼎,盛葬禮,用大夫少牢五鼎②

厥明,陳鼎五于門外,如初。

釋曰自此盡"主人要節而踊",論葬日之朝③,陳大遣奠於廟門外之事。知五鼎是"羊、豕、魚、腊、鮮獸各一鼎"者,以下經云"羊左胖,豕亦如之,魚、腊、鮮獸皆如初",與少牢禮同,故知也。云"士禮,特牲三鼎"者,《特牲饋食禮》陳三鼎,故知也。云"盛葬奠,加一等,用少牢也"者,以其常祭用特牲,今大遣奠與大夫常祭用少牢同。其上遷祖奠時云"如殯",謂如大斂,明此云"如初",亦如大斂在廟門外及東方之饌也,雖如大斂,鼎數仍不同,以其大斂三鼎,此則五鼎。然大、小斂時無黍稷,朔月則有黍稷,此葬奠又無黍稷者,大斂前無黍稷者,以其初死,至朔月乃有之,故鄭注云"至此乃有黍稷",今葬奠更無黍稷者,以其始死至殯,自啓至葬,其禮同。

二十　特豚有一鼎、三鼎,少牢有三、有五,大牢七以上

凡牢鼎數,或多或少不同。若用特豚者,或一鼎,或三鼎。若《士冠禮》醮子及《婚禮》盥饋,并小斂之奠與朝禰之奠,皆一鼎也。三鼎者,《婚禮》同牢,《士喪》大斂、朔月、遷祖及祖奠,皆三鼎而以魚、腊配之是也。其用少牢者,或三鼎,或五鼎。三鼎者,則《有司徹》云"陳三鼎如初",以其繹祭殺於正祭④,故用少牢而鼎三也。五鼎者,少牢五鼎,大夫之常事。此葬奠,士攝之,奠用少牢,亦五鼎。《聘禮》致饔,眾介皆少牢,亦五

---

① "賵"字原作"賮",阮云:"毛本、《通解》作'贈賵與賵'。"曹云:"當從今本作'賵'。"據改。
② "十九士特"至"牢五鼎",原在頁眉處,占行一至六,謹依題義挪至此處。
③ "朝"字原作"明",曹云:"'明'當爲'朝'。"據改。
④ "殺"下原有"之"字,四庫本《儀禮注疏》無"之"字,據刪。

鼎。《玉藻》諸侯朔月少牢,亦五鼎。其用大牢者,或七、或九、或十、或十二。其云七鼎、九鼎者,《公食大夫》下大夫大牢鼎七,上大夫鼎九是也。鼎十與十二者,《聘禮》致飧於賓,飪一牢,鼎九,羞鼎三,是十二也。又云"上介飪一牢,鼎七,羞鼎三",是其十。

二一　鼎數奇而有十、十二者,正、陪鼎各別數①

若然,案《郊特牲》云"鼎俎奇而籩豆偶,以象陰陽",鼎有十與十二者,以其正鼎與陪鼎各別數,則爲奇數也。

二二　吉祭羊、豕升右胖,此凶事左胖

其實,羊左胖胖,判②。

釋曰:云"反吉祭也"者,以其《特牲》、《少牢》吉祭,皆升右胖,此用左胖,故云"反吉祭也"。云"言左胖者,體不殊骨也"者,既言左胖,則左邊共爲一段,故云"體不殊骨",雖然,下云"髀不升",則除髀以下,膊、胳仍升之,則與上肩、臑、脊別升,則左胖仍爲三段矣,而云"體不殊骨",據脊、臑以上,膊、胳已下共爲一。

二三　陳器凡再,由朝祖,至夜斂藏,今再陳

陳器③。

陳饌已訖,又陳明器也。本作夜斂,"適"似寫誤④。云"夜斂"者⑤,以其上朝祖之日已陳明器,此復陳之者,由朝祖至夜斂藏之,至此厥明,更陳之也。

---

① "二一鼎數"至"各別數",原在頁眉處,占行一至六,謹依題義挪至此處。

② "胖判"二字原在頁眉處,占行十二,乃了翁據《儀禮音義》增補之釋文,謹依文義挪至此處。

③ "陳器"二字原在頁眉處,占行二,乃了翁增補之經文,謹依文義挪至此處。

④ "似"上原無"適"字,汪刻本及張、阮刻本均有"適"字,據補。

⑤ "夜斂"原作"適斂",此承校語釋"夜斂"之意,當作"夜斂",四庫本《儀禮注疏》作"夜斂",據改。

二四　既啓後不可離位迎賓，唯君命出

賓入者拜之。

釋曰：此時有弔葬之賓，主人皆不出迎，但在位拜之。所以不出迎者，既啓之後，既覿尸柩，不可離位以迎賓，唯有君命乃出。

二五　將設葬奠，先徹祖奠

徹者入，丈夫踊。設于西北，婦人踊。

釋曰：云“徹者入”者，謂將設葬奠，先徹祖奠，故云“徹者入”，入謂祝與執事徹祖奠者①，亦既盥乃入，由重東，而主人踊，至徹訖，設柩車西北，則婦人踊也。

二六　朔月奠、遷祖奠鼎如殯，此葬奠但言入

鼎入。

釋曰：以其徹者既東②，當設葬奠，故五鼎皆入陳也。云“陳之蓋於重東北③，西面北上，如初”者，以其上篇小斂奠，舉鼎入，“阼階前西面錯”，大斂奠云“舉鼎入，西面北上”，又朔月奠云“鼎入，皆如初”，其遷祖奠云“陳鼎皆如殯”，則皆在阼階下，西面北上，今此但云“鼎入”，不言如初，無正文，故云“蓋”以疑之。既疑而知在“重東北④，西面北上”者，以其奠祭在室、堂設者⑤，皆陳鼎於阼階下，西面，如大、小斂，故知也。

---

① “謂”上原無“入”字，汪刻本及張、阮刻本均有“入”字，據補。

② “東”字原作“祖”，曹云：“‘祖’，殿本改作‘東’。”據改。

③ “之”下原有“也”字，曹云：“‘也’字衍。”據刪。

④ “在”下“東”上原無“重”字，阮云：“毛本、《通解》‘在’下有‘重’字。”曹云：“‘東’上各本有‘重’字是。”據補。

⑤ “堂”字原作“掌”，曹云：“‘掌’或當爲‘堂’。”倉石云：“今案上徹奠巾、席俟于西方節疏云‘凡奠於堂室者’云云，則此當從曹校作‘奠祭在室、堂設者’。各本作‘掌’，字之譌也。”據改。

二七　重倚于門東北壁,既虞埋倚處

甸人抗重,出自道,道左倚之。

釋曰:自此盡"徹者出,踊如初",論將葬,重及車馬之等以次出之事。云"道左倚之"者,當倚於門東北壁。云"還重,不言甸人"者,上云"二人還重",不言甸人,至此乃言甸人也。云"重既虞將埋之"者,《雜記》文,彼注云"就所倚處埋之"。

二八　初虞未作主,又士、大夫無木主,皆初虞埋重①

但天子九虞、諸侯七虞、大夫五虞、士三虞,未虞以前,以重主其神,虞所以安神,雖未作主,初虞其神,即安於寢,不假重爲神主。又士、大夫無木主,明亦初虞即埋之也。云"不由闑東、西者,重不反,變於恒出入"者,恒出入,則闑東、闑西也。云"道左,主人位"者,《檀弓》云"重主道",注云"始死未作主,以重主其神也",則重主死者,故於主人之位埋之也。

二九　漢時有鑿木置食樹道側者,取重義②

鄭云"今時有死者,鑿木置食其中,樹於道側,由此"者,引漢法證重倚道左之事。

三十　人臣賜車馬乃有遣車,个謂包遣奠

徹者入,踊如初。徹巾,苴牲,取下體。

案《檀弓》云"國君七个,遣車七乘。大夫五个,遣車五乘",注云"人臣賜車馬者,乃得有遣車。遣車之差,大夫五,諸侯七,則天子九。諸侯不以命數,喪數略也。个,謂所包遣奠牲體之數也。《雜記》曰:遣車視牢

---

①　"二八初虞"至"虞埋重",原在頁眉處,占行七至十三,謹依題義挪至此處。

②　"二九漢時"至"取重義",原在頁眉處,占行十五至次頁行二,謹依題義挪至此處。

具”，彼注云“言車多少，各如所包遣奠牲體之數也。然則遣車載所包遣奠而藏之者與？遣奠，天子大牢包九个，諸侯亦大牢包七个，大夫亦大牢包五个，士少牢包三个，大夫以上乃有遣車”，以此而言，士無遣車，則所包者不載于車，直持之而已。士有二包而云“包三个”①，鄭又云“个，謂所包遣奠”，則士一包之中有三个牲體，故云“前脛折取臂、臑，後脛折取骼”。

三一　苞者象歸賓俎，盛葬奠，與少牢同

云“苞者，象既饗而歸賓俎者也”，案《雜記》文而言。云“取下體者，脛骨象行”者，以父母將行鄉壙，故取前脛、後脛下體行者以送之，故云“象行”也。云“又俎實之終始也”者，此盛葬奠，用少牢，其載牲體亦當與少牢同，案《少牢》載俎云“肩、臂、臑、膊、骼在兩端”，又云“肩在上”，以此言之，則肩、臂、臑在俎上端，爲俎實之始，膊、骼在俎下端，爲俎實之終。

三二　行器，茵、包以下從，柩車在廟後出

行器。

釋曰：包牲訖，明器當行鄉壙，故云“行器”。

茵、包、器序從。

注：如其陳之先後。

釋曰：此直云“序從”者，序從即上文“器，西南上”，茵、包已下是也。次列車以從明器。

徹者出，踊如初。

徹者，謂包牲訖，當徹去所釋者，出廟門分禱五祀者。徹者出時，主人踊。云“於是廟中當行者唯柩車”者，以其上文明器及車馬鄉壙者皆出，唯有柩車在廟。

---

① “二”字原作“一”，曹云：“‘一’當爲‘二’。”據改。

三三　史讀賵、讀遣，必釋筭，榮其多

主人之史請讀賵，執筭從，柩東當前束[①]，西面云云。

釋曰：自此盡“滅燭，出”[②]，論讀賵、讀遣之事。經直云“史請讀賵”，鄭知“史北面請”者，以其主人於車東，請訖，乃西面。請時及入時，書在前，筭在後，則史西面之時，筭在史南西面，今燭在史北，近史，炤書爲便，若在左，則隔筭不便也。

讀書，釋筭則坐。

云“必釋筭者，榮其多”。

三四　以公史讀書，成其得禮之正以終

三五　大史、小史掌礼，明諸侯史亦然[③]

公史自西方東面，命毋哭，主人、主婦皆不哭云云。

釋曰：知公史是“君之典禮書者”，以其言“公史”，故知君史，案《周禮》大史、小史皆掌禮，則諸侯史亦掌典禮可知。云“成其得禮之正以終”者，以其死，葬之以禮，是死者得禮之終事，故以君史讀而成之。

三六　葬時乘人，故以功布御柩披

商祝執功布，以御柩執披。

釋曰：自此盡“杖，乃行”，論柩車在道發行之事。云“執功布”者，謂執大功之布麤者也。云“以御柩執披”者，葬時乘人，故有柩車前引柩者及在旁執披者，皆御治之。

---

① “柩東當前束”原作“柩東當前東”，四庫本作“柩車當前束”，經作“柩東當前束”，據改。

② “燭”下原無“出”字，汪刻本及張、阮刻本均有“出”字，合於經，據補。

③ “三五大史”至“史亦然”，原在頁眉處，占行六至十，“案周禮”至“禮可知”乃與此題對應之文字，涵于題三四所領正文內，不宜段分，謹依題義挪至此處。

三七　從柩者,丈夫右,婦人左,男賓前,女賓後

"凡從柩者,先後、左右如遷于祖之序"者,上遷于祖時,注云"主人從者,丈夫由右,婦人由左。以服之親疏爲先後,各從其昭穆。男賓在前,女賓在後"。

三八　出宮大門外有賓次,主人感而哀[①]

云"出宮,踊,襲",以出宮有此踊、襲[②],止爲出宮大門外,有賓客次舍之處,父母生時接賓之所[③],故主人至此感而哀此次,是以有踊,踊訖即襲,襲訖而行也,故《檀弓》云"哀次亦如之",注云"次,他日賓客所受大門外舍也,孝子至此而哀"。

三九　柩至邦門謂國之北,唯君命止柩,餘否

至于邦門,公使宰夫贈玄纁束。

釋曰:云"邦門"者,案《檀弓》云"葬于北方,北首,三代之達禮也",此"邦門"者,國城北門也。贈用玄纁束帛者,即是至壙窆訖,主人贈死者。宰夫將致命,主人乃去杖,不哭,由柩車前輅之左右。柩車在廟門時,賓在柩車右,主人在柩車左,故知此亦當前輅左右也。云"當時止柩車"者,下記云"唯君命,止柩于堩,其餘則否",注云"不敢留神",明此宰夫致命時,柩車止也。

四十　在廟贈幣奠左服,此道贈,奠棺蓋中

主人哭,拜稽顙。賓升,實幣于蓋,降。主人拜送,復位,杖,乃行。

釋曰:賓既致公贈命訖,主人乃哭,拜稽顙,賓乃升車,實幣于棺之蓋

---

① "三八出宮"至"感而哀",原在頁眉處,占行二至七,謹依題義挪至此處。

② "襲"下原有"以出宮有此踊者"七字,阮云:"毛本無'以出宮有此踊者'七字。"據刪。

③ "賓"字原作"擯",四庫本作"賓",據改。

中,載以之壙。上文在廟,所贈之幣,皆奠于左服,此實于蓋中者,彼贈幣生死兩施,故奠左服,此贈專爲死者,故實于蓋中,若親投之然。

四一　主人復位,謂反柩車後[①]

云"復位,反柩車後"者,上在廟,位在柩車東,此行道,故在柩車後也。

儀禮要義卷第四十　既夕禮三

一　陳器，廟中南上，壙前東西北上①

至于壙，陳器于道東西，北上。

釋曰：自此盡“拜送”，論至壙陳器及下棺訖送賓之事。云“統于壙”者，對廟中南上，此則北上。

二　元士葬用輇軸，設撥以引輴，即紼

茵先入。

以其茵入，乃後屬引下棺於其上，以須藉柩，故“茵先入”。云“元士則葬用輇軸，加茵焉”者，元士謂天子之士，葬時先以輇軸由羨道入，乃加茵於其上，乃下棺於中。知元士“葬用輇軸”者，《檀弓》云“孺子䵣之喪，哀公欲設撥”，注云“撥可撥引輴車，所謂紼”，“問於有若，有若曰：‘其可也，君之三臣猶設之’，顏柳曰：‘天子龍輴而椁幬，諸侯輴而設幬，爲楡沈，故設撥。三臣者廢輴而設撥，竊禮之不中者也’”。

三　天子、諸侯用輴，大夫朝廟亦得用②

以此言之，天子、諸侯殯葬皆用輴，朝廟用輴可知，大夫雖殯葬不用輴，朝廟亦用輴，以其士殯葬不用輇軸，朝廟得用之，明大夫朝廟得用輴，

---

① “西”字原作“面”，下引經“陳器于道東面”同，經作“西”，據改，下亦改。
② “三天子”至“亦得用”，原在題二下別行另起，謹依題義挪至此處。

故上注云“大夫、諸侯以上，有四周謂之輴”①，以其大夫朝廟得用輴，故言之也。

四　諸侯之大夫下天子元士，尊王人②

諸侯之大夫有三命、再命、一命，殯葬不得用輴，天子之元士亦三命、再命、一命，葬得用輴軸者，《春秋》之義，王人雖微，猶在諸侯之上，明天子之士尊，謂之爲元。元者，善之長。

五　柩至壙説載除飾，屬引於緘耳

屬引。

云“於是説載”者，謂柩車至壙，解説去載與披及引之等。“除飾”者，解去帷、荒、池、紐之等，然後下棺。云“更屬引於緘耳”者，案《喪大記》云“君窆以衡，大夫、士以咸”，鄭注云“衡，平也。人君之喪，又以木横貫緘耳。居旁持而平之，今齊人謂棺束爲緘”，以此而言，則棺束君三衽、三束，大夫、士二衽、二束，束有前後，於束末皆爲緘耳，以紼貫結之而下棺，人君又於横木之上以屬紼也。

六　主人俠羨道爲位，不哭，以下棺宜静

主人袒，衆主人西面北上，婦人東面，皆不哭。

釋曰：“主人袒”者，爲下棺變。婦人不言北上，亦如男子北上可知。“不哭”者，爲下棺宜静。

---

① “輴”下原有“以其大夫諸侯以上有四周謂之輴”十四字，阮云：“此本、《要義》俱復出。疏文冗蔓多類此，似非刊本誤衍。”曹云：“賈疏有極條暢處，有極簡當處，實非不善行文者。唐以後治此經者鮮，故刊本衍脱譌錯，積謬相仍，幾不可讀，要非作者本意。此十四字當係誤衍，後人又以意删之耳。凡校書者，正其譌可也，改其本不可也。”據曹校删。

② “四諸侯”至“尊王人”，原在頁眉處，占行一至六，謹依題義挪至此處。

七　羨道上有負土曰隧，窆亦云堋[①]

云"俠羨道爲位"者，羨道謂入壙道，上無負土爲羨道，天子曰隧，塗上有負土爲隧，僖二十五年，晉文公請隧弗許是也。

乃窆。

云"窆，下棺"者，《春秋》謂之堋。

八　凡禮幣皆用制，五匹合爲十制

襲，贈用制幣纁束云云[②]。

釋曰：云"丈八尺曰制"者，《朝貢禮》及《巡狩禮》皆有此文，以丈八尺名爲制，《昏禮》幣用二丈，取成數。凡禮幣皆用制者，取以儉爲節。《聘禮》云"釋幣，制玄纁束"，注云"凡物，十曰束，玄纁之率，玄居三[③]、纁居二"，此注云"二制合之束，十制五合"者，則每一端丈八尺，二端爲一匹，五匹合爲十制也。

九　弔賓有趨、揖、問、見、友五者之等

卒，袒，拜賓，主婦亦拜賓。即位，拾踊三拾，其業，或其輒[④]，襲。

釋曰：卒謂贈卒，更袒，拜賓。云"反位"者，各反羨道東西位，其男賓在衆主人之南，女賓在衆婦之南。鄭知賓是"相問之賓也，凡弔賓有五，此舉中"者，案《雜記》云"相趨也，出宮而退；相揖也，哀次而退；相問也，既封而退；相見也，反哭而退；朋友，虞祔而退"，注云"此弔者恩薄厚、去遲速之節也。相趨，謂相聞姓名，來會喪事也；相揖，嘗會於他也；相問，嘗相惠遺也；相見，嘗執摯相見也"。以此而言，此經既葬而退，是相問遺

---

① "七羨道"至"亦云堋"，原在頁眉處，占行一至五，謹依題義挪至此處。

② "云云"原作"五合"，四庫本作"云云"，"五合"是注文末二字，不當連引，據四庫本改。

③ "三"字原作"二"，四庫本作"三"，據改。

④ "拾其"至"其輒"，原在頁眉處，占行十五至十六，乃了翁據《儀禮音義》增補之釋文，謹依文義挪至此處。

之賓①，舉中以見上下。

十　藏用器等於棺旁，加見，見謂棺飾

藏器於旁，加見。

釋曰：云"器，用器、役器也"者，用器即上弓矢、耒耜之等，役器即上甲、胄、干、笮之屬，此器中亦有樂器，不言者，省文。知有用器、役器者，以下別云"包、筲"之等，則所藏者是此器也。云"見，棺飾也"者，飾則帷、荒，以其與棺爲飾，是以《喪大記》云"飾棺，君龍帷、黼荒，大夫畫帷、畫荒，士布帷、布荒"，注云"飾棺者，以華道路及壙中，不欲衆惡其親也"，此柩入壙，還以帷、荒加於柩，故鄭注云"及壙中"也。云"更謂之見者，加此則棺柩不復見矣"者②，以其唯見此帷、荒，故名帷、荒爲見，是棺柩不復見也。

十一　帷、荒在柩外，周人名牆，又置翣爲飾③

云"先言藏器，乃云加見者，器在見內也，內之者，明君子之於事終不自逸也"者，以用器、役器近身陳之。帷、荒在柩外，周人名爲牆，若牆屋然，其外又置翣爲飾。

十二　包、筲藏於見外，椁內、棺外得容物

藏包、筲於旁。

云"於旁者，在見外也"者，以其加見，乃云"藏包、筲"，故知見外也。云"不言甕、甒，饌相次可知"者，以其陳器之法，後陳者先用，先用甕、甒，後用包、筲，包、筲藏，明甕、甒先藏可知。"棺椁之間，君容柷，大夫容壺，士容甒"，引《喪大記》者，欲見椁內、棺外所容寬狹，得容器物之意也。

---

① "相"下原有"見"字，曹云："'見'字衍。"據刪。
② "矣"下原無"者"字，汪刻本及張、阮刻本均有"者"字，據補。
③ "十一帷荒"至"翣爲飾"，原在頁眉處，占行十至十五，謹依題義挪至此處。

十三　鄉人助執綍及下棺實土,故主人拜之

實土三,主人拜鄉人。

注:謝其勤勞。

釋曰:案《雜記》云“鄉人五十者從反哭。四十者待盈坎”,注云“非鄉人則少長皆反”,以此而言,於時主人未反哭,鄉人並在,故今至實土三徧,主人拜謝之,謝其勤勞。“勤勞”者,謂在道助執綍,在壙助下棺及實土也。

即位踊,襲,如初。

注:哀親之在斯。

謂既拜鄉人,乃於羨道東即位,踊無筭,如初。

十四　反哭者於祖廟,謂下士祖禰共廟者

乃反哭,入,升自西階,東面云云①。

釋曰:自此盡“門外,拜稽顙”,論主人反哭賓弔之事。案《檀弓》云“反哭升堂,反諸其所作也”,注云“親所行禮之處是也”。云“反哭者,於其祖廟”者,謂下士祖禰共廟,故下經賓出,主人送于門外,遂適于殯宮,適士二廟者,自殯宮先朝禰,後朝祖,今反哭則先於祖,後于禰,遂適殯宮也。

十五　殯宮不在廟,而《左氏》以不殯廟爲殺禮②

案《春秋》僖八年經書“用致夫人”,《左氏》云“凡夫人,不薨于寢③,不殯於廟”者,春秋之世多行殷法,不與禮合也。云“不於阼階西面,西方神位”者,以《特牲》、《少牢》主人行事升降,皆由阼階,今不於阼階,故決之以西方神位。知者,《特牲》、《少牢》皆布席于奧,殯又在西階。反哭之

---

① “云云”原作“神位”,四庫本作“云云”,“神位”是注文末二字,不當連引,據四庫本改。

② “十五殯宮”至“爲殺禮”,原在頁眉處,占行四至九,謹依題義挪至此處。

③ “人”下原無“不薨于寢”四字,曹云:“‘人’下似脫‘不薨于寢’四字。”據補。

禮，主人、男子等先入，主婦、婦人等後入，故婦人入，丈夫在位者皆踊，婦人不升西階者，由主人在西階，故鄭云“辟主人”。

十六　主婦反哭于室，婦無外事，反所養

案《檀弓》云“主婦入于室，反諸其所養也”，鄭注云“親所饋食之處”，但主人既在西階親所行禮之處，以婦人無外事，故於饋食之處哭也。

十七　小斂後主婦等位在阼階上西面①

云“出即位，堂上西面也”者，自小斂奉尸侇于堂已後，主婦等位皆在阼階上西面。

十八　弔賓皆堂下北面，賓長升堂釋詞

賓弔者升自西階，曰：“如之何？”主人拜稽顙。

知賓弔是“衆賓之長”者，以其弔賓皆在堂下，今升堂釋詞，故知賓中爲首者，賓之長也。云“反而亡焉，失之矣，於是爲甚”者，亦《檀弓》文，引之證周人反哭而弔，哀之甚也。云“弔者北面”者，以經云“賓弔者升自西階”，即云“曰：‘如之何’”，不見弔者改面之文，明升堂北面可知。云“主人拜于位”者，拜于西階上東面位，知者，以其上經主人升自西階，東面，故知仍東面位也。云“不北面拜賓東者，以其亦主人位也”者，《鄉飲酒》、《鄉射》主人酬賓，皆於賓東主人位，《特牲》、《少牢》助祭之賓，主人皆拜送于西階東面②，故於東面不移，以其亦主人故位也。

十九　婦人即位于堂，南上。主人堂下，直東序，西面

遂適殯宮，皆如啟位，拾踊三。

---

① 　“十七小斂”至“上西面”，原在題十六下別行另起，謹依題義挪至此處。
② 　“主人”至“東面”，曹云：“《特牲》、《少牢》主人拜皆北面，疏失之。”

案《士喪禮》朝夕哭位云"婦人即位于堂，南上。主人堂下，直東序，西面"，啟殯時云"主人位如初"，又云主人"入即位"，則此如啟位[1]，婦人亦即位于堂，西面[2]，主人即位于堂下，直東序，西面。直東序，西面，即中庭位也。

二十　虞、卒哭則緦、小功免，異門大功可歸

兄弟出，主人拜送。

丈夫、婦人在殯宮拾踊既訖，兄弟入門者出，主人拜而送之。知"兄弟，小功以下也"者，此兄弟等，始死之時皆來臨喪，殯訖各歸其家，朝夕哭則就殯所，至葬開殯而來喪所，至此反哭，亦各歸其家，至虞、卒哭祭[3]，還來預焉，故《喪服小記》云"緦、小功，虞、卒哭則皆免"是也。云"異門大功，亦可以歸"者，大功以上有同財之義，爲異門則恩輕，故可歸也。

二一　卒哭後眾主人出，闔門，主人居倚廬

眾主人出門，哭止，闔門。主人揖眾主人，乃就次。

釋曰：云"眾主人出門"者，則主人拜送兄弟因在門外。云"闔門"者，鬼神尚幽闇。云"次，倚廬也"者，以未虞以前，仍依於初，東壁下倚木爲廬，齊衰居堊室，大功張幃，《喪服傳》云"既虞，柱楣翦屏"[4]，此直云"倚廬"，據主人斬衰者而言。

二二　啓以後常奠，反哭猶朝夕哭，不奠[5]

猶朝夕哭，不奠。

---

① "如"字原作"主"，四庫本作"如"，曹云："各本作'如'是。"據改。

② "西"字原作"東"，曹云："'東'當爲'西'。"據改。

③ "卒"下原無"哭"字，阮云："毛本、《通解》、楊氏'卒'下有'哭'字。曹云："'祭'上各本有'哭'字是。"據補。

④ "翦"字原作"前"，四庫本作"翦"，阮云："浦鏜云'翦'誤'前'。"據改。

⑤ "二二啓以"至"哭不奠"，原在頁眉處，占行二至七，謹依題義挪至此處。

自啟殯已來常奠,今反哭,至殯宮,猶朝夕哭如前,不奠耳。《檀弓》云"葬日虞,弗忍一日離也。是日也,以虞易奠",故不奠也。

二三　三虞凡三日,又隔柔日,爲卒哭祭

三虞者,再虞用柔日,後虞改用剛日,又隔柔日,卒哭用剛日,故云"卒哭,三虞之後祭名也"。云"始朝夕之間,哀至則哭,至此祭止也"者,始死,主人哭不絕聲,小斂之後,以親代哭,亦不絕聲,至殯後,主人在廬,廬中思憶則哭,又有朝夕於阼階下哭,至此爲卒哭祭,唯有朝夕哭而已。

二四　以昭穆之班,用柔日祔,祔祭名

明日,以其班祔。

云"班,次也"者,謂昭穆之次第。云"祔,卒哭之明日祭名"者,以卒哭用剛日,祔用柔日,是以下《士虞記》云卒哭祭,即云"明日,以其班祔"。

二五　士不疾在燕寢,疾在適室,東首,北墉

記:士處適寢,寢東首于北墉下。

云"將有疾,乃寢於適室"者,以《士喪》篇首云士"死于適室",此記云"適寢"者,適室一也,故互見其文。若不疾,則在燕寢,將有疾,乃寢臥于適室,故變室爲寢也。云"東首"者,鄉生氣之所。云"墉下"者,墉謂之牆,《喪大記》謂之"北墉下",必在北墉下①,亦取十一月一陽生於北,生氣之始故也。

二六　《士喪禮》記死事,記人記其不備②

《士喪禮》論其死事,故不云疾,此記人記其不備。

---

① 二"墉"字原均作"牖",四庫本均作"墉",據改。
② "二六士"至"其不備",原在頁眉處,占行五至九,謹依題義挪至此處。

二七　疾者齊,不齊不居適寢

有疾,疾者齊。

云"有疾"者①,既有疾,當齊戒,正情性故也。云"適寢者,不齊不居其室"者,案《鄉黨》孔子齊,"居必遷坐",又《祭義》云"致齊於内,散齊於外",皆在適寢,但散齊得鄉外,故云"於外"耳,是其齊居適寢也。

二八　男女養疾者皆齊,正情性

養者皆齊。

注:憂也。案《曲禮》云"父母有疾,冠者不櫛,行不翔,笑不至矧,怒不至詈,不飲酒食肉,疾止復故",男女養疾皆齊戒,正情性也。

徹琴瑟。

父母有疾,憂不在于樂,故去之。案《喪大記》云"疾病,内外皆埽,君、大夫徹縣,士去琴瑟。"

二九　疾甚曰病,内外埽,徹褻衣,爲賓客

疾病,外内皆埽。

釋曰:云"疾甚曰病"者,則外内皆埽,爲賓客來問疾,自潔清也。

徹褻衣,加新衣。

此文承疾病者及養病者,則徹褻衣據死者而言,則生者亦去故衣,服新衣矣。《喪大記》亦云"徹褻衣,加新衣",鄭注云"徹褻衣,則所加者新朝服矣,互言之也。加朝服者,明其終於正也"。互者,褻衣是玄端,新衣是朝服。

---

① "云有疾者","云"上四庫本有"注正情性也適寢者不齊不居其室釋"十五字,此仍其舊。

三十　疾者與養疾者皆齊，明服玄端①

案《司服》，士之齊戒服玄端，則疾者與養疾者皆齊，明服玄端矣。《檀弓》云"始死，羔裘玄冠者，易之而已"，羔裘玄冠則朝服，故知臨死所著新衣則朝服也，故鄭云"終於正也"始死之節已見《士喪禮》，此略之。三十六卷②。

三一　盡孝子之情，禱五祀，但不當請

乃行禱于五祀。

云"盡孝子之情"者，死期已至，必不可求生，但盡孝子之情。《論語》："子疾病，子路請禱。"禱，禮也，請之非也。五祀當考③。

注：五祀，博言之，士二祀，門、行。

三二　始死之奠用吉器，尸南首，奠在牀東

即牀而奠，當牖，用吉器。若醴，若酒，無巾、柶。

謂就尸牀而設之。尸南首，則在牀東，當尸肩頭也，此即《檀弓》云"始死之奠，其餘閣也與"。云"用吉器，器未變也"者，謂未忍異於生，故未變，至小斂奠，則變甒豆之等，爲變矣。

三三　始死奠，若醴若酒，小斂後，酒、醴具④

云"或卒無醴，用新酒"者，釋經"若醴，若酒"，科有其一，不得並有之事。以其始死，卒未有醴，則用新酒。若然，醴、酒俱有，容有醴則用之，不更用酒，以其始死不備故也。若小斂以後，則酒、醴具設，甒二。

---

① "三十疾者"至"服玄端"，原在題二九下別行另起，謹依題義挪至此處。

② "始死"至"六卷"，原在頁眉處，"始死"至"略之"爲大字，"三十六卷"爲小字，占行十三至十七，乃了翁按語，謹依文義挪至此處。

③ "論語"至"當考"，此非疏文，乃了翁按語。

④ "三三始死"至"酒醴具"，原在頁眉處，占行十至十五，謹依題義挪至此處。

三四　君、大夫、士之喪，主人、主婦等有坐有立

室中，唯主人、主婦坐，兄弟有命夫、命婦在焉，亦坐。

釋曰[1]：此《士喪禮》，故鄭云"別尊卑也"，尊謂命夫、命婦，案《大記》君之喪，主人、主婦坐，以外皆立；若大夫喪，主人、主婦、命夫、命婦皆坐，以外皆立也；士之喪，主人、父兄、主婦、姑姊妹皆坐，鄭云"士賤，同宗尊卑皆坐"，此命夫、命婦之外立而不坐者，此謂有命夫、命婦來，兄弟爲士者則立，若無命夫[2]、命婦，則同宗皆坐也。

三五　喪不二孤，廟不二主，孤亦云喪主

經直云"主人唯君命出"，不言衆主人，故記人辨之。云"衆主人不出"，在尸東耳。云"不二主"者，《曾子問》云"喪有二孤，廟有二主"爲非禮，不云"不二孤"而云"不二主"者，彼廟主與喪孤相對，此孤不對廟主，孤亦是喪主。

三六　襚者委衣于牀，不坐，由牀高

襚者委衣于牀，不坐。

注[3]：牀高由便。

釋曰：云"牀高由便"者，《曲禮》云"授立不跪，授坐不立"，此委衣於牀者，不坐委之，以牀高。

三七　婦人中帶，若漢時禪襂，陸氏禪作禈

設明衣，婦人則設中帶。

釋曰：經直云"設明衣"，不辨男子與婦人，故此記人云設明衣者男

---

① "釋"下原無"曰"字，四庫本作"案"，依其慣例，當作"釋曰"，謹補。

② "若"下原無"無"字，曹云："'若'下當從各本增'無'字。"據補。

③ "牀"上原無"注"字，四庫本有"注"字，據補。

子,其婦人則設中帶。鄭云"中帶,若今禪襂"者,鄭舉目驗而言。但男子明衣之狀,鄭不明言,亦當與中帶相類,有不同之處,故別。雖名中帶,亦號明衣,取其圭潔也。襂,音衫。禪,陸氏作褌,音昆①。

三八　設握即《士喪》所謂握手

設握握,如字,或烏豆反②,裹親膚,繫鉤中指,結于掔掔,烏亂③。

釋曰:"手無決者",以其經已云設握麗于掔,與決連結,據右手有決者,不言左手無決者,故記之。云"以握繫一端繞掔④,還從上自貫,反與其一端結之"者,案上文握手用玄纁裹,長尺二寸,今"裹親膚",據從手内置之,長尺二寸,中掩之,手纔相對也,兩端各有繫,先以一端繞掔一帀,還從上自貫,又以一端鄉上鉤中指,反與繞掔者結於掌後節中。

三九　隸人涅廁,如漢時徒役作者

隸人涅廁。

鄭舉漢法,"今之徒役作者也"。云"爲人復往褻之,又亦鬼神不用"者。

四十　古者非直不共湢浴,亦不共廁⑤

若然,古者非直不共湢浴,亦不共廁,故得云"死者不用"也。

---

①　"襂音"至"音昆",此非疏文,乃了翁按語。

②　"握如"至"豆反",原在頁眉處,占行十一至十二,乃了翁據《儀禮音義》增補之釋文,謹依文義挪至此處。

③　"掔烏亂",原在頁眉處,占行十三,乃了翁據《儀禮音義》增補之釋文,謹依文義挪至此處。

④　"之云"原作"云云",四庫本作"之云",據改。

⑤　"四十古者"至"不共廁",原在頁眉處,占行十四至十八,謹依題義挪至此處。

四一　絞、紟用布，倫如朝服

凡絞、紟用布，倫如朝服。

釋曰：言“凡”，非一之言，以其唯小斂至大斂有絞，大斂又有紟，故知“凡”中有大、小斂也。言類如朝服者，《雜記》云“朝服十五升”是也。

儀禮要義卷第四十一　既夕禮四

一　大斂籩、豆之實巾之，小斂不巾

凡籩、豆實具設，皆巾之。

釋曰：論陳大①、小斂奠，記經不備之事。云“實具設，皆巾之”者，謂於東堂實之，於奠設之，二處皆巾，故云“皆巾之”。云“籩、豆偶而爲具，具則於饌巾之。巾之，加飾也”者，此鄭指解大斂之實饌於堂東之時，巾之，加飾，對小斂之實於堂東，不巾，不加飾。小斂奠設于床東巾之，爲在堂經久設，塵埃加，故雖一豆、一籩，亦巾之，即《禮記·檀弓》云“喪不剥奠也與？祭肉也與”，以其有牲肉故也。

二　小斂辟襲奠不出室，猶以生事之

小斂辟奠不出室辟奠，婢益或芳益反②。

注“未忍”至“去之”。釋曰：云“未忍神遠之也”者遠，于萬③，釋奠不出室之義，始死，猶生事之，不忍即爲鬼神事之，故奠不出室。云“辟襲奠以辟斂者”辟斂，音避④，以經云“小斂辟奠”，故知辟襲奠只爲辟斂也。云“既斂，則不出於室設於序西南”者，又解襲奠不出室，若將大斂，則辟小斂奠

---

①　“論”下原無“陳”字，汪刻本及張、阮刻本均有“陳”字，據補。

②　“辟奠”至“益反”，原在頁眉處，占行十三至十五，乃了翁據《儀禮音義》增補之釋文，謹依文義挪至此處。

③　“遠于萬”，原在頁眉處，占行十六，乃了翁據《儀禮音義》增補之釋文，謹依文義挪至此處。

④　“辟斂音避”，原在頁眉處，占行十七，乃了翁據《儀禮音義》增補之釋文，謹依文義挪至此處。

681

於序西南，此將小斂，辟奠于室，至於既小斂，則亦不出於室設于序西南，故言"不出室"。若然，"奠不出室"爲既斂而言也。云"事畢而去之"者，斂事畢，奉尸夷于堂乃去之，而設小斂奠于尸東。

三　始死至斂無踊節，其哀未可節

無踊節。

注：其哀未可節也。

釋曰：自死至此，爲受君弔、襚，主人成踊①，有三者三，有踊節而云"無踊節"者，除三者三之外，其間踊皆無節，即上文"踊無筭"是也。

四　経象大帶，絞帶象革帶，餘布帶

既馮尸，主人袒，髺髮，絞帶，衆主人布帶。

釋曰：小斂于户内訖，主人袒，髺髮，散帶垂，経不云"絞帶"及齊衰以下"布帶"事②，故記者言之。案《喪服》苴経之外，更有絞帶，鄭注云"要経象大帶③，又有絞帶象革帶，齊衰以下用布"，齊衰以下無等④，皆是布帶也。

五　齊衰至緦麻，首皆免⑤

知衆主人非衆子者，以其衆子皆斬衰、絞帶，故知"衆主人，齊衰以下"，至緦麻，首皆免也。

---

① "爲受"至"成踊"原作"爲節賓主拾踊"，曹云："當爲'爲受君弔襚主人成踊'。"據改。
② "経"字原作"経"，四庫本及汪刻本均作"経"，據改。
③ "経"上原無"要"字，阮云："'経'上陳、閩、《通解》俱有'要'字，依《喪服》注增。"據補。
④ "衰"下原無"以下"二字，曹云："'衰'下脱'以下'二字。"據補。
⑤ "五齊衰"至"首皆免"，原在頁眉處，占行十三至十六，謹依題義挪至此處。

六　大斂于阼，未忍離斂，後西階賓之

大斂于阼①。

釋曰：經大斂時直云“布席如初”，不言其處，故記云“大斂于阼”，阼是主人位②，故鄭云“未忍便離主人位也”。云“主人奉尸斂于棺，則西階上賓之”者，喪事所以即遠，斂訖，即奉尸斂于棺，賓客之，故《檀弓》云“周人殯于西階，則猶賓之”是也。

七　巾奠而室事已，故執燭者出

巾奠，執燭者滅燭出，降自阼階，由主人之北東。

釋曰：上篇大斂奠時，直云“乃奠，燭升自阼階”，無執燭降，由主人之北，故記人言之，云“由主人之北東”也。云“巾奠而室事已”者，既巾訖，是室事已，故執燭者出也。

八　尊卑皆三日説髦，去子飾

既殯，主人説髦。

釋曰：自此盡“乘車”，論孝子衣服、飲食、乘車等之事。云“既殯，置銘于肂，復位時也”者，案上篇云“主人奉尸斂于棺③，乃蓋。主人降，拜大夫之後至者，北面視肂。卒塗，祝取銘置于肂，主人復位”，云“復位”者，從西階下復阼階下位也。凡説髦，尊卑同，皆三日，知者，《喪大記》云“小斂，主人即位于户内，乃斂。卒斂，主人馮之。主人袒，説髦，髺髮以麻”，注云“士既殯説髦，此云小斂，蓋諸侯禮也”，士之既殯，諸侯之小斂，於死者俱三日也，是尊卑同三日也。必三日説髦者，案《禮記·問喪》云“三日而不生，亦不生矣”，以髦是子事父母之飾，父母既不生，故去之。

---

① “于阼”，“于阼”下四庫本有“注未忍便離主人位也主人奉尸斂云云”十六字，乃注文，此仍其舊。

② “阼”字原作“階”，汪刻本及張、阮刻本均作“阼”，據改。

③ “尸”下原無“斂”字，汪刻本及張、阮刻本均有“斂”字，據補。

九　三日成服，絞垂，謂士禮除死三日

三日絞垂。

釋曰：以經小斂日要經①，大功以上散帶垂，不言成服之時絞之，故記人言之。云"成服日"者，士禮生與來日，則除死三日，則經云"三日成服"，此云"三日絞垂"之日也。小功、緦麻初而絞之，不待三日也。

十　吉凶皆冠、武別材，凶冠外縪

冠六升，外縪縪，必，或扶結②，纓條屬，厭厭，於涉③。

釋曰：云"冠六升"者，據斬衰者而言，齊衰以下冠衰各有差降。云"縪，謂縫著於武"者，古者冠，吉凶皆冠、武別材，武謂冠卷，以冠前後皆縫著於武，若吉冠④，則從武上鄉內縫之，縪餘在內，謂之內縪，若凶冠，從武下鄉外縫之，謂之外縪，故云"外之者，外其餘也"。云"纓條屬者，通屈一條繩爲武，垂下爲纓，屬之冠"者，吉冠則纓、武別材，凶冠則纓、武同材，以一繩從前額上以兩頭鄉項後交通，至耳各綴之於武，使鄉下爲纓結之⑤。云"屬之冠"者，先爲纓武訖，乃後以冠屬著武著，直略⑥，故云"屬"也。云"厭，伏也"者，以其冠在武下過，鄉上反縫著冠，冠在武下，故云"厭"也。五服之冠皆厭，但此文上下據斬衰而言也。

十一　首尊，故冠六升⑦，衰裳同三升

衰三升。

---

① "經"字原作"垂"，張、阮刻本均作"經"，阮云："'經'誤'垂'。"據改。
② "縪必或扶結"，原在頁眉處，占行十五，乃了翁據《儀禮要義》增補之釋文，謹依文義挪至此處。
③ "厭於涉"，原在頁眉處，占行六，乃了翁增補之釋文，謹依文義挪至此處。
④ "吉"字原作"古"，四庫本及汪刻本均作"吉"，據改。
⑤ "纓"上原無"爲"字，曹云："'纓'上脱'爲'字。"據補。
⑥ "著直略"，原在頁眉處，占行七，乃了翁據《儀禮要義》增補之釋文，謹依文義挪至此處。
⑦ "六"字原作"三"，經云"冠六升"、"衰三升"，疑"三"爲"六"之譌，謹改。

釋曰：經直云“衰”，鄭兼言裳者，以其衰裳升數同，故經舉衰而通裳，但首對身，首爲尊，故冠六升，衰三升，衰裳同三升也，是以吉時朝服十五升，至於麻冕，鄭亦爲三十升布與服一倍而解之。

十二　倚廬在中門外東方，北户

居倚廬。

釋曰：知“在中門外東方，北户”者，案《喪服傳》云“居倚廬①，既虞，翦屏，既練，舍外寢”，鄭彼注云“舍外寢，於中門之外，屋下壘墼爲之，不塗墍，所謂堊室”，鄭以《子夏傳》以既練居堊室而言外②，外爲中門外，則初死居倚廬，倚廬亦中門外可知也③。“東方”者，以中門内殯宮之哭位在阼階下，西面鄉殯，明廬在中門外亦東方鄉殯，是以主人及兄弟、卿大夫外位皆西面。云“北户”者，以倚東壁爲廬，一頭至地，明北户鄉陰，至既虞之後，柱楣翦屏，乃西鄉開户也。

十三　寢苫枕塊，哀親之在草土

寢苫枕塊苫，失占④。

釋曰：孝子寢臥之時，寢於苫，以塊枕頭，必“寢苫”者，哀親之在草，“枕塊”者，哀親之在土。云“苫，編藁”者，案《爾雅》“白蓋謂之苫”，郭云“白茅，苫也”，與此不同者，彼取潔白之義，此不取潔白，故鄭因時人用藁爲苫而言“編藁”。云“塊，堛也”者，亦《爾雅》文。

十四　人日食六升四合，喪則日一溢二升餘

歠粥，朝一溢米，夕一溢米，不食菜果。

釋曰：云“不在於飽”者，案《周禮·廩人》中歲人食三鬴，注云“六斗

---

① “案”上原有“一釋”二字，阮云：“毛本無‘一釋’二字。”據删。
② “居”字原作“君”，四庫本及汪刻本均作“居”，據改。
③ “倚廬”下原不重“倚廬”二字，汪刻本及張、阮刻本均重“倚廬”二字，據補。
④ “苫失占”，原在頁眉處，占行十，乃了翁據《儀禮音義》增補之釋文，謹依文義挪至此處。

四升曰𧷁”，三𧷁爲米一斛九斗二升，三十日之食，則日食米六升四合，今日食米一溢二升有餘，是“不在於飽”。又案《檀弓》云“必有草木之滋焉，以爲薑、桂之謂也”，彼薑、桂爲滋味，此鄭以菜、果爲滋味，則薑、桂之外，菜、果亦爲滋味也。

十五　性不能食粥者食饘糜[①]

云“粥，糜也”者，案《爾雅》饘糜謂粥之稀者，故鄭舉其類，謂性不能食粥者，糜亦一溢米。

十六　百二十斤曰石，即一斛，二十兩曰溢

云“二十兩曰溢，爲米一升二十四分升之一”者，依筭法，百二十斤曰石，則是一斛，若然，則十二斤爲一斗，取十斤分之[②]，升得一斤。餘二斤，斤爲十六兩，二斤爲三十二兩。取三十兩十升，升得三兩。添前一斤十六兩，爲十九兩。餘二兩，兩二十四銖，二兩爲四十八銖。取四十銖十升，升得四銖。餘八銖，銖爲十絫[③]。十升，升得八絫，則是一升得十九兩四銖八絫，於二十兩仍少十九銖二絫[④]，則别取一升，破爲十九兩四銖八絫。分十兩，兩爲二十四銖，則爲二百四十銖，又分九兩，兩爲二十四銖，則爲二百一十六銖，并四銖八絫，添前，得四百六十銖八絫。總分爲二十四分，且取二百四十銖，分得十銖，餘二百二十銖八絫在，又取二百一十六銖二十四分，分得九銖，添前分得十九銖，餘有四銖八絫。四銖，銖爲十絫，總爲四十絫，通八絫，二十四分，得二絫。是一升爲二十四分，分得十九銖二絫。將十九銖添前四銖爲二十三銖，將二絫添前八絫則爲十絫爲一銖，以此一銖添前二十三銖則爲二十四銖爲一兩[⑤]，一兩添十九兩，總二十兩曰溢。

---

① “十五性不”至“食饘糜”，原在頁眉處，占行二至五，謹依題義挪至此處。

② “十”下原有“二”字，倉石云：“《喪服》疏無‘二’字。”據删。

③ “絫”字原作“參”，四庫本及汪刻本均作“絫”，據改，下疏亦改。

④ “少”字原作“小”，四庫本作“少”，倉石云：“《喪服》疏‘小’作‘少’。”據改。

⑤ “三”字原作“四”，四庫本及汪刻本均作“三”，據改。

十七　在喪乘惡車,唯拜君命、拜賓、有故

主人乘惡車。

釋曰:云“拜君命、拜衆賓及有故行所乘也”者,以其主人在喪,恒居廬哭泣,非有此事則不行,知義然也。引《雜記》者,證喪事上下同,無別義,以其貴賤雖異,於親一也,故《孝經》五孝不同①,及其喪親,唯有一章而已,亦斯義也。云“然則此惡車,王喪之木車”者,案《巾車》云“王之喪車五乘”,發首云“木車,蒲蔽”,是王始喪所乘木車無飾,與此惡車同,故引之,見尊卑同也。

十八　喪車無飾,故白狗幦、蒲蔽、犬服等

白狗幦幦,亡狄②。

案《玉藻》云“士齊車鹿幦”,此喪車無飾,故用白狗幦以覆笭笭,力丁,或領③。云“未成豪,狗”者,《爾雅·釋畜》文也。

蒲蔽。

注:藩也。謂車兩邊禦風,爲藩蔽以蒲草,亦無飾也。

御以蒲菣蒲菣,牡蒲莖,古文作驕,側留反,或作侯反④。

御謂御車者,士乘惡車之時,御車用蒲菣以策馬,喪中示不在於驅馳。云“蒲菣,牡蒲莖”者,案宣十二年,“楚熊負羈囚知罃⑤,知莊子以其族反之。厨武子御,每射抽矢,菣,納諸厨武子之房”。服注云“菣,好箭”,又云“厨子怒曰:非子之求而蒲之愛”,注云“蒲,楊柳,可以爲箭”,以此而言,蒲非直得策馬,亦爲矢幹也。

犬服。

---

① “五孝”原作“五經”,四庫本及汪刻本均作“五孝”,據改。
② “幦亡狄”,原在頁眉處,占行三,乃了翁據《儀禮音義》增補之釋文,謹依文義挪至此處。
③ “笭力丁或領”,原在頁眉處,占行四,乃了翁據《儀禮音義》增補之釋文,謹依文義挪至此處。
④ “蒲菣”至“侯反”,原在頁眉處,占行七至十,乃了翁增補之釋文,謹依文義挪至此處。
⑤ “熊”字原作“雄”,四庫本作“熊”,合於《左傳·宣公十二年》,據改。

云"笭間兵服"者,凡兵器建之於車上笭間,喪中乘車亦有兵器自衛,以白犬皮爲服,故云"以犬皮爲之",取其堅固也。云"亦白"者,幈用白狗皮,明此亦用白犬皮也。

木錧。

其車錧常用金,喪用木,是取少聲也。

約綏、約轡。

知約是繩者,案哀十一年《左傳》云"人尋約,吳髮短",杜注云"約,繩也",故知此約亦謂繩也,平常吉時綏、轡用索爲之,今喪中取其無飾,故皆用繩爲之也。

木鑣①。

平常用馬鑣,以金爲之,今用木,故知"亦取少聲"也。

十九　主婦車以疏布襜,亦名幨裳、童容

主婦之車亦如之,疏布襜②。

釋曰:"疏布襜"在"亦如之"之下③,見不與男子同。云"襜者,車裳幨"者,案《衛詩》云"漸車幨裳",注云"幨裳,童容",又案《巾車》后之翟車有容蓋,容則童容也。若然,則襜與幨裳及容一也襜,尺占④,故注者互相曉也。云"於蓋弓垂之"者,案《巾車》云"皆有容蓋",容蓋相將,其蓋有弓,明於蓋弓垂之也。

二十　大夫以上有貳車,士在喪有貳車

貳車,白狗攝服。

釋曰:依正禮,大夫以上有貳車,士卑,無貳車,但以在喪,可有副貳之車,非常法,則有兵服,服又加白狗皮緣之,謂之攝服。

---

① "鑣"字原作"鏣",經作"鑣",據改,下"馬鏣"亦改作"馬鑣"。

② "襜"下原有"之"字,四庫本無"之"字,合於經,據删。

③ "釋曰"至"之下",四庫本作"注襜者至垂之此在亦如之之下",所引乃注文及部分疏文,此仍其舊。

④ "襜尺占",原在頁眉處,占行八,乃了翁據《儀禮音義》增補之釋文,謹依文義挪至此處

二一 下室饋奠,隸子弟埽絜

朔月,童子執帚,卻之,左手奉之。

釋曰:自此盡"下室",論饋奠埽絜之事。案《曲禮》埽地者,箕帚俱執,此直執帚,不執箕者,下文"埽室聚諸窔"窔,又作突,一弔反,又音杳①,故不用箕也。云"童子,隸子弟"者,案桓二年《左傳》云"士有隸子弟",服注云"士卑,自其子弟爲僕隸,禄不足以及宗",是其有隸子弟也。

二二 童子埽室,垂末内鬣,從執燭者出

比奠,舉席,埽室聚諸窔,布席如初。卒奠,埽者執帚,垂末内鬣云云。

釋曰:案上文童子從徹者入,及此經則從執燭者出者,以其入則燭在先,徹者在後,出則徹者在先,執燭者在後,童子常在成人之後,故出入所從不同也。云"室中東南隅謂之窔"者,《爾雅·釋宫》文。

二三 下室燕養,饋、羞、湯沐之饌,如生平

燕養,饋、羞、湯沐之饌,如他日。

釋曰:云"燕養"者,謂在燕寢之中,平生時所有共養之事,則"饋、羞、湯沐之饌"是也。"如他日"者,今死,不忍異於生平之日也。

二四 饋朝、夕食,羞如禽羞俶獻、時賜②

云"饋,朝夕食也"者,鄭注《鄉黨》云"不時,非朝、夕、日中時",一日之中三時食,今注云"朝夕"不言"日中"者,或鄭略之③,亦有日中也,或以

---

① "窔又"至"音杳",原在頁眉處,占行一至三,乃了翁據《儀禮音義》增補之釋文,謹依文義挪至此處。

② "二四饋朝"至"獻時賜",原在頁眉處,占行一至五,謹依題義挪至此處。

③ "之"字原作"言",阮云:"毛本'言'作'云'。盧文弨云:'疑是之字。'按草書'言'、'云'俱似'之'字。"據改。

死後略去日中，直有朝、夕食也。知"羞，四時之珍異"者，《聘禮》有"禽羞俶獻"，《聘義》云"時賜"，鄭云"時賜，四時珍異"，故知此羞亦四時珍異也。引《內則》者，證經進湯沐，亦依《內則》之日數。知"下室日設之"者，言其燕食在燕寢，又下經云"朔月，不饋食於下室"，明非朔月在下室設之。

二五　朔月若薦新，下室不饋，月半亦然

朔月，若薦新，則不饋于下室。

釋曰：云"以其殷奠有黍稷也"者，大小斂奠、朝夕奠等皆無黍稷，故上篇朔月有黍稷，鄭注云"於是始有黍稷"，唯有下室若生，有黍稷，今此殷奠，大奠也，自有黍稷，故不復饋食於下室也。若然，大夫已上又有月半奠，有黍稷，亦不饋食於下室可知。

二六　下室如漢內堂，正寢以聽朝事①

云"下室，如今之內堂"者，下室既爲燕寢，故鄭舉漢法內堂況之。云"正寢，聽朝事"者，天子、諸侯路寢以聽政，燕寢以燕息。案《玉藻》云"朝玄端，夕深衣"，鄭注云"謂大夫、士也"，則聽私朝亦在正寢也②。

二七　凡葬，先物土乃筮，筮吉乃掘坎

筮宅，冢人物土。

釋曰：自此盡"不哭"，論筮宅、卜日之事。正經筮宅之事不言物土③，故記人言之。云"相其地可葬者，乃營之"者，凡葬，皆先相，乃筮之，筮吉乃掘坎。

---

① "二六下室"至"聽朝事"，原在頁眉處，占行十至十四，謹依題義挪至此處。
② "則"下原無"聽私朝"三字，阮云："毛本、《通解》'則'下有'聽私朝'三字。"據補。
③ "不"下原無"言"字，曹云："'不'下似脫'言'字。"據補。

二八　卜宅吉，宗人告從于主婦

卜日吉[①]，告從于主婦。主婦哭，婦人皆哭。主婦升堂，哭者皆止。

釋曰：正經直云"闔東扉，主婦哭"[②]，不云"主婦升堂，哭者皆止"之事，故記明之。云卜日吉，宗人告從于主婦，主婦哭時，堂上婦人皆哭，主婦升堂，堂上婦人皆止不哭。

二九　將啟殯，內外不哭，止譁踊

啟之昕，外內不哭。

釋曰：自上皆記《士喪》上篇事，自此以下皆記此篇。篇首將啟殯[③]，唯言"婦人不哭"，不云男子，故記以明之。云內外男女不哭，止譁踊故也。

三十　士二廟，先朝禰，如小斂奠

其二廟，則饌于禰廟，如小斂奠，乃啟。

釋曰：自此盡"主人踊如初"，論上士二廟，先朝禰，奠設及位次之事。云"其二廟，則饌于禰廟"者，以先朝禰，後朝祖，故先於禰廟饌，至朝設之故也。云"如小斂奠"者，則亦門外特豚一鼎，東方兩甒醴[④]、酒，一豆、一籩之等也。云"祖尊禰卑也"者，欲見上文朝祖時如大斂奠，此朝禰如小斂奠。

---

①　"日"字原作"曰"，汪刻本及張、阮刻本均作"曰"，阮云："毛本'日'作'曰'，《通解》、敖氏俱作'日'，與此本標目合。周學健云'敖氏注云日，人質反'，蓋恐人誤讀耳。按唐石經作'日'。"據改，下疏述經亦改。

②　"婦"字原作"人"，阮云："'人'，陳、閩、《通解》俱作'婦'。"曹云："'婦'字是。"據改。

③　"篇"字原作"葬"，曹云："'葬'殿本作'篇'。"據改。

④　"方"字原作"上"，曹云："'上'當爲'方'。"據改。

三一　上士異廟，中、下士共廟

云"上士異廟"，據此經而言，"下士共廟"，據經而言。中士亦共廟而唯言下士者，略之，其實中士亦共廟，故《祭法》云"適士二廟，官師一廟"，鄭云"官師，中、下之士"是也。

三二　朝禰廟，正位兩楹間，重不入

朝于禰廟，重止于門外之西，東面。柩入，升自西階，正柩于兩楹間。奠止于西階之下，東面北上。主人升，柩東，西面。眾主人東即位。婦人從升，東面。奠升，設于柩西。升降自西階，主人要節而踊。

注：重不入者，主於朝祖而行，若過之矣。門西東面，待之便也。

釋曰：此是上士二廟，先朝禰之事，雖言正柩于兩楹間，奠位在戶牖之間，則此於兩楹間稍近西，乃得當奠位，亦如輁軸饌于柩階間而近西然也。云"眾主人東即位"者，柩未升之時，在西階下，東面北上，柩升，主人從升，眾主人已下，乃即阼階下西面位。云"婦人從升"，不云主婦者，以其婦人皆升，故總言之。云"主人要節而踊"者，奠升，主人踊，降時，婦人踊也。云"門西東面，待之便也"者，以其祖廟在東，柩入禰廟，明旦出門，東鄉朝祖時，其重於柩車先，東鄉祖廟，便也，若先在門東西面，及柩入，乃迴鄉東，則不便。

三三　喪在道、在廟，前後各一燭

燭先入者升堂，東楹之南，西面。後入者西階東，北面，在下。

釋曰：此燭本是殯宮中炤開殯者，在道時，一在柩前，一在柩後，今又一升堂，一在堂下，故鄭云"先，先柩者。後，後柩者。適祖時燭亦然，且記於此"者，上適祖時，直有朝廟在道柩前後之燭，至廟直云"質明，滅燭"，不見燭之升堂、不升堂，此文見至廟燭升與不升，不見在道燭，故云"適祖時燭亦然，且記於此"，以其皆有在道及至廟燭升與不升之事也。

三四　朝禰之明日朝祖①，祝舉奠，巾、席從

祝及執事舉奠，巾、席從而降，柩從，序從如初，適祖。

釋曰：自此盡"不煎"，論至祖廟陳設及贈之事。云"此謂朝禰明日"者，以其下文朝祖之時，"序從如初"，中有燭，若同日，則朝祖之時已自明矣，何須更有燭也？以此言之，則此朝祖與朝禰別日可知，故鄭云"舉奠適祖之序也"。云"此祝執醴先，酒、脯、醢、俎從之，巾、席爲後"者，此禰奠與小斂奠同。

三五　凡喪，自卒至殯，與自啟至葬，其變同

云"凡喪，自卒至殯，自啟至葬，主人之禮其變同"者，主人常在喪位不出，唯君命乃出迎及送，"其變同，則此日數亦同"，以其此二廟朝者②，啟日朝禰，又明日朝祖，又明日乃葬，與始死日襲，明日小斂，又明日大斂而殯亦同日，主人、主婦變服亦同，以其小斂主人散帶，主婦髽，自啟至葬，主人、主婦亦同於未殯也。云"序從，主人以下"者，案上注云主人與男子居右，婦人居左，以服與昭穆爲位是也。

三六　薦乘車謂魂車，載爐亦攝盛

三七　有干無兵，有箙無弓矢，明不用③

薦乘車，鹿淺幦，干④、笮、革靾、載爐，載皮弁服，纓、轡、貝勒縣于

---

①　"祖"字原作"禰"，四庫本作"祖"，據改。

②　"廟朝"原作"篇薦"，曹云："'篇薦'二字當爲'廟朝'。"據改。

③　"三七有干"至"明不用"，原在頁眉處，占行十至十四，"有干"至"不用"乃與此題對應之文字，涵于題三六所領正文内，不宜段分，謹依題義挪至此處。

④　"干"字原作"于"，四庫本作"干"，合於經，據改。

693

衡經^①。

注：士乘棧車。鹿淺，鹿夏毛也。幦，覆笭。《玉藻》曰"士齊車，鹿幦豹犆"犆,音直,緣也^②。干，盾也。笮，矢箙也。靷靷,息列^③，韁也。旜，旌旗之屬。通帛爲旜，孤卿之所建，亦攝焉。皮弁服者，視朔之服。貝勒，貝飾勒。有干無兵，有箙無弓矢^④，明不用。

釋曰：此并下車三乘，謂葬之魂車。云"士乘棧車"者，《巾車》之文。云"幦，覆笭"，謂車前式豎者笭子，以鹿夏皮淺毛者爲幦以覆式，是以《詩·韓奕》云"鞹鞃淺幭"^⑤，《傳》云"鞹，革也。鞃，軾中也。淺，虎皮淺毛也。幭，覆軾也"。"孤卿建旜，大夫、士建物"，此士而用旜，故云"亦攝焉"。云"皮弁服者，視朔之服"者，案《玉藻》云諸侯"皮弁以聽朔於大廟"，《鄉黨》孔子云"素衣麑裘"，亦是視朔之服，君臣同服，是以此士亦載皮弁視朔之服也。

三八　朝君有朝無夕，士朝夕謂私朝

道車載朝服。

釋曰：知"道車，朝夕及燕出入之車"者，但士乘棧車，更無別車，而上云"乘車"，下云"稾車"，此云"道車"，雖有一車，所用各異，故有乘車、道車、稾車之名。知"道車，朝夕"者，案《玉藻》云"朝玄端，夕深衣"，鄭注云"謂大夫、士也"，私朝之服，《春秋左氏傳》云"朝而不夕"，據朝君，於是有朝無夕，若然，云"朝夕"者，士家朝朝暮夕當家私朝之車。又云"及燕出入"者，謂士家遊燕出入之車^⑥。案《周禮·夏官》有道右、道僕，皆據象路而言道，又案《司常》云"道車載旞"^⑦，鄭注云"王以朝夕燕出入"，與此道車同，則士乘棧車與王乘象路同名道。

---

① "經"字原在頁眉處，占行四，乃了翁按語，謹依文義挪至此處。
② "犆音直緣也"，原在頁眉處，占行六，乃了翁增補之釋文，謹依文義挪至此處。
③ "靷息列"，原在頁眉處，占行七，乃了翁據《儀禮音義》增補之釋文，謹依文義挪至此處。
④ "無"下原無"弓"字，張、阮刻本均有"弓"字，據補。
⑤ "鞃"字原作"鞄"，四庫本作"鞃"，據改，下疏述傳亦改。
⑥ "車"字原作"中"，四庫本作"車"，據改。
⑦ "旞"字原作"燧"，汪刻本及張、阮刻本均作"旞"，合於《周禮·司常》文，據改。

三九　不載私朝玄端服而載朝服，攝盛^①

云“朝服，日視朝之服”者，案《鄉黨》云“緇衣羔裘”，是孔子所服，鄭注云“諸侯視朝之服”，是君臣同服，故《玉藻》云諸侯“朝服以日視朝”。士之道車而用朝君之服，不用私朝玄端服者，乘車既載孤卿之旜，故道車亦載朝君之服，攝盛也。

四十　田獵，弁服、棧車。此小獵行鄙，襃笠、橐車

橐車載襃笠。

釋曰：云“橐，猶散也”者，《司常》云“斿車載旌”，注云“斿車，木路也，王以田以鄙”，謂王行小小田獵、巡行縣鄙，此散車與彼斿車同是游散所乘，故與斿車同解。若然，士亦與王同有“以田以鄙”者，亦謂從王“以田以鄙”也，若正田獵，自用冠弁服，乘棧車也。

四一　襃備雨，笠御暑，亦通用^②

云“襃笠，備雨服”者，案《無羊》詩云“爾牧來思，何襃何笠”，彼注云“襃，所以備雨。笠，所以御暑”，而此并云“備雨”者，非直襃以御雨，笠亦以備雨，故《都人士》詩注云“笠，所以御雨”，喪事不辟暑，是以并云“備雨”之服。云“今文橐爲潦”者，案《周禮》“輪人爲蓋”，鄭云“禮所謂潦車，謂蓋車與”，若然，彼注引此文^③，則爲潦車者，義亦通。

四二　巾奠乃飾棺，牆謂帷、荒

巾奠，乃牆。

釋曰：正經直云“降奠，當前束，商祝飾棺”，不云巾奠，故記人辨之。

---

① “三九不載”至“服攝盛”，原在頁眉處，占行五至十，謹依題義挪至此處。
② “四一襃備”至“亦通用”，原在頁眉處，占行五至八，謹依題義挪至此處。
③ “注”下原無“引”字，曹云：“‘注’下省‘引’字。”據補。

巾奠訖,商祝乃飾棺。牆即帷、荒,與棺爲飾,故變飾棺云"牆"也。

四三　茵著用茅秀、廉薑、澤蘭,香且御濕

茵著用荼、實綏、澤焉。

荼,茅秀也。綏,廉薑也。澤,澤蘭也。皆取其香且御濕。

釋曰:茵内非直用茅秀,兼實綏、澤,取其香。知"且御濕"者,以其在棺下,須御濕之物,故與荼皆所以御濕。

四四　菅筲三,其實皆瀹,未知神所享

葦苞,長三尺一編。

注:用便易也。

菅筲三,其實皆瀹。

釋曰:經直云"筲三,黍、稷、麥",不辨筲之所用及黍稷生熟[1],故記人明之,是以云筲用菅草,黍稷皆淹而漬之。云"未知神之所享"者,以其鬼神幽暗,生者不見,故淹而不熟,以其不知神之所享故也。云"不用食道,所以爲敬"者,案《檀弓》云"飯用米貝,不以食道",食道褻則不敬[2]。

四五　公賵有常,賓贈幣無常,在所有

凡贈幣,無常。

釋曰:正經云公賵用玄纁束帛[3],是賵有常矣。上又云賓贈"奠幣如初",直云"奠幣如初",不云物色與多少,故記人明之,以其賓客非一,故云"凡贈幣無常"。鄭云"賓之贈也"。云"玩好曰贈,在所有"者,《詩》云"雜佩以贈之",是贈在所有。

---

[1]　"筲"字原作"苞",曹云:"'苞'當爲'筲'。"據改。

[2]　"食"下原無"道"字,汪刻本及張、阮刻本均有"道"字,據補。

[3]　"賵"字原作"賜",汪刻本及張、阮刻本均作"賵",合於經,據改。

四六　車立道左,謂墓東,墓南面爲正

車至道左,北面立,東上。

釋曰:正經直云"陳器于道東西①,北上",統于壙,以其入壙故也,不云三等之車面位之事,故記人明之,以其不入壙,故東上,不統於壙也。云"道左,墓道東"者,據墓南面爲正。

四七　柩車至壙,乃斂車服載之,示不空歸

柩至于壙,斂服載之。

釋曰:正經直云柩"至于壙,屬引,乃窆",不云柩車斂服載之,故記人明之。云"柩車至壙,祝説載除飾,乃斂乘、道、槀車服載之,不空之以歸"者②,此解"説載"謂下棺於地,"除飾"謂除去帷、荒,柩車既窆,乃斂乘車皮弁服、道車朝服、槀車蓑笠三者之服載之於柩車,示"不空之以歸"者也。

四八　主人送形而往,迎精而反③

云"送形而往,迎精而反"者,《禮記·問喪》文,引之證此不空歸之義。云"亦禮之宜"者,形往則送之,主人隨柩路是也,精反則迎之,主人隨精而反。

四九　卒窆而歸,不驅,其反如疑

卒窆而歸,不驅。

釋曰:此文解上斂服載之,下棺訖,實土三,孝子從蜃車而歸,不驅馳而疾者,疑父母之神不歸。云"孝子往如慕,反如疑"者,亦《禮記·問

---

① "東"下原無"西"字,汪刻本及張、阮刻本均有"西"字,合於經,據補。

② "空之"二字原作"窆",汪刻本及張、阮刻本均作"空之",下疏述注亦作"空之",據改。

③ "四八主人"至"精而反",原在頁眉處,占行十至十四,謹依題義挪至此處。

喪》文。

五十　遂、匠納車載柩，遂引徒，匠載窆

既正柩，賓出，遂、匠納車於階間。

釋曰：正經不云納柩車時節，故記人明之。既朝，正柩於兩楹之間，當此之時，遂、匠納柩車於階間。云"遂人、匠人也"者，以其《周禮》有遂人、匠人，天子之官，士雖無臣，亦有遂人、匠人主其喪事。云"遂人主引徒役。匠人主載柩窆，職相左右也"者，案《周禮·遂人職》云"大喪，帥六遂之役而致之，掌其政令。及葬，帥而屬六綍①。及窆，陳役"，注云"致役，致於司徒，給墓上事。陳役者，主陳列之耳"，是遂人主引徒也，又《鄉師職》云"及葬，執翿以與匠師御匶而治役"，謂監督其事，又此遂人與匠人同納車于階間，即匠人主載窆，與遂人職相左右也。云"車，載柩車"者，以其此云"納車于階間"，正爲載柩，若乘車、道車之等，則當東榮，不在階間。

五一　蜃車與輴同有輪，無輻曰輇

云"《周禮》謂之蜃車"者，案《遂師職》云"大喪，使帥其屬以幄帟先及蜃車之役"，注云"蜃車，柩路也，柩車載柳②，四輪迫地而行，有似於蜃，因取名焉"是也。云"《雜記》謂之團，或作輇，或作摶，聲讀皆相附耳，未聞孰正"者，言"或作輇，或作摶"者③，皆合《禮記》別本，故云"皆相附耳"，但未知孰正也。云"其車之轝，狀如牀，中央有轅，前後出"者，觀鄭此注，其轝與輴車同，亦一轅爲之。云"設前後輅"者，正經唯云"前輅"，言前以對後，明知亦有後輅。云"轝上有四周"者，此亦與輴車同。云"下則前後有軸，以輇爲輪"者，此則與輴異，以其輴無輪，直有轉轔，此有輇輪。引"許叔重說"者，案許氏《説文》云"有輪無輻曰輇"，證此輇無輻也。

---

① "帥"字原作"師"，四庫本及汪刻本均作"帥"，據改。
② "柩路"下原無"也柩車載柳"五字，阮云："毛本‘路’下有‘也柩車載柳’五字。案《周禮》注有此五字，‘柩車’作‘柩路’。"據補。
③ "輇"下原無"或"字，汪刻本及張、阮刻本均有"或"字，據補。

五二　弓矢之新，謂死者沽功，示不用

弓矢之新，沽功。

釋曰：自此盡篇末，論死者用器弓矢麤惡之事，以其正經直云“用器，弓矢”，不辨弓矢善惡及弓矢之名，故記人明之。“設之宜新”者，爲死者宜用新物。云“沽示不用”者，沽謂麤爲之。

五三　猴矢，骨鏃短衛，示沽不可用

猴矢一乘，骨鏃短衛。

云“骨鏃短衛，亦示不用也”者，案上文“沽功”，鄭云“示不用”，故此亦之。云“生時猴矢金鏃”者猴，侯、候二音①，此亦《爾雅・釋器》文，案彼云“金鏃翦羽謂之猴”是也。此言短羽，即翦羽也。云“凡爲矢四矢曰乘②，五分笴長而羽其一”者③，案《周禮・矢人》上陳五矢，下乃云“五分其長而羽其一”，故云“凡”以廣之也。案鄭彼注云矢笴長三尺，五分羽一則六寸也，謂之羽者，指體而言，謂之衛者，以其無羽則不平正，羽所以防禦其矢，不使不調，故名羽爲衛。

五四　志矢習射矢，即《書》“射之有志”

志矢一乘，軒輖中輖，音周，音弔④，亦短衛。

釋曰：云“志，猶擬也”者，凡射，志意有所准擬，故云“志，猶擬也”。云“習射之矢”者，案《司弓矢》鄭注云“恒矢之屬，軒輖中，所謂志”，以此言之，則此恒矢也，在八矢之下，如是習射矢者，以其矢中特輕，於習射宜

---

① “猴侯候二音”原在頁眉處，占行三，乃了翁據《儀禮音義》增補之釋文，謹依文義挪至此處。

② “四矢曰乘”原在頁眉處，占行五，乃了翁增引之注文，謹依文義挪至此處。

③ “笴”字原作“苛”，下疏“案鄭彼注云矢苛長三尺”同，汪刻本及張、阮刻本均作“笴”，合於注，據改，下亦改。

④ “輖音周音弔”，原在頁眉處，占行十一，乃了翁據《儀禮音義》增補之釋文，謹依文義挪至此處。

也。案六弓,唐弓、大弓亦授習射者,則此矢配唐、大也。引《尚書·盤庚》者,證志爲准擬之事。"輖,摯"者摯,音至,本又作贄[①],鄭讀輖從摯,以其車傍周,非是軒輊之輊[②],故讀從執下至。云"無鏃短衛",皷矢生時用金鏃,死用骨鏃,志矢生時用骨鏃,死則令去之。云"生時志矢骨鏃"者,亦《爾雅·釋器》文,案彼云"骨鏃不翦羽,謂之志",此志矢是也。

五五　凡矢,前重後輕,恒矢、庫矢軒輖中[③]

云"凡爲矢,前重後輕也"者,案《司弓矢》鄭注云"凡矢之制[④],枉矢之屬,五分二在前,三在後;殺矢之屬,參分一在前,二在後;矰矢之屬,七分三在前,四在後;恒矢之屬,軒輖中"。若然,前重後輕者,據殺矢、皷矢、枉矢、絜矢、矰矢、茀矢而言,引之者,證此志是恒矢、庫矢,無前重後輕之義。但《周禮》有八矢,唯用此二矢者,以其八矢之内,皷矢居前,最重,恒矢居後,最輕,既不盡用,故取其首尾者也。

---

①　"摯音"至"作贄",原在頁眉處,占行十七至十八,乃了翁據《儀禮音義》增補之釋文,謹依文義挪至此處。又,"贄"字原作"贅",《釋文》作"贄",據改。

②　"軒輊之輊"原作"軒摯之摯",阮云:"陳、監、《通解》、《要義》同,毛本兩'摯'字作'輊',閩本作'輊'。案'輊'形似'輊',故毛本誤作'輊',下文云'故讀從執下至',則此句不當作'摯'。疏意從車之輊與從執之摯二字不同,故特分別言之。"據改。

③　"五五凡矢"至"軒輖中",原在頁眉處,占行一至六,謹依題義挪至此處。又,"庫"字原作"痺",下疏同,汪刻本及張、阮刻本疏作"庫",據改,下亦改。

④　"凡"下原有"枉"字,阮云:"陳、閩、《通解》俱無'枉'字。"曹云:"'枉'字衍。"據删。

儀禮要義卷第四十二　士虞禮一

一　迎精而反，日中祭於殯宮以安之曰虞

士虞禮第十四。

鄭《目録》云“虞，安也”，士既葬父母，迎精而反，日中祭之於殯宮以安之。虞於五禮屬凶，《大戴》第六，《小戴》第八①，《别録》第十四。

二　虞、卒哭在寝，祔乃在廟，殯亦言廟②

釋曰：案此經云“側亨于廟門外之右”，又記云“陳牲于廟門外”，皆云“廟”，《目録》云“祭之殯宫”者，廟則殯宫也，故鄭注《士喪禮》“凡宫有鬼神曰廟”，以其虞、卒哭在寝，祔乃在廟，是以鄭注《喪服小記》云“虞於寝，祔於祖廟”。

三　虞亦當言牲，此云“特豕饋食”

士虞禮。特豕饋食。

注：饋，猶歸也。

釋曰：自此盡“南順”，論陳鼎鑊、祭器③、几筵等之事④。案《左氏傳》云“卜日曰牲”，是以《特牲》云牲，大夫已上稱牲，亦稱牢，故云《少牢》，此

---

① “第八”原作“第十五”，阮云：“當作‘第八’，第十五乃《聘禮》。”據改。
② “二虞卒”至“亦言廟”，原在頁眉處，占行五至十，謹依題義挪至此處。
③ “祭”上原有“於”字，汪刻本及張、阮刻本均無“於”字，據删。
④ “几”字原作“凡”，四庫本及汪刻本均作“几”，據改。

虞爲喪祭，又葬日虞，因其吉日，故略無卜牲之禮，故指豕體而言，不云牲，大夫已上亦當然。《雜記》云"大夫之虞也，犆牲"，又此下記云"陳牲於廟門外"，《檀弓》云"與有司視虞牲"，皆言牲者，記人之言，不依常例故也。然《少牢》云"司馬刲羊，司士擊豕"①，不言牲者，據殺時須指事而言，亦非常例也。

四　以物與神及人皆言饋，饋猶歸②

云"饋，猶歸"者，謂以物與神及人皆言饋，是以此《虞》及《特牲》、《少牢》皆言饋，《坊記》云"父母在，饋獻不及車馬"，是生死皆言饋。

五　側亨，唯亨一胖，以虞不致爵，唯獻賓

側亨于廟門外之右，東面。

案吉禮皆全，左右胖皆亨亨，普庚，或虛兩③，不云側，此云"側亨"，明亨一胖而已。必亨一胖者，以其虞不致爵，自賓三獻已後④，則無主人、主婦及賓已下之俎，故唯亨一胖也。若然，《特牲》亦云"側殺"者，彼雖亨左右胖，少牢二，特牲一，故以一牲爲側，各有所對故也。云"亨於爨用鑊"者，亦案《少牢》有羊鑊，故亨在鑊。

六　吉禮鼎鑊皆門東，此虞祭未可吉⑤

云"不於門東，未可以吉也"者，以虞爲喪祭，不於門東，對《特牲》吉禮，鼎鑊皆在門東，此云"門外之右"，是門之西。

---

① "士"上原無"司"字，《少牢饋食禮》作"司士擊豕"，據補。
② "四以物"至"饋猶歸"，原在頁眉處，占行一至五，謹依題義挪至此處。
③ "亨普"至"虛兩"，原在頁眉處，占行八至九，乃了翁據《儀禮音義》增補之釋文，謹依文義挪至此處。
④ "賓三獻"原作"獻賓"，曹云："'獻賓'當爲'賓三獻'。"據改。
⑤ "六吉禮"至"未可吉"，原在頁眉處，占行十至十五，謹依題義挪至此處。

七　卒哭對虞爲吉祭，若比祔爲喪祭

“是日也，以虞易奠。卒哭曰成事，是日也，以吉祭易喪祭”，如是則卒哭即是吉祭，而鄭此注云祔爲吉祭者，卒哭對虞爲吉祭，卒哭比祔爲喪祭，故下記云卒哭祭乃餕云“尊兩甒於廟門外之右，少南。洗在尊東南①，水在洗東，篚在西”，注云“在門之左，又少南”，則鼎鑊亦在門左。又云“明日，以其班祔，沐浴”，又云“其他如饋食”，是祔乃與特牲吉祭同，以祔爲吉祭，是以云“祔而以吉祭易喪祭”。

八　迎魂而反，神還在寢，故寢云廟

云“鬼神所在則曰廟，尊言之”者，對平時廟與寢別②，今雖葬，既以其迎魂而反，神還在寢，故以寢爲廟，虞於中祭之也。

九　魚、腊爨在豕鼎南③，孔子時爨爲竈

魚、腊爨亞之，北上。

注：爨，竈。

釋曰：上豕爨在門右，東面，此魚、腊各別鑊，言“北上”則次在豕鼎之南。云“爨，竈”者，周公經爲爨，至孔子時爲竈，故王孫賈問孔子曰“與其媚於奧，寧媚於竈”。

十　三鑊在西方，饎爨在東壁，皆反吉

饎爨在東壁饎，尺志④，西面。

---

①　“在”上原無“洗”字，汪刻本及張、阮刻本均有“洗”字，據補。

②　“時”上原無“平”字，曹云：“‘時’上或脱‘平’字。”據補。

③　“南”字原作“北”，曹校正文“言北上則次在豕鼎之北而”云：“‘北而’二字當爲‘南’。”據改，正文亦改。

④　“饎尺志”，原在頁眉處，占行十七，乃了翁據《儀禮音義》增補之釋文，謹依文義挪至此處。

釋曰:以三鑊在西方,反吉,案《特牲》云"主婦視饎爨于西堂下",宗婦主之,在西方,今在東,亦反吉也。《少牢》廩爨在饔爨之北,在門外者,是大夫之禮,廩人主之①,男子之事,故與牲爨同在門外東方也。知"炊黍稷曰饎"者,案《周禮·饎人》云"掌凡祭祀共盛",齊盛即黍稷,故知也。云"北上,上齊于屋宇"者,此案《特牲記》云"饎爨在西壁",鄭注云"西壁,堂之西牆下。舊說云南北直屋梠,稷在南",彼此東西皆言壁,彼云"屋梠",此云"屋宇",故知此亦齊屋也。

十一　殷奠薦新有黍稷,至虞有爨,彌吉②

云"於虞有亨饎之爨,彌吉"者,以其小斂、大斂未有黍稷,朔月薦新之等始有黍稷,向吉③,仍未有爨,至此始有亨饎之爨。

十二　玄酒在酒上,喪祭無玄酒,醴代之

云"酒在東,上醴也"者,醴法上古,酒是人所常飲,故在東,吉禮玄酒在酒上,今以喪祭禮無玄酒,則醴代玄酒,在上,故云"上醴也"。

十三　冪用絺布,麻葛雜④

云"絺布,葛屬"者,絺綌以葛為之,布則以麻為之,今絺布並言,則此麻葛雜,故有兩號。

十四　大斂奠有席,虞有几,君則始死几筵具

素几、葦席在西序下。
注:有几,始鬼神也。

---

① "是大"至"主之"原作"是大夫主之廩人掌",曹云:"當爲'是大夫之禮,廩人主之'。"據改。
② "十一殷奠"至"爨彌吉",原在頁眉處,占行三至八,謹依題義挪至此處。
③ "吉"字原作"言",汪刻本及張、阮刻本均作"吉",據改。
④ "十三冪用"至"麻葛雜",原在頁眉處,占行十二至十五,謹依題義挪至此處。

釋曰：經几、席具有，注唯云“几”者，以其大斂奠時已有席，至此虞祭乃有几故也。然案《檀弓》云“虞而立尸①，有几②、筵”，筵則席，虞祭始有者，以几、筵相將，故連言筵，其實虞有几③。若天子、諸侯始死則几、筵具，故《周禮・司几筵》云“每敦一几”④，據始殯及葬時，是始死即几、席具也。

十五　尸在奧東面，設者西面

饌兩豆菹、醢于西楹之東，醢在西，一鉶亞之。

釋曰：此饌繼西楹言之，則以西楹爲主，向東陳之。云“一鉶亞之”者，菹以東也。云“醢在西，南面取之，得左取菹，右取醢，便其設之”者，以其尸在奧東面，設者西面設於尸前，菹在南，醢在北，今於西楹東饌之，菹在東，醢在西，是南面取之，得左取菹，右取醢，至尸前西面，又左菹，右醢，故云便也。

十六　扃在鼎上，先設鼎，後扃，今文扃作鉉

陳三鼎于門外之右，北面，北上，設扃鼏扃鼏，又《士昏》、《特牲》皆有之⑤。
今文扃作鉉鉉，玄犬反⑥。
此扃雖先云設⑦，其設扃在後，知者，案《士喪禮》小斂云“右人左執匕，抽扃，予左手，兼執之，取鼏，委于鼎北，加扃”，則扃在鼏上，故先抽扃，後去鼏，則鼏先設可知。扃、鼏雖在三鼎之下總言，其實陳一鼎訖，即設之，知者，案下記云“皆設扃鼏”，注云“嫌既陳，乃設扃鼏”是也。

---

①　“立”下原無“尸”字，四庫本及汪刻本均有“尸”字，據補。
②　“有”字原作“用”，四庫本及汪刻本均作“有”，據改。
③　“其”下原無“實”字，曹云：“‘其’下似脱‘實’字。”據改。
④　“敦”字原作“燾”，四庫本作“敦”，阮云：“毛本‘燾’作‘敦’。按《周禮・司几筵》作‘每敦一几’，鄭注‘敦讀曰燾’，即改爲‘燾’字，此《正義》例也。”據改。
⑤　“扃鼏”至“有之”，原在頁眉處，占行十七至十八，乃了翁按語，謹依文義挪至此處。
⑥　“鉉玄犬反”，原在頁眉處，占行十六，乃了翁據《儀禮要義》增補之釋文，謹依文義挪至此處。
⑦　“云”上原無“此扃雖先”四字，汪刻本及張、阮刻本均有“此扃雖先”四字，據補。

十七　三虞與葬服同，卒哭變麻服葛

主人及兄弟如葬服，賓執事者如弔服云云。

釋曰：自此盡"北面"，論將虞祭於位及衣服之事。云"葬服者，《既夕》曰'丈夫髽，散帶垂'也"者，此唯謂葬日反，日中而虞及三虞時，其後卒哭，即服其故服，是以《既夕記》注云"自卒至殯，自啟至葬，主人之禮，其變同"，則始虞與葬服同，三虞皆同，至卒哭卒去無時之哭，則依其喪服，乃變麻服葛。

十八　賓執事，士之屬官，即公有司，亦朋友

云"賓執事者，賓客來執事也"者，以其虞爲喪祭，主人未執事，故云"賓客來執事"也。案下注云"士之屬官，爲其長弔服加麻"，即此經賓執事者弔服是也。若然，此士屬官中有命于其君者，是以《特牲記》賓中有"公有司"，鄭注云"公有司亦士之屬，命于其君者也"，案《曾子問》"士則朋友奠，不足取於大功以下"，又云"士祭不足，則取於兄弟大功以下者"，鄭云"祭，謂虞、卒哭時"，以此而言，彼朋友則公有司，與此執事一物，以僚友言之，雖屬官，亦爲朋友也。

十九　卒哭，緦至斬皆免，祝亦免，以所親

祝免，澡葛絰帶，布席于室中，東面，右几，降，出。

釋曰：云"祝亦執事"者，謂亦上執事也。云"免者，祭祀之禮，祝所親也"者，案《禮記·喪服小記》云"緦麻、小功，虞、卒哭則免"，注云"卒哭，緦麻已上至斬衰皆免"，今祝是執事屬吏之等，皆無免法，今與緦已上同著免，嫌其大重，故云"祭祀之禮，祝所親"而可以受服也李如圭《集釋》曰："祝親，祭宜進而從重，接神宜變而之輕"①。

---

① "李如圭"至"而之輕"，原在頁眉處，占行一至四，乃了翁按語，謹依文義挪至此處。

二十　祝不與執事同位,接神尊也

祝入門左,北面。

釋曰:云"不與執事同位,接神尊也"者,執事即上兄弟、賓即位于西方,如反哭位,皆是執事,故《曾子問》喪祭不足則取兄弟。

二一　此陰厭,主人倚杖入,祝從

二二　注引記,虞杖不入於室,祔杖不升於堂①

祝盥,升,取苴降,洗之,升,入設于几東席上,東縮,降,洗觶,升,止哭。

釋曰:自此盡"哭,出,復位",論設饌於神,杖不入於室之事也②。案此文陰厭時,"主人倚杖,入,祝從,在左,西面",下記云"尸入,祝從尸",注云"祝在主人前也,嫌如初時,主人倚杖入,祝從之。初時,主人之心尚若親存,宜自親之,今既接神,祝當詔侑尸也",主人前自門入向西③,在階下未得倚杖于序,今主人在西階,將入室,故倚杖於西序。

二三　齊斬不執事,虞自尸入後、祔陰厭亦執事

贊薦菹醢,醢在北。

注:主婦不薦,齊斬之服不執事也。

釋曰:《曾子問》"士祭不足,則取於兄弟大功已下"者,彼文承祭下④,

---

① "二二注引"至"升於堂",原在頁眉處,占行三至八,"下記云"至"於西序"乃與此題對應之文字,涵于題二一所領正文內,不宜區分,謹依題義挪至此處。

② "室"字原作"門",曹云:"'門'當爲'室'。"據改。

③ "門入向西"原作"西入向東",曹云:"'西'當爲'門','東'當爲'西'。"據改。

④ "祭"字原作"奠",曹云:"'奠'當爲'祭'。"據改。

故引之。虞①、卒哭既取大功以下，則齊斬不執事。唯爲今時，至于尸入之後，亦執事。兩籩棗、栗，設於會南，至於祔祭，雖陰厭，亦主婦薦，主人自執事也。知者，下記云"其他如饋食"，案《特牲》云"主人在右，及佐食舉牲鼎"是也。若大夫已上尊，不執事，故《少牢》云"主人出迎鼎"，注云"道之也"，是不執事也。

二四　吉祭直有酒，喪祭酒、醴俱有

祝酌醴，命佐食啟會。佐食許諾，啟會，卻于敦南，復位。

釋曰：《特牲》《少牢》直言"酌奠"，不言酌醴者，以彼直有酒，故不言酒。此兩有者，以其同小斂、大斂、朔月、遷祖、祖奠、大遣奠等皆酒、醴並有，故此虞之喪祭亦兩有，異於吉祭也。

二五　祝祝者，釋祭辭，迎尸後，祝饗尸辭

祝饗，命佐食祭。

釋曰：下云"祝祝卒"，注云"祝祝者下祝，之又②，釋孝子祭辭"，又下文迎尸後，尸墮祭云"祝祝墮，許規③，主人拜如初"，此等三者皆有辭，此文饗神引記者，是陰厭饗神辭。下文迎尸上釋孝子辭者，經記無文，案《少牢》迎尸上④，祝孝子辭云"孝孫某，敢用柔毛、剛鬣、嘉薦、普淖，用薦歲事于皇祖伯某，以某妃配，某氏，尚饗"，此是釋孝子辭，此迎尸上釋孝子辭，宜與彼同，但稱哀爲異。其迎尸後祝辭者，即下記饗辭云"哀子某，圭爲而哀薦之，饗"，鄭注云"饗辭，勸強尸之辭也"，凡吉祭，饗尸曰孝子，是以《特牲》迎尸後云"祝饗"，注云"饗，勸強之也，其辭取於《士虞記》則宜云'孝孫某，圭爲孝薦之，饗'"是也。下二虞、卒哭，記皆有辭，至彼別釋。

---

① "虞"字原作"下"，曹云："上'下'字當爲'虞'。"據改。
② "下祝之又"，原在頁眉處，占行八，乃了翁增補之釋文，謹依文義挪至此處。
③ "墮許規"，原在頁眉處，占行十一，乃了翁增補之釋文，謹依文義挪至此處。
④ "尸"下原無"上"字，曹云："'尸'下脫'上'字。"據補。

二六　孝子將納尸,疑於其位,設苴以定之

二七　佐食鉤袒,如漢言捭衣①

佐食許諾,鉤袒,取黍稷,祭于苴三,取膚祭,祭如初。祝取奠觶祭,亦如之,不盡,益,反奠之。主人再拜稽首。

注:鉤袒,如今捭衣也。苴,所以藉祭也。孝子始將納尸以事其親,爲神疑於其位,設苴以定之耳。或曰"苴,主道也",則《特牲》、《少牢》當有主象而無②,何乎?

云"鉤袒,如今捭衣也"者,經云"鉤袒",若漢時人捭衣以露臂李釋擐衣音患,古患反,又作捭,音宣③,故云"如今捭衣也"。云"孝子始將納尸以事其親,爲神疑於其位,設苴以定之耳"者,案上文祝取苴降洗,設于几東者,至此乃祭于苴,下文乃延尸,是孝子迎尸之前用苴,以將納尸,以事其親,爲神疑於其位,故設苴以定之,解預設苴之意也。

二八　或曰苴主道,鄭疑吉祭無主象④

云"或曰'苴,主道也',則《特牲》、《少牢》當有主象而無,何乎"者,解舊有人云"苴,主道",似重爲主道然,故鄭破之,云若是苴爲主道,《特牲》、《少牢》吉祭亦當有主象,亦宜設苴,今而無苴,何乎?是鄭以苴爲藉祭,非主道也。若然,此據文有尸而言,將納尸有苴,案下記文無尸者亦有苴,又《特牲》、《少牢》吉祭無苴,案《司巫》"祭祀,則共匰主及蒩館",常祀亦有苴者,以天子、諸侯尊者禮備,故吉祭亦有苴,凶祭有苴可知。

---

①　"二七佐食"至"言捭衣",原在頁眉處,占行六至九,"云鉤袒至"捭衣也"乃與此題對應之文字,涵于題二六所領正文內,不宜段分,謹依題義挪至此處。

②　"少"字原作"守",四庫本作"少",據改。

③　"李釋"至"音宣",原在頁眉處,占行十至十三,乃了翁按語,謹依文義挪至此處。

④　"二八或曰"至"無主象",原在頁眉處,占行十四至十八,謹依題義挪至此處。

二九 祝迎尸,主人兄弟奉篚,哭從尸

祝迎尸,一人衰経奉篚①,哭從尸。

自此盡"如初設",論迎尸入九飯之事。鄭知"一人衰経"是"主人兄弟"者,以主人哭,出,復位,無從尸之理,又云"衰経",且非疏遠,故知"一人衰経"是"主人兄弟"也。引《檀弓》者,證祝隨主人葬,先反宿虞尸《檀弓》"既封,主人贈而祝宿虞尸"。鄭此經注云"尸,主也。孝子之祭,不見親之形象,心無所繫,立尸而主意焉"②。

三十 墮祭謂下祭,或捘、或羞、或綏、或擩,同

尸取奠,左執之,取菹,擩于醢,祭于豆間,祝命佐食墮祭。

釋曰③:云"尸取奠,左執之"者,以右手將墮故也。云"下祭曰墮"者,以其凡祭,皆手舉之,向下祭之。"'既祭,藏其墮',謂此也"者,謂此墮祭一也,引之者,證《守祧》同之耳。云"今文墮爲綏",又云《特牲》、《少牢》或爲羞,失古正矣"者,此二字皆非墮下之義,故云"失古正"也。云"齊、魯之間謂祭爲墮"者,案《特牲》云"祝命捘祭",注云"《士虞禮》古文曰'祝命佐食墮祭',《周禮》曰'既祭,則藏其墮','墮'與'綏'讀同耳,今文改'捘'皆爲'綏',古文此皆爲'擩祭'也",又《少牢》尸將酢主人時,"上佐食以綏祭",鄭注云"'綏',讀爲墮",此三處經中"墮"皆不同者,此五字或爲"墮",或爲"捘",或爲"羞",或爲"綏",或爲"擩",此五者鄭既以"捘"、"綏"及"羞"三者已從"墮",復云古文作"擩",以其《特牲》及此《士虞》皆有"擩祭",故亦兼"擩"解。

三一 尸受肺、脊,嚌之,不受魚、腊,庶羞不備味

佐食舉肺、脊授尸,尸受,振祭,嚌之,左手執之。

---

① "一"字原作"主",四庫本作"一",合於經,據改。
② "檀弓"至"意焉",乃了翁按語。
③ "釋"下原無"曰"字,依其慣例,當作"釋曰",謹補。

釋曰：云“右手將有事也”者，爲下文“祭鉶、嘗鉶”是也。云“尸食之時，亦奠肺、脊於豆”者，解經無奠文。知不執以食卒者，案下文云“尸卒食，佐食受肺、脊，實于筐”，在尸手當云“受肺、脊”。又知在豆者，《特牲》云“尸實舉于菹豆”是也。案《特牲》尸“乃食，食舉”，注云“舉言食者，明凡解體皆連肉”，《少牢》云“食舉”，注云“舉，牢肺、正脊也。先飯唷之，以爲道也”，此喪祭不言食舉，亦食舉可知，是以《特牲》注云“肺，氣之主也。脊，正體之貴者。先食啗之，所以道食通氣”也。案下文注云“尸不受魚、腊，以喪不備味”，則亦不食庶羞矣。

三二　尸祭豕鉶、嘗羊鉶，用右手，用柶

尸祭鉶，嘗鉶。

釋曰：知以“右手”者，上經云“佐食舉肺、脊授尸，尸受，振祭，嚌之，左手執之”。

《少牢》曰：“以柶祭羊鉶，遂以祭豕鉶，嘗羊鉶”。

引《少牢》者，證此經嘗祭之時亦用柶，案下記云“鉶芼用苦若薇，有滑，夏用葵，冬用荁，有柶”，是用柶祭之義。

三三　觶北鉶，南設泰羹，薦豆之左設菹

泰羹溍自門入，設于鉶南，菹四豆，設于左。

釋曰：云“設于鉶南”者，以泰羹溍未設，故繼鉶而言之，其實觶北留空處，以待泰羹。云“菹四豆，設于左”者，案《特牲》“四豆，設於左，南上”，云“左”者，正豆之左，又《少牢》云“上佐食羞菹，兩瓦豆，有醢，設于薦豆之北”，注云“設於薦豆之北，以其加也”，言北亦是左也。云“博異味”者，以其有溍、有菹。

三四　古者飯用手搏餘于筐，不反餘

尸飯，搏餘于筐。

案《曲禮》云“無搏飯”，又云“無放飯，飯黍無以箸”，故知“古者飯用

手”,言此者,證播飯去手爲放飯。云“吉時播餘于會”者,可知。

注:不反餘也。古文播爲半。

三五 《特牲》三舉魚、腊,皆祭、嚌,此反吉

案《特牲》三舉魚、腊,尸皆振祭,嚌之,此佐食舉魚、腊,實於筐,尸不嚌,故云“喪不備味”。

三六 爵、敦無足者曰廢爵、廢敦

主人洗廢爵,酌酒酳尸。

釋曰:自此盡“升堂,復位”,論主人初獻尸并獻祝及獻佐食之事。云“爵無足曰廢爵”者,案下文“主婦洗足爵”,鄭云“爵有足,輕者飾也”,則主人喪重,爵無足可知。凡諸言廢者,皆是無足,廢敦之類是也。

三七 吉禮嚌肝,加菹豆,喪遠味,加於俎

賓長以肝從,實于俎,縮,右鹽。尸左執爵,右取肝①,擩鹽,振祭,嚌之,加于俎。

釋曰:“復位”者,謂賓長也,尸既振肝訖,復西階前衆兄弟之南東面位。云“以喪不志於味”者,決《特牲》、《少牢》尸嚌肝訖,加菹豆以近身,此虞禮,尸嚌肝訖,不加于菹豆而遠加於俎以同牲體者,以喪志不在於味,遠身加俎也。

三八 主婦爲舅姑齊衰,故獻用足爵

主婦洗足爵于房中,酌,亞獻尸,如主人儀。

釋曰:自此盡“入於房”,論主婦獻尸并獻祝及佐食之事。云“如主人儀”者,即上主人酳尸,尸拜受爵,主人北面答拜之等,今主婦亞獻亦然,

---

① “尸”下原無“左執爵右”四字,四庫本有“左執爵右”四字,合於經,據補。

故云"如主人儀"也。云"爵有足，輕者飾也"者，主婦，主人之婦，爲舅姑齊衰，是輕於主人，故爵有足爲飾。

三九　賓長三獻用繶爵，口足之間有篆

賓長洗繶爵，三獻。

釋曰：此一節論賓長終三獻之事。云"繶爵，口足之間有篆，又彌飾"者，案《屨人》繶是屨之牙底之間縫中之飾，則此爵云"繶"者，亦是爵口足之間有飾可知。云"又彌飾"，以其主婦有足已是有飾，今口足之間又加飾也。

四十　祭訖，婦人復位，送尸，改饌爲陽厭

婦人復位。

釋曰：自此盡"拜稽顙"，論祭訖送尸及改饌爲陽厭之事。云"復堂上西面位"者，上云主人"即位於門外，如朝夕臨位。婦人及内兄弟服，即位於堂，亦如之"，以下更不見別有婦人位，明"復位"者，還此位可知。又案《士喪禮》凡臨位，"婦人即位于堂，南上"，即西面位也①。云"尸將出，當哭踊"者，以哭送，此喪祭故踊，《特牲》吉祭，不哭踊，故亦無此復位之事也。

四一　尸謖，不告尸起者，尸尊

祝入，尸謖。

釋曰：云"祝入而無事，尸則知起矣"者，雖不告尸無事，尸亦知無事，禮畢而起矣。云"不告尸者，無遣尊者之道也"者，謂不告尸以禮畢者，尸尊。

---

①　"即西面位"原作"即面位"，阮云："毛本、《通解》'即'下有'西'字。"曹云："'面'上各本有'西'字是。"據補。

四二　尸入,丈夫、婦人踊有三,出降亦三

祝前,尸出户,踊如初。降堂,踊如初。出門亦如之。

釋曰:案上文"尸入門,丈夫踊,婦人踊。尸及階,祝延尸。尸升,宗人詔踊如初。尸入户,踊如初",故此鄭云"出如入,降如升,三者之節悲哀同",是以"如之"得有三者也。

四三　虞祭不南面,以《特牲》東面右几,故漸向吉

云"几在南,變右文"者,上文陰厭時,設几、席于室中,東面,右几,今云"几在南",明其同,必變文者,案《少牢》大夫禮,陽厭時南面[①],亦几在右,此言"右几",嫌與大夫同南面而右几,故變文云"几在南",與前在奥同,故云"明東面"也。又以《特牲》云"祝筵几于室中,東面",至於改饌云"佐食徹尸薦、俎、敦,設于西北隅,几在南",是與此同也。云"不南面,漸也"者,以《特牲》東面右几,今《虞》爲喪祭,示向吉有漸,故設几與吉祭同。

四四　佐食闔牖、户,或取遠人之意

贊闔牖户。

釋曰:云"或諸遠人乎"者,《禮記·郊特牲》文,此鄭玄之義,非直取鬼神居幽闇,或取遠人之意故也,知是生人之意。云"贊,佐食者",自上以來行事,唯有祝與佐食,以其云"祝自執其俎出",故知闔牖户者是佐食也。

---

① "南"下原無"面"字,阮云:"《通解》、楊氏、毛本'南'下有'面'字。"曹云:"'南'下各本有'面'字是。"據補。

四五　三年之喪不櫛,期以下虞而櫛沐浴可也

記:虞,沐浴,不櫛。

釋曰:云"唯三年之喪不櫛,期以下櫛可也"者,經云"不櫛"①,據三年爲主。案下文班袥而櫛②,明期以下虞而沐浴③、櫛可也。

四六　虞牲陳于廟門外,北首西上,寢右,皆反吉

陳牲于廟門外,北首西上,寢右。

釋曰:知腊在牲中者,《士虞》唯有一豕而云"西上",明知兼兎腊得云"西上"也。云"西上,變吉"者,案《少牢》二牲東上,是吉祭東上,今此西上,是變吉也。云"寢右者,當升左胖也"者,若然,《特牲》腊在東,置於梡,東首,牲在西,尚右,今虞禮反吉,故"寢右",升左胖。知"腊用梡"者,案《特牲》"陳鼎於門外,北面北上,梡在南,南順,實獸于其上,東首"是也。引《檀弓》者《檀弓》"主人與有司視虞牲"④,證虞時有牲之事。

四七　日中而行事謂辰正,再虞、三虞質明

日中而行事。

釋曰:云"辰正"者,謂朝、夕、日中也,以朝有葬事,故至日中而行虞事也。云"再虞、三虞皆質明"者,以朝無葬事。

---

① "不"下原無"櫛"字,曹云:"'不'下脱'櫛'字。"據補。
② "而"下原無"櫛"字,倉石云:"《詳校》下補'櫛'字,似是。"據補。
③ "明"下原無"期"字,汪刻本及張、阮刻本均有"期"字,據補。
④ "檀弓"至"虞牲",原在頁眉處,占行十至十一,乃了翁增按語,謹依文義挪至此處。又,"有"字原作"右",《檀弓》作"有",據改。

四八　吉祭，主人視牲，又視殺，虞不視殺

殺于廟門西，主人不視，豚解。

釋曰：云"主人視牲，不視殺，凡爲喪事略也"者，案《特牲饋食禮》"宗人告濯具，賓出，主人出，皆復外位"，鄭云"爲視牲也"，又曰"告事畢，賓出，主人拜送。夙興，主人服如初，立于門外東方，南面，視側殺"，然則《特牲》吉祭，故主人視牲，又視殺，今虞爲喪事，故主人視牲，不視殺。

四九　士正祭九體，喪祭略，升七體

羹飪，升左肩、臂、臑臑，乃報[①]、肫肫，純，又之春[②]、骼、脊、脅、離肺，膚祭三云云 膉，益。脰，豆[③]，肺祭一云云。

釋曰："肉謂之羹"，《爾雅·釋器》文。"飪，孰"，《釋言》文[④]。云"脊、脅，正脊、正脅也"者，案《特牲》注云"不貶正脊，不奪正也"，然則此爲喪祭，體數雖略，亦不奪正，故知"脊、脅，正脊、正脅也"。云"喪祭略，七體耳"者，案《特牲》"尸俎，右肩、臂、臑、肫[⑤]、胳、正脊二骨、横脊，長脅二骨、短脅"，注云"士之正祭禮九體，貶於大夫，有併骨二，亦得十一之名，合《少牢》之體數，此所謂放而不致"者，然則此所升唯七體，故云"喪祭略"。

---

① "臑乃報"，原在頁眉處，占行十，乃了翁據《儀禮音義》增補之釋文，謹依文義挪至此處。

② "肫純又之春"，原在頁眉處，占行十一，乃了翁據《儀禮音義》增補之釋文，謹依文義挪至此處。

③ "膉益脰豆"，原在頁眉處，占行十二、十三，乃了翁據《儀禮音義》增補之釋文，謹依文義挪至此處。

④ "飪孰釋言文"，倉石云："《爾雅》無此文。案鄭注《昏禮》、《聘禮》皆云：'飪，孰也。'彼疏未曾引《爾雅》釋之。"

⑤ "肫"字原作"肶"，四庫本及汪刻本均作"肫"，據改。

五十　升腊亦七體,牲之類

云“腊亦七體,牲之類”者,上文升左肩①、臂、臑、肫、胳、脊、脅,是牲之七體,今升腊左胖亦然,《特牲記》云“腊如牲骨”。

五一　載猶進柢,魚進鬐,未異於生

載猶進柢,魚進鬐。

注云“猶,猶《士喪》、《既夕》,言未可以吉也”者,云與吉反,則明與生人同,《士喪禮》小斂云“皆覆,進柢”,注云“柢,本也。進本者,未異於生也”,至大斂,“載魚左首,進鬐,腊進柢”,鄭注云“亦未異於生也”,又葬奠云“如初”,皆未異於生,故記人以猶之,是以《鄉飲酒》、《鄉射記》皆云“右體進腠”。

五二　上陰厭時,祝從主人,今接神,在主人前

尸入,祝從尸。

釋曰:上經陰厭時,主人先祝入戶,至此迎尸,祝在主人前,先後有異,故記人明之,是以鄭云“祝在主人前也,嫌如初時,主人倚杖入,祝從之”也。云“今既接神,祝當詔侑尸也”者,尸,神象,是以云“既接神,祝當詔侑尸”,即上“祝命佐食爾敦”②,舉黍稷及“祝酳,授尸”及祝出“告利成”,“祝入,尸謖”之等。

五三　凡禮,坐皆説屨,尸坐不説

尸坐,不説屨。

---

①　“上”上原有“牲”字,阮云:“毛本無‘牲’字。”曹云:“各本無‘牲’字是。”據刪。

②　“即”字原作“則”,四庫本及汪刻本均作“即”,據改。

釋曰：案《鄉飲酒》、《燕禮》之等，凡坐，降説屨，乃升坐。今尸雖坐，不説屨者，爲"侍神，不敢燕墮"。

五四　膚祭、肺祭之别

膚祭，尸未入前所祭。肺祭，尸所祭_{上文注}[①]。

---

① "膚祭"至"所祭"，非注、疏之文，乃了翁按語。又，所謂"上文注"者，不明其所指，存疑待考。

儀禮要義卷第四十三　士虞禮二

一　士正祭服玄端,尸服此上服

尸服卒者之上服。

釋曰:上經直見主人服,不見尸服,故記人明之。云"上服",對深衣在下。玄端者,案《特牲》經筮日云"主人冠玄端",至祭日,"夙興,主人服如初",是士之正祭服玄端,即是卒者生時所著之祭服,故尸還服之。

二　君之先有爲士者,尸服爵弁①

云"不以爵弁服爲上者,祭於君之服,非所以自配鬼神"者,案《曾子問》"孔子曰:尸弁冕而出,卿大夫、士皆下之",注云"爲君尸或弁者,先祖或有爲大夫、士者",彼君之先祖爲士,尸服爵弁不服玄端者,子孫爲諸侯,先祖爲士者②,尸還服助祭於君之服也。云"士之妻則宵衣耳"者,以其經直云"尸",不辨男女,士虞既男女別尸,明經云尸可以兼男女,故鄭并云士之妻也。案《特牲》正祭主婦著纚笄宵衣,明女尸亦宵衣。

三　男尸以孫,女尸必異姓,不使賤者

男,男尸。女,女尸,必使異姓,不使賤者。

釋曰:虞、卒哭之祭,男女別尸,故男女別言之也。云"異姓,婦也"

---

① "二君之"至"服爵弁",原在頁眉處,占行八至十二,謹依題義挪至此處。

② "先"上原有"先祖尸在中故"六字,阮云:"毛本、《通解》無'先祖尸在中故'六字。"據删。

者,以男無異姓之禮故也,知經云"必使異姓"者,據與婦爲尸者也。不使同姓與婦爲尸者,尸須得孫列者,孫與祖爲尸,孫婦還與夫之祖姑爲尸,故不得使同姓女爲尸也。云"賤者,謂庶孫之妾也。尸配尊者,必使適也"者,男尸先使適孫,無適孫乃使庶孫,女尸先使適孫妻,無適孫妻使適孫妾,又無妾,乃使庶孫妻,即不得使庶孫妾,以庶孫之妾是賤之極者。若然,庶孫妻亦容用之而鄭云"必使適也"者,據經不使賤,有適孫妻則先用適而言,其實容用庶孫妻法也。必知無,容用庶孫者,以《曾子問》孔子曰"祭成喪者必有尸,尸必以孫,孫幼使人抱之。無孫則取於同姓可也",彼不言適,是容無適而用庶。

四　喪祭男女別尸,吉則同几共尸

此經男女別尸,據祭虞而言,至卒哭已後,自禫已前,喪中之祭皆男女別尸。知者,案《司几筵》云"每敦一几",鄭注云"雖合葬及同時在殯,皆異几,體實不同。祭於廟,同几,精氣合",《少牢》吉祭云"某妃配",是男女共尸,篇末云"是月也,吉祭,猶未配",注云"是月,是禫月也。當四時之祭月則祭[1],猶未以某妃配某氏,哀未忘也",則引《少牢》吉祭妃配之事爲證,明禫月不當四時祭月,則不云"某妃配",配則共尸可知。

五　無孫列可使則無尸,殤死無尸

無尸,則禮及薦饌皆如初。

釋曰:自此盡"詔降如初",論喪祭無尸之事。云"無尸,謂無孫列可使"者,知謂無孫列者,《禮記》云"無孫則取同姓之適,則大夫、士祭先取孫,無孫取同姓之適,是有孫列可使,如無孫[2],復無同姓之適,是無孫列可使者也。云"殤亦是也"者,《禮記·曾子問》云"祭成喪者必有尸",明殤死無尸可知。《曾子問》又云"宗子直有陰厭,庶殤直有陽厭",是無尸也。云"禮,謂衣服、即位、升降"者,雖無尸,主人亦如葬所服,即位於西

---

① "祭"下原無"月則祭"三字,汪刻本及張、阮刻本均有"月則祭"三字,合於下經注,據補。

② "可使"下原無"如無孫"三字,四庫本《儀禮注疏》有"如無孫"三字,據補。

序及升降與有尸相似。

六　無尸則既饗祭于苴，闕迎尸後事

既饗，祭于苴。

釋曰：云"既饗"者，正謂祝釋饗神辭，告之使令祔之，安之。釋饗訖，佐食取黍稷祭于苴。

祝祝卒。

注：記異者之節。

釋曰：謂記無尸者異於有尸何者？有尸，祝釋孝子辭，釋辭訖，爲祝祝卒，別有迎尸已後之事，今無尸者，祝祝卒饗神訖，無迎尸已後之事，故下文云"不綏祭"之等。

不綏祭[1]，無泰羹湆、菹、從獻。

此四事皆爲尸，是以上文有尸者，云迎尸而入，祝命佐食綏祭，又泰羹湆自門入，設于鉶南，菹四豆，設于左，又尸食之後，主人獻之，後賓長以肝從，主婦亞獻，賓長以燔從，賓長獻後亦如之，無尸闕此四事，自羹已下三事，皆蒙"無"字解之也。云"不綏、言獻，記終始也"者，以見經無尸，具陳四事，凡祭禮以獻爲終，舉終以見始，故鄭即云"事尸之禮，始于綏祭，終於從獻"者，故具言之。云"綏當爲墮"者，《周禮·守祧職》云"既祭，藏其墮"，墮字爲正[2]，取減爲義。

主人哭，出復位。

謂祝祝卒，無尸可迎，既無上四事，主人遂即哭，出復户外東面位也。

七　牖先闔後啟，扇在內也，牖即鄉

祝從，啟牖鄉。

釋曰：云"牖先闔後啟，扇在內也"者，見上文"闔牖户"，闔時牖先言，

---

①　"無"上原無"等不綏祭"四字，此處先引疏注"記異者之節"之文，再引經文，前者汪刻本及張、阮刻本均作"故下文云不綏祭之等"，後者經"無泰羹湆"前有"不綏祭"三字，底本似涉前"不綏祭"三字而脱"等"、"不綏祭"四字，謹補。

②　"墮"下原不重"墮"字，四庫本《儀禮注疏》重"墮"字，據補。

此經上云"主人入，祝從"，乃言"啟牖"，是户先開乃啟牖，故須解之"扇在內也"。云"鄉、牖一名也"者，案《詩》云"塞鄉墐户"，注云"鄉，北出牖也"，與此注不同者，語異義同，北牖名鄉，鄉亦是牖①。

八　有尸者有陰厭、陽厭，無尸者陰厭時闔牖户

卒徹，祝、佐食降，復位。

"不復設西北隅者，重閉牖户，褻"者，上經有尸者有陰厭、有陽厭，無闔牖户之事，今無尸者陰厭時闔牖户，今更設饌於西北隅，復更闔牖户爲褻瀆，故不爲也。

九　三虞卒哭饗辭、用日不同

始虞用柔日。

釋曰：自此下盡"哀薦成事"，論初虞、二虞②、三虞卒哭，明三者之祭饗神辭及用日不同之事。云"葬之日，日中虞"者③，上文云"日中行事"是也。葬用丁亥，是柔日葬，始虞用日中，故云"始虞用柔日"也。

十　黍稷合言普淖，今曰香合誤

香合。

釋曰：案《下曲禮》云"黍曰香合，梁曰香萁，稷曰明粢"是也。云"大夫、士於黍稷之號，合言普淖而已，此言香合，蓋記者誤耳"者，《曲禮》所云黍稷別號者，是人君法，《特牲》、《少牢》黍稷合言普淖，此別號黍爲香合，下特號稷爲普淖，故知記誤也。

---

① "鄉"下原不重"鄉"字，汪刻本及張、阮刻本均重"鄉"字，據補。
② "二"下原無"虞"字，汪刻本及張、阮刻本均有"虞"字，據補。
③ "中"下原無"虞"字，注有"虞"字，據補。

十一　黍在嘉薦之上,亦記者誤①

云"辭次,黍又不得在薦上"者,依設薦法,先設菹醢,次設俎,後設黍稷,今黍在嘉薦之上,此亦記者之誤,故鄭非之也。若然,俎在後,今絜牲在黍上者,祭以牲爲主,故先言,非設時在前也。

十二　嘉薦菹醢,普淖黍稷

嘉薦、普淖。

注:嘉薦,菹醢也。普淖,黍稷也。普,大也。淖,和也。德能大和,乃有黍稷,故以爲號云。

釋曰:言"故以爲號云"者,鄭以意解之,無正文,故言"云"以疑之。

十三　明齊貴新,溲釀此酒

明齊溲酒。

釋曰:云"言以新水溲釀此酒也"者,鄭以溲水邊爲之,與縮字義異,謂以新水漬麴乃溲釀此酒,又引《郊特牲》"明水涗齊,貴新也"者,彼注云"涗,猶清也。五齊濁,泲之使清,謂之涗齊。及取明水,皆貴新也",據彼注,明水則《周禮·司烜氏》所取月中之水,與此"明齊,新水"別,鄭引之者,彼此雖異,引之直取新義是同。

十四　始虞已言袷事,主欲袷先祖

哀薦袷事。

釋曰:"始虞謂之袷事者,主欲其袷先祖也"者,案《公羊傳》文二年云"大袷者何? 合祭也",合先君之主於大廟,故此鄭亦以袷爲合而言,但三虞、卒哭後乃有祔祭,始合先祖,始虞而已,言"袷"者,鄭云"以與先祖合

爲安",故下文云"適爾皇祖某甫",是始虞預言祫之意也。

十五　三虞祝辭異者,唯祫、虞、成一言

"已日再虞"者,以其後虞用剛日,初虞、再虞皆用柔日,始虞用丁日,隔戊日,故知再虞用已日。云"祝辭異者一言耳"者,一言或有一句爲一言,若《論語》云"一言以蔽之,曰思無邪"是也,今此一言,則一字爲一言,謂數一虞云"祫",再虞云"虞",三虞云"成"是也。

十六　初、再虞柔日,後虞、卒哭剛日

三虞、卒哭、他,用剛日,亦如初,曰:"哀薦成事"。

釋曰:鄭云"當祔於祖廟,爲神安於此"者,却解初虞、再虞稱祫、稱虞之意,今三虞改用剛日,將祔於祖,取其動義故也。云"士則庚日三虞,壬日卒哭"者,以其已日爲再虞,後改用剛日,故次取庚日爲三虞也。卒哭亦用剛日,故庚後降辛日,取壬日爲卒哭。云"祝辭異者,亦一言耳"者,改"虞"爲"成",是一言也。

十七　不及時報葬者,亦三月爲卒哭祭①

云"他,謂不及時而葬"者,謂有故及家貧,不及三月,因三日殯日即葬於國北。引《喪服小記》者,彼鄭注云"報,讀爲赴疾之赴",謂不待三月,因殯日虞,所以安神,以送形而往,迎魂而反而須安之,故疾虞。"三月而後卒哭"者,謂卒去無時之哭,鄭云卒哭"待哀殺",故至三月待尋常葬後,乃爲卒哭祭。云"然則虞、卒哭之間,有祭事者亦用剛日"者,以虞、卒哭已是剛日,他祭在後,故亦用剛日也。云"其祭無名,謂之他"者,謂虞、卒哭、祔、祥皆有名,此則無名,故謂之"他"。云"文不在卒哭上"者,此他祭在卒哭上,今退在卒哭下者,以其非常,又非祭名②。

---

① "十七不及"至"卒哭祭",原在頁眉處,占行十二至十七,謹依題義挪至此處。
② "祭"下原無"名"字,曹云:"'祭'下脱'名'字。"據補。

十八　禫以前皆葬祭，對奠則卒哭吉祭

卒哭爲吉祭者，喪中自相對，若據二十八月後吉祭而言，禫祭已前總爲喪祭也。

十九　卒哭成事、祔不當與三虞同解①

若然，此經云三虞與卒哭"哀薦成事"，明文，而鄭注《檀弓》云"卒哭而祭，其辭蓋曰'哀薦成事'"，言"蓋"疑之者，以鄭君以前有人解云三虞與卒哭同爲一事解之者，鄭故疑卒哭之辭而云"蓋"也，是以《雜記》云"上大夫之虞也少牢，卒哭成事、祔皆大牢"，鄭注云"卒哭成事、祔言皆，則卒哭成事、祔與虞異矣"，是微破前人三虞與卒哭同解者也。

二十　三虞無餞尸，故鄭據卒哭

獻畢，未徹，乃餞。

釋曰：自此盡"不脱帶"，論卒哭之祭未徹，餞尸於寢門外之事。鄭云"卒哭之祭"者，案上文直云"獻畢，未徹，乃餞"，不言卒哭，鄭知是"卒哭之祭"者，以其三虞無餞尸之事，明旦祔於祖入廟，乃有餞尸之禮，故鄭據卒哭而言。

二一　虞、卒哭在寢，祔在廟，故餞尸②

若然，三虞不餞尸者，以其三虞與卒哭同在寢，祔則在廟，以明旦當入廟，以其易處，鄕尊所，故特有餞送尸之禮也。知"旦將始祔於皇祖"者，下云"明日，以其班祔"，鄭云"卒哭之明日"。

---

① "十九卒哭"至"虞同解"，原在頁眉處，占行十至十四，謹依題義挪至此處。

② "二一虞卒"至"故餞尸"，原在頁眉處，占行一至五，謹依題義挪至此處。

二二　餞尸有玄酒，即吉，尊在西，不在東，尚凶

尊兩甒於廟門外之右，少南。水尊在酒西，勺北枋。

釋曰：云"有玄酒，即吉也"者，以其虞祭用醴酒，無玄酒，至卒哭云"如初"[①]，則與虞祭同，今至餞尸用玄酒，酒則尋常祭祀之酒，非醴酒，故云"即吉也"。云"此在西，尚凶也"者，以其吉祭，尊在房[②]、戶之間，至於虞祭，尊在室，是凶，今卒哭餞尸，尊在門西，不在門東，是尚凶，故變於吉也。

二三　初虞素几、葦席，至卒哭不見更設

知"几、席，素几、葦席也"者，上經初虞云"素几、葦席，在西序"，至及再虞、三虞及卒哭皆如初，不見更設几、席之文，明同初虞，用素几、葦席。今卒哭祭末[③]，餞尸於門外，明是卒哭之几、席。

二四　婦人不在堂、房，出寢門外，重餞尸

注：婦人出者，重餞尸。

釋曰：婦人有事，自堂及房而已，今出寢門之外，故云"重餞尸"也。

二五　從尸，男女分左右，不出大門

鄭知"從尸，男由左，女由右"，約上文男子在南，女子在北。云"從尸不出大門者，由廟門外無事尸之禮也"者，在廟以廟門爲限，在寢門外以大門爲限，正祭在廟，廟門外無事尸之禮，今餞尸在寢門外，則大門外無事尸之禮，故鄭舉正祭況之。

---

① "如初"原作"初如"，四庫本作"如初"，據乙。
② "祭"下原重"祭"字，曹云："'祭'字衍。"據刪。
③ "末"字原作"未"，阮云："浦鏜云'末誤未'。按疑'未'下脫'撤'字。"據浦校改。

尸出門,哭者止①。

鄭意所以尸出大門哭者便止者,正以餕於寢門以大門爲限,似事尸在廟門爲限,故鄭云“大門猶廟門”也。

二六　送賓拜于大門外,賓無答拜禮

賓出,主人送,拜稽顙。

釋曰:上從尸不出大門者,有事尸限,故不出大門送之,送賓於大門外,自是常禮,故云“送賓,拜于大門外”。但禮有終,賓無答拜之禮也。

二七　主婦拜送女賓闈門外,以送迎不出門

主婦亦拜賓。

釋曰:上主人送男賓,故知此主婦拜女賓也。云不言出、送,“拜之於闈門之內”者②,決上文男主拜男賓,言“出”、“送”,此明主婦送女賓于門之內,以其婦人送迎不出門,見兄弟不踰閾故也。

二八　闈門若漢掖門,象人左右掖③

云“闈門,如今東西掖門”者,案《爾雅·釋宮》云“宮中之門謂之闈”,則闈門在宮內,漢時宮中掖門在東西,若人左右掖。

二九　既卒哭之夕,即變麻服葛,爲袝期

丈夫說経帶于廟門外。

釋曰:云“既卒哭,當變麻受之以葛也”者,《喪服》鄭注云“大夫以上虞而受服,士卒哭而受服”,士亦約此文而言也。云“夕日則服葛者爲袝

①　“哭”下原無“者”字,經有“者”字,據補。
②　“云不”至“內者”原作“云不言出拜送之於闈門之內者”,鄭注曰:“不言出、不言送,拜之於闈門之內”,則“送”字當在“拜”字上,謹乙。
③　“二八闈門”至“左右掖”,原在頁眉處,占行三至七,謹依題義挪至此處。

期”者,今日爲卒哭祭,明旦爲祔,前日之夕爲祔祭之期。變麻服葛是變重從輕,明旦亦得變,不要夕期之時變之,夕時言變麻服葛者,鄭云“爲祔期”,是因祔期即變之,使賓知變節故也。

三十　吉祭諸宰君婦廢徹,凶祭齊、斬不與徹

入徹,主人不與。

釋曰:鄭知入徹是大功以下者,見《曾子問》云“士祭不足,則取於兄弟大功以下者”,經云“入徹,主人不與”,明取大功、小功、緦麻之等。平常祭時,諸宰君婦廢徹不遲,則凶祭丈夫、婦人亦在,但齊、斬不與徹耳。

三一　齊、斬男子首絰、要帶俱變,婦人帶不變

婦人説首絰,不説帶。

釋曰:知“齊斬婦人帶不變也”者,案《喪服小記》云“齊衰帶、惡笄以終喪”,鄭云“有除無變”,舉齊衰,則斬衰帶不變可知。齊、斬帶不變,則大功以下變可知。云“婦人少變”者,以其男子既葬,首絰、腰帶俱變,男子陽,多變,婦人既葬,直變首絰,不變帶,故云“少變”也。云“而重帶,帶,下體之上也”者,對男子陽,重首,首在上體[1],婦人陰,重腰,腰是下體,以重下體,故帶不變也。云“大功、小功者葛帶”者,案大功章云“布衰裳、牡麻絰纓、布帶三月,受以小功衰即葛九月”者,又案小功章云“布衰裳、澡麻帶絰五月”者,二者章内皆男女俱陳,明大功、小功婦人皆葛帶可知[2]。云“時亦不説者,未可以輕文變於主婦之質”者,變是文,不變是質,不可以大功以下輕服之文變主婦重服之質,故經直見主婦,不見大功以下也。云“至祔,葛帶以即位”者,此鄭解大功以下,雖夕時未變麻服葛,至祔日亦當葛帶即位也。知大功以下夕時未變麻服葛者,以其與主婦同在廟門外,主婦不變,大功以下亦不變。若然,夕時不變,夕後入室可以

---

[1]　“首”下原不重“首”字,阮云:“毛本、楊氏‘首’字重出。”據補。

[2]　“小功”至“可知”,“葛”字漫漶,再造善本闕,據四庫本寫定。

變，故至袝旦以葛帶即位也。引《檀弓》者，亦證齊、斬婦人不葛帶之事①。

三二　卒哭祭無尸可餞，猶設几、席

無尸則不餞，猶出，几、席設如初，拾踊三②。

釋曰：自此至"賓出"，論卒哭祭無尸可餞之事。云"几、席設如初"者，雖無尸，送神不異，故云"如初"，故鄭云"餞尸者，本爲送神也"。云"丈夫、婦人亦從几、席而出"者，以其云"出，几、席設如初"，即云"拾踊三"，明在門外有尸行禮之處。

三三　此一記更從死起，與上記異人

三四　大夫、士卒哭之月不同，鄭謂數生、死日異③

死三日而殯，三月而葬，遂卒哭。

釋曰：自此盡"他辭，一也"，論記人所記，其義或殊，是以更有此文也。云"遂卒哭"，不言三虞者，是記人略言之。注云"謂士也"者，以其此篇是士虞。士云三月，大夫五月，卒哭之月不同者，《曲禮》云"生與來日，死與往日"，鄭云"與，猶數也。生數來日，謂成服杖以死來日數也，死數往日，謂殯斂以死日數也。大夫以上皆以來日數"，大夫三月葬，除死月，通死月則四月，大夫有五虞，卒哭在五月，諸侯已上以義可知。云"此記更從死起，異人之間，其義或殊"者，上已論虞、卒哭，此記更從始死記之，明非上記人，是異人之間，其辭或殊，更見記之事，其實義亦不異前記也。

---

① "亦證"至"之事"原作"引證齊衰婦人不葛帶之事"，"引"字汪刻本及張、阮刻本均作"亦"，曹云："'衰'當爲'斬'。"據改。

② "踊"下原無"三"字，經有"三"字，據補。

③ "三四大夫"至"死日異"，原在頁眉處，占行八至十四，"注云謂"至"義可知"乃與此題對應之文字，涵于題三三所領正文内，不宜段分，謹依題義挪至此處。

三五　卒哭祭爲祔設，故祔、薦連文

將旦而祔則薦。

薦，謂卒哭之祭。

云"祔則薦"者，記人見卒哭之祭爲祔而設，故連文云"將旦而祔"，則爲此卒哭而祭也。

三六　卒哭祭有牲饌而不稱，爲告祔

云"卒辭，卒哭之祝辭"者，謂迎尸之前，祝釋孝子辭云爾。云"不稱饌，明主爲告祔也"者，但卒哭之祭實有牲饌而不稱者，以其卒哭祭主爲告神，將祔於祖而設牲饌。

三七　孫祔于祖，卒辭稱"爾"_{卒辭，卒哭之辭①}，女子、孫婦不曰"爾"

女子，曰："皇祖妣某氏"。

注：女孫祔於祖母②。

釋曰：此女子謂女未嫁而死，或出而歸，或未廟見而死，歸葬女氏之家，既葬，祔于祖母也。

婦，曰："孫婦于皇祖姑某氏"。

此對上文孫祔于於祖而云祔于"爾皇祖某甫"，此則不曰"爾"而變曰"孫婦"，婦差疏，故不云"爾"也。若然，上女子亦不云"爾"者，文承孫下，云"爾"可知。其祔，女子云"來日某，隮祔爾于爾皇祖妣某氏，尚饗"，其孫婦云"來日某，隮祔孫婦於皇祖姑某氏，尚饗"。

---

① "卒辭"至"之辭"，原在頁眉處，占行八，乃了翁按語，謹依文義挪至此處。

② "孫"上原無"注女"二字，四庫本有"注女"二字，據補。

三八　虞、卒稱哀子,祔、練、祥吉祭稱孝子

饗辭曰:"哀子某,圭爲而哀薦之,饗!"

釋曰:"饗辭,勸强尸之辭也"者①,案《特牲禮》迎尸入室,"尸即席坐,主人拜妥尸,尸荅拜,執奠,祝饗",鄭云"勸强之也,其辭引此《士虞記》,則宜云'孝孫某,圭爲孝薦之,饗'",當此時爲之,"凡吉祭饗尸曰孝子"者,此一辭説三虞、卒哭勸尸辭,若祔及練、祥,吉祭,其辭亦用此,但改"哀"爲"孝"耳,故鄭云"凡"以該之也。

三九　凡祔已,主反于寢,猶祫訖,主反其廟

明日,以其班祔。

注:卒哭之明日也。班,次也。《喪服小記》曰"祔必以其昭穆,亡則中一以上"。凡祔已,復于寢,如既祫,主反其廟,練而後遷廟。古文班或爲辨,辨氏姓或然,今文爲胖。

四十　凡祔必以昭穆,祖孫祔,祖爲正②

引《喪服小記》者③,彼解"中"猶間也,一以上,祖又祖,孫祔祖爲正,若無祖,則祔于高祖,以其祔必以昭穆,孫與祖昭穆同,故間一以上,取昭穆相當者。若婦則祔于夫之所祔之妃,無亦間一以上。若妾祔,亦祔于夫之所祔之妾,無則易牲祔女君也。

---

①　"强"下原無"尸"字,汪刻本及張刻本均作"神",阮刻本作"尸",阮云:"毛本'尸'作'神',浦鏜云'尸'誤'神'。"據阮本補。

②　"四十凡祔"至"祖爲正",原在頁眉處,占行十四,謹依題義挪至此處。又,上"祔"字原作"柑",再造善本作"祔",據改。

③　"引"下原有"釋"字,汪刻本及張、阮刻本均無"釋"字,據删。

四一　大夫、士無木主，以幣主，皆在寢①

云“凡祔已，復于寢，如既祫，主反其廟”者，案文二年《公羊》云“大事者何？大祫也。大祫者何？合祭也。毀廟之主陳于大祖，未毀廟之主皆升，合食于大祖”，又案《曾子問》云天子、諸侯既祫祭，“主各反其廟”，今祔于廟，祔已，復于寢。若大夫、士無木主，以幣主其神，天子、諸侯有木主者，以主祔祭訖，主反于寢，如祫祭訖，主反廟相似，故引爲證也。

四二　鄭取《穀梁》練而遷廟，賈、服三年喪畢②

云“練而後遷廟”者，案文二年經云“丁丑，作僖公主”，《穀梁傳》曰“作僖公主，譏其後也。作主、壞廟有時日，於練焉壞廟。壞廟之道，易檐可也，改塗可也”，是練而遷廟，引之者，證練乃遷廟，祔還于寢③。案《左氏傳》僖公三十三年云“凡君薨，卒哭而祔，祔而作主，特祀於主，烝、嘗、禘於廟”，服注云“特祀于主，謂在寢。烝、嘗、禘於廟者，三年喪畢，遭烝、嘗則行祭皆於廟”，言遭烝、嘗乃於廟，則自三年已前，未得遷于廟而禘祭，此賈、服之義，不與鄭同。案《春官·𩫏人職》云“廟用卣”，鄭注云“廟用卣者，謂始禘時，自饋食始”，以此言之，鄭義若於三年後，四時常祭在廟④，用彝盛鬱，不用卣中尊獻象等⑤，以盛𩰲酒而已，故鄭取《穀梁》練而遷廟，特祀新死者於廟，故用卣也。若然，唯祔祭與練祭，祭在廟，祭訖，主反於寢，其大祥與禫祭，其主自然在寢祭之。案下文禫月，逢四時吉祭之月，即得在廟祭，但未配而已。又《玄鳥》詩鄭注云“君喪三年，既畢禘於其廟，而後祫祭于大祖，明年春，禘于群廟”，若如此言，則三年喪畢更有特禘者，鄭意除練時特禘，三年喪畢更有此特禘之禮也。

---

① “四一大夫”至“皆在寢”，原在頁眉處，占行一至五，謹依題義挪至此處。
② “四二鄭取”至“年喪畢”，原在頁眉處，占行七至十二，謹依題義挪至此處。
③ “還”字原作“遷”，曹云：“‘遷’當爲‘還’。”據改。
④ “常”字原作“當”，曹云：“‘當’殿本作‘常’。”孫云：“‘當祭’疑‘常祭’之誤。”據改。
⑤ “不用”原作“必用”，孫云：“‘必用’疑當作‘不用’，此言常祭用彝盛鬱，與始禘用卣盛𩰲異也。”據改。

四三　虞，沐浴，不櫛，今袝，櫛，搔翦

沐浴，櫛，搔翦搔，注音爪[1]。

釋曰：云“彌自飾也”者，上文“虞，沐浴，不櫛”，注云“自絜清。不櫛，未在於飾”，鄭雖言不在於飾[2]，沐浴，少飾，今袝時櫛，是“彌自飾也”。

搔，當爲爪，或爲蚤揃。

四四　用專膚爲折俎，折骨爲之，非胏俎

用專膚爲折俎，取諸脰臑臑，音益[3]。

專，猶厚也。折俎，謂主婦以下俎也。體盡人多，折骨以爲之。今以脰臑，貶於純吉。今文字爲折俎而説以爲胏俎，亦甚誣矣。古文脰臑爲頭嗌也。

釋曰：云“折俎，謂主婦以下俎”者，鄭知折俎是“主婦以下俎”者，《特牲記》云“主婦俎，觳折。佐食俎，觳折”，《少牢》云“主婦俎，臑折”是也。

四五　袝時如特牲饋食，虞不致爵，夫婦無俎

其他如饋食。

釋曰：云“如特牲饋食之事”者，知不如士虞饋食禮者，虞不致爵，則夫婦無俎矣，上文有俎，則袝時夫婦致爵，以袝時變麻服葛，其辭稱“孝”，夫婦致爵與《特牲》同，故云“如特牲饋食之事”也。“或云以左胖虞，右胖袝”者，當鄭君時，有人解者云虞祭與袝祭共用一牲，各用一胖，以左胖爲虞祭，右胖爲袝祭，不是，故鄭破之云。今此經云“如饋食”，謂如特饋食之禮，尸俎用右胖，解之，主人俎左臂，左胖之臂以爲虞祭，主人豈得復取虞時左胖之臂而用之乎？

---

① “搔注音爪”，原在頁眉處，占行六，乃了翁據《儀禮音義》增補之釋文，謹依文義挪至此處。

② “雖”下原有“不”字，曹云：“‘不’字衍。”據删。

③ “臑音益”，原在頁眉處，占行十一，乃了翁按語，謹依文義挪至此處。

四六　虞祔用嗣尸,練祥筮尸

用嗣尸。

釋曰:言"用嗣尸",則從虞以至祔祭,唯用一尸而已。云"虞、祔尚質,未暇筮尸"者,以其哀未殺,故云"尚質,未暇筮尸"。若然,練、祥則筮尸矣,故《喪服小記》云"練,筮日、筮尸",大祥筮尸可知,是以鄭上文注云"餞尸,且將始祔于皇祖",是用一尸也。

四七　曰"孝子某",對虞稱哀,爲吉祭

注:稱孝者,吉祭。

釋曰:對虞時稱哀,案《檀弓》虞爲喪祭,卒哭爲吉祭,卒哭既爲吉祭,祔在卒哭後,亦是吉祭。

四八　脯曰尹祭,按此不用脯,記誤

用尹祭。

釋曰:鄭知尹祭是"脯"者,《下曲禮》云"脯曰尹祭",故知也。但《曲禮》所云是天子、諸侯禮用脯號,案《特牲》、《少牢》無云用脯者,故云"大夫、士祭無云脯者",唯上餞尸有脯,此非餞尸,"今不言牲號而云'尹祭',亦記者誤"也,以其上文初虞云"敢用潔牲、剛鬣","今不言牲號而云尹祭",是記人誤。云"亦"者,亦上文"香合"也。

四九　普薦是鉶羹,不稱牲,記異

知普薦是鉶羹者,案上文虞禮及《特牲》皆云祝酌"奠于鉶南",則鉶在酒前而設,此亦普薦在酒上,故知也。但虞禮一鉶,此云"饋食",則與《特牲》同二鉶,故云"普薦"也。云"不稱牲,記其異"者,對初虞之等稱

牲①,但記其異,雖不説牲之號,有號可知也。若然,云"記其異者",以嘉薦②、普淖③、溲酒與前不異,記之,以其普薦與前異,將言設薦在普淖後、溲酒前,故并言其次耳。

五十　稱"爾皇祖某甫"、"爾孫某甫",兩告之

適爾皇祖某甫,以隮祔爾孫某甫,尚饗!

欲其祔合,兩告之。《曾子問》曰"天子崩,國君薨,則祝取群廟之主而藏諸祖廟,禮也。卒哭成事,而後主各反其廟",然則士之皇祖④,於卒哭亦反其廟,無主則反廟之禮未聞,以其幣告之乎?

釋曰:云"欲其祔合,兩告之"者,欲使死者祔於皇祖,又使皇祖與死者合食,故須兩告之,是以告死者曰"適爾皇祖某甫",謂皇祖曰"隮祔爾孫某甫",二者俱饗,是其兩告也。

五一　卒哭而主反廟,無主者以幣告之乎⑤

引《曾子問》者,案彼鄭注"象有凶事者聚也"。云"卒哭成事,而後主各反其廟"者,至祔,須得祖之木主,以孫祔祭故也。天子、諸侯有木主,可言聚與反廟之事,大夫無木主聚而反之,故云"無主則反廟之禮未聞"。云"以其幣告之乎"者,《曾子問》云"無遷主將行,以幣帛爲主命",此大夫、士或用幣以依神而告使聚之,無正文,故云"乎"以疑之。

五二　期而祭,禮也,不爲除喪

自祔以後,至十三月小祥,故云"朞而小祥"。引《檀弓》者,彼謂顏回

---

① "對"下原有"與"字,曹云:"'與'字衍。"據删。
② "以"上原有"所"字,四庫本《儀禮注疏》無"所"字,據删。
③ "普淖"下原有"普薦"二字,吳紱云:"按下句云'以其普薦與前異',則此句中不應有'普薦'明矣。"據删。
④ "士"下原無"之"字,注有"之"字,據補。
⑤ "五一卒哭"至"告之乎",原在頁眉處,占行十二至十七,謹依題義挪至此處。

之喪,饋祥肉於孔子而言,彼云"饋",此云"歸"者,饋即歸也,故變文言之,引之者,證小祥是祭,故有肉也。

曰:"薦此常事。"

注"祝辭之異者",謂小祥辭與虞、祔之辭有異,異者,以虞、祔之祭非常,一期天氣變易,孝子思之而祭,是其常事,故祝辭異也。云"朞而祭,禮也"者,《喪服小記》文,案彼云"期而祭,禮也。期而除喪,道也。祭不爲除喪"也,注云"此謂練祭也。禮,正月存親,親亡至今而期①,期則宜祭。期,天道一變,哀惻之情益衰,衰則宜除,不相爲也",是以謂小祥祭爲常事也。

五三 二十五月大祥,祭間一月禫,徙月作樂

又朞而大祥,曰:"薦此祥事。"

注:又,復也。

釋曰:此謂二十五月大祥祭,故云復朞也,變言祥事,亦是常事也。

中月而禫。

知"與大祥間一月",二十七月禫,徙月樂,二十八月復平常,正作樂也。云"禫之言澹,澹然平安意也"者,禫月得無所不佩,又於禫月將鄉吉祭,又得樂懸,故云"平安意也",但至後月乃是即吉之正也。

五四 大祥祭用遠日下旬,禫月吉,猶未配

是月也,吉祭②,猶未配。

釋曰:謂是禫月禫祭,仍在寢,此月當四時吉祭之月則于廟,行四時之祭於群廟而猶未得以某妃配,哀未忘,若喪中然也。言"猶"者,如祥祭以前,不以妃配也。案《禮記》云"吉事先近日,喪事先遠日",則大祥之祭,仍從喪事,先用遠日下旬爲之,故《檀弓》云"孔子既祥,五日彈琴而不成聲,十日而成笙歌",注"踰月且異旬也,祥亦凶事,先遠日",案此禫言

---

① "亡"字原作"三",四庫本及汪刻本均作"亡",據改。

② "祭"字原作"乃",四庫本作"祭",合於經,據改。

澹然平安,得行四時之祭,則可從吉事先近日,用上旬爲之,若然,二十七月上旬行禫祭於寢,當祭月即從四時祭於廟,亦用上旬爲之。引《少牢禮》者,證禫月吉祭未配,後月吉,如《少牢》,配可知也。

五五　折脯以爲俎,從置,半尹於上,以爲祭

有乾肉折俎,二尹縮,祭半尹,在西塾。

注:乾肉,牲體之脯,如今梁州烏翅矣。折以爲俎實,優尸也。尹,正也。雖其折之,必使正。縮,從也。古文縮爲蹙。

釋曰:從置,半尹於上,以爲祭餕尸節[①]。

[①] "從置"至"爲祭",依了翁意當爲疏文,然不見於今本疏,不知所出,姑仍其舊。

儀禮要義卷第四十四　特牲饋食禮一

一　天子大夫、士以索牛、羊、豕，此特牲，諸侯之士①

特牲饋食禮第十五。

釋曰：鄭知非天子之士而云"諸侯之士"者，案《曲禮》云"大夫以索牛，士以羊、豕"，彼天子大夫、士，此《儀禮》特牲、少牢，故知是諸侯大夫、士也，且經直云"適其皇祖某子"，不云考，鄭云"祖禰"者，《祭法》云"適士二廟，官師一廟"，官師謂中、下之士祖禰共廟，亦兼祭祖，故經舉祖兼有禰者，鄭達經意，祖禰俱言也。若祭，無問一廟、二廟，皆先祭祖，後祭禰，是以文二年《左傳》云"文、武不先不窋"②，子不先父食也③。若祭，無問尊卑，廟數多少，皆同日而祭畢，以此及《少牢》惟筮一日，明不別日祭也④。

二　此饋食自孰始，無灌鬯、朝踐、饋獻等

特牲饋食之禮。不諏日。

釋曰：自此至"事畢"，論士將筮日之事。云"祭祀自孰始曰饋食。饋

---

① "之"字原作"士"，四庫本作"士"，據改。
② "窋"字原作"窟"，四庫本作"窋"倉石云："《正字》云'窋'誤'窟'。"據改。
③ "食"字原作"是"，倉石云："《正字》云'食'誤'是'。今案《左傳》云：'子雖齊聖，不先父食久矣。'浦説似是。"據改。
④ "若祭"至"祭也"，孫云："此説未碻。天子七廟九獻，又各有旅酬無筭爵，此豈一日能徧乎？左哀十三年《傳》子服景伯曰'魯將以十月上辛有事於上帝先公，季辛而畢'，則是經歷兩旬，其非一二日畢事明矣。"

食者,食道也"者,案《檀弓》云"飯用米貝①,弗忍虛也。不用食道,用美焉爾",鄭注云"食道褻,米貝美",若然,食道是生人飲食之道,孝子於親,雖死,事之若生,故用生人食道饋之也,此釋經不言祭祀而言饋食之意耳。云"祭祀自孰始"者,欲見天子、諸侯饋食已前②,仍有灌鬯、朝踐、饋獻之事,但饋食見進黍稷,云饋孰見牲體而言,天子、諸侯堂上朝踐、饋獻後,迎尸入室③,亦進黍稷、牲體,其犬、豕、牛、羊亦孰之,同節也。云"士賤職褻,時至事暇,可以祭則筮其日矣"者,此解經"不諏日",謂不如大夫已上預前十日與臣諏日而筮之,是以鄭云"不如《少牢》大夫先與有司於廟門諏丁巳之日"也。

三　士時至事暇則祭,大夫以上有攝

四　四方諸侯以巡守,廢一時祭④

鄭云"時至事暇,可以祭"者,若祭時至,有事不得暇,則不可以私廢公故也。若大夫已上尊,時至,唯有喪故不祭,自餘吉事皆不廢祭,若有公事及病,使人攝祭,故《論語》孔子云"吾不與祭,如不祭",注云"孔子或出或病,不自親祭,使攝者爲之,不致肅敬於心,與不祭同",又《祭統》云"是故君子之祭也,必身親涖之。有故,則使人可也。雖使人也,君不失其義者,君明其義故也",是君、大夫有病故,皆得使人攝祭。若諸侯有朝會之事,則不得使人攝,故《王制》云"諸侯礿則不禘,禘則不嘗,嘗則不烝,烝則不礿",鄭注云"虞夏之制,諸侯歲朝,廢一時祭",又《明堂位》云"是故夏礿、秋嘗、冬烝",鄭注云"不言春祠,魯在東方,王東巡守以春⑤,

---

① "云"下原無"飯"字,汪刻本及張、阮刻本均有"飯"字,據補。
② "食"字原作"孰",四庫本作"食",據改。
③ "入室"原作"於堂",倉石云:"'堂',《詳校》作'室'。今案'於堂'或當作'入室',《大宗伯》疏亦云'祭訖,始迎尸入室,乃有黍稷',亦其證。"據改。
④ "四四方"至"一時祭",原在頁眉處,占行五至九,"若諸侯"至"不得攝"乃與此題對應之文字,涵于題三所領正文內,不宜段分,謹依題義挪至此處。
⑤ "東"上原無"王"字,汪刻本及張、阮刻本均有"王"字,據補。

或闕之”，是諸侯朝會不得攝，以諸侯禮大故也。案桓八年經書“正月己卯，烝”，《公羊傳》云“烝者何？冬祭也。春曰祠，夏曰礿，秋曰嘗，冬曰烝。常事不書，此何以書？譏。何譏爾？譏呵也呵，去冀①。呵則黷，黷則不敬，君子之祭也，敬而不黷，疏則怠，怠則忘。士不及兹四者，則冬不裘，夏不葛”，何休云“禮本下爲士制。四者，四時祭也②。士有公事，不得及兹四時祭者，則不敢美其衣服”，若然，則士不暇不得祭，又不得使人攝，大夫已上有公事，乃有攝可知。

五　冠端玄，玄冠、玄端，亦有玄冠、不玄端

及筮日，主人冠端玄，即位于門外，西面。

釋曰：云“冠端玄，玄冠、玄端。下言玄者，玄冠有不玄端者”，不玄端則朝服，下記云助祭者朝服，不著玄端故也。

六　緇衣亦名玄，朝服亦名玄端，六冕亦稱端③

若然，玄端一冠，冠兩服也，對文則玄端有玄裳④、黃裳、雜裳，若朝服，緇布衣而素裳，但六入爲玄，七入爲緇，大判言之，緇衣亦名玄，是以散文言之，朝服亦名玄端，故《論語》云“端章甫”，鄭云“端，玄端也，諸侯日視朝之服”，以端是正幅，非直朝服稱端⑤，六冕亦有端稱，故《禮記》魏文侯曰“吾端冕而聽古樂，則唯恐臥”，是冕服正幅亦名端也。

---

① “何譏”下原無“爾譏”二字，汪刻本及張、阮刻本均有“爾譏”二字，據補。又，“呵去冀”原在頁眉處，占行十一，乃了翁增補之釋文，謹依文義挪至此處。

② “四者”下原無“四時祭也”四字，何休注有“四時祭也”四字，謹補。

③ “六緇衣”至“亦稱端”，原在頁眉處，占行五至十一，謹依題義挪至此處。

④ “有”下原有“纁裳”二字，曹云：“‘纁裳’二字衍。”據刪。

⑤ “服”上原無“朝”字，曹云：“‘服’上脫‘朝’字。”據補。

七　子姓,子之所生,小宗有四

子姓、兄弟如主人之服,立于主人之南,西面北上。

釋曰:云"子姓者,子之所生"者,案鄭注《喪大記》云"姓之言生也",云"子之所生",則孫是也。云"小宗祭而兄弟皆來與焉"者,案《喪服小記》云"繼別爲宗,繼禰者爲小宗",鄭注云"小宗有四,或繼高祖,或繼曾祖,或繼祖,或繼禰,皆至五世則遷"。

八　小宗祭,兄弟皆與,宗子祭,族人皆侍①

若然,繼禰者長者爲小宗,親弟等雖異宮皆來祭,繼祖者從父昆弟皆來祭,繼曾祖者從祖昆弟皆來祭,繼高祖者族祖昆弟皆來祭,是皆據小宗而言也。云"宗子祭則族人皆侍"者,此鄭據《書傳》而言,案《書傳·康誥》云"天子有事,諸侯皆侍,尊卑之義",注云"事謂祭祀",又云"宗室有事,族人皆侍終日。大宗已侍,於賓奠,然後燕私",注云"謂卿大夫以下。宗室,大宗之家",引《禮記》"別子爲祖,繼別爲大宗,繼禰爲小宗","賓,僚友助祭者",若然,大宗子祭,一族之內來助祭。引之者,證經"子姓、兄弟",若據小宗有服者,若據大宗兼有絕服者也。

九　卜用龜,知生數,筮用蓍,知成數

筮人取筮于西塾,執之,東面受命于主人。

注云云。

釋曰:案《周禮·春官》有卜人、筮人,此士禮亦云"筮人",故云"官名也"。云"筮,問也。取其所用問神明者,謂蓍也"者,案《周禮·天府》云"季冬,陳玉以貞來歲之美惡",注云"問事之正曰貞。凡卜筮,實問於鬼神",謂卜用龜,龜知生數一二三四五之神,筮用蓍,蓍知成數七八九六之神,則此鄭云"神明者"也。

---

① "八小宗"至"人皆侍",原在頁眉處,占行六至十一,謹依題義挪至此處。

十　士祭曰歲事,此禫月吉祭,故云某事

宰自主人之左贊命,命曰:"孝孫某,筮來日某,諏此某事"云云。

"宰①,有司主政教者。自,由也。贊,佐也。命,告也。佐主人告所以筮也。《少儀》曰'贊幣自左,詔辭自右'",此祭祀,故宰自左贊命,爲神求吉,故變於常禮也。云"士祭曰歲事,此言某事,又不言妃者,容大祥之後,禫月之吉祭"者,案下宿賓云"薦歲事",據吉祭而言,又《少牢》吉祭云"以某妃配",即與《士虞記》云"中月而禫,是月也,吉祭,猶未配"異②,此與彼文同,故知是禫月吉祭也。

十一　言皇祖尊之,言某子五十字,與伯某異

適其皇祖某子,尚饗!

注:禫月之吉祭。皇,君也。言君祖者③,尊之。

云"言君祖者,尊之也"者,天子、諸侯名曾祖爲皇考,此士亦云"皇祖",故云"尊之也"。云"某子者,祖字也,伯子、仲子"者,以其"某"在"子"上,爲男子美稱,故以某爲伯、仲、叔、季五十字。下篇云"皇祖伯某",鄭注云"伯某④,且字也",不爲五十字者,以"某"在"伯"下。

十二　士之筮者坐,卦者書卦示主人

筮者許諾云云。

注:士之筮者坐,著短由便。

---

① "宰","宰"上四庫本有"云贊命由左爲神求變者案士冠禮宰自右贊命鄭云"二十一字。

② "配"下原無"異"字,曹云:"'配'下似脱'異'字。"據補。

③ "祖"下原無"者"字,注有"者"字,下疏述注文亦有"者"字,據補。

④ "某"上原無"伯"字,汪刻本及張、阮刻本均有"伯"字,據補。

士菁三尺①。云“卦者，主畫地識爻，爻備，以方寫之”者，案《士冠禮》云“筮人許諾，右還，即席坐，西面。卦者在左。卒筮，書卦，執以示主人”，鄭云“卒，已也。書卦者筮人，以方寫所得之卦”，彼云“書卦”，即云“執以示主人”，則筮者書寫以示主人也，此經云“卒筮，寫卦”，乃云“筮者執以示主人”，則寫卦者非筮人。

十三　長占謂長幼旅占

長占，卒，告于主人：“占曰吉。”

釋曰：經直云“長占”，知非長者一人而云“長幼旅占之”者，《士冠禮》云“筮人還，東面旅占”，明此亦是長幼旅占，經直云長者，見從長者爲始也。

十四　前期三日筮尸，容宿賓、視濯

宗人告事畢。前期三日之朝，筮尸，如求日之儀。

釋曰：自此盡“主人退”，論祭前筮尸、宿尸之事。云“三日者，容宿賓、視濯也”者，謂前期二日宿賓，一日視濯，是以下云“厥明夕，陳鼎于門外”，下至“夙興”，皆祭前一日視濯之事，以其“夙興”上事是祭前一日也，宿賓又是“厥明夕”爲期上，則宿賓與視濯別日，又知宿賓是祭前二日，此經乃祭前三日筮尸，故鄭云“容宿賓、視濯”，言“容”者，爲筮尸之後、祭日之前，有二日，容此二事。

十五　筮某之某爲尸，取子行無父者

命筮曰：“孝孫某，諏此某事，適其皇祖某子，筮某之某爲尸。”

經直云“某之某”，鄭知“字尸父而名尸”者，《曲禮》云“爲人子者，祭祀不爲尸”，鄭彼注云“尊者之處，爲其失子道，然則尸卜筮無父者”，又云

---

① “士菁三尺”，此非疏文，乃了翁據“案《三正記》云‘天子菁長九尺，諸侯七尺，大夫五尺，士三尺’是也”之疏而以己語概括者。

"卒哭乃諱",諱則不稱名①,故知尸父云某是字,尸既對父,故某爲名。云"連言其親,庶幾其馮依之也"者,尸父前世與所祭之父同時,同時必相識,知今又筮其子爲尸,尸又與所祭之子相識,父子皆同類,故"連言其親,庶幾其神馮依之"也。

十六　君有北面事尸礼,尸用有爵,與大夫、士異②

云"大夫、士以孫之倫爲尸"者,案《祭統》云"夫祭之道,孫爲王父尸。所使爲尸者,於祭者子行也,父北面而事之,所以明子事父之道也"。注云"祭祖則用孫列,皆取於同姓之適孫也。天子、諸侯之祭,朝事延尸於戶外,是以有北面事尸之禮",如是則天子、諸侯宗廟之祭,亦用孫之倫爲尸,而云"大夫、士"者,但天子、諸侯雖用孫之倫,取卿大夫有爵者爲之,故《鳧鷖》詩祭尸之等皆言"公尸",又《曾子問》云"卿大夫將爲尸於公"。若大夫、士祭,尸皆取無爵者,無問成人與幼,皆得爲之,故《曾子問》孔子曰"祭成喪者必有尸,尸必以孫,孫幼則使人抱之。"

十七　宿尸讀作肅,古文宿皆作羞

乃宿尸。

釋曰:云"古文宿皆作羞",疊之不從古文。云"凡宿,或作速",謂一部之內,或作速者,若《公食大夫》速賓之類是也。云"記作肅"者,《曲禮》云"主人肅客而入"是也,又云"《周禮》亦作宿"者,《大宗伯》云"宿眡滌濯"是也③,是以鄭汎云"或"也。

十八　主人於尸有子道,故北面,非賓,不東面

主人立于尸外門外,子姓、兄弟立于主人之後,北面東上。

---

① "諱"下原不重"諱"字,汪刻本及張、阮刻本均重"諱"字,據補。
② "十六君有"至"夫士異",原在頁眉處,占行五至十一,謹依題義挪至此處。
③ "云"字原作"文",曹云:"'文'當爲'云'。"據改。

釋曰:云"不東面者,來不爲賓客"者,爲尸者父象也,主人有子道,故主人北面,不爲賓客,不敢當尊,故不東面,此决《冠禮》宿賓,主人東面,此北面①,不同也②。

十九　士雖孫倫爲尸,猶不敢南面當尊

尸如主人服,出門左,西面。

注:不敢南面當尊。

釋曰:此决《少牢》云"主人即位於廟門外之東方,南面",以其大夫尊,於諸官有君道③,故南面當尊,此士之孫倫爲尸,雖被宿,猶不敢當尊也。

二十　士尸卑,主人拜,尸即荅拜,大夫之尸尊

主人再拜,尸荅拜。

注:主人先拜,尊尸。

釋曰④:此决下文宿賓,賓先拜,主人乃荅拜,故云"尊尸",是以主人先拜也。案《少牢》云"吉則遂宿尸,祝擯,主人再拜稽首,祝告曰:'孝孫某'"云云,"尸拜,許諾",祝先釋辭訖,尸乃拜許,此尸荅拜後,宗人乃擯辭者,士尸卑,主人拜,尸即荅拜,不待擯辭訖,大夫之尸尊,尊待釋辭訖乃拜⑤。

---

①　"此"下原有"中"字,四庫本無"中"字,阮云:"毛本、《通解》、監本無'中'字。"據删。

②　"同"下原無"也"字,四庫本及汪刻本均有"也"字,據補。

③　"於諸"至"君道"原作"於恩有君道",四庫本作"有君道",阮云:"毛本、《通解》無'於恩'二字。"曹云:"'恩'當爲'諸官'二字。"據曹校改。

④　"尊尸"下原無"釋曰"二字,四庫本有"釋曰"二字,據補。

⑤　二"待"字原均作"得",上"得"字四庫本作"待",阮云:"'得'當作'待'。"倉石云:"二'得'字殿本皆作'待'。"均據改。

二一　士將祭，於屬吏內宿賓，備三獻

宿賓，賓如主人服，出門左，西面，再拜，主人東面荅再拜。

釋曰：自此盡“賓拜送”，論士將祭，宿屬吏內一人爲備三獻賓之事也。云“言吾子將臨之，知賓在有司中”者，以其云“將臨之”，明前筮尸在其中可知，以上無戒文，今宿之云“吾子將涖之”，明知賓在有司內可知。案前文“有司群執事如兄弟服，東面北上”，鄭云“士之屬吏”，此云賓在有司內，則賓是士之屬吏可知。下記云“公有司門西，北面東上，獻次衆賓。私臣門東，北面西上，獻次兄弟”，賓及衆賓行事在西階之下，復似賓不在有司中者，但賓是士之屬吏內，言“私臣”，據已自辟除者，言“公有司”者，亦是士之屬吏命於其君者，言“賓在有司中”者，諸在此獻者之中，選以爲賓，又選爲衆賓以下。若在門外時，同在門西，東面北上，及其入爲賓及衆賓者，適西階以俟行事。公有司不選爲賓者，門西北面，私臣不選爲賓，門東北面。門外不列者，以其未有事，入門而列者，爲將行事。公有司門西，私臣門東，二者皆無事，故經不見，記人乃辨之，見其與於獻也。

二二　少牢陳鼎在門東，士卑，鼎當門

厥明夕，陳鼎于門外，北面北上，有扃。

釋曰：自此盡“主人拜送”，論祭前一日之夕視濯與視牲之事。云“門外北面，當門也”者，以其經直云“門外”，不言門之東西，故知“當門”。下篇《少牢》陳鼎在門東，此當門者，士卑，避大夫故也。

二三　此言實獸，《少牢》五鼎，不言獸，略小

棜在其南，南順，實獸於其上，東首。

注：順，猶從也。

釋曰：下篇《少牢》“牲北首東上①。司馬刲羊，司士擊豕。宗人告備，乃退”，不言獸，《少牢》五鼎，明有獸可知，不言之者，已有二牲，略其小者，故不言之也。案《士虞記》“陳牲于廟門外，北首西上”，鄭注云“言牲，腊在其中。西上，變吉”，此亦“牲在其西②，北首東足”，與彼文同，彼云“變吉”者，彼牲云“北首西上”，明腊亦北首可知，此實獸於上東首，不與牲相統，故云“變吉”。

二四　小物全乾曰腊，魚、腊亦云獸

云“獸，腊也”者，《特牲》三鼎③，有豕、魚、腊，案《周禮·腊人》鄭注云“小物全乾爲腊”，故知豕云牲，魚，水物，云“獸”是腊可知。

二五　大夫、士直有東房、西堂，西夾之前近南即西相

豆、籩、鉶在東房④，南上，几、席、兩敦在西堂。

釋曰：大夫、士直有東房、西室，若言房，則東房矣，故《士冠禮》“陳服于房中西墉下，東領北上”，不言東，又《昏禮》“側尊甒醴于房中”，亦不言東，如此之類，皆不言東，以其直有一房，不嫌非東房，故不言東，今此經特言東房，明房內近東邊，故云“東房”也。夾室半以南爲之，以壁外相望，則當夾北也，又與《少牢》籩、豆所陳相反，《少牢》近於西方，此經則房中之東也。言“當夾北”者，以其夾室在房南近東⑤，故云“房中之東，當夾北”也。云“西堂，西夾之前近南耳”者，案《爾雅》注“夾室前堂謂之相”，此在西堂，在西相。

---

① “篇”下原有“云”字，阮云：“毛本、《通解》無‘云’字。”曹云：“各本無‘云’字是。”據删。
② “亦”下原無“牲在”二字，曹云：“‘亦’下脱‘牲在’二字。”據補。
③ “牲”下原無“三”字，阮云：“毛本、《通解》‘牲’下有‘三’字。”據補。
④ “鉶”字原作“銒”，朱駿聲《說文通訓定聲·鼎部》曰：“銒，假借爲鉶。”據改。
⑤ “南近”原作“近南”，曹云：“‘近南’二字當倒。”據乙。

二六 《有司徹》衆賓答一拜,此士賤,衆賓荅再拜

主人再拜,賓答再拜,三拜衆賓,衆賓荅再拜。

釋曰:云"旅之得備禮"者,謂衆賓無問多少,總三拜之。旅,衆也,衆賓共得三拜,故云"旅之"也。"衆賓再拜者,士賤",衆賓得備禮。案《有司徹》"主人降,南面拜衆賓于門東,三拜,衆賓門東北面,皆荅一拜",注云"言三拜者,衆賓賤,旅之也。衆賓一拜,賤也。卿大夫尊,賓賤,純臣也",經云"皆荅一拜",明人人從上至下皆一一獨荅拜,以其純臣故也,所以不再拜者,避國公故也。此士賓莫問多少,皆得一時再拜者,以其士賤,衆賓得備禮故也。

二七 《少牢》告旦明行事,此重勞賓,告羹飪

請期,曰:"羹飪。"

釋曰:案《少牢》云"宗人曰:'旦明行事'",此不云"旦明行事"而云"羹飪"者,彼大夫尊,有君道,可以豫勞賓,故云時節,此士卑,無君道,故不云"旦明"而云"羹飪",是以鄭云"重豫勞賓",羹飪乃來也。云"宗人既得期,西北面告賓、有司"者,此案《少牢》云"主人門東南面,宗人朝服北面,曰:'請祭期。'主人曰:'比於子。'宗人曰:'旦明行事'。"

二八 祭者朝服,緣孝子欲得嘉賓事祖禰

夙興,主人服如初,立于門外東方,南面,視側殺。

釋曰:自此盡"於中庭",論祭日夙興,主人、主婦陳設及行位之事。云"主人服如初①,則其餘有不玄端"者,案下記云"特牲饋食,其服皆朝服,玄冠、緇帶、緇韠",注云"於祭服此也。'皆'者,謂賓及兄弟筮日、筮尸、視濯亦玄端,至祭而朝服。朝服者,諸侯之臣與其君日視朝之服,大

---

① "主人服如初","服"字漫漶,據再造善本及四庫本寫定。

夫以祭。今賓、兄弟緣孝子欲得嘉賓尊客以事其祖禰,故服之。‘緇韠’者,下大夫之臣。夙興,主人服如初,則固玄端”是也。鄭云“其餘有不玄端”者,明亦有著玄端者,是以下記人辨之云“唯尸、祝、佐食玄端,玄裳、黄裳、雜裳可也,皆爵韠”,鄭注云“與主人同服”,是有同服者,有著朝服者,故鄭云“其餘有不玄端者”。

二九　天子、諸侯有射牲,大夫、士不親殺

案《少牢》“主人即位於廟門之外,司馬刲羊,司士擊豕”,皆主人不親殺[①],案《楚語》云“諸侯宗廟之事,必自射其牲,刲羊、擊豕”,又《司弓矢》云“凡祭祀,共射牲之弓矢”,注云“射牲,示親殺也。殺牲非尊者所親,唯射爲可”,又《國語》云“禘郊之事,天子必自射其牲”,《玉藻》云“凡有血氣之類,君子弗身翦也”者,據凡常,非祭祀,天子尊,于郊射牲,諸侯降天子,故宗廟亦親殺,大夫、士不敢與君同,故視之而不親殺之。

三十　一牲曰側殺,無玄酒曰側尊[②]

“側殺,殺一牲”者,案《冠禮》云“側尊一甒醴,在服北”,鄭注云“側,猶特也。無偶曰側”,以其無玄酒,是以《少牢》云“司馬刲羊,司士擊豕”,以其二牲,不云側也。

三一　主婦視饎爨於西堂下,明不自爲之[③]

主婦視饎爨于西堂下古文“饎”作“糦”,《周禮》作“䭈”同,尺志反[④]。

---

①　“親”字原作“視”,彼《少牢饋食禮》經與疏義均是主人視殺而不親殺,此疏下文亦云大夫、士“視之,而不親殺之”,則“視”字疑爲“親”字之誤,謹改。

②　“三十一牲”至“曰側尊”,原在頁眉處,占行五至九,謹依題義挪至此處。

③　“自”上原無“不”字,曹校正文“明主婦自爲也”云:“‘自’上脱‘不’字。”據補,正文亦補。

④　“古文”至“志反”,原在頁眉處,占行十三至十五,乃了翁據注及《儀禮音義》增補之釋文,謹依文義挪至此處。

釋曰：知"宗婦爲之"者，以經言"主婦視饎爨"，明主婦不自爲也，是以下記云"宗婦贊薦者，執以坐于户外，授主婦。尸卒食而祭饎爨"，鄭以祭饎爨用黍而已，是宗婦爲之可知也。

三二　爨即竈，在堂之西下，南齊于坫[①]

云"爨，竈也"者，周公制禮之時謂之爨，至孔子時謂之竈，故《論語》王孫賈云"與其媚於奥，寧媚於竈"，是孔子時爲竈也。云"西堂下者，堂之西下也"者，以其爲爨不可正在堂下，當逼西壁爲之，故云"堂之西下，近西壁"也。又知"南齊于坫"者，案《既夕記》云"設楔于東堂下，南順，齊于坫"，明在東西堂下，皆齊於坫可知，又鄭下注引舊説云"南北直屋梠，梂在南"是也。案《少牢》云"雍人摡鼎、匕、俎于雍爨，雍爨在門東南，北上。廩人摡甑、甗[②]、匕與敦於廩爨，廩爨在雍爨之北"，廩爨既在門外，不見主婦有視文，主婦未知視之以否，主婦視饎爨，猶主人視殺牲，故《易·歸妹》上六云"女承筐無實，士刲羊無血"，鄭注"宗廟之禮，主婦奉筐米"，爲饎之時[③]，兼視之可知。

三三　亨豕、魚、腊以鑊，各一爨

亨，煮也。烹豕、魚、腊以鑊，各一爨。
釋曰：知用鑊者，下《少牢》云"羹定，雍人陳鼎五，三鼎在羊鑊之西，二鼎在豕鑊之西"。

三四　吉祭有致爵，故主人、主婦、執事有俎

執事之俎陳于階間[④]，二列，北上。

---

①　"三二爨即"至"齊于坫"，原在頁眉處，占行八至十二，謹依題義挪至此處。
②　"甗"字原作"獻"，汪刻本及張、阮刻本均作"甗"，據改。
③　"爲"字原作"如"，曹云："'如'當爲'爲'。"據改。
④　"間"字原作"門"，四庫本作"間"，合於經，據改。

注：“執事”至“於神”。釋曰①：鄭知經“執事之俎”，祝、主人、主婦亦存焉者，見《士虞記》祝俎“陳於階間，敦東”，彼虞不致爵，故不見主人②、主婦俎，明此吉祭有致爵，主人、主婦俎陳於階間可知③，以主婦亦是執事之人也。若然，《少牢》主人、主婦無俎者，以三獻禮成，別爲儐尸，正祭無致爵，故主人、主婦無俎，儐尸行三獻，致爵乃有俎，下大夫不儐尸者，亦於三獻尸爵止，行致爵乃有俎也。

三五　神俎升鼎而入，執事俎不升鼎，鼎在門外④

云“不升鼎者，異於神”者，神俎升鼎而入⑤，設於階前，此鼎在門外不入，而言“陳於階間，二列”，故知不升鼎。

三六　尸盥匜不就洗，不揮

尸盥匜水實于槃中。
注：尸尊，不就洗，又不揮。
釋曰：云“不揮”者，揮振去水，使手乾，今有巾，故不揮也，是以僖二十三年《左氏傳》云公子重耳在秦，“秦伯納女五人，懷嬴與焉，奉匜沃盥，既而揮之，懷嬴怒”是也。

三七　姑未老自爲主婦，老則子妻爲主婦

主婦纚笄宵衣，立于房中，南面。
注：主人之妻云云。

---

① “北上”下原無“注執”至“釋曰”八字，四庫本有“注執”至“釋曰”八字，據補。
② “故不見”原作“故見”，阮云：“毛本、《通解》‘故’下有‘不’字。”曹云：“‘見’上各本有‘不’字是。”據補。
③ “陳”上原無“俎”字，曹云：“‘陳’上脱‘俎’字。”據補。
④ “三五神俎”至“在門外”，原在頁眉處，占行五至十一，謹依題義挪至此處。
⑤ “神”字原作“前”，曹云：“‘前’，疑當爲‘神’。”據改。

釋曰：云“雖姑存，猶使之主祭祀”者，謂姑老，不堪祭祀，故“姑存，猶使之主祭祀”也。云“纚”者，謂若《士冠禮》廣終幅，長六尺。“笄”，安髮之笄，非冠冕之笄。云“宵，綺屬也。此衣染之以黑，其繒本名曰宵”者，謂此宵衣是綾綺之屬，鄭注《內司服》云“男子之褖衣黑，則是亦黑也”，以其《士喪禮》有褖衣，與《士冠》玄端爲一，玄端黑，是男子褖衣亦黑，則此婦人宵衣亦黑可知，其玄則黑之類也，故鄭引《玉藻》“君子狐青裘，玄宵衣以裼之”，證婦人玄宵衣亦黑也。云“其繒本名宵”者，此字據形聲爲綃，從絲肖聲①，但《詩》及《禮記》、《儀禮》皆作“宵”字。云“凡婦人助祭者，同服也”者，經及記不見主婦及宗婦異服之文，故知同服，對男子助祭，賓、兄弟等與主人服異也②。《少牢》云“主婦贊者一人，亦髲鬄衣侈袂”③，與主婦同，其餘雖不侈袂，亦同宵衣可知④。依《內司服》，天子、諸侯王后以下，助祭皆不同者，人君尊卑差等，大夫、士卑，服窮則同也。引《內則》者，彼舅没時年七十已上，姑雖存，年六十已上而當傳家事⑤，故子之妻代姑祭，雖代姑，每事必請於姑，引之者，證經主婦內含姑未老自爲主婦⑥，姑老則子妻爲主婦也。

三八　特牲吉禮，主人行事由阼階，佐食佐尸食

佐食北面立于中庭。

注：佐食，賓佐尸食者云云。案下記云“佐食，當事則户外南面，無事則中庭北面”，據此而言，則此經謂無事時也。云“立于宗人之西”者，案《士虞禮》云“主人及兄弟、賓即位於西方，如反哭位”，注引《既夕禮》云

---

① “肖”字原作“省”，阮云：“‘省’當作‘肖’。”據改。

② “賓兄弟”原作“祝佐食”，曹云：“‘祝佐食’當爲‘賓兄弟’。”據改。

③ “亦髲”至“侈袂”原作“亦髮鬄衣移袂”，“移”字四庫本作“侈”，阮云：“‘髲’，《通解》作‘髲’，《要義》、毛本誤作‘髮’，‘移’，毛本作‘侈’，《通解》、《要義》俱作‘移’，下同。按《少牢》作‘衣侈’，《釋文》云‘侈’本又作‘移’，疑‘移’乃‘侈’之誤。”據改，下亦改。

④ “亦同”原作“同亦”，曹云：“‘同亦’二字當倒。”據乙。

⑤ “傳”下原有“之”字，曹云：“‘之’字衍。”據刪。

⑥ “內”字原作“而”，曹云：“‘而’似當爲‘內’。”據改。

“反哭入門，升自西階，東面”，經又云“宗人西階前，北面”，注云“當詔主人”，此《特牲》吉禮，主人行事由阼階，宗人亦在阼階南擯主人[1]，佐食北面於中庭，明在宗人之西可知。

[1]　“階”下原重“階”字，四庫本不重，阮云：“毛本、《通解》‘階’字不重。”曹云：“‘階’字各本不重是也。”據刪。

儀禮要義卷第四十五　特牲饋食禮二

一　自此主人、主婦及祝、佐食陳陰厭

主人及祝升，祝先入，主人從，西面于户内。

釋曰：自此盡"稽首"，論主人、主婦及祝與佐食陳設陰厭之事。云"主人從，西面于户内"，注引《少牢》者，證主人户内西面，其時祝北墉下南面之事，以其未有祝行事之法，直監納祭而已，下文乃云"祝在左"，爲孝子釋辭，乃有事也。

二　主人親舉，宗人執畢，臨匕載，備失脱

三　畢狀如叉①，蓋爲似畢星取名

宗人執畢先入，當阼階，南面。

釋曰：云"畢狀如叉"者，下引舊説有他神物惡桑叉之言，故以叉而言。云"蓋爲其似畢星取名焉"者，案《詩》云"有捄天畢，載施之行"，無正文，故云"蓋"以疑之也。云"主人親舉，宗人則執畢導之。既錯，又以畢臨匕載②，備失脱也"，知義然者，以經云"當阼階，南面"，明鄉主人執畢臨匕，備失脱可知也。

---

① "叉"字原作"义"，此節及下節正文同，汪刻本及張、阮刻本疏均作"叉"，據改，此節及下節正文亦改。
② "叉"字原作"义"，阮云："《要義》同，《通解》、毛本'义'作'叉'，下同。"據毛本改。

四　喪祭匕、畢用桑，吉祭用棘心

《雜記》匕、畢同用桑，據喪祭，今吉祭，匕用棘心，則畢亦棘心也。云"舊説云'畢以御他神物，神物惡桑叉'"，舊説如此，又引《少牢》、《士虞》已下，破舊説之意也。云"此無叉者，乃主人不親舉耳"者，總解《士虞》、《少牢》二禮。云"《少牢》大夫祭，不親舉"者，大夫尊，主人不親舉。云"《虞》喪祭祭也，主人未執事"者，對吉祭主人執事有畢，彼無也。云"祔、練、祥執事用桑叉"者，以其虞時主人不執事，則祔已執事，執事用桑义，則《雜記》所云是也。云"自此純吉，用棘心义"者，除祥後則禫月及吉祭用棘心也。案《易・震卦・彖辭》云"震來虩虩，笑言啞啞。震驚百里，不喪匕鬯"，鄭注云"雷發聲於百里。古者諸侯象，諸侯出教令，能警戒國，内則守其宗廟、社稷，爲之祭主，不亡其匕鬯。人君於祭，匕牲體、薦鬯而已，其餘不親爲也"，若然，諸侯親匕牲體，大夫不親者，辟人君，士卑不嫌，得與人君同親匕也。

五　俎設鼎西，西肆，匕加于鼎，東枋

贊者錯俎，加匕。

釋曰：云"其錯俎，東縮。加匕，東柄"者，《少牢》云"俎皆設于鼎西，西肆"，又云"匕皆加于鼎，東枋"，則此加匕於鼎，東柄可知。

六　肵俎謂午割心、舌于尸前，肵之爲言敬

佐食升肵俎，鼏之，設于阼階西。

知"肵[①]，謂心、舌"者，下記云"肵俎，心、舌皆去本末，午割之，實於牲鼎。載，心立，舌縮俎"是也《少牢》云"横之"，此云"縮"，據俎上爲横，據鄉人爲縮[②]。引《郊特牲》者，見敬尸有肵俎[③]，送于尸前。

① "肵"字原作"昕"，汪刻本及張、阮刻本均作"肵"，據改。

② "少牢"至"爲縮"，原在頁眉處，占行五至七，乃了翁按語，謹依文義挪至此處。

③ "敬"下原無"尸"字，曹云："'敬'下脱'尸'字。"據補。

《郊特牲》曰:"肵之爲言敬也",言敬尸之俎。

七　凡饌必方,明食味人之性所以正

主人升,入,復位。俎入,設于豆東,魚次,腊特于俎北。

入設俎,載者。腊特,饌要方也。凡饌必方者,明食味人之性所以正。

云"腊特,饌要方也"者,案經豆在神坐之前,豕俎入設於豆東,魚俎又次其東,若腊俎復在東,則饌不得方,故腊俎特于俎北,取其方。

八　士祭少於少牢,主婦親之,宗婦不贊

主婦設兩敦黍稷于俎南,西上,及兩鉶芼設于豆南,南陳。

釋曰:案《少牢》主婦設金敦,宗婦贊三敦,以其多,故使宗婦贊,此士祭祀,二敦少,故不使宗婦贊,主婦可親之也。若然,案《少牢》佐食贊鉶,宗婦不贊鉶,此不以佐食決之而并云宗婦者,此決《有司徹》,故《有司徹》云"主婦洗于房中,出實爵,尊南西面拜,獻尸。尸拜于筵上,受。主婦西面于主人之席北,拜送爵,入于房,取一羊鉶,坐奠于韭菹西,主婦贊者執豕鉶以從,主婦不興,受,設于羊鉶之西",又下至主婦致爵于主人,"主婦設二鉶與糗、脩,如尸禮",皆是也。

九　佐食啓會乃奠,奠乃啓會,大夫、士異

祝洗,酌奠,奠于鉶南,遂命佐食啓會。佐食啓會,卻于敦南,出立于戶西,南面。

酌奠,奠其爵觶也。《少牢饋食禮》啓會乃奠之。

釋曰:引《少牢》者,案《少牢》"祝酌奠,遂命佐食"。佐食啓會乃奠者,彼大夫禮,與此士禮相變,是以與此奠乃啓會異也。

十　祝代主人迎尸于門外，主人不迎，成尸尊

祝迎尸于門外。

釋曰：自此盡“反黍稷于其所”，論陰厭後迎尸爲正祭之事①。云“尸自外來，代主人接之”者，下注云“主人不迎尸，成尸尊”故也。云“就其次而請，不拜，不敢與尊者爲禮”者，凡平賓客，皆在門西，主人出門左，西面拜，今此經直云“迎尸于門外”，不言祝拜，尸荅拜，是祝出就次，尸乃出次，迎之而入門，是不敢與尊者爲禮。

十一　《周禮·掌次》有張尸次，謂更衣處②

引《周禮》者，證門外張尸次之事。

十二　廟中則尸尊，廟門外則君尊

云“主人不迎尸，成尸尊”者，案《祭統》云“君迎牲而不迎尸，別嫌也。尸在廟門外則疑於臣，在廟中則全於君。君在廟門外疑於君，入廟門則全於臣、全於子”，鄭云“不迎尸者，欲全其尊也。尸，神象也。鬼神之尊在廟中，人君之尊出廟門則伸”，此士禮，雖無君道，亦尊尸，主人不迎，迎之尊不成，不迎之則成尸之尊也③。云“尸，所祭者之孫也”者，《禮記》云“孫爲王父尸”是也。云“祖之尸，則主人乃宗子”者，以其祭祖，兄弟來助祭，故知宗子，小宗、大宗五宗皆然。《書傳》云“宗子將有事，族人皆入侍也”。云“禰之尸，則主人乃父道”者，《禮記·祭統》云“夫祭之道，孫爲王父尸。所使爲尸者，於祭者子行也。父北面而事之，所以明子事父之道也，此父子之倫也”，注云“祭祖則用孫列，皆取於同姓之適孫”，是其禰之尸，則主人乃父道也。云“事神之禮，廟中而已，出迎則爲厭”者④，出廟

---

① “爲”字原作“于”，曹云：“‘于’當爲‘爲’。”據改。

② “十一周禮”至“更衣處”，原在“次之事”文下，謹依題義挪至此處。

③ “尊”上原有“道”字，曹云：“‘道尊’二字當倒，或‘道’字衍。”據删。

④ “者”字原作“有”，阮云：“《通解》、毛本無‘有’字。按‘有’字疑當作‘者’，屬上句。”據改。

門,主人是君,是有厭臣之義①,故不迎也。

十三　主人拜妥尸,尸荅拜,祝饗稱孝子

尸荅拜,執奠,祝饗,主人拜如初。

饗,勸彊之也。其辭取于《士虞記》,則宜云"孝孫某,圭爲孝薦之,饗"。舊説云"明薦之。"

釋曰:喪祭稱哀,吉祭稱孝,故《士虞記》卒哭饗尸辭曰"哀子某,圭爲哀薦之,饗",此既吉祭,宜云"孝孫某,圭爲孝薦之,饗",以其改"哀"云"孝",故曰"宜云"也。引舊説者,證圭爲潔明之義也。

十四　設饌餕神爲陰厭,今尸授祭食神餘

祝命授祭,尸左執觶②,右取菹,揳于醢揳,如悦,或而誰反③,祭于豆間。

釋曰:云"授祭,祭神食也"者,鄉者設饌,未迎尸陰厭,厭餕神,今尸來升席而授祭授,注音墮,許恚反,或相恚反④,祭訖,當食神餘,引《周禮》而云"墮與授讀同",則二字通用。云"今文改授皆爲綏",不從今文引古文者,欲見揳下有祭無醢⑤,故墮之而不從也。云"揳醢者,染於醢",從經爲正也。

---

① "主人"至"之義"原作"主人有君是君厭臣之義",四庫本作"主人有君厭臣之義",汪刻本及張、阮刻本均作"主人有君是是厭臣之義",阮云:"《通解》、毛本無'是是'二字,《要義》'是是'作'是君'。按當云'主人是君,是有厭臣之義'。"據阮校改。

② "觶"字原作"祭",四庫本作"觶",合於經,據改。

③ "揳如"至"誰反",原在頁眉處,占行十七至十八,乃了翁據《儀禮音義》增補之釋文,謹依文義挪至此處。

④ "授注"至"恚反",原在頁眉處,占行一至三,乃了翁據《儀禮音義》增補之釋文,謹依文義挪至此處。

⑤ "揳"字原作"换",下疏述注同,四庫本作"授",汪刻本及張、阮刻本均作"揳",阮云:"毛本'揳'作'授'。按'揳'即'撋'之俗字,'授祭'、'揳醢'本屬兩事,疏恐人誤溷,故特辨之。《説文》云'撋染也',《周禮》六曰'撋祭',然則'授祭'之'授'與'揳醢'之'揳'本俱作'撋',此節經文'揳醢'、注中'授祭'宜皆改作'撋'。"從汪、張、阮本改作"揳",疏述注亦改。

十五　生人禮大羹湆在薦右，神禮在左，喪用生禮

設大羹湆于醢北。

釋曰：云"醢北"者，爲薦左。案《公食大夫》、《昏禮》大羹湆皆在薦右，此在左者，神禮變於生人。《士虞禮》大羹湆設于鉶南[①]，在右，與生人同，有不忍異於生故也。云"不和，貴其質"者，案桓二年《左氏傳》云"大羹不和以鹽菜"，是貴其質。

十六　大羹湆陰厭時未設，爲尸不爲神

云"不爲神"者，陰厭時未設，尸來始設爲尸，故《士虞記》云"無尸，則禮及薦饌皆如初，不綏祭，無大羹湆、胾、從獻"，有尸即有大羹湆、從獻，縱有，亦不祭、不嚌，是不爲神，爲尸，非盛者也。引《士虞禮》曰"大羹湆自門入"者，證迎尸後，乃從獻來也。

十七　肵俎主於尸，主人親羞。尊賓以事先

主人羞肵俎于腊北。

云"肵俎主於尸"者，以其尸入後乃設之[②]，故知"主於尸"。主人親進者，敬尸故也。前神俎使載者設之者，欲得尊賓客以事其先故也。

十八　主人洗角酳尸

主人洗角，升，酌，酳尸。

釋曰：自此盡"入復位"，論主人獻尸及祝、佐食之事。知"是獻尸"者，下有主婦洗爵獻尸并賓長獻尸，故知此是主人酳尸也。云"不用爵者，下大夫也"者，此決《少牢》云"主人降，洗爵，酌酒，乃酳尸"，用爵不用角也。

---

① "大"下原有"夫"字，阮云："陳、閩、《通解》俱無'夫'字。"曹云："'夫'字衍。"據删。

② "入"上原無"尸"字，曹云："'入'上脱'尸'字。"據補。

十九　祝酌授尸以醋主人，尸尊，不親洗酌

祝酌，授尸，尸以醋主人①。

注：醋古文醋作酢。醋，才各反②，報也。祝酌不洗云云。

釋曰：云"祝酌不洗"者，尸當酢主人，宜親洗爵酌酒，不親洗酌，尸尊故也，授祝代酌③，由祝代酌，故不洗也。

二十　士尸親嘏主人，大夫尸尊，不親

佐食摶黍授祝，祝授尸，尸受以菹豆④，執以親嘏主人。

釋曰：案《少牢》云"祝與二佐食皆出，盥于洗，入。二佐食各取黍於一敦，上佐食兼受，摶之以授尸，尸執以命祝。卒命祝，祝受以東，北面于户西，以嘏于主人"。但《少牢》不親嘏者，大夫尸尊，又大夫禮文，此親嘏者，士尸卑，禮質故也。

二一　嘏辭"皇尸命工祝，承致多福"云云⑤

云"其辭則《少牢饋食禮》有焉"者，案《少牢》云"祝以嘏于主人，曰：'皇尸命工祝，承致多福無疆，于女孝孫，來女孝孫，使女受禄于天，宜稼于田⑥，眉壽萬年，勿替引之'"是也。

---

① "尸"下原不重"尸"字，四庫本重"尸"字，合於經，據補。

② "古文"至"各反"，原在頁眉處，占行十四至十六，乃了翁據注及《儀禮音義》增補之釋文，謹依文義挪至此處。

③ "授"下原無"祝"字，曹云："'授'下似脱'祝'字。"據補。

④ "受"字原作"授"，四庫本作"受"，合於經，據改。

⑤ "二一嘏辭"至"福云云"，原在頁眉處，占行四至八，謹依題義挪至此處。

⑥ "稼"字原作"豫"，四庫本及汪刻本均作"稼"，阮云："毛本'稼'誤作'嫁'。按《少牢》作'稼'是也。"據改。

二二　祭用黍者,食之主,上文爾黍,不爾稷

云"獨用黍者,食之主"者,案上文云"爾黍于席上",不云爾稷者,以稷雖五穀之長,不如黍之美,故云"食之主",是以《喪大記》云"君沐粱,大夫沐稷,士沐粱",《士喪禮》士沐稻,諸侯之士,鄭注云"差率而上,天子沐黍"。

二三　主人受嘏,詩懷之,挂袺以季指

主人左執角,再拜稽首,受,復位,詩懷之,實于左袂,挂于季指,卒角,拜,尸荅拜。

詩,猶承也,謂奉納之懷中。季,小也。實于左袂,挂袺以小指者[①],便卒角也。《少牢饋食禮》曰"興,受黍,坐,振祭,嚌之。"古文挂作卦。

釋曰:云"挂袺以小指者,便卒角也",但右手執角,左手挂袺以小指,執角不于左手[②],言"便卒角"者,飲酒之時,恐其遺落,故挂以小指。

二四　佐食俎骼折,至賓尸時無俎

祝左執角,祭豆,興,取肺,坐祭,嚌之云云。

云"主人荅拜,受角,酌,獻佐食"者,案上獻祝有俎,此獻佐食不言俎者,上經云"執事之俎陳於階間,二列,北上",鄭注云"執事,謂有司",以佐食亦在有司內者,下記云"佐食俎,骼折、脊、脅也",又下經賓長獻節,鄭注云"凡獻,佐食皆無從。其薦俎,獻兄弟以齒設之",若《少牢》獻佐食,俎即設于兩階之間,西上。大夫將賓尸,故即設佐食俎,至於賓尸時,佐食無俎也。

---

① "小"字原作"少",四庫本作"小",合於注,據改。
② "不"上原無"執角"二字,曹云:"'不'上似脫'執角'二字。"據補。

二五　主婦酌,亞獻尸,不夾拜

主婦洗爵于房,酌,亞獻尸。

注:亞,次也。次,猶貳。

釋曰:自此盡"以爵入于房",論主婦獻尸、祝及佐食之事。云"主婦貳獻不夾拜者,士妻儀簡耳"者,此決《少牢》主婦亞獻尸時夾拜,此士妻下之。

二六　尸酢主婦如主人儀,不易爵,辟内子

尸酢,如主人儀。

釋曰:云"尸酢主婦,如主人儀者,自'祝酌'至'尸拜送'如酢主人也"①。云"不易爵,辟内子"者,以經云"酢,如主人儀",上尸酢主人時不易爵,故此主婦受酢亦不易爵可知。

二七　男女不相襲爵,此士妻不易爵②

男女不相襲爵,所以今襲爵者,辟内子,是以《少牢》云"祝受尸爵,尸荅拜。易爵,洗,酌,授尸。主婦拜受爵,尸荅拜",是其易爵也。

二八　尸止爵,以待神惠之均于室中

二九　此一科獻尸、祝、致爵、酢爵,凡十一爵③

賓三獻如初,燔從如初,爵止。

---

① "酌"字原作"獻",張、阮刻本均作"酌",合於經,據改。

② "二七男女"至"不易爵",原在頁眉處,占行六至十,謹依題義挪至此處。

③ "二九此一"至"十一爵",原在頁眉處,占行六至十一,"釋曰自"至"十一也"乃與此題對應之文字,涵于題二八所領正文内,不宜段分,謹依題義挪至此處。

注：初，亞獻也。尸止爵者，三獻礼成云云①。

釋曰：自此盡“卒，復位”，論賓長獻尸及祝②、佐食并主人、主婦致爵之事，此一科之內，乃有十一爵：賓獻尸，一也；主婦致爵于主人，二也；主人酢主婦，三也；主人致爵于主婦，四也；主婦酢主人，五也；尸舉奠爵酢賓長，六也；賓長獻祝，七也；又獻佐食，八也；賓又致爵于主人，九也；又致爵于主婦，十也；賓受主人酢③，十一也。云“初，亞獻也”者，知不如初獻者④，以主婦亞獻承初獻後，賓長又承亞獻後，故知如亞獻，不得如初獻也，又面位及燔從皆如亞獻也。云“三獻禮成，欲神惠之均於室中，是以奠而待之”者，謂尸得三獻而禮成，其實飲二爵⑤，祝與佐食亦得三獻，主人、主婦各得一酢而已，未得獻，是神惠未均，“奠而待之”者，待主人、主婦致爵乃均也。案下文“眾賓長爲加爵，如初，爵止”，鄭注云“尸止爵者，欲神惠之均于在庭”，止得一獻亦言均，則不以爵數爲均，直據得一獻則爲均也。

三十　主人更爵自酢，男子不承婦人爵

主人降，洗，酌⑥，致爵于主婦云云。主人更爵，酌，醋，卒爵云云。

云“主人更爵自酢，男子不承婦人爵也”者，案上主婦獻尸，尸酢主婦不易爵，鄭注云“辟內子”，致爵于主人則易爵也。若然，案下記“設洗，篚在洗西，實二爵”，鄭注云“二爵者，爲賓獻爵止，主婦當致也”，此賓長所獻爵，尸奠之未舉，其篚唯有一爵，得云“易”者，上主婦亞獻，洗爵于房中⑦，則房中有爵，又主婦獻祝及佐食訖，以爵入于房，後主婦致爵于主人，還是房內爵，後主人致爵于主婦者，是下篚之爵，主婦飲訖，實于房中之篚，主人更取房內之爵以酌酢，酢訖，奠于下篚。云“主人更爵”者，謂

---

① “尸止”至“云云”，原爲雙行小字，既爲注文，當與前注同，改作大字，惟“云云”小寫仍舊。

② “及”下原無“祝”字，曹云：“‘及’下脫‘祝’字。”據補。

③ “受”字原作“獻”，曹云：“‘獻’當爲‘受’。”倉石云：“‘獻’，殿本作‘受’，似通。”據改。

④ “不”下原無“如”字，曹云：“‘不’下脫‘如’字。”據補。

⑤ “其實飲二爵”原作“言其實飲三爵”，曹云：“‘言’字衍，‘三’當爲‘二’。”據刪改。

⑥ “酌”字原作“爵”，四庫本作“酌”，合於經，據改。

⑦ “洗爵”下原重“洗爵”二字，阮云：“毛本、《通解》‘洗爵’二字不重出。曹云：“‘洗爵’二字各本不重是也。”據刪。

酌酢爵以房内爵相更①。鄭注下記云“主婦當致”者，謂主人致爵於主婦，則用下篚内爵也。

三一　洗爵以致于主人、主婦，以承賤者爵

尸卒爵，酢。酌獻祝及佐食，洗爵，酌，致于主人、主婦云云。

釋曰：此決上文賓獻尸、獻祝及佐食不洗，今致于主人洗，故決之也。案下篇不儐尸，洗爵致于主人，注云“以承佐食賤，新之”，此云“爲異事新之”，注不同者，但爲異事，異事則是承賤，承賤後則事異。

三二　《飲》、《射》賓主獻酢各專階，此賓輕，不專

主人降阼階，西面拜賓如初，洗。

釋曰：自此論獻賓及衆賓。云“就賓拜者，此禮不主於尊也”者，案《鄉飲酒》《鄉射》賓主獻酢，各於其階，至酬乃同階，此因祭而獻賓②，非爲尊之，所尊者謂尸也，又賓是士家有司，卑不得專階，故就之，使不得專階也，對《鄉飲酒》、《鄉射》得專階也。

三三　賓北面，東爲右，主人在阼，統賓③

云“主人在右，統於其位”者，以其賓在西階上④，北面，以東爲右，主人位在阼階，故云“統于其位”。鄭言此者，主人就西階，異於飲酒，主人在右，則與飲酒禮同，以言主人常居右也。

---

① “以”字原作“與”，曹云：“‘與’當爲‘以’。”據改。
② “而獻”原作“如初”，曹云：“‘如初’當爲‘而獻’。”據改。
③ “三三賓北”至“統賓”，原在頁眉處，占行四至八，謹依題義挪至此處。
④ “賓”下原有“得”字，曹云：“‘得’字衍。”據刪。

三四　凡節解牲體皆曰折,升俎名折俎

薦脯醢,設折俎。

釋曰:案下記云“賓,骼”,鄭云“骼,左骼也。賓俎全體,尊賓”也,全體而曰折俎①,明凡節解牲體皆曰折,升于俎,故名折俎,與臑折同名,其折義則異彼折骨。云“不言其體,略云折俎,非貴體也”者,案下記云“賓,骼”,骼是牲體,此經云“折俎”者,亦用骼,非貴體。

三五　《飲》、《射》賓親酢,此賓不敢敵主人,主人自酢

賓卒爵,拜。主人荅拜,受爵,酌,酢,奠爵,拜,賓荅拜。

云“賓不敢敵主人,主人達其意”者,以其賓是士之有司之中,以卑不敢與主人爲敵酢之,是以主人酌以自酢,達賓意故也。若《鄉飲酒》、《鄉射》賓皆親酢主人,以其賓尊,行敵禮。

三六　獻賓、衆賓酌上尊②,旅酬禮褻,酒在下

尊兩壺於阼階東,加勺,南枋,西方亦如之。

釋曰:自此盡“揖,復位”,論堂下設尊酬賓之事。云“行神惠,不酌上尊,卑異之”者,決上文獻賓及衆賓皆酌上尊者,獻是嚴正,故得與神靈共尊③,至此旅酬禮褻,故不敢酌上尊。案《司尊彝職》四時之祭云“皆有罍,諸臣之所酢”,《少牢》上下大夫堂下皆無尊者,士卑,得與人君同,大夫尊,辟人君故也。

---

① “全體”原作“折骨”,曹云:“‘折骨’疑‘全體’之譌。”據改。
② “衆賓”原作“兄弟”,此據正文“決上文獻賓及兄弟皆酌上尊者”擬題,案此節前有主人獻賓與衆賓之禮而無獻兄弟之文,疑“兄弟”爲“衆賓”之譌,謹改,正文亦改。
③ “共”字原作“其”,四庫本及汪刻本均作“共”,據改。

三七　兩壺皆酒，無玄酒，鄭謂優賓，與《禮》注異①

云"兩壺皆酒，優之"者，設尊之法，皆有玄酒，今兩壺皆酒，無玄酒，優之也。案《玉藻》云"唯饗野人皆酒"，鄭云"飲賤者不備禮"，與此注無玄酒爲優之異者，此士之祭禮，欲得尊賓嘉客以事其先，非賤者，故以皆酒爲優之，彼饗野人，野人是賤者，故以"不備禮"解之也。

三八　先尊東方，示惠由近②

云"先尊東方，示惠由近"者，東方主人位，西方賓位，今先設東方，乃設西方者，見酒由主人來，故云"示惠由近"爲始也。引《禮運》者，彼注澄爲沈齊，酒是三酒，酒所以飲諸臣，證此壺尊亦飲在下者也。

《禮運》："澄酒在下。"

三九　神惠，右不舉，生人飲酒，左不舉

主人奠觶於薦北。

釋曰：以其神惠，右不舉，生人飲酒，左不舉，今行神惠，不可同於飲酒，故奠於左，與生人相變，故《有司徹》云二人舉觶酬尸、侑，"侑奠觶于右"，鄭注云"奠于右者，不舉也。神惠右不舉，變於飲酒"是也。此酬奠於薦左，下文賓舉爲旅酬，以其神惠故也。言不可同飲酒者，謂不可同於《鄉飲酒》，故《鄉飲酒記》云"將舉者於右，奠者於左"，其義與此別。

---

① "三七兩壺"至"禮注異"，原在頁眉處，占行十至十五，謹依題義挪至此處。
② "三八先尊"至"惠由近"，原在頁眉處，占行十六至次頁行一，謹依題義挪至此處。

四十　酬賓乃獻兄弟,獻之禮成於酬

四一　獻、酢、酬,賓主各兩爵而禮成①

主人洗爵,獻長兄弟于阼階上,如賓儀。

釋曰:自此盡"如衆賓儀",論主人獻長兄弟及衆兄弟之事。云"酬賓乃獻長兄弟者,獻之禮成於酬"者,以其獻賓之禮,以酬副之,乃禮成,故《冠禮》云"乃禮賓以一獻之禮",鄭注云"獻、酢、酬,賓、主人各兩爵而禮成",又《鄉飲酒》獻及酬賓訖,乃獻介,又此文獻賓即酬賓乃獻兄弟,故鄭注"獻之禮成於酬"也。云"亦有薦脀設于位"者,以經云"獻長兄弟于阼階上,如賓儀",則長兄弟初受獻于阼階上時,亦薦脯醢,設折俎於阼階上,祭訖乃執以降,設於下位,皆當如賓儀。

四二　内兄弟,姑姊妹及宗婦

洗,獻内兄弟于房中,如獻衆兄弟之儀。

釋曰:自此盡"入,復位",論主人獻姑姊妹及宗婦之事。云"内賓、宗婦也"者,此總云"内兄弟",下記云"内賓、宗婦",案彼注云"内賓,姑姊妹。宗婦,族人之婦",若然,兄弟者服名,故號婦人爲兄弟也。

四三　内賓南面拜受爵,内賓長南面答拜②

云"其位在房中之尊北"者,案下記云"尊兩壺于房中西墉下,南上。内賓立于其北,東面南上。宗婦北堂,東面北上"是也。云"不殊其長,略婦人者",決上文獻賓於西階上,獻兄弟於阼階上,皆殊其長,此不殊,故云略之。引《有司徹》者,欲見此内賓受獻時,亦南面拜受爵,故下注云

---

① "四一獻酢"至"而禮成",原在頁眉處,占行一至五,"鄭注云"至"而禮成"乃與此題對應之文字,涵于題四十所領正文内,不宜段分,謹依題義挪至此處。

② "四三内賓"至"面答拜",原在頁眉處,占行十三至十八,謹依題義挪至此處。

“内賓之長亦南面荅拜”，言“亦”者，亦前受獻時，前雖無文，約《有司徹》，内賓之長亦南面荅拜。

四四　獻内兄弟爵辯乃自酢，以不殊其長

云“爵辯乃自酢，以初不殊其長也”者，對上賓與長兄弟不待獻衆賓①、衆兄弟徧，主人先自酢也。云“内賓之長亦南面荅拜”者，獻時不殊其長，酢時猶如賓及兄弟殊其長，與男子同，男子、婦人衆賓以下皆無酢也。

四五　天子至士獻數降殺以兩，多之爲加

長兄弟洗觚爲加爵，如初儀，不及佐食，洗、致如初，無從。

釋曰：此一經論士三獻之外，爲加獻尸之事。云“如初儀”者，如賓長三獻之儀，但賓長獻十一爵，此兄弟之長加獻則降，唯有六爵，以其闕主人、主婦致爵并酢四爵②，及獻佐食五，唯有六在者：洗觚爲加獻，一也；尸酢長兄弟，二也；獻祝，三也；致爵於主人，四也；致爵於主婦，五也；受主人酢，六也。云“大夫、士三獻而禮成”者，天子大祫十有二獻，四時與禘唯有九獻，上公亦九獻，侯伯七獻，子男五獻，卿大夫、士略，同三獻而祭禮成也，是以多之者爲加。若生人飲酒禮③，卿大夫三獻，士唯一獻而已。

四六　士之祭、葬得與卿大夫同數者，攝盛④

祭禮士與大夫同者，攝盛，葬奠亦與大夫同少牢五鼎，又乘車建旜，亦與卿大夫同也。

---

① “待”字原作“得”，曹云：“‘得’當爲‘待’。”據改。
② “酢”字原作“酬”，汪刻本及張、阮刻本均作“酢”，據改。
③ “生”字原作“主”，汪刻本作“生”，曹云：“‘主’字譌，單疏作‘生’。”據改。
④ “四六士之”至“者攝盛”，原在頁眉處，占行一至六，謹依題義挪至此處。

四七　庭賓及兄弟未得旅酬，尸止爵，以均惠

衆賓長爲加爵，如初，爵止。

釋曰：庭賓及兄弟雖得一獻，未得旅酬，其尸已得三獻①，又別受加爵，故停之②，使庭行旅酬，是以云"尸爵止者，欲神惠之均於在庭"也。

---

① "其"下原無"尸"字，曹云："'其'下脱'尸'字。"據補。
② "故"字原作"酬"，四庫本及汪刻本均作"故"，據改。

儀禮要義卷第四十六　特牲饋食禮三

一　士有嗣子舉奠,《少牢》無者辟君

嗣舉奠①。

釋曰:自此盡"出,復位",論嗣子飲奠酌獻之事。云"嗣,主人將爲後"者,不言適而言"將爲後"者,欲見無長適,立庶子及同宗爲後皆是,故汎言"將爲後"也。云"舉,猶飲也"者,非謂訓舉爲飲,直是嗣子舉而飲之耳。云"將傳重累之"者,謂將使爲嗣,牽累崇敬承重祭祀之事,是以使飲之而獻也。云"大夫之嗣子不舉奠,辟諸侯"者,案《文王世子》云"其登餕、獻、受爵,則以上嗣",注云"上嗣,君之適長子。以《特牲饋食禮》言之,'受爵'謂上嗣舉奠也,'獻'謂舉奠洗爵酌入也,'餕'謂宗人遣舉奠盥,祝命之餕也。大夫之嗣無此禮,辟君也",今案《少牢》無嗣子舉奠之事,故此注云"辟諸侯"。士卑,不嫌得與人君同,故有嗣子舉奠之事也。奠者,即上文"祝酌奠,奠於鉶南"是也。

二　賓啐酒即酢主人,此賓啐無酢嗣子

尸執奠,進受,復位,祭酒,啐酒云云。尸祭酒②,啐酒,奠之。

云"啐之者,苔其欲酢已也"者,《鄉飲酒》、《鄉射》主人獻賓,賓皆啐酒,洗爵,即酢主人,此嗣子獻尸,尸啐之③,亦欲酢已,故啐之,其實無酢。

---

① "嗣舉奠",原在頁眉處,占行三,乃了翁增補之經文,謹依文義挪至此處。

② "尸"字原作"又",經作"尸",據改。

③ 兩"尸"字原均作"賓",阮云:"兩'賓'字《通解》並作'尸'。"曹云:"阮云兩'賓'字《通解》並作'尸',案'尸'字是。"據改。

三　嗣齒於子姓，凡非主人，不由阼

云“嗣，齒於子姓”者，姓之言生，子之所生謂孫行者，今嗣亦孫之流，故齒之也。云“凡非主人，升降自西階”者，案《曲禮》云爲人子者，“升降不由阼階”，是以雖嗣子亦宜升降自西階①，餘子孫自不升阼階②，故於此總言“凡”也。

四　弟子獻長兄弟，長兄弟拜弟子，北面答拜

兄弟弟子洗，酌于東方之尊，阼階前北面舉觶于長兄弟。

釋曰：自此盡“乃羞”，論弟子舉觶將行旅酬之事。云“如主人酬賓儀”者，謂如上文主人酬賓就其階，同北面並拜，乃飲，卒爵拜，洗酌，乃西面，賓北面拜儀③，故言“如”，此亦然。弟子洗觶，酌於東方之尊，阼階前東面獻長兄弟，長兄弟北面拜受，弟子奠于薦南，長兄弟坐取觶，還西面拜，弟子北面答拜，長兄弟奠於薦北，揖復位。若《有司徹》云“兄弟之後生者舉觶於其長，長在左”，弟子自飲訖，“升酌，降，長拜受於其位，舉爵者東面答拜”，鄭注云“拜受、答拜不北面者，儐尸禮殺”，此不儐尸，則拜受④、拜送皆北面可知也。“弟子，後生”者，此即《有司徹》云“兄弟之後生者”是也。

五　乃羞謂庶羞，非薦，又無內羞

乃羞。

釋曰：知羞非薦羞者，上文受獻時皆設薦俎於其位，故知此羞乃是庶羞，非薦也。云“此所羞者，自祝、主人至於內賓”者，言自祝下及內賓，則

---

① “以”下原無“雖”字，汪刻本及張、阮刻本均有“雖”字，據補。

② “餘子孫自不”原作“適子孫不”，曹云：“‘適’似當爲‘餘’，‘不’上脫‘自’字。”據改補。

③ “儀”字原作“位”，曹云：“‘位’殿本改作‘儀’。”據改。

④ “則”下原無“拜受”二字，曹云：“‘則’下脫‘拜受’二字。”倉石云：“今案下無箅爵疏亦云‘拜受送皆北面’，則此有脫文明矣。”據補。

眾賓[①]、兄弟皆在可知。又下記云"公有司，獻次眾賓。私臣，獻次兄弟"，則內賓亦及之，是以《少牢》下篇云"乃羞庶羞于賓、兄弟、內賓及私人"，不儐尸，亦云"乃羞于賓、兄弟、內賓及私人辯"是也。若然，《有司徹》儐尸與不儐[②]，庶羞與房中羞，皆尸、侑及祝[③]、主人、主婦同時羞之者[④]，彼上下大夫禮尊，故得與尸同時羞，此士禮卑，故不得與尸同也。云"無內羞"者，以其尸尊，尚無內羞，況祝卑。

六　旅酬、無筭爵，堂上下參差不等

賓坐取觶，阼階前北面酬長兄弟，長兄弟在右。

釋曰：自此盡"實觶于篚"，論行旅酬之間作止爵之事。但此《特牲》之禮，堂下旅酬、無筭爵並行[⑤]，在室中者不與旅酬之事[⑥]。上大夫儐尸，與旅酬，不與無筭爵之事，故別二人舉觶於尸、侑，尸、侑得舉爲旅酬[⑦]，徧及堂下，尸與旅酬者，以其儐尸在堂，禮殺故也。若下大夫不儐尸者，堂下無旅酬，直行無筭爵於堂下而已，尸則不與之，所以下大夫無旅酬，直有無筭爵者，以其禮尸於室中，辟國君，堂下不設尊，故無旅酬，直行無筭爵而已，以其堂下與神靈共尊，不得與尸行旅酬，故屈之。此《特牲》堂下得旅酬、無筭爵並行者，以其堂下與神靈別尊，故爲加爵禮尸於室中，酌上尊，堂下旅酬行神惠，酌下尊，故上、下大夫及士之祭禮[⑧]，旅酬[⑨]、無筭爵或行或不，皆參差不等。

---

① "則"字原作"及"，曹云："'及'當爲'則'。"據改。
② "有司徹"上原有"少牢與"三字，曹云："上三字衍。"據刪。
③ "尸侑"原作"與尸佐食"，曹云："'與'字衍，'佐食'當爲'侑'。"據刪改。
④ "同"上原有"皆"字，曹云："'皆'字似衍。"據刪。
⑤ "旅酬"至"並行"原作"行旅酬無筭爵並"，曹云："'行'字當在'並'下。"據乙。
⑥ "在"字原作"有"，張、阮刻本均作"在"，據改。
⑦ "尸侑"下原不重"尸侑"二字，汪刻本及張、阮刻本均重"尸侑"二字，據補。
⑧ "上"下原無"下"字，曹云："'上'字下脫'下'字。"倉石云："殿本'上'下補'下'字是也。"據補。
⑨ "酬"下原有"行"字，曹云："'行'字衍。"據刪。

七　旅酬、無筭爵酌已尊，酬人時酌彼尊

賓奠觶拜，長兄弟苔拜。賓立卒觶，酌于其尊。

釋曰：以其旅酬、無筭爵，以飲者酌已尊，酬人之時酌彼尊，是各自其酒，故無筭爵賓弟子及兄弟弟子舉觶於其長，各酌于其尊也。

八　爲加爵者作止爵，禮殺並作

爲加爵者作止爵_{上文“三獻作止爵”，注“作，起也”}[①]，如長兄弟之儀。

釋曰：前“衆賓之長爲加爵，如初，爵止”，今還使“爲加爵者作止爵”也，故云“如長兄弟之儀”。云“於旅酬之間，言作止爵，明禮殺並作”者，此決上文“賓三獻，爵止”，鄭注云“三獻禮成，欲神惠之均于室中，是以奠而待之”，故有室中主人、主婦致爵訖，乃“三獻作止爵”，此“衆賓長爲加爵，如初，爵止”，鄭注云“尸爵止者，欲神惠之均于在庭”，而堂下庭中行旅酬未訖，“爲加爵者作止爵”，故鄭注云“禮殺並作”也。

九　尸爵亦得爲神惠，無筭爵非神惠

賓弟子及兄弟弟子洗，各酌於其尊_{云云}，舉觶於其長。

釋曰：自此盡“爵無筭”，論二觶並行無筭爵之事。云“奠觶，進奠之於薦右，非神惠也”者，案上“尊兩壺于阼階東，加勺，南柄，西方亦如之”，鄭注云“爲酬賓及兄弟，行神惠”，至此云“非神惠”者，彼三獻止爵，欲得神惠均于室中，衆賓長爲加爵止爵者，欲神惠均于在庭，故止爵，行旅酬，雖以尸而奠爵待之，亦得爲神惠，至此別爲無筭爵，在下自相勸[②]，故得爲“非神惠”，故奠於薦右，同於生人飲酒。

---

① “上文”至“起也”，原在頁眉處，占行六至八，乃了翁按語，謹依文義挪至此處。

② “自”下原無“相”字，汪刻本及張、阮刻本均有“相”字，據補。

十　凡堂下皆北面，凡拜受、送皆北面

云"凡堂下拜，亦皆北面"者，前主人酬賓，弟子舉於其長行旅酬及無
算爵，兄弟弟子、賓弟子舉觶，皆北面，則知凡堂下，雖不見面位者，皆北
面拜可知。云"凡"，賓以下至於私人，拜受、送皆北面，故云"凡"也。

十一　此言利即前佐食，《少牢》兩見其名

利洗散，獻于尸，酢，及祝，如初儀，降，實散于篚。

釋曰：自此盡"西序下"，論佐食獻尸祭祀畢之事。云"利，佐食也。
言利，以今進酒也"者，利與佐食乃有二名者，以上文設俎啓會爾敦之時，
以黍稷爲食，故名"佐食"，今進以酒，酒所以供養，故名"利"，利即養也，
故鄭云"以今進酒也"。若然，《少牢》名"佐食上利執羊俎，下利執豕俎"
者，大夫禮文，故即兩見其名。

十二　祭畢，祝告利成，禮有階上、堂下之異

祝東面告利成。

釋曰：《少牢》云"主人出，立于阼階上，西面^①。祝出，立于西階上，東
面。祝告曰：'利成'"，此户外告利成，彼階上告利成，以尊者稍遠於尸。
若天子、諸侯禮畢，於堂下告利成，故《詩·楚茨》云"禮儀既備，鍾鼓既
戒。孝孫徂位，工祝致告"鄭注云"鍾鼓既戒，戒諸在廟中者，以祭禮畢，
孝孫往位堂下西面位也，祝於是致孝孫之意，告尸以利成"，是尊者告利
成，遠於尸也^②。云"不言禮畢，於尸間之嫌"者，間，間暇無事，若言"禮
畢"則於尸間暇無事，有發遣尸之嫌，故直言"利成"而已也。

---

① "西面"原作"南面"，《少牢饋食禮》作"西面"，據改。
② "於"字原作"所"，汪刻本及張、阮刻本均作"於"，據改。

十三　尸謖，主人降，前尸出廟

尸謖，祝前，主人降。

釋曰：引《少牢》者，證大夫禮主人立位與士同①，又證前尸出廟之事。云"前尸之儀，《士虞禮》備矣"者，彼有室中、出戶、降階、出廟前尸之事。

十四　徹庶羞，不入于房，而設于序，以擬燕

十五　餕取神惠徧廟中，羞非神饌，故不用②

徹庶羞，設于西序下。

注：爲將餕，去之。庶羞，主爲尸，非神饌也。《尚書傳》曰"宗室有事，族人皆侍終日。大宗已侍，於賓奠，然後燕私。燕私者何也？已而與族人飲也"。此徹庶羞置西序下者，爲將以燕飲與？然則自尸、祝至於兄弟之庶羞，宗子以與族人燕飲於堂，內賓、宗婦之庶羞，主婦以燕飲于房。

釋曰：知"非神饌"而云"爲尸"者，以其尸三飯後始薦庶羞，故徹之乃餕也。凡餕者，尸餕鬼神之餘，祭者餕尸之餘，義取鬼神之惠徧廟中，庶羞非鬼神惠，故不用也。引《尚書》已下者，是彼《康誥傳》文，"大宗已侍，於賓奠"者，或有作蕘，或有作暮者，皆誤，以奠爲正也。引之者，證徹庶羞不入于房而設于西序下，以擬燕故也。必知祭有燕者，案《楚茨》詩云"鼓鍾送尸"，下云"備言燕私"，鄭注云"祭祀畢，歸賓客之俎，同姓則留與之燕，所以尊賓客，親骨肉也"。其上大夫當日儐尸，安有燕？故《有司徹》上大夫云"主人退"，注云"反於寢也"，是無燕私。若下大夫不儐尸，與此士禮同，亦當有燕也。云"與"者，以經直言設于序下，不言燕，疑之，引《書傳》爲證有燕，故言"與"以疑之也。云"然則自尸、祝"以下，知義如

---

① "同"上原有"不"字，曹云："'不'字衍。"據刪。

② "十五餕取"至"故不用"，原在頁眉處，占行十二至十七，"釋曰知"至"不用也"乃與此題對應之文字，涵于題十四所領正文內，不宜段分，謹依題義挪至此處。

此者,以兄弟受獻於堂上,主婦、内賓受獻於房中,尸出之後,堂、房無事,故知燕時男子在堂,婦人在房可也。

十六　廟中分神惠,猶君惠徧境内

筵對席,佐食分簋、鉶。

釋曰:自此盡"户外,西面",論嗣子共長兄弟對餕之事。云"敦,有虞氏之器"者,大夫、士異姓既用異代之器①,故《少牢》《特牲》皆用敦,則同姓之士當同周制,周制用簋,故經言"分簋"。餕是鬼神之惠徧廟中,若國君之惠徧境内,是可以觀政之事。

十七　祝命佐食徹阼俎,改饌西北隅爲陽厭

祝命徹阼俎、豆籩,設于東序下。

釋曰:自此盡"畢出",論徹薦俎,改設饌於西北隅爲陽厭之事。云"祝命徹阼俎"者,是佐食徹之,當徹阼俎之時,堂下賓、兄弟俎畢出,故下文云"佐食徹阼俎,堂下俎畢出"是也。若然,祝命徹阼俎時,"堂下俎畢出",又退在下者,欲見先徹室内俎,乃徹堂下,是以祝命佐食徹阼俎及豆籩,又祝自執俎以出,又宗婦徹祝豆籩入於房,即佐食改饌西北隅,是以作經并説室内行事,乃到本云上佐食徹阼俎時,堂下俎畢出也。云"命,命佐食"者,此命,命使徹阼俎,下文云佐食徹俎,故知。

十八　宗婦徹入房,爲主婦將燕内賓

宗婦徹祝豆籩入于房,徹主婦薦俎。

釋曰:宗婦不徹主人豆籩而徹祝豆籩入房者,爲主婦將用之爲燕。祝兩豆籩而主婦用之者,祝接神尸之類,主婦燕姑姊妹及宗女宜行神惠,故主人以薦羞并及祝庶羞燕宗人於堂,主婦以祝籩豆用之燕内賓於房,是其事也。云"宗婦既並徹,徹其卑者",以宗婦不徹主人籩豆而徹祝與

---

①　"夫"下原無"士"字,倉石云:"'夫'下疑脱'士'字。"據補。

主婦，是徹其卑者。

十九　當室之白，陽厭，尸未入直飪神，陰厭

佐食徹尸薦、俎、敦，設于西北隅，几在南，厞用筵，納一尊。佐食闔牖户，降。

注：厞，隱也，不知神之所在，或諸遠人乎？尸謖而改饌爲幽闇，庶其饗之，所以爲厭飪。《少牢饋食禮》曰“南面，如饋之設”①，此所謂當室之白，陽厭也，則尸未入之前爲陰厭矣。《曾子問》曰“殤不備祭，何謂陰厭、陽厭也？”。

釋曰：云“不知神之所在，或諸遠人乎”，《禮記·郊特牲》之文，彼論正祭與繹祭之事，此爲陽厭，引之者，欲見孝子求神非一處，故先爲陰厭，後爲陽厭之事也。引《少牢》者，見彼大夫禮陽厭南面，此士禮東面，雖面位不同，當室之白則同。案《曾子問》庶殤爲陽厭之事，故彼云“凡殤與無後者，祭於宗子之家，當室之白，尊於東房，是謂陽厭”。鄭注云“當室之白，謂西北隅得户之明者也”。凡言厭者，謂無尸直厭飪神，故鄭云“則尸未入之前爲陰厭矣”，謂祭於奧中，不得户明，故名陰厭，對尸謖之後，改饌於西北隅爲陽厭，以向户明，故爲陽厭也。

二十　宗子有陰厭，殤有陽厭，成人並有②

引《曾子問》云“殤不備祭，何謂陰厭、陽厭”者，彼上文孔子曰“有陰厭，有陽厭”，謂宗子有陰厭，無陽厭，凡殤有陽厭，無陰厭，曾子言謂殤死陰厭、陽厭具有，故問孔子，孔子別宗子一有陰厭③，凡殤一有陽厭，引之證成人陰厭、陽厭並有之義也。

———————

①　“如”字原作“而”，阮云：“《集釋》、《通解》、楊氏、毛本‘而’俱作‘如’。按古書假借通用，後人多改從本字，間有一二存者，宜仍其舊。”《少牢饋食禮》作“如”，據補。

②　“二十宗子”至“人並有”，原在頁眉處，占行二至七，謹依題義挪至此處。

③　“別”字原作“引”，阮云：“‘引’，陳、閩俱作‘別’。”據改。

二一　凡主人拜送賓，賓不荅拜

祝告利成，降，出。主人降，即位。宗人告事畢，賓出，主人送于門外，再拜。

注：拜送賓也，凡去者不荅拜。

釋曰：云“凡去者不荅拜”者，云“凡”，總解諸文主人拜送，賓皆不荅拜。鄭注《鄉飲酒》云“禮有終”是也。若賓更荅拜[1]，是更崇新敬禮，故不荅也。

二二　衆賓自徹俎而出，賓俎有司徹歸之

佐食徹阼俎，堂下俎畢出。

注：唯賓俎有司徹歸之。

鄭所以知歸賓俎者，正見“賓出，主人送於門外，再拜”，明賓不自徹俎，主人使歸之。若士助君祭[2]，必自徹其俎。鄭注《曲禮》“大夫以上[3]，或使人歸之”，是以《孔子世家》云魯郊不致燔俎于大夫，孔子不稅冕而行。士、大夫家尊賓，則使歸之，自餘亦自徹而去也。

二三　記以特牲饋食上、下始終皆朝服

記：特牲饋食，其服皆朝服，玄冠、緇帶、緇韠。

釋曰：此退“玄冠”在“朝服”下者，欲令近緇色，《士冠》在朝服上，從其正也[4]。云“皆者，謂賓及兄弟筮日、筮尸、視濯亦玄端”者，見上經云“筮日，主人冠玄端，子姓、兄弟如主人之服，有司羣執事如兄弟服”，筮尸云“如求日之儀”，至於視濯又不見異服，故知皆玄端，至祭日夙興，云“主

---

① “賓”下原無“更”字，汪刻本及張、阮刻本均有“更”字，據補。
② “若”下原無“士”字，曹云：“以《曲禮正義》參之，此‘若’字下疑脫‘士’字。”據補。
③ “上”字原作“下”，曹云：“‘下’當爲‘上’。孔所見本作‘下’，賈或以義定與。”據改。
④ “其”字原作“而”，曹云：“‘而’當爲‘其’。”據改。

人服如初”，初即玄端，明其餘不如初①，是朝服可知，是以此注云“皆者，謂賓及兄弟”也。云“朝服者，諸侯之臣與其君日視朝之服，大夫以祭”者，案《玉藻》云“諸侯朝服，以日視朝”，下《少牢》云“主人朝服”是也。

二四　爵、觚、觶、角、散之大小、貴賤

篚在洗西，南順，實二爵、二觚、四觶、一角、一散。

注：順，從也。言南從，統於堂也。二爵者，爲賓獻爵止，主婦當致也。二觚，長兄弟及衆賓長爲加爵②，二人班同，宜接並也。四觶，一酳奠，其三，長兄弟酬賓卒受者與賓弟子、兄弟弟子舉觶於其長。禮殺，事相接。《禮器》曰“貴者獻以爵，賤者獻以散，尊者舉觶，卑者舉角。”舊説云“爵一升，觚二升，觶三升，角四升，散五升”。

釋曰③：云“《禮器》曰‘貴者獻以爵’”者，謂賓長獻尸，主人致爵於主婦是也；“賤者獻以散”，上利洗散是也；“尊者舉觶”，謂若酳奠之及長兄弟酬賓之等是也；“卑者舉角”，謂主人獻用角，鄭云“不用爵者④，下大夫也”，則大夫尊用爵，士卑用角是也。引舊説者，爵、觚已下升數無正文，《韓詩》雖有升數，亦非正經，故引舊説爲證也。

二五　内兄弟南上、北上取《曲禮》，主婦南面

内賓立于其北，東面南上。宗婦北堂，東面北上。

注：二者所謂内兄弟。内賓，姑姊妹也。宗婦，族人之婦，其夫屬于所祭爲子孫。或南上，或北上，宗婦宜統於主婦，主婦南面。北堂，中房而北。

釋曰：言“所謂”者，上經云“主人洗，獻内兄弟于房中，知獻衆兄弟之儀”是也。云“其夫屬于所祭爲子孫”者，以其在父行，則謂之爲母，今言

---

① “不”字原作“亦”，汪刻本及張、阮刻本均作“不”，據改。
② “及”字原作“酬”，阮云：“‘酬’，徐本、《要義》、楊氏俱作‘酬’，《集釋》作‘及’，《通解》、毛本作‘酌’。周學健云：‘及，監本作酌，楊氏《儀禮圖》作酬，並誤。推尋文義，應作及字爲是。’”據改。
③ “釋”下原無“曰”字，依其慣例，“釋”下當有“曰”字，謹補。
④ “鄭云不用爵者”原作“鄭者”，四庫本作“鄭云”，張、阮刻本均作“鄭云不用爵者”，據補。

宗婦,則其夫屬於所祭死者爲子孫,其妻皆稱婦也[①]。云"或南上,或北上",云内賓姑姊妹、賓客之類南上,自取《曲禮》云"東鄉、西鄉,以南方爲上",宗婦雖東鄉,取統于主婦,故北上,主婦南面故也。云"北堂,中房而北"者,謂房中半已北爲北堂也。

二六　爨者老婦之祭,非火神,燔柴失之

尸卒食而祭饎爨、雍爨。

注:舊説云"宗婦祭饎爨,亨者祭雍爨"。

云"亨者",則《周禮》亨人之官,其職主實鑊水爨亨之事,以供外内饗,故使之祭饔爨也。云"用黍、肉而已,無籩、豆、俎"者,亦約《禮器》云"盆、瓶"知之。引《禮器》者,案彼云"孔子曰:'臧文仲焉知禮,燔柴於奥'",鄭注云"奥當爲爨字之誤也,或作竈。《禮》'尸卒食而祭饎爨、饔爨也。'時人以爲祭火神,乃燔柴",又云"夫爨者,老婦之祭也。盛於盆,尊於瓶",注云"老婦,先炊者也。盆、瓶,炊器也。明此祭先炊,非祭火神,燔柴似失之",引之者,證祭爨之事也。

二七　賓送尸出門,若有儐尸則尸出不送

賓從尸,俎出廟門,乃反位。

注:從尸,送尸也。

云"士之助祭,終其事也"者,謂送尸爲終其事,既送尸爲終其事,則更無儐尸之禮。若上大夫有儐尸者,尸出,賓不送,以其事終於儐尸故也。

二八　俎不言所折骨體略,言骰胥又略

衆賓及衆兄弟、内賓、宗婦,若有公有司、私臣,皆骰胥。

---

① "則其"至"婦也"原作"則其夫屬於所祭死者之子孫之妻皆稱婦也",曹云:"上'之'當爲'爲','孫'字句下'之'當爲'其'。"據改。

注：又略。此所折骨，直破折餘體可殽者升之俎，一而已，不備三者，賤。祭禮，接神者貴。凡骨有肉曰殽。《祭統》曰"凡爲俎者，以骨爲主。貴者取貴骨，賤者取賤骨。貴者不重，賤者不虛，示均也。俎者，所以明惠之必均也，善爲政者如此，故曰見政事之均焉。"公有司亦士之屬，命於君者也。私臣，自己所辟除者。

釋曰：云"又略"者，上文長兄弟及宗人直言"折"，不言所折骨體，已是略，此又不言"折"而言"殽脊"，是"又略"也。言"此所折骨"，值有餘體，即破之可也。

二九　祭禮接神、接尸者貴，尸神像①

云"祭禮，接神者貴"者，謂長兄弟及宗人已上俎皆三，皆有嚌肺，以接神及尸，貴，故三體。不止接神，尸，神象②，所接尸者，亦貴可知。自衆賓以下折體而已，不接尸、神，賤，無獻故也。宗人雖不獻，執巾以授尸，亦名接尸也。

三十　祭祀有上事者貴之，獻在後者賤

衆賓、兄弟次賓之後得獻③，公有司獻在衆賓後，私臣獻在兄弟後，故云"獻在後者，賤也"。云"祭祀有上事者貴之"者，衆賓擇取公有司可執事者，謂執前舉鼎、匕載、肝從、燔從、加爵之事④，如此者，門外在有司羣執事中，入門列在東面爲衆賓，餘者在門西位也。兄弟雖無上事，亦皆在西面位，族親故也。私臣獻在兄弟後者，職賤。公有司在衆賓後，不執

---

①　"二九祭禮"至"尸神像"，原在頁眉處，占行一至五，謹依題義挪至此處。

②　"象"上原無"尸神"二字，汪刻本及張、阮刻本均有"尸神"二字，據補。

③　"衆賓"至"得獻"原作"謂衆賓兄弟次賓之卑得獻"，並在下文"貴之者"下，四庫本《儀禮注疏》卷末《考證》云"監本在下文'貴之者'下，細玩文義當移于首，並删"謂"字。曹云："'卑'當爲'後'。"據乙删改。

④　"謂執"至"之事"原作"謂前舉鼎匕載羞從獻衆賓擇取公有司酬爵之屬"，吳紱云："按'衆賓擇取公有司'七字，蓋緣上文而誤複，其餘譌字悉据經之節次改正。"阮云："'匕'，《通解》、《要義》俱作'匕'是也，毛本誤作'己'。'屬'，毛本作'事'，陳、閩、《通解》《要義》俱作'屬'。按此句疑有誤，一本改作'謂執前舉鼎、匕載、肝從、燔從、加爵之事'。"據阮校改。

事賤於執事者,故曰"有上事者貴之"。宗人獻與旅齒於衆賓,則公有司爲之。佐食於旅齒於兄弟,則私臣之中擇爲賓,使爲佐食也①,是以前文"佐食北面,立于中庭",注云"佐食,賓佐尸食者"是也。

三一　君賜爵有爵,則以官無爵,從昭穆

案《祭統》云"凡賜爵,昭爲一,穆爲一,昭與昭齒,穆與穆齒,凡羣有司皆以齒,此之謂長幼有序",此不見昭穆位者,主人、衆兄弟非昭穆乎?故彼注"昭穆,猶《特牲》、《少牢》饋食之禮主人之衆兄弟也",羣有司猶衆賓下及執事者。君賜之爵,謂若酬之"是也。若其有爵者,則以爵序之,何故然也?案《文王世子》"其在外朝則以官,其在宗廟之中則如外朝之位,宗人授事、以爵以官",是不以姓,其獻之亦以官,故《祭統》云"尸飲五,君洗玉爵獻卿;尸飲七,以瑤爵獻大夫;尸飲九,以散爵獻士及羣有司,皆以齒,明尊卑之等"是也。其酬蓋因此位,而昭穆得獻蓋依《少牢》下篇"主人洗,升酌,獻兄弟阼階上",注云"兄弟長幼立飲,賤不別。大夫之賓,尊於兄弟",又曰"辯受爵,其位在洗東,西面北上。升受爵,其薦脀設于其位",注云"先著其位於上,乃後云薦脀設於其位,明位初在是也",此中皆無爵者,以此二者差之,知無爵者從昭穆,有爵者則以官矣。

三二　賓主相酬,主常在東,同在賓中,則尊右

賓酬長兄弟,長兄弟在右。長兄弟酬,"衆賓長自左受旅,如初",是賓主相酬,主人常在東。其同在賓中,則受酬者在左。若《鄉飲酒》賓酬主人,主人立於賓東,主人酬介,介立於主人之西。其衆賓受介酬者自介右,鄭注云"尊介,使不失故位"。衆受酬者受自左,異其義也。賓主相酬,各守其位,不以尊卑變。同類之中,受者于左,尊右也此當在卷首②。

---

① "使爲佐食也",此五字原漫漶,據再造善本及四庫本寫定。
② "此當在卷首",乃了翁按語,標明此節出處。

三三　主婦俎觳折,謂分後右足爲俎

主婦俎:觳折。

注:觳,後足。折,分也。

釋曰:案《既夕記》云"明衣裳,長及觳",鄭注云"觳,足跗也",是"觳[①],後足"也。云"分後右足以爲佐食俎"者,《少牢》主婦用左臑,此士妻辟之,不用左臑,用後右足。不用後左足,左足太卑鄭億度[②]。

三四　魚十有五,象月盈,尊卑俎同

魚十有五。

注:魚,水物,以頭枚數,陰中之物,取數於月十有五日而盈。《少牢饋食》亦云"十有五而俎"。尊卑同,此所謂經而等也。

---

① "是"下原無"觳"字,汪刻本及張、阮刻本均有"觳"字,據補。

② "左足"下原不重"左足"二字,汪刻本及張、阮刻本均重"左足"二字,據補。又,"鄭億度"三字乃了翁按語。

儀禮要義卷第四十七　少牢饋食禮一

一　鄭以少牢饋食爲諸侯之卿大夫禮

少牢饋食禮第十六。

釋曰：鄭知“諸侯之卿大夫”者，《曲禮下》云“大夫以索牛”，用大牢，是天子卿大夫，明此用少牢爲諸侯之卿大夫可知。賓尸是卿，不賓尸爲下大夫爲異也。

二　養牛羊曰芻，犬豕曰豢，豕亦稱牢

三　將祭先擇牲芻、豢，不皆三月①

少牢饋食之禮。

釋曰：自此盡“如初”②，論卿大夫祭前十日先筮日之事。云“禮，將祭祀，必先擇牲，繫于牢而芻之”者，案《周禮·地官·充人職》云“掌繫祭祀之牲牷，祀五帝則繫于牢，芻之三月，享先王亦如之”，注云“牢，閑也。必有閑者，防禽獸觸齧。養牛羊曰芻，三月一時，節氣成”，案《楚語》諸侯卿大夫等雖不得三月，亦皆有養牲之法，故鄭據焉。言“芻之”，唯據羊，若犬豕則曰豢，故《地官·槁人職》云“掌豢祭祀之犬”，《樂記》亦云“豢豕作酒，非以爲禍”，不言豕曰豢，文略也。云“羊、豕曰少牢”者，對三牲具爲

---

① “三將祭”至“皆三月”，原在頁眉處，占行十三至十七，“云禮將”至“鄭據焉”乃與此題對應之文字，涵于題二所領正文內，不宜段分，謹依題義挪至此處。

② “如初”下原有“儀”字，倉石云：“‘儀’字衍。”據刪。

784

大牢,若然,豕亦有牢稱,故《詩·公劉》云“執豕於牢”,下經云“上利升牢心、舌”,注云“牢,羊、豕也”,是豕亦稱牢也,但非一牲即得牢稱,一牲即不得牢名,故郊特牲與士特牲皆不言牢。

四　內事謂冠、昏、祭祀,外事征伐、巡守等

日用丁、己己,音紀,陸音祀①。

釋曰:云“內事用柔日”,《曲禮》文,彼云“外事以剛日,內事以柔日”,內事謂冠、昏、祭祀,出郊爲外事,謂征伐、巡守之等。

五　日用丁、己,取其自丁寧、變改②

若然,甲、丙、戊、庚、壬爲剛日,乙、丁、己、辛、癸爲柔日,今直言“丁、己”者,鄭云“取其令名,自丁寧,自變改,皆爲謹敬”之義故也。云“必先諏此日,明日乃筮”者,以其舉事尚朝旦,不可今日謀日即筮,是以此文云“日用丁、己”,乃云“筮旬有一日”,是別於後日乃筮也。

六　筮旬有一日,筮之日即齊

筮旬有一日。

釋曰:知“旬,十日”者,此云“旬有一日”,“以先月下旬之己,筮來月上旬之己”者,除後己之前,通前己爲十日,十日爲齊,後己日則祭。若然,筮日即齊乃可,故下文筮日即云“乃官戒”③,不云“厥明”也。鄭直云下旬己、上旬己,據用己一日而言。若用丁,言先月下旬丁,筮來月上旬丁。若丁、己之外,辛、乙之等皆然。鄭必言“來月上旬“,不用中旬、下旬者,吉事先近日故也。

---

① “己音”至“音祀”,原在頁眉處,占行六至七,乃了翁增補之釋文,謹依文義挪至此處。
② “五日用”至“寧變改”,原在題四下別行另起,謹依題義挪至此處。
③ “官戒”原作“戒官”,曹云:“‘戒官’二字當倒。”據乙。

七　筮、祭、冠用祭服，他事則否

筮于廟門之外，主人朝服，西面于門東。

釋曰："主人朝服"者，爲祭而筮，還服祭服，是以上篇《特牲》筮亦服祭服玄端。以此而言，天子、諸侯爲祭卜筮，亦服祭服。案《司服》云"享先王則袞冕"，《祭義》云"易抱龜南面，天子袞冕北面。雖有明知之心，必進斷其志焉"，是爲祭而卜，還服祭服，則諸侯爲祭卜筮，服祭服可知。若爲他事卜筮，則異於此。《孝經》注云"卜筮，冠皮弁，衣素積，百王同之，不改易"，《士冠》"主人朝服"，注云"尊蓍龜之道"。

八　日用丁亥，舉一以況餘，或他亥亦可

主人曰："孝孫某，來日丁亥，用薦歲事于皇祖伯某，以某妃配，某氏，尚饗！"

釋曰：云"丁未必亥也，直舉一日以言之耳"者，以日有十，辰有十二，以五剛日配六陽辰，以五柔日配六陰辰，若云甲子、乙丑之等，以日配辰，丁日不定，故云"丁未必亥"。經云"丁亥"者，不能具載，直舉一日，以丁當亥而言，餘或以己當亥，或以丁當丑，此等皆得用之也。云"《禘于大廟禮》曰：日用丁亥"者，《大戴禮》文，引之證祭用丁亥之義也。云"不得丁亥，則己亥、辛亥亦用之"者，鄭云此吉事先近日，唯用上旬，若上旬之內或不得丁、己以配亥，或上旬之內無亥以配日，則餘陰辰亦用之。

九　春秋時不獨用丁、己日與亥辰[①]

故《春秋》宣八年經書"辛巳，有事於大廟"，文二年經書"八月丁卯，大事于大廟"，昭十五年經書"二月癸酉，有事于武宮"，桓十四年"乙亥，嘗"，此等皆不獨用丁、己之日與亥辰也。云"無則苟有亥焉可也"者，此即乙亥是也。必須亥者，案《月令》云"乃擇元辰"，天子乃耕，注云"元辰，

---

① "九春秋"至"與亥辰"，原在頁眉處，占行十四至十八，謹依題義挪至此處。

蓋郊後之吉亥也”，陰陽式法，亥爲天倉，祭祀所以求福，宜稼于田，故先
取亥，上旬無亥，乃用餘辰。

十　薦歲事于皇祖伯某，鄭云且字，非五十字

十一　大夫有因二十字爲謚^①

云“伯某，且字也”者，以某在伯下，若某在子上者，某是伯、仲、叔、
季，以某且字，不得在子上故也。云“大夫或因字爲謚”者，謂因二十冠而
字爲謚，知者，以某且字者，觀德明功，若五十字，人人皆有，非功德之事，
故知取二十字爲謚也。《春秋》者，案隱八年《左氏傳》云“無駭卒，羽父請
謚與族，公問族於衆仲，衆仲對曰：‘天子建德，因生以賜姓，胙之土而命
之氏，諸侯以字爲謚，因以爲族。’公命以字爲展氏。”彼無駭之祖公子展，
以展爲謚，在春秋前，其孫無駭取以爲族，故公命爲展氏。若然，無駭賜
族不賜謚，引之者，大夫有因字爲謚，證伯某某爲且字^②，有謚者或即某
爲謚也^③。此經云“伯某”，是正祭之稱也，若時有告請及非常祭祀，則去
伯，直云且字，言某甫，則《聘禮》“賜饗，唯羹飪筵一尸，若昭若穆，僕爲
祝，祝曰：‘孝孫某，薦嘉禮于皇祖某甫’”是也。若卿、大夫無謚，正祭與
非常祭一，皆言五十字，在子上，與士正祭禮同，則云“某子”，故《聘禮記》
云“皇考某子”是也。《特牲》士禮，無謚，正祭稱“皇考某子”，若士告請之
祭則稱且字，故《士虞記》云“適爾皇祖某甫”。

十二　左執筮，右手下韇擊筮

史曰：“諾。”西面于門西，抽下韇，左執筮，右兼執韇以擊筮。

---

①　“十一大夫”至“字爲謚”，原在頁眉處，占行十四至十七，“云大夫”至“爲謚也”乃與此題
對應之文字，涵于題十所領正文內，不宜段分，謹依題義挪至此處。

②　“爲”字原作“或”，曹云：“‘或’當爲‘爲’。”據改。

③　“即”上原無“或”字，曹云：“‘即’上容脫‘或’字。”據補。

釋曰:云"左執筮"①,及下云"擊筮",筮者皆是蓍,以其用蓍爲筮,因名蓍爲筮。云"兼執轊"者,上文已用右手抽上轊,此經又用右手下轊,是二轊兼執之也。云"《易》曰:蓍之德圓而神"者本作"圖"②,鄭彼注云"蓍形圓而可以立變化之數,故謂之神也",引之者,證蓍有神,故擊而動之也。

十三　主人命筮、史述命同辭,命龜、述命異

遂述命曰:"假爾大筮有常。孝孫某,來日丁亥,用薦"云云。

云"遂述命"者,史既受主人命,乃右還,向闑外西面,遂述上主人之辭,謂之述命,述命訖,乃連言曰:"假爾大筮有常",此是即席西面命筮與述命同爲一辭者,對《士喪禮》卜葬日云"不述命",若述命,即與即席西面命龜異,異者,鄭注云:"述命、命龜異,龜重,威儀多也",對此大夫少牢述命、命筮同,筮輕,威儀少爲文也。

十四　大筮有常,常謂吉凶之占繇③

云"常,吉凶之占繇"者,謂應凶告吉,應吉告凶則不常。繇辭則占龜之常④,若《易》之爻辭。

十五　若不吉則及遠日,至下旬丁、己,不吉則止

若不吉則及遠日,又筮日如初。

釋曰:云"遠日,後丁若後己"者,案《上曲禮》云"喪事先遠日,吉事先近日",近日即上旬丁、己是也,若上旬丁、己不吉,則至上旬又筮中旬丁、己,不吉,至中旬又筮下旬丁、己,不吉則止,不祭,以其卜筮不過三也,是以鄭云"後丁若後己"也。

---

①　"釋曰云左執筮"原作"釋云左執筮",四庫本作"釋曰左執筮","左"上汪刻本及張、阮刻本均有"云"字,依其慣例,"釋"下當有"曰"字,據四庫本補。

②　"本作圖",原在頁眉處,占行九,乃乇翁按語,謹依文義挪至此處。

③　"十四大筮"至"之占繇",原在頁眉處,占行一至五,謹依題義挪至此處。

④　"常"字原作"長",四庫本《儀禮注疏》作"常",據改。

十六　大夫筮尸後宿尸、戒尸，士有宿無戒

宿。

注：宿，讀爲肅。進也，古文作羞。

自此盡“改筮尸”，論筮尸、宿尸及宿諸官之事。云“大夫尊，儀益多”者，其大夫宿、戒兩有，士有宿而無戒。

十七　尸神象，故主人肅，祝擯

吉則乃遂宿尸，祝擯。

釋曰：云“筮吉又遂肅尸，重尸也”者，以其諸官一肅。云“祝爲擯者，尸，神象”者，決前筮尸時皆主人出命，至此使祝擯，以尸是神象，故使祝擯也。案《特牲》使宗人擯，主人辭，又有祝共傳命者，士卑，不嫌兩有，與人君同，此大夫尊，下人君，故闕之，唯有祝擯而已。

十八　士尸出門左西面，大夫尸尊，徑南面^①

又此尸不言出門面位，案《特牲》主人宿尸時，“尸如主人服，出門左，西面”，鄭注云“不敢南面當尊”，則大夫之尸尊，尸出門徑南面，故主人與尸皆不在門東、門西也。

十九　凡賓去皆拜送，尸尊，送主人揖不拜

主人再拜稽首，祝告曰：“孝孫某，來日丁亥，用薦歲事于皇祖伯某，以某妃配，某氏，敢宿！”

告尸以主人爲此事來肅。

尸拜，許諾，主人又再拜稽首。主人退，尸送，揖，不拜。

尸不拜者，尸尊。

---

① “十八士尸”至“徑南面”，原在頁眉處，占行二至七，謹依題義挪至此處。

釋曰：凡賓主之禮，賓去，主人皆拜送，今云"尸送，揖，不拜"者，以尸尊故也①。

二十　宗人北面請祭期，大夫尊，有君道

二一　祭期早晏比次於宗人②

主人門東南面，宗人朝服北面，曰③："請祭期。"主人曰："比於子。"宗人曰："旦明行事。"

釋曰：言"比次早晏"者，一日一夜辰有十二，冬日、夏夜長短不同，是以推量比次日辰之早晏也。云"主人不西面者，大夫尊，於諸官有君道也"者，決《特牲》主人門外西面，士卑，於屬吏無君道。

二二　《特牲》視牲、視殺別日，此同日，君亦別日

明日，主人即位于廟門之外云云。牲北首東上。司馬刲羊④，司士擊豕。宗人告備。

釋曰：自此盡"東榮"，論視殺、視濯之事⑤。案《特牲》視牲與視殺別日，今《少牢》不言視牲，直言刲、擊、告備乃退者，省，此大夫禮⑥，視牲告充即刲、擊殺之，下人君，士卑不嫌，故異日矣。必知人君視、殺別日者，《大宰職》云"及執事眂滌濯，及納亨，贊王牲事"，注云"納亨，納牲，將告殺，謂鄉祭之晨，既殺以授亨人"，又云"及祀之日，贊玉幣爵之事"，注云"日旦明也"，是其視牲與殺別日。

---

① "以"下原有"大夫"二字，曹云："'大夫'二字衍。"據删。

② "二一祭期"至"於宗人"，原在頁眉處，占行一至四，"釋曰言"至"早晏也"乃與此題對應之文字，涵于題二十所領正文內，不宜段分，謹依題義挪至此處。

③ "面"下原無"曰"字，經有"曰"字，據補。

④ "刲"字原作"封"，四庫本作"刲"，合於經，據改。

⑤ "視濯"上原無"視殺"二字，汪刻本及張、阮刻本均有"視濯"二字，據補。

⑥ "此"字原作"比"，汪刻本及張、阮刻本均作"此"，據改。

二三　君殺牲門内，大夫、士門外①

案《祭義》云"君牽牲，穆荅君，卿大夫序從，既入門，麗于碑，卿大夫袒而毛牛尚耳"，諸侯禮殺於門内，此大夫與《特牲》士皆殺於門外者，辟人君。

二四　司馬以火官刲羊，而擊豕乃非司空

云"《尚書傳》曰：羊屬火，豕屬水"者，此《尚書大傳》文，引之者，解司馬刲羊，以其司馬火官，還使刲羊，羊屬火故也。案《周禮》鄭注"司空奉豕"，司士乃司馬之屬官，今不使司空者，諸侯猶兼官，大夫又賤②，職相兼。

二五　疏謂士無官，僕隸爲司馬、司士③

況士無官，僕隸爲司馬、司士，兼其職可知。

二六　雍爨④，羊、豕、魚、腊之竈，凡摡，陳之告絜

雍人摡鼎、匕、俎于雍爨，雍爨在門東南，北上。

釋曰⑤：云"雍人，掌割亨之事者"，《周禮・饔人職》文。云"凡摡者，皆陳之而後告絜"者，案《特牲》視濯時皆陳之，視訖告絜，此亦當然。

注：羊、豕、魚、腊皆有竈，竈西有鑊。

---

① "二三君殺"至"士門外"，原在頁眉處，占行十三至十七，謹依題義挪至此處。
② "賤"字原作"職"，曹云："'職'當爲'賤'。"據改。
③ "二五疏謂"至"馬司士"，原在頁眉處，占行四至八，謹依題義挪至此處。
④ "雍"字原作"雛"，四庫本作"雍"，據改。
⑤ "釋"下原無"曰"字，依其慣例，"釋"下當有"曰"字，謹補。

二七　廩人掌米入，故摡器于廩爨

廩人摡甗、甑、匕與敦于廩爨，廩爨在雍爨之北①。

釋曰：云"廩人，掌米入之藏"者，《周禮·地官·廩人職》文，以其穀入倉人，米入廩人故也。

二八　甑如甗而無底，匕以匕黍稷②

云"甑如甗，一孔"者，案《冬官·陶人職》云"甑實二鬴，厚半寸，脣寸。甗實二鬴，厚半寸，脣寸，七穿"，鄭司農云"甑，無底甗"，以其無底，故以一孔解之。云"匕，所以匕黍稷者也"者，上雍人云匕者，所以匕肉，此廩人所掌米，故云"匕黍稷"也。

二九　鼎五，在羊、豕鑊之西，魚、腊與膚統於牲

羹定，雍人陳鼎五，三鼎在羊鑊之西，二鼎在豕鑊之西。

釋曰：自此盡"篚、巾于西階東"，論鼎及豆、籩、盤、匜等之事。云"魚、腊從羊，膚從豕，統於牲"者，案《公食大夫》云"甸人陳鼎"，鄭注云"甸人，冢宰之屬兼亨人"者，此大夫雍人陳鼎者，《周禮》甸人掌供薪烝與亨爨，聯職相通，是以諸侯無亨人，故甸人陳鼎，此大夫又無甸人，故使雍人與亨人聯職，故《亨人》云"職外內饔之爨亨"，故使饔人也。云"魚、腊從羊，膚從豕"者，上文摡鼎時，鄭云"羊、豕、魚、腊皆有竈"，今陳鼎宜各當其鑊，此三鼎在羊鑊之西，二鼎在豕鑊之西，故云"魚、腊從羊，膚從豕"也。其實羊、豕、魚、腊各有鑊也，此直有羊、豕鑊③，前注何知魚、腊皆有竈？案《士虞禮》云"側亨於廟門外之右，東面"，魚、腊爨在其南④。

---

① "爨"上原無"廩"字，四庫本有"廩"字，合於經，據補。

② "二八甑如"至"匕黍稷"，原在頁眉處處，占行一至五，謹依題義挪至此處。

③ "豕"下原有"言皆有"三字，曹云："'言皆有'三字衍。"據刪。

④ "魚腊"至"其南"原作"魚腊爨在廟門外東南"，汪刻本及張、阮刻本均作"魚腊爨在廟門外東南魚腊爨在其南"，曹云："'廟門外東南魚腊爨在'九字衍。"據刪補。

三十　豕腸、胃不實于鼎，膚脅革肉

云“豕無腸、胃，君子不食溷腴”者溷，音患，又户困切①，《禮記·少儀》文。

倫膚九。

知“脅革肉”者，下文云“膚九而俎，亦橫載，革順”，故知膚者是脅革肉。

倫，擇也。

三一　凡設水用罍，沃盥用枓，佗文不具

司宫設罍水于洗東，有枓，設篚于洗西，南肆。

釋曰：云“凡設水用罍，沃盥用枓，禮在此也”者，言“凡”，總《儀禮》一部内用水者，皆須罍盛之，沃盥水者，皆用枓爲之，鄭言“禮在此”者，以《士冠禮》直言“水在洗東”，《士昏禮》亦直言“水在洗東”，《鄉飲酒》、《特牲記》亦云然，皆不言罍器，亦不云有枓，其《燕禮》、《大射》雖云“罍水”，又不言有枓，故鄭注總云凡此等設水用罍、沃盥用枓，其禮具在此，故餘文不具，省文之義也。

三二　祭時將至，主人朝服于阼東

主人朝服，即位于阼階東，西面。

注：爲將祭也。

釋曰：自此盡“革順”，論祭時將至，布設、舉鼎、匕載之事。

三三　士以祝筵几，此大夫官多，故几、席異官

司宫筵于奥，祝設几于筵上，右之。

---

① “溷音”至“困切”，原在頁眉處，占行四至五，乃了翁據《儀禮音義》增補之釋文，謹依文義挪至此處。

案《特牲》云"祝筵几",鄭云"使祝接神",此使司宮者,此大夫禮,異於士,故司宮設席,祝設几,大夫官多,故使兩官。

三四　羊無別俎,豕有膚俎,以加故爲下

陳鼎于東方,當序,南云云,膚爲下。匕皆加于鼎,東枋。

釋曰:此云"膚爲下",門外陳鼎時不言,至此言之者,以膚者豕之實,前陳鼎在門外時未有俎①,據鼎所陳則膚在魚上,今將載於俎,設之最在後,故須分別之也。云"膚爲下,以其加"者,以羊無別俎而豕有膚俎,故謂之加,以加爲下。

三五　前實鼎不見心②、舌,故此特明之

俎皆設于鼎西,西肆。肵俎在羊俎之北,亦西肆。

釋曰:以前實鼎時,不見心、舌,嫌不在爨,故明之。云"皆如初爲之于爨",皆者,皆羊、豕,羊、豕皆有心、舌也。案《特牲記》云"肵俎,心、舌,皆去本末,午割之,實于牲鼎,載,心立。舌縮俎",即是未入鼎時,則制此心、舌然也,既未入鼎時先制之,是以雖出爨,亦得爲皆如初于爨也③。

三六　心安下切上,舌切本末,割不正不食④

云"凡割本末,食必正也"者,《鄉黨》孔子云"割不正不食",故割本末爲食正也。

---

① "未"字原作"東",張、阮刻本均作"未",據改。
② "實"字原作"膚",曹校正文"以前膚鼎時"云:"'膚'當爲'實'。"據改,正文亦改。
③ "爨"上原無"于"字,曹云:"'爨'上脱'于'字。"據補。
④ "三六心安"至"正不食",原在頁眉處,占行十六至次頁行三,謹依題義挪至此處。

三七　心、舌知食味，欲尸之饗此祭[①]

云“肵之爲言敬也”者，《郊特牲》文，彼云“肵之爲言敬也”，言“所以敬尸也”。云“周禮祭尚肺”者，《禮記·明堂位》云“有虞氏祭首，夏后氏祭心[②]，殷祭肝，周祭肺”，是周之禮法祭肺，而此肵俎不取肺而用心者，以其事尸尚心、舌，心、舌知滋味者，故《特牲記》鄭注亦云“心、舌知食味”者，欲尸之饗此祭。

三八　實鼎曰升，實俎曰載，今實俎亦言升

上利升羊，載右胖，髀不升。

注：升之以尊卑，載之以體次。

釋曰[③]：“升羊，載右胖”者，准例，實鼎曰升，實俎曰載，今實俎而言升者，以其升者，上也，是以載俎，升、載兩言之也[④]。但此經所載牲體，多少一依上文升鼎，不異而重序之者，以其載俎之時，恐與入鼎時多少有異。

三九　鄭以俎拒爲介距之距，謂俎脛中横節

腸三、胃三，長皆及俎拒云云[⑤]。

云“拒，讀爲介距之距”者，案《左氏傳》昭二十五年云“季、郈之雞鬭，季氏介其雞”，服氏云“擣芥子，播其雞羽”，鄭氏云“介，甲，爲雞著甲”，又云“郈氏爲之金距”，注云“金距，以金踏距”，今鄭君合取季氏之介，又取郈氏之距，而云“介距之距也”，引之者，彼距在雞足爲距，此俎距在俎爲横也，是以云“俎距，脛中當横節也”。案《明堂位》云“俎，有虞氏以梡，夏后氏以嶡，殷以椇，周以房俎”，注云“梡，斷木爲四足而已。嶡之言蹷也，

---

① “三七心舌”至“饗此祭”，原在頁眉處，占行五至九，謹依題義挪至此處。
② “心”上原無“首夏后氏祭”五字，汪刻本及張、阮刻本均有“首夏后氏祭”五字，據補。
③ “釋”下原無“曰”字，四庫本作“案”，依其慣例，“釋”下當有“曰”，謹補。
④ “載”下原無“俎升載”三字，汪刻本及張、阮刻本均有“俎升載”三字，據補。
⑤ “云云”二字原在“腸三”上，四庫本在“俎拒”下，據乙。

謂中足爲橫距之象,《周禮》之距",彼注云"周禮謂之距",即指此俎距而言,是距爲俎足中央橫者也。此言"俎距,脛中當橫節"者,案《明堂位》"夏后氏以嶡",謂中足之橫,下仍有殷之梡,謂橫下仍有曲撓之足,下又有周之房俎,謂四足下更有跗,鄭云"上下兩間,有似於堂房",是橫下更有二事,故言"脛中當橫節也"。

四十　下利升豕,進下,食生人進腜,腜是本

下利升豕,其載如羊,無腸、胃。體其載於俎,皆進下。

釋曰[①]:云"進下,變於食生也"者,決《公食大夫》、《鄉飲酒》牲體皆進腜,腜是本,是食生人之法,此言進末,末爲終,謂骨之終,食鬼神法,故云"變於食生也"。云"所以交於神明"者,《郊特牲》文[②]。云"不敢以食道",《檀弓》文。

四一　載魚皆右首,有進腴、進鰭、進尾、進首異

司士三人升魚、腊、膚,魚用鮒,十有五而俎,縮載,右首,進腴。

釋曰[③]:云"右首,進腴,亦變於食生也"者,凡載魚爲生人,首皆向右,進鰭,其祭祀亦首皆在右,進腴,生人、死人皆右首,陳設在地,地道尊右故也。鬼神進腴者,腴是氣之所聚,故祭祀進腴也。生人進鰭者,鰭是脊,生人尚味,故《公食大夫》云"魚七,縮俎,寢右",鄭注云"右首也。寢右,進鰭也。乾魚近腴,多骨鯁"是也。云"《有司》載魚橫之,《少儀》曰:羞濡魚者進尾",引之者,欲見正祭與儐尸載魚禮異,又與生人食禮不同,以其儐尸之禮[④],上大夫載魚橫之,於人爲縮,於俎爲橫,既是乾魚[⑤],則進首可知。復取《少儀》者,濡魚進尾,見與乾魚異。《有司徹》進首,是上大夫繹祭儐尸之禮,有乾魚橫於俎,宜進其首,則《少儀》"羞濡魚"者,是

---

① "釋"下原無"曰"字,依其慣例,"釋"下當有"曰"字,謹補。

② "郊特牲"原作"郊牲",四庫本作"特牲",張、阮刻本均作"郊特牲",據補。

③ "釋"下原無"曰"字,依其慣例,"釋"下當有"曰"字,謹補。

④ "尸"上原無"儐"字,曹云:"'尸'上脱'儐'字。"據補。

⑤ "是"字原作"見",曹云:"'見'當爲'是'。"據改。

天子、諸侯繹祭可知，以其天子、諸侯繹祭，乾濕皆有，乾魚則進首，鮮魚則進尾，必知是天子、諸侯繹祭者，以其大夫儐尸云"如腒祭"，《少儀》云"祭腒"，又與儐尸加腒祭於上同，故知義然也。

四二　腊亦進下，如羊、豕，載禮始見於此

腊一純而俎，亦進下，肩在上。

注：如羊、豕。凡腊之體，載禮在此。

釋曰：以諸經唯有腊文，無升載之事，故云"載禮在此"。

儀禮要義卷第四十八　少牢饋食禮二①

一　卒脀以後爲陰厭之事

"卒脀"至"户內西面"。注"將納祭也"。釋曰：自此盡"主人又再拜稽首"，論先設置爲陰厭之事也。

二　此惟一人與主婦同服，士妻與助祭同服

三　贊者授菹醢，主婦不興，設訖興②

主婦被錫，衣移袂移，本又作侈，昌爾反③，薦自東房，韭菹、醓醢，坐奠于筵前。主婦贊者一人，亦被錫，衣移袂，執葵菹、蠃醢以授主婦。主婦不興，遂受，陪設于東，韭菹在南，葵菹在北。主婦興，入于房。

釋曰：云"主婦贊者一人，亦被錫"者，此被錫、移袂與主婦同，既一人與主婦同，則其餘不得如主婦，當與士妻同纚笄綃衣。若士妻與婦人助祭一皆纚笄綃衣，以綃衣下更無服，服窮則同，故《特牲》云"凡婦人助祭者同服"。

---

① "二"字原作"一"，再造善本及四庫本均作"二"，據改。

② "三贊者"至"設訖興"，原在頁眉處，占行九至十三，"主婦贊"至"入于房"乃與此題對應之文字，涵于題二所領正文內，不宜段分，謹依題義挪至此處。

③ "移本"至"爾反"，原在頁眉處，占行七至八，乃了翁據《儀禮音義》增補之釋文，謹依文義挪至此處。

四　被錫讀爲髲鬄，取賤者髪被髻

云“被錫，讀爲髲鬄”者髲，皮義。鬄，大計①，欲見鬄取人髪爲之之義也。云“古者或剔賤者、刑者之髪，以被婦人紒爲飾，因名髲鬄焉”者②，此解名髲鬄之意。案哀公十七年，《左傳》説衛莊公登城望戎州，“見己氏之妻髪美，使髠之，以爲吕姜髢”，是其取賤者髪爲髲鬄之事也③。云“此《周禮》所謂次也”者，見《周禮·追師》。

五　敦象龜，周飾器如脰鳴、膮鳴各以類

主婦自東房執一金敦黍，有蓋，坐設于羊俎之南。婦贊者執敦稷以授主婦，主婦興受，坐設于魚俎南，又興受贊者敦黍，坐設于稷南，又興受贊者敦稷，坐設于黍南。敦皆南首。主婦興，入于房。

釋曰：“敦有首者，尊者器飾也，飾蓋象龜”，知有此義者，以其經曰敦南首，明象蟲獸之形④，故云首。知象龜者，以其蓋形龜象故也。云“周之禮，飾器各以其類”者，案《周禮·梓人》云“外骨、内骨、以脰鳴者、以膮鳴者”之類，鄭云“刻畫祭器，博庶物也”，又《周禮·司尊彝》有雞彝之等，是周之禮，飾器各以其類也。云“龜有上下甲”者，欲言此敦蓋取象之意，以龜有上下甲，故敦蓋象之，是亦取其類也。敦蓋既象龜，明簠亦象龜爲之，故《禮器》云“管仲鏤簋，朱紘”，注云“謂刻而飾之，大夫刻爲龜耳，諸侯飾以象，天子飾以玉”，言以玉飾之，還依大夫象形爲飾也。

---

①　“髲皮義”、“鬄大計”原在頁眉處，占行十七、十八，乃了翁據《儀禮音義》增補之釋文，謹依文義挪至此處。

②　“髲”字原作“髪”，四庫本及汪刻本均作“髲”，據改。

③　“髪爲髲鬄”原作“髪爲髲”，阮云：“陳本、《通解》俱作‘髲爲鬄’，《要義》作‘髪爲髲’。按當作‘髪爲髲鬄’。”據補“鬄”字。

④　“象”下原有“龜”字，阮云：“毛本無‘蟲’字，聶氏有‘蟲’字，無‘龜’字。”孫云：“‘龜’字宜依《聶圖》删。”據毛本、孫校删。

六　鄭云簋、敦之制未聞，而《易》注爲圓①

天子則簋、敦兼有，《九嬪職》云“凡祭祀，贊玉齍”，注云“玉齍、玉敦，受黍稷器”，是天子八簋之外，兼用敦也，《特牲》云“佐食分簋鉶”，注云“爲將餕。敦，有虞氏之器也。周制，士用之。變敦言簋，容同姓之士得從周制耳”，則同姓大夫亦用簋。《特牲》、《少牢》用敦者，異姓大夫、士也。《明堂位》云“有虞氏之兩敦，夏后之四璉，殷之六瑚，周之八簋”，鄭注云“皆黍稷器，制之異同未聞”，案《周禮·舍人》注“圓曰簋”，《孝經注》直云“外方内圓”者，據簋而言②。若然，云“未聞”者，據殷已上未聞，周之簋則聞矣，故《易·損卦》云“二簋可用享”，注云“離爲日，日體圓。巽爲木，木器而圓，簋象”③，是其周器有聞也。《孝經緯·鉤命決》云“敦規首上下圓相連，簠、簋上圓下方，法陰陽”，是有聞而鄭云“未聞”者，鄭不信之故也。

七　先設饌，後酌酒，酒尊，饌由尊者成

祝酌奠，遂命佐食啟會，佐食啓會蓋，二以重，設于敦南。

釋曰：“酌奠，酌酒爲神奠之”者，以其迎尸之前，將爲陰厭，爲神不爲尸，故云“爲神奠之”也。云“後酌者，酒尊，要成也”者，上經先設餘饌，此經乃酌者，酒尊物，設饌要由尊者成，故後設之也。引《特牲》者，酌奠之處當在鉶南，此經不言，故引爲證。

---

① “六鄭云”至“注爲圓”，原在頁眉處，占行十至十五，謹依題義挪至此處。

② “外方”至“而言”原作“外方曰簋者據而言”，倉石云：“‘據’下殿本補‘外’字，《正字》補‘周’字。今案《周禮·舍人》疏云‘方曰簠，圓曰簋’，皆據外而言。案《孝經》云‘陳其簠簋’，注云‘内圓外方，受斗二升’者，直據簋而言，與此文理殊近，則此‘曰簋’二字當爲‘内圓’，‘據’下當補‘簋’字。據改補。

③ “注云”至“簋象”原作“注云離爲日日圓巽爲木木器象”，倉石云：“《正字》從李鼎祚《周易集解》‘圓’上補‘體’字、‘器’下補‘而圓簋’三字。今案《周禮·族人》疏引與浦略同，《舍人》疏引無‘體’字、‘而’字。”據《正字》補。

八　釋柔毛、剛鬣、嘉薦、普淖

主人西面,祝在左。主人再拜稽首,祝祝曰:"孝孫某,敢用柔毛、剛鬣、嘉薦、普淖,用薦歲事于皇祖伯某,以某妃配,某氏,尚饗!"主人又再拜稽首。

注:羊曰柔毛,豕曰剛鬣。嘉薦,菹醢也。普淖,黍稷也。普,大也。淖,和也。德能大和,乃有黍稷。《春秋傳》曰:"奉粢以告曰'絜粢豐盛',謂其三時不害而民和年豐也。"

釋曰:云"羊曰柔毛,豕曰剛鬣",《下曲禮》文,羊肥則毛柔濡,豕肥則鬣剛也。彼注云"號生物者,異於人用也",引《春秋》者,證黍稷大和之義。案彼左氏桓六年《傳》文。

九　主人不出迎尸,尸在廟門外疑於臣

祝出,迎尸于廟門之外。主人降,立于阼階東,西面云云①。

釋曰:自此盡"牢肺、正脊加于肵",論尸入正祭之事。云"主人不出迎尸,伸尊也"者,《禮記》云"君迎牲而不迎尸,別嫌也。尸在廟門外則疑於臣,在廟中則全於君",故主人皆不出迎尸,尸在廟門外爲臣道,故主人不出迎尸,伸尊也。引《特牲》者,尸出入時,主人與賓在位上②,皆逡巡辟位。

十　尸入,祝、主人再拜妥尸

祝、主人皆拜妥尸③,尸不言,尸荅拜④,遂坐。

釋曰:案《爾雅》"妥,安坐也",故云"拜妥尸,拜之使安坐也"。

---

① "面"上原無"西"字,四庫本有"西"字,合於經,據補。
② "在"字原作"西",四庫本《儀禮注疏》作"在",據改。
③ "皆"下原有"再"字,四庫本無"再"字,合於經,據刪。
④ "荅"上原無"尸"字,經有"尸"字,據補。

十一　大夫尸尊，不啐奠、不嘗鉶，不告旨、不饗①

案《特牲》云"尸啐酒，告旨，主人拜，尸荅拜。祭鉶，嘗之，告旨"，不得遂坐，此經云"荅拜，遂坐"，故鄭解其遂坐而卒食之意，以"其間有不啐奠、不嘗鉶、不告旨"也，大夫之禮，尸彌尊，故無三事②。《特牲》所云"嘗鉶"，謂嘗豕鉶，此"不嘗鉶"，謂不嘗豕鉶也，知非不嘗羊鉶者，案下云"嘗羊鉶"，故知不嘗豕鉶也。"不告旨"者，既不啐奠，故無告也。言"彌尊"者，既不啐奠，已尊③，又不嘗鉶、不告旨，是彌尊也。云"不告旨者，爲初亦不饗"者，案《特牲》迎尸即席坐，"主人拜妥尸，尸荅拜，執奠。祝饗，主人拜如初"，注云"饗，勸強之也。其辭取於《士虞記》，則宜云'孝孫某，圭爲而孝薦之，饗'"，是士賤，不嫌得與人君同，大夫尊，嫌與人君同，故初不饗，後亦不告旨，故云"不告旨者，爲初亦不饗"也。

十二　黍稷之祭爲墮，尸尊神餘故祭

上佐食取黍稷，下佐食取牢云云④，兼與黍以授尸⑤，尸受，同祭于豆祭。

云"黍稷之祭爲墮祭"者，肺與黍稷俱得爲墮，故《周禮·守祧職》"既祭則藏其墮"，墮中豈不能兼肺？肺與黍稷俱祭于苴上，既則藏之⑥，明肺與黍稷器不動，人就器減取之，故特得墮名。舉肺則全取，因而絕之⑦，不得墮稱，及其藏之，并有墮名也。云"將食神餘，尊之而祭之"

---

① "十一大夫"至"旨不饗"，原在頁眉處，占行十三至十八，謹依題義挪至此處。

② "三"字原作"拜"，阮云："'拜'乃'三'字之訛。"據改。

③ "已"字原作"一"，倉石云："殿本、《正譌》'一'作'已'。"據改。

④ "上佐"至"云云"，四庫本作"上佐食取黍稷于四敦云云"，節略不同，此仍其舊。

⑤ "兼與黍以授尸"原作"兼以黍授尸"，四庫本作"兼與黍以授尸"，合於經，據改補。

⑥ "既則藏之"原作"上既藏之"，阮云："《要義》重'上'字，屬下句，《通解》、毛本'上'字不重。"曹云："似當爲'既則藏之'。"據曹校改。

⑦ "而"字原作"上"，曹云："'上'或當爲'而'，既全取出，因而絕之，是非於器中減之矣。"據改。

者①，謂陰厭是神食，神食後尸來即席食，尸餕鬼神之餘，故尸亦尊神而祭之，以其凡祭者，皆不是盛主人之饌，故以祭之爲尊也。

十三　古飯黍不用箸，就器中取而食之

上佐食爾上敦黍于筵上，右之。

釋曰：《曲禮》云“飯黍無以箸”，是古者飦食不用匙箸，若然，器即不動，器中取之，故移之於席上，便尸食也。

十四　此食舉在羞胏下，與《特牲》文異

食舉。

釋曰：此食舉在羞胏之下，《特牲》食舉在羞胏之上，不同者，彼《特牲》食舉下乃云羞胏俎者，是其正，以食舉後，尸即嚌幹之屬，即加於胏俎，故食舉後即進胏是正也，此食舉不在羞胏之上，上佐食羞銅羹，尸祭銅訖，乃得食舉，故退食舉在祭銅之下，又不退羞胏在食舉下者，由主人敬尸，故不退在下也。

十五　設大羹專爲尸，不爲神②

《特牲》爾敦下設大羹，此不云者，大羹不爲神，直是爲尸者，故此不言，儐尸乃有也。

十六　食大名，據一口亦謂之飯

三飯。

注：食以黍。

釋曰：知先食黍者，以前文先言爾黍。云“食大名”者，以其《論語》文

---

① “尊之”至“之者”，“而祭”二字漫漶，據再造善本及四庫本寫定。

② “十五設大”至“不爲神”，原在頁眉處，占行十至十三，謹依題義挪至此處。

多言"食",故云"食大名"也。云"小數曰飯"者,此《少牢》、《特牲》言三飯、五飯、九飯之等,據一口謂之一飯,五口謂之五飯之等,據小數而言。

十七　尸告飽,祝勸侑,天子、諸侯亦當然

尸告飽。祝西面云云,獨侑,不拜。侑曰:"皇尸未實_實,猶飽也^①,侑。"

釋曰^②:云"侑,勸也。祝獨勸者,更則尸飽"者,此決《特牲》九飯三侑,皆祝、主人共侑,不更以侑者,欲使尸飽,若其重侑,則嫌相褻,《特牲》重侑不更者,以上禮九飯,縱更亦不飽,故不更,此大夫禮十一飯,更則飽,故有更,是以使祝獨侑,取與主人更之義^③。云"祝既侑,復反南面"者,戶內,主人及祝有事之位,尸席北,祝無事之位,今侑訖,亦復尸北南面位也。此與《特牲》皆有侑尸飯法^④,天子、諸侯亦當有之,故《大祝》九拜之下云"以享侑祭祀",注云"侑,勸尸食而拜",若然,士三飯即告飽而侑,大夫七飯告飽而侑,諸侯九飯告飽而侑,天子十一飯而侑也。

十八　主人酳尸,取饒羨之義

乃酳尸,尸拜受,主人拜送。

釋曰:自此盡"折,一膚",論主人酳尸之事。云"酳,猶羨也"者,取饒羨之義,故以爲樂之。

十九　祝代尸酢主人,又俠爵拜,彌尊尸

祝酳,授尸,尸醋主人。主人拜受爵,尸答拜。主人西面奠爵,又拜。

云"彌尊尸"者,此《少牢》與《特牲》尸酢主人,使祝代尸酳者,已是尊尸,今主人拜受訖,又拜爲俠拜,是"彌尊尸"也。

---

① "實猶飽也",原在頁眉處,占行四至五,乃了翁據注增補之釋文,謹依文義挪至此處。

② "釋"下原無"曰"字,依其慣例,"釋"下當有"曰"字,謹補。

③ "與"上原無"取"字,倉石云:"'義',殿本作'也'。今案'與'上或奪'取'字。"據補。

④ "有"下原無"侑"字,曹云:"'有'下脫'侑'字。"據補。

二十　綏祭即挼墮,同取墮減之義

上佐食取黍稷,下佐食取肺,上佐食以綏祭節文。

經中綏是車綏,或有《禮》本作"挼"者,故亦讀從《周禮·守祧》"既祭則藏其墮"①,取墮減之義也。云"將受嘏"者,下文主人受嘏之時,先墮祭,是以佐食授黍稷與主人爲墮禮。

二一　尸常坐,有事則起,主人常立,有事則坐

主人左執爵,右受佐食,坐祭之,又祭酒,不興,遂啐酒。

釋曰:云"尸常坐,有事則起。主人常立,有事則坐"者,案《禮器》云"周坐尸",《曲禮》云"立如齊",鄭云"齊,謂祭祀時",則是尸常坐,主人祭時則常立。經云"坐祭之",謂墮祭尸餘,是尸與主人爲禮,是主人有事乃坐也。尸答主人拜乃立,是尸有事則起也。

二二　尸使祝嘏主人,士禮尸親嘏

二佐食各取黍于一敦,上佐食兼受,搏之以授尸。尸執以命祝。卒命祝,祝受以東,北面于户西,以嘏于主人曰:"皇尸命工祝,承致多福無疆于女孝孫,來女孝孫,使女受禄于天,宜稼于田,眉壽萬年,勿替引之。"

注:命祝以嘏辭。嘏,大也。予主人以大福。工,官也。承,猶傳也。來,讀曰釐。釐,賜也。耕種曰稼。勿,猶無也。替,廢也。引,長也。言無廢止時,長如是也。古文嘏爲格,禄爲福,眉爲微,替爲袂,袂或爲載②,載、替聲相近。

---

① "祭"字原作"葬",曹云:"'葬'當爲'祭'。"據改。

② 二"袂"字原均作"袂",張、阮刻本均作"袂",阮云:"'袂',徐本並從'木',與宋本《釋文》合。《集釋》、《通解》、《要義》、毛本俱並從'衣'。段玉裁云'《釋文》袂音決,今本乃作袂,音決,袂不當有決音,此葉鈔本之可貴也',《儀禮》嘉靖本、鍾人傑本皆作'袂',錢大昕曰'袂當爲秩,字形相涉而譌也',《說文》'載'爲'載',《詩》'秩秩大猷',《說文》引作'載載大猷',是'秩'與'載'通。"據改。

釋曰:云"嘏,大也"者,《郊特牲》云"嘏,長也、大也",故鄭云"予主人以大福"。案《特牲》尸親嘏主人,此尸使祝嘏主人者,大夫尸尊,故不親嘏。《特牲》無嘏,文不具也。

二三　天子嘏辭與大夫同,詩懷、筐受異

主人坐奠爵,興,再拜稽首云云至詩懷之云云。

"《少牢饋食禮》主人受嘏,詩懷之,卒爵,執爵以興,出,宰夫以籩受嗇黍,主人嘗之,乃還獻祝。此鬱人受王之卒爵,亦王出房時也",是王受嘏與大夫同也。案《楚茨》詩"既齊既稷,既匡既勑",注云"嘏之禮,祝徧取黍稷、牢肉、魚擩於醢,以授尸。孝孫前就尸受之,天子使宰夫受之以筐,祝則釋嘏辭以勑之",天子嘏辭與大夫同也。云"復嘗之者,重之至也"者,前已"嚌之",是已嘗,今復言"嘗",是重受福之至也。《特牲》不言復嘗者,文不具也。

二四　大夫、士廟皆五架,棟北爲室

主人獻祝,設席南面,祝拜于席上,坐受。
注:室中迫狹。
釋曰:言"迫狹",大夫、士廟室也,皆兩下五架,正中曰棟,棟南兩架,北亦兩架。棟南一架名曰楣,前承簷,以前名曰庋。棟北一架後爲室①,南壁而開戶,即是一架之開,廣爲室,故云"迫狹"也。必知棟北一架後乃爲室者,《昏禮》主人延賓,升自西階,"當阿,東面致命",鄭云"阿,棟也。入堂深",明不入室,是棟北乃有室也。

二五　尸言拜送,禮重,祝言答拜,禮輕

主人西面荅拜。
注:不言拜送,下尸。

---

① "架"下原無"後"字,曹云:"'架'下脱'後'字。"據補。

釋曰:上主人酳尸,尸拜受,主人拜送,今主人獻祝,祝拜受,主人荅拜。拜送禮重,荅拜禮輕。

二六　主人獻祝,不拜既爵,大夫祝賤

主人獻祝_{云云},卒爵,興。

釋曰:"亦如佐食授爵乃興"者,此經直云"卒爵,興",不云"授爵",故特明之。案下文主婦獻祝,祝卒爵,坐授主婦爵,主婦又獻二佐食,二佐食坐授主婦爵,主婦獻祝與獻二佐食同,明主人獻祝,祝授主人爵,亦與二佐食同可知。云"不拜既爵,大夫祝賤也"者,此決《特牲》"祝卒角,拜,主人荅拜",以士卑,故祝不賤。

二七　男女不相授器,不相因爵

有司贊者取爵于篚以升,授主婦贊者于房戶。

釋曰:自此盡"入于房"①,論主婦亞獻尸與獻祝、佐食之事②,此直云有司授婦贊者于房,案《禮記·內則》云"非祭非喪,不相授器。其相授,則女受以篚。其無篚,則皆坐奠之而后取之",此經雖不言受以篚及奠於地之事,亦當然也。云"男女不相因"者,案《特牲》"佐食卒角,主人受角,降,反于篚,升,入復位"訖,主婦乃"洗爵于房,酌,亞獻尸",是不相因爵也。引《特牲》者,證男女不相因爵,主婦不取此爵也。

二八　《特牲》賓長獻尸爵止,此致爵在儐尸上

賓長洗爵獻于尸,尸拜受爵,賓戶西北面拜送爵③。

"尸祭酒,卒爵者",案《特牲》賓長獻,爵止,注云"欲神惠之均於室中",待夫婦致爵,此大夫禮,或有儐尸者,致爵在儐尸之上,故不致爵,爵

---

① "自"上原有"云"字,四庫本《儀禮注疏》無"云"字,據刪。
② "尸與"至"之事"原作"祝獻祝與佐食之事",曹云:"當爲'尸與獻祝佐食之事'。"據改。
③ "戶西"原作"尸四",四庫本作"尸西",經作"戶西",據經改。

不止也①。若然,《有司徹》尸作止爵,三獻致爵於主人,主人不酢②,又不致爵于主婦,下大夫不儐尸,賓獻,尸止爵,主婦致爵于主人,酢主婦,主人不致於主婦,《特牲》主人與主婦交相致爵,參差不同者,此以尊卑爲差降之數,故有異也。上大夫得儐尸,故不致爵③,上辟人君。下大夫不儐尸,故增酢主婦而已。士卑,不嫌與君同,故致爵具也。

二九　事尸之禮,訖於廟門

主人出,立于阼階上云云。祝告利成云④,祝先,尸從,遂出于廟門。

釋曰:自此盡"廟門",論祭祀畢尸出廟之事。注"事尸之禮訖於廟門"者,上祝迎尸於廟門,今禮畢又送尸於廟門。案《禮記》"尸在廟門外則疑於臣",是以據廟門爲斷。

三十　祝徹昕俎不出廟門,將儐尸

祝反,復位于室中,主人亦入于室。

釋曰:自此盡篇末,論徹昕俎行餕之事。云"徹昕俎不出門,將儐尸也"者,決《特牲》佐食徹尸俎出廟門者,送尸者也。云"昕俎而以儐尸者,其本爲不反魚肉耳"者⑤,案《曲禮》云"毋反魚肉",謂食時魚肉不反俎。

三一　司士乃辯舉,謂舉膚

知舉是舉膚者,以其尸舉肺,餕者下尸,明不舉肺,當舉膚,是以《特牲》云佐食授餕者各一膚,明此大夫禮亦舉膚也。

---

① "止"字原作"正",四庫本及汪刻本均作"止",據改。
② "酢"下原有"主婦"二字,曹云:"殿本刪'主婦'二字。"據刪。
③ "故"下原無"不"字,四庫本《儀禮注疏》補"不"字,卷末《考證》云:"監本脫'不'字,今据經之節次補之。"據補。
④ "祝告利成云",四庫本作"祝告曰云云",節略不同,此仍其舊。
⑤ "耳"下原無"者"字,汪刻本及張、阮刻本均有"者"字,據補。

三二　主人不拜受爵，總荅一拜，大夫餕賤

卒食，主人洗一爵，升，酌①，以授上籑云云②，授次籑云云。

云"不拜受爵者，大夫餕者賤也"者，決《特牲》使嗣子與兄弟餕爲貴，故拜受爵也。云"荅壹拜，畧也"者，《特牲》亦無再拜法，此言"畧"者，以其四餕皆拜，主人總荅一拜。

三三　凡賓出，主人皆拜送

送佐食不拜，賤。

釋曰：賓主之禮，賓出，主人皆拜送，此佐食送之而不拜。

---

① "酌"字原作"爵"，四庫本作"酌"，合於經，據改。
② "授"字原作"受"，四庫本作"授"，合於經，據改。

儀禮要義卷第四十九　有司徹一

一　大夫既祭，儐尸於堂，禮尸於室中

有司第十七①。

釋曰②：鄭《目録》云“《少牢》之下篇也。大夫既祭，儐尸於堂之禮。祭畢，禮尸於室中。天子、諸侯之祭，明日而繹。《有司徹》於五禮屬吉”。

釋曰：言“大夫既祭，儐尸於堂之禮”者，謂上大夫室内事尸，行三獻禮畢，別行儐尸於堂之禮。又云“祭畢，禮尸於室中”者，據下大夫室内事尸，行三獻，無別行儐尸於堂之事，即於室内爲加爵禮尸，即下文云“若不儐尸”以下是也。

二　徹室中饌，祝、佐食俎，以儐尸

自此盡“如初”，論徹室内之饌并更整設及温尸俎之事。云“徹室中之饌及祝、佐食之俎”者，室内之饌，主於尸饌，薦、俎、黍稷皆名饌，下大夫不儐尸，餕訖，云“有司官徹饌，饌于室中西北隅”，彼鄭注云“官徹饌者，司馬、司士舉俎，宰夫取敦及豆”，則此饌内兼數物，唯無肵俎。肵俎，上篇佐食徹之，先設於堂下也。又言“及祝、佐食之俎”者，殊其尊卑爲

---

① “司”下原有“徹”字，阮云：“唐石經、徐本、《釋文》俱無‘徹’字，《集解》、《通解》俱有。陸氏曰：‘本或作有司徹’。按此本卷四十九起篇題有‘徹’字，他篇注疏引此篇亦多有‘徹’字。”漢簡本作“有司第十二”，亦無“徹”字，據漢簡本、唐石經刪。

② “釋曰”，阮云：“按此獨有‘釋曰’二字，下文又重出‘釋曰’，正與《考工記》篇題疏同例，明鄭《目録》乃作疏者所引，非鄭氏自引也。”

文，祝亦有薦，在室內北墉下，佐食之俎在兩階之間①，無薦，此等見於上篇，今徹，祝與佐食并爲文者，賤者省文之義，其實祝薦、俎在室內，佐食俎在階間。此直云"有司"不言官，下大夫不儐尸云"官徹"者，彼爲更饌西北隅爲陽厭，故見官也。肵俎亦用儐尸，不使有司同時徹者，肵俎本爲尸，故設之，徹之皆不與正俎同時，而後設先徹。案《楚茨》詩云"諸宰君婦，廢徹不遲"，此不言者，彼人君禮，故不同。

三　祭之明日曰祊、曰繹，與卿大夫禮異

云"天子、諸侯明日祭於祊而繹"者祊，百庚②，欲見天子、諸侯尊，別日爲之，與卿大夫禮異，但祊與繹二者俱時爲之，故《郊特牲》云"繹之於庫門內，祊之於東方，失之矣"，鄭注云"祊之禮，宜於廟門外之西室，繹又於其堂，神位在西。此二者同時而大名曰繹，其祭禮簡而事尸禮大"。引《春秋傳》者，此宣八年《左氏傳》。"辛巳，有事于大廟，仲遂卒于垂"，卿佐卒，輕于正祭，不合廢，但繹祭禮輕，宜廢而不廢，故譏之。云"壬午猶繹"，引之者，證人君別日爲繹，又見二者雖同時而大名繹，故孔子書繹不書祊。引《爾雅》者，《爾雅·釋天文》，彼云"周曰繹，商曰肜，夏曰復胙"，"復胙"者，復昨日之胙祭；殷曰"肜"者，義取肜肜祭不絕；周曰"繹"者，取尋繹前祭之事。但祊者，《禮器》云"爲祊乎外"，注"祊祭，明日之繹祭也。謂之祊者，於廟門之旁，因名焉。其祭之禮，既設祭於室而事尸於堂，孝子求神非一處"是也。此祊是明日又祭，故於廟門外。若然，正祭祊即於廟門內，故《楚茨》詩云"祝祭于祊，祀事孔明"，《毛傳》云"祊，門內也"，鄭云"孝子不知神之所在，故使祝博求之平生門內之旁，待賓客之處"。此大夫儐尸同用正祭之牲，天子、諸侯禮大，別日，又別牲，故《牛人》云"享牛求牛"，鄭云"享，獻也。獻神之牛，謂所以祭者也。求，終也。終事之牛，謂所以繹者也"，是其別牲也。

---

①　"階"字原作"楹"，依上經正祭主人獻佐食節"俎設于兩階之間"文，及此節下疏"佐食俎在階間"文，"楹"字似當爲"階"字之誤，謹改。

②　"祊百庚"，原在頁眉處，占行十一，乃了翁據《儀禮音義》增補之釋文，謹依文義挪至此處。

四　埽堂、攝酒，爲賓尸新之

埽堂。

釋曰："爲儐尸新之"者，正祭於室之時，堂亦埽訖，今將儐尸，又埽之。

司宮攝酒。

鄭云"更洗益整頓之"者，案《士冠禮》"再醮攝酒"，注云"攝，猶整也。整酒，謂撓之"，此更添益整頓，則此洗當作撓，此謂賓尸①，唯徹室中之饋，亦因前正祭之酒，更撓攪添益整新之也。

今文攝作聶。

五　燅尸俎，先温於爨之鑊，乃升之鼎

乃燅尸俎燅，音尋，或徐炎反。燖，同②。

釋曰：知"温尸俎於爨"者，見下文云"卒燅，乃升羊、豕、魚三鼎"，故知先温於爨之鑊，乃後升之於鼎也。"胹亦温焉"，知者，案下文載俎，所舉在胹，肩、胳、脊、脅皆在，載於俎，明亦温可知。又云"獨言温尸俎，則祝與佐食不與賓尸之禮"者，但正祭時尸、祝及佐食皆有俎，今獨言温尸俎，欲見賓尸時祝與佐食不與而别立侑也。

六　燅即《論語》、《左傳》温尋之尋，同③

云"古文燅皆作尋"，《論語》及《左傳》與此古文皆作尋，《論語》不破，至此疊古文不從者，彼不破者，或古今文通用④，至此見有今作燅，有火

---

① "此謂賓尸"，"賓"字四庫本作"儐"，阮校前疏"卿大夫既祭而賓尸"文云："按通篇'儐尸'之'儐'，或作'賓'，或作'儐'，諸本錯互，今不悉校。据經文作'儐'，則當以'儐'爲正。'賓'、'儐'或古文通用，其作'擯'者誤。"

② "燅音"至"燖同"，原在頁眉處，占行八至九，乃了翁據《儀禮音義》增補之釋文，謹依文義挪至此處。

③ "六燅即"至"之尋同"，原在題五下别行另起，謹依題義挪至此處。

④ "文"上原無"今"字，曹云："'文'上或脱'今'字。"據補。

義,故從今文也。云"記或作燖"者,案《郊特牲》云"有虞氏之祭也,尚用氣。血腥、爓祭,用氣也",注云"爓或爲燖",今此義指彼記,或讀之,故云"記或作燖"也。引《春秋傳》者,案哀公十二年《左傳》。

七　議侑,擇賓之賢者,以異姓

乃議侑于賓,以異姓。

釋曰:自此盡"侑答拜",論選侑并迎尸及侑之事。云"是時主人及賓、有司已復內位"者,下文"侑出,俟于廟門之外",又云主人出迎尸、侑,言侑即賓之賢者,明賓、有司、主人皆復內位矣。若然,知賓、主不先在內,必知出,復內位者,上篇云四餕者,二佐食,二賓長,餕訖皆出,未見入,主人送上餕言"退",皆有出事,今議侑在內,故云"是時賓、主人已復內位"也。

八　立侑以輔尸,宗人戒之

宗人戒侑。

釋曰:知"南面告於其位"者,以賓位在門東北面,謂以爲侑,明面鄉其位可知。知賓位在門東北面者,下文將獻賓時云"主人降,南面拜眾賓,門東三拜,眾賓門東北面,皆答壹拜"是也。云"戒曰:請子爲侑"者,案《燕禮》公曰"命某爲賓",射人傳公命,當云"請子爲賓",鄭以互文約之[1]。云"主人興禮事尸,極敬心也"者,正謂立侑以輔尸,使出更迎入[2]。

九　正祭盥訖乃舉鼎,此儐尸不盥

乃舉。

釋曰:自此盡"西枋",論門外舉鼎,匕、俎入陳于廟門內之事[3]。云

---

① "之"字原作"文",汪刻本及張、阮刻本均作"之",據改。
② "更迎入"原作"便迎之",倉石云:"殿本'便'作'更'。今案'之'當作'入',文義乃足。"據改。
③ "門"下原無"內"字,曹云:"'門'下脫'內'字。"據補。

"舉者不盥,殺也"者,決正祭時皆盥訖乃舉鼎,此償尸禮殺。

十　匕渭謂無肉直汁,疏匕疏通刻飾

雍人合執二俎,陳于羊俎西,並,皆西縮,覆二疏匕云云。

云"其南俎,司馬以羞羊匕渭、羊肉渭"者,匕渭謂無肉直汁,以其在匕,故名匕渭也①,即下文"司馬在羊鼎之東,二手執桃匕枋以挹渭,注于疏匕"是也。

十一　"疏匕"猶云"疏屏"②

云"疏匕,匕柄有刻飾"者,以其言疏,是疏通、刻飾之名。若《禮記》云"疏屏"之類。

並,併也。

《明堂位》有"疏屏"③。

十二　設神几皆在右,爲生人設几皆左

云"主人退,尸還几,縮之"者,以主人橫執几進授尸時,尸二手受於主人手間時,亦橫受之,將欲縱設於席,故還之使縮,以右手執几外廉,故鄉北面縮設于席也。云"左之者,異於鬼神"者,謂若上篇以來,設神几皆在右,爲生人皆左几之等,是其生人陽,故尚左,鬼神陰,故尚右。

十三　主人降洗,賓降,主人辭降

釋曰:自此盡"興,退",論主人、主婦獻於尸之事。云"主人降洗,尸、侑降,尸辭洗"者,案《鄉飲酒》主人降洗,賓降,主人辭降,賓對,此中亦應

---

①　"匕"下原無"故名匕"三字,曹云:"'匕'下似脱'故名匕'三字。"據補。

②　"十一疏匕"至"云疏屏",原在題十下別行另起,謹依題義挪至此處。四庫本無此題,誤將"疏匕猶云疏屏"六字置於"有疏屏"文下。

③　"明堂"至"疏屏",乃了翁按語。

主人降洗，尸、侑降①，主人辭降。

十四　正祭先薦後獻，繹則先獻後薦

主婦自東房薦韭菹、醓，坐奠於筵前云云。

釋曰：案此上下經，主人先獻，主婦乃後薦者，若正祭則先薦後獻，若繹祭則先獻後薦，故《祭義》云“君獻尸，夫人薦豆”，鄭注云“謂繹日也”，則此儐尸禮與天子、諸侯繹祭同，故亦先獻後薦也。

十五　朝事八籩、八豆，此儐尸禮殺，各取四

十六　《特牲》、《少牢》無朝事於堂，直有室事②

韭菹、醓。昌菹、醓。麷、蕡。白、黑。

注：此皆朝事之豆籩。

釋曰③：云“大夫無朝事而用之儐尸，亦豐大夫之禮”者，案《禮記》坐尸於堂，子北面而事之，注云天子、諸侯之祭，朝事延尸於戶外，是以有北面事尸之禮，是《特牲》、《少牢》正祭無朝事於堂，直有室中之事。若然，大夫雖用天子、諸侯朝事之籩豆，以其禮殺，故八籩、八豆之中各取其四耳、其“韭菹、醓”者，則無骨之醓。“昌菹、醓”者，即《周禮》“麷蘹”，蘹，散文亦名醓。又案《周禮》鄭注云“蘱菹之稱菜肉通，全物若牒爲菹，細切爲蘱”，彼昌本不言菹，是細切爲蘱，此云“昌菹”，則大夫以昌本爲菹”④，異於天子、諸侯所用也。

---

① “尸侑”原作“賓”，曹云：“‘賓’當爲‘尸侑’。”據改。

② “十六特牲”至“有室事”，原在頁眉處，占行十至十五，“釋曰云”至“中之事”乃與此題對應之文字，涵于題十五所領正文內，不宜段分，謹依題義挪至此處。

③ “釋”下原無“曰”字，依其慣例，“釋”下當有“曰”字，謹補。

④ “昌”下原無“菹則大夫以昌”六字，汪刻本及張、阮刻本均有“菹則大夫以昌”六字，據補。

十七　司馬載俎，十有一

乃升。

釋曰：自“乃升”盡“于其上”，論司馬載俎，因歷說十一俎之事。

十八　儐尸，增俎實，爲尸加，故有湇

羊肉湇，臐折、正脊一、正脅一、腸一、胃一、嚌肺一①，載于南俎。

云“肉湇，肉在汁中者，以增俎實，爲尸加也”者，以決正祭之鼎，直升牲體無湇者，以正祭之俎非加，今儐尸，增俎實，爲尸加，故有湇也。凡牲體皆出汁，不言湇，又下豕脅亦出于汁，皆不言湇，此特得湇名者，《特牲》、《少牢》正祭升牲體於鼎時，皆無匕湇，故直云升體於俎，設於尸前，鼎内亦無匕湇升文，今此升牲體於尸前，匕湇亦升焉，故得湇名，以在俎實無汁，故進羊肉湇，必先進羊匕湇，然後進羊肉湇，見此湇爲肉而有，故在羊肉湇前進之，使尸嘗之，故鄭下注云“嚌湇者，明湇肉加耳，嘗之以其汁，尚味”是也。

十九　羊有正俎、匕湇、肉湇，豕無正俎，魚無匕湇②

若然，豕亦有匕湇，不名肉湇而名豕脅者，互見爲文。言脅者，見在俎無汁，言肉湇者，見在鼎内時有汁也。若然，羊、豕互見爲文，魚何以不言魚湇而云“湇魚”者？羊先言肉，後言湇，使肉前進匕湇，明是湇從肉來可知，魚前無進匕湇，故先言湇，以明魚在湇可知。魚無匕湇者，鄭下注云“不羞魚匕湇，畧小味也”。羊有正俎，羞匕湇、肉湇，豕無正俎，魚無匕湇，隆殺之殺。

---

① “嚌”字原作“祭”，四庫本作“嚌”，合於經，據改。
② “十九羊有”至“無匕湇”，原在頁眉處，占行十六至次頁行四，謹依題義挪至此處。

二十　十一俎，如羊湆、豕胥等，有正、有加

云"此以下十有一俎，俟時而載，於此歷説之爾"者，案下文"卒升，賓長設羊俎於豆南。賓降，尸升筵"，唯設此一俎，餘十一俎皆未載①，又主人、主婦俎升席時乃設之②，是其"俟時而載"，今於此已下雖未載，因前俎遂歷陳説之耳。十一俎者，即尸之羊肉湆，一也；豕胥俎，二也；侑之羊俎，三也；豕俎，四也；主人羊俎，五也；羊肉湆俎，六也；豕胥，七也；主婦羊俎，八也；尸、侑、主人三者皆有魚俎，是其十一，通尸羊正俎爲十二俎。其四俎，尸、侑、主人、主婦載羊體俎，皆爲正俎。其餘八俎，雍人所執二俎益送往還，故有八，其實止二俎也。

二一　侑俎用左體，侑賤，尸俎用右

侑俎，羊左肩、左肫云云。

注云云，侑賤。

"侑俎用左體"者，案《少牢》載尸俎皆右體，脊、脅皆二骨；舉肺一；切肺三，尸、主人、主婦盡用；腸三、胃三，尸正俎用一，湆俎用一，唯有一在此，是以自侑已下及主人、主婦，皆用左體脊、脅。若然，敊尸俎時，左體亦同升於鼎上，不云者，文不具。

二二　儐尸有侑，猶正祭有祝，尊之故加體

云"其羊俎過三體，有肫，尊之，加也"者，鼎俎數奇，今體數四，故云"加"，若《禮緯》云"禮，六十已上，籩豆有加"，是以《少牢》祝羊、豕體各三，又下文主人羊肉湆俎體亦三，今儐尸之有侑，猶正祭之有祝，侑四體，必知以肫爲加者，侑豕俎無肫，主人羊肉湆俎亦無肫，故知有肫爲加，以立侑以輔尸，尊之，故以肫爲加體。

---

① "未"下原無"載"字，曹云："'未'下脱'載'字。"據補。
② "升"上原無"俎"字，倉石云："殿本'升'上補'俎'字。"據補。

二三　阼俎用左，下尸，正俎無體，遠下尸

阼俎，羊肺一、祭肺一云云。

釋曰："無體，遠下尸"者，尸用右體，主人用左體，是其相下之義，今主人正俎全無牲體，故云"遠下尸也"。云"以肺代之，肺尊也"者，尸、侑一肺，今主人一俎有兩肺，故知以肺代體。肺者，氣之主，食所先祭，尊於腸胃。

二四　降於侑羊體一而增豕膚三，所謂順而摭

云"降於侑羊體一而增豕膚三，有所屈，有所申，亦所謂順而摭也"者，案《禮器》注云"謂若君沐粱，大夫沐稷，士沐粱"，大夫不沐粱，屈於君，士則申，與君同，是亦屈申之義。

二五　主人、主婦俎不敢備，遠下尸

主婦俎，羊左臑，脊云云①。

云"無豕體而有膚，以主人無羊體，不敢備也"者，以主人俎無羊體，故主婦俎亦無豕體，以主人遠下尸，主婦亦遠下尸也。

二六　不陳魚俎於豕俎下，別於正牲

司士枇魚，亦司士載，尸俎五魚，橫載之。侑、主人皆一云云。

案上歷說十一俎，尸、侑、主人之下皆次言豕俎②，獨不陳魚俎於豕俎之下而并陳於此者，欲見魚，水物，別於正牲，又欲見魚獨副賓長三獻③，故并於此序之。

---

① "脊"字原作"一"，四庫本作"脊"，合於經，據改。
② "豕俎"下原有"魚俎亦是歷說十一俎"九字，曹云："殿本刪。"據刪。
③ "三獻"原作"獻三"，曹云："'獻三'二字當倒。"據乙。

二七　牲體進腠變於神，魚載橫是彌變

　　云“橫載之者，異於牲體，彌變於神”者，以其牲體皆橫載於俎，於人爲縮，鬼進下，生人進腠，上篇《少牢》正祭升體時云“下利升豕，其載如羊，無腸、胃。體其載于俎，皆進下”，鄭注“進下，變於食生也。所以交於神明，不敢以食道，敬之至也”，引《鄉飲酒禮》“‘進腠’，羊次其體，豕言進下，互相見”，明正祭之時，牲體皆橫載進下可知。至此儐尸，事神禮簡，儐尸禮隆，以尸爲賓客，故從生人禮，牲體皆進腠，橫載於俎，異於祭①。魚於正祭之時縮載，故《少牢》云“司士升魚，十有五而俎，縮載，右首進腴”，於俎爲縮，於尸爲橫，首向右，腹腴向尸，鄭注云“右首進腴，亦變於食生也”，若生人則亦縮載，於人爲橫，首亦向右，進鰭脊向人，腹腴向外，今儐尸之禮，載魚宜亦同生人，縮載進鰭，今橫載，於人爲縮，不與正祭同，又與生人異，欲見儐尸之禮異於正祭，又不得全與生人同。鄭云“彌變於神”者，牲體既進腠，是已變於神，至於魚，載又橫於俎，是“彌變於神”。

二八　自獻尸至卒爵，凡五節

　　卒升。

　　釋曰：自此盡“立于筵末”，論薦獻於尸之事。云“卒升”者，案上有主人酌獻尸，主婦薦籩豆，又升羊俎進於尸前，因歷説十一俎之事，今言“卒升”，還計上升羊俎，故云“卒”，是以鄭亦據“已載尸羊俎”而言之②。此事從上文“獻尸”，下盡“乃卒爵”，有五節。五節者：從主人獻酒於尸并主婦設籩豆，是其一也；賓長設俎，二也；次賓羞羊匕湆，三也；司馬羞肉湆，四也③；次賓羞羊燔，尸乃卒爵，五也。

---

　　①　“祭”字原作“載”，曹云：“‘載’或當爲‘祭’。”據改。
　　②　“據”字原作“云”，曹云：“‘云’當爲‘據’。”據改。
　　③　“二也”下原無“次賓”至“四也”十五字，當涉“次賓羞”三字而脱，四庫本有“次賓羞羊匕湆三也司馬羞肉湆四也”十五字，阮云：“此句下《通解》、毛本有‘次賓羞羊匕湆三也司馬羞肉湆四也’十五字，此本與《要義》俱無。”曹云：“《通解》補之是也。”據補。

二九　桃匕、疏匕皆有淺升,狀如飯橾

三十　桃匕讀如"或舂或抌"之"抌"①

司馬在羊鼎之東,二手執桃匕枋以挹湆桃,他羔,又湯堯反,或湯姚,一音由,又食汝反②,注于疏匕云云。

云"讀如'或舂或抌'之'抌'"者,讀從《詩》"或舂或抌",彼注"抌,抒臼也"抒,食汝反③,云"此二匕者皆有淺升,狀如飯橾"橾,當如此。橾,七消反④,此以漢法況之。言淺升,對尋常勺升深,此淺耳。

三一　獻侑,降尸二等

釋曰:自此盡"主人荅拜",論主人獻侑并薦俎從獻之事也。此節內從獻有三事:主人獻時,主婦薦籩豆,一也;司馬羞羊俎,二也;次賓羞羊燔,三也。侑降於尸二等,無羊匕湆,又無肉湆。

三二　凡獻間無事則不洗爵,從卑向尊仍洗⑤

云"不洗者,俱獻間無事也"者,此則以其獻尸訖,即獻侑,中間無別

---

① "三十桃匕"至"抌之抌",原在頁眉處,占行一至四,"云讀如"至"舂或抌"乃與此題對應之文字,涵于題二九所領正文內,不宜段分,謹依題義挪至此處。又,二"抌"字均原作"枕",據阮校正文"云讀如或舂或抌之枕者"云:"'抌',《集釋》《通解》,敖氏並從'手',下同,楊氏作'揄',注疏本'抌'誤'枕'。"據改,正文亦改"枕"爲"抌"。

② "手"上原無"二"字,四庫本有"二"字,合於經,據補。又,"桃他"至"汝反",原在頁眉處,占行十三至十四,乃了翁據《儀禮音義》增補之釋文,謹依文義挪至此處。

③ "抒食汝反",原在頁眉處,占行十七,乃了翁據《儀禮音義》增補之釋文,謹依文義挪至此處。

④ "橾當"至"消反",原在頁眉處,占行十五至十六,乃了翁據《儀禮音義》增補之釋文,謹依文義挪至此處。

⑤ "三二凡獻"至"尊仍洗",原在頁眉處,占行十至十五,謹依題義挪至此處。

酢酬之事,故不洗。凡爵行,爵從尊者來,向卑者,俱獻間無事則不洗爵,從卑者來,向尊,雖獻間無事亦洗,是以此文獻尸訖,俱獻侑,不洗,是爵從尊者來,故《特牲》賓致爵於主人洗爵者,鄭云"洗乃致爵,爲異事新之",以其承佐食賤。

三三　主人受尸酢,有五節行事

尸受侑爵,降洗云云。

釋曰:自此盡"就筵",論主人受尸酢并薦籩豆及俎之事。就此事中亦有五節行事,尊主人,故與尸同五節者①:尸酢主人時,主婦亦設籩豆,一也;賓長設羊俎,二也②;次賓羞羊匕湇,三也;司馬羞肉湇,四也;次賓羞羊燔,主人乃卒爵,五也。

三四　尸待主人獻侑訖,乃酢主人③

但《特牲》、《少牢》主人獻尸,尸即酢主人,主人乃獻祝及佐食,此尸待主人獻侑,乃酢主人,不同者,此尸卑,達主人之意,欲得先進酒於侑乃自飲,彼尸尊,不達主人,欲自達己意,故先酢主人,乃使主人獻祝與佐食,故不同,是以下文賓長獻尸,致爵主人,尸乃酢之,遂賓意,亦此類也。

三五　主人東北面拜受爵,尸西北面答拜

司宮設席于東序,西面。主人東楹東北面拜受爵,尸西楹西北面答拜。

釋曰:此乃陳主人受酢設席之位。案《特牲》爲士,《少牢》下大夫④,

---

① "者"上原無"五節"二字,曹云:"'者'上脱'五節'二字。"據補。

② "二"下原無"也"字,倉石云:"下脱'也'字,下'次賓羞羊匕湇,三'下同。"據補,下文"三"下亦補"也"字。

③ "三四尸待"至"酢主人",原在頁眉處,占行六至九,謹依題義挪至此處。又,原無題號"三四",據上下題號補。

④ "少"上原有"案"字,曹云:"'案'字衍。"倉石云:"殿本删'案'字。"據删。

皆致爵乃設席，此儐尸受酢即設席者，以其儐尸，尸益卑，主人益尊，故上一等①，受酢即設席。

三六　凡執籩豆皆雙執

凡執籩豆之法，皆兩雙執之，此侑與主人皆二籩，故主婦與婦贊者各執其二，於事便。

三七　主婦亞獻尸四節，從厭五節

司宮取爵于篚，以授婦贊者于房東，以授主婦。

釋曰：自此盡"主婦荅拜"，論主婦亞獻尸并見從獻之事。上文主人獻節，凡有三爵，有主人獻尸、獻侑并受酢，此主婦獻內凡有四爵，即分爲四節解之，四者：主婦獻尸，一也；獻侑，二也；致爵於主人，三也；受尸酢，四也。下文賓長爲三獻爵止，故與主婦亞獻同。此主婦亞獻尸一節之內，從獻有五，五者：主婦亞獻，主婦設兩鉶，一也；主婦又設糗與脩，二也；次賓羞豕匕湆，三也；司士羞豕胾，四也；次賓羞豕燔，尸乃卒爵，五也。

三八　獻酢無筵上受法，尸不敢與婦人賓主

主婦洗于房中②，出，實爵，尊南西面拜獻尸。尸拜于筵上，受。

釋曰：賓主獻酢，無在筵上受法，今尸於筵上受者，以婦人所獻，故尸不與行賓主之禮，故不得各就其階。若然，《少牢》主人獻祝③，"祝拜於席上，坐受"者，注云"室內迫狹"，故拜筵上，與此禮異。

---

①　"上"字原作"明"，四庫本《儀禮注疏》作"上"，據改。

②　"洗"下原有"爵"字，張、阮刻本均無"爵"字，阮云："唐石經、徐本、《集釋》《通解》、敖氏同，《要義》、楊氏、毛本'洗'下有'爵'字。按嚴杰云'《特牲饋食》主婦設兩敦節疏引無爵字'。與石經合。"據刪。

③　"人"下原無"獻祝"二字，曹云："下脫'獻祝'二字。"據補。

三九　正俎皆橫執橫設，益送之俎皆縮

四十　諸文橫、縮執俎者皆此類

主婦羞糗①、脩，坐奠糗云云，乃縮執俎以降②，侑興。

案上下文，尸與侑及主人、主婦，俱是正俎③，皆橫執俎以升，又橫設於席前，若益送之俎，皆縮執之，又縮於席前，今司士所羞豕胥，是益送之俎，縮執是其常，而言縮執者，以其文承上主人獻侑時無羊肉湇，故主婦獻侑，司士羞豕胥，不得相如，是以經特著縮執俎，見異於正俎。諸文特云橫執、縮執者，皆此類。

四一　主婦致爵于主人，拜酢，辟併敬尸、侑

主婦受爵，酌，以致于主人。主人筵上拜受爵，主婦北面于阼階上苔拜。

釋曰：自此盡“苔拜，受爵”，論主婦致爵于主人之事。此科亦有五節行事：主婦致爵於主人時，主婦設二鉶，一也；又設糗脩，二也；豕匕湇，三也；豕胥，四也；豕燔，主人卒爵，五也。云“主婦易位，拜於阼階上，辟併敬”者，前主婦獻尸、侑，拜送於主人北，今致爵於主人，拜於阼階上者，辟併敬主人與尸、侑，故易位也。若然，案《特牲》三獻爵止，乃致爵，此未三獻已致爵者，以上篇已有獻於尸，故此不待三獻，又見儐尸禮殺，故早致。

四二　尸受爵降，將酢主婦

尸降筵，受主婦爵以降。

釋曰：自此盡“皆就筵”，論尸酢主婦之事。此科內從酢有三，三者：

---

① “羞”字原作“差”，四庫本作“羞”，合於經，據改。
② “俎”字原作“豕胥”，經作“俎”，據改。
③ “俱”字原作“但”，阮云：“毛本‘但’作‘俱’。”據改。

主婦受酢之時，婦贊者設豆籩，一也；司馬設羊俎，二也；次賓羞羊燔，主婦卒爵，三也。以其主婦受從與侑同三，主人受從與尸同五，尊卑差也。

四三　賓長以下雖獻無席，唯主人、主婦設席

司宮設席于房中，南面。主婦立于席西。

釋曰：以賓長以下皆無設席之文，唯主婦與主人同設席，故云“主婦尊”，《特牲》及下大夫主婦設席，亦是主婦尊。

四四　主人坐卒爵，奠爵乃拜，主婦執爵拜，立卒爵

主婦執爵以出于房，西面于主人席北，立卒爵，拜云云。

釋曰：云“不坐者，變於主人也”者，上主人受酢坐卒爵，故云“變於主人也”。“執爵拜，變於男子”者，上下經凡男子拜卒爵①，皆奠爵乃拜，故云“變於男子也”。

四五　賓獻尸，尸奠爵未舉，以待神惠均

上賓洗爵以升，酌獻尸。尸拜受爵至尸奠爵于薦左②。

釋曰：此一經論賓長備三獻獻尸，其尸奠於薦左未舉之事。尸不舉者，以三獻訖，正禮終，欲使神惠均於庭，徧得獻乃舉之，故下文主人獻長賓及衆賓以下訖③，乃作止爵。若然，《特牲》及下大夫尸在室內，始行三獻，未行致爵，尸奠爵，欲得神惠均於室，此儐尸之禮，室內已行三獻，至此儐尸，夫婦又已行致爵訖，儐尸又在堂，故爵止者，欲得神惠均於庭，與正祭者異。

---

①　“凡”字原作“几”，四庫本及汪刻本皆作“凡”，據改。

②　“尸拜”至“薦左”原作“尸拜受受尸奠爵于薦左”，四庫本作“尸拜受爵至奠爵於薦左”，經本作“尸拜受爵，賓西楹西北面拜送爵，尸奠爵于薦左”，此爲截取，當據四庫本於“尸拜受”下補“爵”字，改後一“受”字爲“至”，謹補改。

③　“獻”下原無“長賓”二字，曹云：“‘獻’下脱‘長賓’二字。”據補。

四六　賓長稱上賓，《少牢》尸有父尊稱長賓

云"上賓，賓長"者，上文云"賓長設羊俎"，是此與上文"賓長"互見爲一人①。云"謂之上賓，以將獻異之"者，言長賓，賓中長，尊稱輕，若言上賓，賓中上，尊稱重，故以將獻變言"上賓"。云"或謂之長賓"者，或《少牢》文，案彼云"長賓洗爵，獻于尸"②，此異之稱"長"爲"上"者③，《少牢》尸有父尊，屈之，故但云"長賓"耳。

四七　至此尸升，侑不升，尸禮殺

主人降，洗觶，尸、侑降，主人云云，辭云云，尸升，侑不升。

釋曰：自此盡"皆左之"，論主人酬尸設羞之事。云"侑不升，尸禮益殺"者，儐尸之禮殺於初，今侑不升，又殺。

四八　內羞穀物陰，在右，庶羞牲物陽，在左

宰夫羞房中之羞于尸、侑、主人、主婦，皆右之。司士羞庶羞云云。

釋曰：以二羞是庶羞④、房中之羞，以儐尸用之，故云"盡歡心"。云"房中之羞，其籩則糗餌粉餈"者⑤，是《周禮·籩人職》云"羞籩之實"。云"其豆則酏食糝食"者⑥，《周禮·醢人職》"羞豆之實"。案《王制》云"庶羞不踰牲"，注云"祭以羊，則不以牛肉爲羞"，依《內則》羞用三牲者，據得用大牢者，若大夫已下不用大牢者，則無牛矣，而此引之者⑦，舉其成文以曉人耳。云"庶羞，羊臐豕膮，皆有菔"，知者，案《公食大夫》牲皆臐及炙、

---

① "賓長"原作"長賓"，阮云："毛本'長賓'二字倒。"曹云："'長賓'二字各本倒是也。"據乙。

② "長賓"至"于尸"，倉石云："案《少牢》正作'長賓'，疏蓋誤引。"

③ "長爲上"原作"長上"，四庫本作"上賓"，曹云："'長'下脱'爲'字。"據補。

④ "庶"字原作"內"，曹云："'內'殿本改爲'庶'。"據改。

⑤ "籩"下原無"則糗餌粉餈者"六字，四庫本有"則"字，阮云："《通解》、《毛本》'籩'下有'則糗餌粉餈者'六字。"據補。

⑥ "云其"原作"云云"，四庫本作"云其"，據改。

⑦ "而"下原無"此"字，汪刻本及張、阮刻本均有"此"字，據補。

哉，今此鄭直云臕、臄^①、哉，不言炙者，此儐尸飲酒之禮，故主人獻尸，皆羊燔從，當主婦獻，皆豕燔從，《公食大夫》是食禮，故庶羞並陳，此飲酒之禮，故先以燔從，酬賓之後乃言"司士羞庶羞"^②，則知止有羊臕、豕臄、羊哉、豕哉，以其燔炙前已從獻訖，故知止有臕、臄、哉而已。云"房中之羞，內羞也"者，案下大夫不儐尸，云"乃羞，宰夫羞房中之羞，司士羞庶羞於尸、祝、主人、主婦。內羞在右，庶羞在左"是也。云"內羞在右，陰也"者，以其是穀物，故云"陰"也。云"庶羞在左，陽也"者，以其是牲物，故云"陽"。《大宗伯》亦云"天產作陰德，地產作陽德"，鄭亦云"天產，六牲之屬。地產，九穀之屬"，是其穀物陰，牲物陽者也。

---

① "臕"下原無"臄"字，曹云："'臕'下脫'臄'字，下文'止有臕哉同'。"據補，下亦補。
② "酬"字原作"所"，四庫本作及汪刻本均作"酬"，據改。

儀禮要義卷第五十　有司徹二

一　主人旅衆賓三拜，衆賓皆荅壹拜

釋曰：自此盡"賓降"，論主人獻長賓已下并主人受酢之事。云"拜于門東，明少南就之也"者，以其繼門言之，明少南就之。云"言三拜者，衆賓賤，旅之也"者，案《周禮·司士職》"孤卿特揖，大夫以其等旅揖"，注云"特揖，一一揖之。旅，衆也。大夫爵同者，衆揖之"，此云"旅之"者，旅，衆也，衆人共得三拜①。云"衆賓一拜，賤也"者，以賤不得備禮，故云"賤也"。

二　大夫家臣名"私人"，見不純臣②

云"純臣也，位在門東"者，此對《特牲記》云"公有司門西，北面東上，獻次衆賓。私臣門東，北面西上，獻次兄弟"，此賓皆在門東，故云"純臣"者，指北面時也，得獻訖，在西階下，亦不純臣，故下經云"獻私人于阼階上"，注云"私人，家臣，已所自謁除也③，大夫言私人，明不純臣也"。若然，大夫云"私人"，見不純臣，士言"私臣"，不言"人"者，大夫尊近君，若言私臣則臣與君不異，故名"私人"，士卑，無辟君臣之名，不嫌，故名"私臣"。

---

① "三"字原作"一"，曹云："'一'或當爲'三'。"倉石云："今案曹説是也。《特牲》主人三拜衆賓節疏亦云'衆賓共得三拜'。"據改。

② "二大夫"至"不純臣"，原在頁眉處，占行十四至十八，謹依題義挪至此處。

③ "謁"下原有"云獻私人于阼階上注云私人家臣己所自謁"十八字，阮云："自'云獻'至'自謁'十八字，此本、《要義》俱誤複，當從毛本。"據刪。

三　禮得獻即薦,今徧獻乃薦,畧之

辯受爵,其薦脯醢與脀,設于其位。

釋曰:云"徧獻乃薦,略之"者①,謂若《燕禮》三卿已上得獻即薦,大夫徧獻乃薦,亦其類。云"亦宰夫薦,司士脀"者,此約上賓。

四　士獻長賓即酢,此辯獻乃酢

乃升長賓,主人酌,酢于長賓,西階上北面,賓在左。

釋曰:《特牲》主人獻長賓訖即酢,此辯獻乃酢者,主人益尊,先自達其意,《特牲》主人獻內賓辯乃自酢,注云"爵辯乃自酢,以初不殊其長也",則此大夫尊,初不殊其長故也②。

五　主人酬長賓於堂下

宰夫洗觶以升,主人受,酌③,降酬長賓于西階南。

釋曰:自此盡"于薦左",論主人酬長賓於堂下之事也。云"宰夫授主人觶,則受其虛爵尊于篚"者,謂上主人受賓之酢爵,今宰夫既授觶訖,因受取酢之虛爵,降奠於篚也。知然者,上文主人受酢訖④,賓降,主人無降文,即云宰夫授觶,主人受之,明主人手中虛爵,宰夫受之,奠於篚可知。若然,知不待酬賓虛觶,受之奠於篚者,以其下文賓之觶奠於薦左⑤,故知非賓虛觶。其賓奠薦左者,後舉之以爲無筭爵也。

---

① "云徧"至"之者"原作"即薦",曹云:"二字譌,殿本改作'云徧獻乃薦略之者'。"據改。
② "不"字原作"則",倉石云:"'則'疑當作'不'。"據改。
③ "酌"字原作"爵",四庫本作"酌",合於經,據改。
④ "酢"字原作"爵",曹云:"'爵'當爲'酢'。"據改。
⑤ "之"下原有"虛"字,曹云:"'虛'字衍。"據删。

六　大夫之兄弟雖賤而親，故親酬

主人洗，升酬，獻兄弟于阼階上。兄弟之長升，拜受_{云云}。

釋曰：自此盡"其衆，儀也"，論主人獻兄弟於阼階之事。云"兄弟長幼立飲，賤不別"者，案《特牲》云"獻長兄弟于阼階上，如賓儀"者，士卑，長兄弟爲貴，殊貴賤，故云"如賓儀"。長賓坐飲也，此大夫禮，長賓坐飲，衆賓立飲，至於大夫貴，兄弟賤，兄弟長幼皆立飲，不得如賓儀，故"立飲，賤不別"也。云"大夫之賓尊於兄弟，宰夫不贊酬者，兄弟以親昵來，不以官待之"者，決上文大夫賓貴，使宰夫贊酬，今兄弟酬，不使宰夫贊酬者，爲兄弟是親昵，不以官待之，故兄弟雖賤於賓，不得使人贊酬而親之也。

七　士兄弟位繼主人，大夫兄弟在洗東

其位在洗東，西面北上。升受爵，其薦脀設於其位。

云"位不繼於主人而云洗東，卑不統於尊"者，案《特牲》主人卑，故兄弟助祭之位，得繼主人於阼階下南陳，又得辟大夫，不敢自尊也，此以大夫尊，故兄弟之位在洗東，不繼主人，卑不統於尊故也。

八　主人於兄弟親酬，薦脀使私人[①]

云"此薦脀皆使私人"者，上獻賓長及衆賓，使宰夫設薦，司士設俎，又使宰夫替酬，至於此獻兄弟，爲親昵，不以官待之，主人親酬，明亦不以官，使私人薦脀可知。

九　先生之脀謂長兄弟，非教學者

其先生之脀，折、脅一、膚一。

知先生是長兄弟者，以其文承長兄弟之下，故知"先生"非老人教學者①。知折是豕左肩之折者，以上初升牲體②，明侑俎豕左肩折，注云"折分爲長兄弟俎"是也。

十　主人獻內賓南面拜，不與爲賓主禮

主人洗，獻內賓於房中。南面拜受爵，主人南面于其右荅拜。

釋曰：自此盡"亦有薦脀"，論主人獻姑姊之等於房中之事。知內賓是姑姊妹及宗婦者，約《特牲記》而知也。云"獻於主婦之席東，主人不西面，尊不與爲賓主禮也"者，案《特牲》獻內兄弟於房中，如獻衆兄弟之儀，主人西面荅拜，此大夫禮，主人南面拜，故決之，不與爲賓主之禮也。

十一　南面於內賓之右，以主人之位恒左人③

云"南面於其右，主人之位恒左人"者，謂人在主人左，若《鄉飲酒》、《鄉射》之等，於西階上北面，主人在東，賓在西，此南面則主在西④，賓在東，故云"恒左人"也。

十二　大夫獻私人，下拜升受，主人荅長拜

主人降洗，升，獻私人於阼階上。拜于下，升受，主人荅其長拜。

釋曰：自此盡"主人就筵"，論主人獻私人之事。云"私人，家臣，已所自謁除也"者，此對公士得君所命者，此乃大夫自謁請於君，除其課役，以補任爲之。

---

① "先生非"原作"非先生"，四庫本作"先生非"，據乙。

② "升"字原作"亨"，阮云："《通解》、毛本'亨'作'享'。"曹云："'亨'殿本改作'升'。"據殿本改。

③ "十一南面"至"恒左人"，原在頁眉處，占行七至十二，謹依題義挪至此處。

④ "此"字原作"北"，汪刻本及張、阮刻本均作"此"，據改。

十三　大夫近君,故己臣名私人,士卑不嫌①

云“大夫言私人,明不純臣也”者,大夫尊,近於君,故屈己之臣名爲私人。云“士言私臣,明有君之道”者,士卑,不嫌近君,故得名屬吏爲私臣也。云“北上,不敢專其位”者,以其兄弟北上,今繼兄弟之南,亦北上,與兄弟位同,故云“不敢專其位”。

十四　至賓長三獻備,因號上賓爲三獻

尸作三獻之爵。

釋曰:自此盡“降,實于篚”,論舉三獻之爵,賓長又獻侑并致爵之事。

云“上賓所獻爵”者,若然,三獻是上賓,不言“上賓”而言“三獻”者,以其主人、主婦并此賓長備三獻,因號上賓爲三獻,是以事名官者也。云“不言三獻作之”者,對《特牲》云“三獻作止爵”,故決之。下大夫不儐尸,自作爵者,順上大夫爲文。作其爵者以神惠均於庭訖,欲使尸飲此酒。但此一節之內,有四爵行事,四者:尸作三獻之爵,一也;獻侑,二也;致爵於主人,三也;受尸酢,四也。

十五　飲禮,至旅酬及無筭乃爲殷勤

二人洗觶,升,實爵,西楹云云,尸、侑答拜。坐祭云云②,尸、侑荅拜,皆降。

釋曰:自此盡“及私人”,論旅酬從尸及上下無不徧之事。云“三獻而禮小成”者,以此獻爲正,後仍有舉奠加爵之等,終備乃是禮之大成,故云“小成”也。云“使二人舉爵,序殷勤於尸、侑”者,飲酒之禮,旅酬與無筭

---

① “十三大夫”至“卑不嫌”,原在頁眉處,占行一至六,謹依題義挪至此處。

② “答拜坐祭”原作“坐祭立飲”,四庫本作“答拜坐祭”,合於經,據改。

爵乃盡歡心^①，故以旅酬及無筭爵爲殷勤於尸^②、侑也。案《鄉飲酒》及《鄉射》、《特牲》等皆一人舉觶爲旅酬始，二人舉觶爲無筭爵始，今儐尸乃以二人爲旅酬始者，此儐尸別一體，與彼不同，以其初時主人酬尸，尸奠之，侑未得酬，故使二人舉觶，侑乃得奠而不舉，即與尸並奠一爵^③，一爵遂酬於下，是以須二人舉觶。兄弟之後生者舉觶於其長爲無筭爵者，以其賓長所舉奠酬亦爲無筭爵^④，以此二觶者皆在堂下，故爲無筭爵，尸不與無筭爵，故舉堂下觶爲無筭爵。其爲旅酬皆從上，發尸爲首，故《特牲》等使一人舉觶爲旅酬，與賓長所舉薦右之觶並行^⑤，此賓不舉旅酬，皆從尸舉，故所奠者爲無筭一爵，亦是異於《特牲》。

十六　上經主人與尸分東西楹，今同阼階

尸遂執觶以興，北面于阼階上酬主人。主人在右。

釋曰：決上文尸酢主人，主人東楹東北面拜受爵，尸西楹西北面荅拜，是各於其階^⑥，今尸酬主人，同于阼階，故云"禮殺"也。

十七　私人之長拜下，升受，兄弟之爵下飲

遂及私人，拜受者升受，下飲。

釋曰：私人位在兄弟之南，今言下飲之，則私人之長一人在西階下飲之，其餘私人皆飲於其位，故下經云"卒爵，升酌，以之其位，相酬辯"是也。

---

① "旅酬與無筭爵"原作"酬與筭爵"，四庫本作"酬無筭爵"，汪刻本及張、阮刻本均作"酬與無筭爵"，倉石云："上當補'旅'字。"據以補"旅"與"無"字。

② "爵"字原作"乃"，阮云："'乃'，《要義》作'爵'。"據阮所見本《要義》改。

③ "即與"至"一爵"原作"即與亦奠一爵"，曹云："當爲'即與尸並奠一爵'。"據補改。

④ "亦爲無筭爵"原作"亦爲筭爵"，四庫本作"亦無筭爵"，汪刻本及張、阮刻本均作"亦爲無筭爵"，據補。

⑤ "觶"下原無"並行"二字，曹云："'觶'下脫'並行'二字。"據補。

⑥ "各"下原重"各"字，阮云："毛本不重'各'字。"曹云："'各'字不必重。"據刪。

十八　末受酬者雖無所旅,猶自飲

卒飲者實爵于篚。

釋曰:凡旅酬之法,皆執觶酒以酬前人,前人領受其意,乃始自飲,此私人末受酬者,後雖無人可旅,猶自飲之訖,乃實爵於篚,以其酒是前人所酬,不可不飲故也。

十九　私人得旅酬,房中内賓旅可知

乃羞庶羞于賓、兄弟、内賓及私人。

釋曰:此經論無筭爵時,羞庶羞於賓及兄弟之等事。云"此羞同時,羞則酌,房中亦旅"者,旅酬之下云"乃羞庶羞",内賓羞在私人之上,私人得旅酬,則房中内賓亦旅可知。

注:其始,主婦舉酬於内賓,遂及宗婦。

二十　古文觶皆作爵,延熹校書定作觶

兄弟之後生者舉觶于其長①。

釋曰:自此盡"爵止",論後生舉觶於長兄弟,代主人酬兄弟之事②。

古文觶皆作爵,延熹中③,詔校書,定作觶。

二一　長兄弟北面而長在西,辟主人

釋曰:凡獻酬之法,主人常左人,若北面,則主人在東,今長兄弟北面,云"長在左",則在西,故辟主人。

---

① "觶"字原作"爵",四庫本作"觶",合於經,據改。

② "主"上原無"代"字,曹云:"'主'上當有'代'字。"據補。

③ "延熹中",阮云:"'熹',徐本、《釋文》、《集釋》、《要義》俱作'熹',《通解》、毛本作'景',盧文弨云'延熹,漢桓帝年號,然此實熹平之誤。'今按延熹校書,熹平刊石,似屬兩事。"

二二　拜受、荅拜皆不北面,儐尸禮殺

長拜受於其位,舉爵者東面荅拜,爵止。

云"儐尸禮殺"者,案《特牲》兄弟之後生舉觶於其長爲旅酬,又兄弟弟子舉觶於其長爲無筭爵,拜送皆北面,此云"東面",故云"儐尸禮殺"①。

二三　長賓言奠,兄弟言爵止,互明

長在左,坐奠爵②,拜云云,舉爵者東面荅拜③,爵止。

云"長賓言奠,兄弟言止,互相發明"者,上文主人酬賓,奠爵于薦左,是長賓言奠,此言爵止,是兄弟言止,長賓言奠,明止而未行,此言止,明亦奠薦左,故云"互相發明"也。

二四　交錯酬爲無筭爵,不交錯爲旅酬④

云"相待也"者,酬賓雖在前,及其行之,相待俱時舉行,故下文云"賓及兄弟交錯其酬,皆遂及私人,爵無筭"是也。若二人舉觶于尸、侑,侑奠于右不舉,尸即酬主人,主人酬侑,侑酬長賓,至于衆賓,遂及兄弟,遂及私人,依次弟行徧,不交錯,所謂旅酬也。

二五　爵不止即飲,用爵,爵尊於觚

賓長獻于尸,如初,無湆,爵不止。

釋曰:此一經論衆賓長爲加爵⑤,數多與上賓異,何者? 上賓獻尸、

---

①　"故云"原作"決上",曹云:"'決上'當爲'故云'。"據改。
②　"奠"上原無"坐"字,經有"坐"字,據補。
③　"面"下原無"荅"字,經有"荅"字,據補。
④　"二四交錯"至"爲旅酬",原在頁眉處,占行十一至十六,謹依題義挪至此處。
⑤　"爲加"原作"加爲",曹云:"'加爲'二字當倒。"據乙。

侑[①]，致爵於主人時，皆有湆魚從，今無湆魚從，故經云"無湆"也。云"爵不止"者，上賓獻尸時，亦止爵，待獻堂下畢，乃舉觶，今尸不止爵即飲，故云"爵不止"。言獻者，尊大夫。用爵者，爵尊於觚。

二六　次賓舉爵于尸，更爲旅酬如初

賓一人舉爵于尸，如初，亦遂之於下。

釋曰：此一經論次賓舉觚于尸，更爲旅酬，如上旅酬之事。但前二人舉觶於尸、侑，尸舉旅酬從上至下皆徧飲，今亦從上至下，故云"亦遂之於下"。云"上言'無湆[②]，爵不止'，互相發明"者，上經云"爵止"，與上賓奠爵云"互相發明"，今此又與上文"無湆，爵不止"相發明，是以二文皆在"如初"之下。

二七　賓及兄弟交錯行無筭爵

賓及兄弟交錯其酬，皆遂及私人，爵無筭。

釋曰：自此盡"有司徹"，論堂下行無筭爵禮終，尸、侑出，主人送於廟門外之事。云"長賓取觶"者，是主人酬賓觶。云"長兄弟取觶"者，是兄弟之後生者舉觶于其長之觶也。

二八　有司徹堂上下薦俎，外賓尸，雖堂上，婦人不徹

有司徹。

釋曰：云"徹堂上下之薦俎也"者，案上文堂上有尸、侑之薦俎，堂下有賓及兄弟之薦俎，皆徹之也。云"外賓尸，雖堂上，婦人不徹"者，案《特牲》云"宗婦徹祝豆籩入于房，徹主婦薦俎"，此篇首云"有司徹"，鄭注云"徹室中之饋及祝、佐食之俎"，爲將儐尸，故使有司徹之。下大夫不儐尸，改饋饌于西北隅，云"有司官徹饋，饌于室中西

---

① "侑"上原無"尸"字，倉石云："《詳校》'侑'上補'尸'字。"據補。

② "無"下原無"湆"字，四庫本及汪刻本均有"湆"字，據補。

北隅”,至篇末禮終云“婦人乃徹”,注云“徹祝之薦及房中薦俎,不使有司者,下上大夫之禮”,然此篇首云“有司徹”,別無婦人也,下大夫有司饌陽厭,婦人徹之,篇末云“徹室中之饌”,注云“有司饌之,婦人徹之,外内相兼,禮殺”,此户外儐尸,亦禮殺,嫌婦人亦徹之,故云“雖堂上,婦人不徹”。

二九　堂上儐尸猶如堂内陽厭①

婦人必不徹者,異於下大夫也。堂上儐尸,猶如室内之陽厭②,故鄭注篇首云“儐尸則不設饌西北隅,以此薦俎之陳有祭象,而亦足以厭飫神”是也。

三十　下大夫不賓尸,不得備禮

若不賓尸。

注:不賓尸,謂下大夫也。其牲物則同,不得備其禮耳。舊説云“謂大夫有疾病,攝昆弟祭”,《曾子問》曰“攝主不厭祭,不旅,不假,不綏祭,不配,布奠于賓,賓奠而不舉”,而此備有,似失之矣。

釋曰:自此盡“牢舉,如賓”,論下大夫不賓尸之事。云“不賓尸,謂下大夫”者,從尸七飯已前③,皆與上大夫賓尸者同,已後則以此“祝侑”續之,是不儐尸之禮④,故云“不賓尸,謂下大夫”也。云“其牲物則同,不得備其禮耳”者,謂不備儐尸禮也。

三一　攝主不厭祭、不旅、不腶、不綏祭、不配⑤

引《曾子問》者,破舊説。案彼上云“若宗子有罪,居于他國,庶子爲

---

① “二九堂上”至“内陽厭”,原在頁眉處,占行十四至十八,謹依題義挪至此處。
② “室”字原作“堂”,曹云:“‘堂’當爲‘室’。”倉石云:“‘堂’,殿本改爲‘室’。”據改。
③ “七飯”原作“飲七”,曹云:“‘飲七’當爲‘七飯’。”據改。
④ “是”下原無“不”字,曹云:“‘是’下脱‘不’字。”據補。
⑤ “三一攝主”至“祭不配”,原在頁眉處,占行一至六,謹依題義挪至此處。

大夫，其祭也，祝曰：'孝子某使介子某，執其常事。'攝主不厭祭，不旅，不假，不綏祭，不配"，注云"皆辟正主。厭，厭飫神也。厭有陰，有陽。迎尸之前，祝酌奠，奠之且饗，是陰厭也。尸謖之後，徹薦俎敦，設于西北隅，是陽厭也。此不厭者，不陽厭也。不旅，不旅酬也。假，讀爲嘏。不嘏，不嘏主人也。不綏祭，謂今主人也"，又云"布奠於賓，賓奠而不舉"是也。云"而此備有，似失之矣"者，謂此不儐尸者，不厭已下皆有，則非如舊法使昆弟攝者。

三二　乃盛於肵俎，以歸尸故

乃盛俎，臑、臂、肫、胳脊、橫脊、短脅、代脅，皆牢。

釋曰：云"盛者盛，成①，盛於肵俎也"者，以《特牲》云"盛肵俎，俎釋三个"，故知盛於肵，以歸尸故也。云"此七體羊、豕"者，以其五鼎下有魚、腊，膚又不盛②，故唯羊、豕。凡骨體之數，左右合爲二十一體。云"而俎猶有六體焉"者，謂三脊、三脅皆取一骨盛於肵，各有一骨體在俎不取，以備陽厭也。

三三　主人獻尸、祝、佐食，酳尸

主人洗，酌，酳尸，賓羞肝，皆如儐禮。

自此盡"薦脀皆如儐"禮③，論主人獻尸、祝及佐食之事。此主人獻有五節：主人獻尸，一也；酢主人，二也；獻祝，三也；獻上佐食，四也；獻下佐食，五也。

三四　綏祭讀如"藏其隋"之隋

尸以醋主人④，亦如儐。其綏祭、其嘏，亦如儐。

---

① "盛成"，原在頁眉處，占行八，乃了翁據《儀禮音義》增補之釋文，謹依文義挪至此處。
② "盛"字原作"升"，曹云："四字不與上連讀，'升'當爲'盛'。"據改。
③ "如"字原作"知"，四庫本及汪刻本皆作"如"，據改。
④ "以醋"原作"酢"，經作"以醋"，據改。

云"綏，皆當作捼"者，案經唯有一綏而云"皆"者，鄭并下佐食綏總破之，故云"皆"也。云"讀爲'藏其墮'之墮"者，讀從《周禮·守祧職》云"既祭，則藏其隋"，必讀從之者，義取隋減之事也。

三五　主婦獻尸、祝、佐食同主人，唯不受嘏

主婦其洗，獻于尸，亦如儐。

釋曰：自此盡"入于房"，論主婦亞獻尸及祝并獻二佐食之事。此一節之內，獻數與主人同，唯不受嘏爲異。云"與儐同者"，經既云"如儐"而注復云"與儐同者"，爲事在上篇而發也。

三六　士妻獻尸，不夾爵拜，此夾拜

尸以醋主婦，婦拜受爵[1]，尸荅拜。主婦反位，又拜。

案《特牲》主婦獻尸，不夾爵拜，上篇上大夫賓尸，主婦獻尸，夾爵拜，下大夫既不賓尸，主婦宜與士妻同，今夾爵拜者，爲不賓尸降崇敬，故夾爵拜，與上大夫同。言降，謂降賓尸之禮也。

三七　卿妻爲内子，今鄭於下大夫妻亦稱

注：内子不薦籩，祝賤，使官可也云云。

案《禮記》注"内子，卿妻"，引《春秋》趙姬請逆叔隗以爲内子，證卿妻爲内子，今此下大夫妻得稱内子者，欲見此下大夫妻於祝不薦籩，兼見上大夫妻亦不薦籩，故變言内子也或可，散文，下大夫妻亦得爲内子也。

三八　尸欲神惠均，故止爵待之

賓長洗爵，獻于尸。尸拜受，賓户西北面荅拜，爵止。

---

[1] "尸以"至"受爵"原作"尸酢主婦婦拜受爵"，四庫本作"尸以酢主婦主婦主人之北拜受爵"，節略不同，此仍其舊。又，"酢"字，經作"以醋"，據改。

釋曰：自此盡“庶羞在左”，論賓長獻尸、祝、佐食并致爵之事。此一節之內凡有十爵：獻尸，一也；主婦致爵於主人，二也；主人酢主婦，三也；尸作止爵，飲訖，酢賓長，四也；賓獻祝，五也；又獻上佐食，六也；又獻下佐食，七也；賓致爵於主人，八也；又致爵于主婦，九也；賓受主人酢，十也。云“賓戶西北面荅拜”者，案上《少牢》正祭賓獻與此篇首賓長獻皆云“拜送”，此特言“荅拜”者，下大夫故也。言“拜送”者，禮重，云“荅拜”者，禮輕。

三九　祭見夫婦之別

主婦洗于房中，酌，致于主人。主人拜受，主婦拜送爵。司宮設席。

釋曰：此下大夫夫婦致爵之禮。《祭統》云夫祭有十倫之義，七曰“見夫婦之別焉”，又曰“尸酢夫人執柄，夫人受尸執足。夫婦相授受，不相襲處，酢必易爵”，彼據夫婦致爵而言，又《詩・既醉序》云“醉酒飽德”，謂見十倫之義，志意充滿，是天子、諸侯皆有夫婦致爵之事。

四十　致爵、受酢、設席先後各異[①]

但《少牢》上大夫受致不酢，下大夫受致又酢不致，士受致自酢又致[②]，是上大夫尊，辟君，受致不酢，下大夫與士卑，不嫌得與人君同，夫婦致爵也。云“拜受乃設席，變於士也”者，案《特牲禮》未致爵已設席，故云異於士。其上大夫正祭未致爵，至賓尸，尸酢主人，設席，以尸如賓[③]，故設席在前也。案《周禮・司几筵》云“祀先王昨席亦如之”，鄭注云“謂祭祀及王受酢之席”，彼受酢時已設席，與大夫禮異也。鄭注《周禮・司几筵》又云“后、諸臣致爵乃設席”，與此禮同者，下大夫與士卑不嫌[④]，多與君同故也。

---

①　“四十致爵”至“後各異”，原在頁眉處，占行十三至十七，謹依題義挪至此處。

②　“自”下原無“酢又”二字，倉石云：“殿本‘自’下補‘酢又’二字，《考證》吳氏紱云：‘《特牲饋食禮》主婦致爵于主人，自酢，主人又致爵于主婦。補此二字，其義乃全。’”據補。

③　“以尸如賓”原作“以有尸賓”，曹云：“當爲‘以尸如賓’。”據改。

④　“士”上原無“下大夫與”四字，曹云：“以上文參之，‘士’上當脫‘下大夫與’四字。”據補。

四一 《特牲》無祭酒之文，大夫作止爵乃祭酒

尸作止爵，祭酒，卒爵。賓拜，祝受爵，尸荅拜。

釋曰：云“作止爵乃祭酒，亦變於士”者，《特牲》“賓三獻如初，燔從如初，爵止”，無祭酒之文，至“三獻作止爵，尸卒爵”，亦無祭酒之文，知《特牲》祭酒訖乃止爵者，以經云“燔從如初”，乃云“爵止”，鄭注云“初，亞獻也”，亞獻時祭酒訖乃始燔從，則三獻“燔從如初”，始云“爵止”，明是祭酒既訖乃始止爵，今大夫作止爵乃祭酒，故云“變於士”。云“自爵止至作止爵，亦異於賓”者，此篇首賓尸禮，賓長獻尸奠爵，又云“尸作三獻之爵”，不解以爲與賓同，云“異”者，賓尸止爵在致爵後，其作之在獻私人後，欲神惠之均於庭，此止爵在主婦致爵前，作之在致爵後，欲神惠均於室中，與《特牲》“燔從如初，爵止”同。《少牢》上篇所以不致爵者，爲賓尸，賓尸止爵者，欲神惠均於庭①，故止爵也。《特牲》再止爵者，一止爵欲神惠均於室中，一止爵者順上大夫之禮也。

四二 主人獻衆賓、兄弟、內賓、私人皆堂下

主人降，拜衆賓，洗，獻衆賓云云，獻兄弟、內賓、私人②。

此一經論主人獻堂下衆賓、兄弟下及私人并房中內賓，皆與上大夫禮同之事。

四三 次賓長獻尸爲加爵

賓長獻于尸，尸醋。獻祝，致，醋，賓以爵降，實于篚。

此經論次賓長獻尸已下之事，以其上賓長上已獻尸訖，明此是次賓

---

① “欲”下原有“室中”二字，曹云：“‘室中’二字衍。”據刪。
② “獻兄”至“私人”，經原作“獻兄弟與內賓與私人”，了翁省二“與”字。

長爲加爵也。

致，致爵于主人①、主婦。

四四　下大夫闕旅酬，直行無筭爵

賓、兄弟交錯其酬，無筭爵②。

此一經論堂下賓及兄弟行無筭爵之事，此堂下兄弟及賓行無筭爵，似下大夫無旅酬，故鄭云“此亦與儐同者在此篇”，若此經兼有旅酬，鄭不得言“與儐同”。案《特牲》尸在室内，亦不與旅酬之事，而堂下賓及兄弟行旅酬，又使弟子二人舉觶爲無筭爵者，下大夫雖無儐尸之禮，堂上亦與神靈共尊③，不敢與人君之禮同，既與神靈共尊，故闕旅酬，直行無筭爵而已。《特牲》堂下得獻之後，與神别尊，故旅酬、無筭爵並皆行之，士賤不嫌與君同，故得禮備也。

四五　利獻不及主人，儐尸禮殺

利洗爵，獻于尸，尸酢④。獻祝，祝受，祭酒，啐酒，奠之。

此一經論佐食事尸，禮將畢，爲加爵獻尸及祝之事。云“利獻不及主人，殺也”者，此對上文賓長爲加爵及主人，此不及主人，是“殺也”。又云“此亦異於賓”者，案上《少牢》無利獻，賓三獻尸即止，此篇首儐尸之禮，佐食又不與，故無佐食獻，故云“異”也。

---

①　“致爵于主人”，注原作“謂致爵于主人”，了翁省“謂”字。

②　“無”上原有“爲”字，四庫本無“爲”字，合於經，據删。

③　“上”字原作“下”，倉石云：“‘下’，殿本改爲‘上’字。今案據《特牲》疏云‘《少牢》上下大夫堂下皆無尊者，士卑得與人君同，大夫尊，辟人君故也’，則此當作‘上’爲是。”據改。

④　“酢”字原作“醋”，經作“酢”，據改。

四六　官徹謂司馬、司士舉俎,宰夫取敦、豆

卒養,有司官徹饋①,饌于室中西北隅,南面,如饋之設②,右几,厞用席。

自此下盡篇末,論餕訖改饌於西北隅爲陽厭之事。云“官徹饋者,司馬、司士舉俎”者,經云“官徹”,則司馬主羊,司士主豕,明還遣此二人舉俎可知,即上經云“司馬刌羊,司士擊豕”是也。云“宰夫取敦及豆”者,以其宰夫多主主婦之事③。此敦及豆本主婦設之,今云“官徹”,明非婦人,知是宰夫爲之也,是以上文云“宰夫羞房中之羞”,又上“主婦獻祝,宰夫薦”,鄭注云“内子不薦籩,祝賤,使官可也”,以此言之④,則宰夫代主婦設籩豆及敦可知⑤。

四七　陽厭當室之白,祊祭求神⑥

云“當室之白,孝子不知神之所在,庶其饗之於此,所以爲厭飫”者,此言雜取《曾子問》、《郊特牲》、《祭義》之文。案《曾子問》説陽厭之事云“當室之白,尊于東房”,鄭云“得户明者也”,《郊特牲》云“索祭祝于祊,不知神之所在,於彼乎?於此乎?尚曰求諸遠者與”,《祭義》云“勿勿乎其欲饗之”,是鄭所取陽厭及祊祭求神之事⑦。

四八　豆間祭,埋西階東,神位在西

案《曾子問》凡幣帛皮圭爲主命,埋之階閒,此豆閒之祭,案舊説“埋之西階東”,以神位在西,故近西階。

---

① “撤”下原無“饋”字,經有“饋”字,據補。
② “設”上原無“如饋之”三字,四庫本有“如饋之”三字,合於經,據補。
③ 四庫本文止於此。
④ “明非婦人”至“以此言之”,再造善本無此五十字。
⑤ 底本文止於此,以下皆據再造善本補。
⑥ “四七陽厭”至“祭求神”,原在再造善本頁眉處,占行三至七,謹依題義挪至此處。
⑦ “祊”字原作“枋”,汪刻本及張、阮刻本均作“祊”,據改。

四九　有司改饌,婦人徹饋

云"有司饌之,婦人徹之,外内相兼,禮殺"者,此徹室中之饌者,於上經"有司徹饋①,饌于室中西北隅"者,今使婦人徹之,故云"外内相兼"。外者,謂有司官改饌西北隅;内者,謂今婦人徹饋。

---

① "司"下原有"官"字,汪刻本及張、阮刻本均無"官"字,據删。

附　録

臺北故宮博物院宋本儀禮要義圖録

　　宋魏了翁撰。宋淳祐十二年魏克愚徽州刊九經要義本（圖七）。版匡高二十點二公分，寬十四點七公分。每半葉九行，行十八字。版心白口，左右雙欄。中縫雙魚尾，上記字數（字數之上皆著一方形墨丁），中載儀禮要義幾（間作俗體字），下署葉次塈刻工姓名：孫有成（或有成）、孫德顯（或德、德顯）、金時亨（或時亨）、和仁壽（或仁、仁壽）、鍾季升（或鍾、季升）、劉子章（或劉、子章）、游安（或游、安）、張京（或京）、季清、余明（或明）、程成（或程、成）、汝能、余才（或余）、文茂、汪思中（或思中）、君叟（或君）、余文、程慶（或慶）、余子文（或子文）、劉惠老（或劉老）、唐發（或唐）、王桂（或桂）、汪宜（或宜）、吳宣（或宣）、王杞（或王、杞）、程萬、程禮（或禮）、元興、官寧（或官）、元吉、時中、晟、熊、共、圭、口如茂（或如茂）、口方（或方）。宋諱玄。鉉、殷、恒、貞、屬、桓、蜃諸字偶缺末筆，蓋避宋諱不甚謹嚴。卷一首行大題儀禮要義卷第一，下空二格題序士冠禮一。正文每篇析取註疏，各爲條目，并標數秩字於各條目之上，以便尋覽，其中有原爲選文而不能分隸者，則列目於書眉之上，每行三字，端緒分明。卷末尾題則隔行爲之，餘卷並同此式。全書首尾完具，僅卷五〇最末葉缺佚，經後人依原式抄配。書中字體瘦勁，楮墨如新，爲宋刻尠見，眞秘籍也。舊藏嚴久能家，爲阮文達購得，進呈内府。此本傳世絶罕，諸藏書家所載録者，均爲鈔本，率以此本所出。明内閣藏書目録著録鶴山九經要義二部：一部爲六十八册，一部爲二十四册，皆不全。六十八册者其下註云："見存儀禮七册"，殆即此刻。

　　魏了翁字華父，邛州蒲江人，慶元五年進士及第（接中興館閣續録）。

按宋成都本鶴山全集後序曾述:鶴山集先有姑蘇、温陽二刻,並成都本而三。未及九經要義,而細審此本刻工及雕縷紙質,皆不類該三地所刻,臆其未刻是書。另按方回跋其周易集義曰:"僉書樞密院事魏文靖公鶴山先生了翁華父,前乙酉歲以權工部侍郎,坐言事忤時相,謫靖州。取諸經註疏摘爲要義,又取濂洛以來諸大儒易説爲周易集義六十四卷。仲子大府卿静齋先生克愚明已,壬子歲以軍器監丞出知徽州,刊要集義,置於紫陽書院,至丙子歲,書院以兵興廢,書版盡毁。"(經義考卷三十三)知要義壬子歲始由其仲子克愚付録梓。壬子歲爲理宗淳祐十二年,去丙子歲(端宗景炎元年),僅二十餘載,則徽州此刻,雕成未幾,即罷兵燹,故罕傳世。顧廣圻稱:"此書真天地間第一等至寶,不徒因宋槧而珍重也。"蓋此書存世已稀如鳳毛矣!

　　了翁此作,於各篇各爲條目,節舉註疏録於下方,頗便尋覽。考儀禮諸儒訓詁自喪服諸傳外,隨志四家,舊唐志亦四家,新唐志三家,今惟存鄭註賈疏。鄭註古奥,賈疏蕪蔓,了翁删綴,分臚品節,採掇謹嚴,别裁精審,尚保存鄭賈精華,宋史本傳稱其訂定精密,良不誣也。了翁九經要義明内府有收藏,萬曆間重修内閣書目,已非全本,謹存周易、尚書、儀禮、禮記、春秋、論語、孟子七經。清四庫全書著録則僅存周易、尚書、儀禮、春秋四經而已,而此四經亦非完帙。以此書爲例,四庫全書總目提要作五〇卷,其實書中卷三十、三十一均已佚,全書僅得四十八卷,提要未加細審或有意欺矇世人不得而知。至於私家收藏者以上海宜稼堂最多,有毛詩、儀禮、禮記三經,後歸豐順丁氏持静齋,儀禮前六卷鈔補,禮記首二卷闕,近世復自丁氏散失,不知流落何處。頃翻閲日本天理圖書館秘籍圖録載有毛詩要義一書,知此天水佳槧已有流落異邦,誠可歎哉。

　　阮元採購進呈内府藏書,初乃備續修四庫全書之用,俱稱宛委别藏藏書,此本未被列入,殆因四庫全書已有著録歟!書中鈐記有:"元照私印"朱方、"石谿嚴氏芳椒堂藏書"白方、"蕙櫋"朱長、"張氏秋月字香修一字幼憐"朱方、"秋月之印"、"張氏香修"白方、"修"朱方"香修"朱方"阮叔審定"朱方諸藏書印記。首二鈐記爲嚴元照藏書用章。嚴元照,字久能,清烏程人,縣學生。居苕溪芳椒堂,富收藏,聚書數萬卷,多宋元槧本,年及冠,即好宋版書,杭州汪氏藏宋槧本二〇册,索值五百金,元照愛其,必欲得之,求之急,索值廿六萬錢,議既定,顧無從得錢,乃盡賣家所有書,得錢畀之,書

癖之名，遂播於一時。後五鈐印乃姬人張秋月收藏章。香修姓張氏，初
名秋月，幼媵於無錫嵇相國家，嚴蕙櫋娶於嵇，乃謀諸中閨而胖合，並援
十六觀經戒香薰修之語，字之曰香修，平津館鑒藏書籍記，宋板類編朱氏
集驗醫方，有張氏秋月字香修一字幼憐朱文方印。"沅叔審定"爲傅增湘
藏書鈐章，增湘里爵請參閱前文。

四庫全書總目儀禮要義提要

　　宋魏了翁所撰《九經要義》之一，於每篇各爲條目，而節取注、疏，録於下方，與《周易要義》略同，蓋其著書本例如是也。《儀禮》一經，最爲難讀。諸儒訓詁亦稀，其著録於史者，自《喪服》諸傳外，《隋志》僅四家，《舊唐志》亦僅四家，《新唐志》僅三家，今惟鄭玄（元）注、賈公彦疏存耳。鄭注古奧，既或猝不易通。賈疏文繁句複，雖詳贍而傷於蕪蔓，端緒亦不易明。《朱子語録》謂其不甚分明，蓋亦有故。了翁取而删劉之，分臚綱目，條理秩然，使品節度數之辨，展卷即知，不復以辭義輳轕爲病。其梳爬剔抉，於學者最爲有功。雖所採不及他家，而《儀禮》之訓詁，備於鄭、賈之所説，鄭、賈之精華備於此書之所取。後來詮解雖多，大抵以注、疏爲藍本，則此書亦可云提其要矣。

中華再造善本總目儀禮要義提要

李致忠

《儀禮要義》五十卷（宋）魏了翁撰 宋淳祐十二年（一二五二）魏克愚紫陽書院刻本（目録、卷一至六、二十五至二十八、四十一至四十三配清抄本）。框高二十點六釐米，寬十五釐米。每半葉九行，行十八字，白口，左右雙邊。

魏了翁生平爵里及作《九經要義》緣起，前録宋淳祐十二年魏克愚徽州紫陽書院刻本《周易要義》時已撰述。此乃《九經要義》之一。

此本版式行款、字體風格、刀法印紙，與《周易要義》、《禮記要義》全同。刻工元、祥、晟、余明、成、山、余文、君、官寧、共等，亦見於《周易要義》和《禮記要義》，因知它們都是淳祐十二年魏克愚紫陽書院刻本。

此本鈐有"汪士鐘印"、"閬源真賞"、"郁松年印"等印。現藏中國國家圖書館。

魏華父儀禮要義跋甲寅

盧文弨

　　此書五十卷,世罕流傳,《聚樂堂藝文目》有之,朱錫鬯載之《經義考》,然未之見也。烏程嚴文學元照聞杭州汪氏新得此書,猶是宋刻,亟以二百六十千轉購之,甚寶惜,手鈔副本以示索觀者,而刻本不輕出也。余至其家,始得見之。此書分段録賈氏之疏,每段先標大指爲提綱,以下但載賈疏,魏氏絶無論説。余時爲《儀禮注疏詳校》,取以覆對,其譌舛處與近世本大略相似,朱子《通解》雖有改正,而亦未能盡,則知此一書之傳譌也久矣。今此上方閒著温本一二異同,不多見,其經注闕者亦未之補也。然每段括其大要,使考究者易於尋求,則此書亦不可廢。以朱氏過目之書廣博爲人所不易及,而今乃得見其所未見者,可不爲幸歟!

五十卷宋刻本儀禮要義跋

顧廣圻

　　右宋槧本魏文靖公《儀禮要義》五十卷，歸安嚴君九能藏書也。嘉慶壬戌，九能攜至西湖予所寓居相示，並別有手鈔者一部見借。予久聞此書，今得觀焉，乃歎賞，以爲真天地間第一等至寶，不徒因宋槧而珍重者也。今之《儀禮注疏》依十七篇爲卷，而賈氏之元第世不復見。向在吾郡黃氏傅校其所藏景德六年單疏本，詫爲得未曾有，但其本失去卅二至卅七六卷，是一大闕陷事。今用此書以相比校，則其分卷之處，景德本所有既合若符節，景德本所無正釐然具存，一一可取以補全之也。即此而爲功於賈書者，不甚大哉！至其文句與今本異者，必與景德本合。如《聘禮》記“對曰非禮也敢”，唐石經“敢”下衍一“辭”字，自宋以來，經注各本皆仍其誤。賈疏云“介則在旁，曰非禮也敢”，張忠甫嘗據之以證“辭”之爲衍字者也。今注疏本反依誤本經注增“辭”字於下，致爲鉅謬，唯景德本及此則儼然未有也。此類尚夥，當以卒業後悉標識於鈔本，茲特撮舉其厓略，書於後而還之。六月初七日，元和顧廣圻記。

　　中丞阮公將爲《十三經》作《考證》一書，任《儀禮》者爲德清徐君新田。新田與九能有姻親，曾傳鈔是書，近日復從予所持舊校景德本去，臨出一部，將來此二書者，皆必大顯白於天下。然溯導河所自，則此本與景德本實爲昆侖源也，廣圻又記。

寶禮堂宋本儀禮要義書録

潘宗周

　　《儀禮要義》五十卷，二十四册。宋魏了翁撰，方回跋。了翁所撰《周易集義》謂“了翁權工部侍郎，以忤時相謫靖州，取諸經注疏，摘爲《要義》，所撰者爲《周易》、《尚書》、《毛詩》、《周禮》、《儀禮》、《禮記》、《春秋》、《論語》、《孟子》，所謂《九經要義》”是也。明萬曆中張萱《重編内閣書目》僅存《周易》二册、《尚書》一册、《儀禮》七册、《禮記》三册、《春秋》《論語》《孟子》各二册。清乾隆修《四庫全書》，著録者四種：曰《周易》，曰《尚書》，曰《儀禮》，曰《春秋》。阮文達謂均出天一閣鈔本。涵芬樓藏宋刻《周易》、《禮記》二種，比已影印行世。曩聞宋刻《毛詩要義》藏豐順丁氏，散出後估人曾持至余家，諧價未成，至今惜之。是書舊藏藝芸精舍汪氏、宜稼堂郁氏。其卷一至五、卷二十五至二十八、卷四十一至四十三係抄配，餘均宋時原刻。《四庫總目》稱其“分臚綱目，條理秩然”，又云“《儀禮》之訓詁備於鄭賈之所説，鄭、賈之精華備於此書之所取”。展卷讀之，良非過譽。庫本采自吳玉墀家，與文達所言不同，蓋即《浙江採集遺書總録》所進之瓶花齋寫本。當年天府蒐羅尚未能獲得宋槧，而今竟歸余插架，寧不可謂一時幸事耶！

　　版式　半葉九行，行十七八字，左右雙闌，上闌外每節各有標目，版心白口，雙魚尾，書名題“儀禮要義幾”“儀禮要幾”，“儀”或作“仪”，義或作“义”。上記字數，下記刻工姓名。

　　刻工姓名　于文、余子文、余文、元吉、季清、汪思中、金時亨、時亨、文茂、余明、游安、程仁壽、仁壽，有成、官寧、余才、程成、安茂、汝能、季升、德顯、吳宣、魏万、張京、時中、君夊、唐發、劉惠老、子章、汪宜、程庬、王杞，又有元、成、唐、方、祥、禮、仁、晟、熊、杞、桂、山、宜、胡、君、庬、宣、京、安、共、程、明、鍾、游、金、今、显、刘、全、余、王、汪、之、吳、官各單字。

　　宋諱　玄、鉉、殷、匡、筐、恒、真、桓、敦等字闕筆

　　藏印　“汪士鐘印”、“閬源真賞”、“郁松年印”、“泰峰”、“宜稼”

臺北故宮博物院影印宋本儀禮要義序

秦孝儀

　　《儀禮》一書，文古義奧，於諸經之中最爲難讀，諸儒訓詁因亦稀見。其著録於史者自《喪服》諸傳外，《隋志》並新、舊《唐志》僅得寥寥數家，而其傳世者惟鄭玄注、賈公彦疏耳。鄭注、賈疏雖曰詳贍，然鄭注古奧，賈疏則傷於蕪蔓，學者不易得其要領。宋魏文靖公鶴山先生因取而删綴之，提綱挈目，條理秩然，使品節度數展卷即知，學者不復苦於辭義之繆轕。鶴山此書並其《周易》、《尚書》、《毛詩》、《周禮》、《禮記》、《左傳》、《論語》、《孟子》諸著，合稱《九經要義》，宋史謂其“訂定精密”，世亦以爲信焉。宋淳熙壬子歲付之鋟梓，越二十載梓版竟燬於兵火，元明以降，未見翻刻，以是世罕其傳。明内府收藏雖稱完整，然據萬曆間重修之《内閣書目》，亦僅七經，久非全帙矣。清高宗敕修《四庫全書》，冀盡網羅舊籍，所得亦止《周易》、《尚書》、《儀禮》、《春秋》四種，其中《儀禮要義》且闕三十、三十一兩卷。本院所藏此書宋版爲清嚴久能家舊物，嘉慶間阮文達購得，進呈内府，首尾完善，字體瘦勁，楮墨如新。加之《儀禮》訓詁備於鄭、賈之所説，而鄭、賈之精華又備於鶴山之所取，故此書不唯爲鴻篇秘笈，又實爲治《儀禮》注疏之舟楫津梁！本院繼印行院藏宋八行本《周禮》之後，續付景印此，或於習《禮》君子不無助益。孔子所謂禮“以承天之道，以治人之情……故聖人以禮示之，故天下國家可得而正也”。本院續印此禮書善本，不止於傳存秘笈，要亦有隆禮由禮之微意也。

圖書在版編目(CIP)數據

儀禮要義/(宋)魏了翁撰;王紅娟點校 . —杭州：
浙江大學出版社,2019.9
　(中華禮藏)
　ISBN 978-7-308-18519-6

　Ⅰ.①儀…　Ⅱ.①魏…②王…　Ⅲ.①禮儀—中國—
宋代Ⅳ.①K892.9

中國版本圖書館 CIP 數據核字(2018)第 187895 號

儀禮要義

(宋)魏了翁　撰　王紅娟　點校

出 品 人	魯東明
總 編 輯	袁亞春
項目策劃	黄寶忠　張　琛
項目統籌	宋旭華
責任編輯	王榮鑫
責任校對	宋旭華
封面設計	周　靈
出版發行	浙江大學出版社
	(杭州市天目山路 148 號　郵政編碼 310007)
	(網址:http://www.zjupress.com)
排　　版	浙江時代出版服務有限公司
印　　刷	浙江印刷集團有限公司
開　　本	710mm×1000mm　1/16
印　　張	54.5
字　　數	811 千
印　　數	001—800
版 印 次	2019 年 9 月第 1 版　2019 年 9 月第 1 次印刷
書　　號	ISBN 978-7-308-18519-6
定　　價	228.00 元